그는 마침내 에덴동산을 떠났다.
이것이 인간 역사의 시작이다.

- 에리히 프롬, 『선과 정신분석』-

한 사람도 죽음의 세계로부터 돌아오지 않는 자는 없다.
사실, 우리 모두는 이번 생에 태어나기 이전에
무수히 많은 죽음을 겪었다.

- 카를 구스타프 융, 『티베트 사자의 서』 해설 중 -

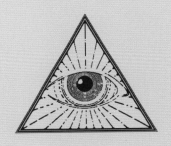

인간은 왜 증명되지 않은 믿음으로
추상적 체계를 만드는 것일까.
간단히 답하면 우리는 믿는 것 말고는
다른 선택의 여지가 없기 때문이다.

- 앤드루 뉴버그, 마크 로버트 월드먼, 『믿는다는 것의 과학』-

인간을 비롯하여 모든 것을 꿰뚫어 본 신!
그러나 그 신은 죽지 않을 수 없었다.
인간은 자신에 대한 목격자,
신이 살아 있는 것을 견딜 수 없었다.

- 니체, 『자라투스트라는 이렇게 말했다』 -

알아두면 잘난 척하기 딱 좋은

신의 종말

알아두면 잘난 척하기 딱 좋은 신의 종말

초판 1쇄 인쇄·2022년 5월 15일
초판 1쇄 발행·2022년 5월 20일

지은이·이용범
펴낸이·이춘원
펴낸곳·노마드
기 획·강영길
편 집·온현정
디자인·블루
마케팅·강영길

주 소·경기도 고양시 일산동구 무궁화로120번길 40-14(정발산동)
전 화·(031) 911-8017
팩 스·(031) 911-8018
이메일·bookvillagekr@hanmail.net
등록일·2005년 4월 20일
등록번호·제2014-000023호

ISBN 979-11-86288-56-6 (03100)

알아두면 잘난 척하기 딱 좋은

신의 종말

THE END OF THE GODS

A Perfect Book for Humblebrag

이 용 범 지음

노마드

태어나는 만큼 죽는다

혹여 당신에게도 이런 경험이 있는지 모르겠다.

굽이굽이 산허리를 돌아 집으로 돌아오던 여름날의 하굣길. 걷다가 지친 아이들은 철로에 귀를 대고 점점 가까이 다가오는 기관차의 바퀴 울림소리를 들으며 미처 밟아 보지 못한 먼 곳을 꿈꾸곤 했었다. 하지만 그것도 잠시, 둑 사이를 가로지른 철교가 나타나면 아이들은 누가 먼저랄 것도 없이 구멍이 숭숭 뚫린 윗옷을 벗어 던지고 냅다 개울로 뛰어들곤 했었다. 아이들에게 '수영 금지'라는 푯말 따위는 안중에도 없었다. 그곳은 아이들이 가장 좋아하는 놀이터였고, 기차에 타고 있는 낯선 이방인들을 향해 까무잡잡하게 그을린 엉덩이를 내보이며 놀리는 재미도 그만이었다.

해가 뉘엿뉘엿 기울기 시작하면 아이들은 서둘러 책보자기를 어깨에 두른 채 집으로 돌아갈 채비를 서둘렀다. 그러다가 모래무지와 장난질을 치던 한 아이가 그만 고무신을 거센 물살에 흘려보내고 만다. 당황한

5

그 아이는 발을 헛디뎌 이내 급한 물살 속으로 빨려들고 그의 가녀린 몸은 점점 교각 밑까지 떠내려간다. 물결이 소용돌이치는 교각 밑은 시퍼렇다 못해 검은빛을 띠고 있다. 누군가 기다란 막대기 하나를 던져 보지만 물살 속으로 빨려든 그 아이는 외마디 비명조차 남기지 못한 채 자취를 감추어 버린다.

아무도 움직이지 않는다. 행여 그 친구가 다시 물 밖으로 떠오를까, 아이들은 숨을 죽인 채 지켜보지만 끝내 친구의 모습은 나타나지 않는다. 아이들의 여린 가슴은 해부실에 놓인 개구리 심장처럼 빠르게 뛰기 시작한다. 그때 누군가 소리친다.

"네가 밀었지?"

"아니야!"

그 자리에 서 있던 모든 아이가 동시에 대답한다. 이번엔 다른 아이가 나서서 한 아이를 몰아세운다.

"너랑 같이 있는 걸 봤어."

"맞아, 나도 봤어."

그때쯤이면 모든 아이의 시선은 한 아이를 지목하고 있다. 아이들로부터 기습당한 아이는 금세 사색이 되어 버린다. 그 순간 그 아이를 제외한 나머지 아이들은 자신이 살인의 누명 또는 죽음의 공범자로부터 제외되었다는 안도의 한숨을 내쉰다. 이제 죽은 아이의 부고를 집에 알려야 할 의무를 지게 된 것은 바로 아이들로부터 지목당한 그 아이다. 그러나 그 아이에게는 죽은 아이의 부모에게 소식을 전할 만한 용기가 없다. 집으로 돌아오는 그 먼 길을, 아이는 일행보다 한참이나 뒤처진 채 걷기 시작한다. 죽음의 소식은 금세 알려지지 않는다. 소식을 알려야 할 그 아이가 너무 겁을 먹은 나머지 아예 집으로 돌아가지 않았기 때문이다. 죽은 아이의 부모가 부랴부랴 행방을 수소문하고 아이들을 찾아다니며 다그칠 무렵에야 아이들은 할 수 없이 죽음의 소식을 전한다.

그 장면을 상상할 때마다 나는 눈물이 난다. 정작 아이들을 두렵게 만든 것은 '죽음'이 아니라 죽은 아이의 부모였다. 산발한 머리를 쥐어뜯으며 울부짖는 죽은 아이의 어머니를 지켜보는 것은 공동묘지에서 처녀 귀신을 만나는 것보다 더 무서웠던 것이다. 아이들은 속절없이 솟아나는 죄의식에서 벗어나기 위해 몸부림쳤다. 그 유일한 대안은 부고를 전해야 할 의무를 지녔던 그 순진한 아이에게 모든 책임을 뒤집어씌우는 것뿐이었다. 마치 자신은 죽음의 목격자에서조차 제외된 것처럼 아무것도 보지 못했고 아무것도 알지 못했으며 오직 그 아이만이 죽음의 모든 과정을 알고 있었노라고 우겨댔던 것이다. 결국 그 아이는 놀이집단에서 제외되고 따돌림당한다. 이제 놀이집단은 죽음으로부터 자유로운 '무리'와 죽음을 책임져야 하는 외로운 '개인'으로 철저하게 나누어진다.

그 아이에게 이상한 징후가 발견되는 것은 그 무렵이다. 그 아이는 몽유병 환자처럼 마을을 홀로 떠돌아다니고 가끔은 헛소리를 해댄다. 이제 죽음은 온 마을을 떠돌아다니게 된다. 아이가 실성했다는 소문은 이내 마을 사람들의 걱정거리가 되고, 심지어 죽은 아이의 귀신이 그 아이에게 씌웠다는 미신으로까지 확대된다. 더구나 그때쯤에 뜻하지 않은 사고가 발생하면 그 믿음은 더욱 굳어지고 만다. 늘 있었던 감나무 추락 사고나 익사 사고 또는 마을 사람의 사소한 부상도 모두 귀신의 장난이 되어 버리는 것이다. 이제 상황은 피할 수 없는 막다른 골목까지 치닫는다. 죽은 아이의 부모와 따돌림당한 아이의 부모는 이 지점에서 합의에 이른다. 공동으로 비용을 부담하여 죽은 아이의 영혼을 위해 굿판을 벌이기로 하는 것이다.

굿판이 열리는 날 밤, 아이들은 어른들 틈에 숨어 이 숭고한 의식을 감상한다. 어른들은 죽은 영혼을 위로할 틈도 없이 벌써 취해 있다. 서럽고도 애절한 노랫소리가 마을 언저리를 맴돌고 밤은 더욱 깊어만 간다. 아이들도 이제는 유령을 두려워할 필요 없이 안심하고 잠자리에 들 수 있을 것이다. 그 아이의 정신병적 징후가 완전히 치유되었는가는 별개의 문제다. 유령으로 떠돌던 죽은 아이의 영혼이 안락한 거처를 마련했으므로 마을은 못된 악령으로부터 자유로워진 것이다.

이후 나는 여러 죽음을 목격했다. 아마 내 기억의 첫 번째 자리에 남아 있는 것은 형과 아버지의 죽음일 것이다. 형의 죽음은 내게는 너무 이른 나이에 찾아왔다. 내가 초등학교 2학년 때였다. 갑작스레 형이 죽었을 때 내게 그 사실을 알려준 사람은 아무도 없었다. 나는 너무 어렸다. 아마 어른들은 내가 그 사실을 알 필요조차 없다고 생각했는지 모른다. 알고 있었지만 슬픔 같은 것은 전혀 느끼지 못했다. 나는 형이 먼 여행을 떠났으며 다시는 돌아오기 힘들다는 것만 어렴풋이 깨달았을 뿐이었다. 설령 내가 죽음의 의미를 정확히 알고 있었다 하더라도 내가 눈물을 흘릴 기회는 많지 않았을 것이다. 부모님은 아주 조용히 형의 죽음이 처리되기를 원했고, 사실 그렇게 했다. 단지 나는 같은 방에서 뒹굴던 형의 부재가 부자연스러웠던 기억밖에는 없다.

고등학교 윤리 수업 시간에 아버지의 부음을 들었다. 수업이 한창 진행되고 있던 그 시간에 담임선생님이 조용히 나를 불러냈고, 출입문을 나오는 나에게 던진 선생님의 첫 마디는 너무나 의외였다. "가방도 가지고 나와라." 왜냐고 묻지 않았다. 담임선생님이 내 두 손을 감아쥐었을 때 뭔가 심상치 않은 일이 일어났다는 것을 단박에 알 수 있었다. 아버지의 죽음 이후 나는 한동안 잠을 이루지 못했다. 일종의 환영(幻影) 때문이었다. 이부자리를 펴고 누우면 누군가 창문을 두드리고 있다는 느낌을 지울 수가 없었다. 아버지였다. 아버지는 딱딱한 소나무 관 속이 갑갑해서 미치겠다는 듯 주먹으로 내 창문을 두드리고 있었던 것이다. 그 환영 때문에 어쩌면 살아 있는 아버지를 땅속에 묻고 온 것은 아닌가 하는 죄책감에 시달려야 했다.

죽음은 잊히는 법이다. 물에 빠져 죽은 그 아이가 불과 며칠 만에 우리의 기억 속에서 깨끗이 지워져 버렸듯이 아버지에 대한 죄책감도 세월이 흐르면서 점차 무뎌졌다. 가까운 사람을 땅에 묻는 경험을 해 본 사람은 잘 알겠지만 나를 가장 슬프게 했던 것은 하관(下棺)이었다. 깊이 파인 흙구덩이 속으로 아버지의 시신이 내려질 때 나는 태어난 후 가장 많은 눈물을 흘렸다. 떠난다는 것, 떠나보낸다는 것, 이 세상과의 단절이 그렇게 애절한 것인지 나는 그때까지도 미처 깨닫지 못하고 있었던 것이다.

돌이켜 보면, 정작 내가 슬퍼한 것은 아버지의 죽음 또는 아버지와의 단절이 아니라 당신이 살았던 삶이었다. 평생 아름다운 생을 맛보지 못하고, 지난한 세월 속에 흐린 고통의 흔적만을 남기고 떠난 아버지의 삶이 너무나 가여웠다. 당신이 살았을 인생에 대한 연민과 회한, 나는 그것이 못 견디도록 슬펐다. 어느 무덥던 여름날 기대수명을 모두 채우고 떠나신 어머니를 떠올릴 때면 더욱 그런 느낌이 든다.

이제 나는 죽음을 생각할 수 있을 만큼 충분히 나이가 들었다. 당신 역시 의식하든 그렇지 않든 죽음과 함께 삶을 살아가고 있다. 그것은 아주 간단히 설명될 수 있다. 세상의 모든 사람은 태어나는 만큼 죽는다.

I

낙원에서 추방된 인간

01
실낙원(失樂園)

그는 마침내 에덴동산을 떠났다.
이것이 인간 역사의 시작이다.
_에리히 프롬, 『선과 정신분석』

저주받은 자들의 후예

최초의 인간은 죽음을 초월했던 것 같다. 그는 죽음을 알지 못했을
뿐만 아니라 알 필요도 없었다. 구약성서에는 최초의 인간 아담이 등장
한다. 신의 손에 의해 빚어진 그는 하느님의 명령에만 제대로 복종했다
면 적어도 1천 년까지는 죽을 필요도 없었고, 원한다면 생명의 나무에서
열리는 열매를 먹고 영생을 누릴 수도 있었다. 하지만 그는 '생명의 나무'
대신 '지혜의 나무'에서 열리는 선악과를 택했다. 인간의 죽음과 불행은
바야흐로 이때부터 시작되었다.

창세기에 따르면 하느님이 사람을 만든 것은 여섯 째 날이었다. 하느
님은 "우리 모습을 닮은 사람을 만들자! 그래서 바다의 고기와 공중의
새, 또 집짐승과 모든 들짐승과 땅 위를 기어 다니는 모든 길짐승을 다

스리게 하자!"고 하고, 자신의 형상대로 흙으로 사람을 빚고 코에 입김을 불어넣어 영혼을 만들었다. 그다음에는 동쪽에 있는 에덴에 동산을 만들어 아담이 살아갈 거처를 마련해 주고 탐스러운 열매가 열리는 나무들로 가득 채웠다.

에덴동산은 꿈의 낙원이었다. 온갖 과일과 꽃으로 채워져 있었기 때문에 먹을 것을 걱정하지 않아도 되었다. 또 알몸을 훔쳐볼 사람도 없었기 때문에 수치를 가릴 나뭇잎 한 장조차 필요하지 않았다. 더구나 동산 한가운데에는 영원한 생명을 얻을 수 있는 생명의 나무가 있었으므로 죽음 따위를 걱정할 이유도 없었다. 그저 갖추어진 것들을 충분히 누리기만 하면 되는 것이다. 그러나 에덴동산에는 비극의 씨앗이 움트고 있었다. 생명의 나무 바로 곁에 선과 악을 알게 하는 지혜의 나무가 서 있었던 것이다. 물론 하느님은 아담이 이 나무의 열매를 따먹으리라는 것을 알고 있었고, 그 원죄로 인해 인류가 타락할 것을 알고 있었으며, 언젠가 그들을 심판하리란 것도 미리 정해 놓고 있었다. 그런데도 하느님은 아담에게 간절히 충고하지 않을 수 없었다.

"이 동산에 있는 나무 열매는 무엇이든지 마음대로 따먹어라. 그러나 선과 악을 알게 하는 나무 열매만은 따먹지 마라. 그것을 따먹는 날, 너는 반드시 죽는다."

하느님은 아담 혼자 외로이 낙원을 거니는 것을 안타깝게 여겨 아담을 깊이 잠들게 한 다음 갈빗대 하나를 꺼내 여자를 만들었다. 이 여자가 바로 아담을 타락하게 만든 장본인 하와다. 아담과 하와는 행복한 생활을 꾸려 나갔다. 그러나 두 사람은 선과 악을 가려낼 능력이 없었기 때문에 자신들의 삶 속에 예상치 못한 복병이 숨어 있다는 사실을 전혀 눈치채지 못했다. 하느님이 만든 들짐승 가운데 가장 간교한 뱀이 불현듯 두 사람의 삶 속에 뛰어든 것이다. 성서에 등장하는 뱀이 오늘날의 뱀과 똑같이 생긴 동물이라고 생각한다면 오산이다. 뒤에 살펴보겠지만, 이 뱀은 하느님의 저주를 받아 오늘날처럼 모습이 변해 버린 불행한 동물이다. 자신의 사악한 꾀를 써먹을 기회가 없던 뱀은 인간이 등장하자 가장 먼저 하와에게 유혹의 손길을 뻗쳤다.

"하느님이 너희더러 이 동산에 있는 나무 열매는 하나도 따먹지 말라고 하셨다는데 그것이 정말이냐?"

하와는 에덴동산에 있는 나무 열매는 무엇이든지 마음대로 따먹어도 되지만 하나의 나무 열매만은 안 된다는 하느님의 말씀을 뱀에게 상기시켰다. 그러나 뱀은 포기하지 않았다.

"절대로 죽지 않는다. 그 나무 열매를 따먹기만 하면 너희의 눈이 밝아져서 하느님처럼 선과 악을 알게 될 줄을 하느님이 아시고 그렇게 말하신 것이다."

이 말에 하와는 깜박 속고 말았다. 하와는 하느님의 말씀을 까맣게 잊은 채 선악과를 따먹고 내친김에 아담에게도 나눠 주었다. 과일을 먹고 난 두 사람에게 이상한 변화가 일어났다. 비로소 자신들이 알몸임을 깨닫고 서둘러 무화과나무 잎으로 가리개를 만들어 몸에 걸쳤다. 그때 그들을 부르는 하느님의 음성이 들려오자 두 사람은 급히 숲으로 숨었다. 그러나 하느님의 눈을 피할 수는 없었다. 두 사람은 숲에서 나와 과일을 먹게 된 사정을 사실대로 털어놓았다. 그때 하느님의 노여움이 어떠했는지는 굳이 설명할 필요는 없을 것이다. 하느님은 가장 먼저 뱀에게 저주를 내렸다.

"온갖 집짐승과 들짐승 가운데서 너는 저주를 받아, 죽기까지 배로 기어 다니며 흙을 먹어야 하리라. 나는 너를 여자와 원수가 되게 하리

라. 네 후손을 여자의 후손과 원수가 되게 하리라. 너는 그 발꿈치를 물려고 하다가 도리어 여자의 후손에게 머리를 밟히리라."

아담과 하와에게도 저주를 내렸다. 하와에게는 잉태하고 출산하는 고통과 남편의 종이 되게 하는 수모를 안겨 주었으며, 아담에게는 힘들게 일하지 않으면 먹을 것을 취할 수 없도록 했다. 더 나아가 땅에 가시덤불과 엉겅퀴가 나도록 하여 채소밭을 만들기조차 어렵게 하고, 종국에는 사람의 생명이 흙으로 돌아가도록 했다. 이는 아담이 흙에서 만들어졌기 때문이었다. 마침내 인간 앞에 죽음의 문제가 숙명처럼 던져진 것이다.

고개를 들지 못하는 두 사람이 안쓰러웠는지 하느님은 친히 두 사람을 위해 가죽옷을 지어 주었다. 그러고는 그들이 선과 악을 알게 되었으니 생명의 나무에 달린 열매마저 따먹고 영생을 누릴까 싶어 서둘러 에덴동산에서 추방하고 동쪽에 화염검(火焰劍)을 두어 생명의 나무를 지키게 했다.

그 이후의 이야기는 더 비극적이다. 아담과 하와는 에덴에서 쫓겨난 후 땅을 갈며 살았다. 머지않아 두 사람 사이에서 카인과 아벨이 태어났다. 카인은 농사를 지었고 아벨은 양을 치며 살았다. 세월이 흐른 뒤 카인은 땅에서 난 곡식을 하느님께 제물로 올렸으며 아벨은 양의 첫 새끼와 그 기름을 제물로 올렸다. 그러나 하느님은 아벨이 바친 제물만 받아들이고 카인의 것은 받아들이지 않았다. 곡식은 하느님이 저주를 내린 땅에서 자란 것이기 때문이었다. 이에 화가 난 카인은 아벨을 돌로 쳐 죽여 버리고 말았다. 이 광경을 목도한 하느님은 카인에게 다시 저주를 내렸다.

"너는 저주를 받은 몸이니 이 땅에서 물러나야 한다. 네가 아무리 애써 땅을 갈아도 이 땅은 더 이상 소출을 내지 않을 것이다. 너는 세상을 떠돌아다니는 신세가 될 것이다."

이로써 모든 인간은 하느님의 저주를 받은 카인의 후예가 되고 말았다.

아담이 930년을 산 까닭

아담은 셋째아들 셋을 낳은 후 930세까지 살다가 세상을 떠났고, 아벨을 살해한 카인은 에덴 동편에 있는 놋 땅에 거주하며 아들 에녹을 낳았다. 성서에는 하와가 유일한 여자로 기록되어 있으므로 카인이 누구와 결혼하여 자식을 낳았는지는 알 수 없다. 기독교에는 여러 외경(外經, Apocrypha)이 남아 있는데, 이들을 살펴보면 당시의 상황을 좀 더 자세히 재구성할 수 있다. 외경은 비경전(非經典)이라는 뜻이다. 예수가 십자가에 못 박힌 후 수 세기 동안 로마와 인접 지역에는 교파에 따라 각양각색의 전설이나 설화가 구전되고 있었다. 성서를 결집할 때 이들 중 상당수가 경전에서 제외되었는데, 이때 배제된 경전들을 외경이라 부른다.

유대의 전설을 기록한 「하가다(Haggadah)」에는 에덴동산이 자세히 묘사되어 있다. 우선 에덴동산의 네 구석에는 각각 80만 그루의 나무가 있고, 그곳에는 각각 60만 명의 천사가 감미로운 음성으로 하느님을 찬미하고 있다. 숲 한가운데 생명의 나무가 우뚝 서 있는데 그 크기가 엄청나서 나무 그늘이 낙원 전체를 덮을 뿐만 아니라, 한 나무에서 1만 5천 종류의 맛과 향기를 낸다. 그 위에는 영광의 구름이 일곱 층으로 걸쳐 있고 두 개의 하늘 막[天蓋]이 드리워져 있다. 하나는 별들의 거처이고 다른 하나는 태양과 달의 거처인데, 그 사이로 영광의 구름이 흐르고 있다. 아담의 거처였던 에덴동산은 바로 이 낙원 너머에 있다. 에덴동산은 310개의 각기 다른 세상을 포함하며, 순교자를 비롯해 경건한 자들을 위한 일곱 구역으로 구분되어 있다.

「하가다」는 아담이 창조되던 당시의 상황을 성서와 달리 묘사하고 있다. 하느님이 사람을 창조하겠다는 계획을 밝혔을 때 '진리의 천사'가 반대하고 나섰다. 사람이 사악한 존재가 될 것이라는 이유 때문이었다. 그러나 하느님은 그의 말을 무시하고 진리의 천사마저 하늘나라에서 추방해 버렸다. 나중에 살펴보겠지만 이 똑똑한 천사는 나중에 악마의 우두머리가 된다. 나머지 천사들이 동의하자 천사 가브리엘이 땅의 네 구석에서 먼지를 가져왔고, 하느님은 이 먼지로 아담을 만들었다. 그러나 하느님이 가장 먼저 창조한 것은 인간의 육체가 아니라 영혼이었다. 인간의 영혼이 곧 하느님의 정신이기 때문이었다.

아담이 창조되었을 때 그의 모습은 20세 정도의 건장한 청년이었다. 그의 키는 하늘에서 땅에 이를 만큼 거대했으며 생명을 지탱해 주는 탯줄은 땅에 붙어 있었다. 하느님이 아담에게 내려준 수명은 1천 년이었다. 1천 년은 하느님의 시간에서는 단 하루에 불과하다. 아담은 먼 미래에 자신의 자손으로 태어날 다윗에게 단 1분밖에 수명이 주어지지 않은 것을 알고는 자신의 수명에서 70년을 떼어 다윗에게 주었다. 그리하여 아담의 수명은 930년이 되었고, 성서에 기록된 대로 930세에 죽었다.

하느님이 여자를 만들려고 하자 이번에는 '땅'이 반대하고 나섰다. 인간이 자손을 번식하게 되면 먹을 것을 제공할 여력이 부족하다는 이유에서였다. 그러나 하느님의 뜻을 꺾을 수는 없었다. 하느님은 다시 먼지를 가지고 '릴리트'라는 여자를 만들어 아담에게 아내로 주었다. 그러나 릴리트는 남편과 동등한 권리를 요구했고 자신의 요구가 거절당하자 미련 없이 아담을 떠나 버렸다. 하느님이 천사들을 파견해 릴리트를 데려오게 했지만, 그녀는 명령을 거부하고 하느님의 처벌을 선택했다. 할 수 없이 하느님은 아담의 갈빗대로 하와를 만들 수밖에 없었다. 그러고는 릴리트와 같은 전례를 방지하기 위해 남편에게 철저히 순종하도록 가르쳤다.

아담과 하와는 에덴동산에서 행복한 나날을 보냈다. 그러나 동산 안에는 아주 고상하고 특출한 능력을 지닌 동물이 있었다. 그 동물은 사람처럼 두 다리로 일어서고 키가 낙타처럼 큰 뱀이었다. 하와와 아담이 뱀의 꾐에 빠져 선악과를 먹게 되는 과정은 성서와 비슷하지만 뱀은 더욱 선동적인 성격으로 묘사된다. 뱀은 선악과를 먹으면 당장 하느님과 같아질 것이며 하느님에게서 완전히 독립하게 될 것이라고 유혹한다. 마침내 하와는 이 열매를 아담과 다른 동물에게도 나누어 주었는데, 이때 '말함'이라는 새는 이 열매를 먹지 않았기 때문에 하느님으로부터 영원한 생명을 약속받아 불사조가 되었다고 한다.

하느님은 아담과 하와를 추방한 후 아담의 수명을 1천 년으로 했으며, 그중에서 70년을 후손(다윗)에게 넘겨주게 될 것이라고 예언했다. 그날 이후 아담의 거대한 키는 점점 줄어들어 오늘날과 같은 인간의 모습이 되었다. 또 뱀은 말하는 능력을 빼앗기고 손과 발이 잘렸을 뿐만 아니라 흙을 먹고 껍질을 벗는 고통이 주어졌으며, 영원히 사람과 원수로 지내는 운명이 되었다. 결국 인간은 하느님의 명령을 거역한 죄로 낙원에서 추방되었고, 이 땅에서 저 땅으로 방랑하는 운명을 피할 수 없게 되었다. 또 세월이 흐르면 죽음의 사신을 받아들이고 시체는 구더기의 밥이 되어야 하는 숙명을 안게 되었다.

그 외에도 인간의 창조에 대한 다양한 이설이 존재한다. 외경 「에녹의 제2서」에는 하느님이 일곱 가지 재료로 사람을 창조했다고 밝히고 있다. 즉 흙에서 살을, 이슬에서 피를, 태양에서 눈을, 돌에서 뼈를, 천사들과 구름에서 지능을, 식물에서 혈관과 머리카락을, 하느님의 입김과 바람에서 영혼을 취했다는 것이다. 또 외경 「축제의 서」는 아담이 에덴동산에서 7년간 농사를 지었으며, 2월 17일에 추방된 후 엘다의 땅에서 살았다고 전한다. 또 외경 「바르톨로메오 복음서」는 하와를 유혹하는 과정에 사탄을 등장시킨다. 사탄은 하느님이 첫 번째로 창조한 천사인데, 하느님의 창조물인 아담에게 경배하지 않았다는 이유로 하늘나라에서 추방된 자다. 그는 지상에 잠들어 있다가 40년 뒤에 깨어난 후 아들 살프산과 함께 인간을 타락시키기로 모의했다. 이들은 먼저 자신의 가슴과 겨드랑이에서 땀을 짜내 에덴동산에 흐르는 네 강물에 씻은 다음, 그 강물을 하와가 마시도록 함으로써 하느님의 명령에 거역할 수 있는 자유의지를 제공했다.

기독교 영지주의의 대표적 교파인 그노시스파 문헌 「세상의 기원에 관하여」에는 아담의 창조자가 하느님이 아니라 '소피아 조에'라는 신으로 나온다. 소피아가 빛을 던져 물로 여자의 몸을 만든 다음 그 몸 안에 들어가 12개월 만에 자웅동체인 사람으로 탄생했는데 그가 바로 하와다. 그 후 일곱 신이 공동으로 아담을 창조했으나 소피아가 입김을 불어넣어도 일어서지 못했다. 신들이 아담을 낙원에 떨어뜨린 후 돌아가자 하와가 나타나 그의 눈을 뜨게 하고 땅에서 일으켜 세웠다.

이 문헌에 따르면 최초의 인간은 여성이며, 남성은 이 여성이 창조한 것이 된다. 하와가 아담과 혼인하여 아벨을 잉태하자 일곱 신은 회의를 열어 사람이 선악과를 먹고 자신들을 능가할지 모른다는 생각에 지혜의 나무에 가까이 가지 못하도록 경고하기에 이르렀다. 아담과 하와가 죽음을 무릅쓰고 열매를 먹자 마침내 지혜의 문이 열려 신들과 동일한 경지에 다다랐다. 이에 신들은 아담과 하와가 생명의 열매를 먹고 영원히 죽지 않을 것을 두려워하여 낙원에서 추방했다. 이때 일곱 신이 아담의 수명을 10년씩 줄임으로써 930년이 되었다고 한다.

신은 인간을 필요로 했다

신화를 읽을 때 어려운 점은 신들의 이름을 기억하고 족보를 분류하는 것이다. 신들의 이름을 모두 기억할 수 있으면 그 이상 바랄 나위가 없겠지만 굳이 외우려고 할 필요는 없다. 여기서도 신의 이름을 많이 생략할 것이다.

그리스 신들은 태초의 카오스(혼돈)로부터 생겨났다. 혼돈에서 대지의 여신 가이아가 태어났고, 뒤이어 하늘의 신 우라노스가 태어났다. 둘은 결혼하여 티탄 12명을 낳았다. 거인족으로 알려진 12명의 티탄은 6남 6녀로 구성되어 있다. 그 외에 외눈박이 거인 3형제와 백수 거인 3형제가 더 태어났다. 그러나 아버지 우라노스는 뒤에 낳은 외눈박이 3형제와 거인 3형제의 몰골이 흉측하다는 이유로 무한지옥으로 불리는 '타르타로스'에 가두어 버렸다.

가이아가 자식들을 버린 남편에게 화가 난 것은 당연한 일이다. 아들들이 무한지옥에 갇히자 가이아는 티탄 12남매를 불러 아버지를 해치우도록 요구했다. 패륜 행위를 자처하고 나선 것은 맏형 크로노스였다. 크로노스는 어머니에게 낫을 받아 들고 아버지의 남근을 싹둑 잘라 버렸다. 아버지의 몸에서 튄 피가 가이아를 덮자 다시 복수의 여신 세 자매와 인간 거인족 기간테스가 생겨났다.

거사에 성공한 크로노스는 누이 레아와 결혼하여 하데스, 포세이돈, 데메테르, 헤라 등을 낳았다. 그중에서 하데스에게 주목할 필요가 있다. 하데스는 뒷날 하계(下界), 즉 죽음의 세계를 다스리는 무시무시한 존재로 등장하기 때문이다. 어머니의 전폭적인 지지를 받는 크로노스는 12남매 중에서도 가장 큰 힘을 발휘했다. 하지만 그의 가슴속에는 아버지에게 반역의 칼을 들이민 원죄가 도사리고 있었다. 더구나 가이아는 그 원죄로 인해 언젠가 크로노스 자신도 자식에게 당할 것이라고 경고했던 터였다. 따라서 크로노스는 원죄의 씨앗을 없애기로 결심하고 자식을 낳는 족족 입으로 삼켜 버렸다.

신화가 이렇게 끝난다면 아무런 재미가 없다. 이쯤 해서 문제아 제우스가 등장한다. 크로노스의 아내 레아가 아들 제우스를 잉태하게 된다. 출산일이 가까워지자 레아는 걱정이 태산 같았다. 다른 형제들처럼 제우스 역시 남편의 배 속으로 삼켜질 운명에 처했기 때문이었다. 궁리 끝에 레아는 시어머니이자 친정어머니인 가이아에게 도움을 청했다. 가이아는 딸의 부탁을 받아들여 갓 태어난 제우스를 빼돌린 후 요정의 손에 맡겼다. 요정의 손에서 어른으로 성장한 제우스는 아버지 크로노스에게 비약(秘藥)을 먹여 지금까지 삼킨 자신의 형제들을 모두 토하게 하고 그들과 함께 반란을 일으켰다. 이 전쟁에서 승리한 제우스는 마침내 신들의 제왕으로 군림하기에 이른다.

제우스는 아버지 형제들을 무한지옥에 가두고, 일부에게는 가혹한 형벌을 내렸다. 또 공을 세운 형제들에게 영토를 나누어 주고 자신은 하늘을 다스렸다. 이렇게 해서 포세이돈에게는 바다, 하데스에게는 지하세계를 다스릴 수 있는 권한이 주어졌다. 제우스가 신들의 제왕으로 군림한 이후에도 거인족 기간테스가 반란을 일으켰다. 거인족의 위세가 워낙 대단했기 때문에 제우스도 숫양으로 변신해 숨어다닐 정도였다. 그러나 제우스는 이 반란마저 평정하고 기간테스를 에트나산 밑에 생매장해 버렸다. 그곳에서는 지진과 화산이 빈번하게 일어나는데, 생매장당한 기간테스가 괴로움에 못 이겨 몸부림치는 것으로 생각하면 틀림없다. 하계의 지배자 하데스는 이들의 몸짓 때문에 지하세계가 밖으로 드러날까 싶어 늘 노심초사했다고 한다.

이제 인간이 어떻게 창조되었는지 설명할 차례다. 제우스의 삼촌 이아페토스는 프로메테우스라는 걸출한 인물을 아들로 두었다. 프로메테우스는 미래를 내다볼 수 있는 능력을 지니고 있었기 때문에 선견자(先見者)로 불렸다. 그는 아버지와 자식이 전쟁을 벌이는 신들의 세계에 점차 환멸을 느끼기 시작했다. 그리하여 그는 신을 섬길 줄 아는 인간을 만들기로 작심하고 흙에 물을 붓고 신들의 형상을 모방해 인간을 창조했다. 그때 인간에게는 신을 우러러볼 수 있도록 두 다리로 걸을 수 있는 능력이 부여되었다. 프로메테우스의 동생 에피메테우스는 동물과 인간에게 필요한 능력을 부여하는 임무를 맡았다. 그러나 동물들에게 여러 가지 능력을 부여하는 바람에 마땅히 인간에게 줄 선물이 없어진 그는 형에게 적당한 선물을 부탁했다. 프로메테우스는 고민 끝에 제우스의 벼락에서 불씨를 훔쳐내 인간에게 선물로 주었다. 이 사실을 안 제우스는 울컥 화가 치밀었다. "인간이 불의 위력을 알게 되면 올림포스의 천궁(天宮)도 언젠가 잿더미가 될지 모른다."

제우스는 프로메테우스를 잡아 코카서스산 위의 바위에 묶고 정수리에서 항문까지 말뚝을 박아 놓았다. 그것도 모자라 독수리들로 하여

금 날마다 새로 돋아나는 그의 간을 파먹도록 했다. 그랬음에도 제우스는 마음이 편치 않았다. 프로메테우스만이 선견자로서 제우스의 운명을 알고 있었기 때문이었다. 제우스 자신이 아버지에게 그랬듯이, 그도 언젠가는 자식으로부터 배신당하리라는 것을 예감하고 있었다. 그는 장차 반란을 일으킬 자식이 누구인지 알고 싶었다. 그러나 열쇠를 프로메테우스가 쥐고 있었다. 제우스는 그 비밀을 알려 주는 대가로 형벌을 면해 주겠다고 유혹했지만 프로메테우스는 단호히 거절했다. 결국 둘 사이의 흥정은 3천 년에 걸쳐 계속되다가 프로메테우스가 비밀을 알려 줌으로써 화해하게 된다. 제우스는 자신을 해칠 자식이 메티스의 몸에서 태어난다는 사실을 알고 그녀를 미련 없이 내팽개쳤다. 뒷날 메티스는 인간과 결혼해 불세출의 영웅 아킬레우스를 낳는다.

남성은 프로메테우스가 만들었지만, 여성은 제우스의 요청을 받은 대장장이 신 헤파이스토스가 창조했다. 그가 최초로 만든 여자의 이름은 '모든 선물을 다 받은 여자'라는 뜻을 가진 '판도라'였다. 그녀가 창조될 때 천상의 모든 신이 한 가지씩 선물을 주었기 때문이다. 미의 여신 아프로디테는 그녀에게 아름다움을 주었고, 제우스의 전령인 헤르메스는 호기심과 설득력을, 아폴론은 음악을 선물로 주었다.

세상에 나온 판도라는 프로메테우스의 동생 에피메테우스의 차지가 되었다. 에피메테우스는 비밀 항아리 하나를 가지고 있었다. 이 항아리에는 인간과 동물을 만들 때 쓰고 남은 것들이 담겨 있었다. 문제는 헤르메스가 판도라에게 선물한 호기심이었다. 판도라는 남편의 부탁에도 불구하고 호기심을 참지 못해 항아리 뚜껑을 열어보고 말았다. 순간 항아리 속에 담겨 있던 무수한 재액(災厄)이 세상으로 쏟아져 나왔다. 급히 뚜껑을 닫았지만 이미 엎질러진 물이었다. 그러나 단 한 가지만은 항아리 속에 남아 있었다. 바로 '희망'이었다.

그때까지만 해도 인간은 행복했다. 반신반인(半神半人)으로서 신들과 함께 모든 것을 풍족하게 누리며 살았다. 하지만 인간의 운명은 아직 시작조차 되지 않았다. 신들의 세계에는 제우스의 강력한 경쟁자이자 너무나 인간을 사랑했던 선견자 프로메테우스가 있었다. 어느 날, 인간이 프로메테우스를 찾아왔다. 신에게 바칠 제물을 어떻게 준비해야 할지 의견을 구하러 온 것이다. 프로메테우스의 머리에 가장 먼저 떠오른 것은 제우스의 얼굴이었다. 프로메테우스는 제우스를 놀릴 심산으로 다음과 같이 충고했다. "먼저 소를 잡은 다음 살코기는 가죽에 싸서 두고, 뼈는 맛있는 기름을 발라 제우스가 직접 제물을 고르도록 하라."

제물을 맛보러 온 제우스는 화가 머리끝까지 치밀어 올랐다. 제우스는 제물을 바친 인간에게 저주를 퍼붓기 시작했다. "앞으로 너희 먹을 것은 너희가 일해서 취하도록 하라. 또 차가운 바람으로 하여금 너희가 자는 곳을 몰아치게 하고, 생육하는 모든 것에는 독을 풀 것인즉 주린 배로 지새는 밤이 얼마나 추운지 알게 되리라!"

하느님이 아담과 하와에게 그랬듯이, 바야흐로 인간의 고통이 시작된 것이다. 그러므로 인간의 죽음과 고통은 신의 저주다. 대부분의 종교와 신화는 최초의 인간이 신에 의해 창조되었음을 밝히고 있다. 따라서 인간은 자신의 의지와 관계없이 이 세상에 던져진 존재다. 그러나 우리를 슬프게 하는 것은 신이 자신의 형상대로 인간을 창조하고 모든 능력을 부여했음에도 불구하고, 동시에 저주와 불행의 씨앗을 인간에게 심어 주었다는 사실이다.

인간의 운명은 창조의 순간에 이미 결정되어 있었다. 하느님은 아담과 하와가 지혜의 나무에서 선악과를 따먹을 줄 이미 알고 있었다. 그러나 하느님은 그들의 죄를 적극적으로 방지하지 않았다. 더구나 하느님은 선악과를 먹지 말라고 경고함으로써 지혜의 나무가 동산 안에 있음을 강력히 암시했다. 그것은 인간의 의지를 시험하려는 하느님의 첫 번째 유혹이었다. 뱀이 두 사람을 유혹하도록 방치한 것도 하느님의 계획이었을 것이다. 하느님은 아담과 하와가 자신의 말에만 순종하도록 만들지 않고, 뱀의 유혹에도 쉽게 넘어갈 수 있는 자유의지를 부여했기 때문이다. 이 자유의지로부터 인간의 고통이 시작되었고, 결국은 죽음이라는 미해결의 과제를 안게 되었다.

신이 계획한 애초의 목적과 달리 인간은 버림받은 존재가 되었다. 물론 하느님은 창조의 책임을 다하기 위해 인간에 대한 애프터서비스를 준비하고 있었다. 불행과 악의 구렁텅이에 빠진 인간을 구원하기 위해 자신이 가장 사랑하는 아들 예수 그리스도를 지상에 유배시키기로 마음먹었다. 인간이 죄의 대가로 얻은 죽음은 예수의 출현으로 인해 저주로부터 해방되었고, 이제 인간의 죽음은 자연적인 죽음으로 전환되었다. 이것이 진정한 축복인지는 아직 판단하기에 이르다. 신의 의지든 아니든 이제 인간은 죽음을 선고받았다.

02
죽음, 예외는 없다

그 누가 제 몸속에 해골을 품지 않았으며,
그 누가 무덤으로부터 양육되지 않았는가?

_보들레르, 「죽음의 댄스」

당신의 죽음으로 달라지는 것은 없다

죽음이 매력적인 단 한 가지 이유는 누구에게나 공평하게 한 번씩 찾아오는다는 점이다. 죽지 않는 사람은 없다. 과거와 미래, 현세의 삶마저 초탈했던 성인(聖人)조차도 죽음을 피해 가지는 못했다. 제자 계로가 공자에게 물었다.

"죽음이 무엇입니까?"

바보 같은 질문 앞에서 공자는 이렇게 대답했다.

"삶도 알지 못하거늘 내 어찌 죽음을 알겠느냐?"

사랑하는 제자 안연이 죽었을 때도 공자는 가슴을 치며 슬퍼했다.

"아아, 하늘이 나를 망쳤구나! 하늘이 나를 망쳤구나!"

전한(前漢, 기원전 206~기원후 8) 시기에 공자의 제자들이 정리한 것으로 알려진 『예기(禮記)』는 성인조차도 죽음 앞에 무력한 존재일 수밖에 없음을 다시 한번 보여준다.

제자 자공이 아침 일찍 스승을 문안하러 갔을 때, 공자는 지팡이에 몸을 의지한 채 뜰을 산책하고 있었다. 노스승은 이미 죽음의 그림자가 자신의 삶 앞에 드리워져 있음을 알고 있었다. 그는 하늘을 우러러 탄식하며 혼잣말을 되뇌었다.

"태산이 무너지는구나, 대들보도 부러지는구나, 철인(哲人)마저 시들어 버리는구나!"

전하는 바에 의하면, 그때 공자의 두 눈에서는 두 줄기 눈물이 줄줄 흘려내렸다고 한다. 자공이 스승을 모셔다가 급히 침상에 눕혔으나 공자는 그날로 의식을 잃고 말았다. 그리고 자리에 누운 지 이레 만에 그는 파란만장한 삶을 마감하고 세상을 떠났다. 그때 그의 나이 73세였다.

인생을 달관한 위대한 철인이 죽음 앞에서 눈물을 흘리는 모습을 상상하는 것은 아무래도 어울리지 않을 것 같다. 공자의 정열적인 활동으로 볼 때 그의 탄식이 전혀 이해되지 않는 것은 아니다. 그는 중원을 떠돌며 자신의 뜻을 펼칠 곳을 찾아다녔고 많은 제자를 가르쳤다. 하지만 죽음 앞에서 뇌인 탄식으로 미루어보면 자신이 뜻했던 바를 모두 이루지는 못한 것 같다.

죽음은 떠나는 사람뿐만 아니라 남아 있는 사람들을 슬프게 한다. 만약 당신이 죽음 이후에 영혼으로나마 살아 있을 수 있다면 인생의 허무를 보다 절실하게 경험할 수 있을 것이다. 당신이 죽은 다음에도 세상은 아무 일도 없었다는 듯이 잘 굴러가고 있다. 아마 남아 있는 가족은 당신의 체취가 남아 있는 가구와 옷가지, 당신이 쓰던 잡동사니를 치워버릴 것이다. 어쩌면 영정을 제외한 모든 사진까지 없애 버림으로써 당신이 남긴 흔적으로부터 자유로워지고자 할 것이다.

내가 없어도 세상이 아무 탈 없이 잘 굴러간다는 것은 내 존재에 대한 회의를 갖게 만든다. 나의 죽음이 단지 사회로부터의 퇴출에 불과하다는 사실을 깨달았을 때, 전쟁에서 죽은 수많은 시체처럼 다른 시신들과 섞여 똑같이 처리되는 것을 목도할 때, 당신은 느닷없이 목을 졸라오는 쓰디쓴 허무의 심연을 톡톡히 맛볼 것이다. 당신의 빈자리는 누군가에 의해 다시 채워질 것이고, 시계는 여전히 움직이며, 당신의 대문 앞에는 매일 아침 조간신문이 배달될 것이다. 남은 사람들은 교통사고를 처리하는 보험회사 직원처럼 당신의 죽음에 익숙해지고 아무 일도 일어나지 않았다는 듯 다시 일상으로 복귀할 것이다. 따라서 당신의 죽음으로 인해 세상이 변하는 일은 결코 없다.

당신의 죽음을 오랫동안 슬퍼할 사람이 남아 있다면 당신은 그나마 축복받은 사람 중 하나다. 당신의 동료들은 대부분 조의금을 얼마로 해야 할 것이지 고민하다가 결국엔 얇은 봉투 하나를 당신의 영정 앞에 던져놓고, 하룻밤 사이에 당신을 위해 비워 두었던 기억의 공간을 말끔히 청소해 버릴 것이다. 눈앞에 있는 주검이 당신이 아니라 당신의 배우자라도 상황은 달라지지 않는다. 어느 정도의 애도 기간이 지나면 당신은 가장 먼저 아이들의 양육문제로 고민에 빠질 것이다. 당신이 죽도록 배우자를 사랑했다면 애도 기간이 좀 더 길어질 수 있겠지만, 스스로 저승길의 동반자로 따라나서는 사람은 드물 것이다.

이제 당신 앞에는 현실이 놓여 있다. 아내가 없어도 새벽녘이면 당신의 성기는 예고 없이 발기할 것이다. 그것은 당신의 도덕성과는 하등 관련이 없다. 죽은 자에 대한 예의가 남아 있다면 당신은 독신을 고집할 수 있을 것이다. 그런 결심을 한 사람이라면 먼저 자신의 욕구를 억제하고 다스릴 수 있는 법을 배워야 한다. 하지만 대부분의 사람은 욕망과의 싸움에서 패배자로 남을 확률이 높다. 그동안 모아놓은 재산이 많지 않다면 당신은 이제 먹고사는 문제에 매달려야 하고 매일 아이들과 씨름해야 한다. 이제 배우자의 죽음은 아련한 슬픔이 아니라 '삶의 고통' 그 자체가 된다.

죽음의 연습

우리는 죽음과 함께 존재한다. 갓난아이의 세포는 성장하는 동안 꾸준히 증가하지만, 일정한 나이에 이르면 더 이상 늘지 않고 정체되어 있다가 늘그막에는 남아 있는 세포조차 소모하며 세월을 보낸다. 전성기에 이른 성인의 몸은 수십조 개의 세포로 구성된다. 하지만 그중에서 한 접시 정도의 세포는 매일 죽는다. 음식이 당신의 몸속에 들어가 소화되는 동안 내장 벽에 있던 수백억 개의 세포가 음식 찌꺼기들과 함께 씻겨 내려간다. 이렇게 죽어가는 세포는 일일이 셀 수 없을 정도다. 당신의 살갗에서 떨어져 나가는 각질, 머리를 감을 때마다 우수수 떨어지는 머리카락, 당신의 손질을 기다리고 있는 발톱과 손톱 조각이 그렇다.

세포는 그냥 죽는 것이 아니라 남아 있는 세포들을 위해 자살을 감행한다. 살아 있는 세포는 공기에 노출되면 곧바로 죽기 때문에 다른 세포들을 보호하기 위해서는 자살세포로 구성된 피부가 있어야 한다. 우리 몸은 온통 죽음으로 뒤덮여 있는 것이다. 말하자면 삶은 죽음에 의존하고 있다. 이러한 죽음이 없다면 몸을 지탱할 수 없다. 상처를 입으면 백혈구들은 몸에 침입한 세균에 맞서 용감하게 전투를 치른다. 그리고 이들은 장렬히 전사하며 자신의 시체더미인 고름을 남김으로써 주인을 위해 기꺼이 봉사하는 것이다.

배 속의 태아조차 태어나기 전에 죽음을 경험한다. 자궁 안은 빛이 없는 어둠의 세계다. 햇빛은 엄마의 두꺼운 피부와 자궁의 양수를 통과하지 못하기 때문에 아기는 아무것도 볼 수 없다. 출산이 가까워지면 아기의 팔과 다리의 솜털은 사라지고 짧고 부드러운 양피지 같은 것이 생겨난다. 태어나기 전에 이미 죽어가는 존재들이 있는 것이다.

어떤 사람은 인간이 죽음을 인식하기 때문에 다른 동물과 구별된다고 말한다. 그렇다면 동물은 자신의 죽음을 전혀 알지 못하는 것일까? 동물들은 곧잘 죽는 시늉을 한다. 가령 미국 주머니쥐는 위기에 처했을 때 눈을 멀거니 뜬 채 발을 내보이고 발톱으로 땅을 할퀴면서 옆으로 쓰러진다. 강도 높은 공포 또는 생존의 위협이 이러한 마비상태를 불러올 수 있다. 마비상태에서도 상황에 대한 판단은 계속된다. 이는 고통이나 공포감을 전혀 느낄 수 없는 몽상과도 같은 상태다. 공포의 절정에 이르러 몇몇 동물은 스스로를 마취시킴으로써 공포와 절망에서 벗어날 수 있다. 많은 동물이 이 같은 방식으로 위기를 모면하는 방어기제를 진화시켰다.

진화 과정에서 죽은 시늉이 어떠해야 하는가를 결정한 장본인은 바로 포식자들이다. 먹잇감이 되는 동물은 포식자의 습성에 맞추어 자신이 죽는 모습을 연습하고 그대로 연출한다. 물론 죽은 체하는 동물을 포식자가 그대로 지나쳐 버릴 것이라고는 생각할 수 없다. 굶주린 포식자는 죽은 동물은 물론 썩은 시체마저도 남김없이 먹어 치우기 때문이다. 그러나 이 포식자들은 먹잇감이 드러누워 있을 때 잠시 방심한다. 또 애써 포획한 먹잇감을 노리는 불청객들, 즉 독수리나 하이에나 무리도 감시해야 한다. 죽은 체 누워 있던 먹잇감이 탈출할 수 있는 기회는 이때뿐이다. 포식자의 감시가 느슨해졌을 때 먹잇감은 마취에서 깨어난 듯 기를 쓰고 질주한다. 반대로 포식자들도 이런 식의 마취를 활용한다. 어떤 뱀은 먹이를 발견하자마자 꼬리를 흔들어 먹잇감의 정신을 홀려버린다. 이 규칙적인 진동은 먹잇감이 방어기제를 발휘하기도 전에 온몸을 경직시켜 버린다.

사람이 동물과 다른 점이 있다면 보다 영악한 수단을 사용할 수 있다는 점일 것이다. 아이들은 레슬링 놀이를 하다가 자신이 불리해지면 그 이상 힘을 쓰지 않고 죽은 시늉을 한다. 이것은 '완전한 항복'을 의미한다. 레슬링 게임에서 이긴 아이는 기고만장한 표정으로 잠시 승리감에 도취되지만 여기에서 승패가 결정된 것은 아니다. 아마 자존심이 있는 아이는 상대가 승리감을 즐기고 있는 동안 그의 다리를 움켜쥐고 다시 한번 이불 위로 쓰러질 것이다. 그 아이는 완전히 항복한 것이 아니라 죽은 시늉을 함으로써 상대방의 방심을 노린 것이다.

인간은 다른 동물보다 확실하게 자신의 죽음을 알고 있다. 우리는 언제쯤 자신의 생이 마감될 것인지 짐작할 수 있으며, 그것이 100살을 넘지 않으리라는 것도 알고 있다. 불치병에 걸린 사람은 자신의 생존 기간을 보다 정확히 추정할 수 있으며, 죽어가면서 자신이 죽음의 길로 들어섰다는 것을 스스로 인식하고 유언을 남길 수도 있다. 만일 우리가 죽음을 인식하지 못한다면 죽음이 엄청난 고통으로 다가오는 일은 피할 수 있을 것이다. 그러나 인간은 불행하게도 죽음을 알고 있다.

죽음이 내게로 왔을 때 나는 이미 없다

죽음을 미리 경험할 수 있다면 죽음으로 인한 절망과 고통을 극복할 수 있을 것이다. 그러나 우리는 결코 죽음을 경험할 수 없다. 나의 죽음은 단지 타인에 의해서만 확인될 뿐이며, 타인의 죽음을 통해서만 비로소 자신의 죽음을 의식하고 사유할 수 있다. 아마 죽음에 대한 사유는 인류 최초의 사유 중 하나였을 것이다. 개인에게 죽음은 매우 중차대한 문제지만 타인의 관점에서 보면 아주 자연스럽고 사소한 사건일 뿐이다. 타인의 죽음으로 인해 나의 시간이 멈추는 법은 없으며 세계가 몰락하지도 않는다. 죽음은 한 개인이 사라진 것일 뿐, 그 이상도 이하도 아니다.

고대 그리스의 철학자들 역시 이 문제를 가벼이 여기지 않았다. 에피쿠로스는 '쾌락이야말로 최고의 선'이라는 말로 잘 알려진 인물이다. 그가 추구한 것은 육체적 쾌락이 아니라 정신적 쾌락이었다. 그는 죽음이 단지 고통 없는 의식의 소멸상태일 뿐이라고 생각했다. 인간의 감각은 죽음과 함께 소멸하기 때문에 우리는 죽음을 느낄 수 없다. 그러므로 죽음을 두려워하지 않아도 된다는 것이 그의 생각이었다. 그는 "살아 있을 때 죽음은 우리 곁에 있지 않으며, 죽음이 찾아왔을 때 우리는 이미 저 세상에 있다"고 말했다. 즉 살아 있는 자에게 죽음은 존재하지 않으며, 죽은 자는 이 세상에 없는 것이다.

그의 생각은 후대의 철학자들에게도 영향을 주었다. 유물론자였던 포이어바흐는 "죽음은 존재하지 않을 때만 존재하고, 존재할 때는 존재하지 않는다"며 에피쿠로스의 의견에 동조했고, 카를 야스퍼스 역시 에피쿠로스의 말을 그대로 인용해 "내가 존재할 때 나의 죽음은 존재하지 않으며, 나의 죽음이 존재할 때 나는 존재하지 않는다"는 말을 남겼다.

고대 로마의 스토아학파는 어떠한 유혹에도 흔들리지 않는 부동심을 중시해 죽음까지도 가벼운 문제로 취급했다. 그들은 목숨을 건 금욕생활을 실천했고, 어떤 사람은 스스로 호흡을 멈추거나 순수한 자기 의지만으로 자살했다고 한다. 이 학파의 일원인 세네카는 죽음이 노예상태에 있는 인간을 해방시키는 것으로 보았다. 그는 로마에서 변론가로 큰 성공을 거두었지만 네로 황제로부터 반란에 가담했다는 혐의를 받자 스스로 자살함으로써 '영원한 해방'을 맞았다. 그는 "손님들이 자리에서 일어나야 할 가장 적절한 때를 골라 작별을 고해야 한다"는 말로 죽음의 시기를 잘 선택할 것을 주문했다. 결국 그는 네로 황제의 엄청난 고문과 학대를 피해 자살을 선택함으로써 자신의 말을 실천에 옮겼다.

신플라톤학파의 문의 연 플로티노스는 자신이 육체로 존재한다는 사실을 부끄럽게 여긴 사람이었다. 그는 자신의 육체를 멸시해 병에 걸려도 약을 먹지 않았으며 위경련으로 고생하면서도 위세척을 거부했다고 한다. 그가 자신을 학대한 것은 몸을 영혼이 잠시 머물다 가는 껍질 정도로 여겼기 때문이다. 그에게 죽음이란 불멸의 영혼이 육체의 속박에서 벗어나는 것이었다. 따라서 그가 추구했던 것은 더러운 육체로부터 영혼을 정화시켜 일체의 사고를 끊어버리는 경지에 이르는 것이었다.

근대 철학에서 죽음의 문제에 깊이 천착한 철학자들은 실존주의자들이다. 20세기 전반 독일과 프랑스를 중심으로 일어난 이 철학 사조는 인간이 생각하는 동물이기 때문에 고독, 불안, 절망 등에서 영원히 벗어날 수 없다고 생각했다. 이러한 절망의 구렁텅이에서 해방되는 길을 찾는 것이 철학을 하는 이유였다.

실존주의의 첫 번째 주자 키르케고르의 『죽음에 이르는 병』은 유신론적 실존주의자의 절규처럼 들린다. 코펜하겐에서 태어난 그는 오랫동안 우울증 환자로 지냈는데, 이러한 편력은 출생의 비밀과 기형적인 육체에서 비롯된 것으로 보인다. 아버지 미카엘은 전처가 사망하자 하녀를 겁탈해 키르케고르를 낳은 후 재혼했다. 키르케고르가 이런 비밀을 알게 된 것은 그가 스물두 살의 청년으로 성장했을 때였다. 원래 몸이 쇠약했던 그는 기형적인 척추 이상 증세로 고생하다가 마흔을 갓 넘긴 나이에 사망했다.

비극적인 환경에서 자란 그에게 가장 절실한 화두는 절망과 죽음이었다. 그는 죽음을 일종의 병으로 보았다. '죽음에 이르는 병'은 육체적 죽음이 아니라 헤어날 수 없는 절망을 가리킨다. 따라서 절망은 그 끝이 죽음인 동시에 죽음 자체가 종말인 병이다. 그러나 절망은 삶 속에서 생겨나고 끊임없이 삶으로 전환하려고 시도하기 때문에 절망한 사람은 죽을 수 없다. 절망은 무력한 자기 잠식으로 끝나는 것이다. 그 병은 육체적인 죽음을 동반하지는 않는다. 오히려 인간을 절망하게 만드는 것은 죽을 수 없다는 점에 있다. 그것은 최후의 희망인 죽음마저도 상실한 절망을 의미한다. 따라서 '죽음에 이르는 병'은 절망의 또 다른 이름이 된다. 절망에서 벗어나려면 완전히 절망하느냐, 아니면 신에 대한 신앙으로 비약하느냐의 기로에서 하나를 선택할 수밖에 없다고 그는 말한다.

하이데거에게 죽음은 생물학적 현상도 인간의 보편적인 운명도 아니다. 죽음은 개인이 반드시 걸어가지 않으면 안 될 소명이며, 인간은 이 소명을 따라야 하는 '죽음을 향한 존재'다. 죽음은 매 순간 현존재의 모든 행동을 결정하는 요소다. 따라서 인간은 죽음으로 운명 지어진 존재라는 것을 이해하고 이를 완수함으로써 완전한 존재가 된다. 죽음은 삶의 정지가 아니라 존재의 완성인 것이다.

삶의 진정한 목표는 죽음이다

염세주의자로 알려진 쇼펜하우어는 독일 단치히에서 태어나 괴팅겐대학과 베를린대학에서 철학과 자연과학을 공부했다. 그는 스스로 천재라고 생각했지만, 그다지 인정받지는 못했다. 독설과 고집이 대단하여 당대의 철학자 헤겔을 무지막지하게 공격하기도 했지만 매우 소심한 성격이었다고 한다. 이발사가 면도칼로 자신의 목을 벨지도 모른다는 불안감 때문에 이발사에게 면도를 맡기지 않았으며, 불이 나면 피할 수 없을 것 같아 2층에서 자지도 않았다. 또 잠자리에 들 때는 실탄이 장전된 권총을 머리맡에 두고 잤으며, 금화는 잉크 병 속에, 지폐는 침대 밑에 감추었다. 성질 또한 괴팍하여 바느질하는 여자가 수다를 떨자 자신의 작업을 방해했다는 이유로 폭행을 가한 적도 있었다. 결국 그 여자는 평생 불구로 지냈고, 쇼펜하우어는 일생 동안 보상의 의무를 떠안았다.

그는 소심한 성격답지 않게 엄청난 독설가였다. 대학교수가 되기를 원했으면서도 대학에 몸담고 있는 철학 교수들을 우습게 여겼고, 여성을 경멸하여 평생 독신으로 지냈다. 스스로 철학의 황제로 자처하며 "칸트에서 나에 이르기까지 단 한 번도 철학에서 가치 있는 문제가 다루어진 적이 없다"고 말할 정도였다. 특히 헤겔에 대한 그의 공격은 차마 입에 담지 못할 정도였다. 쇼펜하우어가 이리저리 대학교수 자리를 알아보고 다닐 무렵, 헤겔은 예나대학을 거쳐 베를린대학의 교수로 재직하고 있었다. 자신감에 차 있던 쇼펜하우어는 베를린대학의 강사 채용시험에 응시했다. 그러나 심사위원장을 맡은 헤겔은 그를 채용하지 않았다. 그때부터 쇼펜하우어의 가슴속에는 헤겔에 대한 적개심과 분노가 타오르기 시작했다고 한다.

얼마 후 그는 베를린대학의 강사 자리를 얻을 수 있었다. 패기에 차 있던 이 젊은이는 자신의 강의를 헤겔의 강의와 같은 시간대에 개설함으로써 헤겔의 코를 납작하게 만들어 주고 싶었다. 그러나 자신의 강의를 듣는 학생들은 서너 명에 지나지 않았고 헤겔의 강의실은 늘 초만원을 이루었다. 결국 쇼펜하우어는 한 학기 만에 강의를 중단하고 10여 년 동안 유럽을 떠돌며 울분을 삭였다고 한다. 쇼펜하우어는 자신의 저서가 나올 때마다 헤겔을 물고 늘어졌다. 그는 헤겔을 이렇게 평가했다.

"천박하고 우둔하고 역겹고 메스껍고 무식한 사기꾼 헤겔이 뻔뻔스럽고도 어리석은 소리들을 잔뜩 늘어놓고 있다. 이 한심한 이론들을 그의 추종자들이 상업적으로 윤색해 불멸의 진리인 양 나발을 불어대고 있으며 어리석은 자들은 그것이 진실인 양 환호하며 받아들였다." 더 나아가 그는 "모순으로 똘똘 뭉친 헤겔이 30년이란 긴 세월 동안 독일에서 가장 위대한 철학자로 간주되어 왔지만, 언젠가는 헤겔에 대한 진실이 폭로되고야 말 것"이라고 단언했다.

쇼펜하우어는 세계를 움직이는 힘은 헤겔이 말한 이성이 아니라 무의식적이고 맹목적인 삶의 의지라고 주장했다. 생존 욕구와 이로부터 비롯된 욕망은 무한하므로 욕망을 충족시키는 데는 한계가 있을 수밖에 없다. 그에 따르면 욕망은 결코 충족될 수 없으므로 삶의 의지가 좌절된 모든 인생은 고통이요, 우리가 사는 세계는 최악이다. 우리가 걸어가는 삶의 행로 또한 하나의 몰락에 불과하거나 매 순간 연기되고 유예된 죽음이며, 우리의 이성 역시 밤마다 권태를 물리치기 위한 수단에 지나지 않는다. 결국 인간에 맞서 승리하는 것은 죽음이다. 즉 우리의 삶을 소유하고 있는 것은 이성이 아니라 죽음이며, 우리의 삶은 죽음의 노리개에 불과한 것이다.

쇼펜하우어가 보기에 인간의 모순을 극복하는 것은 두 가지 방법뿐이다. 하나는 의지 자체를 억제하는 해탈을 통해 고통에서 해방되는 것이요, 다른 하나는 자신의 존재를 지워 버리는 죽음이다. 그러므로 죽음은 인생의 진정한 목표인 동시에 순수 무의지의 상태에 도달하는 하나의 통로다.

불멸에 대한 자기 부정

포이어바흐는 에를랑겐대학에서 강사로 있던 스물여섯 살 때 『죽음과 불멸에 관한 고찰』을 출판했다. 1830년 당시의 상황을 고려해 익명으로 간행된 이 책은 기독교 신학에 대한 야유와 풍자로 가득 차 있어 독일 사회에 격렬한 파장을 일으켰다. 결국 저자의 본명이 밝혀지면서 그는 대학에서 쫓겨났다. 특히 책의 말미에 붙은 부록은 시편처럼 아름다운 문체와 묵시록과도 같은 절규로 신의 존재를 거부함으로써 그가 무신론자로 낙인찍히는 빌미를 제공했다.

포이어바흐는 죽음이야말로 가장 순수한 황폐이며 가장 가공할 만한 생명의 공백이라고 말한다. 인간은 생명의 공백에서 벗어날 수 없다. 인간 존재는 시간과 공간 속에서 시작하여 시간과 공간 속에서 끝나기 때문이다. 시간과 공간이 바로 인간의 한계인 것이다. 그에 따르면 인간의 생명은 무엇인가 전달해야 할 것을 가지고 있는 동안에만 지속된다. 우리가 선조로부터 받았던 모든 유산을 후손에게 전달하고 나면 최후의 말라빠진 껍질 외에는 아무것도 남지 않는다. 그때 우리는 마지막 남은 육체조차 그 누군가에게 넘겨주지 않으면 안 된다. 생명이 사그라진 육체마저 타인에게 넘겨주는 이 마지막 과정이야말로 죽음인 것이다. 따라서 죽음은, 수많은 인간이 그래왔듯이 전달의 마지막 행위에 지나지 않는다.

그런데도 신앙을 가진 사람들이 헛되이 불사를 꿈꾸며 영혼의 안식처를 찾고 있는 것에 대해 그는 안쓰러워한다. 생명 안에서 유한한 것은 언젠가 멸망하고 시간적인 것은 영원하지 않다. 따라서 그는 불사에 대한 신앙이 아니라 생명에 대한 신앙만이 진실한 신앙이 될 수 있다고 말한다. 마침내 그는 인간을 향해 죽음의 진실을 인정하라고 요구한다. 인간이 죽음을 거부하지 않고 순순히 받아들일 때 인간은 참된 종교성, 참된 자기 부정의 자격을 가질 수 있다는 것이다.

그는 영혼은 육체에 갇혀 있는 것이 아니고 육체에서 몰아낼 수도 없다고 말한다. 영혼이 육체적인 것이 아닌 한, 육체 안이나 밖에 있다고 규정하는 것 자체가 모순이기 때문이다. 그렇기에 만일 영혼이 존재한다면, 그것은 육체와 불가분의 관계를 갖는다. 육체는 영혼의 양초이며 연료다. 연료가 없는 곳에 불은 없다. 육체와 영혼이 나누어질 수 없는 존재라면 인간은 그 스스로 '모든 것'이 된다. 또 인간이 세계의 모든 것인 한, 죽음 이후에는 아무것도 존재하지 않게 된다. 따라서 그는 허깨비 같은 신앙에서 자기 자신으로, 불멸에 대한 환상에서 생명의 개체로 눈을 돌리라고 요구한다. 그것은 곧 '자기를 물어 깬 곳에서 탄생하는 것'이다.

이 유물론자는 마르크스와 엥겔스에게 지대한 영향을 미쳤다. 헤겔과 포이어바흐로부터 지적 유산을 물려받은 마르크스와 엥겔스는 우리가 사는 세계를 '신에게 저주받은 땅'에서 낙원에 대한 희망이 움트는 '인간의 땅'으로 바꾸어놓았다.

03
소멸의 대가로 얻은 선물, 섹스

성(性)과 죽음은 이 세상에서 함께 사라질 것이다.
인간의 수명이 무한히 연장되어
지구가 점점 인구 포화상태에 이르게 된다면
분명 자연은 인간의 생식에 대해 압박을 가해 올 것이다.
이때 자연은 새로운 생명의 출산을 제거하려고 할 것이다.
_루번 아벨, 『인간은 만물의 척도인가』

결코 당신의 죄는 아니다

죽음이 존재하지 않는다면 당신은 이 세상에 존재할 수 없다. 당신의 탄생은 이미 당신의 아버지, 그리고 그 이전의 아버지가 겪은 죽음 때문에 가능한 것이다. 그들이 모두 살아 있고 앞으로도 영원히 죽지 않는다면 당신의 자리는 존재하지 않는다. 그들은 영원히 죽지 않을 것이기 때문에 당신에게 유산을 나누어 주거나 먹이를 나누어 주는 일 따위는 하지 않을 것이다. 그에게 당신은 '젊은 경쟁자'일 뿐이다.

도대체 무슨 이유로 당신을 낳고, 앞으로 자신의 몫을 앗아갈 당신을 양육한단 말인가? 영원히 죽지 않는 아버지는 귀찮고 성가신 당신을 이미 오래전에 제거했을 것이다. 아버지는 좀 더 근원적인 방식을 선택했을 수도 있다. 스스로 생식 능력을 없애 버리거나 불필요한 생식 능력 자체를 퇴화시킴으로써 경쟁자의 탄생을 싹부터 도려냈을 것이다.

여기가 바로 성(性)이 개입해야 할 자리다. 영원히 살 수 있는 존재는 자식을 낳기 위해 섹스를 할 필요가 없다. 그러나 당신은 이렇게 반문할 것이다. 거기엔 쾌락이 있지 않은가? 그렇다. 인간은 죽음을 대가로 섹스를 선물 받았다. 하지만 성의 쾌락이 애초부터 존재했던 것은 아니다. 성의 쾌락은 오랜 진화 과정에서 생겨났다. 인간이 죽을 수밖에 없는 것은 유성생식, 즉 성행위를 통해 번식하기 때문이다.

여기에 전혀 의문이 없는 것은 아니다. 번식이 그토록 중요한 문제라면 조상들은 왜 품을 들이지 않고 손쉽게 번식할 수 있는 무성생식을 택하지 않았을까? 짚신벌레나 아메바처럼 스스로 몸을 나누어 번식한다면 암컷을 유혹하거나, 경쟁자인 다른 수컷과 목숨을 걸고 싸우거나, 아니면 밤마다 지친 몸을 이끌고 땀을 흘려야 하는 번거로움을 피할 수 있었을 것이다.

이 문제에 답하기 위해 한 가지 사고 모형을 만들어보자. 지구상에 무성생식을 통해 기하급수적으로 번식하는 생명체가 있다. 천적이 없다면 이들은 금세 자신의 후손들로 지구를 덮어 버릴 것이다. 즉 가장 빨리 번식하는 생명체가 지구의 주인이 될 것이다. 하지만 그런 일은 일어나지 않는다. 자연은 이들의 무한한 번식을 방치하지 않는다. 생물은 대부분 스스로 번식을 억제한다. 자기 억제가 부족한 종들은 대개 약탈자의 풍부한 먹이가 된다. 무절제한 번식이 무한한 수의 천적을 만들기 때문이다.

인간보다 빨리 번식하는 생명체는 수없이 많지만, 인간은 자신이 지구의 주인이라고 믿고 있다. 물론 인간이 역사의 무대에 등장하기 전까지는 다른 생명체가 지구를 지배했다. 공룡도 그중 하나다. 하지만 그들은 새로운 환경에 적응하지 못하고 사라졌다. 공룡이 지구를 지배하던 무렵 인간의 조상은 쥐처럼 생긴 나약한 척추동물이었을 것이다. 그들은 공룡을 피해 땅굴 속에 살았으며, 공룡과 적이 되지 않기 위해 같은 먹이를 먹지 않았을 것이다. 이 척추동물은 공룡이 멸종할 정도의 혹독한 자연환경 속에서도 훌륭하게 살아남았다. 공룡의 멸종은 인간의 조상인 포유동물에게는 눈부신 서광이 아닐 수 없었다. 만일 현재의 모습을 지닌 인간이 공룡과 공존했더라면 남김없이 그들의 먹이가 되었을 것이기 때문이다.

생명체의 완전한 절멸은 자연의 선택에 달려 있다. 환경에 적응하지 못한 생명체는 번식의 기회를 갖지 못한 채 소멸한다. 생명체의 가장 중요한 목적은 자연에 성공적으로 적응하는 것이다. 하지만 그들은 오랜 경험을 통해 자연이 자신들을 무자비하게 살해할 수 있음을 알게 되었다. 그들에게 죽음을 요구하는 것은 천재지변 같은 자연의 재앙만이 아니다. 무수한 종류의 생명체는 누군가의 먹이인 동시에 경쟁자이며 포식자다. 정글의 법칙에서 살아남으려면 보다 영악한 생존 기술이 필요하다. 유전자는 자신을 절멸시키려는 포식자에 맞서 그들의 습성을 분석하고 생존에 필요한 비밀병기를 개발한다. 가장 원초적인 방법은 엄청나게 많은 자손을 퍼뜨리는 것이다.

생명체는 죽음에 대한 대응 수단으로 번식을 선택했다. 오랜 세월 동안 씨를 퍼뜨렸지만 그다지 효과를 보지 못한 종들도 있다. 그중 몇몇 종은 새로운 번식 방법을 고안해 냈다. 바로 짝짓기를 통한 유성생식이 생존에 유리하다는 결론에 도달한 것이다. 정말 그럴까? 무한정 스스로를 복제해 낼 수 있는 아메바와 일 년에 고작 한 명의 자식밖에 낳을 수 없는 인간을 비교했을 때 인간이 정말 유리한 조건을 가진 것일까?

자연을 관찰하면 자손이 적을수록 생존율이 높다는 것을 쉽게 알 수 있다. 대개 서너 마리의 새끼를 낳은 포유동물은 수천 개 또는 수만 개의 알을 낳는 물고기보다 생존율이 높다. 물론 살아남는 개체 수로 본다면 물고기의 숫자가 많겠지만 확률로 따지면 비교되지 않을 만큼 포유동물이 더 많이 살아남는다.

결국 고등동물이 유성생식을 통해 자손을 번식하는 것은 섹스의 장점이 다른 생식 방법보다 유리했기 때문이다. 이 과정에서 섹스의 대가로 지불해야 했던 것은 바로 죽음이다. 박테리아가 생식을 고안해 낸 바로 그 순간부터 모든 개체는 죽음을 선고받았다. 따라서 죽음을 부정적으로 생각할 필요는 없다. 오늘날의 모든 유기체가 독특한 개성을 지닌 채 독자적인 실체로 성장할 수 있었던 것은 진화를 촉진시킨 죽음 덕분이기 때문이다.

유성생식이 반드시 유리한 것만은 아니다. 두 개체의 유전자가 혼합되기 때문에 각 개체는 후손에게 자기 유전자의 절반밖에 전달하지 못한다. 또 무성생식보다 번식이 느릴 뿐만 아니라 자손의 절반은 각각 수컷과 암컷으로 태어나야 한다. 그런데도 유성생식이 선택된 것은 두 개체의 유전자를 다양하게 혼합함으로써 자연선택의 기회를 넓힐 수 있기 때문이다. 유전적 다양성을 통해 후손들은 환경에 더 잘 적응할 수 있었으며, 진화의 방향을 예측불허로 만들어 약탈자의 눈을 피할 수 있었다. 그러므로 죽음은 결코 당신의 원죄로 인한 신의 저주 때문에 생긴 것이 아니다.

존재의 이유

　이쯤 되면 당신은 우리가 죽어야 하는 이유를 어느 정도 이해했을 것이다. 그러나 아직도 죽음을 순순히 받아들이고 싶지 않다면 동물에게서 한 가지 교훈을 배워야 한다. 연어는 민물에서 태어나 바다에서 자란 후 어미가 되면 자기가 태어난 고향으로 회귀한다. 그들은 몸을 반밖에 덮을 수 없는 물길을 거슬러 올라가고, 수 미터 높이의 폭포를 뛰어오른다. 그뿐만 아니라 인간이 쳐놓은 그물과 낚시 미끼의 유혹을 떨쳐버려야 하고, 곰의 날카로운 발톱을 피해야 한다. 이 과정에서 수없이 많은 희생자가 생겨날 뿐만 아니라 무사히 도착한 어미들마저 온몸이 너덜거릴 만큼 황폐해진다. 연어가 엄청난 희생을 감내하면서 고향으로 돌아온 이유는 단 한 가지다. 알을 낳고 그곳에서 죽기 위해서다.

　이보다 더 안타까운 예도 있다. 수컷 사마귀는 교미를 끝내고 암컷에게 잡아먹힌다. 연인을 산 채로 씹어 먹는 암컷을 보는 것은 엄청난 공포가 아닐 수 없다. 거미 역시 비슷하다. 암거미는 복부 중앙에 생식 구멍을 갖고 있는데 대개는 암컷의 체격이 수컷보다 크다. 멋모르는 수컷은 한 번의 교미를 위해 암컷에게 접근해 성행위를 한 다음 잡아먹히기 일쑤다. 이 과정에서 살아남는 수컷도 있다. 이때 암컷은 접근해도 좋다는 수신호를 보내고, 수컷은 암컷의 배를 애무하며 최면상태에 이르게 한다.

　벌들도 비극적인 생애를 맞는다. 집단 내에 여왕벌이 없으면 일벌은 로열젤리를 만들어 애벌레에게 먹인다. 로열젤리 속에는 특별한 호르몬이 들어 있어 이것을 먹은 애벌레는 여왕벌로 성장한다. 이들이 여왕벌을 만드는 것은 순전히 자손을 번식하기 위해서다. 번식할 때가 되면 여왕벌은 공중으로 날아오르고 수백 마리의 수컷이 그 뒤를 따른다. 그러나 교미에 성공하는 수컷은 단 한 마리뿐이다. 교미에 성공한 수컷의 성기는 끊어진 채 여왕벌의 질 속에 남아 아까운 정액이 흘러내리는 것을 막아준다. 그 대신 수컷은 죽을 운명에 처한다. 교미에 성공하지 못한 나머지 수컷들도 그 이후부터는 아무것도 먹지 않은 채 시름시름 굶어 죽는다.

많은 동물이 독특한 생식 방법을 진화시켜 왔다. 달팽이는 암컷과 수컷의 생식기를 동시에 가지고 있다. 유럽 달팽이는 암컷과 수컷의 생식기를 서로에게 노출함으로써 쇠사슬에 묶인 죄수들처럼 집단 성행위를 한다. 또 어떤 달팽이는 스스로 자기 몸의 질 속에 자기 성기를 삽입해 수태하기도 한다. 번식을 위해 인내의 삶을 견디는 동물들도 있다. 하루살이는 단 하루의 삶과 교미의 환락을 누리기 위해 2년간 애벌레로 기다리고, 어떤 매미는 한 철을 보내기 위해 17년까지 기다리기도 한다.

그들이 불편을 감수하고, 심지어 목숨을 버리면서까지 집착하는 것은 바로 번식이다. 그들에게 죽음이란 할 일을 끝내고 더 이상 쓸모없어진 몸을 벗어던지는 행위다. 그러므로 그들의 존재는 죽음으로 완성된다. 암컷과의 교미에 성공하지 못한다고 하더라도 수컷의 존재가 무의미해지는 것은 아니다. 그 수컷은 다른 경쟁자들을 분발시킴으로써 후손에게 돌아갈 강한 유전자를 암컷이 선택하도록 유도하기 때문이다. 그러므로 당신을 포함하여 이 세상에 존재하는 것은 모두 존재의 이유를 갖고 있다.

04
죽음에 이르는 길

우리 역시 궁극적으로는 어쩔 수 없는 실패자들이다.
우리 가운데 가장 정신이 맑고 우수한 사람도
미친 사람이나 수감자처럼 한 줌의 흙에 불과하다.
그래서 궁극적으로 죽음은
우리 가운데 가장 강한 사람마저도 쇠약하게 한다.
_윌리엄 제임스, 『종교적 경험의 다양성』

죽었니? 살았니?

　가족 중 한 사람이 한밤중에 쓰러졌다고 치자. 구급차를 부르기 전에 당신은 쓰러진 사람의 상태를 확인하고 싶을 것이다. 아마 맥박을 짚어 보거나, 가슴에 손을 얹어 심장의 박동을 확인하거나, 아니면 쓰러진 사람의 코에 귀를 갖다 댈 것이다. 그러나 당신은 의사가 아니므로 그가 죽었는지 살았는지 정확히 판단하기 어렵다. 이윽고 구급차가 도착하고 그는 병원으로 실려 가 한 개의 병상을 차지한다. 운이 좋으면 전문의의 진단을 받을 수 있겠지만, 응급실에서 흰 가운을 입고 돌아다니는 사람들은 대부분 전문의가 아니다. 그들 역시 당신이 했던 것과 비슷한 방법으로 생사 여부를 확인할 것이다. 그때 당신은 가족의 죽음을 통보받거나, 흰 가운을 입은 사람들이 부랴부랴 인공호흡을 해대며 당직 의사를 찾으러 뛰어다니는 북새통을 경험할 것이다.

만일 죽음을 통보받았다면 가족의 느닷없는 죽음을 인정하기 어려울 것이다. 의사의 한 마디로 방금 전까지 멀쩡하게 살아 있던 내 가족의 죽음을 어떻게 받아들일 수 있단 말인가? 그러나 당신은 의사가 선택한 죽음의 판정 기준을 받아들일 수밖에 없다. 환자는 이미 숨을 쉬고 있지 않고 심장박동도 멎어 있다.

16세기 중엽의 이름난 의사였던 안드레아스 베살리우스는 어느 에스파냐 귀족의 몸을 해부하던 중 시체가 움직이는 것을 보고 화들짝 놀랐다. 다행히 몸의 일부만 해부한 상태였기 때문에 몸은 완벽하게 복원되었고 시체는 기적적으로 살아났다. 하지만 베살리우스는 종교재판에 회부되어 사형 선고를 받았다고 한다. 장례식 도중에 관 속에서 깨어난 예는 드물지 않다. 그렇다면 당신은 죽음을 판정하는 기준에 의문을 품지 않을 수 없을 것이다. 숨을 쉬지 않고 심장이 멈췄다고 해서 그가 죽었다고 단정할 수 있을까?

고대인이 죽음을 확인할 수 있는 유일한 방법은 호흡의 유무를 가리는 것이었다. 오래전부터 중국인은 죽음을 확인하기 위해 촉광(屬鑛)이라는 방법을 사용했다고 전한다. 죽은 자의 코에 가벼운 솜뭉치를 올려놓은 후 솜이 움직이지 않으면 곡을 시작했던 것이다. 중세의 서양에서는 촛불을 코에 대거나 살갗을 그을림으로써 죽음을 판정했다고 한다. 그러나 이 방법 역시 죽음을 가려내는 데는 한계가 있었기 때문에 의사들은 죽음을 판정할 수 있는 갖가지 방법을 고안하지 않으면 안 되었다. 한때 미국에서는 정상적인 사람에게 주사하면 동공이 팽창되는 아트로핀 주사를, 영국에서는 휴대용 심전계를, 프랑스에서는 살아 있는 물체에 주사하면 각막이 일시적으로 녹색 빛을 띠는 형광 용액을 죽음을 판정하는 방법으로 사용하기도 했다.

현대 의학이 발전하기 전까지 수많은 사람이 산 채로 매장되었다. 이로부터 심장을 서늘하게 만드는 괴담이 출현했다. 이장(移葬)을 위해 무덤을 파헤쳤을 때 나무 관에서 죽은 자가 긁은 손톱자국이 발견되곤 했다. 임신한 채 숨진 여성의 시체 곁에서 질식사한 어린아이의 시체가 발견되기도 했다. 이런 현상은 매장된 후에도 시체가 살아 있었다는 것을 의미한다.

산 채로 매장될지도 모른다는 불안감은 매장 방식에 변화를 불러왔다. 사람들은 사흘 이상 시체를 모셔두는 것으로 이 문제를 해결했다. 19세기 러시아 알렉산드르 3세의 시종장이었던 카르니체 카르니키 백작은 땅속과 지상을 연결하는 대롱을 발명했다. 무덤 속의 관을 밖에서 열 수는 없지만 안에 누워 있는 사람이 숨을 쉬면 자동으로 대롱 뚜껑이 열려 공기를 공급하게 된다. 이와 함께 깃발이 달린 막대가 일어나고 종소리가 울려 밖에서 이를 알아챌 수 있도록 했다.

죽음의 판정은 생명 현상의 유무를 가리는 일이다. 그러나 별반 어려울 것 같지 않은 이 판정 기준을 정하는 것은 그리 간단치 않다. 일반적으로 죽음의 기준으로 삼아온 것은 폐호흡 및 심장박동의 영구적인 정지와 뇌의 죽음이다. 그러나 뇌·폐·심장의 기능은 멈추었다가 다시 소생할 수 있다. 그래서 의사들은 소생이 불가능하다고 판단되는 시점, 즉 30분 정도의 관찰을 통해 더 이상 회복의 기미가 보이지 않을 때 죽음으로 판정한다.

죽음의 징조는 다양하게 나타난다. 호흡과 맥박이 멈추고, 체온은 떨어지며, 동공은 풀린다. 또 시반(屍斑)이라 불리는 붉은 반점들이 피부에 나타나고, 온몸이 경직되기 시작한다. 하지만 오랫동안 요가 수행을 한 사람들은 일반인보다 훨씬 긴 시간 동안 호흡을 멈출 수 있다. 그들은 산소의 소모량을 줄일 수 있으며, 심장박동조차 보통 사람보다 느리게 지연시킬 수 있다.

체온의 저하도 죽음의 판정 기준이 되지는 못한다. 사람은 의학적 죽음 이후에 10~12시간까지 매시간 1℃씩 체온이 내려간다. 하지만 오늘날에는 병원에서조차 체온을 낮추어 수술하는 수술법이 시행되고 있다. 체온이 30℃ 이하로 내려가면 심장박동이 멎고, 18℃까지 낮추면 두뇌활동이 거의 정지상태에 이르며 혈액의 흐름도 멎게 된다. 저체온 수술법은 환자의 체온을 18~20℃까지 낮춰 피를 흘리게 하지 않고 수술하는 방법인데, 최근에는 6℃까지 체온을 내려 뇌를 수술할 만큼 시술 능력이 향상되었다. 이 상태가 한 시간 이상 지속되면 몸속의 세포가 산소와 영양분을 공급받지 못하기 때문에 생명이 위험해진다.

그런데 노르웨이의 한 소년이 22분 동안 얼어붙은 강물 속에 잠겨 있다가 구조되어 6개월 만에 정상으로 돌아온 예는 이 기준이 정확하지 않을 수 있음을 보여준다. 그뿐만 아니라 1999년 2월에는 알프스 지역에 내린 50년 만의 폭설과 눈사태로 눈 속에 묻혀 있던 네 살짜리 오스트리아 어린이가 두 시간 만에 동사상태로 발견되었다가 생존한 일이 있다. 이것은 어린이의 경우 잠수 반사(diving reflex) 능력이 있기 때문이다. 잠수 반사는 차가운 물속에 잠기거나 눈 속에 묻혀 호흡이 멈췄을 때 뇌가 신진대사를 최소한으로 유지하며 최소한의 산소를 사용하는 반사 활동이다. 잠수 반사가 일어나면 얼음처럼 차가운 물속에서 호흡 활동이 중지되더라도 한 시간 이상 생존할 수 있다.

눈동자를 확인하거나 신체의 경직 현상도 시간에 따라 달라질 수 있다. 사망 직후에는 동공이 팽창하지만 이후 20시간 동안은 점차 수축하기 때문이다. 또 시체의 경직 현상은 대개 12시간 후부터 진행되는데 죽는 순간에 압박을 받거나 놀라게 되면 농축 아드레날린이 분비되어 경직 현상이 지체될 수 있다. 시반 역시 그 부위를 절개하지 않고는 정확히 알 수 없다. 죽기 전에 입은 상처들이 그 주변의 세포 조직에 더 많은 혈액이 뭉치게 함으로써 시반과 구별을 곤란하게 하기 때문이다. 따라서 몇 가지 징조만으로 성급히 응급치료를 중단하면 진짜 죽음에 이를 수 있다.

이런 불확실성에 대응하기 위해 생겨난 기준이 뇌사(腦死)다. 뇌사의 개념은 1959년 프랑스 의사 피에르 모라레와 모리스 굴롱이 뇌의 활동이 정지된 23명의 환자를 지칭하면서 시작되었다. 그러나 당시에는 이 상태를 단순한 혼수상태로 인식했다. 그러다가 1967년 12월 3일, 크리스천 버나드에 의해 뇌사자의 몸에서 추출한 심장으로 이식수술이 처음 성공하면서 뇌사 문제가 수면 위로 불거졌다. 이듬해 하버드대학 의사협회가 뇌사 문제를 공식적으로 제기하여 24시간 동안 뇌파가 움직이지 않으면 사망한 것으로 간주해야 한다는 결론을 내렸다.

그러나 뇌사 판정을 받은 사람 중 극소수는 다시 소생할 수 있다는 사실이 알려지면서 논쟁이 가열되었다. 뇌사 문제가 사회적 파장을 일으키자 세계의학협회는 1968년 8월 9일, 오스트레일리아 시드니에서 열린 제22차 총회에서 임상적 죽음의 판단 기준을 명확히 설정했다. 그때 내린 결론은 '외부 자극에 대한 생체 반응의 상실, 자율 운동신경의 상실, 모든 반사의 상실, 뇌파의 상실'이었다. 그러나 오늘날에는 폐·심장·뇌는 물론 세포의 죽음을 죽음의 판정 기준으로 설정하고 있다. 세포는 다른 장기들이 모두 죽은 후에도 며칠 동안 생존할 수 있다. 죽은 후에도 손톱과 머리카락이 자라는 것을 보면 쉽게 알 수 있다. 해골만 남은 처녀귀신이 기다란 머리카락을 흩날리면서 등장할 수 있는 것은 이 때문이다.

오늘날에는 뇌사가 중요한 판단의 준거가 되고 있다. 대뇌가 손상된 사람이라도 뇌간이나 소뇌가 손상되지 않았다면 호흡과 심장박동은 지속된다. 따라서 뇌사는 대뇌·소뇌·뇌간의 활동이 모두 정지된 것을 의미한다. 최근에는 뇌파의 직선 상태가 지속될 때 뇌 활동이 정지된 것으로 간주한다. 1975년에 발표된 「비치(Veatch) 보고서」는 일직선 뇌파를 보인 1,970명 중 약물 과용으로 판명된 3명만이 소생했음을 보여줌으로써 그 신빙성을 증명했다. 그러나 약물을 과용하거나 냉동인간에 이를 정도로 체온이 내려간 경우에도 뇌파가 일직선 상태를 보여주기 때문에 판단에 신중을 기해야 한다.

죽음에의 초대

과거에는 적지 않은 사람들이 살아 있는 채로 매장되거나 시체로 처리되었을 것이다. 캄캄한 땅속에서 번쩍 눈을 뜬 당신을 상상해보라. 그보다 더 끔찍한 공포는 없을 것이다. 그때보다 더 빨리 죽고 싶은 적은 없을 것이다. 그는 관 속에 남아 있는 산소를 다 소모하기 전에 절망 때문에 죽을 가능성이 크다. 공포와 절망은 삶을 단축시킨다. 종교는 대부분 이러한 공포 위에 세워졌다.

종교는 당신이 죽은 다음에도 영혼의 세계가 존재하며, 그곳에서 천국의 즐거움을 맛보거나 지옥에 떨어질 것이라고 위협한다. 지옥이야말로 우리가 상상할 수 있는 가장 끔찍한 삶의 현장이다. 지옥이 가공할 만한 공포심을 안겨주는 것은 거기에 죽음이 존재하지 않기 때문이다. 지옥에 들어간 당신은 도저히 견뎌낼 수 없는 고문 속에서도 죽거나 자살할 수 없다. 그나마 당신이 약간의 위안을 얻을 수 있는 유일한 길은 끔찍한 고통을 받아들이고 회개하는 길뿐이다. 지옥에 탈출구 따위는 없다.

정작 사람들이 두려워하는 것은 지옥이 아니라 자기 존재에 대한 공백이다. 나는 사라질 것이며 다시 돌아오지 못한다. 세계는 내 존재를 너무 과소평가하고 있으며, 아무런 흔적도 없이 나를 데려가 버리고는 눈곱만큼의 아쉬움도 나타내지 않는다. 물론 종교는 이러한 두려움에 대해서도 답을 준비해두었다. 부활 또는 윤회는 당신이 다시 태어날 수 있음을 설득력 있게 제시한다. 당신이 다시 태어나기 위해서는 신을 믿거나 수행을 거듭해야 한다. 그러므로 종교의 진정한 미덕은 당신의 삶에 간섭하여 선한 인간으로 살아가도록 하는 데 있다.

그렇다고 해서 당신이 단박에 죽음의 공포에서 벗어날 수 있는 것은 아니다. 생명의 책에 이름을 올리는 것은 낙타가 바늘구멍을 통과하는 것만큼이나 어렵고, 깨달음을 얻기는 갠지스강 강변의 모래밭에서 바늘을 찾는 것보다 힘들기 때문이다. 도교에서는 천선(天仙)이 되려면 1,200가지 선행을 해야 하고 지선(地仙)이 되려면 300가지 선행을 해야 한다고 말한다. 기독교나 불교의 해결책보다는 도교의 신선이 되는 것이 훨씬 쉽다는 것을 알았을 것이다. 하지만 안심은 금물이다. 한 가지라도 악행을 행하면 모든 선행이 무효로 돌아간다는 것을 잊지 말기 바란다.

미국의 정신의학자 엘리자베스 퀴블러 로스는 불치병 환자 500명을 대상으로 그들의 심리상태를 분석했다. 그는 죽어가는 사람의 심리적 반응을 다섯 단계로 나누었다. 첫 번째는 '부정의 단계'로 자신의 죽음을 인정하지 않으려 한다. 두 번째는 '분노의 단계'로 자신이 죽음의 대상으로 선택된 사실에 분노한다. 세 번째는 죽음을 어느 정도 인정하는 '타협의 단계'이고, 네 번째는 죽음과의 타협이 원만히 이루어지지 않음으로써 의기소침해지는 '우울의 단계'다. 그리고 다섯 번째는 모든 희망을 빼앗기고 죽음을 온전히 받아들이는 '수용의 단계'다.

죽음을 앞둔 자신의 모습을 상상해보자. 당신은 가장 먼저 혈압 저하에 따른 의식의 상실과 지각의 마비를 경험하게 될 것이다. 숨결은 거칠어지고 맥박과 심장의 박동이 불규칙해지며 그 움직임도 점차 느려진다. 감각은 대부분 사라지지만 다른 사람의 목소리는 들을 수 있다. 이때 의식 장애가 나타나 꿈과 환상을 구별하지 못하며, 이 상태는 잠시 동안 지속되다가 이내 혼수상태에 빠진다. 이윽고 입술 같은 점막에 자줏빛 반점이 나타나고 각막의 반사가 없어지며 뇌파는 희미해진다. 심장 박동이 정지하면 각 부위로 전달되던 혈류가 중단되어 폐가 가장 먼저 손상을 입는다. 뇌에 공급되는 산소와 포도당의 양이 급격히 줄어들면서 곧 의식이 없는 상태에 빠진다. 뇌 기능이 손상됨으로써 뇌에 흐르던 혈류가 차단되고, 이후 5분 정도가 지나면 죽음에 이르게 된다.

사망과 더불어 체온은 점차 떨어져 10~12시간 정도까지 시간당 1℃씩 하강하다가 그 이후부터 10시간 정도는 0.5℃씩 내려간다. 신체는 혈구의 무게마저 지탱할 수 없게 되어 높은 곳에서 낮은 곳으로 혈구가 이동하여 시체 아래쪽에 검붉은 시반을 만들어 낸다. 두세 시간 후에는 시체가 경직되기 시작하는데 이를 시강(屍剛) 현상이라 한다. 이는 근육 운동에 필요한 에너지인 ATP(Adenosine Triphosphate)가 더 이상 만들어지지 않아 발생한다. 경직은 위에서부터 시작하여 점차 아래쪽으로 향하지만

10~12시간이 지나 최고조에 이르렀다가 2~3일 후부터 원래 상태로 돌아온다.

이제 몸은 썩기 시작한다. 미생물에 의한 질소화합물의 분해로 몸이 유기적 상태에서 무기적 상태로 전환하는 것이다. 죽은 지 2~3일 후부터 뇌의 부패를 시작으로 기관점막, 위, 장, 췌장, 간 등이 부패한다. 이어 심장·폐·자궁·혈관이 썩고, 마지막에는 모발과 뼈·치아처럼 단단한 것들이 썩는다. 부패가 시작되면 몸속에서 유화수소나 암모니아 같은 가스가 발생하기 때문에 역겨운 악취가 풍긴다. 가스가 팽창하면 말초 혈관이 파열되어 출혈 반점이 생기고, 직장 및 방광이 압박을 받아 대소변이 흘러나오거나 입에서 오물이 튀어나온다. 또 복부가 풍선처럼 부풀어 오를 뿐만 아니라 가스의 압력으로 눈알이 밖으로 튀어나온다.

곧이어 절지동물이 당신의 몸에 달라붙는다. 가장 먼저 죽은 고기를 먹는 곤충이 나타나고, 파리가 알을 낳기 위해 달려든다. 파리는 엄청난 수의 알을 낳아 당신의 몸속에서 구더기를 키운다. 이들은 세 번 허물을 벗고 번데기가 되는데, 번데기가 되기 전에 당신의 몸을 떠난다. 뒤이어 피부와 각막을 먹어 치우는 곤충들이 당신의 몸을 갈기갈기 해체할 것이다. 이것이 수많은 성화(聖畵)가 보여주는 지옥의 정경이다. 이 광경을 직접 볼 수 있다면 당신은 이내 구토를 일으키고 말 것이다. 그러나 걱정할 필요는 없다. 당신은 그 모습을 볼 수 없다. 분명히 말하지만, 당신은 이미 죽었다.

지상의 방 한 칸

　이제 당신은 돌아올 수 없는 지점에 와 있다. 가족들은 당신의 주검을 처리할 일에 골몰할 것이다. 사람들은 죽음과 관련된 모든 일을 면허 받은 전문가들에게 떠넘김으로써 죽음과의 접촉을 피하려는 경향이 있다. 이미 당신은 가족들의 시체 처리방법에 이의를 제기할 수 없다. 만약 매장을 고집했다면 당신은 지상에 서너 평쯤 되는 방 한 칸은 마련한 셈이다. 하지만 그 땅이 당신의 영원한 안식처가 될 수는 없다. 먼 훗날 당신의 해골 위에 다른 해골이 얹힐 것이며, 더 먼 미래에는 잡초로 뒤덮이거나 고층빌딩이 들어설지도 모른다.

　그 적막함과 외로움을 억울해할 이유는 없다. 세상에는 당신 가족보다 더 끔찍하게 시체를 처리하는 부족도 많기 때문이다. 옛날에 에스키모인은 노동력을 상실할 만큼 부모가 늙으면 꽁꽁 얼어붙은 들판에 내다 버렸다고 한다. 그 가련한 늙은이의 유일한 바람은 북극곰의 먹이가 되기 전에 굶어 죽거나 얼어 죽는 것이다. 티베트인은 더 끔찍한 조장(鳥葬)의 전통을 갖고 있다. 그들은 죽은 사람의 몸을 칼로 잘라 뼈에서 살을 발라낸 다음 뼈를 쪼개 보릿가루에 섞고, 이것을 높은 산 위에 뿌려놓는다. 시체는 가장 먼저 등을 절개하고, 다음에 복부를 잘라 내장기관을 제거한다. 다시 각 부위의 살을 발라내고 죽은 자의 머리 가죽을 벗긴 다음 두개골마저 절단한다. 발라낸 살은 여러 토막으로 짓이긴 후 보릿가루와 함께 반죽하여 인절미처럼 만든다. 그러고는 나팔을 불어 하늘에서 먹이를 노리고 있는 새들을 초대한다. 먼저 반죽한 뼛가루를 독수리에게 공양하고, 살 반죽과 남은 뼛조각은 모두 태운 후 그 가루를 허공에 날린다. 죽은 자는 살아 있는 새의 배 속에 들어감으로써 천계(天界)를 비행할 수 있을 뿐만 아니라 다시 환생한다.

동굴 속에 시체를 안치하는 굴장(屈葬)을 선호하는 부족도 있다. 그들은 시체의 뼈를 잘게 부수거나 손발을 질긴 밧줄로 결박하여 무거운 돌을 올려놓는다. 시체가 무덤에서 나와 배회하는 것을 막기 위해서다. 티베트 전통과 비슷한 풍장(風葬)도 있는데, 이 방법은 우리 조상도 즐겨 사용했다. 들판에 초막을 짓고 그 안에 시체를 넣어두면 스스로 부패하여 앙상한 뼈만 남거나 짐승의 먹이가 된다. 마지막까지 남은 백골은 깨끗이 닦아 납골하거나 매장한다.

어느 종족이든 죽음의 의식은 조상들의 고행과 관련 있다. 예를 들어 우리는 시체를 매장할 때 북쪽으로 머리를 둔다. 이것은 북극성의 위치와 관련이 있는데, 동북 아시아인의 본래 거주지가 시베리아 부근이었기 때문이다. 죽은 자는 조상들이 태어난 곳으로 돌아가는 것이다. 그래서 우리 민족은 죽었다는 말보다는 '돌아가셨다'는 표현을 즐겨 사용한다. 짐승이 죽을 때 고향을 향해 머리를 돌린다는 '수구초심(首邱初心)'이라는 고사는 이런 이유로 생겨났다. 그러나 중국에서 사용되는 북망산(北邙山)이란 개념은 낙양 북쪽에 있는 산 이름으로, 한나라 때 이후 공동묘지로 사용하면서 저승과 동일시되었다. 기독교인이 무덤의 방향을 예루살렘 쪽으로 만들고, 이슬람교도의 무덤이 메카를 향하는 것도 같은 이유다.

조상들의 고행은 그들이 살았을 공간 및 생활환경과 관련 있다. 죽은 이를 산에 매장하는 문화는 땅을 소중히 여기는 농경민족의 특성 중 하나다. 그들은 이 세상의 공간을 하늘·땅·지하의 수직 체계로 이해했다. 농경민은 한 뼘의 농경지라도 아끼기 위해 경작이 어려운 산에 시체를 묻고 그곳을 죽은 자의 집으로 삼았다. 에스키모인이 죽어가는 자를 들판에 유기한 것은 사냥꾼이 숲속에 시체를 유기하는 것과 비슷하다. 더구나 북극의 찬 기후로 인해 시체가 썩지 않기 때문에 곰에게 먹이로 주는 것이 가장 효과적으로 폐기물을 처리할 수 있는 방법이었다.

이집트의 미라는 건조한 사막 기후 때문에 가능했다. 아마 고대 이집트인은 시체를 처리하기가 쉽지 않았을 것이다. 느닷없이 몰아치는 모래 바람은 수시로 지형을 바꾸어놓기 때문에 매장을 할 수 없고 나무가 없으니 화장도 할 수 없었다. 따라서 그들은 나일강에 시체를 던져 악어와 물고기의 밥이 되게 하거나 사막 동굴에 그대로 방치했을 것이다. 건조한 바람과 뜨거운 모래는 시체를 자연적인 미라로 만들었다. 하지만 권력자는 달랐다. 그들은 사막의 건조한 기후를 이용해 인공적인 미라를 만드는 방식을 택했다.

미라를 만드는 일은 기원전 3000년경부터 시작된 것으로 알려져 있다. 초기에는 시체를 천으로 감싼 다음 나일강의 습기에서 멀리 떨어진 건조한 사막 지역에 숯을 깔고 모래 속에 묻는 방식이었다. 그 후 미라 제조법이 나날이 발전하여 나중에는 내장을 따로 꺼내 숙성된 야자수로 씻고 알코올과 약초로 채운 단지 속에 넣어 봉했다. 그런 다음 향유와 향수를 비어 있는 몸에 넣어 꿰맨 후 질산칼륨 속에 2개월 동안 담가두었다. 어느 정도 시간이 지나면 시체를 꺼내 야자수로 깨끗이 씻은 뒤 습기를 제거하고 관에 넣었다.

무덥고 습한 기후의 인도에서는 미라 제작이 불가능하다. 그곳의 원주민이었던 드라비다족은 농경민이었기 때문에 매장을 선호했을 것이다. 그러나 유목민인 아리안족의 침입으로 약간의 변화가 생겼다. 유목민은 대개 평지에 흙이나 돌을 쌓는 총장(塚葬)을 선호하는데, 이는 땅이 척박하고 돌멩이가 많아 매장이 어렵기 때문이다. 그러나 인도인은 종교적 이유로 화장을 선택했다. 인도를 여행하는 관광객은 갠지스강 주변에서 행해지는 다비(茶毘)를 보고 놀란다. 하지만 인도는 장작으로 사용할 나무가 그리 풍부하지 않기 때문에 화장은 부자들의 몫이다. 하층민은 제대로 타지도 않은 시체를 그대로 강에 버릴 수밖에 없다.

한국의 어촌에서 풍장이 행해진 것도 그만한 이유가 있다. 어촌에서 남자들은 배를 타고 출어해 상당 기간 돌아오지 않는다. 상주가 돌아올 때까지 장례를 연기할 필요가 있었기 때문에 곧바로 시체를 매장하지 않고 초분을 지어 모셔 두었다가 백골을 수습해 따로 장례를 치렀던 것이다.

인간은 죽은 자를 매장하는 유일한 동물이며, 죽어서까지 자신의 거처를 갖고 싶어 하는 유일한 동물이다. 만약 당신에게도 그러한 욕구가 있다면 장자의 말에 귀 기울일 필요가 있다. 장자가 죽게 되었을 때 제자들이 그를 후하게 장사 지내려 했다. 그러자 장자는 이를 단호히 거절했다.

"나는 하늘과 땅을 관으로 삼고 해와 달로 한 쌍의 구슬을 삼으며, 별로써 장식의 옥(玉)을 삼고, 만물로써 재물을 삼는다. 거기에 더 보탤 것이 무엇이냐?"

그러자 제자들이 간곡히 말했다.

"솔개와 까마귀가 시신을 파먹을까 두렵습니다."

"땅 위에 있으면 까마귀나 솔개의 밥이 되고, 땅속에 있으면 벌레나 개미의 밥이 되는 것이다. 새들이 먹을 것을 빼앗아 개미에게 주려고 하다니, 어찌 그리 편벽한가?"

05
불멸을 꿈꾼 사람들

아침나절에만 사는 버섯은 그믐과 초승을 알지 못하고,
쓰르라미는 봄과 가을을 알지 못하니
이는 수명이 짧기 때문이다.
초나라 남쪽에 명령(冥靈)이라는 것이 있는데
오백 년을 봄으로 삼고 오백 년을 가을로 삼았다.
또 태곳적에 대춘(大椿)이 있었는데
팔천 년을 봄으로 삼고 팔천 년을 가을로 삼았다.
그런데 팽조(彭祖)가 지금에 와서 오래 산 것으로 소문이 났으니
이 또한 슬프지 아니한가?

_『장자(莊子)』

진시황 이야기

중국의 진시황은 13세의 어린 나이에 왕위에 올랐다. 처음에는 대신들에게 정사를 위임했으나 장성하면서 주변 여섯 나라를 정벌하여 기원전 221년에 천하를 통일했다. 그는 중앙집권체제를 확고히 다졌으나 이른바 방사와 유생 460여 명을 체포하여 생매장하는 분서갱유(焚書坑儒)를 일으켜 두고두고 악명을 떨쳤다. 기록에 의하면 진시황은 콧등이 높고 눈이 길며, 매의 가슴에다 목소리는 승냥이처럼 날카로웠다고 한다. 또 호랑이나 이리와 같은 마음을 가지고 있어 눈 하나 까닥하지 않고 사

람을 잡아먹을 위인이었다고 한다. 권력이 있는 곳에 늘 그러하듯 그가 천하를 통일했을 때 주위에서 간신들이 모여들었다.

"옛날에는 천황(天皇)·지황(地皇)·태황(太皇)이 있었는데 그중에서 태황이 가장 존귀했습니다. 그러니 존호를 태황으로 바꾸십시오."

왕은 전설 속의 인물인 태황의 이름을 차용하는 것이 부담스러웠는지 이를 점잖게 거절하는 대신 색다른 제안을 했다.

"그대들이 원한다면 태(太) 자를 빼고 제(帝)를 채용하여 앞으로 황제라고 하겠다. 나로부터 황제가 시작되었으니 그대들은 시황제(始皇帝)라 부르도록 하고, 앞으로 항렬을 따져 만세까지 무궁토록 하라."

중국의 넓은 땅을 다스리는 것은 만만치 않은 일이다. 그는 죄수 70만 명을 동원해 대규모 공사를 벌임으로써 황제의 권위를 세우고자 했다. 우선 천하의 병기를 거둬들여 수도 함양에 모으고, 그것으로 무게가 12만 근이나 되는 금인(金人) 12상을 만들었다. 또 전국에 흩어진 부자들에게 동원령을 내려 그중 12만 호를 함양으로 이주시키고, 제후를 멸망시킬 때마다 그 나라의 궁실을 본떠 함양에 다시 축조했다. 궁실 사이에는 구름다리를 놓아 누각으로 연결했으며, 각 궁실 안은 제후들로부터 빼앗은 미녀와 악기들로 채웠다. 그것도 모자라 시황은 아방궁을 건설했는데 동서의 너비가 500보, 남북의 길이가 50장(丈)나 되어 한꺼번에 1만 명이 들어앉을 수 있는 규모였다.

정원에는 온갖 기화요초(琪花瑤草)가 만발하고, 궁전은 아름다운 미녀들로 가득 차 있으며 식탁은 기름지고 맛있는 음식들로 채워졌으니 진시황이 현세의 삶을 무궁토록 누리고 싶은 마음은 당연했을 것이다. 이윽고 그는 한종, 후공, 석생, 노생, 서불 등 비술(秘術)에 일가견이 있다는 사람들을 궁으로 불러들였다. 그들에게 주어진 임무는 신선을 찾아 장생불사(長生不死)의 약을 구해 오는 것이었다. 그러나 막대한 노잣돈을 가지고 떠난 사람 중에서 돌아온 이는 노생과 서불뿐이었다. 성과를 얻지 못하고 돌아온 노생은 책임을 추궁당할까 두려워 억지 핑계를 댔다.

"신이 죽음을 무릅쓰고 선약(仙藥)을 찾으러 다녔으나 부끄럽게도 찾지 못했습니다. 이는 악귀가 신의 일을 방해하고 있기 때문입니다. 그러니 황제께서는 항상 신분을 숨기고 행적을 비밀로 하여 악귀가 달라붙지 않도록 하십시오. 진인(眞人)이란 물속에 들어가도 젖지 아니하고 불속에 들어가도 타지 않습니다. 또 구름과 안개를 거두어 타고 하늘을 노닐며 천지와 더불어 장구한 삶을 누릴 수 있습니다. 황제께서는 거처하시는 궁실을 사람들이 알지 못하게 하소서. 그런 연후에야 비로소 불사약을 얻을 수 있을 것입니다."

시황은 노생의 말을 그럴듯하게 여겼다.

"네 말이 옳다. 이제부터 나는 진인이라 칭하겠으며 짐(朕)이라는 호칭을 사용하지 않겠다."

시황이 별궁을 지은 것은 그때부터라고 한다. 그는 함양 부근 200리 안에 270여 개의 별궁을 짓고 이들을 구름다리로 연결했다. 그리고 자신의 거처를 발설하는 자가 있으면 모조리 죽여 버렸다.

하지만 노생이 빈손으로 온 것은 아니었다. 그는 미래를 예언한 『녹도서(錄圖書)』를 구해 왔는데, 거기에는 장차 나라를 멸망시킬 자는 호(胡)라고 적혀 있었다. 이에 시황은 30만의 병사를 동원해 북방의 호족을 공격했다. 정작 나라를 말아먹을 놈이 자기가 낳은 호해(胡亥)인 줄을 꿈에도 몰랐던 것이다.

막대한 비용만 쓰고 빈손으로 돌아온 서불 역시 처벌이 두려워 거짓말을 했다.

"봉래산의 선약은 구할 수 있으나 바다에 커다란 상어가 있어 접근할 수 없습니다. 청컨대 활 솜씨가 뛰어난 사람들을 보내주십시오."

시황이 사람들을 보냈으나 선약을 구하는 데는 실패했다. 결국 서불은 어린 남녀 아이 수천 명을 배에 태우고 불사약을 구하러 바다로 나갔다가 배가 난파되는 바람에 영영 돌아오지 못했다.

시황은 불사약을 구경하지도 못한 채 죽음을 맞이해야 했다. 황허 인근의 평원진에 이르렀을 때 그는 병이 들고 말았다. 신하들은 시황의 죽음이 가져올 분란 때문에 꾹 입을 다물었다. 병세는 날로 악화되었고, 마침내 시황은 유서를 적어 변방에 있는 맏아들 부소에게 보냈다. 그러나 역사가 한 단원의 막을 내릴 때는 언제나 모략자의 음모가 도사리고 있는 법이다. 이 모략자는 간신 조고였다. 조고는 시황의 유서를 수중에 간직한 채 이를 비밀로 했다.

시황이 세상을 떠나자 승상 이사는 권력 다툼이 일어날 것을 염려하여 시황이 죽었다는 사실을 숨겼다. 그는 시황의 관을 수레에 안치하고 환관을 시켜 매일 음식을 올리도록 했다. 또 환관 한 명을 황제로 변장시켜 수레 안에서 국사를 처리하는 것처럼 연기하도록 했다. 시황의 죽음을 아는 이는 가까이에서 황제를 보필하던 둘째 아들 호해와 이사·조고 등 측근 몇 명뿐이었다. 조고는 어려서부터 호해를 가르쳤기 때문에 맏아들 대신 그를 황제의 자리에 앉히고 싶어 했다. 그리하여 조고는 부소에게 보내는 유서를 거짓으로 꾸민 후 호해를 태자로 옹립했다.

때는 여름철이라 시황의 시체는 점점 썩어들어 갔다. 시체 썩는 냄새가 진동하자 그들은 수레에 소금에 절인 생선을 넣어 악취를 은폐했다. 결국 시황은 함양에 도착해서야 장례를 치를 수 있었다. 시황은 황제에 즉위할 때부터 묘를 조성했는데 세 차례나 지하수층을 지날 만큼 땅을 깊이 파고 구리를 녹여 관을 만들었다. 또 무덤 속에 별궁을 지어 진기한 보물로 가득 채운 후 자동으로 발사되는 활을 설치해 외부인의 접근을 차단했다. 관 주위에는 모든 강과 바다를 본떠 수은을 흐르게 하고, 도롱뇽 기름으로 초를 만들어 오랫동안 꺼지지 않도록 했다. 아버지가 죽자 호해는 그의 후궁들을 모두 무덤 속에 순장시키고 묘실의 기밀을 누설하지 못하도록 무덤을 만드는 데 동원된 장인과 노예를 산 채로 가두어 버렸다. 그리고 무덤 위에 큰 나무들을 심어 산처럼 위장했다.

시황은 죽은 뒤에도 자신의 지위와 권력이 그대로 유지되리라 생각했을 것이다. 그렇지 않다면 그 많은 병마를 흙으로 빚어 무덤까지 데려갔을 리 만무하다. 그가 저세계에서 아직도 권력을 누리고 있는지는 알 수 없다. 사후세계에 대해 말해줄 수 있는 사람이 없기 때문이다. 사후세계를 방문하고 돌아왔다는 사람들이 있긴 하지만, 그다지 신뢰할 만한 이야기는 아니다. 이 문제에 대해서는 뒤에 다룰 것이다.

신선의 세계

신선 설화는 중국 전국시대 중기부터 생겨나기 시작했다고 한다. 진시황이 불사의 영약을 구하려 한 것도 신선 설화에 영향을 받았기 때문이다. 영원히 죽지 않거나 수백 살까지 살고 싶다는 인간의 욕망은 종교적 형태로까지 승화되어 도교의 모태가 되었다.

『산해경(山海經)』에는 영원히 죽지 않는 민족이 나온다. 그 족속은 동쪽 끝에 살고 있는데 몸이 검다. 또 헌원국의 백성은 최소 800세를 산다. 그 외에도 무계국, 계무민, 질민국, 도광야, 곤륜허, 봉래산, 열고야 같은 곳에서도 장수를 누리며 신선처럼 살 수 있다. 이곳은 모두 이름난 명산이나 사람의 발길이 닿지 않는 섬에 있는데 그곳에 도착하기 위해서는 긴 동굴을 통과하거나 바다에 나갔다가 표류해야 한다. 그곳에는 선약과 아름다운 식물이 있어 황홀경의 삶을 누릴 수 있지만, 그곳 사람들로부터 반드시 귀향을 권고받기 때문에 오래 있을 수가 없다. 설령 다시 찾아간다고 해도 그곳은 이미 사라지고 없다.

중국 전한 시기에 활동했던 유향은 황금을 만드는 비법을 기록해 조정에 바쳤으나 오히려 사기꾼으로 오인되어 감옥에 갇힐 뻔했던 인물이다. 그가 기록한 『열선전(列仙傳)』에는 죽었다가 다시 나타나거나, 신선이 되어 승천하거나, 수백 살까지 장수한 인물이 수두룩하게 등장한다. 예를 들어 하나라의 무광은 은나라 탕왕이 왕위를 넘겨주려 했다는 이유만으로 돌을 짊어진 채 강물에 빠져 죽었다가 100년 뒤에 다시 나타났다. 또 평상생은 여러 번 죽었다가 부활했으며, 구선은 왕에게 도술을 가르쳐 주지 않았다는 이유로 사형당했다가 수십 년 뒤 다시 나타났다고 한다. 약초를 캐며 살았던 악전은 소나무 씨앗을 먹기를 좋아했는데 200세에서 300세까지 살았으며, 노자의 스승이라 칭해지던 용성공은 머리카락이 하얗게 세었다가 검어지고 이빨도 빠졌다가 다시 생겼다. 제나라의 연자는 300세까지 살았고, 강태공으로 알려진 여상도 200년을 살았으며, 은나라 팽조는 800세를 살았다.

죽은 다음에 신선이 된 사람도 많다. 제나라 구익부인은 무제가 소실로 받아들였다가 나중에 살해했는데, 그의 아들인 소제가 이장하려 했을 때 관을 열어보니 명주 신발만 남아 있었다고 한다. 또 곡춘은 죽어서도 몸이 식지 않아 관에 못을 박지 못했는데 3년 뒤 성문 위에 앉아 있는 것을 보고 마을 사람들이 관을 열어 보았더니 옷만 남아 있었다고 한다. 이렇듯 죽은 다음에 육체를 남기지 않는 것을 보고 중국인은 신선이 되었다고 믿었으며, 이를 시해선(尸解仙)이라 불렀다.

사마천의 『사기』에도 한나라 무제의 총애를 받던 이소군이 시해선이었다고 기록되어 있다. 어느 날 이소군이 연회에 참석했는데 손님 가운데 90세 노인이 있었다. 이소군이 그 노인을 보자 다가가 말했다.

"나는 당신 할아버지와 어릴 적부터 친구였소."

또 이소군이 무제를 알현했을 때 무제는 오래된 구리그릇을 보여주었는데, 그것을 본 이소군이 다음과 같이 말했다.

"이 그릇은 제나라 환공이 쓰던 것입니다."

무제가 그릇에 새겨진 글씨를 살펴보니 과연 환공의 글씨였다. 이소군이 예전에 환공의 그릇을 보았다면, 그는 500년 이상을 산 것이다.

전설적인 이야기들이 사실을 바탕으로 기록된 것은 아니다. 당시의 중국인은 신선의 세계를 믿었으며, 적어도 민간에 그 같은 전설이 광범위하게 유포되어 있었다. 신선의 반열에 오른 인물들은 계피, 영지버섯, 수정, 단약, 복령 같은 특별한 약초나 광물질을 복용한 것으로 기록되어 있다.

장수는 인류의 오랜 꿈이다. 이러한 기대는 고대 신화 속에 그대로 반영되었다. 수메르 전설에 나오는 카르키 왕은 2만 8,800세를 살았으며, 중국 전설에 등장하는 천황과 지황은 각각 1만 8,000세를 살았다. 구약 성서에 등장하는 인물들도 오늘날의 인간과는 비교되지 않을 만큼 오래 살았다. 아담은 930세를 살았고, 셋은 912세, 에노스는 905세, 게난은 910세, 마할랄렐은 905세, 야렛은 962세, 에녹은 365세, 므두셀라는 969세, 노아는 950세까지 살았다. 이후 노아의 자손들은 점점 수명이 줄어들어 500년 안팎을 살았다. 그들 중에서 에녹이 가장 짧은 생애를 누린 것은 하느님의 부름을 받고 일찍 하늘로 올라갔기 때문이다.

불사약을 만들어 보자

실제로 신선이 되고자 했던 사람들이 있다. 진나라 때의 갈홍(葛洪)
은 불사약을 만드는 데 일생을 바쳤다. 그는 열세 살 때 아버지를 여의
고 나무를 해다 팔며 공부에 열중했다. 그는 정은(鄭隱)이란 사람에게 술
법과 연단술(練丹術)을 배웠는데, 이를 바탕으로 317년에 자신의 호를 딴
『포박자(抱朴子)』를 썼다. 정은에게는 모두 50여 명의 제자가 있었으며, 그
중에서 갈홍만이 스승의 비술을 모두 전해 받았다고 한다. 하지만 연단
술의 일인자였던 그마저도 81세의 나이에 세상을 떠나고 말았다. 사람들
은 그가 세상을 떠난 뒤에 시해선이 되었다고 믿었다.
갈홍이 불사약의 재료로 주목한 것은 단사(丹沙)와 황금이다. 그는
수은과 유황의 천연화합물인 단사가 오래 태울수록 변화가 오묘하고,
불에 넣어 100번을 단련해도 녹지 않으며, 땅에 묻으면 세상이 다하도록
썩지 않는다고 말했다. 반면 식물로 만든 약은 땅에 묻으면 썩고 구우면
부스러지기 때문에 최선이 아니라고 가르쳤다. 갈홍의 가르침에 따르면,
방중술과 호흡법을 익히고 단약을 복용해야 장수할 수 있다. 방중술은
성행위를 하면서 기를 모으고 아끼는 방법이다. 또 태식(太息)이라 부르
는 호흡법은 입으로 숨을 쉬지 않고 단전으로 호흡하는 것을 가리킨다.
그러나 수련이 부담스러운 돈 많고 게으른 사람들은 비싼 단약을 사서
복용하는 것이 장수의 지름길이다. 사기꾼은 이런 사람을 노린다.
단약에도 격이 있다. 불로장생을 가져오는 것을 상약(上藥)이라 하고,

성(性)을 강하게 하고 생을 양육하는 것은 중약(中藥)이다. 하약(下藥)은 그저 병을 고치고 예방하는 기능을 할 뿐이다. 양나라 때 인물인 도홍경(陶弘景)이 저술한 『신농본초경(神農本草經)』에는 365종의 약물이 등장하는데, 상약 120종, 중약 120종, 하약 125종이 있다. 이들 중 상약은 대개 광물질이고, 하약은 식물로 구성되어 있다.

이제 이것들을 재료로 하여 단약을 만들어 보자. 최상의 상품은 불 위에서 아홉 번 익힌 금단, 즉 단화(丹華)다. 단화를 만들려면 웅황수, 반석수, 융염, 로염, 각석, 모려, 활석, 백분, 적석지 같은 낯선 이름의 재료가 필요하다. 먼저 이들 아홉 가지 재료를 섞어 현황(玄黃)을 만든다. 이것을 지렁이 똥으로 봉하는데, 기가 새어 나오는 것을 막고 염도의 급격한 변화를 막기 위한 것이다. 이렇게 밀봉된 것을 36일간(또는 21일간) 굽는다. 이렇게 완성된 것을 단화라 하는데, 단화 속에서 황금을 얻는다. 금을 얻기 위해서는 수은 100근을 넣어 불로 태우거나 납 성분이 들어 있는 현고를 넣어 강한 불 위에 구워야 한다. 이때 수은 중에 금이 섞여 있으면 납에 녹아 한 덩어리가 된다. 그 납을 태우거나 수은을 사용하면 금을 채취할 수 있다. 이렇게 만들어진 단화를 복용하면 7일 만에 신선이 된다고 한다.

이 과정을 과학적으로 살펴보면 품만 들인 독약 제조과정임을 쉽게 알 수 있다. 우선 단사(HgS)를 가열하면 산소와 반응하기 때문에 수은을 얻을 수 있다. 즉 $Hgs + O_2 = Hg + SO_2$가 되는 것이다. 여기에서 얻은 수은을 다시 가열하면 산화 제2수은(HgO)이 된다. 제2수은은 단사와 외견상 비슷하므로 본래 모습으로 되돌아간 것처럼 보인다. 이를 더욱 가열하면 수은과 산소가 분리되는데, 이 과정이 여러 번 반복된다. 갈홍이 주목한 것은 수은과 금의 환원성 또는 불변성이었다. 특히 수은은 고체

이면서도 액체 같은 모습을 하고 있으며, 상황에 따라 기체가 될 수도 있다. 끊임없이 순환하고 불변하는 것이야말로 인간의 장수에 대한 욕망을 충족시켜 주리라 믿었던 것이다.

당시의 귀족들은 이들의 말을 의심하지 않았다. 물론 수은이 인간의 몸속에서 무서운 독으로 작용한다는 사실도 알지 못했다. 결국 진시황과 한나라 무제는 불사를 꿈꾸다가 스스로 명을 단축하는 결과를 낳았다. 당나라 때에도 귀족들 사이에서 단약을 복용하는 것이 유행처럼 번졌다. 당나라의 두 번째 황제였던 태종은 '정관(貞觀)의 치세'로 잘 알려져 있지만 단약을 복용하다가 일찍 사망했다. 제11대 헌종 역시 유필(柳泌)이라는 방사를 끌어들여 금단을 만들게 하고 이를 꾸준히 복용하는 바람에 일찍 세상을 떠났다.

그들이 어떤 고통을 겪으며 죽었는지 상상하기는 어렵지 않다. 수은 중독은 대부분 혀와 목이 타는 느낌을 갖게 하며, 나중에는 온몸이 뒤틀리는 현상을 수반한다. 기형아 출산은 물론 뇌까지 손상된다. 절대 권력자들의 정신병적 발작이나 상상을 초월하는 가학적 행위는 이와 무관하지 않다. 결국 제12대 황제인 목종은 아버지를 죽음으로 몰고 간 유필을 사형에 처했지만 그 자신도 단약을 복용함으로써 아버지의 뒤를 이었다. 도교를 숭배했던 경종도 단약을 과신해 23세의 젊은 나이에 눈을 감고 말았다.

단약의 복용은 궁중에서 일어난 일만은 아니었다. 당나라의 문호였던 한유(韓愈)는 형의 장인인 이우(李于)가 유필이 만든 단약을 복용하고 사망하자 경종을 울리기 위해 이를 기록으로 남겼다. 그는 여덟 명의 수은 중독자를 관찰했는데 대부분 토혈, 종양, 혈변, 근육통 등으로 사망했다. 한유는 단약을 복용하지는 않았지만 위장병 치료제인 유황을 복용하는 바람에 그가 관찰한 다른 사람들과 비슷한 죽음을 맞았다.

개똥밭을 굴러도 저승보다 이승이 낫다는 말이 있다. 그래서 돈과 권력을 가진 이들은 어떻게 해서든 이승에서의 수명을 늘리고자 했다. 죽은 뒤에 크나큰 영예가 주어진다고 해도 죽음을 반길 사람은 없다. 트로이전쟁의 영웅 오디세우스는 하계에 있는 테베의 예언자 테이레시아스를 찾아갔다. 지하세계에 당도한 오디세우스는 황금 홀(笏)을 든 예언자 테이레시아스의 영혼을 만나 자신의 운명을 물었다. 예언자는 오디세우스가 고국 이타카로 돌아가 조용한 만년을 보낼 것이라고 예언했다. 만족할 만한 대답을 얻은 오디세우스는 이왕 지하세계에 내려온 김에 전쟁터에서 전사한 친구 아가멤논과 아킬레우스를 만났다. 창백한 얼굴을 한 두 친구를 보자 오디세우스는 안타까운 어투로 위로했다.

"아킬레우스! 아카이아의 으뜸 용사여! 당신보다 행복한 사람은 일찍이 없었고 앞으로도 그럴 것이다. 당신은 죽은 자들의 세계에서도 여전히 왕으로 군림할지니, 더 이상 죽음을 애석해하지 말라."

그러자 아킬레우스는 힘없는 목소리로 오디세우스를 향해 말했다.

"친구여, 그런 말로 나를 위로하지 마라. 나는 죽은 자들의 왕이 되기보다는 살아서 노예가 되고 싶은 것을."

연장될 수 있는 수명

죽음을 유예할 수는 있지만 죽음으로부터 영원히 벗어날 수는 없다. 현대 의학은 사람의 최대 수명을 115세에서 120세 정도로 추정하고 있다. 유골을 분석해 보면 네안데르탈인은 29세 정도에 사망한 것으로 추정되며, 그리스 황금시대에는 약 36세 정도의 수명을 누렸다고 알려져 있다. 르네상스 시기에도 평균 수명이 38세에 불과했고, 17세기에 이르러서야 50세를 넘어섰다. 오늘날에는 인종과 나라마다 약간의 차이가 있지만 보통 80세 정도의 수명을 누린다. 한국인의 평균 수명은 1925년에 남자 32.4세, 여자 35세에 불과했으나 1955년에 50세에 이르렀고, 1965년에 남녀 모두 60세를 넘어섰다. 그러나 수명이 연장될 수 있었던 가장 큰 원인이 유아 사망의 감소 때문이라는 사실을 안다면 그리 즐거워할 일은 아니다.

생명체의 수명은 태어난 후 생식할 수 있을 때까지의 기간과 관련 있다. 즉 그 기간의 10배가 최대 수명이라는 것이다. 이 가설에 따르면 사람은 보통 12세 정도에 초경을 경험하기 때문에 120세 정도가 최대 수명이다. 그러나 오늘날에는 초경이 점점 빨리 찾아오고 있는 추세다. 이런 현상은 인간이 살아가고 있는 환경에 영향을 받기 때문일 것이다. 환경이 열악하면 열악할수록 생명체는 더 많은 자손을 퍼뜨리고 싶어 한다. 환경 공해로 말라 가는 소나무가 더 많은 솔방울을 맺는 것과 같은 이치다. 초경이 일찍 찾아오는 것도 임신할 수 있는 기간을 더 빠르게 함으로써 자손을 빨리 퍼뜨리게 하려는 유전자의 노력으로 볼 수 있다. 그것은 인간이 죽음에 임박해 있음을 나타내는 하나의 경고다.

천수를 누리고 죽을 수 있다면 아무런 불만도 없을 것이다. 문제는 병으로 인한 갑작스러운 죽음이다. 질병은 인류와 공존했다. 고대 이집트의 미라에서도 갖가지 질병 증세가 발견된다. 그들이 기원전 1500년경에 새겨 놓은 부조나 벽화에도 소아마비를 앓던 환자가 등장한다. 고대인에게 전염병은 신이 내린 형벌이었다. 펠로폰네소스전쟁이 한창이던 기원전 430년에도 그리스 아테네에 전염병이 돌아 인구의 4분의 1이 절멸했다. 이 전염병으로 인해 아테네는 전쟁에서 패하고 말았다.

로마제국의 쇠퇴기에는 두창과 페스트가 거리를 휩쓸었고, 십자군전쟁 때에는 괴혈병과 이질이 전쟁터를 폐허로 만들었다. 나폴레옹이 러시아 원정에 나섰을 때는 이질과 발진티푸스가 발생해 병력의 3분의 2가 사망했다. 또 16세기에서 18세기까지 미지의 대륙을 정복하고 나섰던 유럽인은 아메리카와 폴리네시아 그리고 아프리카 원주민에게 부지런히 병균을 실어 날랐다. 유럽의 침입자들이 가져온 두창과 결핵, 홍역 등은 저항력이 없던 원주민에게 궤멸적인 피해를 입혔다. 따라서 에스파냐 병사들이 남아메리카를 정복할 수 있었던 것은 그들의 용맹함 때문이 아니라 더럽고 불결한 몸에 숨겨 온 세균 때문이었다.

인간에게 가공할 만한 공포를 안겨 준 질병은 1348년에 유럽을 휩쓴 흑사병이다. 유감스럽게도 영화 속에 등장하는 중세의 멋진 기사나 미녀들은 목욕하는 것을 싫어했고 성녀들도 손 씻지 않은 것을 자랑스럽게 여겼다. 불결한 위생과 전염병에 대한 무지는 흑사병을 전 유럽으로 확산시켰고 유럽 인구의 4분의 1을 죽음으로 몰아넣었다. 그들에게 흑사병은 신의 노여움인 동시에 세상의 종말이었다. 그때 유럽에서 밀교가 성행했으며, 무리를 지어 다니며 광란의 춤을 추는 이른바 '죽음의 무도(Dance of Death)'가 유행했다.

암 같은 불치병으로 죽는 사람보다 감기와 그 후유증으로 죽는 사람이 더 많다. 앞으로도 질병과의 전쟁은 계속될 것이지만, 자연은 늘 인간보다 한 발 앞서 나간다. 의사들이 신약을 개발했다고 발표하는 그 순간에도 자연은 인간에게 풀기 어려운 또 하나의 숙제를 내줄 것이다. 과학자들은 노화 유전자와 장수 유전자를 찾아내고 근육을 젊어지게 만드는 치료법을 개발하고 있다. 또 뇌의 신경세포가 재생되지 않는다는 통념을 뒤집고 70대 노인의 뇌 신경세포도 재생되고 있다는 유력한 증거를 가지고 있다. 이제는 다른 동물의 세포를 사람에게 이식해 신체 장기를 새로 형성하는 연구도 진행되고 있다. 이는 가까운 미래에 사람의 장기를 식물이나 동물의 몸에서 기르고 이를 자유롭게 이식할 수 있다는 것을 의미한다. 따라서 돈만 충분하다면 노쇠한 장기를 돼지의 몸에서 길러 낸 새로운 장기로 교체할 수 있게 될 것이다. 하지만 암을 정복하겠다는 꿈은 이루어지지 않고 있다. 불행히도 인간은 세포의 변종을 막을 방법을 갖고 있지 않다.

그러나 죽음을 지연시킬 방법은 있다. 먼저 칼로리의 섭취를 줄이고 신진대사를 늦추는 방법이 있다. 포유동물은 몸집이 크면 클수록 호흡과 심장박동은 느려지고 작은 동물일수록 빨라진다. 따라서 신진대사가 느린 거대 동물은 비교적 오래 살고 신진대사가 빠른 작은 동물은 일찍 죽는다. 보통 인도코끼리는 77년, 말은 62년, 침팬지는 39년, 쥐는 2년을 산다. 그러나 동물원에 가두어 두면 수명은 절반으로 줄어든다고 한다.

몸집이 큰 동물이 더 오래 산다는 것은 인간의 생각일 뿐, 자연계의 관점에서 보면 이들의 수명은 동일하다. 포유동물은 아주 작은 설치류에서 가장 몸이 큰 고래에 이르기까지 일생 동안 약 2억 번 내외의 심장박동을 하고 죽는다. 즉 생물학적 시계는 모든 포유류에게 거의 같은 수명을 부여한 것이다. 그러므로 코끼리가 오래 사는 것은 수명이 길어서가 아니라 단지 심장박동이 느리기 때문이다.

인간은 예외다. 인간은 1분에 70번, 일생 동안 3억 회 정도의 심장박동을 한다. 인간이 다른 포유동물보다 오래 사는 것은 다른 동물에 비해 양육 기간이 지나치게 길고 부모 의존적이기 때문이다. 도대체 일생의 3분의 1을 부모 품에서 자라는 동물이 어디에 있단 말인가! 대부분의 포유동물은 젖을 뗀 직후부터 스스로 생존하지만, 인간은 스스로 밥벌이를 할 수 있을 때까지 부모의 고혈을 빨아먹는다. 사회 역시 그들을 교육하고 생존 방법을 가르치는 데 엄청난 투자를 해야 한다. 인간은 다른 포유동물보다 늦추어진 성숙기를 경험하고 훨씬 늦게 동물이 성취했던 단계에 도달한다.

극복될 수 없는 죽음

늙는다는 것은 세포의 분열 횟수가 점차 줄어드는 것을 의미한다. 즉 새로운 세포가 탄생하지 않고 기존 세포가 노화되는 것이다. 우리를 구성하고 있는 세포는 평생 50~100회의 분열을 거듭하는데, 세포 염색체의 끝부분에는 이를 보호하는 말단 소립이 달려 있다. 이 말단 소립을 '텔로미어(telomere)'라고 부른다. 문제는 세포가 분열할 때 말단 소립이 조금씩 깎여 나간다는 것이다. 말단 소립의 가장 중요한 역할은 염색체가 풀리는 것을 막아 주는 것이다. 그런데 이것이 점점 깎여 나가 염색체가 풀리게 되면 세포는 수명을 다하게 된다. 이때부터 노화가 시작된다. 세포의 분열을 늦출 수 있든가 말단 소립이 짧아지는 것을 막을 수 있다면 인간의 수명을 충분히 연장할 수 있다.

우리 몸에서 '텔로머레이스'라는 효소가 계속 분비되면 말단 소립의 길이는 줄어들지 않고 세포는 분열을 계속한다. 따라서 이 상태를 유지할 수 있다면 늙지 않을 수 있다. 그러나 일찍이 생명에게 죽음을 선고한 자연은 인체를 그렇게 엉망으로 설계하지 않았다. 효소가 분비되어 말단 소립의 끝을 보충하면 염색체는 비정상적인 돌연변이가 되고 세포는 암으로 전환한다. 암세포는 영원히 짧아지지 않는 말단 소립을 보유한 죽음의 사자다. 죽지 않으려면 암에 걸릴 수밖에 없는 아이러니가 발생하는 것이다. 숙주가 살아 있는 한 암세포는 영원히 살아남을 수 있다.

수정과 번식을 많이 하는 동물일수록 수명이 짧다. 따라서 노화는 질병이 아니라 그 자체가 생명의 일부이며, 자연선택된 삶의 방식 중 하나다. 죽음을 설명하는 또 하나의 이론은 활성산소(free radicals) 이론이다. 이는 신진대사와 밀접한 관련이 있다. 동물은 탄수화물과 지방을 섭취한 후 호흡을 통해 얻은 산소로 이를 연소시키면서 생명 활동을 유지하는 에너지를 만들어 낸다. 하지만 모든 연소는 쓰레기를 남긴다. 인간의 몸 역시 이산화탄소라는 폐기물과 함께 활성산소를 발생시키는데, 활성산소는 세포를 공격해 노화를 촉진하는 역할을 한다. 체내에 흡수된 산소의 2퍼센트 정도가 활성산소로 변화하고, 나이가 들수록 활성산소의 양은 증가한다.

격렬한 운동은 오히려 생명을 단축시킬 수 있다. 운동을 하면 신진대사가 빨라지고 활성산소의 양도 증가하기 때문이다. 새벽마다 지칠 정도로 달리기를 하는 사람은 코끼리의 심장박동 횟수를 쥐의 심장박동 횟수로 늘리려는 행동을 하는 것이다. 열심히 운동하고 있는 당신은 건강해졌다고 믿으며 기분도 상쾌하다. 하지만 당신이 느끼는 상쾌한 기분은 몸이 건강해졌기 때문이 아니라 근육의 고통을 치유하기 위해 뇌가 마약 성분을 가진 신경전달물질을 분비하기 때문이다. 활성산소 이론에 따르면 당신은 그저 편안한 걸음 정도의 적당한 운동과 적게 먹는 것으로 건강을 유지할 수 있다. 죽음을 앞당기기 위해 앞으로 달려갈 필요는 없는 것이다. 건강을 유지함으로써 죽음을 어느 정도 유예할 수는 있지만 죽음을 피해 갈 방법은 어디에도 없다.

영화에는 냉동상태에서 잠이 들었다가 오랜 시간이 지난 후에 다시 깨어나는 장면들이 자주 등장한다. 이것이 가능하다면 암에 걸린 사람을 냉동상태로 보관해 두었다가 의술이 발전한 미래에 치료하면 될 것이다. 실제로 이런 기대를 걸고 냉동인간이 되려는 사람들이 있다. 그들은 살아 있는 상태가 아니라 죽은 상태로 냉동된다. 미국의 알코어 생명연장재단(Alcor Life Extension Foundation)이 이런 일을 하고 있다. 이 재단에 소속된 직원들은 고객의 심장이 멈추는 순간 곧바로 시신을 인수해 순환기 계통을 인공적으로 복원시킨다. 그리고 30분 이내에 동물의 동면 온도와 같은 3℃까지 체온을 낮추고 혈액을 모두 빼내 세포가 동파하지 않도록 동결 방지제를 주입한다. 그리고 시체를 급속 냉각시켜 영하 196℃인 액화질소 탱크에 보관한다.

이 알루미늄 탱크에 가장 먼저 들어간 사람은 1967년 1월 75세의 나이에 간암으로 사망한 미국 심리학자 제임스 베드퍼드다. 이후 이 재단은 여러 명의 냉동인간을 보관했다. 불치병으로 사망하면 전신을 보관하고, 노화로 사망하면 머리만 잘라 보관한다. 그들은 2030년쯤 해동될 예정이다. 냉동인간이 되는 데 필요한 비용은 만만치 않다. 전신냉동을 하면 수십만 달러를 지불해야 하고, 머리만 보관하더라도 최소 수만 달러를 내야 한다. 머리만 보관하는 사람이 있다는 사실이 의아할 것이다. 이에 대한 과학자들의 대답은 간단하다. 의학 기술이 충분히 발달하면 두뇌 세포만으로 인간의 몸을 복제할 수 있다는 것이다. 뇌의 신경세포를 그대로 가지고 있다면 자신이 통제하던 육체를 기억하고 있을 것이고, 어쩌면 육체를 원래 모습대로 재생시킬 수 있을 것이다. 아니면 인공신체에 뇌를 이식하는 방법도 있다.

먼 미래에 당신이 냉동상태에서 깨어난다면 불치병 따위는 말끔히 치유할 수 있을지 모른다. 그러나 당신 앞에는 여전히 죽음의 문제가 놓여 있다. 당신은 생명을 조금 연장시켰을 뿐이다. 몸이 냉동 탱크에 보관된 동안 영혼은 어디로 가는 걸까? 사후세계로 가는 입구에서 방황하는 것일까? 아니면 신이 잠시 맡아 두고 있는 것일까? 물론 지금 이런 고민을 할 필요는 없을 것이다. 일시적인 냉동상태에서 깨어난 동물은 있지만 완전히 살아난 고등동물은 없다. 현재의 과학기술로는 파괴된 뇌의 신경 세포들을 원상회복시킬 방법이 없다.

자연은 모든 생명체에게 무한한 삶을 부여하지 않았다. 무한한 삶은 너무나 지루하고 사치스러운 것이다. 모든 개체는 자신의 유전자를 후대에 전달해야 하는 임무를 타고났다. 개체는 같은 운명을 지닌 다른 개체들과 한정된 자원을 놓고 경쟁해야 한다. 그들이 모두 영생을 누린다면 경쟁은 더욱 치열해질 것이고 삶 자체는 피비린내 나는 전쟁터가 될 것이다. 매일 전쟁터로 향하는 전사는 행복할 수 없고 보상이 주어지지 않는 한 자신의 임무에 충실할 수도 없다.

죽음은 쓸모없는 경쟁자들을 미리 제거하는 데 필요한 자연의 수단이다. 종(species)은 생산 능력이 퇴화해 버린 개체를 원치 않는다. 죽음은 유전적으로 쓸모없어진 생명체를 고향으로 돌려보내려는 자연의 배려라 할 수 있다. 그러나 죽음이 끝은 아니다. 산 자와 죽은 자의 경계는 모호하다. 한 줌 흙으로 돌아간 당신의 일부는 다시 생명을 키우는 자양분이 된다. 삶과 죽음은 불연속적 상태가 아니라 끊임없이 연결되고 또 반복된다. 삶은 사라지는 것이 아니라 교체될 뿐이다.

06
자살, 운명에 대한 반역

인간은 스스로를 죽일 수 있다.
그러나 신은 자살할 수 없다.
_카를 뢰비트, 『기독교적 전통의 비판』

권력에 종속된 죽음

떠나야 할 때를 알아야 한다고 설파했던 세네카는 자살을 찬미했던 스토아학파의 일원이었다. 그는 어린 네로 황제의 가정교사를 지낼 만큼 영특한 인물이었다. 그러나 역사가 증명하듯 권력의 주변에는 늘 죽음의 그림자가 드리워져 있기 마련이다. 네로는 한때 세네카의 도움을 받아 선정을 베풀었으나 얼마 지나지 않아 스승을 쫓아내고 말았다. 그때부터 네로의 폭정이 시작되었다. 그런데 원로원 의원이던 피소의 반역 음모에 세네카가 연루되는 일이 일어났다. 네로는 그에게 자결을 명했다.

자결을 명받은 세네카는 동맥을 끊었으나 평소 간소한 음식과 수행으로 단련된 몸이라 출혈이 일어나지 않았다. 다시 허벅다리와 전신의 동맥을 끊었으나 죽지 않았고, 독약을 마셔도 마찬가지였다. 마침내 그는 손발의 혈관을 통해 독약을 흘려 넣은 뒤 한증탕에 들어가 뜨거운 열기 속에서 서서히 죽어 갔다. 네로 역시 68년 갈리아를 비롯한 각지에서 반란이 일어나자 측근들로부터 자살을 권유받았다. 결국 네로는 서른한 살의 젊은 나이에 자신의 목을 칼로 찔러야 했다.

세네카가 자살한 것은 그가 죽음의 예찬론자였기 때문이 아니라 죽어야 할 상황에 노출되었기 때문이다. 만약 네로가 자결을 명하지 않고 다른 반역자들과 마찬가지로 형벌을 가했다면 세네카는 더 큰 고통을 겪었을 것이다. 네로의 자살 역시 자신에게 닥쳐올 두려움을 회피하기 위한 수단에 지나지 않는다. 끝내 자살을 거부했다면 네로는 측근들에게 잔인하게 살해되거나 성난 군중의 손에 자신의 최후를 맡겨야 했을 것이다.

로마제국 말기에는 자살을 금지하는 법령이 제정되었다. 하지만 그것은 생명을 존중해서가 아니라 노예의 자살로 인한 노동력 감소를 방지하기 위한 것이었다. 물론 교회는 자살을 인정하지 않는다. 신이 창조한 것을 피조물인 인간이 끝낼 수 없기 때문이다. 452년 아를 종교회의에서 자살은 범죄행위로 선언되었고, 563년에 열린 프라하 종교회의에서도 자살 행위에 대해 형벌을 가함과 동시에 재산을 상속하지 못하도록 결정했다. 고대 아테네에서는 국가의 허가에 의해서만 자살할 수 있었다. 자살하고 싶은 사람은 원로원에 자살 허가를 신청하고, 원로원은 신청자에게 죽는 방법까지 결정해 주었다고 한다. 프랑스에서는 오랫동안 자살 금지법이 시행되었으나 1789년의 대혁명 이후 자살 미수자를 처벌하는 법 조항이 사라지기 시작했다.

모든 국가는 개인에게 죽음을 요구할 권리를 갖고 있다. 그러나 자살할 권리를 보장하는 국가는 없다. 왜 국가만이 죽을 권리를 소유하고 있는 것일까? 장 자크 루소는 『사회계약론』에서 개인의 죽을 권리를 인정해야 한다고 주장했다. 그에 따르면 국가가 개인에게 죽음을 요구할 수 있는 것은 그가 국가와의 계약에 따라 사형제도에 동의했기 때문이다. 즉 누군가 범죄자를 처벌하지 않는다면 자신의 생명도 위태롭기 때문에 범죄자를 살해할 권리를 국가에 양도한 것이다. 따라서 국가가 당신에게 죽으라고 명령하면 당신은 복종할 수밖에 없다. 바로 여기에 죽을 권리가 존재한다. 자신의 생명을 처분할 권리가 없다면 권력자에게 양도할 권리도 없기 때문이다.

권력은 개인을 죽일 수 있는 권리를 가짐으로써 지배체제를 공고히 유지할 수 있다. 심지어 국가는 사형수조차 자살하지 못하도록 철저히 감시한다. 감옥에서는 흉기로 사용될 가능성이 있는 물건의 소지가 금지되며, 유치장 벽은 야구장의 외야 펜스처럼 푹신한 스펀지로 둘러싸여 있다. 만일 자살을 꾀하거나 자해한다면 교도관은 재빨리 응급실로 데려갈 것이다. 친절하게도 국가는 형 집행을 연장하면서까지 치료할 것이다. 국가가 사형수의 자살을 막는 것은 죽음에 대한 독점권이 훼손당하는 것을 방지하기 위해서다. 즉 자살을 불허하는 것은 권력만이 죽음을 집행해야 한다는 지배의지를 드러내는 것이다.

죽을 권리

자살은 무신론자가 즐겨 사용하는 주제다. 자살이야말로 신에 맞설 수 있는 인간의 우월성을 증명하기 때문이다. 신은 자신이 원할지라도 죽을 수 없다. 하지만 인간은 스스로 죽음을 선택할 수 있다. 인간의 자살은 창조자의 존재 의미를 잃게 만든다. 신은 인간의 자살을 막을 방법이 없다. 신이 할 수 있는 것은 자살을 감행한 후 처벌을 내리는 것뿐이다. 자살자에게는 지옥행이 예정되어 있다.

인간은 자살할 권리를 끊임없이 누리기 위해 결투나 전쟁으로 또는 담배나 아편 따위로 자신의 목숨을 끊는다. 1998년 11월 22일 미국 CBS 방송은 '죽음의 의사'로 알려진 잭 키보키언이 환자들을 안락사시키는 장면을 방영했다. 미시간대학에서 의학을 전공한 그는 1990년 6월 회생 가능성이 없는 알츠하이머병 환자에게 안락사해 줄 것을 요청받았다. 그는 고민을 거듭하다가 처벌법이 없는 미시간주로 환자를 데려가 그곳에서 안락사시켰다.

이후 그는 독극물을 자동으로 주입할 수 있는 장치를 개발하고 그 장치를 자신의 승합차에 설치했다. 그러고는 환자의 요청이 있을 때마다 자살을 도와 130명에 이르는 환자를 죽음으로 인도했다. 그로 인해 의사 면허를 정지당하자 그는 환자들이 안전하게 자살할 권리를 주장하는 투사로 변모했다. 안락사 장면이 텔레비전으로 방영되자 미국 검찰은 그를 1급 살인죄로 기소했다. 그러나 자살할 권리에 대한 찬반 논쟁은 쉽게 가라앉지 않았다. 과연 누가 자연적 죽음과 인위적 죽음의 경계를 명확히 그을 수 있단 말인가?

오늘날 자살을 법적으로 금지하고 있는 나라는 없지만 대부분의 나라에서 종교적 또는 윤리적 이유로 자살을 금기시하고 있다. 자살이 생물학적 본능 중 하나라면 동물도 인간처럼 자살하려는 의지를 갖고 있을까? 생물학자들은 이 물음에 부정적인 답을 내놓을 것이다. 스칸디나비아반도에 서식하는 나그네쥐는 6년마다 거대 무리를 이끌고 바다를 향해 돌진한다. 또 해마다 고래의 자살 소동이 세계 곳곳에서 목격된다.

고래나 침팬지가 자살한다는 보고가 있지만 그 행위가 자살인지는 명확하지 않다. 벌이나 개미 같은 사회적 곤충도 자살과 비슷한 행동을 보이지만 그것을 자살이라고 보긴 어렵다. 화톳불에 뛰어드는 나방이 자살을 하는 것은 아니다. 죽을 목적으로 또는 죽음을 수단으로 어떤 의도를 실현하고자 하는 동물은 인간이 유일하다.

쥐들을 가둬 놓고 무제한으로 음식을 투입하면 쥐의 숫자는 기하급수적으로 늘어난다. 그러나 그 수가 일정한 한계에 이르면 절반가량의 쥐들은 스트레스로 사망한다. 사람 몸속에 있는 정자도 자손에게 일어날 해로운 돌연변이를 방지하기 위해 스스로 사라진다. 성인 남자의 몸에서 매일 만들어지는 정자 수는 대략 2억 개 정도다. 그러나 비정상적인 정자들은 스스로 도태된다. 이처럼 자연은 자율적인 조절 시스템을 가지고 있다.

사람들은 쇼펜하우어를 자살을 조장한 원흉으로 지목한다. 하지만 그가 자살을 찬미한 적은 없다. 오히려 그는 『의식과 표상으로서의 세계』에서 자살이 아무런 해결 방식이 될 수 없다고 주장했다. 그가 삶의 허무를 이야기한 것은 인생이 무상해서가 아니라 인간을 지배하는 힘이 본능적 욕구, 즉 생존하려는 의지에 달려 있다고 보았기 때문이다. 이 욕구는 영원히 충족될 수 없으므로 인간이 느끼는 행복은 고통의 일시적인 소강상태에 불과하다. 따라서 삶에 고상한 의미나 가치 같은 것은 없다. 삶은 속절없이 지체되고 있는 죽음일 뿐이다. 그러나 자살은 결코 고통으로부터의 해방을 가져오지 않는다. 죽을 결심을 했다고 하더라도 살려는 의지 자체는 파괴되지 않기 때문이다. 자살하려는 사람이 궁극적으로 원하는 것은 죽음이 아니라 삶이다. 다만 삶의 조건들에 만족하지 못하기 때문에 죽음을 시도하는 것뿐이다. 그러므로 자살하는 사람은 삶에 대한 의지를 포기한 것이 아니라 삶을 포기한 것에 불과하다.

때로 아이들은 복수심 때문에 자살한다. 아이는 자신의 죽음으로 인해 부모나 교사 또는 사회에 타격을 줄 수 있다는 것을 알고 있다. 따라서 아이들의 자살은 자신을 압박하고 있는 것들에 대한 항변이자 처절한 몸부림이다. 반면 어른들의 자살에는 절망이 묻어 있다. 제2차 세계대전 중 독일의 점령지에 있던 수많은 유대인이 자살을 선택했다. 하지만 그들이 유배당하거나 가스실에서 처형당하는 고통을 모면하기 위하여 자살한 것은 아니었다. 그들은 다른 사람들에게 벌레로 취급당하고 있다는 모멸감과 절망감 때문에 자살했다. 인간은 자존심이 있는 동물이다. 따라서 모멸당하기보다는 죽음을 선택한 예가 많다.

자살을 미학적 수준으로 끌어올린 것은 일본인이다. 1968년 노벨문학상을 수상한 가와바타 야스나리의 자살은 여전히 미스터리로 남아 있지만, 일본인은 그 죽음의 이면에 거대한 철학적 사유나 동기가 있을 것이라고 믿는다. 가장 충격적인 자살은 가와바타 야스나리의 제자였던 미시마 유키오에 의해 실행되었다. 그는 타고난 사무라이 정신의 소유자였다. 일본이 본격적인 산업사회에 접어들자 그는 사무라이 정신이 점차 사라지는 것에 절망했으며 천황 체제를 부정하는 사회주의자의 행위를 더 이상 묵과할 수 없었다. 그는 일본 정신을 지키는 모임을 조직한 데 이어 1970년 11월 25일 세 명의 후배와 도쿄 중심지의 군 본부 사령관실을 점거했다.

미시마 유키오는 장군 한 명을 인질로 잡은 채 발코니에 서서 7분 동안 열변을 토했다. 연설의 대부분은 패전 후에 제정된 일본 헌법에 대한 불만으로 채워졌다. 연설은 30분으로 계획되어 있었지만, 너무 흥분한 나머지 할 말을 너무 빨리 해 버리고 말았다. 그는 마지막으로 '천황폐하

만세!'를 외친 뒤 바닥에 무릎을 꿇고 준비한 단검을 꺼내 들었다. 그러고는 윗옷을 걷어붙이고 복부를 힘차게 그었다. 그의 옆에는 종이 한 장과 붓이 놓여 있었다. 그는 종이 위에 '검(劍)'이라고 쓰려 했지만 고통 때문에 손을 움직일 수가 없었다. 그는 지금이 죽어야 할 때임을 알았다. 이윽고 곁에 서 있던 모리타 마사카츠가 칼을 치켜들었다. 고통을 잊게 해 주는 방법은 단숨에 미시마 유키오의 목을 베는 것이었다. 그러나 모리타는 두 번이나 선배의 목을 끊는 데 실패했다. 보다 못한 고가 히로야스가 칼을 빼앗아 미시마의 목을 베었다. 모리타는 선배를 따라 할복했지만 나머지 두 명은 경찰에 투항했다. 그때 미시마 유키오의 나이 45세였다.

일본에는 할복(腹切)의 전통이 있다. 할복은 배 속이 검지 않다는 것을 증명하기 위해 배를 가른 후 내장을 끄집어내 보여 주는 것을 말한다. 도요토미 히데요시는 1584년에 도쿠가와 이에야스를 굴복시킨 데 이어 1590년에는 대규모 정벌을 감행해 100년간에 걸친 전국시대를 수습하고 일본을 통일했다. 그는 농민으로부터 무기를 압수하고 사무라이에게만 칼을 찰 수 있도록 했다. 이렇게 하여 전문 무사계급이 탄생했는데, 그 숫자가 200만 명에 육박할 정도로 큰 세력을 형성했다.

도요토미 히데요시가 죽자 도쿠가와 이에야스는 1603년에 도요토미 집안을 멸망시키고 다시 한번 전국을 통일했다. 이때 도요토미 히데요시가 거느리고 있던 50만 명 이상의 무사가 하루아침에 실직하고 말았다. 그들 중 대부분은 상인계급으로 흡수되었지만 나머지는 낭인(浪人)으로 전국을 떠돌았다. 이들은 쇼군(將軍) 밑에 들어가 전설적인 범죄조직을 형성했는데, 이것이 야쿠자의 전신인 '하타모토 얏코(旗本奴)'다. 그들은 쇼군의 막강한 권력을 배경 삼아 살인과 약탈을 일삼았다. 새로 만든 칼을 시험하기 위해 행인의 목을 베어 버리는 '츄지기리(辻斬)'는 그들로부터 생겨났다.

그들의 충성심은 절대적이었다. 배신은 곧 죽음을 의미했으며 나약한 충성심은 실직을 의미했다. 그래서 그들은 조직의 보호와 충성심을 확인하기 위해 독특한 조직문화를 발전시켰다. 즉 반드시 은혜를 갚고, 치욕보다 죽음을 택하며, 목숨을 바쳐 의리를 지킨다는 규율이었다. 이로부터 야쿠자의 신조인 '기리(義理)'와 '닌조(人情)'가 생겨났다.

17세기 일본에는 떠돌이 미치광이라는 뜻을 가진 '가부키모노(歌舞仕者)'들이 거리를 활보하고 다녔다. 현대적 의미의 야쿠자는 하타모토 얏코의 강력한 경쟁 집단이었던 마치 얏코(町奴)에서 출발했다. 1686년에 이르러 양대 얏코는 소멸했지만 이후 수많은 연극과 소설 속에서 전설적인 영웅담이 창작되었다. 영웅적인 사무라이의 배후에는 추악한 이면이 자리 잡고 있다. 야쿠자는 1700년대 중반부터 도박꾼과 행상인 집단이 계보를 형성하면서 만들어졌다. 야쿠자라는 이름은 화투에서 유래했는데, 끗수로 승부를 가리는 화투놀이에서 끗수가 0인 8-9-3에서 이름을 땄다. 즉 '별 볼 일 없는 패'라는 뜻이다. 그들은 엄격한 위계질서를 형성하고 무시무시한 보복과 테러를 자행했다. 따라서 일본인이 믿고 있는 무사도는 후세의 작가들에 의해 의도적으로 조작된 것이지 정의와는 아무런 관련이 없다. 그들의 정의는 주인과 두목에 대한 무조건적인 복종뿐이다.

일본인은 야쿠자의 조직문화를 군인정신으로 승화시켰다. 루스 베네딕트는 『국화와 칼』에서 제2차 세계대전 중 일본 방송이 전한 어느 조종사의 죽음을 예로 들고 있다. 미군과의 공중전이 끝난 뒤 일본 조종사는 비행기와 함께 기지로 돌아왔다. 비행기에서 내린 조종사는 부하들이 탄 마지막 비행기가 무사히 귀착하는 것을 확인하고 사령관에게 귀환을 보고했다. 그러나 그는 보고를 마치자마자 땅바닥에 쓰러졌다. 사관들이 달려와 그를 일으키려 했지만 조종사는 이미 숨을 거둔 뒤였고, 그의 가슴에는 한 발의 탄환이 박혀 있었다. 조종사의 몸은 오래전에 죽은 사람처럼 차갑게 식어 있었다. 금방 죽은 시체가 차디찰 리 없었다. 따라서 사령관에게 보고한 것은 조종사의 몸이 아니라 그의 혼이었다는 것이다. 일본군의 지도자들은 그렇게 해서 가미카제(神風) 신화를 창작해 냈다. 가미카제는 13세기 몽골의 칭기즈칸이 고려와 함께 일본 정벌에 나섰을 때 그들의 항해를 방해한 태풍을 말한다.

　지금도 일본에서는 사회적 문제가 발생했을 때 그 책임자가 자살하는 예를 흔히 볼 수 있다. 물론 그의 죽음은 결백을 증명하려 한 것이 아니라 책임을 회피하기 위한 것이다. 그렇지만 사람들은 자살한 사람에게 연민을 느낀다. 죽음 앞에서 모든 죄는 사라지고 마는 것이다. 그러나 모든 자살이 동정을 받을 수 있는 것은 아니다. 1945년 4월 29일 히틀러는 베를린에 있는 수상청 지하 벙커에서 유언장을 작성했다. 이튿날 오후 3시 30분 히틀러는 정부(情婦)였던 에바 브라운과 함께 자살했다. 히틀러의 머리에 총알을 박은 사람은 에바였다. 그녀는 히틀러를 살해한 후 청산가리 앰플을 깨물었다. 히틀러는 유언장에서 적군이 자신을 욕보이지 않도록 화장해 달라고 부탁했다. 그러나 휘발유가 부족한 바람에 그의 시신은 완전히 타지 않고 숯검정으로 변해 버렸다. 유대인 학살에 앞장섰던 히틀러의 부하 괴벨스 역시 지하 벙커에서 6명의 자식을 독약으로 살해하고 친위대 장교에게 자신과 아내를 쏘아 달라고 부탁했다. 이들의 죽음이 동정받을 여지는 추호도 없다.

풀려 버린 생명의 고리

자살은 죽을 의지가 있고 죽음 자체를 목적으로 하는 스스로의 죽음을 의미한다. 따라서 자살은 피해자가 곧 가해자라는 특징을 지닌다. 『자살론』의 저자 에밀 뒤르켐은 자살을 '약화된 살인이며 전이된 살인'이라 부른다. 자살을 정의하는 데 가장 중요한 점은 바로 죽을 의지가 있느냐 하는 점이다. 건물 옥상에서 뛰어내린 몽유병 환자와 행위의 결과를 알면서 옥상에서 뛰어내린 사람의 죽음은 명확히 구별된다.

뒤르켐은 방대한 자료를 수집해 자살의 원인을 분석하려 했다. 일반적으로 자살의 원인으로 알려진 것은 정신질환, 알코올 중독, 유전적 성향, 지역 또는 기후의 영향, 사회적 모방 등이다. 그는 다양한 표본을 대상으로 연구했으나 이러한 것들 모두 자살의 직접적인 원인이 될 수 없다고 생각했다. 반면에 그는 종교적 영향이 어떤 원인보다 강한 영향을 미친다는 것을 알아냈다. 예를 들어 기독교 신자는 유대교 신자보다 자살 가능성이 컸다. 하지만 그가 분석해 낸 결과는 유대교의 교리가 더 강력하기 때문이 아니라 공동체적 연대의 끈이 기독교보다 더 강하기 때문이었다.

교육 수준도 자살의 한 원인이었다. 교육 수준이 높으면 자살도 증가했다. 사고한다는 것은 행동을 절제하는 것을 의미하고, 절제는 스트레스와 함께 사회와의 불화를 낳는다. 즉 사고하는 만큼 인간은 삶을 포기하는 것이다. 물론 지식 자체가 자살을 유발하지는 않는다. 원인은 지적 수준이 높아짐에 따라 종교 공동체가 점차 해체되는 데 있다. 즉 자살이 많아지는 원인은 공동체의 통합 고리가 점점 약화되기 때문이라는 것이다.

이를 통해 그는 세 가지 명제를 이끌어 냈다. 자살은 종교사회의 통합 정도, 가족사회의 통합 정도, 정치사회의 통합 정도에 반비례한다는 것이다. 사회와의 유대가 끊어지면 삶과 맺고 있는 유대도 함께 이완된다. 소외된 개인은 죽음의 유혹을 더 쉽게 받는 것이다. 그러므로 원시 공동체를 형성하고 있는 미개 사회에서는 자살률이 낮다. 하지만 이런 사회일수록 공동체를 위해 자신을 희생하는 이타적 자살은 증가한다.

뒤르켐은 자살의 형태를 세 가지로 구분했다. 이기적 자살, 이타적 자살, 아노미성 자살이다. 이기적 자살은 개인이 사회에 충분히 동화되어 있지 못할 때, 즉 개인이 사회로부터 소외되어 있을 때 많이 발생한다. 이타적 자살은 공동체를 위해 자신의 생명을 희생하는 것이다. 군인의 죽음이나 종교적 순교 행위가 여기에 속한다. 마지막으로 아노미성 자살은 개인에 대한 사회의 규제가 약화되었을 때 일어난다. 그때 개인의 욕구는 끝없이 확대되고, 결국 욕구를 충족시키지 못해 절망하게 된다.

뒤르켐의 분석대로 자살은 어느 정도 사회문화적인 요인에서 비롯된다. 자살을 시도한 사람의 대부분은 우울증이나 불안장애 같은 정신장애를 가지고 있다. 그러나 자살의 직접적인 원인이 정신장애라고 단정하는 것은 문제가 있다. 병사가 전쟁터에서 굶어 죽는 진짜 원인은 허기가 아니라 전쟁 그 자체다. 따라서 자살의 원인도 정신장애를 유발한 사회문화적 환경에서 찾을 수 있을 것이다.

자살을 생물학적으로 설명하려는 시도도 있다. 자살을 생물학적으로 설명하려면 생존과 번식에 치명적인 형질이 어떻게 자연선택되었는지 설명할 수 있어야 한다. 생존과 번식에 불리한 형질은 유전자 풀 안에서 살아남기 어렵다. 자살을 유도하는 유전자가 있다면 오래전에 사라져야 하는 것이다. 자살을 생물학적으로 설명하는 몇 가지 가설이 있지만 아직은 설득력이 약해 보인다. 다만 개인이 집단을 위해 희생하는 '이타적 자살'에 대해 설명하는 친족 선택 가설은 상당한 지지를 받는다. 개인이 죽더라도 유전자를 공유하는 가족에게 이익이 된다면 자살도 자연선택 될 수 있다는 것이다.

최근에도 자살의 원인에 관한 수많은 연구가 진행되고 있다. 그중 눈에 띄는 것은 자살유전자의 존재 여부와 자살을 유발하는 뇌 영역에 관한 것이다. 2020년 미국 유타 보건대학 연구원들은 20개 이상의 유전자가 자살에 영향을 미칠 수 있다는 연구 결과를 발표했다. 자살 위험의 45~55퍼센트가 유전적인 요인으로 발생하며, 이는 자살이 부분적으로 유전될 수 있다는 것을 의미한다. 또 2019년 영국·미국·오스트레일리아 연구원들이 참여한 국제 공동연구팀이 지난 20여 년 동안 진행된 연구 결과들을 분석한 바에 따르면 뇌의 내측 및 복외측 전전두피질, 배측 전전두피질 및 하전두회가 자살에 영향을 미친다고 한다. 2017년에는 뇌 신경세포와 시냅스 생성에 영향을 미치는 뇌유래신경영양인자(BDNF) 수준을 분석하면 자살 시도 여부를 확인할 수 있다는 연구 결과도 발표되었다.

자살과 관련이 있는 정신장애는 유전적 요인의 영향이 크다. 하지만 이것 역시 여러 요인 중 하나일 뿐이다. 약물 남용, 알코올 중독, 트라우마, 스트레스, 흡연, 수면장애, 사회적 네트워크시스템(SNS), 경제적 부, 성평등 수준, 가족관계의 변화, 도시 규모, 공원 및 문화시설 수준, 친교 활동, 의료 서비스, 노인 빈곤, 복지 수준 등이 모두 자살에 영향을 미친다. 개인의 자살은 정신의학적인 병리현상인 동시에 사회문화적 현상이기도 한 것이다. 따라서 '모든 자살은 사회적 타살'이라고 말한 뒤르켐의 통찰은 설득력을 갖는다.

자살뿐만 아니라 인간이 죽음을 대하는 태도에는 여전히 미해결의 과제가 남아 있다. 아무런 이유 없이 생명체를 죽이는 것은 인간뿐이다. 인간은 놀이로서, 스포츠로서 죽음을 즐긴다. 죽음을 두려워하는 이 가냘픈 존재가 다른 생명체의 죽음을 즐기고 있는 아이러니는 정말 설명하기 어렵다. 우리는 죽음을 피할 길이 없다. 그렇다면 우리는 행복하게 죽는 방법을 터득해야 한다. 당신이 만면에 웃음을 머금고 이 세상을 하직할 수 있다면, 그것만으로도 당신은 충분히 행복한 생애를 누린 것이다.

II

영혼의 거처

01
죽음의 문턱에서 돌아오다

부활에 대한 신앙은
개인이 불사(不死)한다는 신앙의 상징 영상이며, 그 그림자였다.
역사는 모든 수수께끼를 풀고 모든 비밀을 폭로한다.
따라서 역사가 불사의 수수께끼까지 풀고 증명할 때,
그 신앙의 의미가 단독으로 다루어지고 명백해질 때,
영생에 대한 신앙도 사라진다.

_포이어바흐, 『죽음과 불멸에 관한 고찰』

죽음 너머를 보고 온 사람들

죽었다가 다시 살아난 사람들에 관한 이야기를 들어 보았을 것이다. 서점에 가 보면 그들의 체험담을 기록한 서적이 무수히 꽂혀 있는데, 그들의 경험을 가사체험(假死體驗) 또는 임사체험(near-death experience)이라고 한다. 그들의 경험에 얼마만큼의 진실성이 있는지는 알 수 없다. 분명한 것은 그들이 죽음 이후의 세계를 목격했다는 확신을 갖고 있으며 목격한 장면을 생생하게 묘사할 수 있다는 것이다.

그들의 경험담에서 몇 가지 공통점을 발견할 수는 있지만, 동일한 경험은 아니다. 그렇다면 그들은 환상을 본 것이거나 아니면 수십 종류의 사후세계가 존재한다는 말이 된다. 그들의 경험담을 전적으로 신뢰할 수는 없다. 그나마 우리가 참조할 수 있는 것은 객관적으로 조사된 몇몇 사례뿐이다.

임사체험에 관한 연구는 1892년에 스위스 지질학자 알베르트 하임(Albert Heim)에 의해 처음 시도되었다. 그가 이 문제에 관심을 갖게 된 것은 알프스를 등반하던 중 암벽에서 추락해 사경을 헤맨 후였다. 당시 그는 죽음 직전의 상태에서 신비한 체험을 했는데, 나중에 그것이 자신만의 체험인지 궁금해졌다. 그래서 같은 경험을 한 적이 있는 30명의 산악인을 대상으로 자료를 수집하고 사례를 연구하기 시작했다. 1892년 그는 그동안의 연구 결과를 스위스 등반가협회 모임에서 짤막한 논문으로 발표했다.

그의 연구에 의하면 절벽이나 빙벽에서 추락해 신체적 손상을 입은 사람은 가장 먼저 반사적으로 죽음을 거부한다. 그때 의식은 더욱 또렷해지고 방금 일어난 사건에 대해 명확히 인식할 수 있으며, 그 결과에 대해서도 분명히 알고 있다. 그 단계가 지나면 시간이 굉장히 길게 느껴지며, 눈에 어떤 영상들이 보이기 시작한다. 그 영상들은 빛과 같은 속도로 빠르게 움직이고, 죽음에 임박한 사람은 초연한 분위기 속에서 삶을 회고한다. 그때 회상 장면이 주마등처럼 스쳐 지나가는데, 대부분은 자신이 살았던 생애에서 가장 불쾌한 기억들이다. 아마 그것은 당신이 화장실 변기 위에 앉아 있거나, 무심코 어떤 연상 작용을 일으킬 때 가장 먼저 지워 버리고 싶은 그런 기억들일 것이다. 그 영상들은 소멸해 가는 것에 대한 일종의 방어기제라 할 수 있는데, 장시간에 걸쳐 죽음에 이르는 사람에게는 나타나지 않는다.

그 단계가 지나면 그는 초월적인 평온함을 느끼며, 아름다운 초자연적 광경과 천상의 음악 소리를 듣는다. 모든 것은 신비적 상태로 전이되고, 그는 황홀함에 젖어 자신이 처한 상황으로부터 떠나고 싶지 않게 된다. 그 상태는 천국에 머무는 것과 같다. 그들 중에 지옥을 경험한 사람은 없다. 그렇다면 그들은 모두 죽기 전에 천국으로 가는 티켓을 할당받은 것일까?

1961년에는 심리학자 카리스 오시스에 의해 새로운 연구가 행해졌다. 그는 병원의 간호사들을 통해 임종 직전에 나타난 환자들의 반응을 수집했다. 환자들이 임종 직전에 본 것은 천국, 낙원, 꿈의 도시, 미지의 아름다운 새(또는 천사), 신비스러운 광경, 아름다운 정원 같은 것이었다. 또한 그들 중에는 악마나 지옥의 광경을 본 사람도 있었다. 그렇지 않았다면 많은 사람이 죽음 이후에는 천국만 존재한다고 생각했을 것이다. 그는 이 연구를 통해 중요한 결론에 도달했다. 환자들이 경험한 내용이 종말론적 신화와 비슷할 뿐만 아니라 마약을 복용한 상태에서 야기되는 환각 현상과 유사하다는 것이었다.

죽음의 문턱에서 돌아온 사람들의 경험담은 몇 가지 공통점을 가지고 있다. 먼저 영혼이 몸에서 분리된다. 육체에서 분리된 영혼은 구름 모양이나 에너지장을 형성한다. 흔히 이것을 '유체 이탈 체험'이라고 한다. 몸에서 빠져나온 영혼은 한동안 공중에 떠 있는 상태에서 자신의 죽음을 슬퍼하는 가족들의 모습을 본다. 자신이 죽지 않았다고 소리쳐 보아야 소용이 없다. 이미 그는 이 세상 사람이 아니기 때문에 가족들은 아무 소리도 듣지 못한다.

유체는 평온한 상태를 유지하다가 알 수 없는 힘에 이끌려 여행을 떠난다. 가장 먼저 어둡고 밀폐된 공간, 즉 터널이나 동굴 같은 곳을 통과한다. 그 과정에서 약간의 두려움을 느끼지만, 일단 그 끝에 도달하면 엄청나게 눈부신 빛이 그의 영혼을 기다리고 있다. 그때 밝은 빛의 무리 속에서 정령이나 친숙한 영혼이 나타나 그를 인도한다. 그 영혼은 이미 세상에 없는 아버지일 수도 있고, 짝사랑하던 연인일 수도 있으며, 천사일 수도 있다. 그 영혼을 따라 끝없이 펼쳐진 들을 가로지르면 강이나 호수가 나타난다. 이러한 경험은 동양인이나 서양인 모두에게 공통으로 나타난다.

대개 살아 돌아온 사람들은 그쯤에서 여행을 끝낸다. 그 강을 건너는 순간 영원히 돌아올 수 없기 때문이다. 그러므로 만에 하나 당신이 그런 경험을 할 기회가 있다면 뱃사공이 아무리 유혹한다 해도 나룻배에 오르는 실수를 범하지 말아야 한다. 강을 건넜다가 다시 돌아오는 사람도 있지만 그들은 대개 신화나 설화 속의 주인공들이다. 세계 신화의 주인공은 어떤 존재의 배려로 사후세계를 방문한 후 목적을 성취하고 돌아온다. 한국의 설화에서는 주로 저승사자의 실수로 끌려갔다가 돌아오는 경우가 많다. 이름이 같다는 이유로 또는 쌍둥이라는 이유로 엉뚱한 사람을 지하세계로 끌고 가는 것이다. 그들은 다시 돌아오지만 갖가지 시행착오를 겪어야 한다. 이미 자신의 몸이 땅에 묻혔기 때문에 다른 사람의 몸을 빌려 환생하는 것이 가장 흔한 이야기 구조다.

임사체험을 실제 삶보다 더 생생하게 기억한다는 연구 결과가 있다. 이 때문에 임사체험을 경험한 이들의 증언이 사후세계나 영혼의 존재를 증명하는 데 활용되었다. 과학자들은 임사체험이 생생하게 기억되는 이유를 위기 상황에 처한 뇌가 순간적으로 강렬하게 활동하기 때문이라고 설명한다. 2013년 미국 미시간대학 연구팀은 쥐 9마리의 심장을 정지시킨 후 뇌파를 관찰했다. 심장이 정지된 지 30초가 지난 후에도 쥐들의 뇌파는 깨어 있을 때보다 강한 신호를 보였다. 이러한 현상은 일산화탄소를 이용해 질식시킨 쥐에서도 똑같이 나타났다. 특히 뇌의 시각피질에서 강한 신호가 포착되었는데, 이는 임사체험이 직접 눈으로 보는 것보다 생생하게 기억되는 이유를 설명해 준다. 이런 현상이 나타나는 것은 포도당과 산소가 부족해진 뇌가 마지막 발버둥을 치기 때문이다.

산소가 결핍되었을 때 뇌가 환각을 일으킨다는 연구는 1970년대부터 있었다. 미국의 전투기 조종사들은 중력가속도 적응 훈련을 하면서 '중력에 의한 의식상실(G-LOC)'과 함께 '터널 시각(tunnel vision)'을 경험한다. 그때 조종사는 몸이 붕 뜨는 기분과 함께 터널 끝에서 밝은 빛을 목격한다. 또 신체 마비와 함께 도취감을 경험하고, 의식이 돌아올 때는 평화와 고요함을 느낀다. 1979년에 행해진 연구에서는 조종사가 터널 시각을 경험할 때 안압이 증가하고 망막 관류가 감소한다는 사실이 밝혀졌다. 1990년에는 의식이 상실될 때 혈중 산소는 물론 대뇌피질에서도 산소 결핍이 일어난다는 사실을 알아냈다.

중력가속도가 높아지면 혈액은 머리에서 몸통으로 흘러가 울혈을 형성한다. 그때 일시적인 시각장애와 함께 의식이 상실된다. 이러한 현상은 15~30초 동안 지속되는데 가속도가 점차 높아지면 터널 시각을 경험한 뒤 시각상실과 의식상실로 이어진다. 처음에는 망막에서 산소가 결핍되고 다시 시각피질에서도 산소 결핍이 일어난다. 시각피질에서 산소가 감소하면 터널 시각이 발생하고, 대뇌피질에서 산소가 감소하면 의식까지 사라진다. 조종 훈련에서 16년 동안 발생한 1,000여 개의 사례를 분석·발표한 1997년 연구에 의하면, 조종사가 중력가속기 안에서 겪은 터널 시각은 임사체험과 거의 같다. 두 가지 모두 혈류 감소와 산소 결핍에 의해 발생한 생리적 패턴이었던 것이다.

산소 결핍은 글루탐산염의 분비를 촉발하는데, 지나치게 많은 양이 분비되면 독극물과 같은 역할을 한다. 뇌는 세포의 죽음을 막기 위해 화학물질을 방출해 글루탐산염을 차단한다. 이에 따라 환각이 발생할 가능성이 있다. 터널 시각 뒤에 고요함과 평화를 느끼는 것은 엔도르핀, 세로토닌, 도파민 등과 같은 다양한 신경호르몬의 분비가 증가하기 때문이다.

임사체험이 환각이 아니라는 반론도 있다. 2001년 네덜란드 의료진들은 심장마비를 겪은 후 의식을 회복한 344명을 조사한 결과 그중 12퍼센트만이 임사체험의 핵심 과정을 보고했다. 임사체험이 뇌의 산소 결핍에서 비롯된 것이라면 환자 대부분이 임사체험을 했어야 하지만 그렇지 않았던 것이다. 물론 이 연구도 그다지 신뢰할 만한 것은 아니다. 의료진조차 그들이 정말 '죽음에서 돌아왔는가' 하는 질문에 확답을 주지 못하기 때문이다. 2008년 이 연구를 분석한 논문은 당시 임사체험 데이터로 활용되었던 뇌전도(EEG)를 분석해 누구도 사망한 상태에 이르지 않았다는 의견을 제시했다. 심장이 잠시 멈추었거나 심전도 그래프가 느려졌다고 해서 사망했다고 단정할 수 없다는 것이다.

임사체험이라는 말 자체가 결국은 죽음에 실패했다는 의미다. 심장이 멈추거나 심전도가 반응하지 않는 것은 심장이 뛰지 않고 의식이 없다는 것을 의미할 뿐, 죽은 상태라고 단정할 수 없다. 그 상태에서도 다시 심장이 뛰고 의식이 돌아올 수 있다. 따라서 임사체험이 사후세계나 영혼의 존재를 증명하는 것은 아니다. 죽은 자는 돌아오지 못한다. 임사체험을 한 사람들은 죽은 것이 아니므로 죽음 이후의 세계를 본 것도 아니다.

죽음은 탄생의 다른 이름일 뿐

죽음에 이르는 과정은 탄생 과정과 유사한 면이 있다. 아기는 어머니의 몸에서 탄생할 때 엄청난 공포와 스트레스를 경험한다. 처음 세상에 나오는 태아의 고통은 산모의 고통보다 훨씬 크다. 출산이 가까워지면 아늑한 보금자리였던 어머니의 자궁은 강한 수축 작용을 하는 질기고 단단한 근육 주머니로 바뀐다. 그때 아기는 마치 지독한 고문을 받은 것처럼 딱딱하게 굳은 표정을 짓는다.

만 9개월 동안이나 편안히 안주하고 있던 자궁이 억지로 자신을 밀어내려 한다는 것을 상상해 보라. 태아는 필사적으로 이를 거부한다. 하지만 어머니와 출산을 돕는 의사 역시 태아를 끄집어내기 위해 필사적인 노력을 기울인다. 만일 태아가 끝까지 자궁을 고집한다면 의사는 칼을 들어 어머니의 배를 쨀 것이다. 태아는 모든 힘을 소진한 후 억지로 떠밀려 10센티미터 정도의 산도를 통과한다. 아주 짧은 거리라고 생각할지 모르지만, 태아에게는 태어난 후 경험하게 될 어떤 상황보다 불안하고 무시무시한 여행이다. 태아는 모태로부터 떨어져 나오지 않기 위해 있는 힘을 다해 저항한다. 타의에 의해 이 세상에 던져진 태아는 가장 먼저 눈부신 빛을 경험한다. 그 강렬한 빛 때문에 태아는 눈조차 뜰 수 없다.

이를 죽음의 과정에 대입해 보자. 공중을 떠다니는 유체는 자궁 속의 태아와 비교할 수 있다. 자궁 속은 어머니의 따스한 체온이 간직된 곳이기 때문에 항상 온화하다. 태아는 중력의 영향을 별로 받지 않은 채 유체와 마찬가지로 자유로이 헤엄칠 수 있다. 그때가 당신에게는 생애에서 가장 행복한 순간이었을 것이다. 하지만 성인이 되어 버린 지금 다시 자궁으로 들어가라고 한다면 그것은 몹시 불쾌한 경험이 될 것이다.

공중에 떠 있는 유체를 이끄는 강력한 힘은 출산하려는 어머니의 의지일 수 있다. 그 힘은 당신의 의지와는 관계없이 작용한다. 죽음과 마찬가지로 때가 되면 전혀 다른 세상으로 내던져지는 것이다. 또 유체가 통과하는 긴 동굴은 태아 시절에 경험한 어머니의 산도일 수 있다. 유체가 알 수 없는 힘에 이끌리듯, 태아는 두려움에 떨며 타의에 의해 이 무시무시한 동굴을 통과한다. 그뿐만 아니라 유체가 만나게 되는 거대하고 눈부신 빛은 당신이 처음 태어날 때 바라본 이 세상의 빛과 같다. 유체는 일찍이 볼 수 없었던 강렬한 빛과 마주친다. 그것은 엄청난 공포인 동시에 이루 형용할 수 없는 경이다. 유체는 그 빛을 가장 존귀한 존재인 신이라고 생각할 수도 있다.

모태로 되돌아가고 싶은 욕망이야말로 가장 본질적인 것이다. 우리는 잠을 자면서까지 자궁 속의 태아 모습을 모방한다. 자궁 속의 태아 모습이 가장 편하고 안온하기 때문이다. 따라서 임사체험을 한 사람들이 경험한 세계는 태아가 이 세상에 나오기 이전의 또 다른 세계, 즉 자궁 속의 세계를 역으로 거슬러 올라간 것일 수도 있다. 임사체험이 어머니의 자궁에서 빠져나오는 분만의 기억과 관련이 있다는 가설은 체코슬로바키아 출신의 심리학자 스타니슬라프 그로프가 처음 제시했다. 그는 임사체험이 출생 과정과 관련이 있으며, 일련의 체험이 출생의 역순으로 진행된다는 점을 지적했다.

우리가 갓 태어날 때의 기억을 지니고 있다는 증거는 없다. 또 어머니의 산도가 터널처럼 생긴 것도 아니며, 자궁을 빠져나오는 태아는 앞을 볼 수도 없다. 더구나 제왕절개로 태어난 사람도 임사체험을 보고한 바 있다. 그렇지만 이 가설은 죽음과 관련된 신화의 배경을 잘 설명해준다. 유체가 다른 세상으로 가기 위해 건너야 하는 강은 자궁을 채우고 있는 양수다. 양수는 척추동물 중에서도 양막류(羊膜類), 즉 파충류·조류·포유류만 갖고 있다. 양수는 태아는 물론 탯줄과 태반을 보호하고 태아가 어미의 배 속에서 자유롭게 활동하도록 도와준다. 그러다가 분만할 때가 되면 자궁을 여는 힘이 되기도 한다. 사람의 경우 양막이 찢기고 양수가 흐르면 태아는 반드시 이 세상으로 나와야 한다. 양수 없이는 생명을 유지할 수 없으므로 밖으로 나와 누군가의 도움을 받아야 한다. 이제 강물 앞에 도달했을 때 왜 뱃사공의 유혹에 흔들리지 말아야 하는지 눈치챘을 것이다. 양수가 흘러나오기 시작하면 영영 어머니의 자궁으로 되돌아갈 수 없다.

살아 있을 때 깨달았어야 했다

동양에는 죽음을 자연현상의 일부로 받아들이면서도 죽은 다음에도 삶이 지속된다는 관념이 있다. 제사를 중히 여기는 것도 이 때문이다. 도교에서는 기(氣)가 모이는 것을 생명으로, 흩어지는 것을 죽음으로 본다. 그러므로 기가 모여 있는 생명을 아껴 장수하는 것을 최선으로 여긴다. 불교는 삶 자체를 고(苦)로 파악한다. 삶은 당신이 지은 과거의 업 때문에 고통이라는 이름으로 찾아온다. 죽음으로부터 자유로워지려면 업으로 점철된 삶에서 탈출해야 한다. 고통이 반복되는 윤회의 틀을 깨부수는 깨달음을 얻을 때 죽음은 완전히 정복된다. 그것이 곧 열반이다. 힌두교 역시 윤회의 사이클을 벗어나는 것을 해탈로 여긴다. 삶은 해탈을 얻지 못한 당신에게 부여된 기회다. 따라서 살아 있는 동안에 욕망의 찌꺼기를 완전히 제거하는 수행을 반복해야 한다. 당신이 죽어서야 그 사실을 안다면 살아 있을 때 주어진 수많은 기회를 놓친 것이다. 살아 있을 때 이 사실을 깨달았어야 했다.

기독교적 세계관은 동양과 큰 차이가 있다. 인간은 죽은 뒤에 지옥에 가거나 천국에서 영생을 누린다. 영생을 얻기 위해서는 신을 믿고 따르면 되지만 그렇지 않으면 지옥의 나락으로 떨어진다. 영혼이 있다는 것은 곧 내세가 있다는 것이다. 따라서 내세관이 없는 종교는 존재할 수 없다. 신이 인간의 선한 삶에 대해 보상할 수 있는 것은 내세를 통해서이고, 그 보상이란 육체를 잃은 당신의 영혼에 영원한 안식처를 마련해 주는 것이다.

내세를 믿고 싶지만, 그런 순진한 믿음 갖기에는 여러 의문이 존재한다. 정말 신이 존재한다면 그는 왜 현세에서 보상해 주지 않고 불확실한 내세를 약속하는가? 전지전능한 신은 왜 선한 사람들에게 풍요로운 삶을 보장하지 않고 악한 사람들을 처벌하지도 않는가? 죽은 다음에 보상하고 처벌해야 할 이유가 도대체 어디 있는가?

사후에 주어지는 보상 때문에 선한 인간은 현재의 삶에 절망할 수도 있다. 두 손을 모으고 간절히 신의 이름을 불러 보지만 신은 응답하지 않는다. 독실한 믿음을 가진 사람이라면 신의 응답을 얻을 수도 있을 것이다. 그는 기도를 통해 질병을 치유하고 삶에 대한 의지를 키워 나간다. 믿음이 있는 자에게 일어나는 우연은 모두 신의 은총으로 해석된다. 뜻하지 않은 유산을 물려받거나 갑작스레 거액의 복권에 당첨되는 것도 모두 신의 보살핌 때문이다. 하지만 거기에는 다른 사람의 희생이 뒤따른다는 것을 명심하는 것이 좋다. 신이 당신에게 유산을 물려주기 위해 어떤 이를 죽게 하거나, 복권 당첨금을 주기 위해 수많은 복권 구입자의 돈을 갈취할 리는 없다.

사실 인간은 내세를 믿고 싶어 한다. 내세가 없다면 현세의 삶에 아무 희망도 가질 수 없기 때문이다. 언젠가 악인은 고통받고 선인은 풍요로운 삶을 보장받아야 한다. 그렇지 않다면 착하게 살 필요가 없다. 그런 세상에서 착하게 산다는 것은 자기만족적인 즐거움 외에 아무것도 아니다. 하지만 지금까지 살았던 모든 인간이 이런 생각에 젖어 있었다면 인류의 문명은 생겨나지도 않았고, 생겨났다고 해도 오래전에 파괴되었을 것이다.

권력자들에게도 내세가 필요하다. 원시시대의 권력자들은 곧 제사장들이었다. 그들이 공동체를 통솔하고 지배할 수 있었던 것은 언제든지 신과 만날 수 있는 접신(接神) 능력을 과시함으로써 인간과 자연의 화해를 주선했기 때문이었다. 그들은 최초의 정신노동자였고, 자신의 후계자를 선정함으로써 권력체제를 유지해 나갔다. 원시 공동체 사회에서 죽음보다 더 가혹한 형벌은 추방이었다. 권력자는 구성원을 추방할 수 있는 권리를 갖고 있었으며, 그 권리는 신의 이름으로 부여받은 것이었다. 최초의 화이트칼라가 가만히 앉아서 대접받은 것은 아니다. 그들은 신의 세계를 보다 정교하게 그려 냈고 가공할 만한 신의 노여움을 창조해 냄으로써 구성원을 복종시킬 수 있었다.

다른 집단과의 충돌은 그들에게 가장 큰 위협이었을 것이다. 그들 역시 더 넓은 사냥터와 경작지가 필요했고, 그러기 위해서는 전쟁을 벌여야 했다. 정복된 부족들이 전혀 다른 제사 방식과 엉뚱한 신을 믿고 있는 것에 그들은 놀랐을 것이다. 더구나 다른 신을 믿고 있는 피정복자는 끊임없이 반란을 꿈꾸었다. 그들 역시 자신이 믿는 신이 고통스러운 노예 상태로부터 해방시켜 줄 것을 철석같이 믿었다.

그 시대에 인간의 전쟁은 신들의 전쟁이나 다름없었다. 승리한 자의 신이 패배한 자의 신을 정복한 것이다. 정복자는 자신의 영토에 편입된 부족을 효과적으로 다스리기 위해서라도 새로운 교육 방식을 도입하지 않으면 안 되었다. 마침내 화이트칼라는 죽은 이후에도 새로운 세상이 기다리고 있다는 교재를 만들었다. 지금은 비록 고통스러울지라도 이 노예 상태를 참고 견디면 신이 결코 외면하지 않을 것이라는 내세관을 창조한 것이다.

아무도 내세의 존재 여부를 말해 줄 수 없다. 만일 신이 존재한다면 죽음 이후의 세계를 밝히려는 인간의 부질없는 노력에 종지부를 찍을 것이다. 그런 다음 신은 자신의 영역을 영원한 미지의 영역으로 남겨 둘 것이다. 신의 영역이 모든 인간에게 폭로될 때 신의 존재 의미마저 사라져 버릴 것이기 때문이다.

02
사자(死者)의 서(書)

한 사람도 죽음의 세계로부터 돌아오지 않는 자는 없다.
사실, 우리 모두는 이번 생에 태어나기 이전에
무수히 많은 죽음을 겪었다.

_카를 구스타프 융, 『티베트 사자의 서』 해설 중

살아남은 자들에게 고함

플라톤의 『국가』에는 죽었다가 살아난 전사 에르의 이야기가 실려 있다. 에르는 전장에서 숨을 거두었으나 열흘 동안이나 들에 방치되었다. 열이틀 만에 동료들이 시신을 수습한 후 화장하기 위해 장작더미에 올렸을 때 이 청년은 기적적으로 되살아났다. 그는 잠에서 깨어난 사람처럼 자신이 겪은 저승의 이야기를 들려주었다. 그가 경험한 죽음의 세계는 이렇다.

육신을 떠난 그의 영혼은 다른 영혼들과 함께 낯선 곳에 다다랐다. 땅에는 두 개의 구멍이 뚫려 있고 하늘에도 두 개의 구멍이 뚫려 있었다. 그곳이 바로 천국과 지옥의 갈림길이자 그 입구다. 하늘과 땅의 중간에는 재판관들이 앉아 영혼들에게 심판을 내린 다음 각각 하늘과 땅의 구멍으로 들어가도록 명령하고 있다. 에르는 재판관으로부터 사후세계에 관해 인간에게 설명하라는 부탁을 받고 영혼들을 관찰하기 위해 여행을 떠난다.

들판에 모여 있던 영혼들은 이레 동안 그곳에서 지낸 다음 다른 곳으로 이동하기 시작했다. 여행을 떠난 지 나흘 만에 영혼들은 무지개 모양의 한 줄기 빛을 보았다. 하루를 더 걸어가자 멀리서 보았던 빛의 기둥 앞에 도착했다. 그 빛은 하늘에서 내려오고 있었는데 거대한 동아줄이 그 빛을 잡아매고 있는 것처럼 보였다. 동아줄 끝에는 여덟 개의 물레바퀴가 돌아가고 있었으며, 그 안에 있는 일곱 개의 바퀴는 바깥에 있는 여덟 개의 바퀴와 반대 방향으로 회전하고 있었다.

영혼들은 운명의 여신 라케시스 앞으로 인도되어 예언자의 지시에 따라 제비뽑기를 했다. 각자 뽑은 제비에는 그들의 운명이 적혀 있었다. 각 영혼은 주어진 운명에 따라 꾀꼬리 또는 독수리로서의 삶을 선택해 환생하는 것이다. 자신의 운명을 결정한 영혼은 망각의 강(레테)으로 가서 강물을 마시고 이승의 모든 기억을 잊었다. 한밤중이 되자 거대한 밤하늘에 수많은 불꽃이 유성처럼 날아올랐다. 그 불꽃은 새롭게 태어나기 위해 하늘로 높이 떠오르는 영혼들이었다. 그러나 죄를 지은 자들의 운명은 비참했다. 특히 독재자들은 가죽이 벗겨진 채 가시덤불 위에서 빗질을 당하듯 살점이 갈기갈기 찢긴 후 타르타로스(무한지옥)로 끌려갔다.

아마 이것은 인간이 죽음의 세계를 탐험한 가장 오래된 기록 중 하나일 것이다. 신들조차도 하계를 방문하는 일은 결코 쉬운 일이 아니다. 하지만 신화 속에 등장하는 신들은 하계를 다스리는 지배자의 허락을 얻어 죽음의 세계를 구경할 수 있다. 고대 수메르 신화에는 인안나(또는 이슈타르)가 하계를 방문하는 장면이 나온다. 하계를 다스리는 에레쉬키 갈은 인안나의 언니다. 인안나는 멧돼지에게 살해된 연인을 만나기 위해 하계를 찾아가기로 결심하고 언니에게 방문을 허락해 달라고 요청했다.

신의 지위를 가지고 있더라도 단순히 죽은 연인을 만나기 위해서라면 하계 방문을 허락받을 수 없다. 인안나는 형부 구갈안나의 죽음을 조문 하겠다는 핑계를 대기로 했다. 그러나 대지를 다스리는 인안나가 하계로 내려오면 지상의 모든 생물이 죽을 수밖에 없다. 그런데도 인안나는 연 인에 대한 그리움에 눈먼 나머지 무작정 하계로 내려갔다. 그리고 자기 가 영영 돌아오지 못할지도 모른다는 두려움 때문에 전령 닌슈부르에게 자신이 사흘 안에 돌아오지 않으면 신들의 모임에 변고를 알리라고 일러 두었다. 인안나가 화려한 여왕의 복장으로 죽음의 신전 앞에 이르자 수 문장 네티가 물었다.

"죽은 자들의 세계를 찾아온 이유가 무엇인가?"

인안나는 핑계를 둘러댔다.

"형부의 장례식에 참석하러 왔다."

에레쉬키갈은 집 앞까지 찾아온 동생을 돌려보내기가 안쓰러웠는지 방문을 허락했다. 하계에 도착하기 위해서는 '후불'이라는 강을 건너 일 곱 개의 문을 지나야 하고, 문을 통과할 때마다 하나씩 옷과 장식물을 벗어 던져야 한다. 첫 번째 문에 이르러 왕관을 벗고, 두 번째 문을 통과 할 때는 청금색 홀장과 귀걸이를 벗어 던졌다. 그리고 세 번째 문에서는 청금석 목걸이를 벗었고, 네 번째 문에서는 가슴을 장식한 보석을 떼어 버렸다. 다섯 번째 문에 이르러서는 허리에 감겨 있던 허리띠를 풀었으 며, 여섯 번째 문에서는 팔찌와 발찌까지 내던졌다. 마지막 일곱 번째 문 을 통과할 때는 몸을 가리고 있던 한 겹의 옷조차 모두 벗어야 했다.

인안나는 발가벗은 몸으로 언니 앞에 인도되었다. 에레쉬키갈 앞에 앉아 있던 판관 아눈나키가 죽음의 눈길로 인안나를 노려보자 그녀는 곧 시체로 변해 불기둥에 묶이고 말았다. 이 사실을 알게 된 인안나의 전령 닌슈부르는 하늘의 신 아누에게 달려가 도움을 요청했다. 그러나 아누 역시 어쩔 도리가 없었다.

"하계에는 하계의 법이 있다. 하늘의 신인 나조차도 하계의 일에 간섭할 수 없다."

닌슈부르는 지혜의 신 엔키를 찾아갔다. 엔키는 '생명의 물'을 주면서 인안나의 시체에 60번 뿌리라고 가르쳐 주었다. 닌슈부르가 생명의 물을 뿌리자 인안나가 살아났고, 덩달아 죽은 자들도 함께 살아났다. 에레쉬키갈은 동생이 다시 지상으로 돌아가도록 허락하는 대신 인안나의 남편 두무지를 몸값으로 요구했다. 그런 다음 동생이 약속을 제대로 지키는지 감시하도록 한 쌍의 악귀를 지상에 파견했다. 이후 두무지는 일 년 중 반은 지상에서 보내고 반은 하계에서 살아야 하는 운명을 맞았다. 이 때문에 일 년 중 절반은 대지의 생명이 살아 있고 절반은 혹독한 겨울을 보내야 한다. 인안나 역시 하계에서 돌아올 때 함께 깨어난 죽은 자들에게 둘러싸여 수메르의 도시를 방랑하며 여생을 보냈다고 한다.

언젠가 에레쉬키갈이 신들의 연회에 참석하고 싶어 했다. 그러나 잠시도 하계를 떠날 수 없었기 때문에 그녀는 신하를 대신 하늘로 보냈다. 그런데 그 신하는 말단 신에 불과한 네르갈에게 커다란 수모를 당한 채 비참한 몰골로 돌아왔다. 분노한 에레쉬키갈은 네르갈이 직접 내려와 사죄하라고 요구했다. 지하세계의 지배자가 워낙 표독스럽게 나오는 터라 네르갈은 잔뜩 겁을 집어먹었다. 그러자 다른 신들이 네르갈에게 충고했다.

"그곳에 가면 어떤 음식도 먹지 말게. 그러면 돌아올 수 있을 것이네."

하계에 내려온 네르갈은 신들의 충고를 기억하고 어떤 음식도 먹지 않았다. 그러나 에레쉬키갈은 실오라기 하나 걸치지 않은 알몸으로 네르갈을 유혹하여 7일 동안이나 무아지경에 빠뜨렸다. 문득 정신을 차린 네르갈은 도망갈 일이 걱정이었다. 궁리 끝에 그는 에레쉬키갈에게 거짓말을 했다.

"당신은 정말 아름답소. 천계에 올라가 신들에게 우리의 혼인 사실을 알리고 오겠소."

에레쉬키갈은 달콤한 말에 속아 네르갈을 놓치고 말았다.

수메르 신화에 등장하는 하계는 암흑의 장소이며, 그곳에 갇힌 자들은 먼지로 호흡하고 진흙을 먹는다. 죽음의 세계는 냉혹하다. 현세의 법정보다 더 치밀하고 죽은 자에 대한 정보도 확실하므로 판관의 실수란 있을 수 없다. 모두 빈 몸으로 그곳에 도착해야 한다. 절대로 이승에서의 영예 따위는 발붙이지 못한다. 설령 하계의 지배자와 가까운 친척일지라도 예외일 수 없다. 그곳의 판관들은 에누리라고는 전혀 없는 원칙주의자들이다. 그러나 그들을 감동시킬 수 있을 만큼 선하게 살았다면 새나 착한 짐승 또는 인간으로 다시 태어날 수 있을지 모른다. 그런 가느다란 희망을 가질 수 있는 당신은 빛나는 인생을 산 것이다. 불행하게도 당신을 제외한 대부분의 인간은 판관들이 죄를 묻기도 전에 지옥의 공포 앞에서 정신을 잃고 말 것이다. 그나마 희망을 가질 수 있는 길은 죽음의 지배자들이 아무리 유혹해도 그곳의 음식을 먹거나 육체적 쾌락을 즐기지 않는 것이다. 그곳에서는 아무것도 소유해서는 안 된다. 소유는 곧 영원한 죽음이다.

죽음에서 탈출한 그리스의 영웅들

그리스에는 죽음의 신 하데스가 있다. 제우스가 아버지에 대한 반역에 성공한 후 영토를 분할할 때 형 하데스에게 하계를 나누어 주었다는 것을 기억하고 있을 것이다. 대리석처럼 차갑기만 한 죽음의 지배자도 지독한 사랑에 빠진 적이 있다. 어느 날 미의 여신 아프로디테는 아들 에로스(큐피드)를 시켜 하데스에게 사랑의 화살을 쏘도록 했다. 그가 사랑에 눈멀어 있는 동안 자신의 영토를 늘리기 위해서였다. 에로스의 화살을 맞은 하데스는 문득 들판 위를 뛰노는 데메테르의 딸 페르세포네를 발견했다. 첫눈에 반한 하데스는 재빨리 그녀를 하계로 납치했다. 대지의 여신 데메테르와 하데스는 오누이이기 때문에 하데스는 자신이 납치한 페르세포네의 외삼촌이다.

이 사실을 알게 된 데메테르는 제우스를 찾아가 딸을 구해 달라고 부탁했다. 제우스는 난감한 표정을 지으며 만일 딸이 하계에 있는 동안 아무것도 먹지 않았다면 데려올 수 있다고 말했다. 제우스의 충실한 전령 헤르메스가 명을 받고 하계로 내려갔다. 그러나 페르세포네는 이미 하데스가 준 석류 과즙을 먹은 뒤였다. 헤르메스는 하데스와 담판을 벌여 그녀가 일 년의 반은 하계에 머물고 반은 지상에 머물도록 했다. 봄과 겨울이 존재하는 것은 이 때문이다.

아폴론의 아들 오르페우스도 하계를 방문한 적이 있다. 그는 아폴론으로부터 수금(竪琴) 한 대와 연주 기술을 전수받아 최고의 수금 연주자로 이름이 높았다. 그는 요정과 결혼했으나 결혼 직후 아내가 독사에 물려 절명하고 말았다. 오르페우스는 사랑하는 아내를 만나기 위해 하계로 내려갔다. 그는 하데스의 궁전 앞에서 수금을 연주하며 아내를 만나게 해 줄 것을 간절히 호소했다. 그의 연주는 마침내 하데스의 마음을 움직였다. 하데스는 오르페우스에게 한 가지 조건을 내걸었다. 아내를 데리고 하계를 빠져나갈 때까지 절대 뒤돌아보면 안 된다는 것이었다.

별로 어렵지도 않은 이 조건은 곧잘 무시된다. 소돔과 고모라에 등장하는 롯의 아내도 이 약속을 까맣게 잊고 뒤를 돌아보았다가 소금기둥이 되었다. 오르페우스 역시 아내가 잘 따라오는지 보려고 고개를 돌렸다가 영영 아내를 잃고 말았다. 하지만 오르페우스가 그리스에서 한 종파의 신으로 추앙받을 수 있었던 것은 그가 아내를 끝까지 포기하지 않았기 때문이다. 그는 이승과 저승 사이를 흐르는 스틱스강의 뱃사공을 붙잡고 다시 하계에 내려갈 수 있게 해 달라고 부탁했다. 물론 뱃사공 카론에게 그런 권한이 있을 리 없다.

오르페우스는 식음을 전폐한 채 이레 동안 강둑에 앉아 수금을 연주하며 노래를 불렀다. 그 황홀한 모습에 반한 트라키아 처녀들이 오르페우스를 유혹했으나 그는 거들떠보지도 않았다. 이에 분개한 처녀들이 달려들어 그에게 창을 던졌고 강물은 이내 피로 물들었다. 발광한 처녀들은 다시 오르페우스의 몸을 갈가리 찢은 후 머리와 수금을 강에 처넣었다. 이를 불쌍히 여긴 음악의 여신들이 오르페우스의 찢긴 몸을 수습해 장사를 지내 주었다. 결국 오르페우스는 죽어서야 아내를 만날 수 있었다.

이제 인간의 이야기를 시작하자. 이 이야기는 로마의 위대한 시인 베르길리우스가 기원전 30년에서 기원전 19년 사이에 쓴 서사시 『아이네이스』에 기록되어 있다. 나중에 언급할 단테의 『신곡(神曲)』은 그로부터 영감을 받은 것이다.

트로이전쟁에서 그리스 연합군에게 패한 트로이인은 영웅 아이네이아스의 지휘 아래 새로운 터전을 찾아 나섰다. 아이네이아스는 여신 아프로디테와 인간 안키세스 사이에 태어났다. 그는 트로이를 떠난 후 긴 항해 끝에 아프리카의 해안도시 카르타고에 도착했다가 다시 이탈리아에 닻을 내렸다. 그곳에서 아이네이아스는 무녀이자 예언자인 시빌레를 찾아가 죽은 아버지를 만나게 해 달라고 부탁했다. 그는 아버지의 영혼을 만나 자신과 트로이인의 운명을 묻고 싶었다. 시빌레는 숲에서 황금가지를 꺾어 하데스의 아내 페르세포네에게 선물로 가져가면 하계를 방문할 수 있다고 조언했다. 나중에 살펴보겠지만 황금가지는 참나무에서 돋아나는 겨우살이로 신화에서는 부활과 생명의 상징물로 등장한다. 아이네이아스는 어머니 아프로디테가 보낸 비둘기의 안내로 황금가지를 구해 하계로 내려갈 수 있었다.

'잠의 동굴'을 지나 그가 본 하계의 모습은 처참하기 이를 데 없었다. 하계의 입구에는 한탄, 원한, 역병, 늙음, 공포, 기아, 분노, 궁핍, 죽음 등에 절어 있는 무리가 우중충한 모습으로 진을 치고 있다. 또 그 앞에 앉은 복수의 여신과 불화의 여신들은 뱀으로 된 머리카락을 말아 올려 붉은 피로 물든 댕기로 묶고 있었다. 시빌레와 아이네이아스가 비탄의 강(코퀴토스)에 이르자 뱃사공 카론이 노를 젓고 있었고 강둑에는 수많은 영혼이 서성거리고 있었다.

"저 영혼들은 왜 강을 건너지 않고 서성거리고 있지요?"

아이네이아스의 물음에 시빌레가 답했다.

"장례를 치른 영혼만 나룻배를 탈 수 있습니다. 그렇지 못한 영혼은 백 년 동안 이곳에서 기다린 다음에야 배를 탈 수 있답니다."

두 사람은 카론에게 황금가지를 보여 주고 강을 건넜다. 강 건너편에는 하계를 지키는 괴수 케르베로스가 기다리고 있었다. 케르베로스는 머리를 세 개나 갖고 있는데, 목에 감겨 있는 수많은 뱀이 혓바닥을 날름거리고 있다. 시빌레가 잠드는 약을 묻힌 과자를 던지자 케르베로스는 이것을 받아먹고 깊이 잠들었다.

하데스의 궁전 입구는 태어나자마자 죽은 어린아이들의 울음소리로 가득하다. 안으로 들어서자 크레타의 왕이었던 미노스가 영혼들을 심판하여 그들이 가야 할 장소를 정해 주고 있었다. 두 사람은 비탄의 들과 극락정토(엘리시온)를 보았고, 지옥과 그 주위를 흐르는 불의 강(플레게톤)도 보았다. 지옥의 성벽은 복수의 여신이 감시하고 있고, 그 안은 신음과 채찍·쇠사슬 소리로 가득 차 있다. 바로 그곳에 죽은 자를 심판하는 라다만티스의 법정이 자리 잡고 있다. 청동으로 된 문이 열리자 머리가 50개인 히드라가 보이고, 바닥에는 제우스에게 영원한 형벌을 받은 티탄족이 가로누워 있다. 익시온은 멈추지 않는 불 바퀴에 매달려 타오르는 불길에 그을리고 있고, 시시포스는 영원히 굴러 내리는 바위를 산꼭대기로 밀어 올리고 있으며, 탄탈로스는 영원히 멀어지는 물을 쫓아다니며 갈증에 시달린다.

극락정토는 보랏빛 안개에 휩싸여 있다. 그곳에서 아이네이아스는 아버지 안키세스를 만난다. 반가운 나머지 아버지의 몸을 껴안았지만 그의 품에 안긴 것은 실체 없는 그림자뿐이었다. 이윽고 눈앞에 망각의 강(레테)이 나타났다. 망각의 강에서 물을 마시고 있는 사람들은 다시 육체를 얻어 세상에 태어날 영혼들이다. 그들은 뼈와 살을 얻을 때까지 강변에 살면서 그 물을 마시고 전생을 잊는다. 안키세스가 아들에게 말한다.

"신이 인간을 만들 때 흙의 양에 따라 성질을 다르게 만들었다. 흙이 적으면 영혼이 순수하고 흙이 많으면 영혼이 불순하다. 불순한 영혼은 죽은 다음에야 정화될 수 있다. 정화된 영혼은 망각의 강에서 전생의 기억을 씻고 육신을 얻어 지상으로 돌아간다. 그러나 육신조차 받지 못하는 더러운 영혼은 동물로 환생한다. 이것이 바로 메템프쉬코시스(metempsychósis, 윤회전생)다."

아이네이아스는 자살한 연인 디도와 만난 후 '뿔의 문' 반대편에 있는 '상아의 문'을 통해 귀환한다. 하계에서 돌아온 그는 모험을 계속한 끝에 로마에 정착해 나라를 건설하는데, 그것이 곧 로마의 시작이다. 『아이네이스』를 쓴 베르길리우스는 예수 탄생 직전에 사망했다. 당시 로마인은 윤회에 대해 알고 있었고, 그것이 인도에서 전해졌다는 것을 인식하고 있었다. 그런데 그보다 훨씬 이전에 살았던 플라톤 역시 전사 에르의 이야기에서 윤회를 말하고 있는 것으로 보아 고대 그리스와 로마에 영혼이 재생한다는 관념이 널리 퍼져 있었음을 알 수 있다.

이제 죽은 뒤에 불사신이 되었다는 헤라클레스 신화를 살펴보자. 헤라클레스는 제우스와 인간 알크메네 사이에서 태어났다. 그리스 신화에 등장하는 영웅 중에서 가장 힘이 센 그는, 태어나자마자 제우스의 아내 헤라가 보낸 두 마리 독사를 양손으로 목 졸라 죽였다. 그는 성인이 되어 테베의 공주 메가라와 혼인했다. 그러나 제우스의 바람기 때문에 노심초사했던 헤라는 헤라클레스에게 저주를 내려 갓 낳은 자식을 죽이도록 했다. 자식을 살해한 헤라클레스는 신의 뜻에 따라 에우리스테우스를 12년간이나 섬기며 속죄의 길을 걸었다. 그러나 헤라의 질투는 여기에서 끝나지 않았다. 헤라는 에우리스테우스를 사주해 풀기 어려운 숙제를 내게 했다. 12난사(難事)로 불리는 이 숙제 중에서 열한 번째 숙제는 하계를 지키는 케르베로스를 데려오는 것이었다. 케르베로스를 데려오기 위해서는 하데스의 허락이 필요했다. 하계를 찾아간 헤라클레스에게 하데스는 가소롭다는 표정으로 말했다.

"네가 아무런 무기도 쓰지 않고 저 개를 데려갈 수 있으면 데려가라."

헤라클레스는 맨몸으로 달려들어 무시무시한 개를 잡아갔다가 다시 저승에 돌려주었다. 그뿐만 아니라 헤라클레스는 이후에도 열녀 알케스티스를 구하러 다시 하계를 방문한다. 호메로스의 서사시 『오디세이아』에 등장하는 오디세우스도 하계를 목격한 사람이다. 그는 마녀 키르케로부터 하계에 내려가 죽은 자의 지시를 받아야 한다는 말을 듣고 동료들과 함께 하계로 내려가 그 입구를 목격하고 돌아온다.

이집트 『사자의 서』

이집트 중왕국 시기에 파피루스에 기록된 『사자의 서』에는 죽음과 부활의 신 오시리스(Osiris)가 등장한다. 그는 신이 되기 전에 고대 이집트의 법률을 만들고 식인 풍습과 사람을 제물로 바치는 풍습을 금한 어진 왕이었다고 한다. 그는 이집트를 떠나 세계를 여행하며 문명을 전파했는데, 그가 자리를 비운 사이 의형제였던 세트가 신하 72명과 함께 왕을 몰아낼 음모를 꾸몄다. 그것이 비극의 시작이었다. 오시리스가 돌아오자 세트는 그를 성대한 연회에 초대했다. 연회장에는 관 모양의 목제 상자가 준비되어 있었다. 사람들이 상자에 관심을 보이자 세트는 미리 꾸며둔 계략대로 손님들에게 재미있는 제안을 했다.

"이 상자에 몸이 딱 들어맞는 손님에게 금화를 주겠소."

손님들이 달려들어 몸을 맞추려고 노력했지만 정확히 들어맞는 사람이 없었다. 이윽고 오시리스가 나섰다. 그 상자는 오시리스를 위한 것이었으므로 상자는 한 치의 오차도 없이 그의 몸에 꼭 맞았다.

"기가 막히게 들어맞는군."

오시리스가 손님들에게 확인시키고 상자에서 나오려는 순간 세트의 신하들이 달려들어 상자 뚜껑을 닫고 못질을 해 버렸다. 그리고 상자 틈새에 녹인 납을 흘려 넣어 완전히 밀폐했다. 상자는 나일강에 버려져 오랫동안 강물 위를 떠다니다가 어느 해안에 도착했다. 수소문 끝에 상자를 발견한 오시리스의 아내 이시스는 갈대가 무성한 늪지에 상자를 감추었다. 그러나 세트는 늪지를 샅샅이 뒤져 상자를 찾아내고 오시리스의 몸을 14등분으로 토막 낸 후 갈대밭에 뿌렸다. 이시스는 파피루스 줄기로 만든 배를 타고 나일강으로 가 갈가리 찢긴 남편의 사체를 봉합했다. 죽은 오시리스는 신의 가호로 별로 태어났다가 나중에는 죽음의 신이자 하계의 왕이 되었다.

당신이 이집트에서 죽었다면 그리스 신화에 등장하는 카론이 아니라 뱃사공 아겐과 마하프가 노를 젓는 태양신 라(Ra)의 배에 올라타야 한다. 당신을 실은 배는 낮 동안 은하수(하늘의 강)를 가로질러 밤이 되어서야 은하수 서쪽에 도착할 것이다. 배에서 내리면 일곱 개의 문을 통과해야 하는데, 각각의 문을 무시무시한 괴물이 지키고 있으므로 탈출하기 어렵다. 일곱 개의 문을 통과하면 오시리스의 궁전으로 통하는 수많은 입구가 당신을 기다리고 있다. 그 입구 앞에서 일일이 경배하고 나면 자칼의 머리를 가진 아누비스가 나타나 당신을 심판의 방으로 안내할 것이다.

법정에 들어서기 전에 당신은 흰옷과 신발을 착용하고 얼굴은 검게 칠한 후 그 위에 몰약을 발라야 한다. 이윽고 법정에 들어서면 가장 큰 저울 아래 앉아 있는 괴물 암미트(치폰)를 볼 수 있을 것이다. 그곳에서는 지금까지 보았던 어떤 법정보다 공정한 기회를 준다. 당신은 스스로를 변호할 기회를 가질 수 있다. 당신이 지나온 생애를 고백하고 나면 따오기 머리를 가진 신 토드가 그 내용을 검토할 것이다. 변론할 때 절대거짓말을 하면 안 된다. 진실을 가릴 진짜 심판이 남아 있기 때문이다.

변론이 끝나면 자칼의 머리를 가진 아누비스가 당신의 심장을 꺼내 저울의 한쪽에 올려놓는다. 그리고 진실의 여신 마아트의 머리 장식에서 깃털 하나를 뽑아 맞은편 접시에 올려놓을 것이다. 만일 당신의 심장이 깃털보다 무거우면 작은 괴물 암미트가 그 심장을 먹어 치운다. 만일 저울이 기울지 않으면 당신은 낙토(樂土)에 보내져 환생을 기다리게 된다. 다음 생을 기다리는 동안 당신은 여러 가지 역경을 극복하며 영혼을 정화해야 한다. 이윽고 영혼이 정화되었을 때 당신은 황금 매, 불사조, 왜가리, 제비 따위로 환생한다.

『티베트 사자의 서』

754년 어린 나이로 티베트의 왕이 된 트리송 데첸은 인도 나란다 대학의 학승 산타라크시타를 초빙해 탄트라 밀교를 받아들이고자 했다. 그러나 숭불정책에 반대하던 몇몇 대신은 나라 안에 기아와 질병이 유행한다는 이유를 들어 이를 거부했다.

뜻을 이루지 못한 트리송 데첸은 다시 북인도 우디야나에 머물고 있던 파드마삼바바를 초빙했다. 당시 산타라크시타는 삼예승원(桑耶寺) 건설을 왕에게 건의한 적이 있는데, 그 공사는 결국 파드마삼바바의 감독 하에 이루어졌다. 755년 산타라크시타와 파드마삼바바가 승원 기공식에 참석했으며, 30여 년의 공사 끝에 783년에 완공되었다. 이로써 티베트 라마교의 본산이 탄생했다.

그 무렵 둔황에 머물고 있던 당나라 선승 마하연(摩訶衍)이 티베트로 들어왔다. 당시 티베트는 당나라에서 일어난 안사(安史)의 난을 틈타 재빨리 둔황을 수중에 넣었다. 이를 계기로 티베트에 입국한 마하연은 왕자를 잃고 실의에 빠져 있던 왕후 등 30여 명의 부인에게 중국 불교를 설파했다. 그러자 파드마삼바바를 비롯한 인도 불교계는 마하연의 가르침이 진리의 법이 아니라고 왕에게 상소를 올렸고, 이에 마하연은 왕 앞에서 토론하자고 제의했다. 그리하여 산타라크시타의 제자 카마라실라가 급히 인도로부터 초빙되어 794년부터 일 년 반 동안 마하연과 논쟁을 벌였다. 이를 '라사의 종론(宗論)'이라 한다.

『티베트 사자의 서』는 바로 트리송 데첸 왕의 초청으로 티베트를 방문한 파드마삼바바에서 비롯된다. 그는 티베트에 도착해 삼예승원 건립을 감독했으며 749년에 라마승을 위한 최초의 승단을 세웠다. 이후 그는 히말라야 설산에 머물며 인도에서 가져온 경전들을 티베트어로 번역했다. 그러나 그는 비밀을 간직한 경전을 세상에 내보이는 것은 때가 이르다고 판단해 히말라야의 동굴 곳곳에 경전을 숨겼다고 한다. 그는 죽기 전에 몇몇 제자에게 환생하는 능력을 가르쳐 주고, 수백 년 후에 한 명씩 재생하여 숨겨진 경전들을 어둠 속에서 건져 낼 것이라고 예언했다. 그의 예언대로 지금까지 찾아낸 경전은 모두 65권에 이른다. 『티베트 사자의 서』는 그중 하나다. 경전의 숫자가 얼마나 되는지는 모르지만, 아직도 히말라야의 동굴 깊숙이 미지의 경전들이 숨겨져 있다고 한다.

『티베트 사자의 서』를 따라가면 당신은 죽음의 공포가 아닌 마음의 평화를 얻게 될 것이다. 자비로운 신은 당신에게 무수히 기회를 주고 깨달음에 다가갈 수 있도록 안내한다. 그러나 안타깝게도 많은 사람이 깨달음에 이르지 못한다. 티베트 불교에서는 죽은 후부터 환생하기까지 머무는 상태를 바르도(bardo, 中有)라 한다. 바르도는 세 단계로 나뉘는데 마지막 단계가 윤회계다. 윤회계에는 일곱 개의 행성과 행성마다 영혼을 정화하는 일곱 단계가 존재한다. 그러므로 당신이 다시 이 세상으로 환생하려면 49개의 정거장을 거쳐야 한다.

언젠가 당신이 경험하게 될 세 단계의 바르도를 따라 미리 죽음의 여행을 떠나 보자. 첫 단계는 '치카이 바르도'라 하는데, 죽은 후 3~4일간 지속된다. 이때 유체는 자신이 몸으로부터 분리되었다는 사실을 알지 못한 채 수면상태에 빠져 있다. 당신의 호흡이 멎으면 남아 있는 마지막 생명력(Prana)은 배꼽 바로 위에 있는 차크라(Cakra)로 내려간다. 그곳에서 당신은 최초의 투명한 빛을 감지한다. 생명력은 다시 척추에 있는 통로를 따라 아래쪽으로 내려간다. 이때 생명력은 당신의 업(業, 카르마)에 따라 척추 왼쪽 또는 오른쪽으로 내려간다. 아마 당신은 어두운 터널을 통과하는 것 같은 답답함과 짓누르는 듯한 압박감을 느낄 것이다. 그러나 몸은 공중에 뜬 듯 가벼우며, 호흡이 정지된 후 30분쯤 후에는 유체가 몸에서 빠져나와 당신의 죽은 몸을 둘러싸고 있는 가족과 친척을 볼 수 있다. 유체는 제한된 영역 안에서 배회한다. 그때 갑자기 눈부신 빛이 보이며 굵고 맑은 음성이 당신의 귓전을 때릴 것이다.

"두려워 마라. 이것은 너의 아트만의 빛이니라!"

곧이어 희다 못해 푸른색이 감도는 빛이 나타나고 다시 음성이 들려온다.

"두려워 마라. 이는 브라만의 빛이니라."

아트만의 빛은 곧 브라만의 빛에 흡수되어 하나가 된다. 당신이 첫 번째 빛을 보고 그 의미를 깨달았다면 생명력은 브라흐마의 구멍을 통해 빠져나가 영원한 자유를 얻을 수 있다. 이 첫 기회는 3~4일이나 계속되기 때문에 당신이 깨달을 시간은 충분하다. 미처 깨닫지 못했다고 해도 실망할 필요는 없다. 두 번째 빛이 곧 당신을 방문하기 때문이다. 이 빛은 일종의 환영(幻影)이다. 따라서 눈앞에서 이상한 영상들이 움직이기 시작하면 당신은 곧 두 번째 단계인 '초에니 바르도'에 들어섰다고 생각하면 된다. 이때 비로소 당신은 죽음을 깨닫고 육체를 소유하려는 강렬한 욕구를 갖기 시작한다.

이 단계에 들어서면 당신은 업이 빚어낸 환영들을 보게 될 것이다. 첫날에 비로자나불과 천상계의 빛을 본 다음, 이튿날부터 일곱째 날까지 여러 부처가 당신을 방문한다. 그들은 천상의 세계를 보여 줌으로써 당신의 깨달음을 유도할 것이다. 그래도 당신이 깨닫지 못했다면 8일째 되는 날 무서운 환영이 나타날 것이다. 그날 당신은 불꽃에 둘러싸인 채 다가오는 분노의 신들을 보게 된다. 피를 마시는 분노의 신들은 무려 58명에 이른다. 그중에서도 '헤루카'라는 부처는 가장 무서운 모습을 하고 있다. 그는 짙은 갈색의 피부를 갖고 있고 머리가 셋이다. 또 여섯 개의 손과 네 개의 다리를 갖고 있으며, 몸에서는 뜨거운 화염을 내뿜는다. 그는 아홉 개의 눈을 부릅뜬 채 당신을 무섭게 노려볼 것이다. 그 모습을 보는 순간 당신의 머리털은 곤두서고 말 것이다. 그의 머리는 인간의 두개골로 장식되어 있고, 목에는 검은 뱀들과 핏물이 뚝뚝 떨어지는 인간의 머리통을 엮어 만든 염주가 걸려 있기 때문이다. 물론 겁을 집어먹을 필요는 없다. 그것은 단지 환영일 뿐이다. 그러나 당신은 이때 반드시 깨달아야 한다. 이 단계에서 깨닫지 못하면 앞으로 윤회를 거듭해야 하기 때문이다.

이렇게 친절하게 안내하는데도 당신이 깨닫지 못한 척하고 있으면 세 번째 단계인 '시드파 바르도'가 찾아온다. 그곳은 회색의 황혼빛이 낮이나 밤이나 지속된다. 당신은 그곳에서 49일 동안 머물게 되는데 별로 유쾌하지는 않다. 각종 악귀의 환영이 당신에게 달려들고 무서운 맹수와 성난 파도, 지진, 불길, 거센 폭풍우가 당신을 덮친다. 당신은 도망칠 수 없다. 세 개의 무서운 낭떠러지가 가로막고 있기 때문이다. 이 환영들은 당신의 분노와 탐욕과 어리석음의 그림자다.

당신이 아무리 무딘 사람이라고 해도 이런 공포 앞에서 못 깨달은 척하고 있기는 힘들 것이다. 그러나 당신이 윤회의 단계까지 구경하고 싶다면 꾹 참고 견뎌야 한다. 공포를 참아 낸 당신은 염라대왕(다르마 라자)의 재판정에서 심판받아야 한다. 먼저 수호령이 다가와 작은 조약돌을 가지고 당신이 행한 선하고 악한 행위를 하나하나 헤아릴 것이다. 거짓말을 할 수는 없다. 염라대왕이 '카르마의 거울'에게 꼭 물어보기 때문이다. 거짓말이 탄로 나면 화가 난 집행관이 당신의 목에 밧줄을 걸고 사정없이 끌고 다닌다. 그러다가 집행관은 당신의 머리를 자르고 심장을 도려낼 것이다. 끔찍하게도 그는 당신의 창자를 끄집어내고, 뇌를 꺼내 핥아먹고, 피를 마시고, 살을 갉아먹고, 뼈를 깨문다. 하지만 당신은 죽지 않는다. 당신의 몸이 난도질당해도 당신은 다시 살아날 것이다. 누차 말했지만, 염라대왕을 두려워하지 마라. 당신의 몸은 이미 텅 비어 있으므로 당신의 고통은 그저 환영에 의한 느낌일 뿐이다.

그때 천상계·아수라계·인간계·축생계·아귀계·지옥계의 빛이 차례로 당신을 찾아온다. 이것이 당신에게 주어지는 마지막 기회다. 만일 여기서도 깨닫지 못하면 당신은 자궁 입구를 찾아 방황하게 될 것이다. 이 대목에서 윤회를 피할 길이 전혀 없는 것은 아니다. 깊은 명상을 통해 당신이 들어가야 할 자궁의 문을 닫아 버림으로써 대자유의 길에 이를 수 있기 때문이다. 자비에 넘치는 부처님은 당신에게 어떤 자궁에도 들어가지 말라고 경고할 뿐만 아니라 명상과 기도를 통해 탈출하라고 가르친다. 그런데도 자궁 문을 닫는 데 실패했다면 당신의 눈앞에 환생할 장소가 환영으로 나타난다. 그리고 당신은 이 세상에 미지의 생물체로 다시 태어나는 것이다.

살아 있을 때 열심히 수행했던 사람은 바르도 상태를 거치지 않고 곧바로 열반계(니르바나)로 들어가거나 스스로의 의사에 따라 곧바로 이 세상에 환생한다. 심리학자 카를 구스타프 융은 『티베트 사자의 서』를 해설한 글에서 의미심장한 말을 남겼다.

"영적 체험의 절정은 삶이 끝나는 순간에 찾아온다. 따라서 인간의 삶은 가장 높은 차원으로 다가가기 위한 하나의 수레다."

03
천국과 지옥

그대들에게 천상의 희망을 말하는 자들을 믿지 말라.
그들은 독을 품은 자들이니라.
_니체, 『자라투스트라는 이렇게 말했다』

죽음 뒤의 세계

신화적인 의미에서 죽음은 거대한 생명의 자궁으로 돌아가기 위해 거쳐야 하는 영혼의 양육 과정 같은 것이다. 사후세계를 방문했던 영웅들의 여정에는 몇 가지 공통점이 있다. 우선 모든 영혼이 강이나 동굴을 지나야 한다. 플라톤의 『국가』에 등장하는 전사 에르는 하늘과 땅에 뚫린 구멍으로 들어갔고, 수메르인은 후불이라는 강을 건넌다. 또 그리스인은 스틱스나 코퀴토스를 건너고, 이집트인은 은하수를 건너야 한다. 티베트인 역시 어둡고 캄캄한 동굴 같은 것을 지나야 한다. 강을 건너려면 뱃사공의 허락을 얻어야 한다. 이 뱃사공을 그리스에서는 카론이라 부르고, 이집트에서는 아겐 또는 마하프라고 부른다. 일곱(7)이라는 숫자도 공통으로 등장한다. 수메르에서는 일곱 개의 문을 지나야 하고, 일곱 개의 행성에서 깨달음을 인도받는다. 이집트에서도 일곱 개의 문을 지나야 하는데, 대개 그 입구에는 무시무시한 괴물들이 지키고 있다. '일곱'이라는 숫자는 앞으로도 계속 등장할 것이다.

영혼들은 재판정에서 심판받는다. 플라톤의『국가』에는 여신 라케시스가 판관이며, 수메르에서는 아눈나키, 이집트에서는 토드, 그리스에서는 라다만티스, 티베트에서는 다르마 라자가 그 역할을 맡는다. 그들의 판정에 따라 영혼이 가야 할 곳이 정해진다. 죄를 지은 자들은 괴물에게 잡아먹히거나 영원한 고통을 받고, 선한 사람들은 환생한다. 이러한 공통점이 의미하는 것은 무엇일까? 아주 간단한 추론이 가능할 것이다. 죽음의 세계가 실제로 존재하기 때문에 여러 신화 속에 그대로 반영되어 있거나, 아니면 각 민족의 신화가 서로에게 영향을 주어 유사한 신화 구조가 만들어졌다는 것이다.

힌두교의 지옥은 일곱 층으로 구성되어 있는데, 맨 밑에 있는 파탈라가 가장 고통스러운 형벌을 받는 곳이다. 이슬람교에도 일곱 층의 지옥이 있다. 또 고대 아시리아인은 세 개의 하늘이 커다란 활처럼 인간 세상을 덮고 있다고 믿었다. 그 아래에는 큰 바다가 있고 그 위에 주발 같은 모양으로 땅이 떠 있다. 땅 역시 신계, 인간계, 하계 등 세 층으로 구분된다. 불교에서는 천상계·아수라계·인간계·축생계·아귀계·지옥계로 나누지만, 중국의 선종은 죽음 자체에 별다른 의미를 두지 않는다.

힌두교에서 자주 언급하는 수미산은 모든 계를 지탱하는 우주의 중심축이다. 수미산은 황금 산들이 일곱 겹으로 둘러싸고 있고, 산 사이에는 일곱 겹의 바다가 있다. 그 바깥에 우주가 자리 잡고 있으며, 그 우주는 네 개의 대륙으로 구성되어 있다. 각 대륙에는 열두 개의 작은 위성 대륙이 있다. 인간이 사는 지구는 남쪽 대륙인데, 네 개의 대륙 중에서 가장 크기가 작다.

수미산의 가장 위쪽에는 신들의 천상계가 펼쳐지는데, 인드라(帝釋天)가 지배하는 삼십삼천에서 마라(魔軍)가 지배하는 범천(梵天)에 이르기까지 여러 등급으로 나뉜다. 삼십삼천의 꼭대기는 구경처(究竟處)라 불린다. 그곳은 최후의 천계인 동시에 니르바나로 들어가는 입구이자 저 세계로 건너가는 다리다. 지옥은 수미산 아래에 있다. 수미산 안에는 네개의 세계가 있는데, 아래쪽에 있는 세 개는 마귀들의 거처다. 나머지한 개에는 불결한 영혼들인 아수라가 산다. 아수라는 천상계로부터 추방된 영혼들로 신들과 끊임없이 전쟁하다가 죽어 간다.

붓다가 기원정사(祇園精舍)에 머물고 있을 때 한 승려에게 사후에 겪게 되는 상태를 설명한 적이 있다. 붓다의 설명에 따르면, 죽음의 세계에는 두 개의 집이 있고 집에는 각각 여섯 개의 문이 달려 있다. 두 개의집은 육체와 영혼을 상징한다. 또 열두 개의 문 가운데 여섯 개는 육도(六道, 인간이 선악을 지음으로써 반드시 이르게 되는 지옥, 아귀, 축생, 아수라, 인간, 천상계) 세계의 입구를 나타내며, 나머지 여섯 개는 출구다. 염라대왕이 죽은 자에게 묻는다.

"갓 태어난 아기, 늙은이, 질병에 걸린 모습, 도둑, 썩은 시체를 만난적이 있는가?"

이 다섯 가지는 생로병사와 업에 대한 징벌을 의미한다. 만난 적이 없다고 대답하면 염라대왕은 이 다섯 가지의 의미를 설명한다. 그제야 죽은 자는 지난날을 기억하고 악행을 저질렀음을 고백한다. 곧 지옥의 성난 불길이 그 가련한 영혼을 집어삼키고, 그는 지옥에서 죄업을 씻는 다섯 가지 벌을 받게 된다. 아무리 힘든 고통일지라도 그는 죽을 수 없다.

중국에서는 죽음의 세계를 황천(黃泉)이라 부르는데, 황허의 누런 황토에서 비롯된 것이다. 따라서 그들은 죽음의 세계를 황토처럼 어둠침침하고 삭막한 곳으로 여긴다. 도교에서는 불교의 개념을 차용해 천계와 지옥을 각각 서른여섯 층으로 구분한다. 천국과 지옥의 개념을 가장 체계적으로 정립한 종교는 기독교다. 힌두교나 불교의 지옥을 세분하면 이루 헤아릴 수 없을 정도로 많지만 어떤 종교도 기독교만큼 지옥을 중시하지는 않는다.

유대교 전설을 기록한 『하가다』는 310개의 세상과 경건한 자들이 머무는 에덴동산의 일곱 구역을 말하고 있다. 경건한 자들은 살아 있을 때의 행적에 따라 각 구역에 배정된다. 첫째 구역에는 순교자들이 머물고, 둘째 구역에는 익사한 자들, 셋째 구역에는 랍비와 그 제자들, 넷째 구역에는 영광의 구름에 둘러싸여 하느님께 불려간 자들, 다섯째 구역에는 회개한 자들, 여섯째 구역에는 죄를 짓지 않은 젊은이들, 일곱째 구역에는 경전을 연구하고 청렴하게 산 가난한 사람들이 머물고 있다.

외경 『바울 계시록』은 테오도시우스 1세가 로마제국을 통치하고 있던 388년에 타르수스에 있는 바울의 생가에서 발견되었다고 한다. 이 문헌의 저자는 『고린도후서』에 바울의 동료 한 사람이 황홀경에 빠져 낙원에 들어갔다는 대목에서 모티브를 얻어 바울이 경험한 황홀경을 기록했다. 『고린도후서』 12장에는 다음과 같은 기록이 있다.

"자랑해서 이로울 것은 없지만 나는 자랑하지 않을 수 없습니다. 이제 나는 주님께서 보여 주신 신비로운 영상과 계시에 대하여 말씀드리겠습니다. 내가 잘 아는 그리스도 교인 하나가 십사 년 전에 셋째 하늘까지 붙들려 올라간 일이 있었습니다. 몸째 올라갔는지 몸을 떠나서 올라갔는지 나는 모릅니다. 그러나 하느님께서는 알고 계십니다. 나는 이 사람을 잘 압니다. 그는 낙원으로 붙들려 올라가서 사람의 말로는 표현할 수 없는 이상한 말을 들었습니다."

외경 『바울 계시록』에 따르면 바울은 천사들의 인도로 젖과 꿀이 흐르는 강에 다다른다. 그곳에는 엄청나게 큰 나무들과 수많은 과일, 그리고 하얀 물이 흐르는 강이 있다. 그리스도의 도시는 아케루시아 호수에 떠 있다. 바울은 황금의 배를 타고 그리스도의 도시 안으로 들어간다. 그리스도의 도시는 전체가 순금으로 되어 있고, 열두 겹의 성벽과 열두 개의 탑에 둘러싸여 있다. 성벽과 성벽은 엄청난 거리를 두고 떨어져 있는데 성벽에는 열두 개의 성문이 있다. 성벽 주위는 꿀의 강 피손, 젖의 강 유프라테스, 기름의 강 기혼, 포도주의 강 티그리스가 감아 돌고 있다. 꿀의 강에는 예언자들의 영혼이 머물고, 젖의 강에는 헤롯 왕이 죽인 아기들의 영혼이 있다. 또 포도주의 강에는 아브라함과 같은 성인들의 영혼이 있고, 기름의 강에는 오만하지 않은 자들의 영혼이 머문다. 그리고 도시의 한가운데에는 황금의 옥좌가 있고, 그곳에 다윗 왕이 앉아 있다.

네 강이 합쳐지는 바다에 이르면 불의 강이 나타난다. 불의 강에는 수많은 남녀가 불 속에 잠겨 있는데 간음을 저지른 자들, 이단자들, 신을 비방한 자들, 이웃을 해친 자들이다. 북쪽에는 끔찍한 형벌의 장소가 있다. 그 구덩이 속에 영혼을 집어넣으면 바닥에 닿기까지 500년간이나 추락한다. 그 구덩이 속에는 타락한 장로, 주교, 부제(副祭) 등과 계명을 지키지 않은 자들이 있다. 고리대금업자는 구더기에게 파 먹히는 형벌을 받고 있고, 하느님을 모독한 자는 자기 혀를 스스로 씹어 먹는 형벌을 받는다. 마술사는 시뻘건 핏물에 잠겨 있으며, 음란한 처녀는 쇠사슬에 묶여 있다. 불쌍한 사람을 해친 자는 손발이 찢긴 채 알몸으로 얼음 위에 놓여 있고, 단식 규칙을 어긴 자는 갈증과 배고픔에 허덕이지만 아무것도 먹을 수 없는 벌을 받고 있다. 간통한 자는 눈썹과 머리카락만으로 공중에 매달려 있으며, 동성애자는 먼지를 뒤집어쓴 채 타르와 유황 구덩이에 잠겨 있다. 이교도는 눈이 먼 채 고통받고 있고, 낙태를 한 자는 불타는 피라미드 위에 놓여 있다.

바울은 다시 일곱 개의 봉인이 있는 우물로 간다. 우물의 뚜껑을 열자 온갖 악취가 퍼져 나오고 그 안은 온통 불구덩이다. 그곳에는 동정녀의 탄생과 부활을 부정한 자들이 고통받고 있다. 마지막으로 바울은 하늘에서 성모 마리아, 아브라함, 이삭, 야곱, 12지파의 부족장들, 모세, 이사야를 비롯한 12명의 예언자, 소돔의 의인 롯, 욥, 노아, 아담 등을 차례로 만난 후 환상에서 깨어난다.

이 문헌이 성서에서 제외된 이유는 아마도 그리스 신화의 영향을 강하게 받았기 때문인 듯싶다. 즉 바울이 호수를 건너기 위해 탄 황금의 배는 델로스 신전에 제물을 싣고 떠나는 '파라볼라'와 유사하고, 갈증과 기아에 허덕이지만 아무것도 먹을 수 없는 형벌은 영원한 갈증에 시달리는 탄탈로스나 계속되는 굶주림으로 자기 몸까지 잘라 먹어야 하는 에리시크톤과 흡사하다.

외경 『에녹의 서』에도 환상 체험이 등장한다. 『창세기』에는 두 사람의 에녹이 등장하는데 하나는 하느님에게 저주받은 카인의 아들이고, 다른 하나는 므두셀라의 아버지다. 『창세기』 5장 24절에 "에녹은 하느님과 함께 살다가 사라졌다. 하느님께서 데려가신 것이다"라는 구절이 나온다. 따라서 외경 『에녹의 서』는 므두셀라의 아버지 에녹의 환상을 기록한 것이다. 에녹은 바람에 의해 하늘로 들어 올려진 후 천국에 이른다. 우선 그는 불에 둘러싸인 수정으로 지은 집과 여러 개의 불기둥이 떠받치고 있는 집을 본다. 수정으로 지은 집 안에서 그는 위대한 영광, 하느님의 모습을 본다. 하느님의 옷은 태양보다 찬란히 빛나고 눈송이보다도 희다. 이후 그는 불길 속으로, 암흑의 장소로, 높은 산으로 인도된 후 다시 불의 강과 스틱스, 아케론, 코퀴토스를 본다. 그가 목격한 지옥은 끔찍하지는 않지만 삭막하다. 그곳은 물도 없는 거친 황야일 뿐이다.

외경 『에녹의 제2서』는 에녹이 365세 때 하느님이 보낸 암흑에 인도되어 하늘로 올라간 후 그곳에서 60일간 머물며 보고 들은 것을 책으로 기록하라는 계시를 받는 것으로 시작된다. 그는 먼저 첫 번째 하늘에서 천사를 보고, 지상의 암흑보다 어두운 두 번째 하늘에서 죄수들의 감옥을 본다. 세 번째 하늘에는 참혹한 형벌의 장소가 있고, 네 번째 하늘은 태양과 달의 천체로, 그곳에는 천사들이 머물고 있다. 다섯 번째 하늘은 사타나엘과 그 무리인 거인 천사족이 있으며, 여섯 번째 하늘에는 낮은 계급의 천사에서 대천사에 이르기까지 일곱 무리의 천사들이 지상의 모든 것을 관장하고 있다. 또 일곱 번째 하늘은 거대한 빛과 더불어 대천사 부대가 머문다. 하느님은 열 번째 하늘에 있으며, 그분의 얼굴은 이글거리는 쇠처럼 불타고 있다. 열 개의 천계 중에서 지옥은 세 번째 천계에 해당한다. 그곳에는 짙은 암흑과 어슴푸레한 그늘, 음침하게 가물거리는 붉은 불빛, 맹렬히 타오르는 강, 서리와 얼음, 갈증과 오한, 무거운 족쇄, 무시무시한 천사, 흉기와 고문 등이 있다.

선지자 이사야가 하느님으로부터 예루살렘의 운명을 계시받은 내용은 구약성서 『이사야서』에 기록되어 있다. 외경 『이사야의 승천』은 그가 하늘나라로 가게 된 과정을 기록하고 있다. 그 역시 천사의 인도로 신비로운 환상을 체험했는데, 그가 본 하늘은 모두 일곱 층으로 이루어져 있다. 첫째 하늘에서 여섯째 하늘까지는 천사들이 지배하고 있으며, 위로 올라갈수록 영광이 충만하다. 하느님은 일곱째 하늘에 거주하시는데 그분의 몸은 놀라운 빛에 감싸여 있고, 주위에 무수한 천사들을 거느리고 있다. 이 문헌에 의하면 이사야는 하느님의 심판과 미래를 예언하는 바람에 유대 왕 히스기야의 아들 므낫세에게 죽임을 당했다. 므낫세는 사탄 사마엘과 벨리알의 사주를 받아 이사야를 톱으로 두 동강 내어 죽였는데, 그때 이사야는 비명을 지르지도 않았고 눈물을 흘리지도 않았으며 두 동강이 날 때까지 성령으로 말했다고 한다.

우리는 죽은 뒤에 지옥에 떨어질 수도, 천국에 갈 수도 있다. 그러나 우리를 가장 공포에 떨게 하는 것은 기독교의 지옥일 것이다. 당신이 아무리 선한 삶을 살았어도 다른 신을 믿었거나, 마리아의 처녀 잉태를 부정했거나, 예수 그리스도를 모독했거나, 부활을 믿지 않는다면 반드시 지옥에 가서 고통을 받아야 한다.

그러나 이 한마디는 꼭 남기고 싶다. "지옥은 문학적으로도 그렇고, 한 번쯤 가보고 싶을 만큼 흥미로운 곳이다.' 콜린 맥다넬과 베른하르트 랑이 함께 쓴 『천국의 역사』에 나오는 말이다.

지옥의 풍경

"세계를 창조하기 전에 신은 무엇을 하고 있었을까?" 로마의 신학자 아우구스티누스는 『고백록』에서 이 같은 질문을 던져 놓고 스스로 대답한다. "신은 그런 쓸데없는 질문을 하는 사람들을 가둘 지옥을 만들고 있었다."

아마 당신은 죽은 후에도 자신의 일부가 어디엔가 계속 존재하기를 원할 것이다. 그래서 당신은 사후세계의 존재를 믿고 싶어 한다. 존재의 공백은 우리를 허무로 이끌기 때문이다. 사후세계가 존재하지 않는다면 인간의 생애는 눈 깜짝할 사이에 사라져 버리는 의미 없는 순간에 지나지 않을 것이다. 더구나 죽어서조차 신의 심판이 없다면 당신은 너무나 억울하다. 당신은 금욕과 절제, 그리고 남을 돕는 선한 마음으로 이 세상을 살아왔다. 하지만 이 세상에는 부자로 태어나 평생 호의호식하고 날마다 죄를 지으면서 눈곱만큼의 인정도 베풀지 않는 사람들이 있다. 당신은 분명 그런 사람이 언젠가는 심판받아야 한다고 믿는다. 하지만 현세에서 그런 사람은 고통받지 않는다. 오히려 더 많은 돈을 벌고 다른 사람을 착취하기까지 한다. 이것이 바로 지옥이 반드시 존재해야 할 이유다.

신이 현세에 보상해 주지 않는다는 사실은 종교의 가장 오랜 딜레마였을 것이다. 그리하여 그들은 신도들에게 나누어 줄 천상의 약속을 급히 만들어 내지 않으면 안 되었다. 천국과 지옥의 등장이야말로 신도들에게는 가장 훌륭한 서비스 상품이었다. 대개 천국은 따분하고 지루한 곳으로 묘사되기 때문에 천국에 오래 머물고 싶은 사람은 많지 않을 것이다. 당신이 진정 카타르시스를 느낄 수 있는 곳은 천국이 아니라 지옥이다. 지옥이 있다는 확신만으로도 당신은 다소나마 위안을 얻을 수 있다. 천국에 가는 것은 결코 쉬운 일이 아니므로 당신은 연옥이나 지옥의 최상층쯤에 들어갈 가능성이 크다. 그곳은 그리 비참하지 않다. 따라서 당신은 그곳에 머물며 지옥의 하층에서 고통받는 악인들을 흐뭇한 표정으로 바라볼 수 있을 것이다.

가장 오랜 역사를 가진 종교 중 하나인 조로아스터교는 『아베스타』를 경전으로 삼고 있다. 조로아스터는 페르시아어로 '황금색 낙타'라는 뜻이다. 그는 서른 살 무렵에 신의 계시를 받고 배화교(拜火敎)라 불리는 종교를 창시했다. 고대 인도의 베다 신앙에서 비롯된 것으로 보이는 이 종교 역시 지옥을 갖고 있다. 당신이 페르시아 출신이라면 당신의 영혼은 죽은 후 3일 동안 머리 주변을 떠돈다. 그런 다음 당신은 라슈누와 미트라가 심판하는 법정으로 인도될 것이다. 역시 거짓말은 통하지 않는다. 그들이 갖고 있는 장부에는 당신이 행한 일들이 빠짐없이 기록되어 있기 때문이다. 당신은 선을 행한 자로 분류되어 있을 것이기 때문에 아름다운 처녀 디아나의 인도로 '노래의 집'이라는 곳에 다다를 것이다. 그러나 악행을 저지른 사람은 지옥으로 보내진다. 지옥은 최초로 죽은 사람으로 알려진 야마 또는 이마가 지배하고 있다. 당신이 선과 악을 반반씩 저질렀다면 약간의 희망을 가질 수 있다. 고통이 덜한 '함미스타간'으로 보내지기 때문이다.

'7'이라는 숫자에 신비적인 의미를 부여한 것도 조로아스터 교도들이다. 육체를 떠난 영혼은 일곱 개의 천구(天球)를 지날 때마다 신으로부터 권고를 받는다. 태양에서는 자만하지 말 것을 가르치고, 달에서는 질투를 버리라고 말한다. 또 화성에서는 분노, 수성에서는 탐욕, 목성에서는 야망, 금성에서는 정욕, 토성에서는 나태를 버릴 것을 권고한다. 당신은 이 대목에서 아! 하고 탄성을 내지를지 모르겠다. 어디선가 많이 본 내용이기 때문이다. 그들이 남긴 유산을 기독교가 물려받았다. 함미스타간은 바로 기독교의 림보(연옥)에 해당하며, 7이라는 숫자 역시 일곱 개의 하늘과 안식일이 만들어지는 바탕이 되었다. 일곱 개의 천구를 지나면서 권고받은 내용은 브래드 피트가 주연한 영화 〈세븐(Seven)〉에서 7대악으로도 등장한다.

아브라함이 살았던 시대를 회고하면 좀 더 분명히 이해할 수 있다. 이스라엘 역사에서 기원전 2000년부터 기원전 1500년까지를 족장시대라 부른다. 그때 유목민이 메소포타미아와 이집트 지역에 농부로 정착했고, 아브라함이 메소포타미아에서 팔레스타인으로 이주했다. 당시 아브라함과 그의 아버지 데라는 메소포타미아 남부의 우르(기원전 1950년경 멸망)에 거주하고 있었다. 이유를 알 수는 없지만, 그들은 우르를 떠나 친척들이 있는 메소포타미아 북부의 하란에 도착하고, 다시 그곳에서 팔레스타인으로 이동했다. 아마 그들은 페르시아 종교의 영향 아래 있었을 것이기 때문에 훗날 유대교 경전에 조로아스터교의 유산이 조금 묻어 있다고 해서 전혀 이상한 일이 아니다.

이번에는 그리스 신화에 등장하는 무한지옥 타르타로스를 살펴보자. 기원전 8세기 활동했던 그리스의 시인 헤시오도스는 『신통기(神統記)』에 이렇게 썼다.

"그곳은 어두운 대지, 칠흑같이 어두운 타르타로스, 황량한 바다, 그리고 별이 총총한 하늘 모두가 그 순서대로 시작하고 끝나는 곳이며, 소름 끼치고 퀴퀴한 냄새가 나서 신들조차도 전율을 느끼는 무척이나 깊은 심연이다. 그래서 한번 그 문에 들어선 사람은 일 년이 지나도 끝에 도달하지 못하며, 오히려 계속해서 불어오는 소름 끼치는 폭풍우가 그를 이리저리 낚아챈다. 불멸의 신들에게조차도 이곳은 소름 끼치는 공포의 장소다."

신화마다 조금씩 차이가 있으므로 다시 한번 정리하는 것이 좋겠다. 타르타로스는 하늘에서 쇳덩이를 떨어뜨리면 18일이 지난 다음에야 바닥에 닿는다. 그곳은 청동의 벽에 둘러싸여 있고, 벽 안쪽에는 깊은 심연이 자리 잡고 있다. 그 심연에 던져지면 일 년 동안 추락해도 바닥에 닿지 않는다. 바로 그곳에 하데스의 저택이 있는데, 그 앞을 케르베로스가 지키고 있다. 그리스의 지옥을 구경하고 싶다면 우선 펠로폰네소스

반도 남쪽 끝에 있는 타이나룸의 동굴로 들어가야 한다. 그곳을 지나면 증오의 강(스틱스)이 가장 먼저 앞을 가로막고 있는데, 그곳에는 몇 줄기의 지류가 흐른다. 고뇌의 강 아케론, 불의 강 플레게톤, 탄식의 강 코퀴토스, 무조(無鳥)의 강 아베르누스, 망각의 강 레테 등이 있다. 잘 알려져 있다시피 뱃사공은 카론이다. 케르베로스는 머리가 여섯 또는 세 개 달린 개인데, 목마다 뱀을 감고 있어 보기에도 끔찍하다.

타르타로스는 심연의 밑바닥에 자리 잡고 있다. 그곳에는 제우스와 전쟁에서 패한 티탄족이 갇혀 있는데, 티튀오스는 예외다. 그는 아폴론의 어머니 레토를 겁간하려다가 벌을 받아 9에이커나 되는 땅에 말뚝 박힌 채 독수리에게 간을 파 먹히고 있기 때문이다. 시시포스는 하데스를 속이고 하계에서 도망치려 한 죄로 그곳에서 영원히 산꼭대기로 바위를 굴려 올리고 있으며, 익시온은 제우스의 아내 헤라를 겁탈하려 한 죄로 불 수레바퀴에 묶여 있다. 또 아들을 죽여 신들에게 먹인 죄를 지은 탄탈로스는 호수 위 나무에 묶인 채 갈증에 허덕이며 영원히 손에 잡히지 않는 물을 찾고 있다. 선한 영혼을 보고 싶다면 극락정토로 불리는 엘리시온 들판으로 가야 한다. 그러나 어느 쪽에도 속하지 않는 영혼은 아스포델로스 들판에 머물고 있다.

앞서 지옥에서 벌어지고 있는 각종 고문에 대해 살펴본 바 있다. 그만한 고통을 견뎌 낼 만한 인간은 없다. 그런데도 지옥에 떨어진 인간은 자살할 수 없다. 정작 우리를 절망하게 만드는 것은 죽을 수 없다는 데 있다. 지옥에서의 형벌은 결코 유예되는 일도 없고 단절되는 일도 없다. 그것은 끝없는 고통일 뿐이다.

천국과 지옥을 만들어 낸 사람들은 어떻게 이런 끔찍한 상상력을 발휘할 수 있었을까? 아마 초기 기독교가 겪었던 시대적 상황과 무관하지 않을 것이다. 예수가 십자가에 못 박힌 채 죽어 가는 장면은 당시의 사형제도가 얼마나 끔찍한 것이었는지 짐작게 한다. 로마는 식민지를 통치하는 과정에서 수많은 형벌과 고문을 고안해 냈다. 특히 2세기에서 5세기 사이에는 신체 관절과 근육을 못 쓰게 하는 고문이 횡행했으며, 채찍질과 불 고문이 성행했다. 그 외에도 목을 매달고, 돌이나 곤봉으로 쳐 죽이고, 절벽에서 내던지고, 심지어는 생매장하는 형벌도 있었다. 좀 더 가혹한 형벌은 원형경기장에서 사자의 밥으로 던져지는 것이었다. 그들은 아우슈비츠의 유대인처럼 순서를 기다렸고, 결국에는 갈가리 찢겨 맹수의 배 속으로 들어갔다. 초기 기독교인의 뼈아픈 경험은 곧 지옥의 모습으로 형상화되었다.

지옥의 존재는 오만하고 더러운 자들에 대한 심판뿐만 아니라 이교도를 개종시키는 데도 중요한 역할을 했다. 지옥에 간다는 위협이 유효한 포교 활동이 된 것이다. 이것은 중국 불교에서도 마찬가지였다. 도교와 경쟁을 벌이던 중국 불교는 기존의 지옥도를 변형시켜 더욱 끔찍하게 만들었다. 그 지옥에는 90억의 흑살귀가 살고 있다. 그들은 키가 육십 자나 되고 각기 8만 4천의 붉은 머리를 가진 역귀를 거느리고 있으며, 역귀들은 사람의 몸속으로 들어가 병들게 한다. 이 악귀들은 지옥에 온 사람에게 모래와 돌을 짊어지게 하고, 저승의 파도를 매어 당기게 하며, 바람칼로 찌르고, 불에 지글지글 삶는다. 또 인간의 뼈마디를 쇠 지팡이의 고리로 만들고, 영원히 매질을 해 댄다. 이렇게 끔찍한 이야기를 듣고도 어찌 그들의 신도가 되지 않을 수 있는가?

여기 들어오는 모든 이들이여, 희망을 버릴진저

> 인생의 나그넷길, 반 고비에서 눈을 떠보니
> 나는 어느새 길을 벗어나
> 캄캄한 숲속을 헤매고 있었네.

단테의 『신곡』은 이렇게 시작된다. 그는 35세 때인 1300년 4월 8일부터 이튿날 저녁까지 하루 동안의 환상 여행을 시로 적었지만, 실제로는 1304년에 시작해 1321년에야 완성했다. 『신곡』은 그때까지 전해오는 천국과 지옥의 모습을 집대성한 작품이다. 『신곡』을 쓸 당시 단테가 생각한 우주는 깔때기 모양의 구멍이 지구의 북반구에서 지구 중심까지 뚫려 있는 모습이었다. 이 구멍은 타락 천사 루시퍼와 부하 천사들이 하늘에서 추락할 때 생긴 것으로, 그때 밀려난 것이 남반구로 이동하여 정죄산(定罪山)을 이루고 있다. 그리고 꿈의 도시 예루살렘은 구멍 한가운데 있다.

단테는 길을 잃고 숲속을 헤매다가 표범과 사자·늑대에게 쫓기게 된다. 두려움을 느끼고 막 되돌아오려는 순간, 로마 최고의 시인이자 서사시 『아이네이스』를 쓴 베르길리우스의 영혼이 나타난다. 베르길리우스는 단테의 연인이던 베아트리체에게 부탁받았다면서 단테에게 새로운 세계를 함께 여행할 것을 제안한다. 단테가 여행의 안내자로 베르길리우스를 선택한 것은 그가 서사시를 통해 하계를 묘사했다는 점 외에도, 주인공 아이네이아스가 하계를 방문해 자살한 연인 디도를 만났기 때문이다. 단테에게도 채 꽃을 피워 보지도 못한 채 죽은, 추억 속의 연인 베아트리체가 있었던 것이다.

단테가 묘사한 지옥을 실감 나게 구경하려면 당신은 배역을 맡아야한다. 이제부터 당신은 단테이며 나는 베르길리우스다. 먼저 나는 당신을 지옥의 입구로 데려간다. 본래 지옥은 둥근 천장으로 덮여 있는데, 천장에는 약간의 갈라진 틈이 있다. 바로 그곳이 지옥으로 들어가는 입구다. 지옥으로 들어서기 전에 문에 새겨진 글귀를 읽어야 한다. "여기 들어오는 모든 이들이여, 희망을 버릴진저!"

여행을 시작하기 전에 잠깐 설명해야 할 것이 있다. 단테는 천국과 지옥을 각각 아홉 개의 고리로 구성했다. 물론 이것은 그리스의 천문학자 프톨레마이오스의 천동설을 빌려 온 것이다. 그의 구분에 따르면 우주의 중심에 지구가 놓여 있고, 그 둘레에 투명한 천구 아홉 개가 돌고 있다. 월천, 수성천, 금성천, 태양천, 화성천, 목성천, 토성천, 항성천, 원동천이다. 그 너머로 광활한 최고천이 펼쳐져 있는데 그곳이 바로 신의 거처다.

지금까지 소개했던 신화 속의 풍경들과 기독교 외경들이 묘사한 천국과 지옥을 연상하면 단테가 건설한 하계의 모습을 쉽게 이해할 수 있을 것이다. 단테는 그동안 전해져 오던 이야기들을 집대성해 천국과 지옥의 체계를 완성했다. 지옥에 들어서자마자 당신은 펄럭이는 깃발을 따라 영원히 달려가고 있는 영혼들을 보게 된다. 그들은 카론의 배를 타려고 달려가는 망령들로 강 언덕에 이르러서도 배를 탈 때까지 순서를 기다려야 한다. 망령들이 반드시 지나야 하는 이 강의 이름은 아케론이다. 아케론은 스틱스와 플레게톤을 거쳐 지구 중심에 있는 얼어붙은 강 코퀴토스로 흘러든다.

아케론을 건너 제1환으로 들어서면 연옥이라 불리는 림보가 있다. 그곳에는 세례를 받지는 않았지만 덕망이 있었던 이교도들이 머물고 있다. 형벌은 가해지지 않으며 극락정토인 엘리시온 들판처럼 평온한 생활을 누리고 있다. 아브라함이나 모세 같은 사람들이 그곳에 머물고 있다. 제2환은 미노스가 지키고 있는데, 육욕에 빠진 자들의 영혼이 거센 바람에 시달리고 있다. 위대한 요부 클레오파트라의 영혼이 여기에 머물고 있다. 제3환에는 탐식한 자들의 영혼이 폭우를 뒤집어쓴 채 찢긴 살점을 지옥의 번견 케르베로스에게 먹히고 있다. 제4환에는 인색한 자들과 방탕한 자들이 서로 바위를 굴리며 싸우고 있으며, 제5환에는 분노한 자들과 나태한 자들의 영혼이 머물고 있다.

상부 지옥을 구경하고 나면 강물 스틱스가 앞에 놓여 있다. 당신이 강 언저리에 이르면 밝은 횃불 하나가 허공에 떠오른다. 이윽고 어둠 속에서 한 척의 배가 떠올라 우리 앞에 도착한다. 강을 건너자 거대한 성벽이 보이고, 우리가 다가서자 타락 천사들이 문을 닫아 버린다. 그러나 걱정할 필요는 없다. 당신과 나는 선택 받은 사람이다. 우리가 걱정하고 있을 때 하늘에서 천사가 나타나 악귀들을 내쫓는다. 당신과 나는 잔뜩 긴장한 표정으로 성 안에 들어선다. 그 성은 지옥의 도읍이자 반역 천사들의 거처인 디스다. 성문 양쪽에는 머리를 뱀으로 감싼 메두사가 지키고 있다. 성벽 안쪽으로 들어서자 제6환이 시작된다. 거리를 지나 넓은 들로 향하자 이단자들의 무덤이 불에 타오르고 있다.

제7환으로 들어서기 전에 불의 강 플레게톤을 건너야 한다. 불의 강은 소의 머리에 사람의 몸을 한 미노타우로스와 인간의 상반신에 말의 하반신을 가진 켄타우루스가 지키고 있는데, 붉은 피로 물든 강물 속에는 역대의 폭군들이 허우적거리고 있다. 제7환은 세 구역으로 나누어져 있다. 첫 번째 구역은 '자살자들의 숲'으로 자살한 자들이 말라빠진 나무 기둥마다 매달려 있다. 두 번째 구역은 황량한 사막인데, 그 뜨거운 모래 위에는 고리대금업자, 신성을 모독한 자, 동성애자들이 불에 타고 있다. 세 번째 구역에서는 폭력을 휘두른 자들이 무작정 달리는 벌을 받고 있다.

이쯤 되면 당신은 지옥이 썩 기분 좋은 곳은 아니지만 견딜 만한 곳이라고 생각할지 모른다. 그러나 진짜 지옥은 '말레볼제'라는 제8환부터 시작된다. 제8환은 열 개 구역으로 구분되어 있으므로 지옥에서도 가장 복잡한 곳이다. 1구역은 어린이와 부녀자를 유괴한 뚜쟁이들이 마귀로부터 채찍질을 당하고 있다. 2구역은 아첨꾼들이 똥오줌에 묻혀 있고, 3구역에는 성직을 사고판 자들이 납빛 돌 구덩이에 거꾸로 묻혀 있다. 그들의 상체는 구덩이 속에 묻히고 하체는 밖으로 비어져 나와 있어 호흡하기가 몹시 곤란하다. 4구역에는 거짓 예언자와 마법사들의 목이 뒤로 돌아간 채 걷고 있으며, 5구역에는 부패한 탐관오리들이 부글부글 끓어오르는 역청 속에 잠겨 있다. 또 6구역에는 위선자들이 납으로 된 무거운 외투를 입고 하염없이 걷고 있고, 7구역에는 도둑들이 징그러운 독사에게 물리고 있다. 8구역에는 권모술수를 부린 자들이 불길에 휩싸여 태워지고 있는데 신화 속의 영웅 오디세우스의 모습도 그곳에서 볼 수 있다. 9구역에는 불화의 씨앗을 뿌린 자와 이단자들이 몸을 두 갈래로 찢기는 벌을 받고 있는데, 이슬람교의 창시자 마호메트는 자기의 잘린 목을 들고 걸어 다니고 있다. 10구역에는 거짓말쟁이와 사기꾼들이 질병으로 괴로워하고 있다.

마지막으로 닿아야 할 곳은 지옥의 밑바닥인 제9환이다. 당신과 나는 아름다운 뿔피리 소리를 따라 지옥 밑에 있는 우물가에 이른다. 우물의 밑바닥에는 티탄들이 상반신을 내밀고 형벌을 받고 있다. 나는 마지막으로 얼음으로 뒤덮인 코퀴토스로 당신을 안내한다. 그곳 역시 네 구역으로 구분되어 있다. 1구역은 육친을 배반한 자들이 벌을 받는 카인의 나라이고, 2구역은 조국을 배신한 자들이 얼음에 잠겨 있는 머리를 서로 씹어 먹는 안테노라의 나라다. 3구역은 손님을 배신한 자들이 눈알까지 얼어붙은 채 웅크리고 있는 트로메아의 나라이며, 지옥의 가장 밑바닥에 있는 4구역은 은인을 배반한 유다의 나라다. 유다의 나라 한가운데는 세 얼굴을 가진 사탄이 얼음 속에 갇혀 있다. 그는 세 개의 입으로 예수를 배신한 유다, 카이사르를 배반한 브루투스와 카시우스를 씹어 먹고 있다. 세 개의 얼굴 밑에는 각각 한 쌍의 날개가 달려 있는데, 날개를 퍼덕일 때마다 차가운 바람이 일어나 코퀴토스로 몰아친다.

이렇게 지옥 여행이 끝났다. 이제 사탄의 옆구리를 타고 아래로 내려가면 남반구에 뚫린 작은 구멍을 통해 밖으로 빠져나올 수 있다. 그 어둠의 동굴을 벗어날 때 당신은 밤하늘에 빛나는 은하수를 보게 될 것이다.

현실보다 고통스러운 지옥은 없다

유대인의 조상인 셈족 역시 우주를 3층 구조로 이해했다. 즉 우주는 하늘에 있는 신들의 세계, 지상에 있는 인간의 세계, 그리고 큰 동굴 밑에 있는 지하세계(Sheol)로 이루어졌다고 믿었다. 수직적 구조로 된 세 개 층을 나누고 있는 것은 강이다. 각 세계가 강으로 구분된다는 생각은 그들이 살았던 자연환경에서 비롯되었을 것이다. 아라비아반도와 메소포타미아, 그리고 북부 이집트에 살던 셈족과 함족의 생활환경은 열악하기 짝이 없었다. 그들은 메마른 사막을 이동하며 양과 낙타를 길렀다.

하지만 모래와 굵은 돌로 뒤덮인 사막에서 가축의 먹이를 찾는 것은 쉬운 일이 아니다. 그들은 몇 포기 풀이나 가시덤불만으로 가축을 기를 수 있는 방법을 터득해야 했다.

가축의 먹이를 구하는 일보다 더 고통스러운 것은 물을 구하는 일이다. 유목민은 수십 년에 걸쳐 우물을 팠고, 물이 발견되더라도 언제 마를지 모르기 때문에 다른 곳을 찾아 다시 우물을 파 두어야 했다. 끌과 망치만으로 수십 미터 깊이의 바위를 뚫어야 하는 이 고된 작업은 대를 이어 계속해야 하는 숙명이자 형벌이기도 했다. 도시에 사는 정착민에게도 충분한 물을 확보하는 일이 최대의 난제였다. 그들은 도시 곳곳에 수로를 만들고 수원지까지 수백 킬로미터의 지하 수로를 뚫었다. 따라서 그들은 나일강이나 유프라테스강·티그리스강의 범람조차 신의 은총으로 여겼다.

히브리인에게 가장 큰 희망은 작은 시냇물이 있는 정착지를 확보하는 것이었다. 요르단강이 흐르는 팔레스타인(가나안) 땅이야말로 그들이 찾던 '젖과 꿀이 흐르는 땅'이었다. 이 땅을 찾아 아브라함은 우르를 떠나 방랑했으며, 모세 역시 그러했다. 광야를 방랑하는 동안 공동체는 더욱 단련되었고, 수많은 시련을 겪은 뒤에야 팔레스타인에 정착할 수 있었다. 물을 구하기 위한 기우제로 시작되었을 그들의 제사 의식은 제사장의 역할을 더욱 증대시켰다. 철저하게 훈련된 사제들만 하늘이나 저승과 교류할 수 있다. 열악한 조건에도 불구하고 자신들이 유목민이라는 자부심은 대단했던 것 같다. 이 때문에 하느님은 아벨이 기른 양을 제물로 받아들였으나 농사를 지은 카인의 것은 받아들이지 않았다.

히브리 족장이었던 아브라함은 기원전 1730년경에 방랑을 시작해 팔레스타인 남쪽 지방에 도착했다. 그러나 그곳은 이미 그랄, 브엘세바, 네

겝 등의 부족이 지배하고 있었다. 그 부족들은 난데없이 나타난 히브리인과 전쟁을 벌였을 것이다. 그때 그랄의 왕 아비멜렉은 아브라함과 조약을 맺어 가고 싶은 곳으로 갈 수 있는 자유와 우물을 사용할 수 있는 권리를 제공했다. 아브라함은 다시 이집트를 향해 방랑을 시작했고, 그의 아들 야곱은 열두 명의 아들과 함께 이집트 고센 지방에 정착했다. 기원전 13세기경 이집트에서 히브리인을 이끌고 팔레스타인을 향해 떠난 모세가 바로 야곱의 후손이다. 그러나 모세는 젖과 꿀이 흐르는 땅에 도착하지 못한 채 광야에서 숨을 거둔다. 그가 죽은 후 유대의 열두 부족은 여호수아의 지도 아래 팔레스타인에서 패권을 장악했다. 기원전 11세기 말에 이르러 그들은 자신들의 왕국을 다스릴 첫 번째 왕을 옹립한다. 그러나 첫 번째 왕 사울은 히브리인을 위협하는 블레셋인을 완전히 정복하지 못했다.

블레셋인을 정복하고 예루살렘을 수도로 하는 단일 국가를 세운 이는 위대한 왕 다윗이다. 기원전 994년 두 번째 왕위에 오른 다윗은 베들레헴의 양치기 출신으로 거인 골리앗을 돌로 때려죽인 것으로 유명하다. 다윗의 아들 솔로몬은 예루살렘 성전을 건립하는 등 나라의 터전을 닦았으나 지나친 부역과 세금으로 인해 백성으로부터 원성을 들었다. 기원전 930년경 솔로몬이 사망하자 그 아들 레호보암이 뒤를 이었다. 그러나 백성의 원성이 자자해지자 당시 유배되어 있던 제로보암이 반란을 일으켰다. 그 반란으로 히브리인은 두 개의 나라로 분열된다. 북부의 열 부족은 반란을 일으킨 제로보암을 지도자로 삼아 이스라엘을 세웠고, 남쪽의 두 부족은 다윗 가문을 중심으로 유다왕국을 세웠다. 그들은 같은 뿌리를 가졌음에도 250년간이나 적대적인 관계를 유지했다.

기원전 722년 아시리아는 이스라엘의 수도 사마리아를 정복하고 이스라엘인을 추방했다. 그때 이스라엘을 구성하고 있던 열 개 지파가 뿔뿔이 흩어지고 북부의 이스라엘왕국은 최후를 맞았다. 예루살렘을 수도로 하는 남부의 유다왕국 역시 수십 년 만에 아시리아에 예속되고, 이후 100년에 걸쳐 아시리아의 뒤를 이은 신바빌로니아제국(칼데아)의 지배를 받게 된다.

그들의 역사는 고통스러운 것이었으나 구약성서는 이후 시대를 더 고통스럽게 전하고 있다. 유다왕국은 기원전 587년 신바빌로니아의 네브갓네살(네부카드네자르) 2세에 의해 정복되었다. 그때 네브갓네살은 유대인 상류계층을 포로로 잡아 세 차례에 걸쳐 바빌론으로 이주시켰다. 기원전 587년부터 시작된 유배 생활은 바빌론을 정복한 페르시아가 유대인의 귀국을 허용한 기원전 539년까지 50년 가까이 계속되었는데, 이 기간을 '바빌론 유수기(幽囚期)'라 부른다. 그 시기에 예루살렘 성전이 파괴되고, 모세의 십계명을 보관하고 있던 성궤마저 행방불명되었다. 바빌론에 끌려간 절반의 사람들은 다시 돌아올 수 있었지만, 이미 멸망한 이스라엘의 열 부족은 사방으로 흩어져 그 행방이 묘연해지고 말았다.

야훼를 숭배하는 유일신 사상은 그 무렵에 극대화되었다. 유다왕국의 선지자들은 자신들이 야훼만을 숭배하지 않고 우상에 한눈을 팔았기 때문에 심판받은 것이라고 믿었다. 따라서 선지자 이사야와 예레미야, 예제키엘 등은 유대인에게 선택된 민족이라는 사실을 주지시키고, 야훼만 섬기도록 가르쳤다. 이로부터 다른 신을 섬기는 제사 의식은 모두 금지되었다. 고향으로 돌아온 유대인은 기원전 516년까지 예루살렘 성전을 다시 건립했다. 기원전 445년에는 느헤미야가 귀국해 새로운 지도자로 떠올랐고, 기원전 397년에는 에즈라가 하느님의 율법을 가지고 바빌론에서 돌아와 유대의 규례를 만들었다. 그때부터 유다왕국에서는 포로로 잡혀가지 않았던 유대인을 차별하기 시작했는데, 그들은 차별에 저항해 사마리아인이라 불리는 공동체를 형성했다.

비가 온 뒤에 땅이 더욱 굳어지는 법이다. 유대인의 강력한 신앙은 고난으로 점철된 그들의 역사로부터 비롯되었다. 그들에게 현실은 죽음이나 지옥보다도 고통스러운 것이었다. 당시 유대인에게 죽음은 두려운 것이 아니었다. 오히려 죽음은 그들에게 비참함과 고난, 그리고 노예상태로부터 벗어나는 도피처였다. 사후세계는 행복한 곳이 아니지만, 그렇다고 해서 끔찍한 고문이 기다리는 곳도 아니었다.

그렇다면 왜 후대의 유대인은 끔찍한 모습의 지옥을 만들어 냈을까? 유대인을 학대한 것은 이교도였다. 그들은 신에게 선택받은 유대인의 인내심과 신앙심을 수시로 시험하는 악의 화신이었다. 야훼에게 도전하는 악의 화신은 반드시 처벌되어야 하지만, 현실에서 고통받는 것은 오히려 자신들이었다. 그들은 자신들이 믿는 신보다도 더 막강한 힘을 지닌 이교도를 몰아낼 방법이 없었다. 그 때문에 그들은 신앙을 통해 이 세상에서 가장 강력한 유일신 야훼를 창조할 수밖에 없었다.

유대인의 고난은 잘 알려진 것이지만, 스스로 고립과 갈등을 자초한 측면도 있다. 유대인에게 가장 심한 핍박을 가했던 로마제국은 글로벌한 국가였다. 그들은 이민족의 문화를 수용해 자신의 문화로 만들었고, 이교도의 신들도 자신이 숭배하는 신의 계보에 포함시켰다. 하지만 유대인은 로마제국 내에서 매우 배타적인 집단이었다. 그들은 다른 신을 인정하지 않았다. 이 때문에 로마인의 집회나 축제에 참여하지 않았고 주일에는 정상적인 일에 종사할 수 없었다. 또 할례의 흔적 때문에 공중목욕을 할 수 없었으며, 로마의 신들에게 경의를 표하는 행위가 포함된 직무를 맡을 수 없었다. 또 상인들과 거래할 때도 신에게 서약하는 행위도 불가능했다.

로마인의 눈으로 보았을 때 유대인은 무신론자에 가까웠다. 유대인의 종교문화는 불가피하게 사회적 갈등을 유발했다. 유대인은 비밀리에 집회를 열고, 함께 음식을 나누는 공동식사를 살과 피를 나누는 것으로 표현했기 때문에 2세기 중엽까지도 로마에는 기독교인이 사람을 잡아먹고 성적으로 난잡하다는 거짓 소문이 널리 퍼져 있었다.

야훼는 우상을 숭배하지 않는 대가로 유대인에게 '젖과 꿀이 흐르는 땅'을 약속했다. 그러나 야훼의 약속은 금세 실현되지 않았다. 분자생물학자인 딘 해머는 『신의 유전자』에서 야훼의 약속이 지켜지기 어려웠던 두 가지 이유를 들었다.

하나는 유대인이 가나안 땅에 정착하여 살아가는 사람들을 두려워했다는 것이다. 그래서 그들은 오랜 세월 동안 방랑생활을 이어가며 이웃 부족과 끊임없이 마찰을 일으켰고 내부 분열을 겪었다. 정착 이후의 삶도 순탄치 않았다. 아시리아와 신바빌로니아의 지배를 받으면서 그들은 조금씩 정체성을 잃어갔고, 70년에는 로마에 예루살렘을 점령당했다. 로마는 135년에 유대인의 2차 봉기를 진압하고 가나안 지역을 팔레스타인으로 명명했다. 유대인은 다시 지중해 연안으로 뿔뿔이 흩어졌다. 중세에는 메시아 예수를 고발하고 십자가 처형에 동조한 죄로 교회로부터 차별받았다. 이 때문에 유대인은 기독교가 영향력을 행사하던 시절에 환전상이나 대금업으로 근근이 생계를 유지해야 했고, 이는 유대인 차별의 또 다른 빌미가 되었다.

두 번째 이유는 유대인 인구의 감소다. 14세기 유럽을 휩쓴 흑사병과 1700년대 카자흐스탄 기병에 의한 유대인 학살로 동유럽의 유대인은 5만 명 이하로 감소했다. 설상가상으로 제2차 세계대전 중에 나치에 의해 자행된 홀로코스트는 유대인 사회를 괴멸 상태로 몰아갔다. 유대인은 세계 곳곳으로 이주해 끈질기게 살아남았다. 하지만 다른 민족과 섞이면서 그들의 외형적 특성은 조금씩 변했다. 현재의 이스라엘은 아랍 세계와의 끊임없는 갈등과 분쟁에도 불구하고 건재해 보인다. 하지만 그것이 야훼의 약속이 실현된 모습인지는 알 수 없다.

지옥이 있기만 하다면

지옥의 존재를 두고 신학자들 사이에서도 의견이 분분했다. 유럽에서 구교와 신교 간의 종교전쟁이 발발했을 때 반종교개혁의 첨병 역할을 했던 에스파냐의 수도사 로욜라는 그때까지 전해져 오던 지옥의 모습을 변경했다. 그는 불구덩이를 제외한 모든 고문과 대부분의 괴물을 지옥에서 없애 버렸다. 이를 계기로 지옥은 지하 토굴과 시궁창을 섞어 놓은 것처럼 음습하고 악취가 진동하는 비좁은 곳이 되었다. 그곳은 오물과 배설물이 넘치고 전염병이 창궐하며, 고름과 악취로 가득 찬 불쾌한 곳이다.

종교개혁에 불을 댕겼던 독일의 마르틴 루터는 로마 교황이 면죄부를 판매하자 1517년 95개 조의 반박문을 내걸고 본격적인 투쟁에 들어갔다. 그는 교회가 사후세계에 간섭하는 것은 잘못이라고 주장했다. 나아가 그는 교황청을 사탄에 사로잡힌 적그리스도의 권좌라고 생각했다. 그가 지옥 자체를 부정한 것은 아니었다. 그는 지옥이 사악한 자들을 벌하기 위해 하느님이 창조한 것이라고 믿었다. 또 영국의 철학자 토머스 홉스는 『리바이어던』에서 지옥이 해저 심연에 있다고 밝혔다. 그곳에서는 구원받은 자들만 부활하고 나머지는 영원히 죽게 된다.

17세기 이후 계몽주의 철학이 등장하면서 이러한 믿음은 흔들리기 시작했다. 철학자 데카르트는 물질세계가 영적 세계와 완전히 분리되어 있다고 설명하고, 천지창조 이후 하느님은 더 이상 이 세계에 간섭하지 않는다고 주장했다. 데카르트의 딜레마는 바로 인간이 사는 불완전한 현실에 있었다. 완전한 하느님이 불완전한 세계를 창조하는 것은 있을 수 없는 일이다. 그도 이 의문에 대해 명확한 답을 찾을 수는 없었다. 그리하여 데카르트는 이 세상이 불완전한 것은 하느님만이 완전하기 때문이라는 말로 이 논의를 비켜 갔다. 이 난해한 의문은 독일의 철학자 라이프니츠에게도 풀리지 않는 수수께끼였다. 하느님이 더 나은 세상을 창조할 수 있었다면 벌써 그렇게 했을 것이기 때문이었다. 따라서 그는 이 세상은 천지창조 때부터 결함을 안고 있었다는 결론을 내렸다.

중세의 과학자들에게는 이 문제가 피할 수 없는 통과의례이자 신앙의 시험대였을 것이다. 그들은 목숨을 담보로 과학과 종교 중 하나를 선택해야 했다. 폴란드의 천문학자 코페르니쿠스는 지구가 태양을 중심으로 돌고 있다고 주장했다가 화형에 처해졌으며, 이탈리아의 천문학자 갈릴레이 역시 같은 운명에 처할 뻔했다. 갈릴레이는 1609년에 망원경을 발명해 목성의 위성, 태양 흑점, 달 표면을 면밀히 관찰하고 은하수가 무수히 많은 별의 집단이라는 사실을 발견했다. 그는 관찰 결과를 바탕으로 1632년에 지동설을 제창했는데, 교황청은 책의 발간을 금지했을 뿐만 아니라 종교재판에 회부해 유죄 선고를 내렸다. 결국 갈릴레이는 자신의 주장을 철회하지 않으면 안 되었다.

종교재판은 당시의 철학자나 과학자에게 엄청난 압박이었다. 이탈리아의 철학자 조르다노 브루노는 범신론을 주장하다가 1592년에 베네치아의 종교재판에 회부되어 유죄 판결을 받고 7년간의 감옥살이 끝에 화형에 처해졌다. 1595년에는 이탈리아의 사제였던 톰마소 캄파넬라가 유대인과 종교적 쟁점을 토론했다는 죄목으로 종신형에 처해졌다. 1616년에 코페르니쿠스가 처형되고 1633년에 갈릴레이가 유죄 판결을 받자 데카르트는 인쇄 직전에 있던 자신의 원고를 취소했다.

그러나 신학에 대한 반기는 드셌다. 영국의 물리학자 아이작 뉴턴은 영혼이 지옥에서 영원히 고통받는다는 것을 인정하지 않았다. 유한한 죄를 지은 영혼이 무한한 형벌을 받는다는 것은 하느님의 악의에 찬 복수일 뿐이라는 것이 그의 생각이었다. 그는 하느님이 압도적 다수의 저주받은 자들을 창조하고 그들에게 영원한 벌을 내린다는 사실을 이해할 수 없었다. 지옥에서 고통받을 인간을 하느님은 창조하지 말았어야 했다.

신이 지옥을 창조했을 리는 없다. 만약 신이 인간을 계도할 목적이었다면 천상의 왕국을 제시하는 것만으로 동기를 자극하기에 충분했을 것이다. 그러나 인간은 쉽게 순응하는 동물이 아니다. 때로는 채찍이 필요한 법이다. 유대교는 히브리 성경에 등장했던 저승(Sheol)을 좀 더 무시무시한 곳으로 바꿀 필요가 있었다. 유대교에서 죽음 이후에 심판·보상·처벌이라는 개념이 등장한 것은 기원전 2세기 무렵으로 알려져 있다. 그때는 이스라엘이 알렉산드로스 대왕의 통치를 받던 시기였다. 유대교 사제들에게 그리스 신화에 등장하는 하계는 처벌과 보상이 이루어지는 매력적인 곳이었다. 악행을 저지른 자들은 끝없이 언덕 위로 바위를 밀어 올리거나 영원한 갈증에 시달리고 날마다 독수리의 부리에 간을 뜯긴다. 신에게 선택받은 유대인에게 죽은 뒤에나마 심판이 이루어지는 지옥은 심리적 위안을 얻을 수 있는 대안이었다.

나중에 자세히 살펴보겠지만 3세기에 활동했던 신학자 오리게네스는 그리스 신화에서처럼 죽은 자의 윤회를 인정했을 뿐만 아니라 사탄이라 하더라도 정죄를 거쳐 언젠가 천국으로 향할 것이라고 생각했다. 하지만 교회 권력이 커지면서 지옥의 개념은 더욱 구체화되고 고문 기술의 발달에 따라 그 모습도 변해 갔다. 지옥은 죄지은 자들을 정화하는 곳이 아니라 이교도와 불신자를 처벌하는 고문실로 바뀌었다. 죄인에게 영원히 고문을 가하는 것은 하느님의 의도와도 어긋난다. 자신의 존재를 믿지 않는다는 이유로 영원히 지옥에 가둔 채 고문을 가하는 것이 하느님의 뜻은 아니었을 것이기 때문이다. 만일 그것이 하느님의 뜻이라면 그런 복수심을 가지고 세상을 창조한 이유는 무엇인가? 교회 권력이 절정에 달했을 시기에는 이런 질문을 던질 수 없었다.

계몽주의 철학자들은 가난한 소년이 빵 한 조각을 훔쳤다고 해서 영원히 불에 타야 한다는 것은 말도 안 된다고 주장했다. 영국의 철학자 데이비드 흄도 사후세계를 부정하고, 모든 것은 임종을 맞는 침상 위에서 소멸한다고 말했다. 교황청은 지식인의 불경스러운 주장에 위기의식을 느꼈다. 마침내 1879년 교황 레오 13세는 영원한 지옥과 악마가 존재한다는 내용을 담은 교서를 내렸다.

본래 지옥을 만들어 낸 사람들은 신앙을 굳건히 할 목적이었을 것이다. 그러나 지옥은 불신자를 처벌하기 위해서가 아니라 신자를 즐겁게 하기 위해 필요했다. 신도들은 약간의 죄를 저지르고 주일마다 교회에 나가 회개하면서 지옥에는 가지 않을 것이라는 안도감을 느꼈을 것이다. 지옥에 가는 사람은 천국에 가는 사람보다 압도적으로 많다. 만약 진짜 성자가 있다면 그는 당신에게 천국의 한 자리를 양보하고 스스로 지옥으로 향할 것이다. 우리나라에도 그런 사람이 있었다. 당나라에 유학한 왕자 출신의 신라 승려 김교각은 중국에서도 지장보살로 불릴 만큼 이름이 높았다. 그는 다음과 같은 서원을 세웠다. "지옥이 텅 빌 때까지 부처가 되지 않으리(地獄未空 誓不成佛)."

이제 당신이 판단할 차례다. 지옥은 누군가에 의해 어떤 의도로 만들어진 것이다. 제대로 사용되기만 한다면 지옥은 분명 긍정적인 역할을 할 수 있을 것이다. 그것이 존재하기만 한다면.

천상의 나날들

당신은 천국이 아담과 하와가 살았던 에덴동산처럼 생기지 않았다는 사실에 놀랐을 것이다. 단테가 그려 낸 천국은 열 개의 천계로 구성되어 있다. 아홉 개의 행성을 가진 우주를 생각하면 좀 더 쉽게 천국의 그림을 그릴 수 있을 것이다. 천국을 구경하기 위해서 당신은 다시 한번 단테의 역할을 맡아야 한다.

천국의 문턱을 넘은 당신은 맨 처음 월광천(月光天)으로 들어선다. 그곳은 신앙의 서원을 세우고도 외부의 압력 때문에 서원을 깨뜨릴 수밖에 없었던 사람들이 머물고 있다. 다음 단계인 수성천(水星天)에는 큰 뜻을 품고 세상을 떠났던 사람들, 즉 동로마제국을 번성케 하고 법전을 완성했던 유스티니아누스 황제 같은 사람이 머문다. 그다음의 금성천(金星天)에는 애욕에 치우쳤던 사람들이 있고, 태양천(太陽天)에는 중세 최고의 신학자였던 토마스 아퀴나스처럼 역사적으로 위대했던 철학자와 신학자가 모여 있다. 또 화성천(火星天)에는 역대 순교자들과 십자군처럼 하느님을 위해 죽어 간 영혼들이 머물고 있다.

여섯 번째 천계인 목성천(木星天)은 정의를 수호한 자들을 위한 곳이고, 일곱 번째 토성천(土星天)에는 명상과 기도로 일생을 보낸 영혼들이 있다. 여덟 번째 항성천(恒星天) 아래에는 일곱 개의 유성(流星)이 걸려 있고, 발아래를 굽어보면 땅 위에 사는 인간의 모습을 훤히 내려다볼 수 있다. 그곳에는 밝은 빛이 서려 있으며 승리의 교회 성도들이 머물고 있다. 그곳에서 당신은 그리스도의 실체를 보게 될 것이다. 순간 당신은 황홀경에 빠져든다. 이어 당신은 성 베드로의 영접을 받고 그리스도의 제자들을 만나 대화를 나눈다. 아홉 번째 원동천(原動天)은 하느님의 빛에 둘러싸여 있다. 또 달무리처럼 감싸고 있는 아홉 개의 불 바퀴에는 아홉 계급으로 이루어진 천사의 무리가 거주하고 있다. 마지막으로 열 번째 천계인 지고천(至高天)이 당신을 기다리고 있다. 그곳에 들어서면 당신은 빛으로 된 거대한 호수가 펼쳐 있는 것을 보게 된다. 천사의 무리와 하느님으로부터 축복받은 사람들이 장미꽃 모양의 테를 이루고, 당신은 그들에게 이끌려 원형극장처럼 생긴 꽃술 안으로 들어간다. 축복받은 성도들이 꽃과 하느님 사이를 벌처럼 오간다. 그때 당신은 한 장로의 안내로 눈부신 성모 마리아의 빛과 하느님의 사랑을 볼 수 있을 것이다.

천국 여행은 여기서 끝난다. 단테는 천국을 여행하고 나서 너무나 아쉬운 나머지 다음과 같이 끝맺었다. "꿈은 모두 사라졌으되 아직도 내 가슴속에는 아름다움이 맺혀 흐르나니!"

어쩌면 당신은 전혀 다른 모습의 천국을 상상했을지 모른다. 예컨대 만발한 꽃과 풍성한 과일, 드넓은 초원에서 한가로이 풀을 뜯고 있는 뭇 동물들, 황금으로 세운 성과 짙푸른 호수, 어린아이들의 행복한 웃음소리, 일하지 않아도 풍부히 제공되는 음식과 옷, 천상의 음악 소리 같은 것 말이다. 그러나 안타깝게도 당신이 본 천국에는 하느님과 천사들, 그리고 기독교 신자들만 모여 있고, 당신은 온종일 눈부신 빛을 바라보아야 한다. 당신이 이 세상에서 꿈꾸었던 즐거움 같은 것은 눈을 씻고 보아도 찾을 수 없다. 그래서 이탈리아의 사상가였던 마키아벨리는 죽어서 지옥에 가고 싶다고 고백했다고 전해진다. 적어도 지옥에서는 똑똑한 사람들을 만날 수 있다고 생각했기 때문이었다. 그는 천국에 간다면 너무나도 지루한 영겁의 나날들 속에서 행복에 겨워하는 한심한 사람들과 함께 있는 것이 너무나 끔찍할 것이라고 생각했다.

단테는 매력적인 천국을 그려 내지 못했다. 그는 지옥 편에서 사람들에게 공포를 주는 데는 성공했지만, 천국에 관심을 끄는 데는 실패한 것처럼 보인다. 도대체 누가 그 지루하고 재미없는 천국에 가기를 원할 것인가? 그러나 우리의 고민은 천국의 반대편에 존재하는 지옥의 존재에 있다. 대부분의 종교는 천국에 가지 않으면 지옥에 떨어져 영원히 고문받을 거라고 위협한다.

천국의 구조가 보다 체계화된 것은 예수가 등장한 이후다. 특히 사도 바울과 『요한계시록』의 저자 요한은 천국을 보다 구체화시켰다. 그들은 유대 국가의 재건을 위해 헌신한 사람들에 대한 보상으로 설정되어 있던 천국의 개념을 신이 약속한 땅으로 변화시켰다. 그 이후 천국의 모습은 시대적 상황에 따라 다양한 형태로 등장했다. 중세의 탁발 수도사들은 그들이 거처하고 있는 수도원을 모델로 하여 아름다운 정원이나 풍요로운 전원생활을 천국의 이상으로 간주했다. 도시가 번성할 때는 아름다운 황금의 성전과 건축물이 즐비한 도시적인 천국이 등장했다. 영혼의 모습도 비단옷을 입는 것에서부터 벌거벗는 것까지 다양한 모습으로 그려졌다.

기독교 교리를 학술적으로 접근하려 했던 스콜라 신학자들은 우주가 여러 개의 천구로 이루어져 있고, 이 천구들이 단계별로 늘어서 있다고 주장했다. 이 천계의 가장 안쪽에 지옥이 자리 잡고 있으며 가장 밖에 하느님이 머무는 지고천이 존재한다. 단테는 바로 그들로부터 영감을 얻어 천국을 그려 냈다. 토마스 아퀴나스는 천국에서 축복받은 자의 육체는 태양보다 일곱 배는 더 빛나고, 성도들은 오로지 명상만 한다고 설명했다. 그리고 천국에 식물이나 동물 따위는 존재하지 않는다고 주장했다. 식물에는 구원받을 영혼이 없기 때문이었다.

스웨덴의 과학자이자 신학자였던 에마누엘 스베덴보리는 신 중심의 천국에 과감히 도전했다. 그는 천국이야말로 현실세계의 연속이며 완성이라고 주장했고, 그 세계를 하나의 공동체로 이해했다. 따라서 천국에서도 남녀 간의 사랑이 가능하며 모든 영혼은 가장 높은 곳에 이를 때까지 정화된다. 그러나 오늘날의 천문학자들은 더 이상 하느님이 거주하는 지고천을 찾기 위해 망원경을 들여다보지는 않는다. 만일 신이 존재한다면 그리고 그가 인간을 사랑한다면, 천국은 우주의 어느 구석이 아니라 우리가 발 딛고 있는 지상에 존재해야 할 것이다.

가까스로 선택된 영혼의 안식처, 연옥

'림보'로 불리는 연옥은 예루살렘의 반대쪽인 남반구 바다 한가운데에 있다. 그곳에 거대한 연옥의 산이 있는데, 영혼을 태운 배가 도착하면 천사가 키를 잡고 연옥으로 안내한다. 산꼭대기에 있는 연옥의 입구로 들어서기 위해서는 세 군데의 대지(臺地)를 지나야 한다. 첫 번째 대지에는 교회에서 파문당한 자들의 망령이 있고, 두 번째 대지에는 죽은 후에야 비로소 회개한 망령들이 있다. 또 세 번째 대지에는 임종할 때 회개한 망령들이 있다.

연옥 입구에 이르면 당신은 가장 먼저 돌층계 위에 앉아 있는 천사를 보게 된다. 천사는 당신의 이마에 일곱 가지 죄악을 상징하는 일곱 개의 P 자를 칼로 새긴다. 천사가 금과 은으로 된 열쇠를 구멍에 넣고 돌리면 음악 소리와 함께 문이 열린다. 연옥 역시 일곱 개의 환도(環道)로 구성되어 있는데, 환도는 연옥의 산을 나선형으로 둘러싸고 있는 폭 6미터 정도의 길이다. 길 옆의 벽면에는 죄인이 읽어야 할 교훈들이 새겨져 있다. 당신의 이마에 새겨진 P 자는 한 개의 길을 통과할 때마다 한 개씩 지워진다.

제1환도에는 교만의 죄를 범한 영혼들이 바위를 등에 짊어진 채 걷고 있으며, 제2환도에는 질투의 죄를 지은 자들이 철사로 눈을 꿰맨 채 헤매고 있다. 제3환도에는 분노의 죄를 지은 자들, 제4환도에는 게으름을 피운 자들, 제5환도에는 탐욕의 죄를 지은 자들, 제6환도에는 절제를 잃고 인생을 낭비한 자들, 제7환도에는 색정(色情)의 죄를 지은 자들이 뜨거운 불 속에서 정화되고 있다.

제7환도를 통과하면 천사가 나타나 불길 속을 통과하라고 주문한다. 당신은 두려움에 젖어 주저하지만, 불길을 통과하면 연인 베아트리체를 만날 수 있다는 말에 용기를 얻는다. 이윽고 당신은 불길을 뚫고 통과해 지상낙원으로 향하는 계단 앞에 이른다. 이제 당신은 지상낙원에 도착해 아름다운 여인으로부터 악을 잊게 하는 레테강과 선을 닦도록 하는 에우노에강에 대한 이야기를 들을 것이다.

당신이 강기슭을 거닐고 있는 동안 숲속에서 눈부신 광채와 함께 부드러운 노랫소리가 들려온다. 순간 숲속에서 4복음을 상징하는 네 마리 짐승이 이끄는 수레가 나타난다. 수레는 일곱 개의 촛대로 장식되어 있고, 스물네 명의 장로를 태우고 있다. 천사들의 찬미 속에 베아트리체가 탄 수레도 등장할 것이다. 당신은 베아트리체에게 생전에 다하지 못한 사랑을 고백한 후 지난날에 저질렀던 죄에 대해 용서를 구한다. 당신은 레테강으로 가서 그동안 간직하고 있던 불쾌한 기억을 모두 씻어내고 사자 머리에 독수리 날개를 가진 그리핀에게 인도될 것이다. 그리핀은 신성과 인성을 함께 지닌 그리스도를 상징한다. 그런 다음 당신은 베아트리체의 밝은 웃음소리를 들으며 커다란 나무 밑에서 잠들 것이다.

연옥이 처음 등장하는 곳은 베르길리우스의 서사시 『아이네이스』다. 이곳에는 가난뱅이 영혼들이 땅에 묻힐 때까지 100년 동안 기다리고 있다. 이후 연옥은 좀 더 체계화되었고, 훗날 기독교 교리로 채택되었다. 신학자들은 왜 천국과 지옥 사이에 연옥을 만들었을까? 선과 악을 절반씩 저지른 영혼들은 천국에 가기엔 믿음이 부족했지만, 지옥에 보내는 것은 너무나 가혹한 처사였다. 신학자들의 고민은 바로 여기에 있었다. 가장 큰 골칫거리는 예수를 알지 못하고 먼저 죽은 사람들이었다. 그들은 하느님의 품에 안겨 일생을 보냈으나 불행히도 너무 일찍 태어났다. 그들은 예수보다 일찍 태어나는 바람에 예수를 믿을 기회조차 얻지 못한 것이다.

아브라함이 그런 경우다. 아브라함은 유대교를 믿었으므로 천국에 갈 수 없다. 기독교 신도가 아니면 천국에 들어갈 수 없기 때문이다. 더구나 예수가 등장하기 이전까지 천국은 구체적인 모습으로 존재하지도 않았고, 존재하고 있었다 하더라도 하느님과 천사들만 거주하고 있었다. 그렇다면 아브라함을 비롯한 열두 지파의 선조들이 죽은 후에 갈 장소는 어디인가? 교부철학자들이 스승으로 섬겼던 플라톤도 마찬가지다. 그 역시 그리스시대에 살았던 인물이므로 메시아 예수의 존재를 알지 못하고 죽었다. 신학자들은 일찍 태어났다는 이유로 선택받지 못한 위대한 영혼들에게 안식처를 만들어 주어야 할 의무를 지고 있었다.

결국 그들이 창조해 낸 것은 연옥이었다. 그곳에는 세례를 받지 못한 채 죽어 간 어린아이의 영혼과 아브라함이나 플라톤처럼 기독교를 접할 기회가 없었던 명예로운 이교도가 머물고 있다. 연옥이 기독교 교리로 인정받은 것은 1253년이었다. 그때 연옥은 교황의 친서에 처음으로 언급되었고, 트리엔트 공의회에서 최종적으로 공인되었다. 그때 공인된 교리에 따르면, 연옥에 있는 영혼은 불길 속에서 정화된 후 천국에 갈 수 있다. 이에 따라 연옥의 교리는 이교도나 이단자를 처벌하고 교화시키는 데 효과적인 선전 도구로 활용되었다. 이교도일지라도 기독교에 귀의하면 연옥을 거쳐 구원될 수 있었기 때문이다.

04
영혼은 있는가

모든 유령의 배후에는
의식적인 투사자(投射者)가 존재한다.
_라이얼 왓슨, 『로미오의 실수』

당신이 보고 들은 것이 진실의 전부는 아니다

당신은 불가사의란 말을 수도 없이 들어보았을 것이다. 이집트의 피라미드, 사라진 마야 문명, 바닷속에 잠긴 아틀란티스 대륙, 존재를 빨아들이는 버뮤다 삼각지대, 여전히 베일에 싸여 있는 UFO. 그 외에도 당신이 풀 수 없는 신비의 수수께끼가 지구 도처에 널려 있다. 하지만 여기에서는 유령에 대해서만 말하기로 하자.

유령의 존재를 밝히는 일은 다른 어떤 불가사의에 도전하는 것보다 어렵다. 불가사의는 대부분 지구상에 현존하는 데 비해, 영혼은 눈에 보이지 않을뿐더러 목소리를 들을 수도 없다. 당신은 어린 시절에 호기심을 자극하는 소년 잡지나 싸구려 주간지에 실린 유령 사진들을 보았을 것이다. 사진이야말로 가장 확실한 증거다. 그러나 그 사진의 대부분이 조작된 것이고, 설령 의도적으로 조작하지 않았더라도 사진사의 실수나 사고에 의해 생겨났다는 것을 지금은 어렴풋이 알고 있을 것이다.

그렇지만 유령을 보았다는 보고는 지금도 계속되고 있다. 함정은 바로 여기에 있다. 대중으로부터 공신력을 인정받고 있는 매체에서는 이러한 기사를 거의 찾아볼 수 없다. 당신이 언론 매체와 인터뷰를 한 경험이 있다면, 새벽마다 배달되는 신문이 얼마만큼의 거짓말로 도배되어 있는지 금방 깨닫게 될 것이다. 당신이 인터뷰한 내용은 고작 한두 줄에 불과하고, 나머지는 취재기자가 하고 싶은 말과 해석으로 채워져 있을 것이다. 방송은 더욱 심하다. 카메라기자가 조명과 카메라를 설치하고 몇 시간 동안이나 당신을 촬영하지만, 정작 텔레비전 화면에 방영되는 것은 몇 초에서 몇 십 초뿐이다. 제작자는 프로그램의 목적에 맞게 당신의 의견을 편집하고 의도적으로 왜곡한다. 공신력을 인정받고 있는 유력한 매체가 이러할진대 가십 기사로 채워진 삼류 매체는 언급할 필요조차 없다.

대부분의 신비주의나 음모론은 이렇게 탄생한다. 증명되지 않고 증명할 수도 없는 사건은 더욱 부풀려지고, 이런 사건일수록 소문은 빠르다. 수많은 사람이 그 헛소문을 공유하게 될 때 그것은 진실이 되어 버린다. 사실 이 세상에 기록된 모든 문헌에 담긴 정보는 진실이 아니다. 그 속에 실린 내용은 기록한 사람의 편집이거나 어떤 의무감에서 비롯된 것이다. 우리가 철석같이 믿고 있는 위대한 경전들도 실은 엄청나게 많은 사람에 의해서 수천 년간이나 다듬어진 것이다.

사람들은 복잡한 수학으로 증명한 사실보다 눈으로 확인한 것을 더 믿는다. 당신이 보고 듣고 만진 것이 진실일 가능성은 있다. 하지만 그것이 모두 진실은 아니다. 가령 죽은 이의 영혼을 불러들여 살아 있는 인간과 감응시키는 심령술의 역사는 퍽 오래되었다. 심령술에 과학이라는 이름을 붙인 것은 1882년 영국에서 심령과학협회를 창설한 프레더릭 마이어스와 헨리 시지윅이었다. 한때 심령과학은 신과학 또는 '초과학'이라는 이름으로 맹위를 떨쳤다. 최초의 심령술은 신의 이름을 빌려 병든 자를 치유하는 수단이었다. 이런 전통은 오늘날까지 이어져 안수기도나 기(氣) 치료에 활용되고 있다.

근래에 가장 유명했던 심령치료사는 아마 브라질 출신의 무면허 의사 호세 페드로 데 프레이타스일 것이다. '아리고'라는 별칭을 갖고 있는 그는 어릴 때부터 이상한 환각과 두통으로 고통을 받았다. 전하는 바에 의하면, 그는 환각상태에서 첫 수술에 성공한 후 하루아침에 유명 인사가 되었다. 그는 6년 동안 하루에 300명 정도의 환자를 진료했다고 한다. 브라질 정부는 1956년에 아리고를 불법 의료행위 혐의로 기소했다. 그에게 관심을 가진 사람은 미국 노스웨스턴대학에서 의사로 일했던 안드리자 푸하리치였다. 푸하리치의 관찰에 의하면 아리고는 빙의상태에서 환자를 치료했으며 신기에 가까운 수술 솜씨를 보였다. 푸하리치는 아리고가 사기 행위를 하는 것이 아닌가를 감시하기 위해 무비 카메라를 설치했으나 속임수의 흔적은 발견되지 않았다고 한다.

아리고는 감옥에서 나온 후 다시 의료행위를 계속하는 바람에 1964년에 16개월의 징역형을 받았다. 그는 출감 후에도 의료행위를 계속하다가 1971년에 교통사고로 사망했다. 그가 심령치료사였다고 믿을 수 있는 근거는 푸하리치라는 전직 의사의 증언 때문이다. 그의 증언을 제외하면 아리고의 행위를 믿을 만한 근거는 거의 없다. 현재까지도 심령으로 치료한다는 주술사들이 세계 도처에 넘쳐 나지만 그들의 의술이 증명된 적은 없다.

불가사의를 다룬 대부분의 서적은 갖가지 그럴듯한 증거들을 제시한다. 불가사의는 대부분 유사한 줄거리를 갖고 있다. 우선 사건 현장을 목격한 사람은 한두 명이 아니다. 거기에는 반드시 신뢰감을 줄 수 있는 인물, 즉 의사나 목사 또는 교수나 변호사 같은 사람이 꼭 끼어 있다. 그들이 노리는 것이 바로 이것이다. 사회적 지위를 가진 목격자는 거짓을 진실로 만드는 힘을 갖고 있다. 대개 기록들은 사건 현장을 찍은 한두 점의 사진도 함께 공개된다. 그러나 누구도 조작 여부를 증명하지 않는다. 그것 자체가 증거이기 때문이다.

진실은 왜곡되고 와전된다. 그 주역은 바로 추종자들이다. 그들은 기적을 보았다고 믿으며, 수많은 사람에게 그 사실을 전파한다. 그때 전파되는 정보는 의도적으로 가공되고 또 부풀려진다. 어떤 사람이 진흙으로 구슬을 만드는 장면을 목격했다면, 언젠가 당신의 귀에는 그가 진흙으로 이 세계를 창조했다고 전해질 것이다.

영혼의 존재를 증명할 수 있을까

영혼이 존재하는가 하는 물음에 대답을 시도한 사람들이 있었다. 20세기 초반 영혼을 측정하는 데 열정을 쏟았던 네덜란드 출신의 잘베르그 반 젤스트는 1913년 『영혼의 신비(The Mystery of Death)』를 출간했다. 그는 죽어 가는 환자의 몸무게를 측정한 결과 69.5그램이 줄었다고 주장했다.

1907년 미국 매사추세츠주에서 실시된 덩컨 맥두걸의 실험에서도 이와 비슷한 결과가 나왔다. 맥두걸은 정밀한 평형저울을 제작해 한쪽에 죽기 직전의 사람을 얹은 후 평형이 되도록 했다. 이 실험을 통해 그는 저울에 올린 사람의 심장이 멎는 순간 체중이 감소한다는 사실을 알아냈다. 죽어 가는 환자 6명을 대상으로 실험을 진행한 결과 살아 있을 때에 비해 21.3그램의 체중 감소가 관찰되었다.

이 사실이 대중매체에 보도되면서 영혼의 무게가 21그램이라는 개념이 대중화되었다. 이 실험은 표본이 적고 6명 중 1명만이 가설을 충족한다는 점에서 과학적으로 인정받지 못했다. 이후 진행한 동물실험에서도 같은 결과를 재현하는 데 실패했다. 21그램은 극히 적은 양일 뿐만 아니라 실험 조건에 따른 오차범위 안에 있다.

보다 과학적인 실험은 독일의 심리학자 콘스탄틴 라우디베에 의해 행해졌다. 그는 우연히 녹음된 테이프를 듣다가 인간의 목소리와는 전혀 다른 음성들이 녹음되어 있음을 발견했다. 이후 그는 1만 7천 회 이상을 녹음하여 테이프 속에서 이질적인 음성들을 찾아내 분석했다. 분석 결과 그는 낯선 음성들을 영혼의 목소리라고 믿게 되었다. 즉 사람은 죽은 후에도 살아 있는 자들과 교신할 수 있는 능력을 자기 안에 지니고 있다는 것이었다. 이 실험에 흥미를 느낀 사람들은 1971년 3월 24일 영국의 한 스튜디오에서 실험을 실시했다. 그들은 방해 음파를 제거하는 새로운 장치를 개발하여 설치했다. 녹음된 것을 재생했을 때 그들은 200가지가 넘는 음성들을 찾아냈다.

그 음성의 존재는 여전히 미스터리로 남아 있다. 신비주의자들은 이런 현상을 '전자 음성 현상(Electronic Voice Phenomenon)'이라 부른다. 하지만 이 음성이 영혼이 보내는 메시지라는 해석은 매우 어설프고 과장된 것이다. 영혼이 인간에게 어떤 메시지를 전하려면 인간의 발음 구조와 전혀 다른 언어로 말해야 할 이유가 없다. 또 모든 실험이 사람들이 지켜보는 가운데 이루어졌다는 데도 문제가 있다. 만일 진공상태에서 녹음기가 스스로 작동해 같은 결과를 얻었다면 신비한 음성에 대해 심사숙고할 필요가 있을 것이다. 이 실험은 우리에게 많은 암시를 준다. 산 자가 없으면 유령은 존재하지 않으며, 영혼의 배후에는 의식적인 투사자가 존재한다는 것이다. 즉 관찰자나 실험자가 없으면 유령은 나타나지 않는다.

영혼의 존재를 가장 설득력 있게 설명하는 것 중 하나는 유체 이탈이다. 몸속의 어떤 존재가 육체 밖으로 빠져나와 허공을 날아다니고, 순간적으로 공간을 이동하는 유체 이탈 현상을 경험한 사람은 주변에서도 찾아볼 수 있다. 대개 이 현상은 깊은 명상이나 잠에 빠져 있을 때 일어난다. 어떤 사람은 이 현상을 꿈의 일부분으로 해석한다. 유체 이탈은 주로 자각몽 상태에서 일어난다는 것이다. 꿈을 꾸고 있다는 것을 인식할 때 우리는 몸에서 벗어나 제3자의 관점에서 자신을 관찰하는 느낌을 갖는다. 갑작스럽게 사고를 당했을 때도 이 상태를 경험할 수 있다. 가령 절벽에서 추락해 죽음 직전까지 갔던 사람이 경험한 환상이 이와 유사하고, 약물 과용이나 마취상태에서도 이런 현상이 발견된다.

그 상태에 도달했을 때 유체는 당신의 몸 위 60센티미터쯤에 머문다. 그때 행복하다는 느낌이 들고 여기저기 돌아다니고 싶은 유혹을 느낀다. 대개 경험자들은 가느다란 끈으로 유체와 몸이 연결되어 있다고 증언한다. 그 끈은 가늘고 유연하며, 때로는 연기처럼 너울거리는 은빛으로 빛난다. 그들은 이 끈이 끊어질 때 죽음이 찾아온다고 생각한다.

유대의 전설을 담은 『카발라』는 창조자가 세상을 만들 때 인간에게 나누어 줄 모든 영혼을 빚었다고 전한다. 모든 영혼은 스스로 거처할 육체의 모습과 똑같이 만들어졌다. 창조자가 영혼을 만든 후 하나씩 품질 검사를 해 본 결과 더러 불량품이 섞여 있음을 발견했다. 그 영혼들은 장차 악한 길을 걷게 될 운명이었다. 그리하여 창조자는 불량품에게 알맞은 육체를 지정해 들어가라고 명령했다. 물론 창조자가 전지전능한 존재였다면 불량품 따위는 만들지 않았을 것이다.

사람이 죽은 후 영혼은 찬란하고 순수한 상태에서 하늘로 올라가고, 각자의 이름대로 거대한 문서창고에 보관된다. 그러나 더럽혀진 영혼은 창조자가 다시 태어날 육체를 지정해 주지 않기 때문에 영원히 육체를 되찾을 수 없다. 『카발라』는 영혼을 생령(네페시)과 정신(루아), 그리고 내면의 영혼 또는 천상의 영혼(네세마)으로 불리는 세 단계로 구분하고 있다. 사람이 죽으면 생령은 육체 안에 머물며 세상을 떠돈다. 반면 정신은 지상에 있는 에덴동산으로 가서 육체와 비슷한 옷을 입은 채 즐거움을 누린다. 또 천상의 영혼은 떠나왔던 고향, 즉 창조자가 머무는 곳으로 가서 광채를 발하며 영생을 누리기 때문에 다시 지상에 내려오는 법이 없다.

중국인은 사람이 죽은 다음 영혼은 유계(幽界)와 명계(明界)를 떠돌다가 49일 만에 명계(冥界)에 안주한다고 생각했다. 사람이 죽은 후 49재를 지내는 것은 이 때문이다. 물론 이것은 불교의 영향을 강하게 받은 것이다. 그들은 사람이 태어날 때 가장 먼저 백(魄)이 생기고, 후에 몸속에 형성되는 것을 혼(魂)이라 이름 지었다. 따라서 백은 육체를 움직이는 힘이며, 혼은 배움이나 경험으로 얻은 정신이다. 곧 중국인은 영혼을 정신적인 것과 육체적인 것으로 이원화했던 것이다.

그렇다면 우리 몸 안에서 영혼이 있는 곳은 어디인가? 아마 당신은 가슴이나 심장 또는 뇌에 영혼이 존재한다고 대답할 것이다. 그러나 당신이 가리킨 곳을 절개한다 해도 마음이나 영혼을 찾아낼 수는 없다. 힌두교에서는 이마 한가운데 있는 백회(百會)를 영혼의 거처라 믿고 있다. 인간의 신체에는 아홉 개의 구멍이 있는데, 그 구멍들을 통해 우리는 보고 듣고 먹는다. 그중에서도 가장 비밀스러운 곳은 '브라흐마 란드라'라고 하는 두개골 위의 갈라진 틈이다. 요가에서는 그곳을 '천 개의 꽃잎을 가진 연꽃'이라 부르는데, 곧 영혼이 차지하고 있는 자리다.

일찍이 데카르트도 백회를 주목했다. 그는 두개골 속에 갇혀 있는 뇌의 작은 돌기, 즉 송과체(epiphysis cerebri)를 영혼의 자리라고 주장했다. 데카르트의 주장은 지금으로부터 3,500년 전 인도의 베다 문헌이 가르친 바와 닮아 있다. 베다에는 양 눈썹 사이에 있는 작은 공간에 신비의 능력이 숨어 있다고 기록되어 있다. 송과체가 발견된 것은 1886년이다. 송과체는 흔히 제3의 눈이라 하는데, 약 5밀리미터의 크기로 뇌의 중심부 아래쪽에 자리 잡고 있다. 이 기관은 생체시계를 작동시키는 멜라토닌이라는 호르몬을 분비한다. 우리가 밤에 잠자고 낮에 일할 수 있는 것은 이 생체시계가 작동하기 때문이다. 멜라토닌은 유년기에 가장 많이 생성되다가 점차 감소해 노년이 되면 급격히 줄어든다. 노인이 잠이 없는 것은 이 때문이다.

인간의 몸속에는 신경을 통해 정보를 전달하는 수십 가지의 신경전달물질이 있다. 생체시계를 작동하는 멜라토닌은 세로토닌으로부터 생성된다. 세로토닌은 마약 물질인 LSD와 유사한 분자 구조를 갖고 있다. 그러므로 우리는 요가 수행자들이 왜 송과체를 중시했는지 짐작할 수 있다. 모든 환각은 현실을 떠나 허공을 비행하는 이탈감을 수반한다. 신비 체험은 '나'와 '나 아닌 것'의 구분을 지워 버림으로써 하나가 되는 체험이다. 송과체는 곧 자아가 이탈하는 출발점이 될 수 있다.

우리의 정신 활동은 뇌에서 분비하는 신경호르몬에 의해 결정된다. 중국인은 이미 3,000년 전에 인체의 경락을 발견하고 이를 치료에 활용했다. 오늘날 중국의 한의사들은 침만으로 환자를 마취시키고 수술한다. 그들은 경락에 침을 꽂은 후 6볼트의 전류를 흘려보냄으로써 마취효과를 내는 호르몬의 분비를 촉진한다. 따라서 뇌에서 분비하는 신경전달물질을 자유자재로 조절할 수 있다면 당신은 늘 황홀경의 상태에 머물 수 있다.

유령을 만나다

유령을 목격했다는 기록을 일일이 열거하는 것은 부질없는 짓이다. 외계인에게 끌려가 생체실험을 당했다고 주장하는 사람들이 있는 마당에, 유령을 본 사람이 나타났다고 해서 전혀 이상한 일은 아니다. 그들은 실제로 유령을 보았다. 하지만 그들이 본 것을 진짜 유령이라고 말할 수 있을까?

당신은 유령 사진을 볼 때마다 몇 가지 의문에 봉착했을 것이다. 먼저 유령은 발이 없다. 한밤중에 발걸음 소리를 내는 귀신들도 발을 보여준 적이 없다. 다른 신체 부위는 멀쩡한데, 발만 없는 것은 아마도 유령의 이동성을 고려한 듯하다. 그들은 걸어 다닐 필요 없이 허공을 비행해야만 한다. 또 한 가지 의문은 왜 유령은 옷을 입고 나타나는가 하는 것이다. 영혼이 육체에서 이탈한 것이라면 적어도 그는 빛의 형태를 띠고 있거나 구름 모양이거나, 최소한 벌거벗은 육체여야 하지 않을까? 하지만 유령은 자신의 신분을 과시하려는 듯 항상 옷을 입고 나타난다. 옷에 유령이 있다고 생각할 수는 없다. 따라서 영혼이 실제 나타났다고 하더라도 그가 입고 있는 옷은 목격자가 입힌 것이다. 그런 의미에서 성서에 등장하는 에스겔과 바울의 체험은 그나마 신빙성이 있다. 『에스겔서』 1장에는 에스겔이 야훼의 형상을 목도하는 장면이 나온다.

"그 모습은 허리 위는 놋쇠 같아 안팎이 불처럼 환했고, 허리 아래는 사방으로 뻗는 불빛처럼 보였다. 사방으로 뻗는 그 불빛은 비 오는 날 구름에 나타나는 무지개처럼 보였다. 마치 야훼의 영광처럼 보였다."

『사도행전』 9장은 박해자 사울이 기독교 신자들을 체포하기 위해 시리아의 수도 다마스쿠스로 가던 중 체험한 이적을 기록하고 있다.

"사울이 길을 떠나 다마스쿠스 가까이에 이르렀을 때에 갑자기 하늘에서 빛이 번쩍이며 그의 둘레를 환히 비추었다. 그가 땅에 엎드리자 '사울아, 사울아, 네가 왜 나를 박해하느냐' 하는 음성이 들려왔다."

그 빛을 본 후 사울은 사흘간 앞을 보지 못하고 식음을 전폐했다. 그는 회개한 다음에야 눈에 씌워진 비늘이 벗겨져 앞을 볼 수 있게 되었다. 이후 사울은 이름을 바울로 바꾸고 그리스도의 복음을 전도하는 일에 온몸을 바치게 된다. 하지만 『사도행전』은 바울이 기록한 것이 아니기 때문에 진위 여부를 가리기는 어렵다.

아무튼 영혼의 존재를 규명하는 데 가장 큰 어려움은 소수의 선택된 사람만 그 모습을 볼 수 있다는 사실에 있다. 영혼은 왜 모든 사람에게 나타나지 않는 것일까? 영혼이 어떤 메시지를 전달할 목적이라면, 특히 그 존재가 신이라면 과학자의 실험실이나 TV 화면에 나타나지 않을 이유가 없다. 더구나 성모 마리아 같은 존재가 중요한 메시지를 전 인류에게 전달하려면 세 명의 소녀 앞에 나타날 것이 아니라 모든 인류 앞에 나타나야 한다.

원시시대의 제사장들은 신과 만날 수 있는 접신술을 통해 그들만의 특권을 누렸다. 이 기술은 후계자에게 비밀리에 전수되었다. 모든 사람이 자연의 정령 또는 신과 대화할 수 있었다면 그들의 권력도 생겨나지 못했을 것이다. 오늘날 그들의 후계자는 무당이나 영매로 남았다. 영매는 선천적으로 또는 훈련을 통해 보통 사람보다 탁월한 감수성을 갖게 된 사람들이다. 우리의 조상들은 모두 영매가 될 수 있는 자격을 가진 사람들이었다. 그들은 짐승의 발자국과 배설물만으로도 어떤 짐승이, 몇 마리의 무리와 함께, 몇 시간 전에, 무엇을 먹고, 어디로 갔는지 알 수 있었다. 또 그들은 하늘을 보고 언제, 어디서, 얼마만큼의 비가 내릴지도 알아냈다. 그러나 이 시대를 사는 당신과 나는 이런 능력을 모두 잃고 말았다. 자연과의 신비스러운 교감은 모두 퇴화해 버린 것이다.

오늘날과 같은 산업사회에서 그런 정보는 더 이상 필요 없게 되었다. 자연에 대한 초감각 능력이 더 이상 쓸모없게 되어 버린 것이다. 그러나 조상들이 축적했던 무수한 정보는 당신의 무의식 속에서 빛이 바랜 채 잠재되어 있다. 본능은 수시로 이 무의식을 불러올리려 하지만 뇌에 있는 의식의 필터가 이를 허락하지 않는다. 의식과 무의식을 가로막고 있는 이 장벽은 너무나 견고하다. 하지만 이 장벽이 무너지거나 헐거워진 사람들이 있다. 어쩌면 그들이 무당이며 영매일 수 있다.

조상들이 물려준 엄청난 정보는 모든 인간이 공유하고 있다. 정신분석학자들은 이것을 집단무의식이라 부른다. 무의식적 정보를 공유하는 집단은 일정한 조건과 재료만 주어지면 쉽사리 임계 값에 도달한다. 그것이 공유되고 어떤 특정한 계기가 주어질 때 집단은 개개의 구성원에게는 존재하지 않는 집단으로서의 특성을 획득하게 된다. 열광하는 신도 집단에서 쉽게 환각 체험을 할 수 있는 것도 이 때문이다. 영혼의 이미지는 인류 전체의 마음에 고루 스며 있는 원형적 이미지다. 영매는 이 원형적 이미지를 자신의 방식대로 드러낼 수 있는 존재다. 그러므로 당신도 노력만 한다면 언제든지 영혼과 대화하고 신들의 세계를 여행할 수 있다. 그때가 바로 깨달음의 순간이다.

유령이 보이는 이유

유령은 죽음 너머에서 돌아온 존재라는 점에서 좀비나 흡혈귀 같은 괴물과 유사하지만, 그것들과는 달리 육체적인 힘을 거의 사용하지 않는다. 오직 공포심을 주기 위한 목적으로 등장하는 유령도 있다. 유령은 인류의 오랜 창작물이다. 우리는 어린 시절부터 이야기, 만화, 드라마, 영화 등을 통해 유령 이야기를 수없이 접해 왔다. 직접 유령을 목격했다는 사람은 거의 없지만, 유령이 실재한다고 믿는 사람은 적지 않다. 유령의 존재를 믿지 않더라도 우리는 깜깜한 밤에 오솔길을 걷거나 묘지 옆을 지날 때 걸음을 재촉한다.

정말 우리가 살아가는 세계를 배회하는 유령이 있는 것일까? 이 궁금증을 풀기 위해 많은 사람이 노력을 기울였지만, 지금까지 확실한 답을 찾지는 못했다. 우리는 방치된 폐가나 창고, 어두컴컴한 동굴 속에 있을 때 왠지 한기를 느끼며 모골이 송연해진다. 그러나 우리가 알고 있는 유령은 대개 사진 속에만 존재한다. 그 사진들은 대부분 조작된 것이다. 필름을 지나치게 노출하거나 반사된 빛으로 인해 유령 같은 이미지가 사진 속에 남을 수도 있다.

잘 알려진 유령 연구자 중에 빅 탠디가 있다. 전기기술자였던 그는 신비로운 현상을 탐구하는 일에 흥미가 있었는데, 자신이 일하던 의료장비 연구실에 유령이 출몰한다는 이야기를 들었다. 실제로 그는 연구소에서 유령을 목격한 후 유령이 나타나는 이유를 규명하기로 했다. 그가 찾아낸 유령은 초당 약 19회의 진동수를 가진 환풍기 팬에 숨어 있었다. 그는 우리의 감각이 지각하지 못하는 초저주파가 우리에게 비현실적인 느낌을 갖게 한다고 결론지었다. 실제로 유령이 자주 출몰하는 것으로 알려진 곳은 저주파가 많이 발생하는 파이프오르간, 동굴, 텅 빈 건물의 복도나 지하, 굴뚝, 다락방 근처 등이다.

2003년 영국의 리처드 와이즈먼 연구팀은 유령이 많이 나타나기로 소문난 햄프턴 궁전에서 실험을 진행했다. 연구팀은 462명의 실험 참가자에게 궁전을 돌아다니게 한 후 무섭고 오싹한 느낌이 드는 곳을 지목해 달라고 요청했다. 그 결과 사람들이 유령을 느끼는 곳은 주변보다 온도가 2℃가량 낮고 햇볕이 잘 들지 않아 어두우며, 공간이 비교적 좁고 자기장의 변화가 심한 장소라는 결론을 얻었다.

유령은 왜 어두울 때 음습한 곳에만 나타나는 걸까? 자신의 존재를 드러내고 싶다면 대낮에 공개적인 장소에 나타나면 안 되는 걸까? 몇몇 심리학자는 유령이 어둡고 음습한 곳을 배회하는 것이 아니라 이상한 느낌이 들었을 때 우리가 유령을 만들어 내는 것이라고 말한다. 우리는 자동으로 무섭고 소름 끼치는 현상의 원인을 찾아내고, 원인이 불분명하면 원인을 만들어 내기 때문이다. 인과관계를 추론하는 뇌가 어떻게 헛된 믿음을 만들어 내는지는 나중에 자세히 살펴볼 것이다.

유령이 출몰하는 이유에 대한 과학적 설명은 다양하다. 그중 상당수는 착시(錯視)와 환시(幻視)에 대한 것이다. 착시는 실제 존재하는 대상을 잘못 보는 것이고, 환시는 존재하지 않는 대상을 보는 것이다. 예를 들어 어둠 속에 서 있는 작은 버드나무가 머리를 풀어 헤친 귀신으로 보이는 것은 착시이고, 일 년 전에 돌아가신 아버지가 문밖에서 서성이는 것을 보는 것은 환시다. 착시는 시각 기능의 특성 때문에 발생하는 경우가 많으므로 누구나 착시를 경험한다. 그러나 환시는 시각 경로에 문제가 생겼을 때 발생하는 경우가 많다.

뇌질환이나 시각장애 또는 정신질환이나 약물중독 때문에 유령을 목격한 경우는 사람들의 이목을 끌지 못한다. 사람들이 궁금해하는 것은 아무런 질환이 없는데도 유령을 목격한 경우다. 대개 유령은 무언가 결핍된 상태로 어두운 시간과 장소에 혼자 있을 때 나타난다. 대표적인 사례가 산악인들이 조난되었을 때 겪는 환시다.

많은 산악인이 산소가 부족한 고산지대를 헤매다가 헛것을 본다. 세계 최고의 산악인으로 꼽히는 라인홀트 메스너는 1970년 6월 히말라야를 등정한 후 하산길에 유령이 따라오는 경험을 했다고 고백했다. 연구자들은 이러한 경험을 '고립 환각' 또는 '감각 차단성 환각'으로 설명한다. 1950년대 캐나다 맥길대학 연구팀은 사람의 감각을 차단했을 때 어떤 현상이 일어나는지 알아보기 위해 다양한 실험을 진행했다. 연구팀은 실험에 참여한 학생들을 방음장치가 된 독방 침대에 눕히고 반투명의 안경을 쓰게 했다. 또 미지근하고 컴컴한 수조에 오랫동안 몸을 담그게 해 외부의 감각을 완전히 차단하기도 했다. 그러자 감각이 민감한 학생들은 20여 분 만에 헛것을 보기 시작했고, 어떤 학생은 하루나 이틀이 지난 후에 이러한 현상을 경험했다.

혼자 있다는 느낌과 함께 감각이 완전히 차단되면 환청과 환각을 경험하기 쉽다. 설산을 등반하는 산악인이나 사막을 건너는 여행자가 환각을 경험하는 것도 이 때문이다. 그들은 끝없이 펼쳐진 하얀 눈과 단조로운 모래사막을 며칠 동안 바라보아야 한다. 외부에서 들어오는 감각 신호가 지나치게 단조롭거나 차단되면 감각이 상실되고 뇌는 각성상태를 유지하기가 점점 어려워진다. 이에 따라 주의력이 점점 저하되고, 마침내는 의식 자체가 변질되어 일종의 최면상태에 빠져들게 된다. 산악인뿐만 아니라 밤낮으로 고속도로를 달리는 트럭 운전자나 항공기 조종사도 유사한 경험을 한다. 감각을 상실한 몽환상태에서는 눈앞에 나타나는 사물을 정확히 인지할 수 없을 뿐만 아니라 상상하는 대로 사물을 본다. 어떤 대상을 상상만 해도 뇌의 시각피질이 활성화된다.

뇌의 온도가 34℃ 이하가 되거나 40℃를 넘어서면 환각상태에 빠진다. 산악인이 히말라야 고봉을 등반하면서 환각에 빠지는 것은 전자에 해당하고, 사막에서 환각을 경험하는 것은 후자에 속한다. 대부분의 귀신 목격담이 어두운 밤에 깊은 산속에서 겪은 이야기라는 점도 이와 관련 있다. 산속에서 길을 잃은 나그네는 탈진상태에 이르러 어딘가에 쓰러지고, 결국 추위에 떨며 잠이 든다. 새벽에 렘 수면에 빠진 나그네는 꿈을 꾸면서 성적 흥분 상태에 이른다. 아름다운 여인으로 변장한 귀신이 나그네를 유혹해 환락의 밤을 보냈다는 이야기는 이로부터 비롯되었을 것이다.

착시와 환시를 만들어 내는 것은 뇌. 뇌는 있는 그대로의 모습을 보는 것이 아니다. 뇌는 시각 정보가 불완전하더라도 기억을 활용해 정보를 재해석하고 이미지를 재구성한다. 가령 뇌는 하늘에 떠다니는 구름을 사람의 얼굴이나 동물의 모습으로 재구성한다. 인간은 타인의 얼굴에 주의를 기울이도록 진화했다. 얼굴이야말로 상대방에 대한 정보를 가장 많이 담고 있는 부위이기 때문이다. 얼굴은 아군과 적군, 가까이할 사람과 멀리할 사람을 가리는 표지이기도 하다. 만일 상대방의 얼굴에 칼자국이 있다면, 또는 전염병을 앓아서 얼굴 모양이 뭉그러져 있다면 피하는 것이 상책이다. 사냥터를 떠돌았던 조상들은 얼굴과 머리를 치장하는 것으로 부족을 구분했다.

우리 뇌에는 얼굴을 인식하는 '방추상 얼굴 영역'이 따로 있다. 귀신을 보았다고 말할 때 그들이 가장 먼저 본 것은 귀신의 얼굴이다. 처음 확인한 얼굴이 가장 먼저 공포심을 자극한다. 공포영화에 등장하는 살인마의 얼굴을 보면 그 느낌을 알 수 있을 것이다. 잔혹한 살인마일수록 끔찍하게 일그러진 얼굴을 가지고 있거나 소름 끼치는 가면을 쓰고 있다. 얼굴을 인지하는 영역에 문제가 생기면 얼굴을 제대로 인식하지 못한다. 특히 이 부위가 손상된 간질환자는 환상이나 환청을 경험하는 경우가 많은데, 환자의 입장에서는 귀신의 농간이라고 생각할 수밖에 없을 것이다. 아무것도 없는 공간에서 귀신을 보는 것은 타인의 얼굴을 재빨리 인식하려는 뇌의 메커니즘에서 비롯된 것이다.

또 우리의 안구는 자동으로 불규칙하게 운동하기 때문에 고정된 물체를 움직이는 것처럼 인지한다. 그래서 어둠 속에 서 있는 나무가 움직이는 귀신처럼 보이고, 밤하늘에 있는 작은 별빛을 UFO가 이동하는 것으로 오인하기도 한다. 인간은 주행성 동물이지만 오랜 시간 어둠에 적응하기 위해 노력해 왔다. 물론 우리는 어둠 속에서 자유롭게 이동할 만큼 야간 시각을 확보하지는 못했다. 낮에 움직이는 것이 생존에 훨씬 유리했기 때문이다. 인간에게 밤은 공포의 시간이며, 공포심을 부채질하는 것은 어렴풋한 야간 시각이다. 어둠 속에서 시각을 상실하면 오히려 두려움을 느끼지 못할 것이다. 쥐 같은 포유류는 명암을 인지하는 간상세포가 발달했다. 그래서 야행성 포유류는 어둠 속에서도 파충류보다 쉽게 먹이를 찾을 수 있다. 인간은 어둠 속에서도 희미하게 사물을 분간할 수 있다. 어설프게 진화한 야간 시각 때문에 어둠에 대한 공포심이 더욱 커지는 것이다.

오늘날에는 실험실에서 유령을 만들어 낸다. 스위스 로잔공과대학의 올라프 블랑케가 그런 사람이다. 그는 평소 유령을 본다고 주장하는 사람들의 두 눈을 완전히 가린 채 인공 로봇으로 손이나 등 같은 부위에 진동을 가한다. 실험 참가자의 앞뒤에 두 개의 로봇을 배치한 뒤 진동을 가하면 참가자들 대부분은 제3의 존재를 느꼈다. 뇌는 자극을 느끼면 기어코 원인을 만들어 낸다. 유령은 감각 신호를 해석하는 과정에서 만들어지는 현상이라 할 수 있다.

사람들은 공포에 떨면서도 귀신 이야기를 듣고 싶어 한다. 공포는 위협이 닥쳤을 때 반응하는 가장 원시적인 감정이다. 이 원시적 감정은 고등동물일수록 억제되어 있다. 문명화된 인간이 다른 생명체에게 생존의 위협을 느끼는 경우는 별로 없다. 그런데도 우리 뇌는 '공포-도주'의 패턴을 여전히 간직하고 있다. 이는 조상들이 겪었던 경험의 흔적이며, 대대로 계승된 원형적 체험이다. 이 원형적 체험은 공포를 극복하는 데 도움을 준다. 우리가 공포를 불러일으키는 이야기를 좋아하는 것도 이 때문이다. 처음 보는 괴물이 다가오는데도 공포를 느끼지 못하면 생존할 수 없다.

두려움과 불안감은 위험을 알리는 비상 신호다. 따라서 불안감을 주는 대상이라면 그것이 무엇이든 무서운 존재로 착각하는 편이 생존에 도움이 된다. 만일 누군가 유령을 보았다고 한다면, 그것이 거짓임을 증명할 방법이 없는 한 믿는 것이 더 안전하다. 믿으면 보인다. 고대인은 실제로 유령을 보았던 것이다. 유령이 착시나 환각에 불과할지라도 뇌는 당분간 인지 패턴의 오류를 수정한다. 그것이 생존에 유리했고, 앞으로도 유리하기 때문이다.

유체 이탈은 진짜 경험일까

간혹 영화에서나 나옴 직한 신비한 경험을 해본 적이 있는가? 홀로 남겨진 밤, 꿈인 듯 생시인 듯 어둠을 응시하다가 자신이 끝없는 우주의 한 점으로 멀어지는 것 같은 느낌을 받은 적이 있는가? 또 문득 정신을 차리고 주위를 둘러보다가 침대 위에 누워 있는 자신을 발견하고 소스라치게 놀란 적이 있는가? 정도의 차이는 있지만, 적지 않은 사람이 자신의 몸을 벗어나는 체험을 한다고 한다. 유체 이탈 체험으로 알려진 이 현상은 '이인화(異人化) 장애'라 부르기도 한다. 유체 이탈 상태에 이른 사람은 자신이 육체로부터 빠져나와 외부의 관찰자가 된 느낌을 갖는다. 이러한 체험은 오래전부터 알려졌기 때문에 영혼의 존재를 증명하는 증거로 받아들여져 왔다.

과학이 발달한 오늘날에도 영혼의 존재 여부를 증명할 방법은 없으므로 영혼에 관한 문제는 개인의 믿음과 선택에 맡겨 둘 수밖에 없다. 그러나 왜 그런 현상이 일어나는지에 대해서는 과학이 힌트를 제공해 줄 수 있다. 유체 이탈과 관련해 가장 널리 알려진 것은 임사체험이다. 앞에서 소개한 것처럼 임사체험이란 죽음의 문턱까지 갔다가 회생한 사람들의 체험을 말한다. 그들의 체험은 몇 가지 공통점을 갖고 있다. 먼저 죽음의 문턱에 이르면, 자신의 몸에서 벗어나 키 높이 정도의 허공에 머물며 자신을 내려다본다. 얼마 후 눈부신 빛이 나타나고, 그 빛에 이끌려 어두운 터널을 통과하면 시공간을 초월한 미지의 장소로 이동하게 된다. 그때 지나간 인생이 파노라마처럼 펼쳐지면서 충만한 기쁨을 느끼게 된다. 그들의 보고에 따르면 죽음 직후 유체(영혼)는 이탈하여 몸 위에 일정 시간 머무른다.

유체 이탈은 영적인 체험이 아니다. 실험실에서 유령을 찾고 있는 올라프 블랑케 연구팀은 1996년 9월 뇌전증 환자의 측두엽과 두정엽이 만나는 지점에 전기 자극을 가했을 때 유체 이탈과 유사한 현상이 일어난다는 것을 알아냈다. 그 부위는 자신과 타인을 구별하고 자아를 처리하는 기능과 관련 있다. 그 부위를 자극하자 뇌전증 환자는 누군가 뒤에서 있는 느낌을 받았다. 또 이 부위를 반복해서 자극하자 환자는 그림자 같은 인물이 자신을 꼭 껴안고 있는 것 같은 불쾌감을 호소했으며, 나중에는 몸이 천장 가까이 떠서 자신의 수술 장면을 내려다보는 느낌을 경험했다.

신경과학자 마이클 퍼싱어도 측두엽을 자극함으로써 유체 이탈과 같은 영적이고 신비로운 느낌을 불러일으키는 데 성공했다. 실험 참가자 중에는 그리스도를 보았다고 증언한 사람도 있었다. 마이클 퍼싱어는 피험자에게 전자석을 부착한 헬멧을 씌운 후 관자놀이를 다양한 주파수로 자극하는 실험도 했다. 실험 결과 피험자들은 외계인에게 납치되었을 때와 비슷한 감각을 경험했다.

2006년 케빈 넬슨 연구팀의 연구에 의하면, 죽음이 임박했을 때 대뇌에 흐르는 혈류가 급격히 감소하게 된다. 그때 수면마비와 유사한 의식의 분리, 몸의 마비, 환각 같은 증상을 경험하게 된다. 유체 이탈이 뇌의 비정상적 활동으로 일어나는 현상이라는 것은 분명해 보인다. 연구자마다 약간의 차이가 있지만, 유체 이탈 체험과 밀접한 관련이 있는 뇌영역은 측두엽과 두정엽이다. 신비체험이 측두엽과 관련 있다는 사실은 이미 1983년에 밝혀졌고, 이후에도 관련 증거들이 꾸준히 제시되었다. 1998년에는 일본 연구진에 의해 측두엽 뇌전증 환자 중 일부가 발작 중 신비체험을 한다는 사실도 밝혀졌다. 그뿐만 아니라 측두엽과 두정엽이

만나는 각회(角回)를 자극하면 유체 이탈을 경험한다는 사실도 실험을
통해 확인되었다.

유체 이탈은 죽음에 임박했을 때뿐만 아니라 조현병 환자나 뇌전증
환자에게 나타나는 것으로 알려져 있다. 이러한 현상의 원인에 대한 설
명은 다양하다. 가장 일반적인 설명은 유체 이탈이 자각몽의 일종이라
는 것이다. 이러한 견해를 지지하고 있는 미국의 '유체 이탈 체험 연구센
터(OBE Research Center)'는 실제로 유체 이탈을 체험할 수 있는 프로그램을
운영하고 있다.

우리 내면에는 한 사람의 인격만 존재하는 것이 아니다. 유체 이탈은
해리 현상과 마찬가지로 또 다른 인격이 분리된 것일 수 있다. 정신의학
적 관점에서는 '코타르 증후군'으로 유체 이탈을 설명할 수도 있다. 이 망
상은 자신이 죽었다고 믿는 증상이다. 정신의학자들은 이러한 증상이
해리 현상처럼 완전히 고립된 감정으로부터 도피하기 위해 스스로 죽었
다는 믿음을 가지면서 나타난다고 설명한다.

'캡그래스 증후군'에는 자신과 똑같이 생긴 분신이 존재한다고 믿는
주격 이중 증후군과 주격 교환 증후군이 있다. 전자는 자신과 똑같은
모습을 가진 사람이 존재한다고 믿는 증상이며, 후자는 자신이 똑같은
모습을 가진 다른 사람과 뒤바뀌었다고 믿는 증상이다. 흔히 알려진 도
플갱어가 이 증상에 해당한다. 다만 이 증상을 앓는 환자들 중에는 스
스로 분신의 존재를 볼 수 있다고 믿는 유형과 분신이 보이지 않는 존재
라고 믿는 두 가지 유형이 있다. 분신의 존재를 볼 수 있는 유형의 환자
는 외계인 체험이나 도플갱어를 경험할 수 있다. 그 외에 유체 이탈을 신
체적 균형을 유지하는 고유감각이 일시적으로 사라진 상태 또는 신체
지도를 인식하고 있는 시각 연합 영역의 일시적 혼란으로 설명하는 과학

자들도 있다.

이러한 증상의 공통점은 내가 죽었거나 그와 유사한 상태에 처해 있다고 믿는다는 점, 자신의 몸이 다른 곳에 있다고 느끼는 점, 그리고 스스로 그것을 확신한다는 점이다. 물론 상당수의 신비적 명상가는 의도적인 노력을 통해 유체 이탈을 경험한다. 하지만 이러한 증상들이 뇌의 기능 이상에서 비롯되었다는 것을 고려할 때 뇌에서 일어나는 특수한 형태의 자극이나 신호에 의해 유체 이탈을 경험한다고 추측할 수 있다. 극한의 명상은 이러한 경험을 촉발할 수 있다.

더 특이한 현상은 '신체 통합 정체성 장애'를 겪는 사람들에게서 발견된다. 신경과학자 올리버 색스는 의대생 시절에 목격했던 한 환자의 이야기를 소개한다. 그 환자는 두정엽 종양으로 고통받고 있었는데, 어느 날 침대 위에 놓여 있는 잘린 다리 하나를 발견했다. 그는 깜짝 놀라 잘린 다리를 침대 밖으로 힘껏 밀어냈다. 순간 잘린 다리와 함께 환자 자신도 침대 밖으로 떨어지고 말았다. 해부학 실험실에서 장난으로 가져다 놓은 것이라고 믿었던 그 다리가 바로 자신의 다리였던 것이다. 신체 통합 정체성 장애는 신체의 일부를 자신의 것이 아니라고 여기는 질병이다. 이 병을 앓고 있는 환자는 자신의 신체가 아니라고 여기는 부위를 아예 절단해 달라고 호소하기도 한다. 의사가 이를 거부하자 자신의 신체를 직접 잘라 버린 환자도 있다.

우리 뇌에는 몸의 각 부위에 대응하는 지도가 있다. 몸의 각 부위로부터 전해지는 감각 정보가 뇌의 신체 지도와 어긋나게 되면 뇌는 이 정보를 잘못 해석한다. 뇌에 새겨진 신체 지도는 완전히 고정되어 있지 않기 때문에 신체 부위가 절단되면 뇌는 지도를 재구성한다. 이 과정에 오류가 생겨 혼란이 발생하면 뇌는 곤경에서 벗어나기 위해 자기 팔이 아니라고 단정하거나 아예 없애 버리라고 명령한다.

사라진 몸의 부위에서 통증을 느끼는 환상통증도 이와 유사하다. 팔이 절단되면 뇌에 새겨진 팔의 지도는 더 이상 감각 신호를 받지 못하게 된다. 정보가 전달되지 않으면 뇌는 감각이 계속 입력되기를 '기대'한다. 이 기대가 다른 신체 부위에서 전달하는 감각 정보를 팔이 보내는 것으로 착각하게 만든다. 예를 들어 얼굴 피부가 감지한 간지러움을 사라진 팔이 보내는 신호로 해석한다. 그렇게 되면 팔이 없는데도 뇌는 팔이 간지럽다고 느낀다.

오늘날에는 케타민 같은 마취제뿐만 아니라 환각물질을 통해 유체이탈을 체험할 수도 있다. 환각제와 산소 결핍은 뇌의 시각피질에 영향을 미쳐 신경세포의 발화를 방해한다. 이때 뇌는 신경세포들의 활동 경로를 동심원이나 나선형으로 해석하는데, 때로는 이를 터널로 혼동하기도 한다. 이에 따라 환각제에 취한 사람 중 상당수가 터널 시각을 경험한다.

뇌가 보여 주는 허상

뇌는 우리가 생각하는 것만큼 정교하지 않다. 진화는 문제가 생겼을 때 시간을 되돌려 다시 시작하는 것이 아니라 기존에 있던 것들을 수선하면서 계속 앞으로 나아간다. 뇌 역시 세밀한 설계도를 바탕으로 완성된 것이 아니라 원시적인 신경계를 고치고 덧붙이면서 진화했다. 이 때문에 뇌는 종종 원시적 환경과 오늘날의 환경을 구분하지 못한다. 우리가 일상적으로 경험하는 착시현상도 밀림과 초원을 삶의 터전으로 삼았던 조상들로부터 시각 능력을 물려받았기 때문이다. 그래서 우리는 지금도 자동차의 움직임보다 동물의 움직임에 더 민감하게 반응한다.

사람들은 몸이 고정적인 실체라고 생각하지만, 사실은 뇌의 착각으로 언제든 바뀔 수 있는 임시 구성물에 불과하다. 우리가 눈으로 보는 것은 진짜일 수도 있고 가짜일 수도 있다. 더구나 우리가 인식하는 대상은 눈으로 본 것이 아니라 뇌가 본 것이다. 우리가 눈에 보이는 사물을 일일이 구분하고 분류하는 것은 그것이 진실이어서가 아니라 효율성을 위해서다. 뇌는 자원을 아끼기 위해 늘 지름길을 선택한다. 때로는 그 지름길이 잘못된 선택일 수도 있다. 그렇지만 뇌는 분류 작업을 끝낸 후에 다양한 설명을 덧붙임으로써 자신의 선택을 정당화하고 오류까지도 합리화한다.

사람들이 체험하는 신비 현상을 한 가지 원인으로 특정하기는 어렵다. 그러나 눈에 보이는 것은 모두 뇌가 그려 낸 것이며, 그 대상에 신비의 옷을 입히는 것 역시 뇌다. 눈은 단순히 시각신경에 맺힌 상(像)을 뇌로 전송할 뿐이며, 그것이 무엇인지를 판별하는 것은 당신의 영혼이 아니라 뇌다. 뇌는 무질서와 우연 속에서 질서와 관련성을 찾아내도록 진화했다. 절박한 상황에 있을 때는 더욱 그렇다. 어둠 속에서 갑자기 검은 그림자가 움직였다면, 설령 그것이 작은 토끼의 움직임이었다고 해도 도망치는 것이 상책이다. 자칫 맹수의 그림자를 토끼로 오인해 멈칫거리다가 맹수의 먹이가 될 수도 있기 때문이다. 살아남으려면 맹수가 덮치기 전에 먼저 놈을 발견해야 한다. 따라서 아무것도 보지 못하는 것보다 희끄무레한 나무를 맹수나 적으로 인식하는 편이 낫다.

진화의 역사를 통해 뇌가 기억하고 있는 것은 가만히 서 있는 동물이 아니라 움직이는 동물이다. 따라서 아무런 소리나 동작이 없는 상태가 지속되면 뇌는 당황한다. 돌연 모든 자극이 사라지고 나면 뇌는 사소한 정보라도 찾아내기 위해 부지런히 움직이며, 마침내는 그럴듯한 대체물을 찾아낸다. 전방의 초소에서 어둠 속을 끝없이 응시해야 하는 초병의 눈에 처녀 귀신이 모습을 드러내는 것은 이상한 일이 아니다.

인간의 의식은 무규칙·무질서·무의미를 견디기 어려워한다. 그 때문에 뇌는 무작위적인 무질서 속에서도 규칙성과 눈에 익은 패턴을 찾아내려 한다. 그래서 우리는 달에서 토끼를 보고, 화성에서 인간의 얼굴을 찾아내며, 설원과 계곡을 찍은 사진의 명암에서 숨어 있는 신의 얼굴을 찾아낸다. 우리는 진실을 보는 것이 아니라 '믿고 싶은 대로' 보고, '보고 싶은 대로' 보는 것이다.

통계적인 규칙성을 찾는 것은 좌측 뇌가 맡고 있지만, 우측 뇌는 환각과 같은 시각적 이미지에 민감하다. 뇌는 수억 년 동안 외부 세계를 감시하고, 사소한 정보를 감지하고 또 정보를 해석하도록 진화했다. 뇌는 침묵이나 정지된 화면에 익숙하지 못하다. 사실 영화는 정지된 사진들을 연속적으로 늘어놓은 것에 불과하다. 자세히 보면 눈에 보이는 장면은 작은 점들의 집합일 뿐이다. 하지만 뇌는 정지된 화면을 움직이는 동작으로 인식한다.

유령을 창조한 것은 뇌다. 우리는 영혼이 몸과 분리되어 존재한다고 믿는 타고난 이원론자다. 그래서 사람들은 뇌가 마음과 영혼을 만들어 낸다는 과학자들의 주장에 거부감을 느낀다. '죽은 후에도 우리가 존재하는가'에 대한 답은 없다. 이 물음에 대한 답은 개인의 믿음에 달려 있다. 어떤 믿음을 가지고 있든 사후세계나 내세에 관한 생각은 당신이 살아가는 방식에 영향을 미친다. 철학자 버트런드 러셀은 1936년에 발표한 『삶과 죽음의 신비』에서 사후세계에 대해 회의적인 답을 내놓았다.

"강물은 언제나 바뀌면서도 늘 같은 방향으로 흐르는 까닭은, 먼저 내린 여러 차례의 비가 물길을 터놓았기 때문이다. 마찬가지로 먼저 있는 사건이 뇌에 길을 터놓아서 우리의 생각이 이 길을 따라 흐르는 것이다. 그러나 하나의 조직으로서 뇌는 죽음으로써 해체되며, 따라서 기억 또한 해체될 것으로 생각할 수 있다."

그의 주장에 따르면, 한 사람의 정신이 영속할 수 있는 것은 습관과 기억이 있기 때문이다. 즉 내 기억에 남아 있는 어제의 '나'는 하나의 정신적 사건이며, 현재의 나는 그것을 기억하는 사람의 일부다. 만약 사람이 죽은 후에도 존재한다는 것을 믿으려면 그 사람을 구성하는 기억과 습관이 새로운 세상에서도 계속 나타나리라는 사실을 믿어야 한다. 그러나 기억과 습관은 뇌가 만들어 내는 것이며, 뇌는 죽음과 함께 사라진다.

05
윤회, 자궁 속으로의 귀환

인간은 너무 빨리 어머니의 자궁을 떠난다.
미완성인 상태, 세상과 맞설 준비가 되어 있지 않은 상태에서
이 세상에 태어나는 것이다.
_조지프 캠벨, 『천의 얼굴을 가진 영웅』

영원한 안식처, 자궁

태아는 자궁을 박차고 나와야 한다. 자궁에서 나오기를 거부하면 태아는 어머니와 함께 생명을 잃고 만다. 자궁에서 분리된 이후에도 아이는 어머니의 품에서 떨어지려 하지 않는다. 우리가 간직하고 있는 심성 중에서 가장 끈질기게 남아 있는 것은 자궁으로 돌아가고 싶은 욕구다. 인간은 다른 어떤 동물보다 가장 오랫동안 어머니 젖가슴에 매달려 있다. 어머니의 품 안에서는 힘든 노동이 없으며 위험한 모험도 없다. 그곳이 바로 천국인 셈이다. 하지만 우리는 너무 일찍 천국에서 추방당하고 말았다. 그리하여 어머니는 자궁에서 쫓겨나 세상에 내동댕이쳐진 당신을 위해 자신의 품 안에 머물 수 있는 기간을 충분히 연장해 주는 것이다.

영혼의 존재를 믿는 신비주의자들은 인간 존재가 육체→에텔체(바이오 플라즈마)→아스트랄체(유체)→멘탈체(영체)의 과정을 거친다고 설명한다. 에텔체는 육체가 죽은 후 잠시 주변을 맴돌지만, 대개 3일 이내에 완전히 분해되어 우주 에너지로 흡수된다. 그러나 아스트랄체는 에텔체가 소멸한 후에도 활동을 계속하며, 당신이 살아 있을 때 갖고 있던 모든 기억을 저장하고 있다. 아스트랄체는 몇 단계로 구분되는데, 처음 최하층에 도착한 영혼은 살아 있는 자에게서 발산되는 '자기적 에너지장'에 멋모르고 끌려가기도 한다. 이것이 바로 귀신이 붙었다고 하는 빙의 현상이다. 하지만 심리학자들은 빙의 현상을 '해리 정체성 장애'의 하나로 설명한다.

아스트랄체의 가장 낮은 차원은 지옥, 명부(冥府), 연옥 등으로 부르는 곳과 유사하다. 그리고 중간 차원은 일종의 재활 훈련이 진행되는 곳이다. 영혼은 그곳에서 좀 더 높은 차원으로 상승하거나 지상의 육체에 다시 깃들기 위해 수행한다. 아스트랄체의 가장 높은 차원은 천국이라 부르는 곳에 해당한다. 그곳의 영혼들은 지상으로 되돌아가든가, 아니면 멘탈체로 상승해 영원한 삶을 누린다. 마지막 단계인 멘탈체는 마음과 영혼을 정화하기 위한 공간이 무제한으로 제공된다. 멘탈체의 위쪽에는 신들의 거처인 천상체가 있다.

그들의 주장에 의하면, 유령은 에텔체가 육체에서 곧바로 분리되지 못할 때 생겨난다. 에텔체는 대개 죽음 직후에 분리되지만 때때로 며칠씩 걸리는 사람도 있는데, 그것이 유령의 모습으로 나타난다는 것이다. 그들도 영혼의 존재를 인정하지만, 유령으로 나타나는 것은 일시적 현상에 불과하다는 견해를 갖고 있다.

각 계에 있는 영혼들은 천상체의 통제를 받는다. 그들은 천상에 머무는 거룩한 존재와 가느다란 은줄로 연결되어 있다. 이것은 유체가 인간의 몸과 가느다란 끈에 연결되어 있다는 유체 이탈 체험자의 증언과 유사하다. 이 은줄은 어머니의 자궁에서 벗어날 때 타인에 의해 강제로 잘렸던 탯줄과 같다. 우리의 무의식은 탯줄이 끊기는 순간 험난한 세상에 버려졌다는 고통의 기억을 갖고 있다. 은줄은 어머니의 탯줄이며, 이 탯줄이 끊기는 순간 신과의 결별이 이루어지는 것이다.

자궁에 대한 원형적 기억을 가장 잘 표현하고 있는 것은 풍수지리 사상이다. 풍수지리에서 말하는 명당은 곧 어머니의 자궁이다. 명당에 묻히고 싶은 욕망은 인간이 본래 태어난 구멍으로 돌아가 안기고 싶은 욕망의 다른 표현이다. 당신은 유명한 명당들이 여성의 하체와 닮아 있는 것을 눈치챘을 것이다. 무덤이 자리한 곳은 자궁으로 연결되는 음혈(淫穴)이며, 대지의 자궁으로 들어가는 옥문(玉門)이다. 무덤 자리의 좌우에 위치한 좌청룡·우백호는 생식 구멍을 둘러싸고 있는 외음순과 내음순이며, 혈맥의 북쪽 끝에 위치한 조산(祖山)은 탯줄이 연결되어 있던 어머니의 배꼽이다. 배꼽을 따라 내려가다 보면 음부가 위치한 곳에 주산(主山)이 있다. 이 주산은 바로 생식기의 음핵이며, 무덤 자리에서 바라보이는 안산(案山)은 질구(膣口)에서 내음순이 만나는 곳이다.

음부 숭배나 남근 숭배가 왜 생겨났는지는 쉽게 이해할 수 있다. 그것은 농경문화가 빚어낸 생산 숭배인 동시에 모든 생명체의 목적인 자기 복제, 즉 번식의 상징인 것이다.

윤회의 환상

고대부터 윤회사상을 갖고 있는 지역은 인도와 그리스, 이집트 등이다. 지중해를 중심으로 한 유럽 지역은 기원전부터 존재했던 실크로드를 통해 인도와 교역하고 있었다. 따라서 로마의 시인 베르길리우스는 인도에 대해 알고 있었으며, 그의 시에 윤회사상을 언급하기도 했다. 흥미로운 점은 이 지역들이 대마(大麻)의 분포 지역과 거의 일치한다는 것이다. 대마는 한해살이 식물로 긴 잎자루 끝에 5~9개로 갈라진 손바닥 모양의 잎이 달려 있다. 7~8월에 연한 녹색의 꽃이 피는데 씨는 기름을 짜거나 가축의 먹이로 쓰고, 줄기의 껍질로는 옷감이나 밧줄 등을 만든다. 그러나 잎과 꽃에는 환각 성분이 들어 있어 담배처럼 말아 피우면 시각신경과 운동신경에 장애를 일으킨다. 본래 중앙아시아가 원산지이며, 아시아 이외에 흑해 북부에 있는 트라키아 등 유럽 일부 지역에 분포하고 있다. 이 환각 식물의 분포와 윤회사상의 발상 지역이 일치하는 것은 의미심장하다.

고대 인도의 문헌인 『우파니샤드』는 5단계의 윤회설을 전하고 있다. 즉 죽은 사람을 화장하면 연기로 변하고, 그 연기는 하늘과 달로 들어가 비가 되고, 그 빗물이 땅에 스며들어 작물로 들어가며, 작물은 사람의 입을 통해 몸속으로 들어가 정자가 되고, 그 정자가 자궁에 깃들어 환생한다는 것이다. '우파니샤드'는 스승과 제자가 무릎을 맞대고 앉아 전수하는 신비한 가르침이라는 뜻을 지니고 있다. 기원전 2세기에서 기원후 2세기 사이에 제정된 것으로 추정되는 『마누법전』도 윤회에 관한 다양한 설명을 보여 주고 있다. 이 법전은 살인자는 동물로, 귀금속을 훔친 도둑은 세공기술자 같은 천한 계급으로, 타작하지 않은 곡식을 훔치면 쥐로, 고기를 훔치면 독수리로 환생한다고 전한다.

지중해에 인접한 지역에서도 윤회사상이 발달했다. 대마가 분포하는 흑해 북부의 고대 트라키아에서는 디오니소스와 오르페우스를 숭배하는 의식이 널리 퍼져 있었다. 술의 신 바쿠스로, 또 청춘과 정열의 상징으로 알려진 디오니소스는 트라키아에서 초목 신으로 추앙되었다. 또 아폴론의 아들이자 음악의 신인 오르페우스를 숭배하는 집단도 사후에 인간이나 동물로 환생한다는 믿음을 갖고 있었다.

디오니소스는 제우스와 인간 세멜레 사이에서 태어났다. 신화 속에서 그의 존재는 좀 더 복잡하게 묘사된다. 그는 맨 처음 제우스와 페르세포네 사이에서 태어나 제우스로부터 세계 지배를 약속받았으나 헤라의 모함으로 죽고 말았다. 그때 지혜의 여신 아테네가 그의 심장을 꺼내 제우스에게 가져다주었다. 제우스는 아들의 심장을 삼켜 세멜레의 아들로 재생시켰다. 그러나 질투에 눈먼 헤라는 늙은 유모로 둔갑해 세멜레를 찾아가 애인이 누구인지 물었다. 세멜레가 자신의 애인이 제우스라고 말하자 헤라는 믿을 수 없다며, 제우스가 천상의 갑옷을 입고 나타나면 믿겠다고 둘러댔다. 결국 세멜레의 청을 거절하지 못한 제우스가 갑옷을 입고 나타났고, 인간인 세멜레는 갑옷을 보는 순간 불에 타 버리고 말았다. 제우스는 잿더미로 변한 세멜레의 배 속에서 디오니소스를 꺼내 살려 냈지만, 헤라는 디오니소스를 미치광이로 만들어 세계를 떠돌게 했다. 디오니소스가 인도를 방랑한 것도 이 때문이다. 그는 인도에서 깨달음을 얻어 그리스 땅에 복음을 전파했다고 전한다.

디오니소스는 아리아드네와 결혼했다. 기원전 8세기경 트라키아에서 시작되어 그리스 전역으로 전파된 디오니소스 숭배 의식은 두 사람의 결혼식을 재현한 것이다. 디오니소스 의식에 참여한 여성들은 여우 가

죽을 머리에 쓰고, 그 위에 암사슴의 가죽을 뒤덮었다. 또 머리에는 사
슴의 뿔을 얹고 머리카락을 풀어 헤쳐 미친 듯이 춤을 추며 열광의 도
가니로 빠져들었다. 그들은 제물로 바친 동물의 사지를 잘라 날고기를
씹어 먹고 신비한 음료를 마시며 황홀경에 빠졌다. 그 때문에 디오니소
스는 술의 신으로 명명되었다. 그가 초목 신으로 숭배되었다는 것은 신
도들이 만들어 마신 음료에 어떤 식물이 섞여 있었음을 암시한다. 즉 이
음료는 단순한 포도주가 아니라 환각 효과를 가진 대마 같은 식물이었
을 가능성이 크다.

고대 트라키아는 오늘날의 불가리아, 터키, 그리스 북동부, 세르비아
동부, 마케도니아 동부 등지를 포함한다. 오르페우스교 역시 트라키아
에서 시작되었다. 그들도 윤회를 믿었으며, 인도의 고행자처럼 금욕적인
생활을 영위했다. 아폴론을 숭배했던 피타고라스교 역시 오르페우스교
와 비슷한 교리를 갖고 있었다. 피타고라스는 일반적으로 그리스의 수학
자이자 철학자로 알려져 있는데 실은 전설적인 인물일 가능성이 크다.
그는 에게해의 사모스섬에서 태어나 이탈리아의 크로토네에서 '피타고라
스 교단'을 이끌었다. 전하는 바에 의하면, 그는 청년 시절에 인도를 비
롯한 동방 지역을 방랑하고 갖가지 종교를 섭렵했다. 205년경 이집트의
알렉산드리아에서 태어나 신플톤학파를 창시했던 플로티노스도 인도 여
행을 시도했으나 도착하는 데는 실패했다고 한다. 그는 인도 철학에 심
취했던 듯하다. 플로티노스는 기독교의 존재를 알고 있었지만 신자는 되
지 않았고, 세계의 근원이 일자(一者)라고 설파했다.

디오니소스와 피타고라스, 그리고 플로티노스에게는 한 가지 공통점
이 있다. 모두 인도를 여행했으며, 그곳에서 종교의 영향을 강하게 받았
다. 이것은 그리스의 윤회사상이 인도에서 비롯되었을 가능성이 크다는

것을 의미한다. 그리스의 역사가 헤로도토스도 『역사』에 중요한 기록을 남겼다. 그는 소아시아 할리카르나소스의 명문가에서 태어나 흑해 연안과 이집트, 바빌론 등을 여행했다. 그는 스키타이 사람들이 대마의 씨를 들고 막사 안에 들어가 불에 달군 돌에 얹은 후 그 연기에 취하는 것을 즐긴다고 기록했다.

스키타이족은 기원전 6세기에서 기원전 3세기 사이에 남부 러시아의 초원에 살던 이란계 유목민족을 가리킨다. 그곳 역시 대마의 분포지 중 하나다. 따라서 대마는 중앙아시아에서 인도와 소아시아, 그리고 그리스 및 이집트로 전파된 것으로 추정된다. 밀교인 화엄종이나 진언종이 실크로드 연변의 오아시스 도시 호탄에서 비롯된 것도 결코 우연이 아니다. 그 지역들은 모두 대마 산지였다.

대마에는 '테트라하이드로칸나비놀'이라는 환각 성분이 들어 있다. 대마를 흡입하면 먼저 가벼운 불안 증세가 나타난다. 그리고 30분 정도 지나면 갑자기 수다스러워지고 생기가 나며 온몸이 가볍게 느껴진다. 실없는 웃음이 입가에 번지고 갖가지 형상의 환상이 나타난다. 이어 그 환상은 복잡한 그림으로 변하면서 선명한 색채로 떠오른다. 그때 몸은 대기 속의 수증기처럼 희미해지면서 점차 무화된다.

그리스의 철학자 엠페도클레스도 윤회를 주장했고, 소크라테스 역시 사후에 동물이나 새로 환생한다는 것을 인정했다. 소크라테스는 임종 당시 감옥에서 15명의 친구 및 제자들과 마지막 대화를 나누면서 영혼의 세계가 지혜로운 신을 향해 다가가는 도정에 있다고 말했다. 그러나 악한 영혼은 육체에 집착한 나머지 다른 몸속에 갇힌다. 예를 들어 술주정뱅이는 당나귀, 살인자는 늑대의 몸에 갇힌다. 평범한 영혼들은 아케론강에서 악행을 정화한 후 인간이나 동물로 다시 태어나기 위해 귀환한다.

대체로 그리스시대에는 인간의 영혼이 사후 상태에서 3천 년 동안 머물고, 육신은 분해되어 동물과 식물의 몸을 구성한다고 믿었다. 3천 년 동안의 윤회를 거듭하고 나면 그들은 다시 인간으로 환생한다. 따라서 육체는 영혼을 구금하는 감옥이며 생명을 매장하는 무덤일 뿐이다. 결국 영혼은 감옥에서 감옥으로 끊임없이 유전(流轉)하는 것이다.

부활인가, 환생인가

육체적 부활에 대한 믿음은 기원전 1400년경 페르시아의 조로아스터교에서 시작되었다. 그들은 사람이 죽으면 죄과에 따라 보상과 처벌을 받는다고 생각했다. 그들이 추구하는 것은 현세에서 영혼과 육체가 합일되는 것이었다. 따라서 신이 이 세계를 심판하고 모든 사람이 육체를 얻어 부활하면 세상이 정결해진다고 믿었다. 그런 후에 창조주 아후라 마즈다가 다스리는 영원한 왕국이 건설되며 부활한 사람들은 영생을 누린다.

구약성서에는 기원전 6세기인 바빌론 유수기 때 부활을 처음 예언한 선지자 에스겔이 등장한다. 그는 환상 속에서 야훼의 인도를 받아 어느 골짜기로 향했다. 거기에는 하얗게 말라 버린 사람 뼈가 즐비했다. 그때 야훼가 에스겔에게 묻는다.

"이 뼈들이 능히 살겠느냐?"

"주께서 아시나이다."

야훼는 에스겔에게 자신을 대신하여 뼈들을 향해 외칠 것을 주문했다.

"내가 너희에게 생기를 넣어 주리니 너희가 살리라."

에스겔이 대신 소리치자 갑자기 마른 뼈에 힘줄이 생기고 살이 올랐으며 그 위로 가죽이 덮이고 생기가 들어갔다. 그때 살아난 자들이 큰 군대를 이룰 만큼 많았다. 다시 야훼의 음성이 들려왔다.

"내 백성들아, 내가 너희의 무덤을 열고 나오게 하여 이스라엘 땅으로 들어가게 하리니, 너희가 나를 야훼인 줄 알리라."

에스겔은 아마 조로아스터 교인들의 무덤을 보고 부활에 대한 아이디어를 착상했을 수도 있다. 조로아스터 교인은 시체를 땅에 묻지 않고 새들의 먹이가 되도록 하는 풍습을 갖고 있었다. 먼 훗날 아후라 마즈다가 뼈들을 모아 부활시킨다고 믿었기 때문이다. 기원전 3~4세기경에 기록된 『이사야서』 26장 19절도 부활을 언급하고 있다.

"그래도 우리는 믿습니다. 이미 죽은 당신의 백성이 다시 살 것입니다. 그 시체들이 다시 일어나고 땅속에 누워 있는 자들이 깨어나 기뻐 뛸 것입니다. 땅은 반짝이는 이슬에 흠뻑 젖어 죽은 넋들을 다시 솟아나게 할 것입니다."

기원전 165년경에 기록된 『다니엘서』 12장 첫머리에는 다음과 같은 구절이 있다.

"그때에 미가엘이 네 겨레를 지켜 주려고 나설 것이다. 나라가 생긴 이래 일찍이 없었던 어려운 때가 올 것이다. 그런 때라도 네 겨레 중에서 이 책에 기록된 사람만은 난을 면할 것이다. 티끌로 돌아갔던 대중이 잠에서 깨어나 영원히 사는 이가 있는가 하면 영원한 모욕과 수치를 받을 사람도 있으리라."

부활의 개념은 바빌론 유수기 때 생겨나 유대교에 잠재되어 있었음을 알 수 있다. 그러나 예수가 활동하던 헤롯 왕 통치기에는 유대교 종파마다 의견이 달랐다. 당시 유대교는 사두개파, 바리새파, 열심당(제롯당), 에세네파 등 몇 종파로 나누어져 있었다. 그들 중 기득권을 가진 종교지도자들로 구성된 사두개파는 육체가 소멸할 때 영혼도 함께 소멸한다고 믿었으며, 율법을 중시하는 평신도들로 구성된 바리새파는 부활을 주장했다. 한편 수도원에 은둔해 금욕적인 공동생활을 하면서 심판의 날을 고대했던 에세네파는 육체는 더러운 껍질에 불과하다고 생각했다. 에세네파는 육체적 부활 대신 영혼의 부활을 강조했다. 유일하게 육체적 부활을 주장했던 바리새파는 예수를 죽음으로 몰고 간 율법주의자들이다. 이상한 것은 그들의 주장이 기독교의 중심 교리로 자리 잡았다는 사실이다.

악인은 하늘의 심판을 받고 의로운 자는 반드시 보상받아야 한다. 가장 만족할 만한 보상은 영원히 하늘나라에 머무는 것이다. 유대인이 어떤 고통을 겪었는지는 새삼 설명할 필요가 없다. 그들은 끝없는 방랑 생활을 겪었고, 이집트와 바빌로니아, 그리스, 로마 등의 지배자들로부터 혹독한 시련을 겪었다. 식민지의 백성은 참혹하다. 하지만 신에게 선택된 민족일지라도 악인은 존재하는 법이다. 악인은 동족을 배신하면서까지 이교도에게 협력하면서 부와 명예를 얻었다. 반면 식민 통치 아래에 놓여 있던 대부분의 사람들은 하느님이 이스라엘을 일으키고 해방시켜 줄 것을 굳게 믿었다. 그들은 민족과 종단을 지키기 위해 죽음을 무릅쓰고 이교도에게 대항했다. 종교지도자들은 사기를 돋우기 위해 순교자들에게 부활의 신념을 심어 주었다. 죽은 후에 부활할 수 있으리라는 신념이 없었다면 누구도 순교자가 되려고 하지 않았을 것이다. 외경 『에녹의 서』에는 부활한 자들이 500년을 살거나 조상들이 살았던 만큼 사는 것으로 되어 있다. 즉 그들은 세상에서 받았던 고통이 모두 보상될 만큼 오랫동안 평화롭게 살다가 다시 죽는다.

『누가복음』에는 제자들이 부활한 예수의 모습을 목격하는 대목이 있다. 그들이 유령을 본 것으로 착각하고 두려워하자 예수는 그들에게 다가가 자신을 만져 보라고 권한다. 그래도 믿지 않자 예수는 제자들이 보는 앞에서 직접 구운 생선 한 토막을 먹었다.『요한복음』에서 예수는 부활을 의심하는 제자 토마에게 직접 옆구리에 손을 넣어 보라고 한다. 구운 생선을 먹거나 옆구리를 만져 보라고 한 것은 예수가 육체적으로 부활했음을 보여 준다.

물론 복음서는 예수를 직접 만난 사람에 의해 기록된 것이 아니기 때문에 그 진위를 가리기가 사실상 불가능하다. 모든 종교가 그렇듯이 기록은 별로 문제가 되지 않는다. 중요한 것은 '사실'이 아니라 '믿음'이다. 믿음이 없으면 진리를 볼 수 없으며, 믿으면 진실이 된다.

예수도 부활의 개념 때문에 곤경에 처한 적이 있었다.『요한복음』20장은 예수와 사두개파 사이에 벌어진 부활 논쟁을 전하고 있다. 사두개인은 예수에게 대답하기 곤란한 질문을 던졌다.

"유대인은 모세 율법에 따라 형이 자식 없이 죽으면 동생이 형수를 아내로 취하도록 되어 있다. 어느 집에 일곱 형제가 있었는데 형들이 모두 자식을 얻지 못하고 죽었다. 그리하여 막냇동생은 형수들을 모두 아내로 취했는데, 만일 그들이 죽어 부활한다면 누가 진짜 아내인가?"

이 물음에 예수가 대답한다.

"그곳에서는 시집가는 일도 없고 장가가는 일도 없다. 부활한 자들은 다시 죽을 수도 없나니, 이는 천사와 같은 지위요, 부활의 자녀로서 하느님의 자녀니라."

당시 율법에 충실했던 사두개파는 부활과 사후세계는 물론 천사의 존재도 부정했다. 유대교의 율법을 집대성한 『토라』는 죽음을 삶의 끝이라 가정하고, 천사와 악마에 대해서도 뚜렷한 입장을 표명하지 않는다. 유대교 문헌에 천사와 악마가 처음 등장한 것은 기원전 200년경이라고 한다.

예수의 대답은 부활의 세계, 천국이 현세의 생활방식과 다르다는 것을 말해 준다. 그곳은 성(性)이 없는 세계다. 예수가 말한 부활을 포교 활동에 접목시킨 사람은 소아시아 타르수스 출신의 유대인 바울이었다. 바리새파였던 그는 다마스쿠스로 가던 중 신비한 이적을 체험하고 기독교에 귀의했다. 그는 유대교의 내세관을 기독교에 접목하기 위해 골몰했다. 즉 메시아의 도래를 예수의 재림으로 설명하고, 부활을 믿음에 대한 보상으로 만들었다. 그는 유대인의 부활을 부정하고 기독교인만 부활할 수 있다고 선언했다.

각 교회에 보내는 그의 편지들은 부활에 대한 언급으로 가득 차 있다. 바울은 『고린도전서』 15장에서 "만일 죽은 자가 부활하는 일이 없다면 그리스도께서도 다시 살아나셨을 리가 없고"라고 설명하고, "아담으로 말미암아 모든 사람이 죽는 것과 마찬가지로 그리스도로 말미암아 모든 사람이 살게 될 것"이라고 예언했다. 또 『데살로니가전서』 4장에서는 다음과 같이 설파했다.

"우리는 주님의 말씀을 근거로 해서 말합니다. 주님께서 다시 오시는 날 우리가 살아남아 있다 해도 우리는 이미 죽은 사람들보다 결코 먼저 가지는 못할 것입니다. … 그리스도를 믿다가 죽은 사람들이 먼저 살아날 것이고, 다음으로는 그때에 살아남아 있는 우리가 그들과 함께 구름을 타고 공중으로 들리어 올라가서 주님을 만나게 될 것입니다. 이렇게 해서 우리는 항상 주님과 함께 있게 될 것입니다."

바울은 메시아의 왕국이 하늘에 세워질 것이며, 선택받은 자들은 '공중 들림'을 통해 그 왕국에서 부활할 것이라고 주장했다.

리옹과 빈 등에서 사제로 활동하며 이단자들과 정열적인 논쟁을 벌였던 이레니우스는 현세에 하느님의 나라가 건설될 것이라는 믿음을 가졌다. 그는 하느님이 창조한 세상이 근본적으로 악할 수 없다고 생각하고, 언젠가는 하느님이 다스리는 선한 세상이 도래할 것이라고 믿었다. 그는 인류의 역사를 이교도가 지배하는 세상, 메시아가 지배하는 세상, 하느님이 다스리는 세상으로 구분함으로써 내세를 현세의 연장이자 완성으로 보았다.

그들의 노력은 결코 헛된 것이 아니었다. 로마의 콘스탄티누스 대제는 313년에 '밀라노 칙령'을 발표해 기독교를 공인하고, 325년에는 '니케아 공의회'를 열어 기독교 교리를 정립하고자 했다. 니케아 공의회에서 정립된 결론은 예수가 하느님처럼 본래부터 존재했으며, 하느님과 한 몸이라는 것이었다. 그러자 로마에서는 벌집을 쑤신 듯 찬반 논쟁이 가열되었다. 이후 수차례의 종교회의를 거쳐 451년에 소집된 트리엔트 공의회에서는 예수가 신성과 인성을 모두 지니고 있다는 오리게네스의 교설을 공식적으로 수용했다.

오리게네스는 천국이 육체의 낙원이라는 개념을 의심하고, 천국에서의 생활은 영혼의 양육 과정이라고 설명했다. 그는 살과 피로써 하느님의 나라를 이어받을 수 없다는 바울의 주장을 인용하면서 영혼의 재생을 주장했다. 그는 태어나기 이전에 영혼이 존재하고 있으며, 살아 있을 때 행한 행위에 따라 영혼이 재생한다고 믿었다. 그러나 재생을 주장한 오리게네스의 교설은 동로마제국의 유스티니아누스 황제 때 이르러 위기에 봉착했다. 그의 교설에 이의를 제기한 사람은 황제의 아내 테오도라였다.

테오도라는 콘스탄티노플 원형경기장에서 일하는 곰 사육사의 딸이었다. 그녀는 당시 매춘부나 다름없던 배우였는데, 황제의 눈에 띄어 황후의 자리에 올랐다. 당시 원로원급 이상은 배우와 결혼할 수 없었지만, 유스티니아누스는 법을 고치면서까지 그녀를 아내로 맞아들였다. 그녀는 전 남편과의 사이에 아들이 있었으나 아들이 아라비아에서 돌아와 자신의 신분을 세상에 밝히려 하자 살해해 버렸다. 그뿐만 아니라 수치스러운 과거를 잊기 위해 자신의 과거를 알고 있던 500명의 동료를 살해하기도 했다. 그녀는 황제를 꾀어 아첨꾼들을 요직에 등용하고 반대 세력을 무참히 도륙했다.

그녀에게 눈엣가시 같은 존재는 기독교였다. 당시 기독교는 교세 확장을 거듭하여 만만치 않은 세력으로 성장해 있었다. 특히 테오도라는 영혼이 재생한다는 기독교의 교리를 못마땅하게 여겼다. 그 교리가 사실이라면 자신이 죽은 다음에 엄청난 고통이 뒤따를 것이 분명하기 때문이었다. 테오도라는 로마 교회에 압력을 행사해 이 교리를 바꾸고 싶어 했다. 오리게네스의 교설에 반대하던 단성론자(單性論者)들이 그녀의 주위에 모여들었다. 동방정교회를 주축으로 한 그들은 예수에게 인성은 없고 오직 완전한 신성만 존재한다고 믿었다. 테오도라는 자신의 주장을 관철하기 위해 동방정교회를 통합하는 한편, 교황청의 반대에도 불구하고 심복 안티무스를 콘스탄티노플 대주교에 임명했다. 또 강력한 반대자인 교황 아가피투스가 사망한 이후 비길리우스를 새 교황에 임명했다.

테오도라의 사주를 받은 황제는 543년에 오리게네스의 가르침을 정죄하는 교구회의를 소집하기에 이르렀다. 황제는 동방정교회 주교들만 참석시킨 가운데 회의를 열었다. 결국 이 회의에서 오리게네스 교설이 이단으로 결정되었으나 로마 교황의 승인을 얻지는 못했다. 그러나 553년에 열린 제5차 콘스탄티노플 공의회는 오리게네스의 교설을 금지하고, 영혼의 윤회와 관련된 모든 기록을 삭제하도록 결정했다. 따라서 기독교의 교리가 완전히 성립된 것은 6세기에 이르러서였다.

지금까지 영혼의 존재와 윤회, 또는 부활에 대해 살펴보았다. 물론 당신과 나는 아무런 결론에도 도달하지 못했다. 우리가 알아낸 것은 영혼에 관한 한 그 어느 것도 완벽한 증거가 될 수 없다는 사실뿐이다. 전생에 대해 말하는 사람은 많다. 오늘날의 정신과 의사들은 과거보다 훨씬 많이 최면에 의한 전생 치료요법을 행하고 있다. 하지만 전생을 떠올리는 사람들 가운데 전생을 완전히 기억하는 사람은 하나도 없다. 그들은 충격적이고 자극적인 몇 가지의 사건만을 기억할 뿐이다.

대부분의 종교는 내세의 삶을 약속한다. 나의 존재가 현세의 삶으로 끝난다면 도덕적 삶이 무의미할 수도 있다. 처벌을 피할 수만 있다면 악한 삶이 훨씬 풍요롭고 더 매력적일 수 있기 때문이다. 하지만 현세의 삶이 끝나지 않고 내세로 이어진다는 생각은 대단히 매력적일 뿐만 아니라, 내세의 삶을 약속하는 것 자체가 신도들에게 매우 특별한 상품이자 믿음에 대한 최고의 보상이다.

고르디우스의 매듭

01
불가사의를 푸는 열쇠

붓다가 요가 수행자를 만났다.
요가 수행자는 25년간의 고행 끝에
발을 물에 적시지 않고 강을 건너는 방법을 막 터득한 후였다.
그가 자신의 재주를 보이며 우쭐대자 붓다가 말했다.
"아까운 시간을 그런 재주를 얻는 데 낭비하다니.
뱃사공에게 동전 한 닢만 주면 건널 수 있는 것을."

알렉산드로스의 칼

신비로운 불가사의를 접할 때 사람들은 수수께끼를 풀기 위해 이성적이고 논리적인 접근방식을 취한다. 예를 들어 피라미드는 고대의 천문학과 관련이 있으며, 고도의 측량기술과 과학적 지식이 동원되었고, 당시의 지식과 기술 수준으로 볼 때 그러한 거대 건축물을 짓는 것은 불가능하다는 생각이 그렇다. 그리하여 사람들은 고도의 이성을 가진 다른 존재, 즉 제3의 존재가 개입되어 있을지 모른다고 추정한다. 그러나 제3의 존재가 누구인지는 아무도 알 수 없다. 여기에서 사람들은 이성의 한계에 맞닥뜨리고, 그것을 불가사의로 치부해 버린다.

이 과정에서 우리는 명백한 오류를 범하게 된다. 피라미드를 건설한 사람들이 고도의 문명을 가지고 오늘날보다 더 뛰어난 문화생활을 누렸을 것이라는 상상이 그것이다. 그런 기술을 가진 사람들이라면 핵폭탄도 만들 수 있으며 우주여행을 했을지도 모른다고 상상하는 것이다. 그러나 고대 이집트인들이 건축기술이나 천문학, 또는 측량기술 외에 고도의 문명을 지녔다는 증거는 어디에도 없다. 그들은 단지 뛰어난 건축 기술자였을 뿐이다. 인간의 이성이 더 이상 앞으로 다가가지 못할 때 신성이 개입한다.

알렉산드로스는 마케도니아의 왕이었던 필리포스 2세의 아들이다. 알렉산드로스는 부왕이 암살당하자 스무 살의 이른 나이에 왕위에 올랐다. 이후 알렉산드로스는 주변의 여러 도시에서 벌어진 반란을 진압하고, 기원전 334년에 소아시아의 페르시아 군대를 정벌했다. 또 시리아와 페니키아를 정복한 뒤 이집트를 정복하고 나일강 어귀에 자신의 이름을 딴 도시 알렉산드리아를 건설했다. 그는 당대의 석학이었던 아리스토텔레스에게 학문을 배우고 정복한 땅에 그리스 문화를 전파했지만, 아깝게도 33세의 젊은 나이로 죽었다.

전설에 따르면, 아나톨리아반도 중서부에 있던 프리기아 사람들은 신으로부터 하나의 신탁을 받았다. 머지않은 장래에 이 나라의 왕이 될 사람이 마차를 타고 나타날 것이라는 예언이었다. 프리기아의 장로들은 수도 고르디움의 한가운데에 있는 광장에 모여 이 신탁을 의논했다. 그때 영웅 고르디우스가 가족들을 마차에 태운 채 광장에 도착했다. 사람들은 그가 미래의 왕이 될 사람이라는 것을 의심치 않았다. 그들은 고르디우스를 왕으로 옹립하고 나라를 맡겼다. 뜻하지 않게 왕위에 오른 고르디우스는 자신이 타고 온 마차를 신에게 바치고 그곳에다 튼튼한 매듭을 만들어 놓았다. 그런 다음 고르디우스는 사람들에게 말했다.

"이 매듭을 푸는 자가 아시아의 왕이 될 것이다."

그러나 오랜 세월이 지나도 매듭을 푸는 자는 나타나지 않았다. 먼 훗날 알렉산드로스가 아시아 원정길에 올랐다가 이 매듭을 발견하고 어려운 숙제에 도전했다. 그러나 알렉산드로스도 이 단단한 매듭을 풀지 못했다. 화가 난 알렉산드로스는 큰 칼을 들어 매듭을 잘라 버렸다. 그러고 나서 알렉산드로스는 아시아를 정복했다. 매듭을 풀 때 필요한 것은 과감하게 신탁에 도전하는 용기다. 프리기아의 장로들에게도 칼이 있었지만, 그들은 자신들이 쥐고 있는 열쇠를 열쇠 구멍에 꽂으려 하지 않았다.

신비와 이적의 기록과 증거물은 신비화의 과정을 거치면서 윤색된다. 더구나 그 기록이나 증거물이 신성과 관련된 것이라면 이성적인 접근이 차단되는 경우가 많다. 그러나 한 가지 예외가 있다. 가장 널리 알려진 불가사의 중 하나인 이탈리아 토리노 성당의 수의는 교황청이 나서서 그 진위 여부를 판정했다는 점에서 의의가 있다.

토리노 성당의 수의는 그동안 전 세계인의 관심을 끌어 왔다. 수많은 과학자와 전문가가 수의의 진실을 밝히기 위해 조사에 참여했고, 그때마다 진위 논쟁이 가열되었다. 이 수의는 1357년 프랑스 파리 남동쪽에 있는 리레 마을에서 처음 공개되었다. 예수의 시신을 감쌌던 세마포가 공개되자 엄청난 신자들이 성당에 몰려왔고 성당에는 막대한 헌금이 쌓였다. 이후 수의는 프랑스 샹베르 성당에 보관되었는데 1532년 화재로 세마포의 일부가 훼손되었다. 다행히 몇 군데 구멍만 뚫리는 바람에 성 클레어 수녀원에서 원상태로 복원할 수 있었다. 복원된 수의는 1578년부터 이탈리아의 토리노 성당으로 옮겨져 보관되었다.

얼마 동안 수의는 세인의 관심으로부터 멀어져 있었으나 1898년 5월

28일 이탈리아 정부가 창건 50주년을 맞아 수의를 공개하면서 다시 이목이 집중되었다. 세인들의 열광에 불을 지핀 사람은 세콘도 피아라는 아마추어 사진사였다. 성당으로부터 수의 촬영을 위촉받은 그는 감광판에 드러난 형상을 보고 엄청난 충격에 휩싸였다. 그저 얼룩진 천의 모습이 나타날 것이라는 예상과 달리 감광판에 또렷한 예수의 얼굴이 나타난 것이다. 사람들은 찬탄을 금치 못했고, 그 수의가 예수의 시신을 감쌌다는 것을 조금도 의심하지 않았다.

그로부터 2년 후 역사학자 율리스 슈발리에가 세마포에 그려진 인간의 모습은 화가가 그린 것이라고 발표하자 지지자들과 반대자들 사이에 격렬한 논쟁이 일어났다. 이후 수의는 몇 차례 더 촬영되었고, 그때마다 동일한 결과가 나타났다. 세인들의 관심이 집중되자 토리노 성당의 펠레그리노 대주교는 1969년 6월 성직자와 과학자가 포함된 11명의 조사위원회를 구성하여 과학적 조사에 착수했다. 육안 검사와 사진 촬영이 시작되었지만 정확한 결과는 알려지지 않았다. 조사위원회는 1974년 11월 24일에 이르러서야 17조각의 샘플을 잘라내 전문가들에게 제공했다. 그때 스위스 취리히의 식물학자이자 범죄학자인 막스 프라이는 새로운 연구 방법을 고안해 냈다. 그는 시료에 꽃가루가 섞여 있음을 알아내고 조사를 시작하여 1976년 5월에 보고서를 발표했다. 그는 시료에서 41~49종의 꽃가루 입자 발견했으며, 분포도를 조사한 결과 수의가 예루살렘, 이스탄불, 우르파, 프랑스, 이탈리아로 이동했음을 밝혀냈다.

조사위원회가 구성된 지 7년 만인 1976년에야 공식적인 보고서가 발표되었다. 발표 내용은 수의에 묻어 있는 혈액에서 헤모글로빈이 발견되지 않았다는 것이다. 그러나 이 사실은 여러 사람에 의해 부정되었다. 1976년 미국의 물리학자 존 잭슨과 에릭 짐퍼는 컴퓨터를 이용한 3차원

영상 분석을 통해 수의의 밀착도가 인체의 구조와 일치한다는 사실을 밝힘으로써 화가에 의한 모작 가능성을 부인했다.

수의는 1978년 8월 28일 바티스타 성당에서 40일 동안 공개됨으로써 다시 한번 논란에 휩싸였다. 결국 그해 10월 토리노 성당은 미국 과학자들로 구성된 조사단에게 재조사를 허가했다. 25명으로 구성된 미국 연구팀은 5일간 정밀 조사를 실시한 후 아무런 논평도 하지 않고 돌아갔다. 미량분석 전문가인 맥크론도 조사팀의 일원이었다. 그는 시료에서 산화철과 그림물감의 흔적을 찾아냈다고 인정했다.

마침내 1981년 10월, 3년간의 작업 끝에 미국 코네티컷에서 연구 결과가 공개되었다. 발표에 따르면 수의의 천은 예수가 생존했던 시대에 팔레스타인에서 사용했던 아마포이며, 피에서는 헤모글로빈이 발견되었다. 또 혈액형은 AB형이고, 사람 얼굴이 새겨진 모습은 시신과 아마포의 접촉거리와 일치했다. 그러나 확실한 결론이 내려지지 않자 또다시 논란이 일었다. 결국 교황청은 1988년 4월 21일 수의의 일부를 3조각의 우표 크기로 잘라 미국 애리조나의 터슨대학, 영국 옥스퍼드대학, 스위스 취리히의 폴리테크닉대학으로 보냈다.

그해 10월 13일 토리노 성당의 발레스트레로 추기경이 그동안의 연구 결과를 공식 발표했다. 놀랍게도 연구 결과는 수의가 가짜라는 것이었다. 발표에 의하면 수의의 제작연대는 1260년에서 1390년 사이였다. 이 시기는 유럽에서 십자군 전쟁이 일어났던 시기와 비슷하다. 당시 예루살렘을 지배하고 있던 이슬람 세력이 성지 순례에 관심을 갖고 있던 기독교인들에게 가짜 유물을 만들어 팔았을 가능성이 농후했다. 실제로 당시의 십자군 지도자들은 예루살렘의 성지에서 모세의 율법이 담긴 성궤를 찾는 데 혈안이 되어 있었으며, 그리스도와 관련된 것이라면 무엇이든 약탈하거나 전리품으로 갖고 돌아갔다. 이 수의가 1357년에 이르러 처음 공개된 것도 이러한 추측을 뒷받침했다.

어떤 주장도 확실하지 않다. 그동안 이루어진 검증 결과가 서로 달라 믿을 만한 것이 못 된다. 토리노 성당의 수의에 대해 기록한 자료들도 연도나 날짜 또는 조사에 참여한 사람들에 관한 정보가 모두 일치하는 것은 아니다. 이는 대부분의 불가사의가 안고 있는 문제다. 예를 들어 '파라오의 저주'로 알려진 불가사의는 언론사들의 취재 경쟁과 의도적인 부풀리기의 결과로 생겨났다. 발굴에 참여한 사람 대부분이 의문의 죽음을 당했다는 믿음과 달리 당시 참가자 1,500여 명 중 10년 내 사망한 사람은 21명에 불과했다. 파라오의 저주라는 헛된 믿음이 생겨난 것은 피라미드 발굴 당시 『타임스』가 자금 지원을 대가로 독점 보도할 권리를 요구했고, 이에 경쟁심을 느낀 다른 언론사들이 몇 사람의 죽음을 의도적으로 과장함으로써 특종을 노렸다는 것이다.

불가사의의 매듭은 도저히 풀릴 수 없을 것만 같다. 그러나 칼이 있다면 당신은 한순간에 그것을 잘라 버릴 수 있다.

초능력은 있을까

실제로 가능할 것 같지 않은 일들이 우리 주위에서는 흔히 발생한다. 그중의 하나는 불에 달구어진 숯불 위를 걸어가는 것이다. 물론 이런 의식을 거행하는 사람들이 발바닥이 타 버릴 만큼 천천히 걷는 것은 아니지만, 불덩이 위에 맨살을 댄다는 것만으로도 우리를 흥분시킨다.

불 위를 걷는 묘기는 세계 여러 곳의 종교의식에서 보이는데, 그 역사는 매우 오래되었다. 고대 로마의 정치가이자 박물학자였던 플리니우스는 『박물지』에서 이탈리아반도 중부에 살았던 히르비 가문을 언급한 바 있다. 이 가문의 사람들은 매년 산에 올라 아폴론 신에게 제물을 바쳤는데, 이때 화상을 입지 않고 불타는 장작더미를 걸었다고 한다. 그 덕분에 원로원으로부터 군역과 공역을 면제받았다.

이 현상에 대한 과학적인 설명은 이렇다. 당신 앞에 뜨겁게 달구어진 프라이팬이 있다. 당신은 달걀 프라이를 만들기 위해 식용유를 떨어뜨리려 했지만 실수로 물을 뿌리고 말았다. 그때 당신은 식용유를 뿌렸을 때와 전혀 다른 현상, 즉 프라이팬 표면에 이슬방울 같은 것이 알알이 맺히는 것을 보게 될 것이다. 이것은 물이 증발하면서 얇은 증기층을 형성하기 때문에 생긴 현상이다. 이때 물방울은 프라이팬 표면으로부터 0.1밀리미터 위에 떠 있다. 물방울은 열전도에 의해 완전히 증발할 때까지 증기층의 보호를 받으며 머문다. 이를 '라이덴프로스트 효과'라 한다.

이 효과를 숯불 위를 건너는 사람에게 적용하면 어느 정도 과학적 해석을 얻을 수 있다. 즉 이 의식에 참여한 사람은 몇 시간 동안 열광적인 춤을 춘다. 따라서 그의 몸은 온통 땀에 젖어 있다. 이 땀이 숯불과 닿는 살갗의 표면에 물방울을 형성함으로써 피부를 보호할 수 있을 것이라는 가정이다. 설득력이 있기는 하지만 완벽한 설명이 되지는 못할 것이다. 만약 달구어진 철판 위를 걷는다면 어떻게 될까? 어떤 초능력자도 시뻘겋게 달아오른 철판 위를 걷는 것은 불가능하다. 철판은 열전도율이 매우 높기 때문에 발바닥이 닿자마자 화상을 입는다.

회의주의자임을 자처하는 마이클 셔머는 『왜 사람들은 이상한 것을 믿는가』에서 이런 해석을 내놓았다. 경량 석탄의 열용량은 낮고 발바닥으로 전달되는 열전도율도 매우 낮다. 그러므로 석탄 위에 오래 서 있지만 않는다면 화상을 입지 않는다. 실제로 그는 이를 증명하기 위해 1996년 5월 16일 목요일 저녁 미국 PBS 방송 프로그램 〈빌 아저씨의 과학 이야기〉에 출연하여 불타는 석탄 위를 맨발로 걸었다. 불타는 석탄더미의 가운데 온도는 427℃다. 하지만 열전도율이 낮으므로 3초 안에 2미터 정도를 걸어갈 수 있다.

그는 열전도율을 설명하면서 오븐 내부와 불이 붙고 있는 석탄을 비교했다. 오븐 안의 공기는 열용량이 낮고 열전도율도 낮다. 그래서 케이크를 꺼내기 위해 200℃가 넘는 오븐 안으로 손을 넣어도 화상을 입지 않는다. 케이크의 열용량은 공기보다 높지만 전도율은 낮으므로 잠깐 만지는 경우 화상을 입지 않는다. 그러나 금속 팬은 열용량이 케이크와 비슷하더라도 전도율이 매우 높다. 그래서 팬을 만지면 화상을 입는다.

차력사는 여러 개의 형광등 위를 날렵하게 걸을 수 있다. 또 날카로운 못이 박힌 상자에 누운 채 커다란 바위를 올려놓고 다른 사람이 해머로 내려치는 것을 견뎌 낸다. 그뿐만 아니라 신들린 무당은 날카롭게 벼린 작두 위에서 한바탕 춤을 춘다. 더구나 그 작두날은 사과의 껍질을 벗기거나 종이를 자를 수 있을 만큼 날카롭다.

불가능해 보이는 이런 행위는 약간의 훈련만 하면 할 수 있다. 여러 개의 형광등이나 못 위를 걸을 수 있는 것은 물체의 압력이 여러 곳으로 분산되기 때문이다. 또 작두타기를 하는 무당은 장대라는 보조기구를 사용한다. 즉 체중이 한곳으로 쏠리는 것을 방지하기 위해 작두 옆에 장대를 세워 둔다. 그들은 약간의 고통을 느끼지만 참을 수 있을 정도의 아픔이다. 숯불 위를 걷는 행위도 이와 비슷할 것이라고 유추할 수 있다. 그들이 걷는 거리는 무척 길어 보이지만 실제로 숯불에 살갗이 닿는 것은 서너 번에 불과하다. 따라서 정작 필요한 것은 용기다. 그들은 일반인이 그런 행위에 두려움을 느끼고 있으므로 자신들의 행위를 따라 하지 않을 것이란 사실을 알고 있다.

초능력이 종교적 상상력과 만나면 놀라운 신통력이 된다. 불교에서는 깨달음을 얻은 아라한은 여섯 가지 신통력을 얻게 된다고 말한다. 모든 곳을 자유로이 오갈 수 있는 신족통(神足通), 모든 소리를 들을 수 있는 천이통(天耳通), 남의 마음을 속속들이 알 수 있는 타심통(他心通), 전생과 내생을 아는 숙명통(宿命通), 모든 것을 볼 수 있는 천안통(天眼通), 생사윤회의 원인이 없음을 알고 이를 초탈하는 누진통(漏盡通)이다. 그러나 붓다의 제자 중에서 가장 신통력이 뛰어났던 목갈라나는 도둑에게 머리가 깨지고 사지가 절단되어 죽었다고 전해진다. 그가 신통력이 출중했다면 어떻게 이런 일이 벌어질 수 있을까?

불교에서 말하는 여섯 가지 능력이 육체적 활동과 전혀 관련이 없다는 사실에 유의할 필요가 있다. 자유로이 오가고, 듣고, 보고, 알고, 깨닫는 것은 모두 주관적인 정신 활동이다. 따라서 아무도 깨달은 자가 도달한 지점을 증명할 수도 없고 알 수도 없다. 깨달음이 무엇인지 아는 자는 오직 깨달은 자 자신뿐이다.

중국에도 신통력을 가진 사람들이 수없이 많다. 무협지의 주요 테마가 되는 도술은 중국인의 상상력 안에 깊숙이 자리 잡고 있다. 『장자』에는 호자(壺子)와 계함(季咸)이 서로 신통력을 자랑하는 장면이 나온다. 정(鄭)나라에 계함이라는 사람이 있었는데, 사람의 운명을 족집게처럼 알아맞혀 용하다는 소문이 났다. 열자(列子)가 이를 보고 스승 호자에게 말했다.

"선생님의 도가 천하제일인 줄 알았더니 더 지극한 자가 있습니다."

그러자 호자는 껄껄 웃으면서 신통한 도를 가지고 있다는 계함을 불러 자신의 관상을 보도록 했다. 계함이 호자의 관상을 본 후 열자에게 말했다.

"자네 스승은 열흘도 살기 어려울 걸세. 관상을 보는데 물에 젖은 재(灰)가 보이더군."

열자가 눈물을 보이며 스승에게 계함의 말을 전했다. 호자는 다시 계함을 데려오도록 하여 관상을 보게 했다. 계함이 열자에게 말했다.

"다행이네. 나를 만난 후 살아날 기미를 보이더군."

열자가 호자에게 달려가 계함의 말을 전했다. 호자는 껄껄 웃으며 말했다.

"어제는 그에게 지문(地文, 대지의 무늬)을 보여 주었고, 오늘은 천양(天壤, 하늘의 모습)을 보여 주었다. 내일 계함을 다시 데려오너라."

이튿날 호자의 관상을 본 계함은 고개를 갸웃거리며 열자에게 말했다.

"자네 스승의 관상이 수시로 변하니 도저히 알 수가 없네."

열자가 그의 말을 전하기 위해 안으로 들어서자 스승이 말했다.

"아까 내가 보여 준 것은 태충막승(太沖莫勝, 어떤 조짐도 없는 절대공허)이다. 내일 다시 데려오너라."

이튿날 계함은 호자의 관상을 보자마자 도망쳐 버렸다. 열자가 이유를 물으니 스승이 대답했다.

"내가 보여 준 것은 미시출오종(未始出吾宗, 근본에서 떠나지 않은 자연 그대로의 모습)이다. 마치 풀이 바람에 쓰러지듯, 물이 파도를 따르듯, 무심히 사물에 쫓는 상을 보였으므로 그는 도망가 버린 것이다."

그 후 열자는 3년 동안 외출하지 않은 채 밥을 짓고 돼지를 기르면서 도를 닦았다고 한다. 호자의 도술을 증명할 길은 없다. 깨달은 자가 깨달은 자를 알아보았다는 것 외에는 아무것도 확인할 수 없다. 중국인의 과장법은 익히 잘 알려진 것이지만, 불교가 전래될 당시 도교와의 경쟁 때문에 갖가지 전설과 신화를 만들어 낸 것은 분명하다. 도교 역시 불교에 뒤지지 않기 위해 잡다한 신들과 술법을 만들어 냈다.

불도징은 중국 5호16국 시대에 활약한 구자국 출신의 승려로 310년에 낙양에 도착했다. 뒤에 북방 민족을 통일한 후조(後趙)의 석륵에게 신임을 얻어 38년 동안 893개의 절을 세우는 등 중국 초기 불교를 부흥시켰다. 그와 석륵이 만나는 장면도 신통력의 전형을 보여 준다. 불도징이 중국에 도착했을 때 석륵은 흉노족의 군사대장으로 방화와 살인을 자행하고 있었다. 불도징은 석륵을 찾아가 살생을 만류하기로 하고, 먼저 석륵의 부하인 곽흑략을 찾아갔다. 그러나 곽흑략이 만나 주려 하지 않자 그는 냇가에서 옷을 벗은 후 심장과 간을 꺼내 강물에 씻었다. 그 모습에 놀란 병사들이 이 사실을 보고했고, 곽흑략은 불도징을 석륵에게 소개했다. 처음 불도징을 만난 석륵은 기적을 보여 달라고 요구했다. 불도징은 마지못해 항아리에 물을 붓고 향과 초에 불을 붙인 후 주문을 외웠다. 그러자 돌연 항아리에서 푸른 연꽃이 피어올랐다. 이후 석륵은 불도징을 국사로 대접하고 나랏일에 참여시켰다.

이런 기록들이 어떤 목적을 위해 의도적으로 변형되고 첨삭되었다는 것은 의문의 여지가 없다. 믿음이 깊은 자가 자신들의 종교가 우월하다는 것을 증명하려고 몇 가지 기적을 만들어 냈다고 해서 전혀 이상한 일이 아니다.

기적은 가능한가

사이비 종교의 교주로 출세하고 싶다면 대중 앞에서 한 번의 기적을 보여 주는 것으로 충분하다. 기적을 목격한 사람이 두세 사람에 불과할 지라도 당신에 대한 소문은 금세 퍼질 것이다. 두 번 다시 기적을 보여 줄 필요도 없다. 사람들은 누군가에게 주워들은 소문까지도 자신이 목격한 것처럼 과장하고 이를 열렬히 전파할 것이다. 이런 사람은 약간의 보상에도 당신의 열렬한 신도가 된다.

철학자 데이비드 흄은 1748년에 『기적에 관하여』를 썼다. 그는 기적을 '자연법칙을 위반하는 현상'으로 정의했다. 그의 말을 그대로 옮기면, "만약 건강해 보이는 사람이 갑자기 죽었다면 그것은 기적이 아니다. 그러나 죽은 사람이 살아났다면 그것은 어떤 시대에도, 어떤 지역에서도 목격된 적이 없는 사건이라는 점에서 기적이다." 자연법칙을 위반하는 것이 어떻게 종교의 토대가 될 수 있었을까? 종교는 이성으로 지탱되는 것이 아니라 신앙에 의해 지지된다. 기적이 신앙을 만드는 것이 아니라 신앙이 기적을 만드는 것이다.

유물론의 토대를 닦은 포이어바흐 역시 『종교의 본질에 대하여』에서 '종교적 기적'과 '자연의 기적'을 구분했다. 자연의 기적은 감탄과 경탄의 대상이다. 거대한 공룡의 화석이나 기이하고 거대한 지질 등은 자연의 기적이다. 자연이 만든 기적은 인간에게 기적이지만 그 자체는 기적이 아니다. 자연은 충분한 시간과 함께 몇 가지 조건이 충족된다면 능히 그런 기적을 만들 수 있다. 그러나 종교적 기적은 오직 인간만이 기적으로 인정하며, 자연은 그 기적을 인정하지 않는다. 포이어바흐는 이렇게 표현했다.

"종교적인 기적은 자연의 위력을 넘어선다. 그것은 자연의 본질 속에 아무런 근거를 갖고 있지 않을 뿐만 아니라 자연의 본질과 모순된다. 그것은 자연을 벗어나 있고 초월해 있는 존재의 증명이고 작품이다."

가령 의사가 병자를 치료하는 것은 기적이 아니다. 하지만 어떤 사기꾼이 말 한마디로 불치의 환자를 치료했다면 그것은 종교적인 기적이다. 물론 기적으로 인정받으려면 그 사기꾼의 행위를 믿는 사람이 있어야 한다. 또 기적을 행한 사람이 자신이 속한 종교의 신도이거나 지도자여야 한다. 이교도가 행한 기적은 기적이 아니라 마법이며, 기적을 일으킨 이교도는 성자가 아니라 선한 신도들을 유혹하는 악마일 뿐이다.

우리는 기적을 원한다. 기적을 원한다는 것은 있을 수 없는 것, 존재하지 않는 것, 본래 일어나서는 안 되는 것을 원한다는 뜻이다. 그런데도 인간은 존재하지 않는 것, 이루어지지 않는 것을 원하며, 그것이 존재하고 이루어지리라 믿는다. 우리는 현재 존재하는 것을 믿는 것이 아니라 자신이 원하는 것을 믿는다. 이는 곧 없는 것이 있어야 한다는 요구이기도 하다. 따라서 신에 대한 믿음이나 종교는 당분간 소멸하지 않을 것이다. 인간은 원하는 것이 너무 많을 뿐만 아니라 도저히 이루어지지 않을 것을 원하기 때문이다.

인간은 시간과 장소에 속박된 존재다. 우리는 중력에서 벗어날 수 없고, 시간을 초월해 과거와 미래를 오갈 수 없으며, 영원히 살 수도 없다. 그러나 언젠가는 실현될 수 있지 않을까? 죽은 뒤에는 가능하지 않을까? 언젠가 실현될 수 있다는 희망과 망상이 우리에게 기적을 꿈꾸게 만든다.

잃어버린 문명

고대 인도의 장대한 서사시 『라마야나』는 지금으로부터 3,000여 년
전에 브라만교의 고승이 오래전부터 전해져오던 이야기를 모아 기록한
것으로 알려져 있다. 고대 인도의 영웅 라마는 북인도의 젊은 왕자로서
아름다운 아내와 함께 살았다. 그런데 아내의 미모에 반한 마귀와 거인
들이 그녀를 납치해 하늘로 사라져 버린다. 이 서사시는 용감한 라마가
마귀들에게 도전하여 사랑하는 아내를 되찾는 모험담을 그리고 있다.
신기한 것은 그들이 싸움을 벌이는 과정에 등장하는 각종 무기다. 거기
에는 날개 달린 수레, 말 없는 전차, 무쇠의 구슬을 쏘는 불화살, 빛을
내는 지팡이 등이 등장한다. 또 비슷한 시기에 기록한 대서사시 『마하바
라타』에도 불타는 화살의 비, 격렬한 바람, 벼락과 같은 폭발력을 지닌
무기 등이 등장한다.

신비주의자들은 신화에 묘사된 내용이 고도로 발달한 고대 문명
의 존재를 확인시켜 주는 것이라고 말한다. 그들이 고대 문명의 증거라
고 내세우는 것은 많다. 2,500년 전 마야 유적지의 석관에 조각된 로켓
과 파일럿의 모습, 오스트레일리아 동부 킨벌리산맥의 동굴벽화에 그려
진 우주복과 헬멧, 아프리카 수단의 메로에 벽화에서 발견된 미사일 그
림 등이 그것이다. 하지만 사람들이 벽화나 석관에서 외계인의 모습을
찾아낸 것은 누군가 그것이 외계인과 닮았다고 말했기 때문이다. 그 이
전까지 그것은 그저 다채로운 그림이나 문양 중 하나였다. 고고학자들
과 역사학자들은 석관의 문양을 가로로 보았을 때 우주인처럼 보일 수
도 있지만 세로로 놓았을 때는 전혀 다른 해석이 나온다고 말한다. 그것
이 우주인이라는 생각은 마야문명을 다룬 대중 서적과 TV 프로그램들

이 전파한 것이다.

외계인 숭배자들이 선호하는 증거 중에서 그나마 과학적으로 접근할 수 있는 것은 '텍타이트'라는 유리 물질이다. 이 물질은 세계에서 몇 군데 한정된 곳에서만 발견되는 일종의 천연 유리다. 19세기 말쯤 체코슬로바키아의 보헤미아 지방에서 처음 발견된 이래 이탈리아, 필리핀, 오스트레일리아, 미국 텍사스 등지에서 발견되었는데 대부분 손톱이나 단추 모양을 하고 있다. 몇몇 지질학자는 이 물질이 운석일지 모른다는 견해를 내놓았다. 즉 이 물질은 운석이 지구로 유입되는 과정에서 부분적으로 녹아 만들어졌다는 것이다.

한때 이것은 리비아에서 많이 발견되어 '리비아 글래스'라고 명명되었다. 이 물질을 용해하려면 1,000℃ 이상의 고열이 필요하다. 신비주의자들은 이 물질이 만들어지려면 화산 폭발로도 어려우며, 최소한 핵폭발 정도의 열에너지가 필요하다고 주장한다. 따라서 고대에 초고도로 발달한 문명이 존재했으며, 그들은 핵전쟁으로 멸망했다는 것이다. 여기에도 갖가지 주장이 있다. 제3의 고도 문명권으로부터 기술이 전수되었다는 설에서부터 바닷속으로 침몰한 대서양의 아틀란티스 또는 태평양의 레무리아 대륙에서 전수되었다는 설, 우주인으로부터 도래했다는 설 등이 있다.

신화는 무협지와 비교될 수 있다. 『삼국지』에 등장하는 제갈량이 특출한 신통력을 가지고 있다고 해서 그것을 믿는 사람은 없다. 왜냐하면 그가 살았던 시대는 '기록의 시대'에 포함되기 때문이다. 예수가 실제 인물이라고 믿는 것 역시 그가 기록의 시대에 살았기 때문이다. 그러나 신화는 구전으로 전해지던 것을 후대에 기록한 것이다. 이야기는 상상력을 동반한다. 자신이 꿈꾸던 것을 상상 속에서 이루어 낼 수 있는 것이 곧 신화이며 설화다.

먼 훗날 후손들은 깊은 동굴 속에서 우리가 창작한 무협지나 만화영화를 발견할지도 모른다. 그때 후손들은 옛 선조들이 손바닥으로 장풍을 날리고 하늘을 날았다고 믿을까? 만화영화처럼 조그만 소년들이 로봇 안에 들어가 우주를 날아다니며 외계인을 물리쳤다고 생각할까? 그럴지도 모른다. 그들은 우리가 그린 천사 그림이나 공룡 조각을 보고 옛 선조가 천사나 공룡과 함께 살았던 신의 민족이며, 자신들은 고작 기술 문명에 의존하고 있는 타락한 인류라고 생각할지 모른다.

이제 고대 문명이 존재했다고 알려진 아틀란티스로 여행을 떠나 보자. 아틀란티스야말로 신화와 꿈 그리고 환상이 어우러진 멋진 창작품이라 할 수 있다. 아틀란티스 대륙은 기원전 350년경 그리스 철학자 플라톤이 기록한 것으로 알려진 『대화』에 처음 등장한다. 아틀란티스 이야기는 시인이며 역사가였던 크리티아스가 말한 것을 티마이오스가 듣는 형식으로 되어 있다. 크리티아스 역시 자신이 직접 본 것을 말한 것은 아니다. 그 역시 들은 이야기를 말한 것이다.

크리티아스에 따르면 아테네의 정치가이며 그리스 일곱 현인 중 한 사람이었던 솔론은 기원전 590년경에 이집트를 방문했다. 솔론은 이집트 신관으로부터 아틀란티스에 관한 이야기를 듣는다. 신관의 이야기에 따르면 아테네가 성립된 기원전 9600년경 아틀란티스는 위대한 문명국으로서 유럽과 아시아 전역을 정복한 후 아시아와 아프리카 일부를 합친 것보다 광대한 영토를 지배하고 있었다. 그때 아테네는 아틀란티스와 전쟁을 벌여 승리했는데 때마침 거대한 홍수와 지진이 덮쳐 아틀란티스가 하루아침에 물밑으로 가라앉았다는 것이다.

플라톤은 그들의 대화에 설명을 덧붙인다. 즉 신들의 시대에는 지혜의 여신 아테네가 그리스에 아름다운 도시 아테나이를 건설하고, 포세이돈은 바다에 아틀란티스를 건설했다. 제우스의 딸 아테네는 이미 다 자란 모습으로 태어났는데, 자기 몫으로 자신이 다스릴 도시를 요구했다. 그러나 포세이돈 역시 도시를 탐내는 바람에 둘이 실력을 겨뤄 이긴 자가 도시를 차지하기로 했다. 신들에게 의견을 물은 결과 인간에게 유용한 물건을 주는 이를 승리자로 정하기로 했다. 이에 포세이돈은 인간에게 말(馬)을 선물했고, 아테네는 올리브를 주었다. 신들은 아테네의 승리를 선언했고, 그 도시의 이름은 아테나이가 되었다.

아테네에 패한 포세이돈은 바다 한가운데 있는 섬에 도시를 만들고, 클레이토와 결혼해 열 명의 아들을 낳았다. 그리고 큰아들의 이름 아틀라스를 본떠 도시 이름을 아틀란티스로 지었다. 그들은 출중한 기술로 궁전과 사원을 짓고 그 주위에 동심원 모양으로 육지와 수로를 몇 겹으로 만들어 터널로 연결했다. 도시의 직경은 17킬로미터(또는 22킬로미터)에 달했으며, 운하의 폭은 90미터였다. 또 도시 뒤에는 370×540킬로미터 달하는 평야가 있었으며, 도시 안에는 온천과 냉천을 갖춘 호화로운 건축물과 거대한 공동식당, 귀금속으로 도금된 성벽이 즐비했다. 이후 아틀란티스의 주민은 향락과 전쟁에 몰두해 신들로부터 버림을 받았고, 마침내 바닷속에 가라앉았다.

아틀란티스는 유럽인의 머릿속에 깊숙이 각인되어 있었지만, 그들이 그 존재를 믿은 것은 아니었다. 그러나 콜럼버스가 아메리카 대륙을 발견하자 유럽인은 그곳이야말로 오래전에 사라진 아틀란티스 대륙이라고 생각했다. 사람들이 아틀란티스 대륙에 관심을 갖게 된 것은 사라진 대륙에 대한 대중적인 서적들이 잇따라 출판되면서부터였다. 대중 서적들은 아틀란티스에서 살아남은 사람들이 이집트로 옮겨가 10만 년 전에 피라미드를 건설했다거나 고대 인류는 본래 영적 존재로서 텔레파시를 사용했으나 점차 고체화되어 물질의 노예로 전락했다고 주장하기도 했다.

아틀란티스의 존재를 실감 나게 일깨워 준 사람은 에드거 케이시다. 켄터키주에서 태어난 그는 어려서부터 놀라운 지각력을 나타냈다. 그는 가끔 환영을 보며 앞날을 예언하곤 했는데, 스물두 살 때 목이 마비되는 증상을 앓으면서 스스로 최면을 통한 치료법을 개발했다. 세상을 떠날 때까지 그는 1만 4천 건의 최면 사례를 기록했다. 그중에는 20만 년 동안 존재하다가 기원전 1만 년경에 바닷속에 가라앉은 아틀란티스에 대한 기록도 있었다.

케이시는 1927년에 자신의 전생을 진술했다. 그의 진술에 따르면 자신은 오래전에 아틀란티스에서 살았으며, 그곳은 유럽 전체와 맞먹는 크기로 두 번에 걸쳐 멸망했다고 한다. 첫 파멸은 거대했던 대륙이 여러 개의 섬으로 분열되면서 시작되었고, 결국 기원전 1만 년경 바하마제도 근처에 대륙이 가라앉으면서 종말을 맞았다는 것이다. 특히 그는 1940년 6월, 1968년이나 그 이듬해에 포세디아라는 섬이 바하마제도 근처에서 융기할 것이라고 예언했다. 그런데 1968년 고고학자 조셉 맨슨 밸런타인이 낚시 안내인의 도움을 받아 비미니제도 해저 21미터 아래에서 네모진 돌들이 줄이어 600미터나 늘어서 있는 것을 발견했다. 물론 그 돌들이 아틀란티스의 존재를 증명하는 것은 아니었다. 전문가들은 '비미니 로드'로 명명된 그 돌들이 인공물이 아니라고 결론지었다.

케이시는 아틀란티스인이 초감각과 텔레파시를 구사했고, 전기와 단파 통신수단을 사용했으며, 비행기와 배를 움직였을 뿐만 아니라 레이저 광선을 사용했다고 주장했다. 더구나 그는 아틀란티스인이 이 세상으로 돌아오고 있다는 황당한 주장을 하기도 했다. 이 세상으로 돌아오는 자들은 성경에 등장하는 우상 바알 신의 후손들로 대홍수 후에도 타락한 형태로 살아남았다는 것이다. 그는 성서에 언급된 아마겟돈이 이 세상에서 벗어나려는 영혼과 돌아오려는 영혼들 사이에서 일어나는 전란이 될 것이라고 주장했다.

지질학자들이 판구조론을 제기한 것은 매우 오래된 일이다. 1912년 독일의 지구물리학자 알프레트 베게너가 주창한 이 학설은 1950년대에 과학적으로 입증되었다. 판구조론이란 지구의 표층을 이루고 있는 지각이 유라시아판, 아프리카판, 인도판, 남극판, 태평양판, 아메리카판 등 여섯 개의 큰 판과 몇 개의 작은 판으로 이루어져 있다는 이론이다. 이 판들은 지구 내부에서 작용하는 힘, 즉 맨틀 내에서 일어나는 대류 현상에 의해 한 판이 다른 판 밑으로 침강하거나 판과 판이 맞부딪쳐 산맥을 형성한다. 대륙이 이동하는 과정에서 화산 분출과 지진, 그리고 침강과 융기가 반복되었음은 물론이다. 높은 산악지대에서 조개껍데기 화석이 발견되거나 석회암층이 발달한 것은 그곳이 예전에는 바다였음을 의미한다.

오래전에 대륙이 바다에 잠긴 것은 사실이지만 순식간에 거대한 대륙이 침몰했다는 것은 사실이 아니다. 더구나 에드거 케이시는 불과 1만 년 전에 아틀란티스가 침몰했다고 주장하고 있다. 아틀란티스가 환상에 불과하다는 근거 중 하나는 그곳이 천국의 도시와 유사하게 묘사된다는 점이다. 그곳은 황금으로 된 벽이 있고, 운하 또는 호수가 있으며, 엘리시온 들판과 같은 아름다운 전원이 있다. 이것은 곧 아틀란티스가 잃어버린 낙원, 즉 우리가 꿈꿔 온 이상향과 관계가 있음을 보여 준다.

고대 문명의 창조자들

1929년 터키 이스탄불(옛 콘스탄티노플)의 토프카피 궁전에서 지도 한 장이 발견되었다. 먼지 뒤덮인 서가에 묻혀 있던 이 지도를 세상에 처음 알린 사람은 미국 뉴욕 출신의 피터 비겐스키라는 청년이었다. 그는 1925년 이스탄불에 도착했는데, 그때 한 소녀에게 선물로 받은 이 지도를 미국 기록보존소에 기증했다. 이 지도는 한동안 창고 속에 있다가 1956년에 재발견되었다. 미국의 대학교수이자 작가인 찰스 햅굿의 견해에 의하면 이 지도는 이집트의 알렉산드리아 도서관에서 보관해 오다가 콘스탄티노플로 옮겨졌고, 1204년 제4차 십자군이 그곳을 점령했을 때 유럽 탐험가나 선원의 손에 들어갔다고 한다.

아무튼 이 지도에는 흥미로운 점이 많았다. 우선 현대의 도법으로 작성되었고, 당시까지 알려지지 않았던 대륙이 그려져 있을 뿐만 아니라 남극 대륙의 모습이 현재의 지형과는 전혀 다른 모습으로 나타나 있었다. 햅굿은 이 지도를 미 해군에 보내 검토를 의뢰했다. 마침내 1960년 7월 6일 미 해군 소속의 알링턴 말레리 소령이 그동안의 조사 결과를 통보했다.

지도에 기록된 터키 글자와 라틴어를 조사한 결과, 이 지도는 1513년 6월 4일 당시 터키 해군제독이었던 피리 레이스가 2,000년 전에 작성된 20장의 고대 지도를 참조해 작성한 것으로 밝혀졌다. 또 이 지도의 원본은 남극 대륙이 얼음으로 뒤덮이기 이전에 작성된 것이라는 의견과 함께, 지도에 나타난 남극 대륙의 모습이 1949년 스웨덴과 영국의 남극 탐사단이 실시한 지진파 측정 결과와 일치한다고 덧붙였다.

그 내용은 놀라운 것이었다. 지도에 나타난 아메리카 대륙의 해안선은 17세기에 와서야 파악되었으며, 남극 대륙은 1818년에 발견되어 20세기 후반에야 관측대의 탐험이 이루어졌기 때문이었다. 또 레이더로 관측하거나 인공위성을 사용하지 않으면 얼음 밑에 덮인 대륙을 그려내기가 불가능했다. 따라서 이 지도는 남극 대륙이 얼음에 덮이지 않은 시기에 작성된 것이며, 그것은 기원전 4000년경에나 가능하다는 결론이 내려졌다.

장황하게 '피리 레이스의 지도'를 소개한 것은 『신의 지문』을 쓴 그레이엄 행콕의 견해를 소개하기 위해서다. 그는 세계의 불가사의를 탐구하면서 마야나 이집트 같은 고대 문명이 왜 비슷한 시기에 갑자기 출현했는가에 주목했다. 그는 이 사실을 추적하기 위해 고대 문명의 발상지에서 전래되는 신화와 설화를 집중적으로 분석했다. 행콕은 기원전 1만 년경에 이들 지역에 찬란하게 꽃피운 문명이 존재했고 어느 날 갑자기 사라져 버렸다고 주장했다. 그런 다음 문명이 사라진 시기가 기원전 1만 년경 빙하가 녹아 해면이 상승했던 시기와 일치한다는 것을 밝히기 위해 노력했다.

행콕의 추리력은 고대 문명의 창시자가 누구인지 밝히는 데서 빛을 발한다. 그는 이집트와 남아메리카에 전해지고 있는 설화 속에서 주인공을 찾아냈다. 그중 한 명은 페루의 고대 전설에 등장하는 '비라코차'다. 전설에 따르면 땅이 홍수에 잠기고 태양이 사라진 암흑시대에 큰 몸집을 한 백인 한 명이 남쪽에서 나타나 기적을 행했다. 사람들은 그를 숭배하고 지도자로 삼았다. 하지만 어느 날 그는 해안으로 가 외투를 입은 채 바닷속으로 들어간 뒤 다시는 나타나지 않았다. 그리하여 그에게는 '바다의 거품'이란 뜻을 지닌 '비라코차'라는 이름이 붙여졌다.

다른 전설에는 대홍수가 일어나 사람들이 모두 물에 잠기자 티티카

고
르
디
우
스
의
매
듭

카호수에 한 명의 비라코차가 나타나 티아우아나코에 정착했다. 티아우아나코는 바로 태양의 문이라는 신비한 건축물이 세워진 곳이다. 또 잉카의 전설에 의하면 대홍수가 나자 한 쌍의 남녀가 상자에 들어가 살아남았고, 그들은 티아우아나코에 이르러 나라를 세웠다. 이 전설에 등장하는 대홍수 이야기는 노아의 방주를 연상케 한다.

안데스의 전승 중에는 사람들에게 문명을 가르친 또 다른 주인공 '투누파'에 관한 것도 있다. 투누파는 자신을 질투하던 음모자들에 의해 상처를 입고 티티카카호수에 버려졌는데, 아프리카 해안까지 표류했다고 한다. 이 이야기는 이집트의 오시리스와 많은 공통점을 갖고 있다. 오시리스는 문명을 전파하기 위해 세계를 방랑했으며, 부하들의 음모에 의해 몸이 잘려져 나일강에 버려졌다. 또 행콕은 태양의 문에 세워진 두 개의 석상에서 물고기 복장을 한 인간을 보았다. 그것은 메소포타미아 지역에서 발굴된 석상과 비슷하다.

멕시코에는 '케찰코아틀'이 있다. 아즈텍인은 13세기 중반 멕시코의 깊은 산중에 정착할 당시 '날개 달린 뱀'으로 일컬어지는 케찰코아틀이 언젠가 다시 돌아올 것으로 믿었다. 오랜 옛날 그는 물을 건너 다시 돌아올 것이라는 말을 남기고 아스테카왕국의 수도였던 테노치티틀란(멕시코시티)을 떠났는데, 페루의 비라코차와 동일한 인물인 듯싶다.

행콕의 추리력은 한 걸음 더 나아간다. 고대 문명은 미확인된 제3의 문명으로부터 발생했다는 것이다. 고대 문명이 기원전 4000년을 전후해 갑자기 생겨난 사실이 이를 뒷받침한다. 예를 들어 이집트 왕조가 시작된 기원전 3500년 이전의 유적에는 문자의 흔적이 없으나 이상하게도 그 직후부터 완벽한 형태의 상형문자가 출현한다. 따라서 이집트 문명은 순차적으로 발전한 것이 아니라 지적 능력을 지닌 누군가로부터 유산을 물려받았다는 것이다. 이를 계기로 문자가 등장하고 거대한 건축물이 건조되고 예술과 공예가 최고 수준에 도달했다.

체계화된 문명이 갑자기 출현한 것은 이집트뿐만이 아니다. 지적 능력을 지닌 그 누군가는 메소포타미아, 이집트, 중남미 대륙 등에 고루 영향을 끼쳤다. 행콕의 설명에 의하면 고대에는 엄청나게 발달한 문명이 존재했으나 빙하가 녹아 해면이 상승함에 따라 대부분 물에 잠기고 말았다. 그때 극소수의 문명인이 살아남아 나일강 유역, 멕시코 해안, 안데스 티티카카호수 등 세계를 돌아다니며 문명을 전파했다. 그들은 지역에 따라 오시리스로, 비라코차로, 케찰코아틀로 불렸다.

빙하가 녹으면서 육지의 상당 부분이 물에 잠긴 것은 분명하다. 이는 빙하기와 간빙기를 번갈아 겪어야 하는 지구의 운명이기도 하다. 그러나 과학자들은 빙하가 순식간에 녹는 일은 있을 수 없으며, 따라서 해면의 상승은 상당히 오랜 시일에 걸쳐 진행되었을 것이라고 말한다. 해면의 상승으로 수많은 사람이 바다를 가로질러 이동했을 가능성은 있지만 그들이 고도의 문명을 지닌 존재라는 증거도 찾기 어렵다.

대개 불가사의에 등장하는 문명의 증거물들은 건축물이다. 이집트인이 피라미드를 건설할 만큼 측량과 수학이 발달한 것은 나일강의 범람으로 인해 해마다 발생하는 농지의 유실과 관련이 있다. 그들은 벌건 흙으로 뒤덮인 농지를 정리하고 소유권을 확실히 하기 위해 측량 기술을 발전시키지 않으면 안 되었다. 마야인 역시 그 이유를 확실히 알긴 어렵지만 유독 천문학을 발전시켰다.

모든 신비는 의미를 부여할 때 생겨난다. 만일 이집트나 마야의 피라미드에 수학적 의미를 부여하지 않았다면, 우리는 그저 엄청난 노동력을 동원할 수 있었던 당시의 권력과 피비린내 나는 제사 의식을 탄복하는 데 만족했을 것이다. 그들은 단지 지형적 조건이 좋은 곳에 아니면 정치적 필요에서 건축물을 지었고, 수없이 많은 시행착오 끝에 건축물을 완성했을 수도 있다. 그 건축물에 정교한 설계도를 제공한 것은 우리다. 우리는 고대 건축물에 수학과 천문학을 결부시키고, 마침내는 오늘날의 인류도 해결할 수 없는 지적 능력을 그들에게 부여했다.

정말 그들이 탁월한 지적 능력의 소유자들이었다면, 무엇 때문에 그들은 자신의 생명과 직결되어 있던 농사법이나 의료 기술을 발전시키지 않고 쓸모없는 건축물에 그토록 많은 정열을 쏟아 부었던 것일까. 고대 문명의 존재를 믿는다면 그들이 왜 바퀴 하나 제대로 굴리지 못한 미개인으로 살아야 했는지 설명할 수 있어야 한다.

이 의문에 대답을 시도한 사람들이 있다. 바로 외계인의 존재를 믿는 사람들이다. 그들은 현대인의 사고로는 수천 년 전의 피라미드 건설을 설명할 수 없으므로 외계인의 작품이라고 단언한다.

우주로부터 물려받은 유산

1947년 6월 24일, 미국인 케네스 아놀드는 자가용 비행기를 타고 워싱턴주 레이니산 근처를 비행하고 있었다. 그는 비행 도중 초고속으로 날아가는 아홉 개의 반짝이는 원반을 목격하고 깜짝 놀랐다. 이 사건은 매스컴에 대대적으로 보도되었다. 재미있는 것은 이 사실이 알려지자마자 순식간에 수천 건의 목격담이 전해졌다는 사실이다.

2주 후 뉴멕시코주에서 유사한 사건이 일어났다. 이듬해인 1948년 1월에는 켄터키주 가드 맨 공군기지에서 훈련 중이던 세 대의 무스탕이 미확인 물체를 발견하고 추적하기 시작했다. 조종책임자인 토머스 멘틸 대위는 엄청나게 큰 금속 형태의 비행물체를 발견하고 지상에 무선으로 보고했다. 그러나 멘틸은 교신을 끊은 후 추락해 기지로 돌아오지 못했다. 미 공군은 공식 조사에 착수했으나 어떠한 단서도 발견하지 못했다. 1965년에 본격적인 조사를 위해 과학조사위원회가 발족했지만 역시 만족할 만한 성과는 올리지 못했다.

최근까지도 미 해군 전투기 조종사들은 훈련 중에 미확인비행물체(UFO)를 목격하고 보고한 사례가 있다. 특히 2014년 여름부터 2015년 3월까지 대서양 연안 상공에서 이상한 비행물체들이 자주 목격되었다. 미 해군이 일반에 공개한 1분가량의 영상에는 비행물체가 상상할 수 없는 속도로 날아가다가 갑자기 정지하거나 방향을 전환하는 모습에 조종사들이 놀라는 장면이 담겨 있다.

지금도 미확인비행물체는 종종 언론에 등장하며 세인의 관심을 끌고 있으며, 이를 믿는 사이비 종교단체까지 생겨났다. 특히 미국 정부가 비밀리에 시도했다는 외계인 해부 장면이 비디오로 공개되어 논란을 일으키기도 했다. 1995년 미국의 한 방송국이 제작한 다큐멘터리에서 외계인의 시신을 해부하는 장면을 방영했다. 이 영상은 1947년 7월 2일 미국 뉴멕시코주의 시골 마을에서 발생한 로스웰 사건을 다루었다. 당시 마을 인근에 추락한 미확인비행물체에서 외계인의 시신이 발견되었고 미국 정부가 이를 수습해 보관하고 있다는 소문이 퍼졌다. 미국 정부는 공식적으로 대기권 상층에서 소련의 핵실험을 감시하던 관측기구가 추락했다는 입장을 밝혔으나 음모론은 더욱 확산되었다.

이 영상의 출처는 비디오 프로듀서였던 레이 샌틸리였다. 그는 익명의 인물로부터 10만 달러에 필름을 구입했다면서 폭스사에 필름 사용권을 팔았다. 필름의 화질은 열악했고, 영상에 나오는 소품들도 매우 엉성했으며, 부검에 참여한 인물들의 행동도 삼류 배우처럼 어설펐다. 더구나 영상을 촬영한 사람이 끝내 나타나지 않았기 때문에 비디오테이프의 신빙성이 의심받고 있다. 이 영상을 포함해 UFO에 대한 증거들은 대부분 1947년에 미확인비행물체가 발견되기 전까지 그 존재가 거의 알려지지 않았다는 점에서 치명적인 약점을 안고 있다.

그런데도 UFO를 믿는 사람들의 신념은 확고하다. 그들은 갖가지 신화에서 찾아낸 '불덩이'나 '불의 화살', '빛의 무리' 같은 낱말을 UFO와 외계인이 존재하는 증거로 제시한다. 심지어 외계인에게 끌려가 생체실험의 대상이 되었다거나 그들과 대화를 나누었다는 사람들까지 등장했다. 그들이 제시한 증거들은 대부분 가짜로 판명되거나 조작에 의한 것임이 밝혀졌다. 하지만 그들에게는 한 가지 명확한 증거가 있다. 그 증거는 전 세계 수만 명이 보았고 지금도 보고 있는 하늘을 떠다니는 빛이다. 그중에서 가까운 곳에서 찍은 UFO, 무비 카메라로 찍은 UFO처럼 비교적 신빙성이 있는 것처럼 보이는 증거일수록 가짜가 많다. 오히려 정체불명의 빛이 이동하거나 분열하는 모습을 기록한 증거가 신빙성이 있다. 조작의 흔적이 발견되지 않기 때문이다.

UFO의 존재 여부와 관계없이 오늘날의 과학자들은 외계인의 존재에 관심을 갖고 있다. 1959년에 물리학자 필립 모리슨과 주세페 코코니는 전파를 이용해 외계문명의 존재를 확인하는 방법을 『네이처』에 제안했다. 1960년 미국 국립전파천문대의 프랭크 드레이크는 직경 26미터의 원형 파라볼라 안테나로 우주 문명과의 교신을 시도했다. 그는 가장 먼저 지구에서 11.9광년 떨어진 고래자리 타우(τ)성(星)에 전파망원경을 맞추었고, 다시 에리다누스자리의 엡실론(ε)성을 탐색했다. '오즈마 프로젝트'로 명명된 이 탐사작업은 광대한 우주에서 들려오는 미세한 전파를 잡아내는 것이었다. 우주 어딘가에 지적인 존재가 살고 있다면 그들 역시 지구인과 같은 외계인을 찾기 위해 전파를 발사할 것이기 때문이다.

1990년 미국 항공우주국도 외계의 지성을 찾는 탐색작업에 착수했으나 의회의 반대로 1993년에 중단하고 말았다. 하지만 이 작업에 참가했던 학자들은 1995년 700여 명의 후원자를 찾아 프로젝트를 부활시켰다. 그들은 이 탐사 작업을 '피닉스 프로젝트'라 명명하고 오스트레일리아에 SETI(Search for Extra Terrestrial Intelligence)센터를 개관했다. 샌프란시스코 근교 실리콘밸리 한복판에도 SETI연구소가 설립되었다. 그들은 1998년 9월부터 2주일 동안 푸에르토리코에 설치된 직경 305미터짜리 아레시보 전파망원경으로 200광년 거리 안에 있는 300여 개의 별에서 오는 전파를 조사한 것을 시작으로 탐사 범위를 점차 확대해 나갔다.

2015년에는 '브레이크 스루 스타샷' 프로젝트가 시작되었다. 러시아의 벤처투자가 유리 밀러의 제안으로 미국 버클리대학, 물리학자 스티븐 호킹, 페이스북의 창업자 마크 저커버그 등이 이 프로젝트에 참여했다. 프로젝트에 참가한 연구자들은 지금까지 지구로부터 160광년 이상 떨어져 있는 별 1천 개 이상을 관찰했다.

안타깝게도 우주에서 생명체의 신호를 포착하는 데 성공한 프로젝트는 없다. 처음 전파망원경을 사용해 우주 공간을 뒤졌던 드레이크는 그동안의 경험을 바탕으로 '드레이크 방정식'을 만들었다. 이 방정식은 외계 생명체가 존재할 가능성을 산출하기 위한 것으로 은하계에서 교신이 가능한 수를 7개 항의 곱으로 나타낸 것이다. 즉 은하계 안에 있는 항성의 수, 그 항성이 가진 행성의 수, 그 행성 중 생명체가 살기에 적합한 행성의 수, 그 행성에서 생명체가 발생할 확률, 발생한 생명체가 지적인 생물체로 진화할 확률, 그 지적인 생물체가 탐지 가능한 신호를 보낼 수 있을 정도로 발전할 확률, 앞의 모든 조건을 만족하는 생명체가 존재할 수 있는 기간(교신 기술을 유지하는 시간) 등을 곱한 것이다. 드레이크는 이 방정식을 이용해 우리 은하계에 2.5~10개의 별에 지적 생명체가 존재할 가능성이 있다고 말한다.

생명체가 존재하려면 최소한의 기준이 충족되어야 한다. 먼저 액체 상태의 물이 있어야 하고, 지구처럼 순환기 동물이 생존하려면 호흡이 가능한 대기층이 존재해야 한다. 가령 물이 얼지 않은 액체 상태로 존재하려면 대기 중에 일정 수준의 이산화탄소가 필요하다. 또 체내 산소 공급을 차단하는 일산화탄소가 적어야 한다. 지구에서는 태양 빛이 화학 작용을 일으켜 대기 중에 일산화탄소가 집적되는 것을 차단한다. 생명체가 살 수 있는 행성을 찾아낸다 해도 그곳으로 이주할 수 있을지는 미지수다. 조사 대상 중에서 지구에서 가장 가까운 프록시마b 행성도 로켓으로 5만 4,400년 동안 이동해야 하는 거리에 있으며, 빛과 같은 속도로 움직일 수 있는 우주선을 발명한다 해도 여러 해 동안 고독한 항해를 해야 한다. 더구나 어떤 지적 생명체도 빛의 속도로 움직일 수 없다.

빛의 속도로 움직이는 UFO를 만든 생명체가 우리 은하계의 어딘가에 존재한다고 가정하자. 그들은 빛의 속도로 움직이기 때문에 결코 늙는 법이 없다. 이 불사신들이 지구 탐사를 마치고 돌아갔을 때 자신들이 건설한 문명은 이미 멸망해 있을지 모른다. 또 그들이 자신의 존재를 알리기 위해 전파를 발사했다고 하더라도 그것을 지구에서 포착했을 때는 최소 수만 년이 지난 뒤다. 전파를 추적해 빛의 속도로 날아간 지구의 과학자들은 이미 폐허로 변한 행성 하나를 목격할지도 모른다. 벌써 수십만 년의 세월이 지나 버렸을 수 있기 때문이다. 수십만 년은 새로운 생물 종이 나타났다가 사라질 수 있을 만큼 긴 세월이다. 우주 어딘가에 생명체가 존재할 가능성은 있지만 그들과의 만남은 거의 불가능하다. 일부 과학자들은 인류가 고도의 문명을 가진 외계인을 만난다면 그들은 데이터나 인공지능 형태로 존재할 것이라고 조심스레 예측한다.

우연히 생명체가 탄생할 확률은 매우 적다. 어느 행성에서 우연히 생명체가 탄생한다면 언젠가 지능을 가진 생명체로 진화할 것이다. 생명체가 탄생했다고 해도 인간과 유사한 지능을 가진 존재로 진화하지 않을 수도 있다. 우리는 인간의 지능을 기준으로 지적 존재를 평가하지만, 환경이 완전히 다른 행성에서는 인간과 같은 지능이 쓸모없을 수도 있다. 따라서 외계의 지능과 인간의 지능이 만나는 것은 쉽지 않은 일이다.

그들이 만난 외계인은 누구일까

최근 화성에 물이 존재한다는 과학적 근거들이 관심을 끌고 있다. 물은 생명체를 존재하게 하는 가장 기본적인 조건이다. 화성은 영하 60℃가 넘는 추위 때문에 액체 상태의 물이 존재하지 않는 것으로 알려져 왔다. 만일 화성에 액체 상태의 물이 존재한다면 생명체가 존재할 가능성도 커진다. 하지만 화성에 생명체가 살아 있다고 하더라도 우리가 상상하는 외계인과는 전혀 다른 모습을 하고 있을 것이다. 아마도 아주 작은 미생물 형태로 존재할 가능성이 크다.

천문학자들은 대부분 우주 어딘가에 지적 생명체가 존재할 것이라고 믿는다. 우주에는 약 1,000억 개의 은하가 있으며, 각각의 은하에는 수백억 개에서 수천억 개에 이르는 별이 존재한다. 각각의 별은 자연법칙에 따라 진화했을 것이기 때문에 어딘가에 지성을 갖춘 생명체가 있으리라는 추측은 당연한 것이다. 그러나 외계인이 인간과 닮았을 가능성은 거의 없다. 우주에서 일어나는 우발적이고 우연한 사건들이 지구와 똑같을 확률은 거의 없기 때문이다.

과학자들은 우주 어느 것에서 생명이 탄생하든 몇 가지 공통점은 갖추고 있을 것이라고 예측한다. 먼저 그들에게 상당한 수준의 지능이 있다면 뇌를 가지고 있을 것이다. 또 각각의 별에 존재하는 생명체는 자연선택에 의해 진화의 과정을 겪었을 것이므로 그들의 뇌 역시 안쪽에서 바깥쪽으로 진화했을 것이다. 또 우리와 같은 우주에 살고 있으므로 자연법칙에 관한 지식을 상당 부분 공유하고 있을 것이다. 우주는 같은 종류의 원소들로 구성되어 있고, 그것이 생성되고 변화하는 원리는 같기 때문이다.

지구는 46억 년의 역사를 가지고 있다. 현생 인류의 역사가 기껏해야 20만 년 정도인 점을 고려하면 46억 년은 엄청나게 긴 시간이다. 먼 옛날 외계인이 지구를 방문했을 수도 있다. 실제로 일부에서는 인간의 문명이 외계인으로부터 비롯되었다는 주장들이 있다. 그러나 그들이 내세우는 근거는 매우 의심스럽다. 먼 우주 공간에서 지구를 찾아올 만큼 놀라운 지식을 갖춘 그들이 지구에 남긴 유산이라는 게 고작 엉성한 그림이나 문양들이기 때문이다.

대개 외계인은 우호적이지 않은 존재로 묘사된다. 대중매체에 등장하는 그들의 생김새도 파충류나 곤충에 가깝다. 지능이 뛰어난 존재치고는 손가락이나 두뇌 모양이 이상할 뿐만 아니라 몰골의 생김새도 벌레 수준을 벗어나지 않는다. 인간이 상상하는 외계인의 모습이 괴물에 가까운 것은 낯선 존재에 대한 두려움이 반영되었기 때문일 것이다.

놀라운 점은 외계인을 직접 만났다거나 납치되었다고 주장하는 사람들이 전 세계에 수만 명이나 존재한다는 것이다. 외계인이나 비행접시를 목격하지 않았더라도, UFO에 관심을 가진 아마추어 연구자들은 셀 수 없을 만큼 많다. 그렇다면 전 세계 수만 명의 사람이 만났던 외계인은 누구일까?

　전문가들은 그들의 주장을 액면 그대로 받아들이지 않는다. 사이비 과학과 줄기차게 투쟁을 벌여 온 마이클 셔머 역시 외계인과 접촉한 경험을 토로한 바 있다. 그는 여러 해 동안 프로 사이클 선수로 활동했는데, 주 종목은 4,800킬로미터를 쉬지 않고 달려 미 대륙을 횡단하는 것이다. 1982년 그는 제1회 미 대륙 횡단 경주에 참여했는데, 이틀 동안 각각 세 시간씩 수면을 취했다. 뉴멕시코주에 이르자 그는 환각을 경험했다. 도로 옆의 덤불이 동물로 보이고 우체통이 사람으로 보이기 시작한 것이다. 그때 그는 도로 위에서 기린과 사자를 목격하고 유체 이탈까지 경험했다. 다행히 그는 3위의 성적으로 경기를 마쳤다.

　1983년 경주는 산타모니카 피어에서 출발했다. 그때 그는 고속도로 위에서 밝은 빛을 내는 커다란 우주선을 보았다. 우주선에서 내린 외계인들에게 납치당한 그는 90분 동안 호된 심문을 받은 후 다시 도로에 남겨졌다. 당시 그는 83시간 동안 쉬지 않고 2,026킬로미터를 달리고 있었다. 사흘 이상 잠을 자지 못한 그는 꾸벅꾸벅 졸았고, 마침 지원팀이 타고 있는 자동차가 전조등을 번쩍거리며 옆으로 다가왔다. 지원팀은 그를 자전거에서 내리게 한 후 45분 동안 잠을 재웠다. 그는 다시 자전거에 올라탔으나 여전히 잠이 깨지 않은 상태였다. 그러자 지원팀은 그를 다시 자동차에 태우려 했다. 바로 그때 그의 눈에는 지원팀 사람들이 모두 외계인으로 보이기 시작했고, 자동차는 환한 빛을 발하는 우주선으로 보였다. 팀원들은 그를 침대에 눕혀 45분을 더 자게 했다. 맑은 정신으로 눈을 떴을 때 그의 옆에는 외계인도 우주선도 보이지 않았다.

외계인에 대한 믿음을 사이비 과학이라고 설파하는 그가 왜 이런 경험을 하게 된 것일까? 외계인과 만난 경험, 또는 우주선에 납치되어 외계인에게 끔찍한 수술을 받은 이야기는 널리 알려져 있다. 사실 우주 공간에서 외계인을 찾으려는 과학자들의 노력은 사이비 과학이 아니다. 하지만 외계인에게 납치되었다는 주장은 사실이 아니다. 외계인과 직접 대면했던 셔머는 그 경험이 수면 박탈과 신체적 피로로 인한 것이었다고 고백했다. 심리학자나 의사들 역시 외계인과의 만남이 실제 벌어진 일이 아니라 일종의 심리적 경험이라고 말한다. 사람들이 외계인을 만났다고 주장하는 몇 가지 원인을 정리하면 다음과 같다.

첫째, 수면 박탈 또는 수면 마비로 인한 것이다. 수면을 박탈당하면 환각 증세를 경험할 수 있다. 잠을 재우지 않는 고문을 당한 사람들에게서 흔히 나타나는 증상 중 하나다. 또 수면 마비는 잠이 들거나 깰 때 몸을 움직일 수 없는 현상을 말한다. 사람들은 그 상태를 '가위눌린다'고 표현한다. 많은 사람이 수면 마비를 경험하지만, 환각이 동반되는 경우는 약 5퍼센트라고 한다.

둘째, '상상 팽창'이라는 심리적 현상이다. 상상 팽창은 어떤 것을 상상하면 할수록 자세한 이야기를 덧붙이면서 그것을 실제 있었던 사건으로 부풀리는 것을 말한다. 사람들은 유사한 사건을 경험했을 때 자신이 믿는 방향으로 더 근사하게 이야기를 꾸미는 경향이 있다. 외계인 납치는 대중이 관심을 보이는 사건인데다가 굳이 논리적으로 증명할 필요도 없다. 더구나 영화와 책, 다큐멘터리를 통해 충분한 정보를 알고 있으므로 이야기를 꾸미기도 쉽다. 화자는 더 실감 나고 재미있게 자기 경험을 왜곡해서 전달한다. 이들은 끔찍한 경험을 통해 이전과 전혀 다른 삶을 살게 되었다고 믿는다. 즉 위대한 지적 존재와의 만남을 통해 삶의 의미를 깨닫고, 새로운 우주 건설에 참여하고 있다는 느낌을 갖게 됨으로써 별 볼 일 없던 삶을 위대한 삶으로 바꾸어 놓는 것이다. 외계인에게 납치당했다는 믿음은 이러한 영적 욕구를 채워 주고 자신의 사회적 위치를 재조정한다.

셋째, 시각의 문제로 인한 '찰스 보넷 증후군'과 '캡그래스 망상'이다. 찰스 보넷 증후군을 앓는 사람은 존재하지 않는 사물을 보고, '캡그래스 망상'에 시달리는 환자는 누군가가 가족이나 친구로 변장한 모습으로 나타나 자신을 속이고 있다고 믿는다. 외계인이 가까운 친지의 몸을 빌려 자신에게 접근한다고 믿는 증상이 여기에 속한다.

넷째, 정신적 장애로 인한 것이다. '경계선 인격 장애'나 '조종 망상'이 대표적이다. 경계선 인격 장애는 신경증과 정신분열의 경계 지점에 위치한다. 환자는 충동적이고 자기 파괴적인 성향을 보인다. 정신의학자들은 그 원인을 어린 시절에 겪은 성적·육체적 학대의 경험에서 찾고 있다. 그들은 자신의 고통스러운 경험을 과장함으로써 심리적 위안을 얻는데, 외계인에게 당한 학대의 경험 역시 자신을 위로하기 위한 수단으로 이용한다. 그들은 자신이 다른 사람보다 더 소중하거나 선택받은 존재라고 느낀다. 또 조종 망상은 자신의 행동이 낯선 외부의 힘에 조종된다고 믿는 것을 말한다.

다섯째, 문화적 요인이다. 우리는 수많은 매체로부터 엄청난 정보를 습득한다. 신문이나 방송은 거짓을 진실로 믿게 하는 힘을 가지고 있다. 이들 매체가 등장하기 이전에는 많은 사람이 오랫동안 전승되어 온 숲의 요정이나 도깨비 이야기를 믿었다. 지금은 이런 것들을 믿지 않지만,

UFO나 외계인에 대해서는 강한 믿음을 가진 사람이 많다.

칼 세이건의 『악령이 출몰하는 세상』에 따르면, 1957년 미국에서 UFO가 목격된 사례는 1,178건이었다. 그중 60퍼센트에 해당하는 701건이 10월에서 12월 사이에 목격되었다. 이것의 의미는 무엇일까? 그동안 잠잠했던 UFO가 가을이 되자 갑자기 출몰한 것일까? 칼 세이건은 그 이유를 소련이 발사한 인공위성에서 찾았다. 그해 10월 4일 소련은 인류 최초의 지구궤도 위성인 스푸트니크 1호를 쏘아 올렸다. 그러자 미국인은 갑자기 우주에 관심이 높아져 밤하늘을 응시하기 시작했고, 그 관심이 UFO를 탄생시켰다는 것이다.

그는 외계인이 일종의 대체물이라고 말한다. 과거에 수많은 요정과 괴물이 목격되었듯이, 과학이 발달하면서 UFO가 그들을 대체했다는 것이다. 어떤 대상을 향한 광적인 믿음은 손상된 내면을 치유하기 위해 뇌가 고안해 낸 심리적 메커니즘이다. 누군가 TV에 출연하여 지난밤 UFO를 보았다고 말하면, 이튿날 밤에 UFO를 목격한 사람들이 증가할 가능성이 크다. 실제로 1975년 외계인에게 납치당했다는 체험담이 미국의 TV 프로그램에 소개되기 전까지는 외계인 납치 사건이 보고된 바 없었다.

외계인의 아이를 낳았는데 외계인이 찾아와 아이를 데려갔다는 경험담도 있다. 그들의 이야기에도 몇 가지 공통점이 있다. 그중 하나는 사건이 일어난 직후에 그것을 기억한 것이 아니라 상당한 시간이 지난 후에 기억을 떠올렸다는 점이다. 또 대부분은 최면상태에서 기억을 떠올린다. 외계인과의 첫 대면이 실험실에서 이루어지거나 성적 접촉이었다는 것도 공통점이다. 최면상태에서 떠올린 기억은 지시자의 암시로 작화된 거짓일 가능성이 크다. 최면상태가 아닌 경우에는 대부분 잠을 자거나 깨어날 때의 경험이 주를 이룬다. 이는 증언자들이 경험한 환각이 수면과 밀접한 관련이 있음을 보여 준다. 또 외계인과 성적 접촉이 있었다는 증언을 한 사람들은 대개 어린 시절에 성적 학대를 경험한 적이 있다.

UFO 목격담이 문명 세계에서만 나오며, 그중 상당수가 북미 지역에 편중되어 있다는 점도 의미심장하다. 그들은 자신들이 접한 과학 상식과 이런저런 매체에서 얻은 정보를 뒤섞고, 마침내는 그것을 눈으로 보고 싶어 한다. 외계인을 만났다고 주장하는 그들이 묘사한 외계인의 모습은 1975년에 상영된 〈UFO 사건〉에 출현한 외계인과 유사하다. 지금도 그 모습은 크게 변하지 않았다. 목격자들은 자신이 경험한 환각을 매스컴이 만든 유령에 덮어씌운 것이다.

인간은 무언가를 믿고 싶어 한다. 어떤 대상에 대한 굳은 믿음은 삶에 위안을 줄 뿐만 아니라 자신의 삶을 스스로 통제하고 있다는 느낌을 갖게 한다. 사람들은 자신이 믿는 것이 진실인지를 증명하는 데는 별 관심이 없다. 오히려 인간은 믿을 대상을 정하고 그 믿음을 뒷받침할 증거들을 찾는 데 더 골몰한다.

02
깨달음이란 무엇인가

이성이라는 지상의 무거운 짐에서 벗어나
초월적 존재의 대기 속에서 자신을 발산하고
가벼운 한 송이 눈발과 같이 현세의 무거운 이성 위를 떠내려가는 것은
아아, 실로 무엇이라 하는 천국적인 즐거움인가?
말하자면 영원에서 영원으로, 영원의 유방을 빨고, 젖을 빨고 있는 것은
아아, 무엇이라 하는 광희(狂喜), 무엇이라 하는 환락이냐!
_포이어바흐, 『죽음과 불멸에 관한 고찰』

나가세나 존자의 대답

옛날, 인도의 사가라에 밀린다 왕이 있었다. 그는 알렉산드로스를 따라 인도에 왔다가 그곳에 남아 정복한 땅을 다스렸다. 그는 갠지스강이 넓은 바다로 흘러 들어가듯 모든 지혜를 담아낼 수 있는 말솜씨가 있었으며, 번뜩이는 지혜와 의문으로 가득한 인물이었다. 그는 인도의 여러 현인과 대화를 나누었으나 진리에 관한 궁극적 해답을 얻을 수 없었다. 마침내 그는 '진리의 횃불을 들고 마음의 어둠을 몰아낸 존자'로 추앙받던 나가세나에게 참과 거짓을 가려내는 여러 가지 방법에 대해 미묘하고도 어려운 질문을 했다. 나가세나의 담론은 경전의 모든 그물코를 헤집고, 비유와 논증으로 강하게 반짝였으며, 율(律)과 논(論)의 신비한 심연

에까지 스며들어 있었다.

왕이 처음 나가세나를 보았을 때 그는 일찍이 경험하지 못한 놀라움으로 몸을 떨었다고 한다. 왕은 나가세나를 보자 마치 코뿔소에게 포위당한 코끼리같이, 고양이를 만난 쥐같이 부들부들 떨면서 공포의 괴로움으로 정신을 잃었다. 왕은 나가세나 존자에게 깨달은 자도 괴로움을 갖는지 물었다. 나가세나 존자가 대답했다.

"대왕이여, 깨달은 자는 육체적인 고통은 느끼지만 정신적인 고통은 느끼지 않습니다."

다시 왕이 물었다.

"깨달은 자에게 시간이 존재합니까?"

"니르바나에 도달한 존재에게 시간은 존재하지 않습니다."

"영혼이 있습니까?"

"없습니다."

"육신을 가진 채로 허공을 날 수 있습니까?"

"신통력이 있고 마음을 움직일 수 있는 비구는 마음만 먹는다면 공중을 날 수 있습니다."

"숨을 멈출 수 있습니까?"

"제4선(禪)의 경지에 이른 수행자는 숨을 멈출 수 있습니다."

"나가세나 존자여, 비구들은 말하기를 부처님이 보리수 아래에서 성취할 수 있는 것은 모두 이루시어 그 이상 수행해야 할 것은 아무것도 없다고 합니다. 그러나 부처님은 성도를 하신 후에도 석 달 동안이나 무아의 명상에 드셨다고 알려져 있습니다."

"두 가지 모두 진실입니다."

"부처님이 아난다에게 말씀하시기를, 주먹 안에 감추어 두고 가르치지 않은 진리란 없다고 했습니다. 그런데 한 제자가 물었을 때는 아무런 대답도 하지 않았습니다. 그렇다면 부처님은 모르기 때문에 대답하지 않았거나, 가르치지 않은 진리가 있는 것 아닙니까?"

"모르기 때문도 아니요, 숨기기 위한 것도 아닙니다."

"존자여, 부처님께서 말씀하시기를 허공에도, 대양 가운데도, 지극히 한적한 산골짜기에도, 이 넓은 세계 안에 죽음의 함정에서 벗어날 수 있는 지점은 없다고 했습니다. 그런데도 부처님은 몸을 보호하는 주문을 가르쳤습니다. 누구도 죽음에서 벗어날 수 없다면 무엇 때문에 몸을 보호하는 주문을 외는 것입니까?"

왕은 철학적 사유를 가진 사람이 생각해 낼 수 있는 모든 의문을 제기했다. 나가세나는 수많은 비유와 경전을 인용하며 왕의 의문을 해결해 주었다. 두 사람의 대론을 기록한 『밀린다 팡하』에는 엉킨 실타래가 풀리듯 밀린다 왕의 의문이 모두 해결된 것으로 나타나 있지만, 지금 철학적 사유를 가진 사람이 두 사람의 대화를 읽는다면 여전히 많은 의문이 남는다. 그런데도 『밀린다 팡하』가 소중한 것은 이 기록을 통해 단편적이나마 깨달음의 세계를 엿볼 수 있기 때문이다. 사실 세상에는 깨달음을 얻은 이는 수없이 많지만 깨달음이 무엇인지 밝힌 사람은 드물다. 전통적으로 깨달음은 불립문자(不立文字), 언어도단(言語道斷), 불구지혜(不求智慧), 교외별전(敎外別傳), 이심전심(以心傳心), 염화미소(拈華微笑) 같은 말로 설명되었다.

붓다가 영축산에 있을 때 대범천이 꽃 한 송이를 바치며 설법을 청했다. 붓다는 아무 말 없이 그 꽃을 들어 대중에게 보였다. 그때 제자 가섭만이 그 뜻을 읽고 가만히 미소를 지었다. 그러자 붓다는 조용히 웃음을 떠올리며 대중에게 말했다.

"내게 '지혜의 눈으로 얻은 참 진리'가 있는데 이를 마하가섭에게 전하노라."

붓다가 마하가섭에게 전했다는 '정법안장 열반묘심(正法眼藏 涅槃妙心)'은 깨달음의 정수다. 하지만 그 상태는 너무나 미묘해 말로 표현할 수 없다. 붓다는 임종 직전에 아난다에게 이렇게 말했다.

"아난다야, 너희는 스승의 말씀은 이미 끝났고 이제 스승은 없다고 생각할지 모른다. 그러나 아난다야, 그렇지 않다. 내가 너희에게 보여 주고 가르쳐 준 진리의 가르침과 계율은 내가 죽은 뒤 너희의 스승이 될 것이다. 여래의 법에는 스승의 악권(握拳, 손 안에 감추어 둔 비밀) 같은 것은 없다. 너희는 저마다 자신을 등불로 삼고 의지처로 삼을 것이며, 법을 등불로 삼고 법을 의지처로 삼을 것이며, 남을 의지처로 삼지 마라."

붓다가 숨겨진 비밀이 없다고 언급했음에도 불구하고 많은 수행자는 이를 믿지 않았다. 그들은 붓다가 미처 말하지 않은 깨달음의 세계에 관심을 가졌으며, 온갖 고행과 수행을 통해 이를 찾고자 했다.

아침에 도를 얻으면 저녁에 죽어도 여한이 없다

노자는 중국 춘추시대 때의 초나라 곡인리 사람으로 성은 이(李), 이름은 이(耳)다. 언젠가 공자가 노자를 찾아와 예(禮)에 대해 가르침을 청했다. 그러자 노자는 대뜸 "제발 그 교만과 욕심, 잘난 체하는 병과 잡념을 버리라"고 말했다고 한다. 노자는 말년에 이르러 속세를 버리고 은둔했는데 고을지기였던 윤희가 이별을 아쉬워하며 가르침을 청했다. 그때 노자는 청에 못 이겨 5천 자를 남겼는데, 이것이 바로 오늘날의 『도덕경』이라고 전한다.

　노자의 가르침에 의하면, 말로 나타낼 수 있는 도(道)는 영원불변의 도가 아니다. 도는 심오해 알 수 없을 뿐만 아니라 소리가 없어 들을 수 없고 형태가 없어 볼 수도 없으나 홀로 우뚝 서 있다. 도는 언제까지나 변하지 않고, 두루 어디에나 번져 나가며, 절대로 멈추는 일이 없어 천하 만물의 모체라 할 수 있다. 눈으로 보아도 보이지 않으므로 이(夷)라 하고, 귀로 들어도 들을 수 없으므로 희(希)라 하고, 손으로 쳐도 칠 수가 없으므로 미(微)라 한다. 도는 이 셋을 합쳐 하나로 한 것이다. 도에서 하나가 나오고, 하나에서 둘이 나오고 둘에서 셋이 나오고 셋에서 만물이 나온다(道生一 一生二 二生三 三生萬物). 그리고 도는 만물을 낳고도 소유하지 않고, 모든 것을 만들어 놓고도 자랑하지 않으며, 자라게 하고도 주재하지 않는다. 무(無)는 천지의 시초이고, 유(有)는 만물의 근원이다. 무와 유는 한 근원에서 나온 것이며, 오직 이름만 다르다.

　알쏭달쏭한 노자의 정의 앞에서 당신은 무척 당혹스러울 것이다. 노자는 에둘러서 계속 도를 설명하고 있지만 도가 무엇인지는 끝내 밝히지 않는다. 그렇다면 노자가 얻은 도는 무엇일까? 사실 도를 언어로 정의하기란 불가능하다. 그나마 우리가 어렴풋이 그 의미를 짐작할 수 있는 것은 노자가 제시한 삶의 지표를 통해서다. 그는 도에 가장 가까운 것이 물(水)이라고 말한다. 물은 만물에 좋은 것을 베풀고 이롭게 해 주면서도 자신을 위해 다투지 않으며, 오히려 모든 사람이 싫어하는 낮은 곳에 처해 있다. 또 천지가 영원무궁할 수 있는 것은 자신을 위해 살지 않기 때문이고, 강과 바다가 모든 계곡의 주인이 될 수 있는 것은 스스로 낮은 곳에 있으면서도 골짜기의 물을 끌어안기 때문이라는 설명도 덧붙이고 있다.

노자의 글에서 우리가 표면적으로 이해할 수 있는 것은 자신을 낮추고, 세상을 이롭게 하며, 그러면서도 밖으로 드러내지 않는 무위의 삶이 곧 도라는 것이다. 즉 도를 얻은 사람은 무엇을 얻으려고 일부러 행하지 않는다. 목적이 수반된 행위는 유한한 것이고, 반드시 끝이 있다. 그러므로 쇠를 두들겨 끝을 예리하게 벼려도 오래 간직할 수 없으며, 거울을 씻어서 흠을 지울 수 없다. 자연 그대로가 최선의 상태이고, 자연에 따라 사는 것이 최상의 삶이다. 그래서 노자는 말한다. "구부러지면 오히려 온전할 수가 있고, 굽으면 도리어 뻗을 수 있다. 적으면 도리어 많이 얻을 수 있고, 많으면 오히려 망설이게 된다." 도는 그런 것이다. 가장 큰 방형(方形)은 구석이 없고, 가장 큰 그릇은 만들 수 없고, 가장 큰 소리는 들리지 않고, 가장 큰 형상은 형태가 없듯이 도를 어떤 틀 안에 가두어 두려는 것 자체가 무의미한 것이다.

도를 얻은 사람은 선과 악의 구별도 무의미하다. 깨달은 이는 늘 마음의 평정 상태를 유지하고 있다. 사람들이 추하다고 하는 것은 미(美)를 아름다운 것으로 인식하기 때문이고, 악하다고 하는 것은 선(善)을 착한 것이라고 인식하기 때문이다. 따라서 추(醜)·악(惡)의 관념이 생기는 것은 사람들이 그것을 구분하려고 하기 때문이다.

장자의 제자들은 노자의 도를 보다 현실적으로 해석했다. 『장자』에 문혜군(文惠君)과 백정의 대화가 나온다. 문혜군이 신기에 가까운 백정의 칼 솜씨를 보고 물었다.

"놀랍도다. 어떻게 재주가 여기까지 이를 수 있는가?"

백정이 대답했다.

"처음 제가 소를 잡을 때 눈에 보이는 것은 오직 소뿐이었습니다. 그러나 삼 년 후에는 소가 보이지 않았고, 지금은 눈으로 소를 보지 않습니다. 칼을 놀릴 때 뼈와 살이 붙어 있는 곳에서는 아무것도 걸리는 게 없습니다. 하물며 큰 뼈에 부딪히는 일이야 있겠습니까? 훌륭한 백정은 살만 베기 때문에 일 년에 한 번 칼을 바꾸지만, 보통 백정은 뼈에 칼이 부딪히기 때문에 한 달에 한 번 칼을 바꿉니다. 그러나 저는 십구 년 동안이나 이 칼을 썼지만 아직도 숫돌에 벼린 것과 같습니다."

『장자』는 백정이 얻은 도뿐만 아니라 도둑에게도 도가 있음을 말하고 있다. 전설적인 살인마이자 도둑이었던 도척(盜跖)을 따르는 무리가 두목에게 도를 물었다.

"도둑에게도 도가 있습니까?"

도척은 이 질문에 태연히 대답했다.

"어디에 간들 도가 없겠느냐? 도둑이 집 안에 감춰진 물건을 미루어 아는 것은 성(聖)이고, 앞장서서 담을 넘는 것은 용(勇)이며, 맨 나중에 나오는 것은 의(義)다. 또 가부(可否)를 아는 것은 지(知)요, 고르게 나누는 것은 인(仁)이다. 천하의 큰 도둑은 이 다섯 가지를 두루 갖추었다."

『장자』에는 이 천하의 도둑을 주인공으로 한 「도척편」이 따로 있다. 장자의 제자들은 도척을 등장시켜 공자가 소인배에 불과하다는 것을 보여주려고 노력했다. 따라서 이 일화는 장자의 추종자들이 창작해 낸 허구에 불과하다. 아무튼 이런저런 기록에 의하면, 도척은 공자의 절친한 친구인 유하계의 동생이었다. 『장자』에는 도척이 부하 9,000명을 거느리고 천하를 횡행하면서 제후들을 괴롭히고 부녀자들을 겁탈했다고 전한다. 그러자 공자는 유하계에게 자신이 도척을 설득해 사람을 만들어 보겠다고 말했다. 유하계의 만류에도 불구하고 공자는 제자 안회와 자공을 대동하고 도척에게 향했다.

도척은 공자가 왔다는 말을 듣고 그의 위선을 비난한 후 물러가지 않으면 간을 꺼내 점심 밥상에 올려놓겠다고 위협했다. 그러나 공자가 뜻을 굽히지 않자 도척은 그를 안으로 불러들였다. 그러고는 공자를 위협하기 시작했다.

"만일 네가 말하는 바가 내 뜻에 맞으면 살려줄 것이고, 틀리면 죽일 것이다."

공자가 세 가지 덕을 이야기하자 도척은 오히려 세상사를 예로 들어 공자의 말을 힐난했다. 그는 인간의 본성을 논하며 공자에게 충고했다.

"그대는 어찌하여 스스로 성인이라고 말하는가? 그대는 노나라에서 두 번씩이나 쫓겨났고, 제나라에서는 곤궁에 처했으며, 진나라와 채나라 사이에서는 7일간이나 포위당해 간신히 목숨을 연명했다. 그러니 그대의 도가 어찌 귀하다고 하겠느냐? 백이와 숙제는 고죽국의 왕위를 사양하고 수양산에서 굶어 죽어 골육마저 장사 지내지 못했고, 개자추는 진나라 문공에게 살을 베어 먹였지만 결국엔 배신당해 나무를 껴안고 불에 타 죽었으며, 충신 오자서는 죽어서 양쯔강에 버려졌고, 비간은 가슴이 쪼개지는 형벌을 당했다. 이제 내가 그대에게 사람의 본성에 대해 말하겠다. 눈은 아름다운 빛을 보고 싶어 하고, 귀는 아름다운 소리를 듣고 싶어 하며, 입은 맛있는 것을 먹고 싶어 하고, 기분은 늘 만족하려 한다. 또 사람의 상수는 100세요, 중수는 80세며, 하수는 60세다. 일생 동안 수시로 병에 걸려 앓고, 남이 죽으면 슬퍼한다. 따라서 근심하는 날짜를 제하고 나면 인생에서 웃을 수 있는 기간은 한 달에 며칠밖에 되지 않는다. 하늘과 땅은 끝이 없는데 사람의 죽음은 때가 있으니, 자기감정을 만족시키지 못하고 수명을 기를 줄 모르는 자는 도를 통한 자가 아니다."

공자는 이를 부끄러이 여기고 돌아와 유하계에 말했다.

"허겁지겁 달려가 호랑이 머리를 쓰다듬고 호랑이 수염을 가지고 놀다가 하마터면 호랑이 주둥이를 벗어나지 못할 뻔했네."

『장자』는 곳곳에서 공자를 폄하하고 있다. 공자가 51세 때 패(沛)로 가서 노자에게 도에 관해 물었다. 그때 노자는 머리를 감은 후 흐트러진 머리카락을 햇볕에 말리고 있었다. 노자가 대답했다.

"도를 바칠 수만 있다면 자기 임금에게 바칠 것이고, 진상할 수만 있다면 어버이에게 진상할 것이며, 또 알릴 수만 있다면 친지들에게 알릴 것이고, 물려줄 수 있다면 자식들에게 물려줄 것이오."

『장자』에는 공자와 그의 제자 안회와의 문답도 실려 있다. 어느 날 안회가 공자를 찾아와 말했다.

"저는 나아졌습니다."

"무슨 말인가?"

"저는 인의(仁義)를 잊었습니다."

"그러나 아직 멀었다."

다음 날 안회가 다시 말했다.

"저는 더 나아졌습니다."

"무슨 말인가?"

"예악(禮樂)을 잊었습니다."

"아직 멀었다."

또 다음 날 안회가 말했다.

"저는 앉아서 고스란히 잊었습니다."

"어질구나!"

공자는 『논어』에서 "아침에 도를 얻으면 저녁에 죽어도 여한이 없다"

고 말했다. 정말 그가 도를 얻었는지는 알 수 없다.

　장자의 추종자들은 공자가 얻으려 했던 도를 현세의 이름과 이익을 얻기 위한 처세술쯤으로 비하했다. 그래서 그들은 "나무의 밑동을 깎아 그릇을 만드는 것은 목공의 죄요, 도덕을 폐하고 인의를 만든 것은 성인의 허물"이라며 공자의 가르침을 우습게 여겼다. 그뿐만 아니라 그들은 성인이라 불리는 자야말로 큰 도둑을 위해 물건을 쌓아 놓고 이를 지켜 주는 자라고 공격했다.

　장자의 추종자들이 독설을 퍼부을 수 있었던 것은 공자가 권력의 힘에 기대어 뜻한 바를 이루려 했음에도 끝내 그것을 이루지 못했기 때문일 것이다. 장자는 권력 대신 은둔을 택했다. 장자와 공자 중 누구에게 더 후한 점수를 줄 것인가는 순전히 당신의 판단에 달려 있다. 그러나 우리는 아직 본질적인 문제에 접근하지 못하고 있다. 그들은 어떻게 깨달음에 이르렀으며, 그 세계에서 무엇을 보았던 것일까.

화두의 비밀

　관념적이고 추상적인 문제에 접근하기 위해 깨달음에 이르는 하나의 과정, 즉 화두(話頭)에 대해 알아보자. 공안(公案)이라고도 하는 화두는 수많은 선사가 깨달음을 보여 주었던 징표인 동시에, 제자의 깨달음을 공인하는 증거이기도 했다. 따라서 선사들이 남긴 화두를 살펴보면 깨달음의 세계가 어떤 것인지 조금은 짐작할 수 있을 것이다.

　앞에서 밝혔듯이 최초의 화두는 붓다가 꽃 한 송이를 들어 대중에게 보였을 때 가섭만 미소를 지었다는 '염화미소'에 그 기원을 두고 있다. 이

후 가섭은 선종의 시조가 되었고, 붓다의 십대 제자 중 두타제일(頭陀第
一)로 인정받았다.

중국 최초의 화두는 『장자』에 나온다. 노자의 제자 경상초에게 남영
추라는 호기심 많은 제자가 있었다. 경상초는 남영추의 계속되는 질문
에 답이 궁해지자 노자에게 보내 답을 구하라고 일렀다. 남영추는 7일
동안 남쪽으로 내려가 노자를 만났다. 노자는 남영추를 보자 대뜸 이렇
게 물었다.

"경상초가 보내서 왔는가?"

"그렇습니다."

"그런데 무얼 그리 많이 데리고 왔는가?"

노자는 남영추가 품고 있는 수많은 의문, 즉 머릿속에 헝클어진 망상
들을 본 것이다. 이 화두는 훗날 조주 선사(從諗)가 써먹었다. 어느 날 초
심자가 조주 선사를 찾아와 겸손한 자세로 말했다.

"빈손으로 왔습니다."

"그럼 내려놓게."

"무엇을 내려놓습니까?"

"그럼 계속 들고 있게."

아마 『장자』에 나오는 글귀 중에서 화두에 가장 근접한 것은 '하늘이
움직이는가, 땅이 가만히 있는 것인가(天其運乎 地其處乎)' 하는 물음일 것
이다. 이 화두 역시 중국 선종의 제6조 혜능이 인종 법사와 만날 때 써
먹는다. 혜능이 스승 홍인으로부터 법을 전수받은 뒤 649년에 광둥성의
법성사에 도착했다. 그때 인종 법사가 『열반경』을 강의하고 있었는데, 그
가 바람에 펄럭이는 깃발을 가리키며 대중에게 물었다.

"움직이는 것은 바람인가 깃발인가?"

사람들이 대답을 놓고 서로 다투자 혜능이 나섰다.

"움직이는 것은 마음입니다. 법은 처음부터 그대로 있습니다."

그 대답을 들은 인종 법사가 물었다.

"거사는 어디에서 왔습니까?"

"본디부터 온 일이 없으므로 이제 새삼 가는 일도 없습니다."

이를 계기로 인종 법사는 혜능을 화상으로 모시고 스스로 제자가 되었다고 한다. 하지만 이 화두는 이전의 기록에는 나타나지 않고, 775년에 기록한 『역대법보기』에 처음 등장하기 때문에 후대에 편찬자가 『장자』를 참조해 첨가했을 가능성이 크다.

『장자』에 나오는 또 다른 화두는 이렇다. 어느 날 동곽자가 장자에게 물었다.

"도가 어디에 있습니까?"

"없는 곳이 없소."

"그럼 어디에 있습니까?"

"청개구리나 개미에게도 있소."

"어찌 미천한 것에 있습니까?"

"기장이나 피에게도 있소."

"어째서 더 미천한 것으로 내려가십니까?"

"똥이나 오줌에도 있소."

이것은 중국의 선사들이 가장 애용해 온 화두 중 하나다. 어떤 스님이 조주 선사에게 물었다.

"개에게도 불성이 있습니까?"

"무(無)!"

"일체중생이 모두 불성이 있는데 어찌 개에게만 없습니까?"

"그놈에게 업식(業識)이 있기 때문이다."

다른 학승이 물었다.

"개에게도 불성이 있습니까?"

"있다."

"이미 있다면 어찌하여 저런 가죽 주머니에 들어가 있습니까?"

"알면서도 짐짓 범했느니라."

조주의 '무자(無字)'는 선가에서 가장 유명한 화두 중 하나다. 남송 시대의 무문혜개는 그때까지 전해 내려오는 48개의 화두를 모아 해설을 붙인 『무문관(無門關)』을 썼다. 그는 이 책에서 조주의 화두를 다음과 같이 설명하고 있다.

"그대들은 380개의 뼈마디와 8만 4,000의 털구멍으로 의심을 일으켜 무(無)와 대결하라. 밤낮으로 무를 제기하되 헛된 이해에 빠지지 말고, 있다거나 없다거나 하는 분별에 빠지지 마라. 마치 뜨거운 쇳덩이를 삼켜서 아무리 토하려 해도 토할 수 없을 때가 되면 틀에 갇힌 지식이나 분별의 한계를 다하여 점차로 안과 밖의 구별이 없어지고, 흡사 벙어리가 꿈을 꾸듯 나만이 홀로 아는 것처럼 갑자기 눈이 탁 트이게 되면 하늘이 움직이고 땅이 놀랄 정도에 이른다. 이것은 관우가 큰 칼을 탈취하여 수중에 넣은 것과 같아서 부처를 만나면 부처를 죽이고 조사를 만나면 조사를 죽여, 삶과 죽음의 백척간두에서 대자재(大自在)를 얻어 육도사생(六道四生)의 한가운데를 향하여 유희 삼매를 얻으리라."

『무문관』의 기록을 보면 깨달음의 비밀 중 하나가 마음속의 '분별'을 없애는 것임을 알 수 있다. 이것은 무와 유는 한 근원에서 나온 것이며, 오직 이름만 다르다는 노자의 생각과 같다. 또 선과 악은 애초부터 없는 것인데, 그것을 인식하려고 하므로 선악의 개념이 생긴다는 『도덕경』

의 주장과도 일치한다. 분별을 없애는 것이 도라는 깨우침은 중국 선종의 제3대 조사 승찬이 지었다는 『신심명(信心銘)』에 간결하게 요약되어 있다. 그는 말한다. "도에 이르기는 어렵지 않나니, 다만 분별을 피하면 된다(至道無難 唯嫌揀擇)."

혜능이 바람에 펄럭이는 깃발을 보고 말했다는 '움직이는 것은 그대 마음'이라는 화두도 결국은 분별을 없애고 본래의 진면목을 찾으라는 것이다. 지식의 한계를 뛰어넘어 안과 밖의 구별이 없어질 때 깨달은 자는 비로소 대자유의 길에 이른다. 여기에 중국 선가(禪家)의 첫 화두인 혜능과 명상좌의 문답이 자리하고 있다.

"선의 요지는 무엇입니까?"

"네가 태어나기 이전의 본래 모습은 무엇인가(父母未生前本來面目)?"

이제 당신은 마음속의 망상이나 분별을 없애고 진면목을 보는 것이 깨달음이라는 사실을 알았다. 그렇다면 진면목이란 무엇인가?

산은 산이 아니고, 물은 물이 아니다

중국 불교에서 처음부터 화두가 중시된 것은 아니었다. 사실 화두의 중요성을 처음 설파한 사람은 당 후기의 선사 황벽희운이며, 이후 송대의 선승 대혜종고에 의해 간화선(看話禪)이 정착되었다. 그렇지만 화두는 중국 선종의 창시자인 달마 이후 꾸준히 등장하고 있다. 그들은 스승과 제자 사이에서 이루어진 선문답이야말로 진리의 본질을 함축하고 있는 것이라고 믿었지만, 명쾌한 질문과 모호한 대답 사이에 존재하는 엄청난 괴리감 때문에 쉽게 다가갈 수 없는 것으로 여겼다.

"마음이 편하지 않습니다. 제 마음을 편하게 해 주십시오."

"네 마음을 가져오너라."

"마음을 찾을 수가 없습니다."

"이미 네 마음은 편안해졌다."

안심문답(安心問答)으로 알려진 이 화두는 달마와 제자 혜가 사이의 문답으로 전해지고 있다. 하지만 혜가도 이를 똑같이 인용했다. 나중에 제자가 되는 승찬이 혜가를 찾아와 말했다.

"제 죄를 참회시켜 주십시오."

"너의 죄를 가져오너라."

"찾을 수가 없습니다."

"이제 멀리 내다 버려라."

이 문답은 혜가의 비문에 기록되어 있으며, 952년에 기록된 『조당집 (祖堂集)』에도 등장한다. 또 혜가는 다른 제자가 번뇌를 끊는 법을 가르쳐 달라고 하자 번뇌를 가져오라고 말한다. 이 정도면 알아들었을 법도 한데 승찬의 제자 도신이 다시 묻는다.

"해탈의 법을 일러 주십시오."

"그대를 속박하는 것이 있는가?"

"없습니다."

"속박하는 것이 없는데 어째서 해탈을 구하는가?"

여기에 이르러 당신은 선종에서 흔히 말하는 '마음이 곧 부처(心卽佛)' 라는 말을 이해했을 것이다. 모든 것은 마음에 달려 있다. 앞에서 지적했듯이 『티베트 사자의 서』에 나오는 지옥의 모습은 당신의 마음이 만들어 낸 망상이며 허깨비일 뿐이다. 깨달음이란 바로 이 망상을 제거하는 것이며, 이 망상이 무명(無明)으로부터 생겨난다는 것을 아는 것이다.

어찌 보면 안심문답은 초보자를 위한 선문답 같다. 훨씬 후에 등장하는 선사들은 이 화두를 문학적으로 가다듬고 문제의 본질을 일상에 비유함으로써 해석을 더욱 어렵게 만들었다.

남천 선사(普願)의 유명한 화두가 있다. 어느 날 육궁 대부가 물었다.

"옛날 어떤 사람이 병 속에 거위 새끼를 키웠습니다. 거위가 자랐는데 그걸 어떻게 꺼내겠습니까?"

"대부!"

"예?"

"병에서 나온 새를 보았는가?"

선사들은 제자들에게 곧잘 이 화두를 들이댔기 때문에 수십 년 동안 수행해 온 스님들도 골치 아프기는 마찬가지였을 것이다. 만약 당신에게 똑같은 질문을 한다고 하자. 얼마 전에 내가 병 속에 새 한 마리를 넣었다. 그 새는 병 속으로 던져 주는 모이를 먹고 무럭무럭 자랐다. 그런데 병의 목이 너무 좁아 새는 밖으로 나올 수 없다. 하지만 나는 새를 꺼내야 하고, 그 병을 깨고 싶지 않다. 방법이 없는가? 아무리 현명한 당신도 금방 해답을 찾지는 못할 것이다. 그러나 이 물음을 던지는 사람의 의도가 무엇인지 파악한다면 해답을 찾는 데 도움이 될 것이다. 당신에게 묻는 사람은 이미 깨달은 자다. 그리고 그는 수많은 선배가 써먹었던 방법을 잘 알고 있다. 앞에서 예로 들었던 화두들을 잘 곱씹어 보면 당신은 낙제를 면할 수 있다.

그가 묻는 것은 병 속에 있는 새가 아니라 당신이 가두고 있는 새다. 새는 병 속에 들어 있는 것이 아니라 당신의 머릿속에 들어 있다. 새는 곧 당신이기 때문이다. 그가 말하고 싶었던 것은 당신 속에 가두어 두고 있는 새를 직시하라는 것이다. 당신 속에 새가 없다면 당신은 이미 깨달음을 얻은 것이다. 그것은 혜가가 스승에게 마음을 내보일 수 없었던 것과 같다.

깨달음에 이르는 길은 오히려 간단할 수도 있다. 힌두교에서는 신화적 언어를 사용함으로써 그것을 우회한 반면, 불교와 도교는 그 역설을 차라리 드러내려고 했다. 즉 화두는 가장 극단적인 방법으로 논리와 추론의 한계를 깨닫게 하는 데 목적이 있으며, 사유 과정을 정지시키기 위해 치밀하게 고안된 것들이다. 거기에 언어의 문법 따위는 필요치 않다. 그러므로 상대방이 쉽게 풀지 못하면 무엇이든 화두가 될 수 있다. 억지 같이 보이는 이 말이 사실이라면, 당신은 수많은 화두 중에서 절반 이상을 풀어낼 수 있다.

성철 스님이 조계종 종정에 취임할 때 말했다는 "산은 산이요, 물은 물이다"라는 화두를 기억하고 있을 것이다. 이 화두 역시 성철 스님의 창작은 아니다. 일찍이 송나라의 청원 선사(惟信)는 이렇게 말했다.

"내가 깨닫기 이전에 강은 강이었고 산은 산이었다. 또 내가 깨닫기 시작했을 때 강은 강이 아니었고 산은 산이 아니었다. 그러나 내가 완전히 깨달았을 때 강은 다시 강이요, 산은 다시 산이다."

그러나 청원 선사도 일찍이 운문종을 열었던 문언 선사의 '산은 산이요, 물은 물이다'라는 말을 빌려 온 것이다. 더 멀리 거슬러 올라가면 이 화두는 『장자』에 나오는 백정이 처음엔 소를 보았고, 3년 후에는 소가 보이지 않았으며, 지금은 소를 보지 않게 되었다는 득도 과정과 같다. 운문이 깨달음의 절정을 보여 준 것이라면, 청원은 '산을 산으로' 볼 수 있기까지의 과정을 말하고 있다. 성철 스님은 스스로 깨달음의 경지에 이르렀음을 이 한마디로 세상에 알린 것이다.

안심문답에 대한 해답은 법안종의 시조 문익 선사가 가장 쉽게 가르쳐 준다. 문익 선사가 행각에 나섰다가 폭설로 길이 막혀 어느 사찰에 머물게 되었고, 계침 선사를 만났다. 계침 선사가 그를 전송하며 물었다.

"색계·욕계·무색계가 모두 마음에 있다고 한다. 그렇다면 저 돌멩이는 마음 안에 있는가, 마음 밖에 있는가?"

"마음 안에 있습니다."

"떠돌아다니며 수행하는 사람이 무슨 이유로 돌덩이를 마음에 넣고 다니는가?"

문익 선사는 선배들의 오랜 가르침에도 불구하고 미처 깨닫지 못했던 것이다. 마음은 안에 있지도 않고 밖에 있지도 않다. 또 존재하지 않으면서 존재한다. 그러나 그것을 볼 수 없는 것은 있고 없음을 가리려고 하기 때문이다. 그 존재를 가려내려고 하는 분별하려는 마음을 지워야 한다. 깨달은 자는 그저 전존재(全存在)로 바라볼 뿐이다. 거기에 의미 같은 것은 없다.

그림자와 손가락

『달마어록』에 이런 구절이 있다. "무릇 그림자는 자기 몸으로 말미암아 생겨나고 울림은 소리를 좇아 생겨난다. 어리석은 자는 그림자를 잡으려다 피로에 지치고, 자기가 그림자의 근본이란 것을 알지 못한다."

이 대목을 『장자』에 나오는 구절과 비교하면 유사하다는 것을 알 수 있다. 공자가 길을 가다가 한 사람의 어부를 만났는데, 주제넘게도 어부는 공자에게 대뜸 이렇게 충고한다.

"그림자를 두려워하고 제 발자국을 싫어해서 그것을 버리려고 달아나는 자가 있었소. 그러나 발을 들면 들수록 발자국은 더욱더 많아지고, 빨리 뛰면 뛸수록 그림자는 계속 쫓아왔소. 그래서 그는 아직도 걸음이 느려서 그런 줄 알고 쉬지 않고 뛰다가 마침내는 힘이 빠져 죽고 말았소. 그늘 속으로 들어가면 그림자가 없어지고 가만히 서 있으면 그림자가 멈춘다는 것을 알지 못했기 때문이오."

중요한 것은 본질을 보는 것이다. 혜능과 함께 홍인의 뛰어난 제자였던 신수는 "다리는 흐르고 물은 흐르지 않는다(橋流水不流)"는 말을 남겼다. 이는 곧 그림자는 없어져도 그 본질은 사라지지 않는다는 것을 의미한다.

이 화두 역시 조주에 이르러 다시 등장한다. 조주가 머무는 절 앞에 돌다리가 있었는데 한 스님이 찾아와 물었다.

"오래도록 조주의 돌다리에 대해 들어왔으나 와 보니 외나무다리만 보입니다."

"그대는 외나무다리만 볼 뿐 조주의 돌다리는 보지 못하는구나."

"무엇이 돌다리입니까?"

"어서 건너오너라."

조주는 눈에 보이지 않는 본질을 말하고 있다. 고려의 선승 보우 역시 대도무문(大道無門)이라는 말을 남겼다. 고려 공민왕 때 왕사였던 그는 삼각산 중흥사의 주지로 취임할 때 절 문을 가리키며 "큰 도는 문이 없는데, 스님들은 대체 어디로 들어가려고 하는가"라고 말했다. 깨달음은 볼 수 없고, 들을 수 없으며, 말할 수 없고, 만질 수도 없다. 그렇다면 어떻게 깨달음에 이를 수 있다는 것일까? 화두를 곱씹으며 명상 수행하면 깨달음을 얻을 수 있을까? 안타깝게도 그 방법을 알려 준 스승은 없었다. 하지만 상식적인 행위에서 일탈하지 않으면 깨달음을 얻을 수 없는 것만큼은 분명해 보인다.

깨달음을 얻고 싶다면 먼저 본질을 보아야 한다는 것쯤은 알고 있을 것이다. 그 본질에 접근하기 위해 구지 선사의 일화를 소개하는 것이 좋겠다. 그는 누군가 자신에게 질문만 하면 말없이 손가락 하나를 세우는 것으로 대답을 대신했다. 어느 날 선사가 자리를 비운 사이 손님이 찾아와 스님을 모시는 동자에게 물었다.

"스님이 어떤 법을 가르치시는가?"

동자는 스승의 흉내를 내어 손가락 하나를 세워 보였다. 손님은 영문을 모른 채 고개를 갸우뚱거리다가 돌아갔다. 구지 선사가 돌아오자 동자는 손님이 왔다 갔다는 사실을 전했다.

"그래, 손님이 아무런 말씀도 하지 않더냐?"

"스님께서 어떤 법을 가르치시냐고 물었습니다."

"그래, 뭐라고 대답했느냐?"

동자는 얼른 손가락 하나를 세워 보이며 말했다.

"이렇게 했지요."

순간 선사는 주머니에서 칼을 꺼내 동자의 손가락을 싹둑 잘라 버렸다. 동자는 울면서 밖으로 달아났다. 그때 갑자기 선사가 동자를 불러 세우더니 손가락 하나를 세워 보였다. 동자 역시 무심코 손가락을 세웠다. 그러나 동자에게는 손가락이 있을 리 없었다.

이 일화가 난해하다면 문익 선사의 예를 하나 더 드는 것이 좋겠다. 한 스님이 문익 선사에게 물었다.

"손가락은 묻지 않겠습니다만 무엇이 달입니까?"

"무엇이 그대가 묻지 않겠다는 손가락인가?"

"그럼, 달은 묻지 않겠습니다만 무엇이 손가락입니까?"

"달이지."

"손가락을 물었는데 어째서 달입니까?"

"그대가 손가락을 물었기 때문이지."

두 가지 예는 서로 달라 보이지만 가리키는 바는 같다. 손가락은 곧 수단이며, 허깨비이며, 당신이 보고 있는 현실이다. 하지만 손가락이 가리키는 본질은 따로 있다. 물론 깨닫지 못한 자는 손가락이 가리키는 본질을 바라볼 수 없다. 당신은 손가락이 가리키는 달을 보는 것이 아니라 손가락 끝을 바라보고 있다.

모든 가르침과 경전은 하나의 달을 가리키고 있다. 따라서 경전을 읽고 수행을 하는 것은 그것이 가리키고 있는 달로 다가가기 위해서다. 열쇠는 달에 있는 것이지 손가락에 있는 것이 아니다. 그러므로 진정한 깨달음을 얻은 자는 달을 보면서 손가락을 잊는다. 일찍이 붓다는 강을 건넌 다음에는 뗏목을 버려야 한다고 말한 바 있다.

손가락 비유가 선사들의 전유물이었던 것은 아니다. 『장자』에는 "손가락을 가지고 손가락이 아닌 것을 깨우치는 것은 손가락 아닌 것을 가지고 손가락이 손가락 아님을 깨우치는 것만 같지 못하다"라는 구절이 나온다. 선사들은 그 대목에 깊은 감명을 받은 듯하다. 손가락이 아닌 것을 가지고 달을 깨우치는 것이야말로 중국 선종의 정수인 돈오(頓悟)인 것이다.

대승불교의 정점에 있는 돈오는 깨우침을 증명하기가 쉽지 않기 때문에 스승으로부터 인증을 받는 수밖에 없었다. 돈오는 한순간에 깨달음을 얻는 것이기 때문에 경전을 공부하거나 수행하는 승려들을 우습게 여기는 폐해를 낳았다. 당의 승려 유엄은 평소 제자들에게는 경전을 보지 말라고 가르쳤다. 그러면서도 자신은 대승경전을 열심히 탐독했다.

그 모습을 본 한 스님이 물었다.

"스님, 왜 불경을 읽으십니까?"

"경을 눈앞에 놓았을 뿐 읽은 적이 없다."

"그럼 우리도 경을 눈앞에 놓으면 되겠군요?"

"나는 눈앞에 놓았을 뿐이지만, 너희는 글자가 네놈을 보고 있는 걸 어찌 막을 게냐?"

경전과 수행을 가벼이 여기는 풍조는 도일 선사에 이르러 절정에 이른다. 회양 선사가 반야사 주지로 있을 때 도일이 찾아왔다. 회양이 도일에게 물었다.

"좌선을 왜 하는가?"

"성불하려고 합니다."

그러자 회양은 아무 말 없이 기와 하나를 숫돌에 갈기 시작했다. 도일이 물었다.

"기와는 왜 가십니까?"

"거울을 만들려고."

"기와로 어떻게 거울을 만들 수 있습니까?"

"돌을 갈아 거울을 만들 수 없다면 좌선해서 성불할 수도 없지."

"그러면 어떻게 해야 합니까?"

"소달구지가 움직이지 않으면 달구지에 채찍질해야 하느냐, 아니면 소에게 채찍질해야 하느냐?"

결국 회양은 손가락을 버릴 것을 요구한 것이다.

한 스님이 도일의 제자 혜해에게 물었다.

"스님도 도를 닦을 때 수행을 하십니까?"

"그렇지."

"어떻게 수행을 하십니까?"

"배고프면 먹고 피곤하면 자지."

이런 예는 한국에도 있다. 조선 중종 때의 승려 지엄이 불도를 얻기 위해 처음으로 정심 선사를 찾아갔다. 두 스님은 토굴에서 살며 날마다 나무를 해서 팔았다. 초조해진 지엄이 스승에게 물었다.

"부처는 누구입니까?"

"오늘은 바빠서 말해 줄 수 없다."

"스님이 깨친 것만 일러 주십시오."

"내일 말해 주겠다."

지엄은 3년이나 기다렸으나 아무런 대답도 들을 수가 없었다. 화가 치민 지엄은 마침내 산에서 내려갔다. 지엄이 떠났다는 소리를 듣고 선사는 공양주 보살에게 그 이유를 물었다.

"도를 가르쳐 주지 않아서 떠나겠다고 했습니다."

"무식한 놈, 내가 안 가르쳐 줬나? 제가 그 도리를 몰랐지. 자고 나서 인사할 때도 가르쳐 줬고 산에 가서 나무할 때도 가르쳐 줬는데."

"그런 것이 도인가요?"

"도가 따로 있나? 따로 있으면 도가 아니고 번뇌지."

그러면서 선사는 토굴 밖으로 뛰어나가 지엄을 소리쳐 불렀다. 지엄이 뒤돌아보자 선사가 소리쳤다.

"지엄아, 내 법 받아라!"

이런 일화들은 도가 따로 있는 것이 아니라 우리의 일상에 녹아 있음을 보여 주는 것이다. 이 논리는 스승으로부터 깨우침을 인정받는 조사선(祖師禪)이 정점에 이른 도일 이후에 중국 불교를 지배하게 된다. 그들의 논리에 따르면 돈오는 깨치고자 하는 것이 아니라 이미 모두가 깨우쳐 있음을 확인하는 것뿐이다. 따라서 선종은 부처가 되는 것을 목적으로 하지 않는다. 중생이 본래 부처이므로 자신이 부처라는 사실만 깨달으면 된다. 그러므로 당신은 깨닫기 위해 애쓸 필요가 없다. 평상심이 곧 도요, 당신이 곧 부처이기 때문이다. 문제는 당신이 부처임을 보지 못하는 것이다. 이 점을 깨닫지 못한 중생은 스승에게 끊임없이 질문을 해댄다.

한 스님이 조주 선사에게 물었다.

"가장 급한 일이 무엇입니까?"

조주 선사는 자리에서 일어서며 그에게 말했다.

"오줌 좀 눠야겠다. 이런 사소한 일도 이 늙은 중이 직접 해야 하는구나."

또 한 스님이 물었다.

"저는 공부한 지 얼마 되지 않았습니다. 잘 지도해 주십시오."

"아침은 먹었느냐?"

"예."

"그럼, 어서 가서 밥그릇이나 씻어라."

당신이 깨달음에 이른 선사라 할지라도 제자의 질문에 정답을 알려주는 우는 범하지 않을 것이다. 만일 당신이 제자에게 "네가 부처다"라고 말했다고 해서 그가 깨달을 수 있는 것은 아니기 때문이다. 깨달음에 이르는 길은 멀고 고단하다. 오직 홀로 깨달아야 하는 것이기 때문이다. 그래서 선사들은 제자들의 바보 같은 질문에 효과적으로 대응할 방법을 찾아내지 않으면 안 되었다. 그것은 제자의 모든 사유 활동을 정지시키고 의문 자체를 일으키는 내면으로 되돌아가 자신의 본질을 꿰뚫어보도록 하는 것이었다.

어떤 스님이 문언 선사에게 물었다.

"어떤 것이 부처를 뛰어넘고 조사를 뛰어넘습니까?"

"호떡!"

보원 선사의 제자였던 경잠 선사에게 한 스님이 물었다.

"평상심이 어떤 것입니까?"

"졸리면 자고 앉고 싶으면 앉는다."

이것은 원(源) 율사가 "어떤 수행을 하십니까"라고 물었을 때 혜해가 "배고프면 먹고 졸리면 자지"라고 답한 것과 같다.

물론 선사들이 배고프면 먹고 졸리면 자는 것으로 수행을 대신한 것은 아니다. 그들은 오랜 고행과 수행 끝에 깨달음을 얻었으며, 어떤 상황에도 마음이 흔들리지 않은 부동심의 경지에 이른 사람들이었다. 그러나 미처 깨달음에 이르지 못한 땡추가 곧잘 선사 흉내를 냄으로써 교단을 어지럽혔다. 특히 선종의 깃발이 드세게 휘날리던 당나라 때에는 이런 풍조가 만연한 듯하다. 그래서 회해는 선가의 규칙을 세우고 "하루 일하지 않으면 하루를 굶는다(一日不作 一日不食)"고 천명했다.

달마가 서쪽에서 온 까닭은

중국 불교에서 가장 많이 등장하는 화두는 '달마가 서쪽에서 온 까닭은 무엇인가'이다. 이는 곧 불법의 요지가 무엇인가라고 묻는 것과 같다. 스님 대부분이 스승에게 이 질문을 던졌다. 그러나 스승이 이 질문에 곧이곧대로 대답할 것이라고 믿는 것은 어리석은 생각이다. 제자의 질문에 조주는 '뜰 앞의 잣나무(庭前柏樹子)'라고 대답했으며, 무학(無學)

선사는 용아가 물었을 때 갑자기 목판으로 내리치는 것으로 답을 대신했다. 용아는 다시 의현 선사에게 물었으나 그 역시 후려치는 것으로 답을 끝냈다.

또 문익이 혜각 스님에게 "조주 선사는 뜰 앞의 잣나무라고 했다는데 사실입니까"라고 묻자 혜각은 "조주 스님을 비방하지 마십시오"라고 답했다. 또 도일은 한 스님의 물음에 "상다리!"라고 대답했으며, 다른 스님의 물었을 때에는 "그대가 조사의 뜻이라고 부르지만 않았다면 오히려 그런 건 있지도 않다"고 대답했다. 한 걸음 더 나아가 그는 법회 스님이 물었을 때 한 방 후려치고는 "셋이서는 함께 역모를 꾸미지 않는 법이라네"라고 말했다.

한 가지 질문에 선사들은 각각 다른 답을 내놓았다. 그들의 답을 이해하기는 쉽지 않지만, 정답에 좀 더 가까이 다가가려면 달마의 시대로 거슬러 올라가야 한다. 달마 선사가 중국에 도착한 것은 520년경으로 추정된다. 그에 관한 기록은 미미하다. 그러나 달마는 실존 인물이었으며, 중국에 건너와 기존 불교와는 전혀 다른 선종(禪宗)의 씨앗을 뿌렸다. 제자들은 그의 가르침을 기록해 『달마어록』을 남겼는데, 적어도 당나라 측천무후 이후 여러 종류의 『달마어록』이 유포되었던 것으로 추정된다. 여러 위본이 나돈 것은 달마를 초대 조사로 받드는 선종의 분열에 그 원인이 있었다. 물론 달마는 한 권의 저술도 남기지 않았고, 번역은 물론 대중설법도 하지 않았다. 따라서 『달마어록』은 추종자들에 의해 작성된 것이다.

『달마어록』을 살펴보면 선종의 요지를 대략 파악할 수 있다. 그는 먼저 지식에 의한 분별을 경계한다. 즉 우리가 경험하는 현실세계는 실체가 아니기 때문에 존재와 비존재를 구별하는 것은 부질없는 짓이다. 따라서 선악이나 옳고 그름은 있을 수 없다. 사물은 생겨나도 생겨나는 것이 아니고, 소멸해도 소멸하는 것이 아니며, 움직여도 움직이는 것이 아니고, 평온해도 평온한 것이 아니다. 부처도 형상을 가지고 있지 않다. 그러므로 우리의 눈으로는 부처를 볼 수 없다. 부처를 보려면 눈을 통해서가 아니라 그것을 '보지 않는 방법'으로 보아야 한다. 진리 역시 소리가 없으므로 듣지 않는 방법으로 들을 수 있어야 한다.

깨달음을 얻으려고 노력하는 것조차 망상이며 집착이다. 사물에 사로잡히지 않으려는 사람도 결국은 사로잡히지 않으려는 것에 사로잡혀 있기 때문이다. 그러므로 깨달음을 얻으려는 사람은 깨달음에 대한 집착을 버려야 한다. 집착은 자아를 완전히 지울 때만 사라질 수 있다. 무릇 의식적으로 분별하는 모든 것이 꿈에 지나지 않는다. 진실로 깨달은 자에게는 꿈이 없으며, 꿈꾸고 있을 때에는 참된 깨달음이 없다. 분별하는 것은 의식적인 망상일 뿐이며, 꿈속의 지혜에 지나지 않는다. 따라서 깨달은 사람도 없고 깨달을 수 있는 사람도 없다. 만약 진리를 깨달은 자가 있다면 스스로도 깨달았다는 것을 알지 못하기 때문에 스스로 깨닫는 것조차 존재하지 않는다. 결국 분별하려는 의식이 사라지지 않는 한 모두 헛된 꿈에 지나지 않는다.

헛된 망상은 마음속에 두려움이 없을 때 제거된다. 자기 마음이 본디 비어 있다는 것을 안다면 마음은 아무것에도 지배되지 않는다. 우리가 바라보는 물질은 단순한 대상이 아니라 마음이 그려 낸 것에 불과하다. 따라서 마음의 본바탕을 본 자는 깨달을 필요가 없다. 그것은 해탈을 가지고 해탈을 찾는 것과 같다. 따라서 당신은 법을 찾을 필요가 없다. 당신의 마음이 곧 진리요, 부처이기 때문이다. 범부의 마음도, 보살의 마음도, 부처의 마음도 일으키지 않고 어떠한 분별도 일으키지 않을 때 비로소 해탈에 이르는 것이다. 거기에 무슨 설명이나 글자가 필요할 것인가(爲有言說文字以不).

도를 얻은 사람은 옳고 그른 것을 분별하지 않는다. 성인이 어려움에 처해도 고뇌하지 않고, 즐거움을 만나도 발목 잡히지 않는 것은 스스로에게 얽매이지 않기 때문이다. 번뇌가 생기는 것은 자기에게 얽매여 있기 때문이며, 삶과 죽음도 스스로에게 얽매여 있기 때문이다. 그러나 해탈의 길에 접어들면 자기마저 부정하게 된다. 나(我)가 없으면 옳고 그름을 가리는 마음조차 일어나지 않기 때문이다. 중생의 삶과 열반도 본질은 같은 것이므로 둘 다 버려야 한다. 그러므로 진정으로 깨달은 자는 생사(生死)를 버리지 않는다. 생사 그대로가 바로 깨달음이며 열반이기 때문이다.

달마가 내린 결론은 이렇다. 세상의 모든 존재는 자성(自性)이 없다. 그것은 생기지도 사라지지도 않는 그대로 비어 있다. 본래 온 곳이 없으므로 생겨난 것도 아니다. 생겨난 것이 아님을 알게 된다면 사라지는 일도 없다는 것을 알게 된다. 이것이 곧 깨달음이다.

중국 선종 제4대 조사 도신은 "해탈이란 부처를 생각하는 일도 없이, 마음을 붙잡는 일도 없이, 마음을 지키는 일도 없이, 마음을 의식하는 일도 없이, 명상하는 일도 없이, 관찰하는 일도 없이, 동요하는 일도 없이, 모름지기 되어 가는 대로 맡겨 두는 것"이라고 말했다. 이런 삶이야말로 물 같은 삶이자 거울 같은 삶이다. 거울에 비친 당신은 당신이 거울 속으로 들어간 것도 아니요, 거울이 당신 속으로 들어온 것도 아니다. 따라서 마음은 안에 있는 것도 밖에 있는 것도 아니며, 더욱이 중간에 있는 것도 아니다.

이제 당신은 달마가 서쪽에서 온 까닭을 대충 짐작했을 것이다. 그렇다면 왜 그토록 많은 수행자가 이 간단한 깨달음의 길을 알지 못했던 것일까? 아마 그것은 달마의 지적대로 그들이 깨닫고자 하는 의지를 갖고 있었기 때문이었을 것이다. 많은 선사가 말했듯이 의식적인 분별심을 가지고는 깨달음의 길에 다다를 수 없다. 온전한 체득, 자아의 존재를 말끔히 무화시키는 것만이 해탈의 길, 대자유의 길에 이를 수 있게 한다. 깨닫고자 한다면 먼저 자기 의지를 폐기해야만 한다. 수행자의 딜레마는 바로 여기에 있었다. 자기 의지마저 지워 버리는 경지는 쉽게 이루어지는 것이 아니기 때문이다. 달마의 수제자 혜가는 진리의 주체를 깨달은 사람은 갠지스강의 모래알만큼이나 많은 사람 중에 고작 한 사람이 있을까 말까 할 정도라고 밝힌 바 있다.

중국 선종에서 가장 오래된 역사서 중 하나인 『능가사자기』는 713년에서 716년 사이에 현색이 편찬한 것이다. 현색에게 가르침을 받은 정각이 책의 서문을 썼는데, 그는 서문에서 깨달음의 어려움을 이렇게 표현했다. "항상 듣고 싶고 읽고 싶어도 대롱 구멍으로 하늘을 보는 것과 같이 보잘것없는 지혜로는 알 턱이 없고, 마음을 가라앉히고 좌선을 해 보아도 어리석은 자의 이해가 미치지 못한다."

『능가사자기』는 달마를 초대 조사로 삼지 않고, 『능가경』을 처음 번역한 남송의 구나바드라를 초대 조사로 삼고 있다. 달마가 등장하기 이전에 이미 구나바드라는 "부처는 새삼 부처가 되지 않으며 사람들을 제도하는 일도 없다"고 말했다. 따라서 중국 선종의 전통은 인도의 대승불교에서 비롯되어 달마 이전에 이미 중국에 존재하고 있었다. 그들이 노장사상과 결합되어 독특한 중국 불교를 만들어 낸 것이다.

온통 부처를 찾는 놈들뿐이니

중국 선종의 전통은 임제종의 개조 의현 선사에 이르러 절정에 달한다. 그의 가르침은 거의 독설에 가깝다. 한 스님이 물었다.

"불법의 요지는 무엇입니까?"

"허공에다 말뚝을 박아서는 안 된다."

의현 선사는 제자들을 깨우치기 위해 할(喝)과 방(榜)을 주로 사용했다. 할은 고함쳐 꾸짖음이요, 방은 몽둥이로 내리치는 것을 말한다. 많은 제자가 그 앞에서 귀가 멀고 두개골이 흔들렸으며, 느닷없는 몽둥이 찜질에 놀라 쫓겨 가기도 했다. 그는 법문을 통해 자신이 깨달은 바를 거침없이 토해 냈다.

"도반이여! 보살은 날품팔이하는 놈이고, 깨달음 또한 칼 쓰고 족쇄 찬 꼴이며, 깨달은 자는 뒷간의 똥오줌과 같고, 보리와 열반은 나귀 매는 말뚝과 같다. 부처의 가르침은 더러운 쓰레기에 불과하고, 부처는 허깨비며, 조사란 늙은 비구에 지나지 않는다. 그대가 부처를 구하면 부처라는 마(魔)에 붙잡히고, 조사를 구하면 조사라는 마에 붙잡힌다. 그대가 구하는 족족 고통이니 가만히 있는 것만 같지 못하다. 도반이여! 안에서나 밖에서나 만나는 대로 죽여라. 부처를 만나면 부처를 죽이고, 조사를 만나면 조사를 죽이고, 나한을 만나면 나한을 죽이고, 부모를 만나면 부모를 죽이며, 친척 권속을 만나면 그들을 죽여라. 그래야만 비로소 해탈하여 사물에 구애되지 않고 자유자재하게 된다. 눈먼 놈들아! 부처도 없고 법도 없으며 닦을 것도 깨칠 것도 없는데, 어째서 밖에서 찾으려 하느냐! 아무 데서도 생사가 있음을 보지 못하니 그것은 비어 버린 이름일 뿐이다. 허깨비 같은 바람꽃을 애써 붙잡지 말지니, 얻고 잃음과 옳고 그름을 한꺼번에 놓아 버려라."

의현의 가르침은 부처를 구하면 부처를 잃고, 도를 구하면 도를 잃고, 조사를 구하면 조사를 잃는다는 것이다. 정말 부처와 조사와 부모를 죽이라는 말이 아니다. 매이지 말라는 것이다. 매이는 순간 깨달음의 길에 한 걸음도 들어설 수 없다. 의현은 달마가 서쪽에서 온 뜻을 물었을 때 이렇게 대답했다.

"뜻이 있다면 자기조차 구제하지 못한다."

멍청한 제자가 또 물었다.

"뜻이 없으면 어찌 혜가 스님이 법을 얻었습니까?"

"그가 얻은 것은 얻지 않은 것이다."

"무슨 뜻입니까?"

"애달프다, 장부여! 머리를 가지고 머리를 찾는구나!"

의현은 자신이 던진 화두까지 지워 버릴 것을 요구한다.

"도반이여. 내 말을 곧이듣지 마라. 내 말은 허공에다 그림을 그리는 격이며, 생긴 모습대로 채색한 것에 불과하다."

조주 선사 역시 헛된 망상에 사로잡혀 도를 구하는 자들을 경계했다. 그는 의현과 마찬가지로 부처를 붙들고 도를 붙든 채로 깨달음에 이를 수 없음을 천명했다. "천 놈이고 만 놈이고 온통 부처를 찾는 놈들뿐이니, 도인은 한 명도 찾을 수가 없구나!"

일본의 저명한 불교학자 스즈키 다이세츠는 『선과 정신분석』에서 화두의 의미를 훌륭히 갈파했다. 그는 화두의 목적이 지성의 무능력을 고백하게 하는 데 있다고 말한다. 지성이 막다른 궁지에 이르렀을 때 앞을 가로막고 있는 거대한 철벽을 만나는 충격에 휩싸인다. 즉 화두는 백척간두에서 한 걸음 더 전진할 것을 재촉하는 선사의 일갈(一喝)인 것이다.

리하르트 드 마르티노 역시 화두 앞에 움츠린 자의 절망적인 상황을 이렇게 표현하고 있다.

"궁지에 몰려서 수행자의 탐색과 투쟁의 본질은 일변하기 시작한다. 부정되고 박탈된 자아는 절벽 위에 걸려 있는 가지에 대항하며 간신히 매달려 있는 것이다. 그리하여 수행자의 참선은 객관화된 화두를 박탈하여 대상이 없게 된 자기 자신이다. 이때 수행자는 육체와 무의식에 대한 자살을 감행한다. 이 근원의 밑바탕이 파열되어 전환될 때 자아는 실로 죽음을 실천한다. 이것은 죽음과 동시에 커다란 탄생이며 깨달음이다."

곧 화두는 당신의 깨달음을 방해하고 있는 자아를 죽음으로 몰고 가는 수단에 불과하다. 이때 죽어 가는 자아는 수행자의 의식과 무의식을 모두 포함한다. 따라서 화두의 의미를 찾는 것은 깨닫지 못한 자의 이성일 뿐이다.

정리하면, 깨달음이란 내가 곧 부처임을 아는 것이고 자기 의지 없이 사물을 바라볼 수 있게 되는 것이다. 따라서 깨달은 자는 시시비비의 구분도 없으며, 나와 바깥의 합일을 이루어 낼 수 있다. 시비를 분별하지 않으니 마음의 동요가 있을 수 없고, 정신적 분열과 괴로움도 있을 리 없다. 마침내 그는 아무런 걸림도 없이 평상심만으로 자유자재한 삶을 누리게 된다.

선종의 요지는 누구나 이런 경지에 이를 수 있다는 것이다. 단지 대다수는 자기 속에 감추어진 빛나는 보물을 찾지 못하고, 헛된 망상에 사로잡혀 스스로 자학하고 있다는 것이다. 그러나 의문은 여전히 남아 있다. 선사들은 수십 년간의 고행 끝에 결국 이것을 깨달았던 것일까? 이것을 알기 위해 빙벽에 올라앉아 살을 썩게 하고, 동굴에 처박혀 눈이 멀고, 설산에 올라가 백골마저 흩어 버린 것일까?

03
환각 또는 황홀경의 체험

> 베일 너머에는 정말로 무언가가 있다.
> 모든 죽음보다, 모든 소멸보다 더 깊은 무언가가.
> 우리는 그것을 깊이의 차원이라 불러 왔다.
> 그리고 어떤 종교들은 그것을 신이라 부른다.
>
> _존 호트, 『다윈 안의 신』

장발 고행자의 노래

현세를 초월하고자 하는 수행자의 집요한 노력은 세상의 티끌에 오염된 나 자신을 뒤돌아보게 한다. 대개 인도 여행객은 갠지스강 주위에서 불타는 시체를 보며 삶과 죽음에 대한 시각을 바꾸고, 해진 헝겊 조각만을 걸친 채 자갈길을 걷는 수행자의 모습에서 신에 대한 경외와 진지한 삶의 자세를 되새김질한다. 요가와 명상 수행이 언제부터 시작되었는지는 분명하지 않다. 고대 로마의 박물학자 플리니우스가 『박물지』에 기록한 바에 의하면, 인도의 고행수도자들은 아침에 일어나 잠들 때까지 같은 자세로 한자리에 앉아 움직이지 않으며, 뜨거운 모래 위에서 한 발로 서 있는 데도 익숙했다고 한다.

1920년 파키스탄의 인더스강 유역에서 고대 도시의 흔적이 발견되었다. 이 고대 도시가 바로 '사자(死者)의 언덕'이라는 뜻을 가진 모헨조다로다. 모헨조다로의 유적은 1.6킬로미터에 이르는 지역에 광범위하게 펼쳐져 있었는데 성과 요새를 비롯해 잘 정비된 도시의 모습을 갖추고 있었다. 1922년에는 영국의 고고학자 존 마셜이 하라파 발굴에 착수했다. 파키스탄의 북동부 펀자브 지방에 있는 하라파 유적지에서도 잘 정비된 도로망과 벽돌로 지어진 건축물들이 발견되었다. 그곳에서 출토된 유물들을 방사성 탄소 측정 방법으로 조사한 결과 그 지역이 기원전 2800~1800년경에 융성했던 도시였음이 밝혀졌다. 특히 하라파에서는 상형문자로 된 인장이 많이 발견되었는데, 그중에는 요가 수행자의 모습을 부조로 새긴 것도 있었다. 학자들은 출토된 인장에 새겨진 좌법(座法)과 수인(手印)을 요가를 수행하여 선정에 든 시바 신의 원형으로 추정하고 있다. 이로 미루어 볼 때 요가는 기원전 2500년 이전에 이미 고대 인더스 문명에서부터 시작되었음을 알 수 있다.

펀자브 지역은 약 반년을 주기로 바람의 방향이 바뀌는 기후를 갖고 있다. 즉 겨울에는 대륙에서 대양으로 바람이 불고, 여름에는 반대로 바람이 부는 계절풍의 영향을 받기 때문에 4월부터 8월까지는 우기에 속한다. 이 시기에 붓다는 밖에 다니는 것을 금하고 칩거했는데 이를 하안거(夏安居)라 한다. 아마 요가 수행자들은 이 시기를 택해 요가를 통한 명상 수행을 했을 것으로 추정된다.

기원전 800~600년경에 기록된 『우파니샤드』에는 현재의 요가와 거의 비슷한 수행법이 기록되어 있다. 그보다 전에 기록된 『리그베다』의 「장발 고행자의 노래」에는 망아(忘我) 상태를 찬미하는 내용이 들어 있다. 즉 바람의 신 바유가 고행자를 위해 약을 만들고, 시바 신의 전신인 파괴의 신 쿤난나마와 함께 그 약을 마시고 황홀경을 체험하는 내용이다.

「장발 고행자의 노래」에 등장하는 '비밀의 약'은 무엇이었을까? 세계의 신화들을 살펴보면 비밀의 약이 곳곳에 등장한다. 그리스 신들은 영생을 얻는 음식으로 알려진 '암브로시아'를 먹고, 페르시아에서는 가오케레나 나무에서 뽑아낸 '하오마'를 먹는다. 또 힌두교에는 불로불사의 영약으로 알려진 '아마니타(소마)'가 있고, 불교에는 한 개만 먹으면 천 년을 살 수 있다는 복숭아가 있으며, 도교에는 단약이 있다. 이 약은 육체와 영혼의 양식이며, 신의 젖꼭지에서 흘러내리는 은혜로 표현된다.

나중에 좀 더 자세히 살펴보겠지만, 신의 거처에 감추어져 있는 이 약을 인간 세상에 가져오는 일은 신화에 등장하는 모든 영웅의 숙제였다. 인간에게 불을 선물한 프로메테우스처럼 많은 영웅은 이 약을 훔치기 위해 위험을 무릅쓰거나 고통을 받는다. 인간세계에 약을 가져다준 영웅들은 불로불사를 실현한 신으로 추앙받았고, 그들의 영웅적 행위는 후대에까지 전해지고 교육되었다.

영웅 또는 성자들은 스스로 천계를 여행하고 신들과 대화했다. 그들은 곧 신과 인간을 연결해 주는 다리였으며, 영혼을 위로하고 치유하는 제사장이었다. 신과 만나기 위해서는 엄청난 고통이 따르는 명상이나 수행을 해야 한다. 만일 쉽게 황홀경에 이를 수 있는 비밀의 약이 있었다면, 그들은 좀 더 쉽게 신들의 세계를 여행했을 것이다.

고대 인도인은 이 약을 만드는 방법을 알고 있었던 듯하다. 베다 신앙에는 소마(Soma) 의식이 있는데, 소마는 신의 이름인 동시에 식물의 이름으로 알려져 있다. 『리그베다』에는 의식을 치를 때 마시는 소마 음료를 만드는 방법이 기록되어 있다. 먼저 말린 버섯을 물에 적셔 불린 다음 절구로 빻는다. 그다음에 가는 천으로 찌꺼기를 거르는데 이때 황갈색의 음료를 얻을 수 있다. 이 음료는 사제가 제사 의식을 거행할 때 마시며, 신성한 소마를 마신 사람은 하늘과 땅을 자유롭게 넘나들 수 있다.

연구자들은 소마가 광대버섯, 즉 '아마니타 무스카리아'라고 말한다. 광대버섯은 기생식물로서 유라시아의 소나무나 전나무·자작나무 뿌리에 기생한다. 높이가 20센티미터 내외로 처음에는 공 모양의 갓이 생겨났다가 나중에는 우산 모양으로 피어난다. 갓 표면에는 흰색 또는 담황갈색의 좁쌀 같은 돌기가 퍼져 있는데 버섯자루에는 흰색의 막으로 된 버섯고리가 있다. 광대버섯은 환각제로 쓰인다. 더구나 광대버섯을 먹은 사람의 소변은 버섯보다 강력한 마취 효과가 있는 것으로 알려져 있다.

광대버섯은 멕시코 원주민에게도 중요한 약물이었다. 그들은 샤먼이 되기 위해 의식을 치를 때 이 버섯을 이용했다. 그들은 광대버섯 이외에도 많은 환각 식물을 찾아냈다. '소포라'라는 콩처럼 생긴 빨간 씨앗, 페요테 선인장, 담배즙, 그리고 오늘날 진통제로 사용하는 치명적 환각제 다투라, 나팔꽃 씨앗인 올로리우키 등이 그것이다. 특히 나팔꽃 씨앗의 화학적 염기 배열은 세로토닌이나 LSD-25와 유사해 뇌 속에 쉽게 침투할 수 있다. 인간의 뇌에 작용하는 화학적 시스템은 식물의 생장 촉진 물질과 유사하다.

샤먼의 입문 과정은 고통스럽다. 그들은 엄청난 고통이 따르는 고행을 오랫동안 견뎌야 하고, 신의 음성이 들릴 때까지 주위로부터 괴롭힘을 당한다. 샤먼이 되기 위해서는 끊임없이 춤을 추어야 하고, 스스로 최면상태에 몰입해야 하며, 시끄러운 음악 소리를 견뎌야 한다. 오늘날 세련되게 변질된 내림굿에서도 고통의 흔적을 쉽게 발견할 수 있다. 신 내림을 받기 위해서는 밤새도록 춤을 추고 주위에서는 연신 꽹과리와 북을 울려 댄다. 이 과정은 신이 내린 증거, 즉 저절로 말문이 터지고 예언 능력을 갖출 때까지 계속된다. 또 신이 내린 것을 증명하기 위해 작두 위에 올라가 한바탕 춤을 추어야 한다.

옛날에는 신내림을 촉발하기 위해 더욱 가혹한 고행을 요구했다. 어떤 민족은 의도적으로 단식을 하고 갈증에 허덕이게 하거나 신체를 절단하는 고문을 가하기도 했다. 또 채찍질을 하거나 고문을 통해 억지로 피를 흘리게 함으로써 의식불명 상태를 유도했다. 이 모든 방법이 환각을 체험하게 하기 위한 것이라면 지나친 속단일까?

환각 식물의 발견은 샤먼을 고통으로부터 일정 부분 해방시켜 주었다. 환각제가 처음부터 금기였던 것은 아니다. 단지 그것은 특권 계층의 전유물이었을 뿐이다. 그들은 환각제를 통해 육체로부터 영혼이 분리되는 것을 체험했으며, 표범이나 뱀 같은 짐승이 눈앞에 어른거리는 것을 보았다. 그뿐만 아니라 초자연적 존재와 만나고, 천리를 꿰뚫어 볼 수 있는 눈을 갖게 되었으며, 인간의 미래를 내다볼 줄 아는 식견을 갖게 되었다. 그러나 진짜 깨달은 자는 환각 물질에 의존하지 않는다.

깨달음의 단계

요가(yoga)라는 말은 '결합한다'는 뜻을 가진 유즈(yuj)라는 산스크리트어에서 비롯되었다고 한다. 수행을 통해 신 또는 자연과 합일한다는 의미다. 이 낱말은 기원전 12세기에서 9세기에 편찬된 『리그베다』에 처음 등장하지만, 수행의 방법으로 사용된 것은 『우파니샤드』 이후다. 『아타르바베다』에 등장하는 수행자 브라트야는 황홀경에 이르기 위해 필요한 7종류의 호흡 조절에 대해 말하고 있다. 따라서 요가는 호흡과 밀접한 관련이 있음을 알 수 있다.

『슈베타슈바타라 우파니샤드』는 요가를 보다 체계화해 상세한 설명을 덧붙이고 있다. 이에 따르면 요가를 할 때는 수직 자세로 앉아야 하고, 수행 장소는 동굴이나 깨끗한 평지가 좋다. 수행자가 브라흐만의 경지에 들면 먼저 안개, 연기, 햇빛, 불, 바람, 반딧불, 번갯불 같은 모습이 그림자처럼 나타났다가 사라진다. 초보자는 몸이 가벼워지는 것을 경험하며, 얼굴이 밝아지고, 신기한 향기 같은 것을 맡는다. 수행을 계속하면 병에 걸리지 않고 불로장생의 경지를 얻게 되며, 마지막으로는 신을 인식하게 됨으로써 모든 속박에서 벗어나 해탈의 경지에 이른다.

오늘날 요가는 건강을 위한 수행 방법으로 인기가 높다. 우리 몸속에는 다섯 가지 기(氣), 즉 프라나가 작용하고 있다고 한다. 다섯 가지 프라나는 일곱 개의 차크라, 즉 회음, 방광, 배꼽, 심장, 갑상샘, 미간, 백회에 응집되어 있는데, 이 에너지는 육안으로 볼 수 없고 삼매의 상태에서 마음의 눈으로만 볼 수 있다. 그중에서도 백회는 모든 차크라를 지배하며, 해탈의 통로이자 근원이다.

요가를 수행할 때 처음 나타나는 증상은 놀람과 떨림이다. 이어 온몸에 땀이 나고 목이 쉬며 눈물이 나기도 한다. 또 소름이 끼치거나 색깔이 달리 보이는 사람도 있다. 개중에는 기절하고, 춤추고, 노래하고, 울고, 무관심해지고, 웃고, 숨이 늘어지는 현상이 나타나기도 하는데 대개는 희열을 동반한다.

요가는 호흡에서 시작된다. 고급 수행자는 한 번 숨을 마시고, 멈추고, 내쉬는 비율이 각각 20초, 80초, 40초에 달한다고 한다. 즉 2분 20초마다 한 번 숨을 쉰다. 이 호흡은 숙련된 해녀가 바닷속에 잠수했다가 밖으로 고개를 내미는 시간과 비슷하다. 초보자는 가장 먼저 몸에 땀이 나고, 중간 수행자는 척추에 진동을 느낄 수 있다. 또 숙련된 수행자는 공중을 날아다니는 것과 같은 경험을 하게 된다.

요가를 처음 시작한 초보자라면 먼저 내면의 소리를 들어야 한다. 이를 비음관상법(秘音觀想法)이라 하는데, 처음에는 천둥소리처럼 큰 소리가 들리다가 나중에는 아주 작은 소리로 변한다. 두 번째 단계는 눈썹과 눈썹 사이를 응시해야 한다. 제3의 눈으로 불리는 이곳은 '아즈나 차크라'라 하는데 솔방울샘이 통과하는 지점과 일치한다. 보통 육안은 가시광선을 통해 사물을 보지만 이곳을 통하면 물질의 배후를 볼 수 있다고 한다. 당신은 마음을 비우고 20~30센티미터 전방에 시각 점을 형성해야 한다. 처음에는 격렬한 두통이 뒤따르지만 좀 더 집중하면 어둠 속에서 작은 빛을 볼 수 있다. 순간적으로 명멸하던 빛은 점점 커져서 나중에는 얼굴 크기만큼 변한다. 이윽고 빛은 점점 투명해지고 빛 속으로 뛰어들듯이 빛과 일체화되는 것을 느낄 것이다.

이 과정을 체득하고 나면 수식관(隨息觀)에 도전하게 된다. 먼저 호흡에 의식을 집중하고 호흡을 주시한다. 처음에는 나가고 들어오는 숨만 보이지만 시선이 점점 깊이 내려가 배꼽 아래까지 볼 수 있게 된다. 좀 더 집중하면 올라오는 숨도 볼 수 있다. 숨이 올라올 때는 등 쪽에 나 있는 뒷길을 택한다. 이때 호흡과 마음을 일치시키면 환희에 가득 찬 빛을 보고 지금까지 경험하지 못한 열락을 경험하게 된다. 요가의 궁극적 목적은 이 환희를 깨닫는 것이다.

그러나 선사들은 열락에 빠지는 것을 경계했다. 붓다가 여섯 가지 신통력 중에서 누진통(漏盡通)만 강조한 것은 이 때문이다. 인도의 불교학자 나가르주나(龍樹)도 이 점을 강조했다.

"선을 얻은 사람은 선정의 불가사의한 즐거움이 있음에도 불구하고 그것을 찾지 않고, 오히려 부정(不淨)과 고통 속에서 즐거움을 찾는다. 이러한 선정 속에 있음으로써 선의 즐거움에 빠지지 않고, 보답을 구하지 않고, 보답에 의한 미래의 삶을 찾지 않으며, 다만 마음을 조절하기 위해 선정에 든다."

불교에서는 요가 수행을 외도선(外道禪)이라 부르며, 천상의 열락을 바라고 승천을 목표로 수행하는 것쯤으로 가벼이 여겼다. 그러나 선(禪)은 요가에서 비롯된 것이 분명하다. 초기 불교의 선정(禪定)은 사선(四禪)을 중심으로 팔등지(八等至), 구차제정(九次第定)으로 구분하고 있다. 이는 붓다의 입멸 과정을 보면 쉽게 이해할 수 있다. 붓다는 열반에 들 때 초선, 제2선, 제3선, 제4선을 거쳐 공간의 무한한 경계인 공무변처정(空無邊處定)으로 향했다. 이어 의식의 무한한 경계인 식무변처정(識無邊處定)을 지나고, 무의 경계인 무소유처정(無所有處定)을 지나 지각할 수도 없고 지각할 수 없는 것도 없는 비상비비상처정(非想非非想處定)을 지난다. 다시 지각과 감각이 끊어진 멸진정(滅盡定)에 이르러 이 과정을 역순으로 거친다. 이 과정이 모두 끝나는 초선에 이르러 다시 제4선까지 반복하면 마침내 니르바나(열반)에 도달한다.

사선은 사유 작용이 활동하고 있는 초선에서부터 쾌락을 멸하고 정신의 청정한 순수성을 얻어 최고의 직관에 이르는 제4선까지를 가리킨다. 또 팔등지는 사선에 사무색정(四無色定), 즉 공무변처정·식무변처정·무소유처정·비상비비상처정을 더한 것이다. 사선까지가 색계(色界)에서 이루어지는 과정이라면 사무색정은 무색계(無色界)의 정신 활동이다. 또 구차제정은 팔등지에 멸진정을 보탠 것이다. 멸진정은 감각 작용을 완전히 단절시킨 삼매 상태이며, 최고 깨달음의 경지인 아라한보다 한 단계 낮은 지점에 있다. 일찍이 대혜종고는 이 깨달음의 순간을 가리켜 이렇게 말했다.

"선이란 거대한 불덩이와 같아서 얼굴을 갖다 대면 데어 버리고 말 것이다. 또한 그것은 막 잡아 뺀 칼과 같아서 일단 칼집에서 나오면 누군가의 목을 베어 버릴 것이다. 그러나 그대가 칼집을 내던지지도 않고 불에 다가가지도 않는다면 돌멩이나 나무 조각 따위와 무엇이 다를 것인가? 이 경지에 도달하려는 사람은 누구든 혼으로 가득 찬 아주 결연한 인물이어야 한다."

2세기 중엽 안세고의 후계자였던 강승회도 호흡법의 비밀을 안 사람이었다. 그는 스승이 번역한 『대안반수의경』의 서문에서 이렇게 밝혔다.

"호흡의 조화를 얻은 사람은 약간의 눈을 드는 것만으로도 무한히 먼 과거로부터 미래에 이르기까지 모든 것을 꿰뚫어 보며, 붓다의 가르침을 보지 못하거나 듣지 못하는 일이 없다. 그는 황홀한 진리를 눈앞에서 똑똑히 볼 뿐만 아니라 생사를 자유롭게 넘나들어 크게는 세계의 여덟 모퉁이에 이르고 작게는 털끝의 미세한 데까지 이른다. 또 천지를 지배하고 마음먹은 대로 수명을 조절하고 불가사의한 위력으로 천상의 군대를 항복시키며, 삼천세계를 움직여 여러 국토를 옮길 수 있다."

중국 초기 불교의 기초를 닦은 동진의 도안 역시 선의 위력을 다음과 같이 설파했다.

"명상의 고요함을 얻은 자가 발을 움직이면 곧 대천세계(大天世界)가 진동하고, 손을 올리면 해와 달을 한 줌으로 하고, 숨을 내쉬면 곧 세계의 끝에 있는 철위산(鐵圍山)이 날아 흩어지고, 숨을 들이켜면 수미산이 춤추며 따라 올라온다. 그러한 것들은 모두 4선이라고 하는 불가사의한 힘에 의한 것이다."

도를 터득하는 방법은 종교에 따라 조금씩 다르긴 하지만 모두 호흡과 관련이 있다. 흔히 단전(丹田)이라 하는 배꼽 밑의 하단전은 오래전부터 '붉은 피가 끓는 정열의 밭'으로 인식되었다. 일찍이 도교에서는 태식(胎息)을 중요시했는데, 이는 침을 삼켜 온몸으로 진액(津液)을 순환시킴으로써 생리기능을 원활히 하기 위해 활용되었다. 『황정외경경』에는 다음과 같이 기록되어 있다.

"단전 가운데 정기의 미묘한 것이 있으니 옥 못의 맑은 물 위로 기름진 것이 생긴다. 사방 한 치 속에 숨겨져 있으니 정신을 회복하면 늙어도 정정하다. 명당을 일러 상단전이라 하고, 중앙을 중단전, 배꼽 아래 세 치 되는 곳을 하단전이라 한다. 기를 운용할 때 온갖 잡념을 버리고 하단전에 생각을 집중하되 기를 위로 끌어올려 온몸을 돌아다니게 하고 나중에는 정수리까지 끌어올려야 한다. 이때 갑자기 척추에서 진흙 구슬이 소리를 내며 튀어나오고 머리에서는 어떤 물질이 뇌에 부딪히는 것 같은 느낌을 받는다."

붓다는 이 호흡 과정을 거쳤고, 직접 그 과정을 설명하기도 했다. 즉 호흡을 멈추면 귀를 통해 숨이 들락날락하게 되고, 곧바로 커다란 이명(耳鳴)과 함께 격심한 두통이 뒤따른다. 귀의 호흡마저 막으면 날카로운 칼로 정수리를 빠개는 고통이 일어나며, 질긴 가죽으로 머리를 휘감는 고통이 따르고, 그 숨이 하복부로 옮아가면 배를 가르는 고통을 느낀다. 마지막으로 이 호흡마저 막고 있으면 힘센 자가 잿불 속으로 집어넣은 듯한 뜨거움을 느끼게 된다.

이상의 기록들을 정리하면 단전호흡은 온몸의 진동과 빛의 감지를 동반하고 두통과 고통이 따르지만, 일정한 경지에 이르면 세상의 모든 철리(哲理)가 눈앞을 스치면서 눈이 열리게 된다는 것이다.

고행의 비밀

당신이 이 세상이 태어나기 직전을 상상해 보자. 당신의 몸무게는 아마 3.5킬로그램 내외였을 것이다. 이 무게는 비좁은 자궁이 품고 있기에는 가볍지 않지만, 어머니는 이 무게를 충분히 지탱할 수 있을 만큼 이미 몸을 변형시켰다. 세상에 나갈 준비를 마친 당신에게 어머니의 자궁은 너무나 좁다. 당신은 어머니의 자궁벽을 무지막지하게 걷어차 보지만 자궁 문이 열리기 전까지는 답답함을 참아야 한다. 마지막 달에 이르면 산소 공급도 충분치 않다. 이로 말미암아 혈액 속의 알칼리성이 증가하고 당신은 몽환상태에 이르게 된다.

이번에는 명상 상태에 있는 수행자의 내부를 들여다보기로 하자. 그의 신체는 이완되어 있으며, 호흡의 횟수는 상상하기 힘들 정도로 현저히 감소해 있다. 호흡이 감소하면 산소의 양이 급격히 줄어들기 때문에 폐 속에서 이산화탄소의 압력은 증가한다. 그렇게 되면 동맥 속의 이산화탄소 압력도 증가하고, 이 혈액이 뇌에 전달된다. 뇌는 혈액의 유량을 증가시키기 위해 혈관을 확장시키고, 필요한 산소를 얻기 위해 뇌의 활동은 점점 빨라진다. 이때 빠른 알파리듬의 뇌파가 발생한다.

이런 상태를 이해하기는 어렵지 않다. 히말라야를 등반한 경험이 있는 산악인들의 기록을 보면, 대부분이 산소가 희박한 고지에서 환각을 경험했다고 고백한다. 그들 중 일부는 방금 걸었던 길을 잃어버리고 영영 돌아오지 못했다. 이런 현상은 산소 결핍으로 인해 발생한다. 그렇다면 왜 수많은 성자가 히말라야의 고지에서 수행하는지 어느 정도 이해할 수 있을 것이다.

명상을 하는 사람은 대개 뇌파의 알파리듬이 현저하게 증가하고, 호흡 횟수와 산소 소모량은 급격히 낮아진다. 또 심장박동 횟수와 혈압이 낮아지고 피부의 전기저항은 높아진다. 오랫동안 결가부좌를 틀고 있으면 감각은 점차 마비된다. 정상적인 사람은 알파리듬이 1~2분간 지속되지만, 명상에 숙달된 사람은 30분 이상 계속된다. 특히 '사마디(三昧)'라 불리는 황홀경에 들어서면 알파리듬의 변화는 거의 없다. 체온을 낮추고 호흡 횟수도 줄일 수 있다. 이 상태는 겨울잠을 자는 동물과 비슷하므로 외부의 자극에 둔감하다.

호흡의 절제가 산소 결핍으로 이어져 환각이나 황홀경 상태에 빠지게 할 수도 있다. 뇌에 산소가 부족한 사람들은 죽음 직전과 유사한 상황을 경험한다. 이 상태에서 그들은 신과 대화하고 하늘을 날아다니는 천사들의 인도를 받는다. 수행자들의 극단적인 채식 역시 혈액 속의 산성도를 낮추기 때문에 이를 보충하기 위해 폐에서는 이산화탄소의 압력을 증가시키게 되고, 다시 뇌에 이르는 산소의 양은 감소한다. 따라서 오랫동안 채식만 하게 되면 고지에 오른 것과 비슷한 상태에 놓일 수 있다.

술과 약물, 부족한 수면시간, 제단에 피운 향불의 연기까지도 환각의 촉매제로 작용할 수 있다. 모두 뇌에 영향을 주는 것들이다. 앞서 유령에 대해 논의하면서 밝혔듯이 감각이 완전히 차단되면 헛것을 보게 된다. 정신적 고립 역시 환각을 촉발한다. 병원에서 유령이 나타나는 이야기는 세계 어느 나라든 공통으로 갖고 있다. 정신과 의사들은 이러한 현상이 대부분 '감각 차단성 환각'에 의해 생겨나는 것으로 분석하고 있다. 즉 폐쇄되고 단조로운 공간에서 오랫동안 지내야 하는 환자는 환청은 물론 환상까지 경험하게 된다는 것이다.

이제 고행자가 왜 몇 년간이나 잠을 자지 않고 눕지도 않는지 어렴풋이 짐작했을 것이다. 온혈동물은 잠을 자는 동안 폐 속에 흡입되는 공기의 양이 감소하고 심장의 박동 수가 줄어든다. 잠이 들면 알파리듬은 점차 느려지다가 길고 조용한 델타리듬으로 변한다. 그러나 잠을 자지 않은 채 오랜 시간이 지나면 순간적으로 무의식 상태에 빠지고, 환각을 보게 되며, 마침내 눈을 뜬 채 꿈을 꾸기 시작한다. 잠을 재우지 않는 고문을 심하게 당한 사람이 정신이상 증세를 보이는 것은 이 때문이다. 그는 꿈과 현실을 혼동하고, 마침내는 자신의 의식까지도 무의식과 섞어 버린다.

육체를 학대하는 수준의 고행 역시 환각에 이르는 통로다. 수행자들은 인적이 없는 외진 곳에서 생명 유지에 필요한 최소한의 음식에만 의존하며 고행한다. 외부의 자극은 물론 머릿속의 잡념까지 끊고자 하기에 그는 모든 정보로부터 단절되어 있다. 이런 상태에서는 쉽게 환각을 경험할 수 있다. 장기간의 명상과 고행은 의도적으로 감각을 차단하는 행위와 다를 바 없다. 감각이 차단된 상태에서 뇌는 아주 사소한 정보에도 민감하게 반응한다. 하지만 사소한 정보마저 완전히 차단되어 버릴 때 뇌는 무의식에 저장해 놓은 저장물을 끄집어낸다. 뇌는 그 저장물을 가지고 무한하게 확대된 시간과 공간을 채움으로써 자신이 처해 있는 무감각한 현실을 새롭게 꾸미고 다듬는다. 환각은 이때 발생한다.

오랜 명상이야말로 환각을 경험할 수 있는 최적의 조건이다. 고도의 집중은 외부의 모든 정보를 차단한다. 명상하는 사람은 오직 텅 빈 뇌와 대면할 수 있다. 명상하는 사람이 만약 어떤 잡념을 떠올린다면 그는 초월적인 느낌을 경험할 수 없다. 잡념이 떠오르는 순간 뇌는 기억의 그물망 속에 넣어놓았던 수많은 정보를 끌어올려 불필요한 연상 작용을 일으킬 것이기 때문이다. 그러나 명상하는 사람이 감각 정보까지 완전히 차단할 만큼 몰입한다면 뇌는 그 보답을 안겨 줄 것이다. 잘 알려져 있다시피 극도의 명상을 하는 사람은 환영을 본다. 경험 많은 명상가는 명상을 통해 끔찍한 지옥과 쾌락을 경험할 수 있다. 일찍이 붓다는 이 단계를 넘어서야 진정한 깨달음을 얻을 수 있다고 가르쳤다.

환각이나 황홀경은 단순한 암시에 의해서도 발생할 수 있다. 근대적 의미의 최면술을 처음 태동시킨 사람은 스위스 출신의 의사였던 프란츠 메스머였다. 최면이 정신의학의 한 분야로 자리 잡은 것은 훨씬 후의 일이다. 1843년 스코틀랜드의 의사였던 제임스 브레이드는 황홀경이 암시에 의해 유발될 수 있음을 설명하면서, 이러한 현상을 그리스 신화에 등장하는 잠의 신 히프노스의 이름을 따서 '최면(hypnosis)'이라 불렀다. 잠의 신 히프노스는 망각의 강 레테가 발원하고 밤과 낮이 만나는 동굴에 살고 있다. 동굴 입구에는 양귀비를 비롯해 신비한 약초들이 무성하다. 밤의 여신들이 약초의 즙을 어두워진 대지에 뿌리면 세계는 어둠 속으로 추락한다. 여기에서도 환각을 초래하는 신비한 약초가 등장한다는 사실을 잊지 말라.

우리는 이미 태아 시절에 최초의 몽환을 경험했다. 황홀경이나 가사 상태에 빠진 동물이 태아의 자세를 취하는 것도 자궁 속의 경험과 관련이 있다. 자궁 속에 있는 태아는 주기적인 리듬을 느낀다. 이 리듬은 어머니의 심장박동으로 죽을 때까지 가장 친숙한 리듬으로 남아 있다. 따라서 어린아이는 어머니의 맥박 수가 같은 분당 72회로 흔들리는 메트로놈이나 요람 속에서 쉽게 잠든다. 그래서 아기를 돌보는 사람들은 규칙적인 리듬으로 아기의 등을 토닥거리거나 아기를 안고 부드럽게 흔들어 준다. 주기적 리듬은 쉽게 최면에 빠져들게 한다.

깨달음은 환각일까

인간의 뇌는 동물의 그것과 비교할 때 비정상적일 만큼 복잡하고 거대하다. 이 점이 바로 동물과 다른 점이며 인간일 수 있는 이유다. 물론 대형 포유류인 고래는 인간보다 큰 뇌를 가지고 있다. 그렇다면 고래는 당신보다 더 고차원적인 정신 활동을 하고 있을까? 그렇지는 않다. 일반적으로 체중이 많이 나갈수록 뇌의 용적이 크지만, 전체 체중에서 차지하는 비율로 따지면 고래는 매우 작은 뇌를 가지고 있는 셈이다. 인간은 전체 체중에서 차지하는 뇌의 용적이 다른 동물에 비해 훨씬 크다. 감정을 포함해 인간의 모든 정신 활동은 뇌에서 분비하는 신경호르몬과 관련이 있다.

의학자들은 1960년대 말부터 모르핀이나 코카인 등과 같은 마약류가 인간에게 쾌감을 주는 이유가 무엇인지 연구하기 시작했다. 1970년대에는 마약과 유사한 물질이 뇌 속에서 만들어지고 있다는 사실이 확인되었다. 현재까지 밝혀진 뇌 속의 마약 물질은 수십 종류인데, 모르핀보다 200배 이상 진통 효과를 발휘하는 것도 있다. 엔도르핀도 그중 하나다. 또 도파민은 악마의 가루로 불리는 각성제와 비슷한 효과를 발휘한다.

1938년 스위스의 한 연구실에서 알베르트 호프만과 그의 조수 크롤은 보리에서 생기는 곰팡이에서 우연히 LSD-25의 존재를 찾아냈다. 그로부터 5년 후인 1943년 호프만은 이 맥각균 유도체를 조사하던 중 환각 상태를 경험했다. 이상하게 여긴 그는 0.25그램의 LSD-25를 복용한 후에야 이 물질이 강력한 환각 작용을 일으킨다는 사실을 알아냈다. 이후 미국 과학자들은 도파민과 LSD의 상호작용을 밝혀냈고, 이를 통해 조현병이 도파민의 과다 분비에 의해 생긴다는 사실을 깨달았다.

뇌의 신경세포는 끝에 있는 자가수용체를 통해 도파민의 분비량을 조절한다. 즉 신경세포는 자신이 방출한 신경전달물질을 회수하는 수용체를 가지고 있다. 이것은 도파민이 계속 분비될 때 발생할 수 있는 과잉 파괴와 과잉 창조의 충동을 억제하기 위해서다. 이를 억제하지 못할 때 조현병이 생긴다. 그러므로 과잉 창조를 하는 천재와 병실에 갇혀 있는 조현병 환자는 백지 한 장의 차이밖에 나지 않는다.

도파민은 몸 바깥에서 뇌 속으로 들어갈 수 없다. 뇌가 검문소를 설치해 놓고 이물질과 독성 물질을 걸러 내기 때문이다. 그러나 도파민을 지용성으로 바꾸면 뇌 속으로 들어갈 수 있다. 이렇게 화학적으로 바꾼 것이 바로 각성제다. 각성제인 암페타민은 노르아드레날린과 화학구조가 비슷하고, 필로폰은 아드레날린과 흡사한 화학구조를 갖고 있다. 천식 치료제로 쓰이는 에페드린도 아드레날린과 흡사하므로 환각에 홀린 청소년이 즐겨 사용한다.

양귀비에서 추출한 모르핀은 진통 작용과 쾌감 작용을 동시에 수행한다. 하지만 모르핀 역시 검문소에서 대부분 퇴장당하고 약 2퍼센트만 뇌로 흡수된다. 약삭빠른 범죄자들은 모르핀을 지용성으로 변형시켜 악명 높은 헤로인을 만들었다. 이렇게 되면 약 65퍼센트가 뇌 속에 침투해 모르핀으로 분해된다. 모르핀은 엔도르핀과 화학구조가 흡사하다. 뇌는 스스로 만든 마약 물질들과 평화롭게 공존해 왔다. 이와 같은 평화로운 공존은 외부에서 들어오는 마약 물질을 차단할 때만 유지할 수 있다. 인간이 화학구조가 비슷한 가짜 화학물질을 만들어 굳게 잠겨 있던 검문소의 빗장을 열 수 있게 되면서 뇌의 평화는 무너져 버렸다.

중요한 사실은 우리 뇌 속에 수많은 천연 마약 물질이 존재하고 있으며, 특정 부위를 자극하면 얼마든지 이 물질을 꺼내 쓸 수 있다는 것이다. 대부분의 몽환상태는 뇌의 다른 부위가 전혀 활동하지 못하도록 한 부위를 강렬하게 흥분시킬 때 나타난다. 따라서 그 물질이 꼭 마약일 필요는 없다. 고대의 사제들이 신비한 환각제의 복용과 함께 종교적 제의를 중시한 것도 환각에 이르는 지름길을 알고 있었기 때문이다.

사이비 종교에 빠진 신도들이 종말론에 매료되어 미친 듯이 발작하는 모습을 보았을 것이다. 환각이긴 하지만 그들은 실제로 절대자의 음성을 듣거나 그의 모습을 보았다. 그들의 종교의식에는 강렬한 음악과 율동이 있다. 그들은 바이올린이나 피리처럼 부드러운 음악을 사용하지 않는다. 감정적 고양이 필요하다고 생각하면 그들은 성스러운 제단에서 조차 록 음악을 연주한다. 요란한 북소리와 노랫소리, 거칠고 격렬한 율동만으로도 몽환상태를 만들 수 있다. 아무리 얌전한 사람이라도 나이트클럽과 같은 무대에 서면 곧바로 흥분상태에 빠진다. 현란한 조명은 꼭 필요하다. 어둡고 현란한 조명은 익명성을 보장해 주는 동시에 뇌를 자극한다.

일본에서는 만화영화를 보고 발작을 일으킨 어린이에 대한 보고가 종종 있다. 이것은 만화영화의 화면에서 반복적으로 발산되는 빛 때문이다. 일반인의 정상적인 맥박 수는 1분에 70회 정도다. 학자들은 맥박 주기와 비슷한 간격으로 눈에 불빛을 터뜨리면 뇌파에 이상한 효과를 미쳐 뇌전증과 같은 발작을 일으킨다는 것을 발견했다. 이 방법은 오늘날에도 잠재적인 뇌전증을 진단하는 데 사용되고 있다. 뇌는 아직도 풀리지 않는 신비를 가지고 있다. 만약 우리가 뇌의 모든 비밀을 밝혀내고 그 숨겨진 영상까지 드러낼 수 있다면 세상의 모든 신비는 그 베일을 벗게 될 것이다.

깨달음의 본질

인간만큼 괴로워하는 동물이 또 있을까? 인간만큼 현실에 만족하지 못하고, 늘 욕망에 가득 차 있고, 자신을 불행한 존재로 여기고, 절망하고 원망하며 울부짖다가 죽어 가는 동물이 또 있을까? 사실 인간은 자연으로부터 너무 먼 거리에 와 있다. 이제는 돌아가기조차 거북스러운 그 거리만큼, 인간은 괴로워하며 살고 있다. 어쩌면 힘센 자만이 살아남을 수 있었던 원시시대가 더 정직한 사회였는지도 모른다. 그때는 맨몸으로 싸워 이긴 자만이 모든 것을 얻을 수 있었고 무리를 지배할 수 있었다. 이 싸움에서 누가 더 큰 돌멩이를 가지고 있었느냐는 별로 중요하지 않았다. 먼저 때려눕힌 자가 진정한 승리자였다. 그들의 최대 관심사는 오직 자신과 공동체의 생존이었다.

당장 오늘의 사냥거리를 걱정하는 자에게 철학적 물음 따위는 아무런 의미도 없다. 골치 아픈 철학적 사유는 사냥을 떠나는 자들의 안위를 염려하고 풍부한 사냥거리를 제공해 달라고 누군가에게 빌어야 하는 자의 몫이었다. 신으로부터 권한을 위임받은 사제야말로 공동체의 가장 힘센 자와 함께 권력을 만든 장본인이었다. 인간의 괴로움은 이로부터 비롯되었다.

붓다는 일찍이 이 괴로움을 보았다. 그에게 생로병사의 괴로움은 아무것도 아니었는지 모른다. 누구나 나서 늙고 병들어 죽는데, 그것이 뭐 그리 대수란 말인가? 어쩌면 붓다가 보았던 괴로움은 인간이 가지고 있는 원형적 그리움, 즉 쫓겨난 낙원에 대한 집착과 욕망의 껍질이었는지 모른다. 이 집착과 욕망의 껍질을 벗을 때 인간은 행복에 이를 수 있다. 윤회나 부활 따위는 별반 중요하지 않다. 문제는 이 껍질을 어떻게 벗어

던지느냐 하는 것이다. 그래서 불교는 개인적인 종교가 될 수밖에 없다. 붓다 자신도 당신의 존재를 뒤덮고 있는 이 껍질을 대신 벗겨 줄 수 없다. 이 껍질은 당신 스스로 벗어 던져야 한다. 그래서 수많은 선사는 제자들에게 '자기를 바라볼 것'을 주문했다. 거기에는 부처도 조사도 필요없다. 당신은 정말 외로운 존재인 것이다.

그러나 당신이 이 껍질을 벗어 던진다고 해도 세상은 달라지지 않는다. 물론 깨달음을 얻은 당신은 전혀 다른 눈으로 세상을 바라보겠지만, 세상에는 여전히 깨달은 자와 깨닫지 못한 자가 존재할 뿐이다. 당신이 산을 산이라고 하든 산이 아니라고 하든, 깨닫지 못한 자들에게 산은 산이고 물은 물이다. 마찬가지로 깨달은 자에게도 산은 산이고 물은 물이며, 실재적으로도 산은 산이고 물은 물이다.

"인간은 자연과의 괴리가 만들어 내는 고뇌와 속박과 수치를 어떻게 이겨 낼 것인가?"

에리히 프롬은 이 질문에 두 가지 길을 제시한다. 하나는 인간이 태어나기 전의 상태로 되돌아가는 것이고, 다른 하나는 충분히 태어남으로써 세계와 새로운 합일에 이르는 것이다. 그에게 삶의 목표는 충분히 태어나는 데 있다. 산다는 것은 매 순간 새로 태어나는 것이며, 이 탄생의 과정이 멎을 때 죽음이 다가온다. 인간은 태어날 때 쥐고 있던 탯줄을 여전히 부여잡고 있지만, 다시 돌아갈 수 있는 길을 잃어버리고 말았다. 사실 인간은 낙원으로부터 떨어져 나왔을 때 되돌아갈 수 없다는 사실을 깨달았어야 했다.

에리히 프롬은 깨달음을 인간 내부와 외부의 실상이 완전히 조화를 이룬 상태, 또는 인간이 그 실상을 충분히 자각하고 파악한 상태라고 말한다. 즉 자신의 주변을 둘러싸고 있는 모든 상황과 아름답게 조응할 때가 바로 해탈의 순간이라는 것이다. 여기에는 세 가지 단계가 있다. 첫 번째는 이성이 충만한 상태인데, 이때의 이성은 단순한 지적 상태를 의미하는 것이 아니라 진리를 있는 그대로 파악하는 것을 말한다. 두 번째는 충분히 태어나는 것으로, 인간이 반수면 상태에서 벗어나 완전히 깨닫게 되는 것을 의미한다. 세 번째는 스스로를 버리는 것으로, 자신에 대한 어떠한 의지도 중단함으로써 있는 그대로의 자기 존재를 경험하는 것이다.

완전한 깨달음이란 두뇌에 의해서도 아니요, 신체의 어느 부분도 아니요, 바로 전인(全人)이 자각하는 것이다. 이 상태에서는 나와 나 아닌 것을 분리하는 어떤 장막도 존재하지 않는다. 선(禪)의 목표는 어떤 형태의 욕망이든 그것을 극복하는 것이다. 힌두교는 현세의 모든 것이 마야, 즉 환영(幻影)의 잡동사니들로 채워졌다고 가르친다. 그래서 깨달음이란 욕망의 찌꺼기와 환영으로 가득 찬 잡동사니들을 말끔히 청소하는 것이다.

명상이나 고행을 통해 얻어지는 황홀경은 최면과 마찬가지로 의식과 무의식 사이에 가로놓인 필터를 무력화시킨 결과로 얻어지는 것이다. 거기에는 무한한 자유가 있고, 공간을 가로지르는 자유로운 비행이 있으며, 또 쾌락이 있다. 하지만 수많은 성인이 경고했듯이 이것을 체험하는 것만으로 깨달음에 이를 수는 없다. 진정한 깨달음에 이른 자는 이 필터를 뚫고 들어가 무의식에 잠자고 있던 욕망을 하나씩 끄집어내고, 마침내는 완전히 박살내 버려야 한다. 이 과정은 처절하고도 고독하다.

욕망의 찌꺼기를 모두 제거했다고 해서 다시 생겨나지 말란 법은 없다. 깨달음을 얻은 이는 여전히 일상생활을 지속해야 하고, 오늘의 행위는 다시 '기억'된다. 기억된 현재는 살아 있는 한 계속 남아 있다. 따라서 깨달음을 얻은 자는 '기억되는 현재'의 순간에 이를 거를 필터를 갖고 있어야 한다. 이 필터는 말 그대로 무념무상(無念無想)의 상태이며, '일면불 월면불(日面佛 月面佛)'의 상태다.

다음의 두 가지 일화가 이 문제에 접근하는 데 약간의 도움을 줄 것이다. 일본의 선사 잇큐가 어느 날 동자승을 데리고 길을 나섰다. 그때 음식점에서 생선 굽는 냄새가 흘러나오자 잇큐 선사가 입맛을 다시며 말했다.

"음, 맛있는 냄새로군."

이윽고 집 앞을 지나 먼 길을 왔을 때 동자가 물었다.

"스님, 음식점 앞에서 고기 굽는 냄새가 맛있다고 했는데 스님이 그런 말을 해도 괜찮습니까?"

동자의 물음에 잇큐 선사가 대답한다.

"너는 그 생선을 여기까지 들고 왔느냐?"

메이지 시대 승려 하라 탄잔의 일화도 비슷하다. 그는 동료와 함께 여행하다가 장마를 만났다. 그런데 물이 불어난 강 앞에 이르러 안절부절못하는 처녀를 보자 번쩍 안아 강을 건네주었다. 그날 밤 가까운 절에 여장을 풀었는데 동료가 점잖게 그를 꾸짖었다.

"승려의 몸으로 어찌 여인의 몸을 안을 수 있는가?"

그때 하라 선사가 답했다.

"나는 그 여자를 강에 두고 왔는데, 자네는 잠자리까지 데리고 왔군."

일본 선사의 두 일화는 기억된 현재를 어떻게 지울 수 있는지 보여주고 있다. 생각을 일으키지 않으면 기억되는 현재도 없다. 그리하여 깨달은 자는 그저 보고 들을 뿐, 보고 듣는 데 생각이 끼어들 여지를 남기지 않는다.

한 번의 깨우침만으로 이것이 가능한지는 의문이다. 대부분의 선사는 제자가 깨우치지 못했다고 조바심을 내고, 심지어는 몽둥이로 내려치기까지 한다. 물론 이런 선사는 깨닫지 못한 사람이다. 그렇지만 그는 깨달았다. 정확히 말하면 그는 '깨달음의 기억'을 갖고 있다. 따라서 그는 새로 장만한 필터를 유지할 수 있는 노력을 계속해야 한다. 즉 깨달음은 고행과 명상이 끝나는 어떤 순간에 얻어지는 것이 아니라 그 과정에서 얻어지는 것이다.

무엇이 영적 체험을 일으키는가

수행자들은 환각과 환청을 포함한 영적 체험을 중시한다. 깨달음에 이른 선사들이 말로 도를 설명할 수 없듯이, 그들도 자신의 영적 체험을 말로 표현할 수 없다. 왜 영적 체험은 말로 표현할 수 없는 것일까? 미국의 심리학자 윌리엄 제임스는 『종교적 경험의 다양성』에서 이 문제를 본격적으로 다루었다. 그에 따르면, 언어는 형식에 대한 현란한 해석에 불과하며 이성은 겉으로 드러나는 전시효과일 뿐이다. 실제로 우리를 이끄는 것은 본능이며, 이성은 단지 거친 본능을 그럴듯하게 포장해 줄 뿐이다. 수행자가 깨달은 궁극의 진리를 언어로 표현할 수 없는 것은 그것이 이성적 체험이 아니라 황홀경의 체험이기 때문이다. 황홀경은 말로 표현할 수 없다.

언어를 버리는 것은 모든 신비주의의 특징이다. 신비주의자에게 언어는 진리를 덮고 있는 어설픈 외피일 뿐이다. 진리는 말로 형용할 수 없을 만큼 신비로우며, 그것은 오직 개인적인 체험을 통해서만 얻을 수 있다.

즉 황홀경을 경험한 자만이 미묘한 진리에 이를 수 있으며 그 세계를 증명할 수 있다. 이 점에서 종교적 진리는 객관적인 진리라기보다 감각적인 체험이라 할 수 있다.

감각은 주관적이기 때문에 영적 체험은 지극히 사적인 경험이다. 그러므로 깨달음을 얻은 이에게 영적 체험을 증명할 객관적 증거를 요구할 수는 없다. 환각이든 깨달음이든 그것을 경험한 사람에게 영적 체험은 무조건적인 진실일 뿐만 아니라 실제적인 경험이기 때문이다. 따라서 종교를 합리적인 방식으로 접근하는 것은 의미 없다.

그러나 많은 과학자가 영적 체험을 과학적으로 규명하고자 노력했다. 과학자들은 영적 체험을 뇌의 작용으로 인식한다. 종교적 신비체험과 뇌의 연관성을 연구하는 '신경신학(neurotheology)' 또는 '영적 신경과학'은 최근에 출현했다. 이 분야의 창시자는 앤드루 뉴버그와 유진 다킬리다. 두 사람은 『신은 왜 우리 곁을 떠나지 않는가』에서 "신이 정말로 존재한다면, 신이 자신의 존재를 드러낼 수 있는 유일한 장소는 복잡하게 뒤엉킨 뇌의 신경 경로와 생리학적 구조"라고 말했다.

그들의 연구는 티베트 승려와 프란체스코회 수녀들의 뇌를 촬영하는 것으로 시작되었다. 그들은 실험 결과를 토대로 영적 체험이 뇌에서 일어나는 사건이라는 사실을 알아냈다. 초월적 상태는 신경학적으로 실재했던 것이다. 두 사람은 연구 결과를 바탕으로 모든 신화와 종교가 생물학적 기반 위에서 출발했기 때문에 종교마다 다른 모습을 하고 있는 초월적 존재는 결국 하나의 뿌리를 가지고 있다고 주장했다. 영적 체험이 생물학적 기반을 가지고 있다면 인간이 살아 있는 한 종교는 사라지지 않을 것이다. 앤드루 뉴버그는 그동안의 연구를 정리하여 2007년에 『믿는다는 것의 과학』을 출간했다.

영적 체험을 하는 순간 뇌는 어떤 상태일까? 또 해탈의 순간에 황홀경에 이른 명상 수행자와 기도를 통해 하느님을 영접한 수녀의 뇌는 어떤 차이가 있을까? 2003년 앤드루 뉴버그 연구팀의 실험 결과 두 수행자의 공통점과 차이점이 밝혀졌다. 두드러진 공통점은 영적 체험의 순간 뇌의 전전두피질이 왕성한 활동을 보인다는 것이다. 전전두피질은 주의와 집중, 언어와 기억, 자기성찰은 물론 복잡한 사회적 기능을 수행한다. 수녀들 역시 전전두피질이 활성화되었지만 승려들과 달리 언어 기능과 관련 있는 측두엽이 크게 활성화되었다. 이는 기도가 언어로 표현되기 때문으로 추정되었다. 수녀들에게서는 말의 의미와 해석, 리듬에 관여하는 우반구의 활동이 크게 증가했다. 이에 반해 티베트 승려들은 심상에 집중하면서 하위 측두엽이 활성화되었다.

또 한 가지 공통점은 명상이나 기도의 순간에 후상부 두정엽의 활동이 감소했다는 것이다. 두정엽은 시공간에 대한 감각을 조율한다. 공간의 위치와 방향을 파악하고 주위 환경을 3차원으로 만들어 신체 이미지와 공간의 관계를 파악하는 것이다. 두정엽 활동이 저하되면 자신이 지금 어디에 어떤 상태로 있는지 알 수 없다. 외부와 신체의 경계감이 사라져 '나'를 잃어버리는 느낌이 드는 것이다. 이 상태에 이르면 시공을 초월한 상태를 경험할 수 있으며, 나와 세상이 하나가 된 것 같은 느낌이 든다. 나와 세상, 현실과 환상의 경계가 지워지는 것이다. 외계인에게 납치당했다고 주장하는 사람들에게도 이런 현상이 공통으로 나타나는 것으로 알려져 있다.

아이러니하게도 이 연구 결과는 영적 체험을 중시하는 쪽이나 부정하는 쪽 모두에서 자신들의 주장을 뒷받침하는 근거로 활용되고 있다. 한쪽은 우주와의 합일이 실재한다는 과학적 증거로 활용하고, 다른 한쪽은 그것은 단지 뇌의 메커니즘에 의한 환각일 뿐이라고 말한다. 이후에도 여러 학자에 의해 영적 체험에 관한 신경학적 연구가 꾸준히 이어졌다. 널리 알려진 최근의 연구 사례 몇 가지만 소개하면 다음과 같다.

2010년 이탈리아 연구팀은 뇌종양 제거 수술을 받은 88명의 환자를 분석한 결과 정수리 뒤쪽에 있는 후두정엽 피질이 영적 체험과 관련이 있는 것으로 추정했다. 이는 앞서 설명했던 영적 체험 시 시공간이 왜곡되는 것과 관련이 있다. 이 영역에 있던 종양을 제거한 환자들은 자기초월적인 성향이 증가하고 자연과 영적으로 연결되어 있다고 느꼈으며, 시공간을 잊는 몰입을 경험했다.

2018년 미국 예일대 연구팀도 이와 비슷한 결론을 얻었다. 연구팀은 27명의 건강한 젊은이를 대상으로 과거에 겪은 신성이나 초월적 의식상태, 자신의 능력을 넘어서는 거대한 존재, 세상과의 일체감 등에 대해 인터뷰를 진행했다. 그리고 일주일이 지난 후 실험 참여자들을 다시 모아 그들이 인터뷰했던 내용을 여성의 목소리로 읽어 주면서 fMRI(기능성 자기공명영상장치)로 뇌를 촬영했다. 그러자 두정엽의 활동과 밀접한 관련이 있다는 사실이 밝혀졌다.

2016년 미국 하버드대, 유타대, 매사추세츠종합병원의 공동연구진은 뇌의 보상회로와 영적 체험의 연관성을 규명했다. 연구진은 독실한 모르몬교 신자 19명의 뇌를 fMRI로 촬영하여 영적 체험을 하기 전에 1~3초 동안 뇌의 보상회로가 활성화되는 것을 확인했다. 보상회로는 뇌의 쾌감중추다. 보상회로의 중심에 자리 잡은 측좌핵이 제공하는 쾌감은 행동의 동기를 일으킨다. 우리가 가지고 있는 모든 욕망은 보상회로가 제공하는 쾌감을 얻기 위한 것이다. 섹스, 도박, 음악, 알코올, 니코틴,

약물중독 역시 보상회로에 도파민 분비가 증가하기 때문에 발생한다. 영적 체험의 순간 측좌핵은 반복적으로 활성화되었고, 빠른 심장박동과 함께 깊은 호흡이 이어졌다. 보상회로 이외에 전전두피질과 측두엽 역시 활성화되었다.

종교적 체험이 뇌가 일으키는 현상이라면 그 역도 가능해야 한다. 즉 뇌의 조절을 통해 영적 체험을 조절할 수 있어야 한다. 2016년 영국과 미국의 공동연구진이 참가자 39명을 두 그룹으로 나눈 뒤 한 집단에 경두개자기자극술(TMS) 치료를 시행했고, 다른 그룹은 가짜로 치료했다. TMS는 자기장을 이용하여 뇌의 표면에 전류를 발생시켜 뇌의 신경세포를 직접 자극하는 치료술이다. 연구팀은 TMS 치료를 한 다음 참가자들이 신, 천국과 지옥, 천사와 악마 등을 얼마나 믿는지 측정했다. TMS 치료를 받은 그룹은 믿음 정도가 치료받기 전보다 32.8퍼센트 줄었다. 종교에 대한 믿음이 감소한 것이다. 또 정치적 이념이나 종교적 신념에서의 갈등을 조정하는 후방내측 전두피질의 활동도 감소했다.

의식을 변형시키는 수단에는 과격한 운동 같은 육체적 활동, 요가나 명상 같은 호흡법, 연상이나 상상 같은 생각의 전환 등이 있다. 우리는 운동이나 연상을 극한 상태까지 몰고 감으로써 정신적 쾌감을 얻을 수 있다. 하지만 대부분의 사람들은 이런 체험을 종교적 체험과 결부시키지 않는다. 사람들은 명상이나 기도를 통해 얻은 환희만을 영적 체험으로 인정하는 경향이 있기 때문이다.

초월적이며 영적인 정신상태를 경험한 사람은 많다. 그들의 증언을 보면 공통으로 의식의 무한한 확장, 비움과 일체감, 지금 여기에 존재한다는 느낌, 시간 개념이 사라지고 공간의 경계가 사라지는 느낌 등을 갖는다. 한마디로 표현하면 '영원한 순간'에 머무는 것이다. 하지만 그 상태를 이성적으로 탐색하려는 순간 그 경험은 끝나고 만다. 과학자들은 이러한 영적 체험이 뇌의 신경 처리 과정에서 발생하는 것이기 때문에 누구에게나 일어날 수 있다고 말한다.

뇌의 작동 메커니즘은 신의 존재 여부와는 상관이 없다. 신이 존재하든 존재하지 않든 영적 체험은 생물학적 메커니즘이 주는 선물이다. 영적 체험이 제공하는 쾌감을 즐기면서 믿음에 중독되도록 뇌가 진화한 것은 매우 자연스러운 일이다.

IV

신들의 귀환

01
신화와 몽상

인간은 왜 증명되지 않은 믿음으로
추상적 체계를 만드는 것일까?
간단히 답하면 우리는 믿는 것 말고는
다른 선택의 여지가 없기 때문이다.
_앤드루 뉴버그, 마크 로버트 월드먼, 『믿는다는 것의 과학』

괴담의 비밀

무서운 이야기는 늘 인기가 있다. 설화와 마찬가지로 공포담에도 공
통의 패턴이 있으며, 종교적 밈처럼 전파된다. 고전적인 공포담의 주인공
은 나그네이며 또한 남자다. 그는 어떤 목적을 갖고 길을 나섰다가 길을
잃는다. 물론 시간적 배경은 깜깜한 밤이어야 하고, 공간적 배경은 깊은
산속일 경우가 많다. 그는 어둠 속에서 작은 불빛을 발견하고는 그 집으
로 찾아든다.

집주인이 여자가 아니라면 공포담은 성립되지 않는다. 이 여자는 사
연이 있는 과부이거나 처녀지만, 그 본질은 요괴다. 나그네는 그 여자의
집에서 하룻밤을 묵는다. 이 대목에서 이야기 구조는 다양하게 갈라진
다. 에로틱한 분위기와 맞물리면서 무시무시한 공포가 펼쳐지고 마침내

는 복수, 보은, 전생, 업 등과 같은 것이 이야기 속에 골고루 스며든다. 날이 밝으면 나그네는 잠에서 깨어난다. 하지만 그가 깨어났을 때 으리으리하던 저택은 온데간데없고, 자신은 헝클어진 짚 덤불 속에 누워 있을 뿐이다.

이 설화 구조는 '감각 차단성 환각'과 관련이 있다. 그가 경험할 수 있는 것은 캄캄한 어둠과 정체불명의 소리뿐이다. 단조로운 정보가 지속해서 입력되면 감각이 차단되고 마침내 환각을 경험할 수 있다는 이야기는 앞에서 설명했다. 어둠 속을 걷는 나그네에게 가장 긴급히 요구되는 것은 수면욕과 식욕의 해소다. 그러나 깊은 산속에서 그 욕구를 충족시킬 만한 곳은 아무 데도 없다. 마침내 나그네는 탈진상태에 이르러 어딘가에 쓰러져 잠이 들고 가장 먼저 굶주림에 시달린다. 맛있게 먹은 음식이 아침에 일어나 보니 해골이거나 인육이었다는 공포담은 여기에 해당한다. 이윽고 새벽이 된다. 나그네는 렘수면에 이르러 음경이 발기하고 몽정을 한다. 여주인과 몸을 섞으며 환락의 밤을 보냈다는 이야기는 여기에 포함된다. 또 여자가 뱀이나 요괴로 변하는 공포체험은 나그네가 겪었던 한밤의 추위와 관련되어 있다.

사실 이런 일은 흔히 발생한다. 갑자기 실종되었던 사람이 외계인에게 끌려갔었다고 주장하거나 등반 도중 조난되었던 사람의 시체 옆에서 가지런히 벗어 놓은 신발이 발견되는 것도 그가 환각에 빠져 있었음을 암시하는 것이다. 극한상황에서 환각 체험은 전염될 수 있다. 일본의 정신병리학자 오기노 고이치는 1962년 난산대학 등반대 조난 사건을 분석하면서 이 사실을 밝혀냈다. 당시 등반대는 조난의 위험에 빠져 있었는데 일행 중 세 사람 앞에 환각이 나타났다. 맨 처음 한 사람이 관목이 시체로 덮여 있다고 말했을 때 나머지 두 사람은 믿지 않았지만 차츰 그들도 환각을 보기 시작했다는 것이다. 물론 그들이 본 환각은 모두 달랐다.

공포는 가장 원시적인 감정이다. 공포는 도주를 전제로 하며, 생명의 위협이 닥쳤을 때 반응하는 가장 원초적인 반응시스템이다. 동물이 위험에 처하면 아드레날린이 생성되고, 아드레날린은 뇌하수체의 부신피질 자극 호르몬(ACTH)을 증가시킨다. ACTH는 동물의 스트레스와 관련 있다. 고등동물일수록 원시적 감정은 억제되어 있다. 뇌의 전두피질이 브레이크를 걸었기 때문이다. 하지만 브레이크마저 듣지 않을 만큼 공포가 엄습할 때 인간은 도주를 시작한다. 그러나 문명화된 인간이 다른 생명체에 의해 생존의 위협을 느끼는 경우는 별로 없다. 따라서 필요 없는 자극은 사전에 걸러져야 한다.

어린이가 괴담을 좋아하는 것은 사전의 탐색 활동을 통해 위협적이지 않은 공포를 극복하기 위한 것이다. 공포-도주의 패턴이야말로 조상들이 겪었던 외상의 흔적이며 대대로 계승되어 온 원형적 체험이다. 이 원형적 체험은 전파되고 축적된다. 신화가 자리 잡는 곳은 바로 이 지점이다.

노아의 방주

인구가 늘어나면 늘 문제가 생기기 마련이다. 노아가 등장할 무렵 세상은 점차 혼탁해지기 시작했다. 『창세기』 6장에 따르면, 사람이 땅 위에 번성하기 시작할 때 그들에게서 딸들이 나니 '하느님의 아들들'이 '사람의 딸들'의 아름다움을 보고 자기들이 좋아하는 모든 여자를 아내로 삼았다. 하느님의 아들이 누구인지는 명확하지 않지만, 미루어 해석하건대 야훼를 믿는 신도들일 가능성이 크다. 아마 그 무렵에 하느님의 아들들이 여자를 마음대로 취하면서 일부다처제가 생겨났고, 이로 인한 빈부 격차와 갈등이 극에 달했을 것이다. 또 신자와 불신자의 혼합과 다툼으로 집단의 도덕적 타락도 심각했을 것이다.

이에 하느님은 인간의 수명을 120세로 줄인 다음 한탄하여 가로되 "사람을 지상에서 쓸어버리되 사람과 가축과 기는 것과 공중의 새까지 그리하리라" 했다. 성서를 보면 이처럼 소름 끼치는 대목들이 곳곳에 등장한다. 그러나 인간에 대한 심판이 없다면 신은 자신의 지위를 보장받을 수 없다. 심판이야말로 신의 위대한 권능이요, 인간을 굴복시킬 수 있는 가장 강력한 무기이다. 하지만 인류의 멸종에 그다지 겁을 먹을 필요는 없다. 심판의 날에 이르렀을 때 지상에는 반드시 선택받은 인간이 있기 때문이다.

구약에서 이 역할을 하는 존재는 노아다. 하느님은 노아에게 잣나무로 큰 배를 짓게 하고, 노아의 가족과 모든 생물을 한 쌍씩 태우도록 했다. 노아는 하느님의 말씀대로 길이 300큐빗, 너비 50큐빗, 높이 30큐빗 크기로 3층짜리 배를 만들었다. 고대 이집트에서 사용하던 단위인 1큐빗은 팔꿈치에서 손가락 끝까지의 길이로 대략 45~50센티미터다. 그러므로 노아가 만들었던 배의 크기는 축구 경기장 정도의 길이를 가졌다고 생각하면 된다.

하느님은 동물 한 쌍씩을 태우는 것이 약간 부족하다고 생각했는지 정결한 짐승은 암수 일곱 쌍, 부정한 짐승은 암수 두 쌍을 태우도록 했다. 이윽고 노아가 600세 되던 해 2월 17일, 하늘의 창이 열리면서 40일 동안이나 폭우가 쏟아졌다. 노아는 세 아들과 아내, 그리고 모든 생물의 암수를 데리고 배 안으로 들어갔다. 물이 불어나 15큐빗에 이르자 산들이 물에 잠기고 땅에서 호흡하던 모든 것이 죽었다. 홍수는 150일 동안 땅을 뒤덮었다. 마침내 7월 17일 노아의 방주는 아라라트산에 닿았고, 10월 1일에야 물에 잠겼던 산의 봉우리가 나타났다.

그 후 40일이 지나자 노아는 까마귀 한 마리를 내어 보내 땅을 찾게 했으나 찾지 못했다. 다시 비둘기를 내보내자 7일 후에야 감람나무 잎사귀를 물고 나타났다. 땅이 마른 것은 이듬해 2월 27일에 이르러서였다. 노아는 모든 생물을 방주에서 놓아주고 정결한 동물만 잡아 하느님께 제사를 올렸다. 하느님은 노아의 제물을 받아들이고 다시는 땅을 저주하지 않겠노라고 약속했다.

사막지대에서 40일 동안 15큐빗 이상의 비가 쏟아졌다면 아마도 전무후무한 기록일 것이다. 물론 그 정도의 비로 지구 전체가 잠겼다고는 상상할 수 없지만, 멸종의 위기로부터 인류를 구해 낸 노아에게 감사해야 한다. 성서의 기록이 사실이라면 노아는 분명히 당신의 직계 조상이다.

홍수가 실제로 있었는가 하는 문제는 과학자들과 신학자들 사이에서 심심찮은 논쟁거리가 되었다. 노아의 방주가 닿았다는 아라라트산은 터키와 이란·구소련의 접경지대에 있는 해발 5,157미터의 휴화산이다. 이 산의 정상에는 호수가 있는데, 대부분 얼음에 덮여 있고 일 년 중 한두 달 정도만 녹아 있다. 일부 신학자들은 여러 기록과 증언을 바탕으로 노아의 방주가 실제로 있었다고 주장한다.

기원전 300년경 바빌로니아의 신관이자 역사가였던 베로수스는 "방주가 있는 곳까지 올라간 사람들은 언제나 배에서 송진을 긁어내어 악마를 물리치는 부적으로 삼았다"고 전한다. 그러나 처음으로 방주를 확인하기 위해 이 산에 올라가 기록을 남긴 사람은 독일인 프리드리히 파로트였다. 그는 1829년 아라라트산에 올랐으나 방주를 발견하지는 못했다. 그로부터 4년 후인 1883년 지진 피해를 조사하던 터키 관리들은 산 위의 얼음 속에 묻혀 있는 검은 물체를 발견했다. 그러나 이 검은 물체가 무엇인지는 밝혀내지 못했다. 이어 1916년에는 러시아 항공분견대의 코스코비키 중위가 얼음 호수에 배 한 척이 가라앉아 있다는 정찰 보고서를 기록했다. 그러나 그때 기록한 보고서와 사진들은 현재 사라진 상태다.

제2차 세계대전 당시에도 소련 공군의 마스케린 소좌가 산 위에 배 모양의 물체가 있다고 보고하자 소련 공군에서 특별조사단을 파견했다고 한다. 이외에도 1959년에 미군 조종사 슈잉하머 소위가 이 물체를 발견했으며, 1960년에는 터키 공군의 커티스 소령이 해발 2,000미터 지점에서 배와 비슷한 물체를 찾아냈다. 1969년에는 미국 고고학 탐험대가 직접 산에 올랐다. 그들은 해발 4,900미터의 빙하 밑바닥에 배와 비슷한 물체가 있다고 보고했다. 또 1974년에는 지구자원탐사 위성이 어렴풋한 물체를 촬영하는 데 성공했다고 한다. 그러나 이런 자료들조차 정확한 것이라고 단정하기는 어렵다. 불가사의가 대부분 그렇듯이 인용한 기록들이 완벽하게 일치하는 것은 아니기 때문이다.

메소포타미아로의 여행

진실에 좀 더 가까이 접근하려면 아브라함의 조상이 살았던 메소포타미아로 가야 한다. 19세기 이전까지 메소포타미아 지역은 서구인의 관심에서 멀어져 있었다. 황량한 사막지대인 이곳은 성서의 배경으로 등장하거나 고대 그리스와 로마 역사학자들의 저서에 맛보기로 언급되었을 뿐이었다. 로마시대 이후 그 지역을 방문해 기록을 남긴 사람은 프랑스의 유대교 랍비인 뱅자맹 드 튀델이었다. 1160년경 그가 메소포타미아를 방문한 이후 수많은 여행가와 모험가가 이 지역을 여행했고, 자신들이 보고 들은 바를 짤막한 기록으로 남겼다. 그들에게 가장 깊은 인상을 심어 준 것은 황량한 모래더미 속에 듬성듬성 남아 있는 고대 설형문자였다.

서구 학자들은 여행자들이 가져온 비석 조각에 새겨진 문자에 흥미를 느끼기 시작했다. 그러나 난생처음 보는 이 문자를 해석하는 데는 엄청난 시간과 노력이 필요했다. 이 난해한 수수께끼에 도전해 해독의 열쇠를 제공한 사람은 독일 괴팅겐에서 라틴어 교사로 재직하고 있던 게오르크 프리드리히 그로테펜트였다. 그는 선배들이 제시했던 가설들을 종합하고, 수많은 시행착오를 거듭하면서 복잡한 설형문자 일부를 해독하는 데 성공했다. 그가 열어 준 비밀의 문 속으로 세계 각국의 고고학자들이 다투어 밀려들었다.

그중에서도 인도 주둔군의 영국인 장교였던 헨리 롤린슨이 가장 주목할 만한 성과를 거두었다. 그는 1835년 베히스툰 비문을 발견했는데, 해독 결과 페르시아의 전성기를 이끌었던 다리우스 1세가 세운 것으로 밝혀졌다. 이후 롤린슨은 정열적으로 연구에 매달려 1846년에는 설형문자를 해독할 수 있는 개론서를 출간할 수 있었다. 문자 해석을 둘러싼 학자들의 논쟁은 계속되었지만, 1923년 아르노 포게벨이 그동안의 논쟁에 종지부를 찍는 『수메르어 문법의 기초』를 발간함으로써 설형문자의 문법이 체계화되었다.

문자 해독과 함께 메소포타미아 유적지에 대한 발굴 작업도 활발히 진행되었다. 처음으로 대규모 발굴 작업에 착수한 사람은 1842년 프랑스 영사관에 근무하던 폴 에밀 보타였다. 그는 티그리스 강가의 모래더미에 파묻힌 채 수천 년 동안 잠들어 있던 고대 도시 니네베를 발굴했다. 1845년에는 영국인 오스틴 헨리 레이어드가 님루드 발굴에 착수했고, 여기에 설형문자 전문가인 롤린슨이 합류했다. 그러나 거대한 니네베가 완전히 발굴된 것은 아니었다. 레이어드는 1847년 발굴을 정리하고 영국으로 돌아갔다가 1849년부터 다시 발굴을 시작했다. 두 번째 발굴 작업에서 레이어드는 놀랍게도 기원전 7세기에 세워진 도서관을 발견했다. 아슈르바니팔 대왕이 건설한 것으로 밝혀진 이 도서관에서 설형문자로 기록된 2만 5,000여 개의 토판이 발굴되었다. 이를 계기로 발굴 작업은 메소포타미아 전 지역으로 확대되었고, 영국을 비롯한 서구 국가들은 고대 문명의 파편을 본국의 박물관으로 운송하는 데 혈안이 되었다.

고대 도서관을 발굴한 레이어드는 호르무즈 랏삼이라는 현지인 조수를 두고 있었다. 고고학자라기보다 도굴꾼에 가까웠던 랏삼은 1853년에 『길가메시 서사시』가 기록된 토판들을 발굴하는 데 성공했다. 이 서사시는 기원전 18세기경에 기록된 것이었다. 1872년 12월, 마침내 영국의 고고학자 조지 스미스가 이 서사시를 해독하여 발표했다. 그의 발표는 엄청난 폭발력을 지니고 있었다. 이 한 편의 서사시가 2,000년간이나 서구 사회를 지배하고 있던 성서에 대한 권위와 순진한 믿음을 순식간에 무너뜨린 것이다.

이 서사시를 설명하기에 앞서 수메르 신화에 등장하는 일곱 신에 대해 간단히 설명하는 것이 좋겠다. 수메르의 일곱 신은 하늘의 신 안(아누), 대기의 신 엔릴(엘릴), 지혜의 신 엔키(에아), 출산의 신 닌투(닌후르쌍), 달의 신 난나(씬), 태양의 신 우투(샤마쉬), 사랑의 여신 인안나(이슈타르)

다. 마지막에 등장하는 인안나는 하계를 여행할 때 이미 소개한 바 있다. 『길가메시 서사시』는 기원전 2700년경 메소포타미아의 도시국가 우르크를 다스렸던 위대한 왕 길가메시에 대한 기록이다. 이 서사시는 이렇게 시작된다.

"지금부터 그의 행적을 알리노라. 그는 모든 것을 알았고, 세상에 존재하는 모든 나라를 알았다. 그는 슬기로웠으며 모든 신비로운 사실을 보았고, 신들의 비밀을 알아냈다. 그리하여 그는 대홍수 이전에 존재했던 세상에 대해 우리에게 알려 주었다. 그는 긴 여행 끝에 돌아와 쉬는 도중에 이 모든 이야기를 돌 위에 새겼노라."

신들은 길가메시를 3분의 2는 신, 3분의 1은 인간으로 만들었다. 길가메시는 우르크에 거대한 성벽을 쌓고 아름다운 신전을 세웠다. 그 후 길가메시는 세상을 이리저리 떠돌아다녔는데, 워낙 힘이 세서 그를 당해 낼 장사가 없었다. 그러다가 백성은 그의 방자함과 무절제한 색욕에 불평을 늘어놓기 시작했다. 신들이 그 소리를 듣고 길가메시를 만든 하늘의 신 '안'에게 따졌다. 안은 골치가 아픈 나머지 지혜의 신 엔키에게 부탁해 그와 경쟁시킬 만한 인간을 만들어 달라고 부탁했다. 그러자 엔키는 물속에서 진흙을 건져내 광야에 뿌렸고 거기에서 엔키두가 태어났다.

길가메시의 횡포를 전해 들은 엔키두는 곧장 그를 찾아갔다. 그러나 길가메시를 주눅 들게 만들려고 했던 신들의 의도는 실패로 돌아가고 만다. 운명적으로 마주친 두 사람은 서로가 신의 아들임을 확인하고 돈독히 우정을 다지는 사이로 발전했다. 그때 여신 인안나가 길가메시에게 청혼했다가 거절당하는 일이 벌어졌다. 자존심이 상한 인안나가 안에게 복수해 줄 것을 간청하자 안은 소 한 마리를 지상으로 보내 7년간 가뭄을 내리고 사람들을 해치도록 했다. 그러나 길가메시와 엔키두는 힘을 합쳐 소의 심장을 도려내 버렸다. 소가 죽자 격노한 신들은 징벌을 내리기로 했지만, 반신반인인 길가메시를 죽일 수는 없었다. 결국 그들은 인간 엔키두의 목숨을 뺏기로 했다.

어느 날 엔키두는 꿈속에서 죽음의 세계를 보았다. 그가 하계에 들어서자 짙은 어둠 속에 사람들이 앉아 있었다. 그들은 먼지와 진흙을 먹고 있었으며, 날개와 털로 몸을 가린 채 어둠 속에 내던져져 있었다. 궁전 안에 들어서자 지하세계를 다스리는 에레쉬키갈이 앉아 있고, 그 앞에서는 벨릿셰리가 신들의 말을 기록하며 사자(死者)의 명부를 지키고 있었다. 꿈을 꾼 이튿날부터 엔키두는 자리에서 일어서지 못했다. 12일간의 고통이 계속되다가 엔키두는 가장 절친한 친구 길가메시가 지켜보는 가운데 세상을 떠나고 말았다. 친구의 죽음을 접한 길가메시는 인간의 유한한 삶을 원망하며 울부짖었다.

이윽고 길가메시는 인간에게 영생을 가져다주는 불로초 물냉이를 찾기 위해 방랑의 길을 떠나게 된다. 수차례 역경을 극복하면서 그는 신으로부터 영원한 생명을 부여받은 우트나피쉬팀을 찾아간다. 우트나피쉬팀은 대홍수에서 살아남은 유일한 사람으로서 신에게 영원한 생명을 부여받은 채 '태양의 정원'에 살고 있었다. 길가메시는 우트나피쉬팀의 거처를 방문하기 위해 거대한 산맥 마슈 입구에 도착한다. 입구에는 반은 인간이고 반은 용의 모습을 한 스콜피온이 지키고 있다. 스콜피온이 방문한 목적을 묻자 길가메시가 대답한다.

"내 사랑하는 친구가 죽었소. 나는 그의 시체를 묻지 않았습니다. 다시 살아날 수 있을 것만 같은 생각 때문이지요. 나는 우트나피쉬팀을 만나 죽음과 삶에 대해 묻고 싶습니다."

스콜피온은 길가메시의 애절한 부탁에 못 이겨 문을 열어 주었다. 길가메시는 끝없이 이어진 어둠 속을 가로질러 신들의 동산에 도착했다. 그곳에는 유리로 된 잎과 열매, 진기한 보석과 마노, 진주들이 주렁주렁 매달린 나무가 숲을 이루고 있었다. 그곳에서 길가메시는 포도주를 빚는 한 여인을 만났다. 그녀는 길가메시에게 죽음에 대해 설명했다.

"당신은 생명을 찾을 수 없습니다. 신들이 인간을 만들 때 죽음도 함께 주었기 때문입니다."

길가메시는 다시 뱃사공 우르샤나비를 만나 죽음의 바다를 건넜다. 우트나피쉬팀은 바로 죽음의 바다 건너에 살고 있었다. 길가메시는 우트나피쉬팀을 만나 이렇게 물었다.

"영원한 생명을 얻을 수는 없습니까?"

"이 세상에 영원히 변하지 않는 것은 없다."

우트나피쉬팀은 친구를 되살려낼 수 없다는 것을 설명하고, 신의 비밀을 말하기 시작했다. 옛날 유프라테스강 둑에 슈루파크라는 도시가 있었다. 그곳은 본래 신들의 도시였으나 사람들이 가득 차게 되자 갑자기 들소 떼가 들어찬 것처럼 소란해지기 시작했다. 참다못한 대기의 신 엔릴이 인간을 멸망시키려 하자 지혜의 신 엔키가 우트나피쉬팀의 꿈에 나타나 미리 이 사실을 알려 주었다.

"집을 부수고 배를 만들어라. 폭과 길이를 같게 하고, 배의 갑판은 깊은 구덩이를 덮는 둥근 천장처럼 만들 것이며, 배에는 모든 생물의 종자를 실어라."

우트나피쉬팀은 가족들을 모이게 한 후 나무에 역청을 발라 배를 만들었다. 배의 넓이는 1에이커에 달했고, 갑판의 사방 길이는 120큐빗이었다. 또 배 안에 6층의 갑판을 만들어 모두 7층이 되게 하고, 각 층을 9등분해 칸막이를 설치했다. 그는 일꾼들을 위해 매일 소를 잡고 술과 기름을 주었으며, 자신도 머리에 기름을 발랐다. 배가 완성되자 폭풍우가 몰아치기 시작했다. 비는 6일 동안 계속 내렸다. 7일째 되는 날 폭풍이 가라앉았으나 지상의 모든 것이 진흙에 묻힌 뒤였다.

일행이 탄 배는 니시르산에 정박했다. 7일이 지나자 우트나피쉬팀은 비둘기 한 마리를 내보냈으나 앉을 곳을 찾지 못하고 돌아왔고, 다시 제비 한 마리를 날려 보냈지만, 땅을 찾는 데는 실패했다. 이윽고 까마귀한 마리를 내보내 되돌아오지 않자 그는 비로소 동물들을 모두 배에서 내리고 신들에게 제사를 지냈다. 엔릴이 살아남은 자가 있다는 말을 듣고 분개했으나 엔키의 설득을 받아들여 살아남은 자와 그 아내에게 영원한 삶을 주었다.

우트나피쉬팀의 홍수 이야기는 여기서 끝난다. 그는 말을 마친 다음 길가메시에게 충고한다.

"그대가 영생을 얻으려면 신들을 모이게 해야 한다. 그렇게 하려면 여섯 날과 일곱 밤을 자지 않고 견뎌야 한다."

그러나 오랜 모험으로 피곤함에 지친 길가메시는 그대로 곯아떨어지고 말았다. 6일 동안의 기나긴 잠에서 깨어나자 우트나피쉬팀은 신들의 비밀 한 가지를 알려 주었다.

"바다 밑에는 날카로운 가시가 돋아난 식물이 있는데 그것을 얻으면 젊음을 회복할 수 있을 것이다."

길가메시는 바닷속으로 뛰어들어 그 식물의 꽃을 꺾었다. 그러나 그는 불로초를 들고 돌아오던 중 샘물에서 목욕한 후 잠시 긴장을 풀고 말았다. 그때 샘물에 살고 있던 뱀이 애써 꺾은 꽃을 물고 달아나 버렸다. 그래서 영원히 허물을 벗으며 영생을 누릴 수 있는 존재는 뱀이 되고 말았다. 뱀은 언제나 문제아로 등장한다. 그는 인간에게 선악을 구별할 수 있는 지혜를 선물했으나 번번이 신의 선물을 가로챘다. 인간은 신이 준 영생을 뱀에게 빼앗기고 죽음을 피할 수 없게 된 것이다.

신화는 신화를 잉태한다

『길가메시 서사시』를 읽으면서 약간 놀랐을 것이다. 먼저 이 신화가 노아의 홍수 이야기와 너무나 닮았다는 점에 놀랐을 것이다. 하지만 더 놀라운 것은 이 서사시가 많은 신화가 안고 있는 특징을 모두 담고 있다는 점이다. 이 서사시에는 죽음의 세계로 가는 여정이 그려져 있다. 길가메시는 긴 동굴을 지나고, 배를 타고, 물을 건넌다. 또한 그곳에는 물을 건네주는 뱃사공이 등장하며, 한 여인이 안내자로 나선다. 또 신은 자신이 진흙으로 만든 인간에게 죽음을 부여했고, 생명의 나무와 비슷한 불로초를 숨겨 두었다. 그러나 신이 인간에게 선물한 영생은 뱀에 의해 방해받고, 마침내 인간은 죽음의 나락으로 떨어지는 것이다.

고대 수메르의 서사시 『지우수드라』도 비슷한 내용을 담고 있다. 이 서사시는 발견 당시 토판의 일부가 훼손된 상태였기 때문에 서사시의 앞부분을 정확히 알 수는 없다. 그러나 이 서사시에는 인간이 창조되는 과정과 에덴동산, 태초의 도시, 홍수로 이어지는 줄거리가 기록되어 있다. 『지우수드라』에 의하면 신들은 자신들이 쉴 도시와 제단을 짓기 위해 인간을 만들었다. 인간을 창조한 후 신들은 기어 다니는 동물과 들짐승, 네 발 달린 동물 등을 만들어 '에덴'에 풀어놓았다. 그러나 점차 인간이 늘어나 지상이 시끄러워지자 대기의 신 엔릴은 인간을 홍수로 멸망시키기로 작심했다. 지우수드라는 인간의 왕이며 제사장이었다. 그는 신상(

神像)을 만들어 경배하고 매일 제사를 올렸다. 어느 날 지혜의 신 엔키가 지우수드라의 꿈속에 나타나 장차 홍수가 일어나 세상이 멸망할 것임을 일러 주고 배를 만들어 온갖 생명의 씨앗을 실으라고 충고한다. 지우수드라가 배를 지은 후 온갖 생물을 싣자 7일 밤낮 동안 비가 내렸다. 대홍수 속에서 살아남은 그는 소와 양을 잡아 신들에게 제사를 올렸다.

그리스 신화에도 홍수 이야기가 등장한다. 제우스는 자신의 경쟁자였던 프로메테우스가 인간을 만들었다는 사실이 몹시 불쾌했던 듯하다. 그에게 인간은 버릇없고 싸움만 일삼는 존재에 지나지 않았다. 제우스는 인간에게 환멸을 느낀 나머지 신들의 회의를 소집했다. 이 회의에서 신들은 인간을 멸망시키기로 작정했다. 결정은 내려졌다. 제우스가 불벼락을 내리려 하자 신들이 만류하고 나섰다.

"불벼락을 내려 자칫 불똥이 튀기라도 하면 천계도 무사하지 못할 것입니다. 그러니 물로 다스리는 것이 좋을 듯싶습니다."

신들의 만류로 제우스는 지상에 홍수를 내리기로 결심했다. 이 사실을 안 프로메테우스는 고민에 빠졌다. 결국 그는 이 사실을 인간에게 알려 주기로 했다. 그가 선택한 인간은 자신의 아들 데우칼리온과 며느리 피라였다. 프로메테우스는 급히 이들을 찾아가 큰 배를 만들라고 일러 주었다. 아들과 며느리는 급히 배를 만들어 올라탔다. 이윽고 9일 동안 엄청난 폭우가 쏟아졌다. 그러나 그들이 탄 배는 파르나소스산 꼭대기에 정박하여 홍수를 피할 수 있었다.

수메르 신화와 그리스 신화, 그리고 구약성서의 내용이 비슷한 것은 결코 우연이 아니다. 그 지역들은 지리적으로 가까울 뿐만 아니라 유목민이 많아 민족의 이동이 활발하게 이루어지던 곳이다. 다시 수메르의 신화로 돌아가자. 기원전 17세기에 기록된 것으로 추정되는 서사시 『아트라하시스』는 이 내용을 약간 다르게 표현하고 있다. 인간을 창조하기 전에 땅을 다스리고 있던 신 엔릴은 메마른 땅을 적시기 위해 하급 신들을 동원해 운하를 건설하게 했다. 그러나 40년 동안이나 계속된 노역에 하급 신들의 불만이 폭발하고 말았다. 그들이 거세게 항의하자 엔릴은 신들의 회의를 소집해 운하를 팔 '인간'을 만들자는 데 합의한다.

신들의 필요로 창조된 인간은 기하급수로 늘어났다. 거대한 운하를 파기 위해서는 그만큼의 노동력이 필요했기 때문이었다. 인간의 숫자는 여기에서도 문제가 된다. 인간을 다스려야 할 엔릴이 시끄러운 인간 때문에 쉴 수 없게 된 것이다. 마침내 엔릴은 홍수를 내려 인간을 멸하기로 했다. 이때 엔키가 인간 아트라하시스의 꿈에 나타난다. 그는 7일 동안 홍수가 휩쓸 것임을 예고하고 배를 만들게 했다. 홍수가 지나간 뒤 아트라하시스 역시 소와 양을 잡아 신들에게 제물로 바쳤다.

굳이 설명하지 않아도 당신은 근동 지방을 중심으로 분포되어 있는 신화가 유사하다는 것을 알았을 것이다. 신은 자신의 필요 때문에 진흙으로 인간을 창조했으나 시끄럽게 구는 인간을 견딜 수가 없었다. 그리고 신은 무책임하게 자신이 만든 피조물을 아예 흔적도 없이 청소하기로 결심한다. 신은 전지전능하므로 언젠가 인간을 멸망시키리라는 시나리오도 갖고 있었다. 신은 자비롭지 않다. 신은 자신을 경배하고 지상의 일을 대신해 줄 노예가 필요했을 뿐이었다.

『길가메시 서사시』에 '기름'이 등장하는 점도 무척 흥미롭다. 우트나피쉬팀은 배를 만들 때 사람들에게 기름을 나누어 주고 자기 머리에 기름을 부었다. 유대교에서는 종교의식을 거행할 때 머리에 기름을 붓는 의식을 거행한다. 또 '메시아'라는 말의 의미는 '기름 부음을 받은 자'라는 뜻이다. 우트나피쉬팀은 신으로부터 선택받은 자로서 자기 머리에 기름

신들의 귀환

신화와 몽상_____313

을 부은 것이다. 그렇다면 유대인 조상은 메소포타미아 지역에 퍼져 있던 마르두크 신앙에 영향을 받았을 가능성이 크다. 아브라함이 살았던 우르는 유프라테스강을 따라 우르크 및 바빌론과 인접해 있다. 또 유대인 지도자들은 기원전 6세기 때 바빌론에 50여 년간이나 유배되어 있었다. 『창세기』가 바빌론 유수기 이후인 기원전 6세기경에 성립되었다는 학자들의 견해에 비추어 볼 때, 유대교가 이 지역의 종교에 영향을 받았음은 분명해 보인다. 이 주장을 뒷받침할 수 있는 가장 유력한 증거는 '바벨탑'이다.

또 하나의 저주, 바벨탑

구약성서는 노아의 홍수가 끝난 후 그의 자손들이 열국 백성으로 나뉘어 살았다고 전한다. 그때까지만 해도 인간은 한 가지 언어를 사용했다. 하지만 인구가 불어나자 그들은 새로운 땅을 찾아 이주하지 않을 수 없었다. 이윽고 그들은 동방을 향해 길고 긴 여행을 떠났고, 어느 날 시날 평지에 다다랐다. 그들 중에 지도자는 있었을 것이다. 누구의 제안이 었는지는 알 수 없지만, 그들은 도발적이고도 당돌한 일을 감행했다. 그때의 일을 『창세기』 11장은 이렇게 기록하고 있다.

"온 세상이 한 가지 말을 쓰고 있었다. 물론 낱말도 같았다. 사람들은 동쪽에서 옮아 오다가 시날 지방 한 들판에 이르러 거기 자리를 잡고는 의논하였다. '어서 벽돌을 빚어 불에 단단히 구워내자.' 이리하여 사람들은 돌 대신에 벽돌을 쓰고, 흙 대신에 역청을 쓰게 되었다. 또 사람들은 의논하였다. '어서 도시를 세우고 그 가운데 꼭대기가 하늘에 닿게

탑을 쌓아 우리 이름을 날려 사방으로 흩어지지 않도록 하자.' 야훼께서 땅에 내려오시어 사람들이 이렇게 세운 도시와 탑을 보시고 생각하셨다. '사람들이 한 종족이라 말이 같아서 안 되겠구나. 이것은 사람들이 하려는 일의 시작에 지나지 않겠지. 앞으로 하려고만 하면 못할 일이 없겠구나. 당장 땅에 내려가서 사람들이 쓰는 말을 뒤섞어 놓아 서로 알아듣지 못하게 해야겠다.' 야훼께서는 사람들을 거기에서 온 땅으로 흩으셨다. 그리하여 사람들은 도시를 세우던 일을 그만두었다. 야훼께서 온 세상의 말을 거기에서 뒤섞어 놓아 사람들을 온 땅에 흩으셨다고 해서 그 도시의 이름을 바벨이라고 불렀다."

시날 평지는 당시 서쪽 지역 사람들이 '샨하라'라고 부르던 바빌로니아이며, 바벨은 유대인이 바빌(신의 문)이라고 부르던 바빌론이다. 수메르 신화에도 언어가 어떻게 나뉘었는지에 대한 힌트가 들어 있다. 『에아의 주문』에 따르면 본래 인간은 한 가지 언어로 엔릴을 찬양하고 예배했다. 그런데 각지의 사람들 사이에 경쟁심이 생기고 불화가 일어나자 지혜의 신 에아(엔키)는 그들의 말을 서로 갈라놓았다. 이는 맨 처음 공동체를 유지했던 메소포타미아의 여러 도시국가가 다투어 싸우는 시대가 되었다는 것을 의미한다.

수메르의 여섯 신은 성전에 세워진 각 도시를 다스렸는데, 도시마다 지구라트가 들어섰다. 오늘날에도 30여 개의 지구라트 유적이 남아 있는데, 이를 처음 발굴한 사람은 독일인 로베르트 콜데바이였다. 그는 1889년에 발굴을 시작해 1917년까지 1.8×1.3킬로미터에 달하는 거대한 '에사길라' 성곽을 찾아냈다. 그 성에는 100개가 넘는 사원과 성지가 있었다. 그중에서도 가장 거대한 건축물은 높이 90미터에 달하는 7층짜리 지구라트의 흔적이다. 에사길라에서 발굴한 점토판에는 이 탑을 건설하는 데 8,500만 개의 벽돌이 사용되었고 1층은 가로세로의 길이가 각각 91.4미터였다고 기록되어 있지만, 지금은 바닥 일부만이 모습을 드러내고 있다.

지구라트를 건설한 시기는 기원전 2100년 이전까지 거슬러 올라간다. 그러나 바빌로니아의 강력한 적이었던 아시리아가 세력을 점차 확장하면서 각 도시의 지구라트는 엄청난 수난을 겪었다. 특히 아시리아제국의 센나케리브 왕은 마르두크 신전인 에사길라의 지구라트를 초토화시켰다. 그의 아들 에사르하돈이 바빌로니아를 통치하면서 지구라트를 일부 복원시켰으며, 기원전 612년 아시리아를 물리치고 옛 땅을 되찾은 신바빌로니아는 신전의 복원에 심혈을 기울였다.

유대인 지도자들이 바빌론에 포로로 잡혀가 있던 시기는 바로 이 무렵이다. 특히 신바빌로니아의 네부카드네자르 2세는 식민지에서 끌고 온 유대인 포로들을 신전 건립에 동원했다. 따라서 당시의 유대인 지도자들은 자신들의 신앙과는 관계없는 이교도의 신전을 보수하는 일에 강제로 동원되었다. 유대인 지도자들에게 지구라트는 야훼에 대한 이교도의 부질없는 도전이자 멸망이 예고된 헛된 망상일 뿐이었다. 적어도 그들은 이상 속에서나마 지구라트를 무너뜨리지 않으면 안 되었다. 유대인의 이런 의식은 결국 성서 속에서 '바벨'이라는 이름으로 형상화되었다.

바벨탑 이야기가 수메르 신화에만 등장하는 것은 아니다. 멕시코 신화에도 비슷한 예가 있다. 세상이 창조되기 전 어둠의 시대에 태양이 떠올랐다. 그때 거인들이 나타나 세계를 지배했다. 거인들은 황홀하게 빛나는 태양에 매료되어 하늘까지 닿을 수 있는 탑을 건설하기로 했다. 세계의 어느 신이든 그는 자신의 거처에 인간이 다가오는 것을 용서하지 않는다. 태양신은 마침내 거인들이 지은 건축물을 파괴하고 그들을 지상의 구석구석으로 내쫓았다.

우리가 처음은 아니다

　모든 것은 분명해졌다. 인간은 진흙으로 창조되었고, 오랜 옛날에 홍수에 의한 멸망이 있었으며, 유일하게 살아남은 한 쌍의 남녀가 있었다. 인간의 역사는 그때부터 다시 쓰인 것이다. 그러나 처음 약속과 달리 신은 수시로 인간에게 저주를 내린다. 인간은 신의 거처를 시끄럽게 만들고, 심지어는 그곳에 다가가려고 하기 때문이다.

　지금까지 살펴본 바에 의하면 오래전에 노아의 홍수 같은 천재지변이 실제로 있었거나 아니면 성서가 다른 신화를 모방했다고 할 수 있다. 신화의 유사성은 두 가지 가능성을 모두 내포하고 있다. 즉 홍수가 있었기 때문에 모든 신화가 이를 기록하고 있거나 하나의 신화가 다른 신화에 영향을 주었거나, 둘 중 하나다. 세계 각지에는 홍수에 관한 250여 개 이상의 전설과 신화가 존재한다. 따라서 성서가 마르두크 신앙을 그대로 모방했다고 단정 지을 수는 없다.

　인도의 고대 서사시 『마하바라다』도 비슷한 상황을 묘사하고 있다. 창조신 브라흐마가 인간을 만든 후 인류의 자손은 급속히 번성했다. 모든 신화가 그러하듯 그곳에서도 인간은 사악하고 시끌벅적한 존재로 등장하며 끊임없이 신에게 반란을 시도하는 배은망덕한 자들이다. 마침내 브라흐마는 인간을 벌하기로 결심했다. 하지만 모든 인간이 멸종해 버리면 신의 존재도 무의미해지고 만다. 신의 존재는 인간에 의해 증명되고 신의 진리는 인간의 믿음에 의해 전파되기 때문이다. 따라서 한 쌍의 남녀는 꼭 살려 두어야 한다. 브라흐마는 현자 바이바스바타를 선택했다.

바이바스바타가 목욕하고 있을 때 갑자기 물고기 한 마리가 나타나 살려 달라고 애원했다. 그는 물고기를 가져다가 작은 용기에 넣어 두었다. 다음 날이 되자 물고기는 엄청난 크기로 자라 있었다. 그는 물고기를 호수로 데려가 풀어 주었으나 얼마 지나지 않아 호수마저도 비좁을 만큼 자라 버렸다. 그러자 물고기는 넓은 바다에 풀어 달라고 부탁했다. 하는 수 없이 그는 물고기를 데려다가 바다에 놓아주었다. 이 물고기는 힌두교의 최고신 비슈누의 화신이었다. 비슈누는 자신을 구해 준 대가로 이 현자에게 인류 멸망의 시나리오를 가르쳐 주었다. 신의 가르침 대로 그는 큰 배를 만들어 모든 생물을 한 쌍씩 실었다. 그러고는 거대한 황금비늘을 가진 물고기의 뿔에 배를 묶었다. 이윽고 엄청난 폭우가 40일 동안 쏟아져 내렸다. 이 현자는 북쪽에 있는 히말라야의 산꼭대기에 뱃머리를 대고 물이 빠지기를 기다렸다. 1년 후 물속에서 여자 하나가 탄생했다.

아스텍 신화에도 대홍수에 대한 믿음이 존재한다. 제4 태양의 시대에 지구는 홍수에 잠기고 사람들은 물고기로 변했다. 그때 살아남은 사람은 코슈코슈틀리와 아내 소치케찰이다. 그들 역시 산꼭대기에 도착해 아이들을 낳고 대대로 번식한다. 중앙아메리카의 메초아카네섹스족도 대홍수 속에서 살아남은 '테스피'라는 인물을 숭배한다. 그들 가족 역시 방주를 만들어 홍수를 피하는데, 뭍이 드러난 것을 알려 주는 전령은 비둘기가 아니라 벌새다.

인류가 홍수를 겪었던 것은 분명하다. 잘 알다시피 지구는 일정한 기울기를 가지고 있다. 23.5도의 이 기울기는 영원히 불변하는 것이 아니다. 만약 이 기울기가 변화하면 지구의 기후는 지역에 따라 상당한 변화를 겪게 될 것이다. 과학자들 역시 빙하기가 지구 기울기의 변화에 따라 발생했을 것으로 추정하고 있다. 지구에서 빙하가 확대한 시기는 적어도 3회(선캄브리아기, 페름기, 제4기)가 있었다. 제4기에는 적어도 5회의 빙기(氷期, 도나우, 귄츠, 민델, 리스, 뷔름기)와 그사이에 온난한 간빙기가 있었다. 빙기에는 바다가 얼어 해수면이 낮아지고, 반대로 간빙기에는 해수면이 높아진다.

지구에 덮여 있던 만년설이 전성기를 이룬 것은 대략 6만 년 전에서 1만 7천 년 전으로 추정되고 있다. 이 만년설은 기원전 1만 3000년경부터 해빙되기 시작하여 7천 년 동안 해빙이 진행되었으며, 기원전 8000년경에 빙하기가 끝났다. 학자들은 만년설이 녹기 전에는 해수면이 현재보다 121미터나 낮았을 것이라고 추정한다. 그것은 예전에 인류가 살던 땅의 상당 부분이 지금은 물에 잠겨 있음을 뜻한다.

결빙과 해빙이 거듭되면서 지구는 혹독한 추위와 홍수를 반복해서 겪었을 것이다. 사실 이 시기에 많은 동식물이 멸종했다. 시베리아 북쪽 지역에서 발견된 매머드의 사체가 이를 잘 증명해 주고 있다. 이 초식동물의 잔해가 시베리아에서 대규모로 발굴되는 것은 그곳이 오래전에는 온난한 기후였음을 말해 준다. 그들은 다른 대륙으로 미처 피할 겨를도 없이 얼어 죽은 것이다.

빙하의 급속한 해빙 같은 변수가 생기면 기울기의 변화도 급격히 이루어진다는 주장도 있다. 그것에 의하면, 지구의 남극과 북극은 여러 차례 반전이 이루어졌다. 물론 지구는 자기장이 변화하면서 남극과 북극의 위치도 조금씩 변화한다. 이러한 변화는 정상적인 범주에서 일어나는 자연현상이다. 다만 자기장 변화로 남극과 북극이 바뀌는 '자기장 반전'은 평균 25만 년 주기로 반복된다고 한다. 이를 '극 점프(polar shift)'라

신들의 귀환

신화와 몽상_____319

한다. 이러한 변화로 인한 인류의 종말을 주장하는 사람들도 있지만, 자기장 변화는 매우 오랜 시간에 걸쳐 서서히 이루어지므로 인류의 생존에는 당장 영향을 미치지 못한다. 하지만 자기장을 이용해 이동하는 동물들은 영향을 받을 수 있다.

그러나 지구의 자전축이나 자기장의 변화는 장기적으로 많은 변화를 가져올 것이다. 가령 적도의 지면은 매분 1제곱센티미터당 2칼로리의 태양 에너지를 받고 있다. 이 미세한 에너지를 지구 전체로 계산했을 경우 상상을 초월하는 에너지가 된다. 따라서 기울기가 1도만 변해도 해면의 온도 차에 의해 해류가 바뀌고 대기의 온도는 쉽게 변화된다. 극지방이 바뀔 수 있는 것이다.

대규모 홍수는 인간으로 하여금 자신의 경작지를 포기하게 만들고, 삶의 터전을 앗아갔을 것이다. 그들은 홍수로부터 안전한 고지대로 이주할 수밖에 없었고, 안타깝게도 조상들의 유적이 물밑에 가라앉는 것을 지켜보아야 했다. 물론 홍수 신화가 유프라테스강이나 티그리스강의 범람에서 비롯된 것일 수도 있다. 하지만 세계 각지에 유사한 신화가 분포한다는 점을 감안하면 조상들의 고행이 어떤 식으로든 그들의 의식에 투사되었을 것이다.

신화의 재생산 구조

이집트의 신 오시리스는 반역자들의 손에 살해된 후 나일강에 버려졌다가 아내 이시스에 의해 부활했다. 기원전 13세기경 이집트에서 유대인을 이끌고 탈출한 모세 역시 나일강에 버려졌다. 모세는 유대인 출신으로 이집트 왕궁에서 양육되었다. 성서에 의하면 이집트 왕은 유대인의 세력이 날로 강성해지는 것을 두려워하여 새로 태어난 유대인 남자아이를 하수에 던져 죽이라고 명령한다. 그때 레위족 여자 하나가 갓 낳은 남자아이를 갈대로 만든 상자에 넣어 나일강의 갈대숲 사이에 감춰 두었다. 신화적 우연은 이때 발생한다. 마침 이집트의 공주가 갈대 상자를 발견하고 아이를 데려다가 양육한다. 그 아이는 장성해 이집트의 관리가 되었고, 나중에는 핍박받는 유대인을 이끌고 대탈출을 감행하는 모세가 된다.

이와 유사한 수메르 신화가 있다. 기원전 2550년경 유프라테스강 유역에 있던 아카드 제국의 왕 사르곤의 어머니는 창녀 출신이었다. 그녀는 아버지가 누구인지 알 수 없는 아이를 낳게 되자 갈대 바구니에 담아 유프라테스강에 띄워 보냈다. 그는 한 농부의 손에 발견되어 양육되었고, 나중에는 여신 인안나의 총애를 받아 왕이 되었다.

이쯤 해서 당신은 그리스 신화에 나오는 오이디푸스가 등장할 차례라고 생각할 것이다. 오이디푸스 역시 부모에게 버려졌다가 되돌아와 왕위에 올랐기 때문이다. 잘 알려져 있다시피 오이디푸스는 테베의 왕 라이오스의 아들이다. 오이디푸스가 태어났을 때 왕은 언젠가 그가 자신을 죽이고 어머니를 취할 것이라는 신탁을 받는다. 덜컥 겁이 난 왕은 아이를 양치기에게 맡기고 적당히 처치하라고 명령했다. 그러나 동정심 많은 양치기는 아이의 두 다리를 나뭇가지에 묶어 두고 도망쳐 버렸다. 그 아이는 한 농부에게 발견되어 양자로 들어갔다. 아이에게는 '부은 발'이라는 뜻을 가진 '오이디푸스'라는 이름이 주어졌다.

세월이 흐른 뒤 라이오스 왕은 시종들을 거느리고 델포이로 가던 중 한 젊은이와 마주쳤다. 왕은 젊은이에게 길을 비켜 달라고 요구했으나 이 용감한 청년은 명령을 거절했다. 그러자 시종이 청년의 말 한 마리를 칼로 찔렀고 격분한 젊은이는 시종과 왕을 죽여 버렸다. 그 청년의 이름은 오이디푸스였다. 그 무렵 테베는 스핑크스라는 괴물에게 시달림을 받고 있었다. 사자의 몸과 여자의 얼굴을 가진 이 괴물은 지나가는 행인에게 수수께끼를 내고 풀지 못하면 무참하게 죽여 버렸다. 오이디푸스는 그 소식을 듣고 스핑크스를 찾아갔다. 스핑크스는 그에게 고전적이고도 난해한 수수께끼를 던졌다.

"아침에 네 발, 낮에는 두 발, 저녁에는 세 발로 걷는 동물은 무엇인가?"

지금은 네 살 먹은 아이도 대답할 수 있는 그 수수께끼를 풀고 오이디푸스는 테베의 영웅이 되었다. 스핑크스는 '인간'이라는 대답을 듣고 굴욕을 느낀 나머지 바위에 몸을 던져 자살했다고 한다. 테베 사람들은 그 젊은이를 왕으로 추대하고 왕비였던 이오카스테와 짝을 맺어 주었다. 새 왕비가 자신의 어머니인 줄을 꿈에도 몰랐던 오이디푸스는 한동안 행복하게 살았다. 그러나 긴 세월이 흐른 뒤 테베에 역병이 돌기 시작했다. 오이디푸스는 신전에 나가 신탁을 청했다. 신의 대답은 너무나 뜻밖이었다. 신은 그가 지난날 저지른 죄악을 낱낱이 알려 주었다. 그 사실을 알게 된 어머니 이오카스테는 스스로 목숨을 끊었고, 오이디푸스는 제 눈알을 뽑아 버린 채 방랑길에 올랐다.

한 번쯤 들었을 설화들을 떠올려 보면 이 이야기들이 전혀 낯설지 않을 것이다. 아버지와의 관계를 다루고 있는 신화나 설화의 스토리는 대개 이렇다. 주인공은 아버지가 누구인지 모른 채 버려지거나 홀어머니의 품에서 자란다. 그동안 아이는 기나긴 암흑의 기간을 견뎌야 한다. 마침내 장성했을 때 그는 갑자기 아버지를 찾아 긴 여행을 떠난다. 아무리 단순한 설화일지라도 어느 날 사생아가 내 아버지가 누구냐고 묻게 되면 이야기는 갑자기 의미심장해진다. 쉬운 예로 고구려 신화를 들 수 있다.

옛날 동부여의 왕 금와는 하백의 딸 유화와 혼인했다. 그러나 유화는 조강지처인 동궁왕후의 질투와 시기 때문에 늘 괴로운 나날을 보내야 했다. 마침내 남편이 전쟁터로 나가자 동궁왕후는 유화를 밀폐된 방에 가두고 하루에 한 끼의 식사밖에 주지 않았다. 그때 유화에게 이상한 일이 일어났다. 깜깜한 방 안에 한 줄기 황홀한 빛이 새어들더니 이내 임신을 하게 된 것이다. 전쟁터에서 돌아온 금와는 유화의 임신 사실을 알고 분개했으나 곧 진실을 알고 용서한다. 그로부터 9개월 뒤 유화는 단단한 알을 하나 낳았다. 알은 얼마나 신비로운 힘을 지녔던지 창으로 내리치면 창이 휘어지고, 짐승에게 먹이로 주면 모두 도망쳤다. 금와는 그 알을 들판에 버렸으나 학들이 날아와 알을 품는 것을 보고 다시 왕궁으로 가져왔다. 며칠 후 알이 깨어지면서 아이가 태어났다. 그가 바로 고구려를 건국한 주몽이다.

신화에 등장하는 주인공이 대부분 그러하듯 주몽은 신비한 능력과 출중한 무술 때문에 시기의 대상이 된다. 동궁왕후 소생의 아들들이 그를 해칠 음모를 꾸미자 주몽은 왕궁을 탈출한다. 그때 주몽은 이미 임신한 아내를 두고 있었다. 그는 아내에게 후일을 기약하며 이렇게 말했다.

"만약 배 속의 아이가 아들이면 이름을 유리라 지으시오. 그리고 내 칼의 반쪽을 소나무 아래 네모난 돌 밑에 두고 갈 테니 아이가 자라서 절반을 가져오면 내 아들로 받아들이겠소."

주몽은 졸본부여의 왕 연타발에게 찾아가 몸을 의지하고 나중에는 공주 소서노를 취해 왕이 되었다. 이후 그는 주변국을 정벌하고 나라 이름을 고구려로 고쳤다. 한편 아버지가 없는 유리의 어린 시절은 불행하다. 그는 아이들의 놀림을 받으며 자라다가 '내 아버지는 누구인가'라는 의문을 갖는다. 그러나 그에게 주어진 것은 '소나무 아래 네모난 돌'이라는 수수께끼다. 이것은 스핑크스가 오이디푸스에게 던졌던 수수께끼와 비슷하다. 수수께끼를 풀지 못하는 자는 결코 신화의 주인공이 될 수 없다. 유리는 마침내 문턱 아래의 네모난 돌 밑에서 철검을 발견하고 아버지를 찾아가 왕위를 잇는다.

고구려의 건국 신화와 더 유사한 신화의 주인공은 그리스의 테세우스다. 테세우스는 아테네 왕 아이게우스의 아들이다. 왕은 아들이 태어나기 전에 아테네로 향하면서 임신한 아내에게 이렇게 말한다. "내 칼과 구두를 커다란 바위 밑에 숨겨 두었소. 만일 아이가 그 바위를 들 만한 때가 되면 내게 보내시오."

수수께끼를 풀거나 바위를 들 수 있는 시기는 주인공의 자아가 어느 정도 성숙했을 때다. 아버지는 아들이 육체와 정신이 성숙해지고 기나긴 모험을 이겨 낼 만한 나이에 이르렀을 때 자신의 갖고 있던 모든 권능을 양도하는 것이다.

그리스판 낙랑 공주와 호동 왕자도 있다. 크레타의 왕 미노스가 메가라의 왕 니소스를 공격할 때의 일이다. 미노스는 수차례 니소스를 공격했으나 번번이 실패했다. 그것은 니소스 왕의 머리에 돋은 자주색 머리카락 때문이었다. 이 머리카락이 붙어 있는 한 니소스는 신비한 힘을 발휘해 적을 물리칠 수 있었다. 그런데 니소스의 딸 스킬라는 늠름한 적국의 왕에게 마음을 빼앗기고 말았다. 현명한 장수는 여자를 이용하는 법을 잘 알고 있다. 미노스는 스킬라를 유혹해 아버지의 머리카락을 뽑으라고 요구한다. 사랑에 눈먼 스킬라는 마침내 아버지의 머리카락을 뽑아 연인에게 갖다 바친다. 결말은 당신도 잘 알고 있다. 결국 메가라 왕국은 멸망하고 스킬라는 아버지의 공격을 받아 한 마리 백로로 변한다.

　고구려 신화에 등장하는 호동은 세 번째 임금인 대무신왕의 둘째 왕비 소생이다. 그는 사냥을 나갔다가 낙랑 경계에 이르러 적에게 발각되었다. 하지만 낙랑의 왕 최리는 호동의 늠름한 기개에 반해 얼마 동안 묵어 갈 것 요청했고, 마침내는 딸과 결혼까지 시켰다. 호동은 귀국해 아버지의 허락을 받고자 했지만 대무신왕은 한 가지 조건을 내걸었다. 낙랑의 공주가 며느리가 되려면 낙랑에 있는 신비한 북의 가죽을 찢어야 한다는 것이었다. 그 북은 적군이 침략하면 스스로 울리는 능력이 있었다. 호동에게 뜻하지 않은 제의를 받은 공주는 고민을 거듭하다가 마침내는 북을 찢어 버리고 만다. 곧이어 고구려군이 쳐들어왔고, 모든 사실을 깨달은 낙랑의 왕은 자신의 딸을 죽여 버렸다.

　많은 작가가 이런 신화를 모티브로 하여 불멸의 작품을 남겼다. 셰익스피어도 그중 한 사람이다. 그가 쓴 『로미오와 줄리엣』은 그리스 신화에 나오는 피라모스와 티스베에게서 영감을 얻은 것이다. 옛 바빌로니아에 피라모스라는 걸출한 미남과 가장 아름다운 미녀 티스베가 있었다. 두 사람은 서로 사랑했으나 부모의 허락을 받아 낼 수 없었다. 결국 두 사람은 가출을 결행함으로써 부모의 속박에서 벗어나고자 했다. 약속한 숲속에 먼저 도착한 사람은 티스베였다. 그때 사자 한 마리가 입에 피를 묻힌 채 샘물을 찾아 어슬렁거리고 있었다. 깜짝 놀란 티스베는 사자를 피해 도망치다가 목에 걸치고 있던 너울을 떨어뜨리고 말았다. 사자는 나풀거리는 너울을 발견하고 장난치듯 그것을 찢어발겼다. 뒤늦게 도착한 피라모스가 피 묻은 너울을 발견했다. 그는 사랑하는 연인이 사자에게 잡아먹혔다고 생각하고는 앞뒤 잴 겨를도 없이 가슴에 칼을 꽂았다. 다시 약속 장소로 돌아온 티스베는 피라모스의 차디찬 주검을 발견한다. 이제 한 가지의 선택만이 남았다. 티스베는 연인의 가슴에 꽂힌 칼을 뽑아 자살한다.

유럽의 민화인 신데렐라 이야기 역시 그리스 신화의 영향을 받았다. 에로스는 사랑의 화살을 잘못 건드렸다가 인간인 프시케를 사랑하여 결혼까지 하게 되었다. 그러나 프시케가 자신의 정체를 알아내려고 하자 에로스는 그녀의 곁을 떠난다. 남편을 잃은 프시케는 시어머니인 아프로디테에게 도움을 요청하지만, 질투에 가득 찬 아프로디테는 그녀에게 풀기 어려운 숙제를 내준다. 첫 번째 숙제는 해가 떨어지기 전까지 창고에 쌓인 곡식을 종류별로 골라 쌓아 놓는 것이고, 두 번째 숙제는 수많은 양 떼에게서 황금빛 양털을 모아오게 하는 것이었다. 또 세 번째 숙제는 하계의 페르세포네에게 선물상자를 전해 주는 것이었는데, 그때 아프로디테는 페르세포네가 답례로 주는 상자를 열어 보지 말라고 충고한다. 물론 당신도 짐작하고 있다시피 신화에 등장하는 인물들은 절대로 약속을 지키지 않는다. 결국 프시케는 뚜껑을 열었고, 상자 안에는 '죽음의 잠'만이 가득 들어 있었다. 프시케가 영원한 잠에 빠지자 에로스는 그녀를 깨워 암브로시아를 마시게 함으로써 영생을 주었고, 결국 두 사람은 결혼하기에 이른다.

프시케가 풀어야 할 세 가지 숙제는 동화 속에서 흔히 써먹는 소재다. 동화 속의 주인공은 늘 계모에게 핍박받는다. 신데렐라뿐만 아니라 『콩쥐팥쥐』의 콩쥐도 마찬가지다. 계모는 자신의 딸과 동등한 대우를 받지 못하게 주인공들을 괴롭히고 풀기 어려운 숙제를 내주는 것이다.

이민족과의 교류는 문화의 결합을 촉발했을 것이다. 앞에서 유대인이 50여 년 동안 바빌론에 있으면서 그 지역의 문화를 다양하게 수용했다는 점을 암시한 바 있다. 50년은 결코 짧은 세월이 아니다. 한국은 35년 동안 일제의 식민 통치를 받았지만 그 잔재는 지금까지도 끈질기게 남아 있고, 일본인에 대한 적대감은 여전히 완고하다.

고대 그리스의 신화가 고구려에까지 영향을 미쳤다고는 생각하기 어렵지만, 신화는 공통된 특성을 갖는다. 신화는 이민족의 영향을 받지 않더라도 충분히 유사한 구조를 가질 수 있다. 신화 속에는 인간의 탄생과 그 역사, 삶과 죽음, 신들의 세계, 광활한 우주가 들어 있다. 만일 당신이 지금 이 순간에 정교한 솜씨로 신화 한 편을 창작한다면, 머지않아 수천 년 전에 똑같은 신화가 있었음을 발견하게 될 것이다. 신화는 늘 닮은꼴로 다시 생산되고 끊임없이 응용된다. 신화는 곧 모든 인간이 품고 있는 가장 원초적인 욕망을 표현한 것이기 때문이다.

02
신은 어떻게 만들어지는가

신화란 사실에 입각한 정보를 주기 때문이 아니라,
유효하기 때문에 진실인 것이다.
_카렌 암스트롱, 『신화의 역사』

영웅은 돌아온다

신화학자 조지프 캠벨은 『천의 얼굴을 가진 영웅』에서 영웅들의 행로를 명쾌히 분석한 바 있다. 신화에 등장하는 영웅은 초월적 존재의 요구를 깨닫고 이를 대리하는 자다. 영웅의 모험은 삶에서 깨달음을 얻는 순간에 일어난다. 그 순간 영웅은 죽음의 벽 너머에 존재하는 빛을 발견하고, 그 빛을 찾아 여행을 떠난다. 모험을 떠난 그는 세계 너머에 존재하는 절대적인 권능을 발견하고, 이 절대적 권능과 대면한 후 현실로 돌아온다. 모험을 끝내고 세상으로 귀환한 그의 정체가 알려지면서 스토리는 절정에 이른다. 그는 절대권능의 대리자 자격으로 돌아오지만, 자신과 절대권능을 가진 이가 하나임을 깨닫는다.

신화 속 영웅들의 모험을 다시금 상기해 보자. 그 영웅들은 길가메시, 오이디푸스, 아이네이아스, 오디세우스, 헤라클레스, 아브라함, 모세, 유리 같은 이들이다. 그들이 겪는 모험은 출발 →시련→귀환의 궤도를 밟는다. 물론 출발의 동기는 모두 다르다. 그것은 신의 계시일 수도 있고, 납치당한 연인을 찾거나 아버지를 만나기 위한 것일 수도 있다. 일정한 나이가 되어 성숙한 자아를 갖게 된 영웅은 자신에게 주어진 모험의 소명을 거부할 수 없다. 이를 거부한다면 초월적인 존재는 반드시 그의 운명을 처참하게 바꾸어 버리기 때문이다.

마침내 영웅은 일상적 삶을 일탈해 초자연적인 경이의 세계로 여행을 떠난다. 여행은 모험으로 가득 차 있고 위험하기 짝이 없다. 그러나 영웅은 걱정할 필요가 없다. 주인공이 주어진 임무를 마치지 못한 채 죽는 법은 없기 때문이다. 영웅이 위험에 직면할 때마다 대개는 정체불명의 누군가가 나타나 문제를 해결할 지혜나 무기를 선사한다. 이런 위험을 극복하고 나면 영웅은 새로운 세계로 들어가는 입구에 도착한다. 명심해야 할 것은 그곳에 반드시 괴물이 있다는 사실이다. 영웅이 들어갈 때 문지기가 가로막지 않는다면 그곳은 목적지가 아니다. 영웅이 조력자로부터 선물로 받은 지혜나 무기는 괴물을 꾀거나 처치하기 위해 필요한 것이다.

이제 영웅은 입구를 통과해 기나긴 어둠의 동굴 또는 바다나 강을 지난다. 그곳을 지날 때 가끔 괴물의 공격을 받지만 영웅은 절대로 패하는 법이 없다. 영웅은 그 너머에 초월적 존재가 있다는 것을 알고 있고, 그곳에 다다르지 못하면 자신의 역할이 끝나 버린다는 것도 알고 있다. 따라서 그는 필사적으로 난관을 극복하고, 마침내 초월적 존재와 대면한다. 그렇지만 아직 안심할 수는 없다. 초월적 존재는 가끔 영웅을 시험하고, 때로는 유혹의 손길을 건넨다. 그때 주어진 문제를 해결하지 못하면 영웅은 목적을 이룰 수 없을 뿐만 아니라 영원히 자신이 살아갈 세계로 돌아오지 못한다. 물론 영웅은 어렵사리 문제를 해결하고 초월적 존재에게 선물을 요구한다. 이 선물의 내용물은 출발의 동기에 따라 다를 수 있다. 선물은 납치당한 연인, 죽은 아버지와의 만남, 초월적 존재로부터의 계시나 신비한 힘, 또는 신들의 비밀이나 깨달음일 수도 있다.

선물을 얻은 영웅은 용기백배하여 귀환을 서두른다. 그러나 초월적 존재의 충고를 꼭 기억해야 한다. 선물상자를 열어 본다거나 뒤를 돌아본다거나 하면 영웅은 애써 얻은 선물을 잃을 수 있다. 따라서 과묵하고 침착한 영웅만 무사히 돌아올 수 있다. 초월적 존재는 자신의 소유물이 인간 세상에 함부로 나돌아다니는 것을 방지하기 위해 악마의 함정을 만들어 놓는다. 만일 영웅이 성공적으로 귀환했다면 그는 신화 속에 자신의 이름을 남길 수 있다.

목적지가 어디였든 그들의 영웅적 행위는 '죽어 가는 것'으로부터 이 세상으로 무엇인가를 가져오는 것이다. 그래야만 그는 거듭난 자, 위대한 자, 창조력을 얻은 자로 칭송된다. 그러나 영웅들이 결코 가져오지 못한 것이 있다. 그것은 두말할 필요 없이 영생(永生)이다. 많은 영웅이 영생을 얻기 위해 모험을 했지만 성공한 자는 아무도 없었다. 영생을 얻은 자는 결코 돌아오지 않기 때문이다. 그들은 영생을 얻은 후 신들이 마련해 준 신세계에 머물거나 죽음을 얻어 하늘의 별자리가 된다.

『길가메시 서사시』야말로 모든 신화의 원형적 요소를 온전히 간직하고 있다. 길가메시는 친구에게 영생을 주기 위해 모험을 떠났고, 마침내 우트나피쉬팀을 만났다. 우트나피쉬팀은 길가메시에게 불로초를 선물로 주었으나 이 위대한 영웅조차 불로초를 가지고 오는 데는 실패했다. 그리하여 신을 제외한 모든 영웅은 언젠가 죽는다. 『길가메시 서사시』의 저자는 영웅의 죽음을 비통해하며 이렇게 절규한다.

"왕은 스스로 누웠다./ 다시는 일어나지 않으리./ 쿨랍의 주는 다시는 일어나지 않으리./ 그는 악을 정복했으나 다시는 오지 않으리./ 당할 자 없이 강했으나 다시는 일어나지 않으리. … 운명의 침대 위에 그는 누워 있으니 다시는 일어나지 않으리./ 오색(五色)의 그 침상으로부터 다시는 일어나 나오지 않으리."

영웅조차 가져오지 못한 고귀한 선물은 영원한 삶이다. 죽지 않는 것이야말로 인간의 가장 본질적인 욕망이며 모든 신화의 테마다. 그러나 신화 속에서조차 이루지 못한 이 꿈을 인간은 어떻게 이룰 수 있을 것인가? 이 문제에 해결책을 제시하겠다고 나선 것이 바로 종교다. 세계의 모든 종교가 영생을 교세 확장의 당근으로 활용하고 있는 것에는 다 그만한 이유가 있다.

신이 된 여성, 바리공주

신화는 무슨 이야기를 하려고 했던 것일까? 창작자는 누구이고, 왜 만들어졌으며, 인류는 무엇 때문에 오랜 세월 동안 신화를 간직해 왔던 것일까? 문자가 등장하기 전 인류는 구전으로 신화를 접했다. 그 시기에는 모든 것이 시원(始原)을 갖는다. 하늘과 땅, 태양과 달, 별자리, 계절의 순환, 나무와 꽃, 그리고 도시조차도 탄생의 이유를 갖는다. 신이야말로 사물과 현상의 출현에 대한 의문을 해결해 줄 유력한 존재이며, 그 의문의 핵심에는 '죽음'이 있다. 죽음은 인류가 그것을 인식하기 시작한 순간부터 가장 충격적인 현상이었으며, 죽음 이후의 행로는 인간에게 가장 두렵고 불가해한 것이었다.

한국에도 어떤 사물이나 현상을 주재하는 절대적 존재의 시원을 밝히는 '본풀이'가 전승되고 있다. 죽음을 관장하는 신의 내력을 밝힌 「바리공주」, 자청비를 등장시켜 농경신의 유래를 밝힌 「세경본풀이」, 당금애기를 주인공으로 제석신의 유래를 밝힌 「제석본풀이」, 감은장애기를 등장시켜 삼공신의 내력을 밝힌 「삼공본풀이」가 대표적이다. 이 신화들은 주인공이 모두 여성 신이라는 공통점을 갖는데, 신화를 들려주는 이와 수용하는 이가 대개 여성이라는 점과 관련이 있다.

한국의 대표적 무속 신화인 「바리공주」는 영웅 신화의 보편적 서사구조와 신화소를 두루 갖추고 있어 한국의 무속 신화 중 가장 완결된 체계를 갖추고 있다. 바리공주 신화는 부모로부터 버림받은 바리공주가 병든 아버지를 구하기 위해 저승세계를 방문하여 영약을 구해 돌아오는 이야기다. 모든 신화에 나타나는 영웅의 궤적이 그러하듯, 바리공주의 모험도 고난과 모험으로 점철되어 있다.

이야기의 출발점이 되는 '버려짐'은 영웅 신화의 주요 모티브다. 서구 신화에서는 신탁으로 기이한 운명을 타고난 아이가 버려지는 일이 빈번하다. 대개 영웅의 운명을 타고난 아이는 아비의 적대자가 되리라는 신탁이 내려지기 때문에 아이를 유기하는 주체는 아비이거나 장차 영웅에게 지위를 빼앗기게 될 권력자다. 영웅에게 '버려짐'은 앞으로 겪어야 할 기나긴 통과의례 중 첫걸음에 지나지 않는다. 그가 통과해야 할 마지막 동굴은 죽음이다. 물론 영웅은 가혹한 운명에도 불구하고 쓰러지지 않는다. 버려진 영웅에게는 늘 대리 양육자가 존재하며 죽음의 세계에서조차 조력자가 준비되어 있다.

영웅이 태어난 세계는 이미 변혁의 기운을 잉태하고 있다. 변혁을 예

비해야 하는 세계에서 일상에 안주하거나 순응하는 자는 결코 영웅이
될 수 없다. 그는 일상세계에서 추방당하거나 버려져야 한다. '버려짐'은
모험과 도전을 위한 출발점이며, 변혁에 몸을 던져 새로운 세계를 창조
해야 하는 영웅이 짊어져야 할 운명이다. 버려진 영웅이 해야 할 일이란
자신의 정체성을 확인받는 것이며, 모험과 도전을 통해 잃어버린 신분을
되찾는 것이다. 고통스러운 모험을 통과해 자신의 자격을 증명한 자만이
자신을 버린 아비와 권력자에게 권위를 상속받을 수 있다.

　모든 영웅 신화는 영웅으로서 자격을 증명하는 과정이 일정한 패턴
을 이루고 있는데, 그 출발점은 출생의 비밀이다. 부모에게 버려진 영웅
은 신성한 혈통이거나 신과 인간 사이에서 탄생한다. 어미는 영웅을 수
태하고 출산하는 과정에서 여러 난관을 겪게 되며, 출생한 아기는 버려
지거나 유괴된다. 버려진 아기는 누군가에게 구출되어 고립된 장소에서
청년으로 자란다. 청년이 되어 아버지를 찾아간 영웅은 아버지로부터 혈
통을 인정받고 화해한다. 그 과정에서 그는 자신의 자격을 증명하기 위
해 아버지가 맡긴 과업을 완수해야 한다.

　앞서 살펴보았듯이 조지프 캠벨은 영웅이 겪는 모험의 표준 궤도를
분리(출발)→시련(입문)→회귀(사회 재통합)로 파악했다. 이 과정에서 영웅은
영생에 필요한 영약을 획득하여 돌아온다. 대개 민담에서는 남성 주인
공이 영생 대신 짝짓기의 성공과 왕국의 절반을 상속받는다. 여성 주인
공 역시 적대자의 음모로 지위를 상실했다가 영웅의 도움을 받아 지위
를 회복하고 짝짓기에 성공한다. 민담의 주인공에게 모험에 대한 보상으
로 주어지는 것은 주로 능력 있는 배우자이거나 물질적인 것이다. 그들
은 동화적인 판타지를 제공하지만, 신으로서의 자격은 획득하지 못한다.
죽음의 세계로부터 아무것도 가져오지 못하기 때문이다.

바리공주는 다르다. 바리공주의 부모는 내리 여섯 명의 딸을 낳았는데, 딸 바리가 일곱 번째 딸로 태어나자 크게 실망하여 멀리 내다 버렸다. 낯선 사람의 손에서 자란 바리는 아버지가 병에 걸렸다는 소식을 듣고 약을 구하기 위해 저승세계로 여행을 떠난다. 여섯 언니는 모험을 거부한다. 바리공주는 온갖 고난 끝에 아버지의 병을 낫게 할 약수를 얻어 귀환 길에 오른다. 돌아오는 길에 부모가 함께 세상을 떠났다는 소식을 접하고는 걸음을 서두른다. 귀환에 성공한 바리공주는 여섯 언니의 방해를 물리치고 사망한 부모를 다시 살려냄으로써 자신에게 주어진 과제를 해결한다. 이로써 여섯 언니의 정체가 폭로되고 바리공주만이 신실한 딸이라는 사실이 세상에 알려진다.

영웅에게 남은 것은 마지막 보상이다. 조지프 캠벨은 죽음의 세계에서 귀환한 것을 새로운 탄생으로 명명했다. 영웅은 죽었지만 영원한 인간으로 다시 태어난다. 이제 영웅에게 남겨진 과업은 이전과는 다른 모습으로 우리에게 다가와 그가 깨달은 '재생의 삶'에 대해 가르쳐 주는 것이다. 죽음의 세계에서 무사히 돌아온 바리공주에게 주어진 보상은 만신의 왕, 곧 무속의 신이 되는 것이다. 이처럼 「바리공주」는 영웅 신화의 전형적인 패턴인 분리→시련→회귀의 과정으로 구성되어 있으며, 그 결말은 저승세계를 방문하여 죽은 자를 재생시키는 무언가를 가지고 귀환하는 것이다.

재생 또는 부활의 신화적 의미

영웅이 하계를 방문하는 이유는 무엇인가를 현실세계로 가져오기 위해서다. 저승세계에 있는 것을 이승으로 가져오는 것은 위험천만한 일이다. 이런 과업을 수행할 만한 인물은 영웅의 자질을 타고나거나 신을 설득할 수 있는 능력을 지닌 자다. 따라서 하계를 방문한다는 것은 영웅의 자격에 대한 테스트인 동시에 자신의 자질을 과시할 수 있는 기회가 된다.

현실세계로 데려와야 할 대상이 죽은 사람이라면 문제는 더욱 심각해진다. 죽은 자를 살리는 일은 하계를 다스리는 신조차 매우 꺼리는 일이며, 서로의 영역을 존중하는 신들의 법칙을 깨뜨리는 일이기 때문이다. 이 법칙에서 온전히 벗어날 수 있는 존재는 가장 완전한 권위를 가진 신, 즉 종교의 창시자뿐이다. 종교의 창시자는 삶과 죽음의 경계를 자유로이 넘나들 수 있다. 그러나 인간과 반신반인은 생사의 경계를 넘을 수 없고, 신 중에서도 극소수만 삶과 죽음의 세계를 넘나들 수 있다.

하계를 방문하는 것 자체가 바리공주에게는 신적 존재로 전환할 가능성을 타진하는 시험이다. 더구나 이미 죽은 아비를 재생시키는 것이 목적인바, 이는 신격의 획득 여부를 판가름하는 중요한 절차다. 살아 있는 인간에게 하계는 불가침의 영역이며, 다시는 돌아올 수 없는 공간이다. 이러한 불가능한 세계를 왕래하는 존재가 바로 영웅이며, 영웅은 이 과정을 통해 신성(神性)을 획득한다.

죽음으로부터의 재생 또는 부활은 모든 인간의 꿈이지만 현실계에서는 실현 불가능한 것이다. 부활이 가능한 세계는 종교와 신화적 공간뿐이며, 이는 곧 신성의 공간이기도 하다. 따라서 영웅은 죽음의 세계를 방문하고, 다시 현실계로 무사히 귀환해야만 신격(神格)을 획득할 수 있다. 신격을 획득했다고 해서 신의 모든 권능을 획득하는 것은 아니다. 죽음에 대한 의문과 공포를 해소하는 것은 물론 자신이 선택한 자를 죽음에서 재생시키는 것이야말로 최고신이 보여 주어야 할 권능이기 때문이다. 신이 죽음의 세계와 소통하지 못하면 그는 하계의 신보다 우위에 설 수 없다.

바리공주가 죽음을 관장하는 신이라면, 「세경본풀이」의 자청비는 농경신의 성격을 띤다. 자청비는 죽은 남편을 살리기 위해 남장을 하고 생로불사의 꽃이 피는 서천꽃밭으로 떠난다. 자청비는 환생 꽃을 구해 남편을 재생시키지만, 꽃을 얻는 과정에서 한 약속 때문에 남편은 한 달 중 절반을 서천꽃밭에 살게 된다. 「세경본풀이」는 자청비가 신격을 획득하기까지의 정당성을 확인하고, 추수감사제에 해당하는 제주도 당굿 '오곡열두시만곡(五穀十二新萬穀)'의 기원을 설명하는 역할을 한다. 이 서사를 이끌어 가는 주요 동기는 성적 욕망인데, 이는 모든 생명의 근원이 생식에 있음을 암시한다.

식물은 생명의 근원이다. 그리스 신화에서 보듯 제우스는 당초에 불과 곡물을 인간에게 허락하지 않았다. 대지는 모든 생명의 근원이며, 여성의 자궁을 기반으로 하는 생식의 상징이다. 씨앗은 겨울 동안 땅속으로 들어가 죽은 후에 부활하여 열매를 맺을 수 있다. 황금시대에는 대지에서 곡물이 풍부하게 자라 노동하지 않아도 되었으나 신의 분노로 인해 곡물은 씨앗의 형태로 땅속에 숨게 되었다. 숨은 씨앗을 발아시키기 위해서는 노동이 필요하고, 이 노동은 죽을 때까지 끝나지 않는다. 한 번 꽃을 피우고 열매를 맺은 씨앗은 다시 땅속으로 숨어들기 때문이다.

신의 운명을 타고난 자에게 맡겨진 임무는 신들의 세계로부터 불씨와 씨앗을 가져오는 것이다. 이는 곧 생명을 가져오는 것인 동시에 죽은 대지를 살리는 재생 활동과 같다. 그러나 자연은 모든 계절에 생명을 부여하지 않는다. 땅이 얼어붙는 겨울이 되면 모든 생명은 씨앗의 형태로 땅속에 숨고 대지는 죽음의 모습을 띤다. 얼어붙은 대지야말로 인간이 감내해야 할 신의 형벌이며, 굶주림과 고통의 시간이다. 신은 형벌만 주는 존재가 아니다. 자신을 숭배할 인간이 없는 신은 존재 가치가 없다. 그리하여 신은 인간과의 사이에 사다리를 놓고 늘 소통을 시도한다. 현실계에 몸담고 있는 인간이 이 사다리에 오르기는 쉽지 않다. 그러나 미궁은 어디에나 있다. 미궁은 삶과 죽음을 넘나드는 통로, 즉 하늘과 저승의 통로다.

자청비의 남편 문도령이 한 달의 절반을 자청비와 보내고, 나머지 절반을 타계(서천꽃밭)에서 보내는 것은 계절의 변화와 관련이 있는 것으로 보인다. 대지를 관장해야 할 주체가 일정 기간을 서로 다른 세계에서 보내는 이야기는 다른 신화에서도 엿볼 수 있다. 그리스 신화에 대지의 여신으로 등장하는 데메테르가 대표적이다. 앞서 소개했듯이 에로스의 화살을 맞은 하계의 신 하데스가 딸 페르세포네를 납치하자 데메테르는 제우스를 찾아가 딸을 구해 달라고 부탁한다. 하지만 페르세포네는 이미 하데스가 준 석류 씨를 먹은 뒤였다. 제우스가 하데스에게 페르세포네를 올려보내라고 하자 하데스는 그녀가 지상에 오래 머물지 못하도록 석류 열매 씨 하나를 먹여 일 년 중 절반은 하계에 머물게 했다. 제우스가 하데스를 설득한 것은 대지의 여신 데메테르가 복수를 결심했기 때문이다. 데메테르의 복수는 지상의 생명들이 자라지 못하도록 하는 것이다. 지상에서 생명이 사라지면 신들은 인간이 바치는 제물을 맛볼 수 없다. 이는 곧 신으로서의 지위가 무용지물이 된다는 것을 뜻한다.

수메르 신화에 등장하는 목양신 두무지도 아내 인안나가 하계에 내려가 고통받는 동안 홀로 편안한 생활을 즐긴 죄로 아내로부터 하계 행을 통보받는다. 두무지는 저승사자를 피해 포도주의 여신이자 누이인 게

쉬틴안나에게로 도망치지만 결국 인안나에게 발각되어 일 년 중 절반은 하계에서 지내고, 나머지 절반을 지상에서 지낼 수 있게 되었다. 두무지가 지상에 머무는 동안 대신 하계에 머물러야 하는 형벌을 받은 이는 두무지를 몰래 숨겨 주었던 그의 누이다. 두무지가 하계에 있는 동안 계절은 변화한다. 그가 지상에 있으면 양들은 초원에서 태어나고 곡식이 씨앗을 틔우지만, 그가 하계에 있는 동안에는 가뭄이 찾아온다. 이는 메소포타미아 지역의 건기와 우기의 전환을 의미한다.

고대인은 왜 계절이 바뀌는지 설명할 길이 없었다. 일 년 내내 식물이 자라면 곡식은 풍부할 것이며, 사냥감인 초식동물 역시 초원에 가득할 것이다. 하지만 겨울이 오면 모든 생명은 땅속으로 숨고 대지는 찬바람에 맨살을 드러낸다. 생명은 얼어붙은 땅속에서 혹독한 겨울을 견뎌야만 다시 봄날을 기약할 수 있다. 왜 생명은 죽었다가 부활하는가? 신화는 그 이유를 그럴듯한 스토리로 설명해 준다. 신화는 고대인의 간절한 염원을 인과적 스토리로 구성해 낸 것이다.

제임스 조지 프레이저는 『황금가지』를 통해 고대인의 재생에 대한 믿음을 밝혔다. 황금가지는 참나무 위에서 돋아나는 겨우살이로, 아이네이아스가 하계를 방문할 때 무사히 귀환할 수 있도록 준비해 간 부활의 상징물이기도 하다. 잎이 돋아나는 것은 죽음으로부터의 부활을 상징한다. 가장 오래된 신화를 가진 이집트의 위대한 신들도 인간처럼 죽음을 맞았다. 이는 하계의 신이자 농경신인 오시리스가 죽었다가 부활한 예에서 확인할 수 있다. 죽음은 부활의 조건이다. 고대인은 계절의 변화에 따라 식물이 생장하다가 결국엔 소멸하는 것을 목격했다. 기후 변화란 참으로 오묘해서 고대인에게는 불가사의한 현상이었을 것이다.

낮의 길이는 늘 변화한다. 태양이 하늘에 남아 있는 시간, 즉 낮의 길이는 동지부터 늘어나기 시작해 춘분에 이르면 낮과 밤의 길이가 같아지고, 하지에 이르면 낮의 길이가 최고조에 달한다. 낮과 밤의 길이는 추분에 이르러 같아졌다가 동지가 될 때까지 낮의 길이가 줄어들고 밤의 길이가 늘어난다. 즉 추분에서 동지까지의 기간은 식물이 죽음으로 향하는 여정이며, 동지는 태양의 탄생이 시작되는 시간이다. 동지가 예수의 탄생일인 크리스마스와 거의 일치하는 것은 이러한 전통적 믿음에서 비롯된 것으로 보인다.

겨울은 곧 죽음의 계절이다. 이 때문에 겨울에도 참나무 가지에서 잎이 자라나는 겨우살이가 신성시되었다. 겨우살이는 모든 생명 활동이 멈춘 겨울에도 신적 생명력을 유지한다는 점에서 재생과 부활의 상징으로 여겼고, 이 때문에 고대 유럽에서는 겨우살이를 만병통치약으로 여겼다. 고대인에게 겨우살이는 신의 전지전능한 씨앗이었던 것이다. 고대인은 해가 지면 달이 차고, 여름이 가면 겨울이 오는 것을 경외의 눈으로 바라보았다. 프레이저는 고대인의 두려움을 이렇게 표현했다.

"헐벗은 나뭇가지들을 쳐다보았을 때, 그는 과연 그것이 다시 파랗게 되리라고 확신할 수 있었을까? 태양이 하루하루 하늘에서 낮게 떨어질 때, 이 천체가 하늘의 길로 다시 올라올 것이라고 그는 확신할 수 있었을까? 밤마다 창백한 낯을 동쪽 지평선의 테두리 위에 걸치는 핏기 없는 달마저도 아주 사라졌을 때 두 번 다시 달이 떠오르지 않는가 하고 미개인은 두려워했는지도 모른다."

태양과 달이 사라질지도 모른다는 두려움, 지상에 두 번 다시 새싹이 돋아나지 않을 수도 있다는 두려움은 신을 향한 경배와 의례로 나타났다. 그 중심에 태양이 있다. 태양이 사라지면 지상의 모든 생물은 사라지고, 인간은 종말을 맞을 수밖에 없다. 태양이 차츰 빛을 잃는 기간

동안 고대인은 엄청난 두려움에 봉착했을 것이다. 그들의 염원은 태양이 다시 탄생하는 것이다. 신은 이 문제를 해결할 수 있어야만 한다. 그러나 지상의 모든 생명체에게 활력을 불어넣을 수 있는 신은 극소수이고, 그 권능조차 한계를 지닌다. 신을 포함한 누구도 죽음과의 전쟁에서 승리할 수는 없다. 최고신조차 모든 이의 부활을 실현할 수는 없다. 신격을 획득하려는 존재 역시 죽음의 세계로부터 재생의 상징물을 가져올 수 있을 뿐, 죽음을 완전히 정복할 수는 없다.

신은 대부분 인간세계와 식물세계 중 한 세계에서만 삶과 죽음을 관장한다. 가령 제우스는 하데스의 세계에서 일어나는 사건에 개입할 수 없다. 신격을 획득한 바리공주 역시 인간의 죽음에만 영향력을 행사할 수 있다. 바로 이것이 바리공주가 최고신의 지위를 얻지 못한 채 무당의 신으로만 추앙될 수밖에 없는 이유다. 바리공주의 신격은 이집트의 죽음과 부활의 신 오시리스가 갖는 신격과 유사하다. 오시리스는 신이 되기 전에 인간에게 법률을 만들어 주고 식인 풍습과 사람을 제물로 바치는 풍습을 금지한 어진 왕이었다. 오시리스는 아내 이시스가 갈가리 찢긴 사체를 봉합한 이후에야 죽음의 신이자 저승의 왕이 되었다. 오시리스는 바리공주와 마찬가지로 죽음을 관장하는 신이지만, 곡물신으로서의 역할에 충실했을 뿐 최고신의 신격까지 획득하지는 못했다.

부활을 위한 죽음

천국과 지옥은 영혼이 불멸한다는 믿음 위에 지어진다. 영혼이 존재하지 않는다면 내세는 존재하지 않는다. 내세가 존재하는 세계에서 하계는 죽음의 공간이자 새로운 생명을 잉태하는 공간이 된다. 부활이나 환생에 대한 믿음은 동서양을 막론하고 고대인의 의식 속에 깊숙이 각인되어 있었다. 삶과 죽음의 공간 사이에는 강이나 호수와 바다 같은 큰물이 가로놓여 있다. 죽지 않는 한 이승의 존재는 이 강을 건널 수 없다.

바리공주가 방문한 하계에도 큰물이 있다. 신화의 세계에서 물은 생명의 씨앗을 담는 그릇이다. 물은 형태가 없지만, 그것을 담는 그릇에 따라 형태가 변화한다. 물은 모든 물질로 전환할 수 있는 잠재적 가능태로 존재한다. 또한 물은 여성의 생식능력을 상징한다. 어머니의 자궁 속을 채우고 있는 양수로부터 벗어나는 순간 인간은 비로소 이 세계와 대면한다. 그뿐만 아니라 물은 심판의 도구이기도 하다. 구약성서뿐만 아니라 세계 도처에 전승되고 있는 홍수 신화는 인간의 도덕성을 심판하는 데 물이 얼마나 유용한 수단인가를 보여 준다.

물은 생명의 자궁이다. 양수로 가득 차 있는 여성의 자궁은 생명의 원천으로서 다산성을 상징하는 육체의 그릇이자 재탄생의 공간이다. 또 깊숙한 동굴의 이미지를 가진 자궁은 생명이 다시 돌아가는 공간인 동시에 삶과 죽음이 교차하는 장소이자 이승의 삶과 내세를 잇는 끈이다. 나무가 대지의 남근을 상징한다면 물은 생명의 재생·부활·탄생·승화를 상징한다.

삶과 죽음의 경계에 놓인 물을 건널 수는 있으되 되돌아오는 것은 불가능하다. 되돌아오는 자가 있다면 하계로부터 재생의 약속을 얻은 자뿐이다. 그 약속은 재생의 상징물을 손에 쥐는 것이다. 바리공주는 하계에서 아비의 목숨을 살릴 수 있는 약수를 얻는다. 죽은 아비를 재생시킬 수 있는 약수야말로 그가 죽음의 세계로부터 돌아올 수 있는 약속의 징표이며 이승과 저승을 오갈 수 있는 왕복 티켓이다.

지상에 있는 모든 생명은 죽어서 부패한다. 이 피할 수 없는 운명을 극복하는 이라야 비로소 신의 자격을 획득할 수 있다. 바리공주가 획득한 약수는 곧 부활의 생명수이며 신격 획득의 증거물이다. 이 증거물을 획득하는 과정은 영웅이 거쳐야 할 모험의 여정과 동일하다. 그것이 영웅의 운명이다. 약수는 죽음을 생명으로 전환시키고 모든 병을 치료하는 불멸성을 갖는다.

부활의 또 한 가지 상징은 '꽃'이다. 의술이 미천했던 시대에 약수와 약초는 병을 치유하는 중요한 수단이었다. 사람들은 영생을 기약하는 선약(仙藥)이 어딘가 존재한다고 믿었다. 이미 죽은 살과 뼈를 살리는 식물이 하계에 존재하리라는 믿음은 영혼불멸사상과 더불어 고대인의 믿음을 강화했다. 그렇지 않다면 신이 늙지 않는다는 관념은 생겨나지 않았을 것이다. 신들은 매일 영약이나 불로초를 복용하므로 영생을 누릴 수 있다. 바리공주는 주어진 임무를 완수한 후 약려수와 꽃(나무)을 얻는다. 한국 신화에서 불로초 또는 재생의 꽃이 존재하는 곳은 '서천꽃밭'이다. 바리공주가 찾아간 하계 역시 이와 유사하다. 서천꽃밭에서 피어난 꽃은 사랑하는 이의 재생을 상징한다.

샤먼이 되기 위한 첫 과정은 무병을 치유하는 내림굿을 받는 것이다. 무병은 '부름받음' 또는 '선택됨'으로 표현된다. 따라서 무병은 정신질환이라기보다 치유의 한 과정에 가깝다. 샤먼에 되는 것 자체가 자신의 죽음과 동시에 새로운 탄생을 의미하기 때문이다. 죽음의 세계를 탐색하려는 자는 앓아야 한다. 그가 걸어가야 할 길은 평탄한 길이 아니다. 그는 이승과 저승, 신과 인간 사이를 오가는 불균등한 세계의 길을 걸어가야 한다.

무병을 앓는 것은 죽음을 경험하는 것을 의미한다. 무병을 앓는 이는 저 세계에서의 부름에 응답하고, 마침내 현실계에서 이탈하여 새로운 세계를 탐험해야 한다. 때로 그는 버려지고, 고통을 겪고, 마침내 죽음의 과정을 거쳐 부활한다. 그것이 샤먼이 거쳐야 할 여정이다. 「바리공주」는 무당이 죽은 사람의 영혼을 저승으로 천도하기 위해 베푸는 굿에서 구송된다. 망자를 천도하는 굿은 지역에 따라 진오기굿, 오구굿, 씻김굿 등으로 불린다. 죽은 자를 저승으로 인도하는 무당은 마땅히 하계에 대해 소상히 알아야 하며, 그 자신이 죽음의 세계를 탐색한 경험이 있어야 한다.

무병과 유사한 빙의(憑依) 또는 빙령(憑靈)이라 불리는 정신병적 징후가 있는데, 이는 샤먼이 겪는 무병과 확연히 다르다. 빙의가 영의 지배하에 있는 반면, 샤먼은 영들과 교류하되 그들의 도구가 되지 않는다. 샤먼은 영에게 구속된 존재라기보다 영들을 다스리는 존재에 가깝다. 샤먼은 무병을 앓지만 단순한 병자가 아니라 병을 극복한 자이며, 스스로 치유 능력을 획득한 자다.

미르체아 엘리아데는 『샤머니즘』에서 샤먼이 되기 위한 통과의례를 고통→죽음→부활의 과정으로 파악했다. 무당 후보자가 무병에 걸려 격리되고 고통과 시련을 겪는 과정은 곧 죽음의 세계를 탐색하는 과정이며, 하계로의 여행은 우주의 비밀과 조우하는 것이기도 하다. 고대인이 알고자 했던 우주의 비밀이란 만물의 변화무쌍한 생성과 소멸 과정이었다. 예기치 않은 변화야말로 고대인에게는 가장 심각한 생존의 위협이었으며, 존재의 소멸은 불안과 공포 자체였을 것이다. 고대인의 불안을 해소할 수 있는 이는 저 세계로부터 '부름받은 자', '선택된 자'이며, 그것이 샤먼에게 주어진 운명이었다. 따라서 샤먼은 죽음과 부활을 경험하고 그 영혼을 신에게 의탁한 자다. 이미 죽음과 부활을 경험한 샤먼은 육신을 떠난 자의 영혼을 제 몸에 온전히 받아들일 수 있는 조건을 갖추게 된다. 그가 황홀경에 이르는 영매 상태는 새로운 죽음이며, 영매 상태 동안 영혼은 육체를 버리고 우주 전 지역을 여행한다.

신화의 스토리는 샤먼이 되는 과정과 유사한 패턴을 지닌다. 샤먼이 된다는 것은 세속적 의식세계로부터 단절되어 최초의 인간이 가졌던 능력을 되찾는 것이다. 공동체 내에서 성인이 되거나 샤먼이 되려면 통과의례를 거쳐야 한다. 후보자는 부족의 구성원 또는 익숙한 것들에서 벗어나 무시무시한 시험을 이겨 내야 한다. 그들은 처참한 죽음의 가능성에 직면하고 난 뒤에야 부족을 살찌울 수 있는 선물을 가지고 돌아온다. 그 고난의 여정은 영웅 신화와 닮아 있다. 결국 영웅 신화는 한 개인 또는 선택받은 개인이 온전한 인간이 되기 위한 고난의 과정을 담고 있다. 마지막 통과의례를 거친 자만 영웅이 되거나 부족의 구성원이 될 수 있다. 그가 거쳐야 할 마지막 통과의례는 죽음을 통과하거나 죽음을 극복할 힘이 있음을 증명하는 것이다.

신들은 자신의 필요에 의해 인간을 창조했지만, 인간이 타락해 세상을 혼탁하게 만들 때마다 심판을 내렸다. 신들의 시대에 인간은 노동할 필요가 없었고 출산의 고통도 없었으며, 신과의 소통도 자유로웠다. 조상들이 황금시대로부터 멀어진 것은 바로 '타락' 때문이었다. 이로 인해 인간은 신과 소통할 수 있는 길을 스스로 저버리고 죽음의 고통을 떠안게 되었다.

인간이 죽음의 고통을 안게 된 것은 신에게 이르는 통로를 잃어버렸기 때문이다. 인간은 신의 뜻을 저버림으로써 천국으로 향하는 길을 차단당하고 말았다. 이 폐쇄된 길을 여는 것이 샤먼의 역할이다. 황홀경의 상태 또는 영매 상태는 샤먼이 신들의 세계로 이동하는 지름길이다. 이

제 현실의 인간은 신이 선사했던 황금시대의 모든 능력을 잃어버리고 선택된 자, 또는 부름받은 자의 능력을 빌리지 않고는 타계로 이동할 수 없다. 샤먼은 죽은 자의 영혼을 타계로 안내하는 역할을 수행한다. 죽은 자와 산 자를 이어 주는 연결 고리가 무당이고, 그가 행하는 제의가 '굿'인 것이다.

신화와 스토리텔링

지역과 인종, 성별과 연령에 관계없이 누구나 이야기를 좋아한다. 심리학자 조너선 하이트는 『바른 마음』에서 "인간의 마음은 논리 계산기가 아니라 이야기 계산기"라고 말한다. 우리는 논리에 설득당하기보다 이야기에 마음을 빼앗긴다. 인간이 왜 이야기를 좋아하게 되었는지를 설명해 주는 몇 가지 심리학적 가설이 있다.

그중 하나는 '셰에라자드 효과'다. 셰에라자드는 '천일야화'로 불리는 『아라비안나이트』의 화자다. 그녀는 첫날밤을 보낸 후 곧바로 신부를 살해하는 왕을 설득하기 위해 자진하여 신부가 된 다음, 매일 밤 흥미로운 이야기로 자신의 죽음을 지연시킨다. 다소 억지스러운 이 가설에 따르면 이야기는 여성이 남편을 붙잡아 두기 위한 전략에서 비롯되었다. 남녀가 짝짓기를 끝내고 아이를 낳아 기르려면 상당한 시간이 필요하다. 아이는 자궁 안에서 9개월을 지내야 하고 태어난 후에도 상당 기간을 무력한 상태로 보낸다. 그동안 양육의 짐을 온전히 떠안아야 하는 사람은 여성이다. 아이를 성공적으로 양육하려면 여성은 남성을 최대한 곁에 붙들어 두어야 한다. 그래서 여성은 온갖 이야기로 남성을 떠나지 못하게 함으로써 양육의 책임을 분산했다는 것이다.

또 한 가지 가설은 이야기가 사회적 관계와 사회적 상호작용을 기억하고 추적하기 위해 필요했다는 것이다. 2006년 영국 더럼대학 연구팀은 아이들이 옆의 아이에게 귓속말로 이야기를 전달하는 '귓속말 게임' 실험을 진행했다. 이 게임에서는 전달하는 사람이 많이 개입할수록 이야기는 점점 변질되어 마지막에 이르면 완전히 다른 이야기가 되어 버린다. 실험 결과 사회적 관계를 포함하는 이야기가 사람들에게 더 빠르게 기억되고 전파되었다. 이야기는 복잡한 인간관계를 헤쳐 나가는 데 필요한 정보를 보다 효과적으로 전달하고 숙지하기 위해 필요했던 것이다.

이런 가설이 흥미롭긴 하지만 이야기의 본질을 설명해 주지는 않는다. 신화는 이야기이며 이야기의 본질은 허구다. 사람들이 거짓인 줄 알면서도 이야기를 선호하는 이유는 인간이 가진 지식과 기억이 스토리 방식으로 구성되어 있기 때문이다. 그래서 인간은 이야기 형태로 기억하고 사고한다. 우리가 깨어 있는 동안 뇌에는 엄청난 양의 정보가 입력된다. 그러나 모든 것을 다 기억하지 못할뿐더러 모든 정보를 기억하는 것은 마음을 효율적으로 작동하는 데 오히려 방해된다. 정보들이 적절히 배열되고 통합되지 않는다면, 우리는 일상생활을 제대로 영위할 수 없다. 그래서 뇌는 넘쳐나는 입력 정보들을 걸러 내고 선별된 정보들을 안정적이며 일관된 믿음 체계 속으로 통합한다. 설령 앞뒤가 맞지 않는 정보가 있더라도 뇌는 이를 재구성해 자신이 이미 알고 있는 정보에 맞게 통합하는 것이다.

안타깝게도 뇌는 현실과 허구의 차이를 거의 구별하지 못한다. 그래서 우리는 꿈을 꾸면서 그것이 현실에서 일어나는 일이라고 착각한다. 그나마 인간은 다른 동물에 비해 나은 편이다. 인간만이 현실과 가상의 세계를 제대로 분리할 수 있으며, 따라서 직접 경험하지 않고도 상상과 예측만으로 세상을 학습할 수 있다. 또 우리의 기억이 엉터리라도 다른 동물에 비하면 놀라울 만큼 선명하다. 물론 우리는 실제 사건을 낱낱이 기억한다고 믿지만, 기억은 진실이 아니다. 뇌는 수많은 행동과 경험 중 일부를 선택해 재조직하고 의미를 부여해 기억에 저장한다. 이 과정에서 기억은 변질하고 왜곡된다. 미국의 정신의학자 찰스 포드는 『거짓말의 심리학』에서 이렇게 말한다.

"기억은 선사 유적지의 뼈처럼 뇌의 어딘가에 묻혀 있는 것이 아니다. 모처럼 뽑아낼 수 있는 것도 아니며 캐냈을 때 완벽하게 보존되어 있는 것도 아니다. ……기억을 떠올리는 것은 서류철을 찾거나 테이프를 다시 돌리는 것과는 전혀 다르다. 그것은 연결되지 않은 필름 프레임을 몇 개만 보고서 그 장면의 나머지 부분을 짐작하는 것과 같다. 우리는 시와 우스갯소리 같은 정보를 기계적으로 재생할지라도, 복잡한 정보를 기억할 때는 이야기의 구성에 맞게 변형한다."

뇌는 재구성한 이야기를 기억으로 저장한다. 가령 어린 시절의 기억 속에는 나중에 경험한 정보들이 뒤섞여 있지만, 시간이 지나면서 실제와 허구를 구별할 수 없게 되어 거짓기억을 그대로 믿게 된다. 모든 경험은 꾸며 낸 기억이자 이야기다. 우리가 인식하는 세계는 참이나 거짓이 아니지만, 뇌에 저장된 기억은 이미 자신의 세계관에 맞게 재구성되어 있으므로 당신에게는 이미 '참'이다. 우리는 '참'이라고 색칠된 기억의 틀을 통해 세상을 본다. 뇌가 만들어 놓은 프레임에 벗어나는 정보가 입력되면 뇌는 기존의 프레임에 맞추기 위해 이야기의 내용을 완전히 뒤바꾸거나 변형한다. 거슬리는 정보들을 거르고 관점에 맞는 정보들만 모아 일관된 믿음 체계로 통합하는 것이다. 따라서 올바르다는 것은 그 자체로 허구다. 뇌가 자신이 알고 있는 기억을 '참'으로 해석하는 것은 무작위적이고 불안정한 세계에 일관성과 목적성을 부여하고 싶어 하기 때문이다.

진실은 존재하지 않는다. 우리가 할 수 있는 일이란 결국 경험을 해석하는 것뿐이다. 뇌는 경제적으로 작동한다. 새로운 정보가 나타날 때마다 기존의 기억들을 지워 버리고 새로운 정보들로 기억의 틀을 재구성하려면 엄청난 에너지가 필요하다. 따라서 뇌는 새로운 정보의 일부를 아예 무시하거나 기존 구조에 맞게 왜곡함으로써 마음의 안정을 유지한다.

이야기가 목적을 달성하기 위해 취하는 방식은 전달하고자 하는 내용을 일정한 패턴으로 구조화하는 것이다. 이야기를 듣는 사람은 정보를 요약하고 단순화하여 누군가에게 다시 전달하기를 원한다. 새로운 정보가 무작위적일수록 요약하기는 점점 어려워진다. 그러나 정보를 요약할수록 그것은 질서정연해지고 무작위성과 불안정성은 감소한다. 그래서 우리는 규칙적이고 일관성 있는 패턴을 선호한다. 신화, 전설, 민담 같은 스토리는 이런 패턴에 따라 구조화되어 있다.

뇌가 패턴을 선호하는 것은 우리가 추상적인 문제를 이해하도록 진화하지 못했기 때문이다. 지식과 정보는 증가했으나 뇌는 여전히 구석기 시대의 방식으로 세계를 인식한다. 그래서 사람들은 전후 맥락을 파악해야만 정보를 이해할 수 있다. 세상을 살아가면서 인간이 기억해야 할 정보량은 엄청나지만 뇌는 모든 것을 기억할 수 없다. 그래서 뇌는 의미 있는 것들만 선택적으로 기억하며, 복잡한 정보를 기억할 때는 이야기의 구성에 맞게 변형한다.

가장 쉽게 기억하는 방법은 각각의 개별적 사례를 보편화하는 것이다. 즉 메시지를 효과적으로 기억하거나 전달하기 위해 '정보의 구조를 단순화'한다. 규칙적인 패턴은 정보를 단순화해 기억하기 쉽게 만든다. 요약할수록 질서는 정연해지고 무작위성은 감소하기 때문이다. 단순화 과정에서 진실은 버려지거나 변형된다. 패턴이 반복되면서 기억은 더욱 생생해지고 명료해진다. 이와 함께 진실은 사라지고 편집된 기억만 남는다.

덴마크의 커뮤니케이션 전문가인 클라우스 포그 등은 『스토리텔링의 기술』에서 스토리텔링의 목적이 "청중의 마음에 파문을 일으키는 것"이라고 말한다. 이를 위해 모든 이야기는 메시지·갈등·인물·구성이라는 요소를 갖는다. 특히 갈등은 선과 악의 대결로 단순화할수록 실감이 난다. 갈등이 없는 스토리는 청중의 마음에 파문을 일게 할 수 없다. 갈등은 전하고자 하는 메시지가 무엇인지를 명료하게 드러내며 주인공의 행동을 창조한다. 스토리에 등장하는 주인공은 갈등을 해소하기 위해 행동에 나서며, 그가 가는 길이 곧 이야기의 플롯이 된다. 그래서 익숙한 이야기에는 반드시 문제를 해결하기 위해 행동하는 영웅, 영웅의 목적을 방해하는 훼방꾼이나 악의 세력, 영웅을 돕는 조력자나 후원자, 목표, 영웅의 귀환에 따른 수혜자가 존재한다. 수혜자는 왕국의 신민이거나 '말씀'에 목말라 하는 추종자다.

이야기는 위의 네 가지 요소를 바탕으로 구성되기 때문에 세계 도처에 유사한 패턴의 이야기가 다수 존재한다. 대표적인 예로 신데렐라 이야기를 들 수 있다. 세계 곳곳에 존재하는 신데렐라 유형의 이야기는 350여 종에 이른다. 세상에 새로운 이야기란 거의 없다. 대부분의 이야기는 적으로부터의 보호, 양육을 위한 투자, 가족이나 타인과의 적절한 관계, 배우자 선택 등의 진화적 문제와 관련되어 있다. 전 세계에서 창작되는 소설과 드라마 역시 적이나 경쟁자와의 갈등을 다룬다. 예외가 있다면 종교적인 스토리다. 종교적 스토리에서 주인공이 갈등하는 대상은 악마의 입장을 대변하는 권력자이거나 이교도 또는 무지몽매한 불신자들이다.

신화가 민담과 다른 점 중 하나는 민담의 주인공이 요정과 같은 신비적 존재나 동물의 도움을 받는 반면 신화의 주인공은 죽음의 세계를 다스리는 신과 소통한다는 점이다. 소설이나 드라마에서는 다양한 방식으로 갈등을 해결한다. 가장 흥미로운 해결책은 복수다. 그러나 문제의 원인을 알 수 없는 경우 해결책을 신에게 의존할 수밖에 없다. 죽음의 문제가 여기에 해당한다. 신화와 민담의 주인공이 안고 있는 문제는 삶에서 무엇인가 잃어버렸다는 점에서 같다. 신데렐라가 잃어버린 것은 구두이며, 이는 곧 여성의 성기를 상징하는 동시에 신랑감의 부재를 의미한다. 반면 바리공주가 잃어버린 아비는 그가 궁극적으로 도달해야 할 죽음의 세계, 즉 신격을 획득할 수 있는 시험의 최종 관문이자 무대다. 바리공주가 획득해야 할 것은 반쪽의 왕국이 아니라 삶과 죽음이 조화롭게 복원된 세계, 그리고 그 세계를 관장할 수 있는 신적 권능이다. 신화는 그 권능을 찾아가는 과정을 그린 이야기다.

이야기의 매력, 약속과 믿음

스토리가 없는 경전은 대중의 관심을 끌지 못한다. 누가 딱딱한 도덕 교과서의 구절들을 새벽마다 암송하며 희열을 느끼겠는가? 성공적인 스토리는 새로운 무엇을 가르치거나 놀라운 정보를 담고 있지 않다. 위대한 스토리가 담고 있는 것은 다수가 믿고 싶고, 믿고 있으며, 당연히 그러해야 하는 것들이다. 전달하고자 하는 이야기가 진실일 필요는 없다. 사실이 아니더라도 그럴듯하고 믿을 만한 이야기면 족하다. 한번 이야기가 받아들여지면 그것은 거짓으로 판명되기 전까지 계속 살을 붙여 가며 전파되고 확산한다.

사람들이 원하는 것은 필요한 정보가 아니라 바라던 것을 충족시켜 주는 이야기다. 인간은 정확한 통계에 근거한 추론보다는 개별적인 사례, 즉 이야기를 선호한다. 그래서 사람들은 아인슈타인의 상대성이론보다 그의 개인 스토리에 더 열광한다. 마케팅 전문가인 세스 고딘은 『마케터는 새빨간 거짓말쟁이』에서 위대한 스토리가 갖추어야 할 몇 가지 조건을 제시했다. 그것은 진실성, 약속, 신뢰, 전파력, 감성 같은 것이다. 또 대중이 상상력을 가미해 해석할 수 있는 적당한 모호성, 특정한 종류의 세계관을 가진 사람들의 세계관에 맞는 프레임과 호소력을 갖추어야 한다. 그러나 더욱 중요한 점은 사람들에게 새로운 무엇을 가르치거나 요구하지 않는 것이다. 위대한 스토리는 청중이 이미 믿고 있는 바와 일치하며, 청중에게 자신이 애초부터 아주 타당한 생각을 하고 있었다는 사실을 상기시키는 메시지를 담고 있다.

성공적인 스토리는 청중의 세계관을 변화시키려고 하지 않는다. 우리를 설득하는 것은 객관적 진실이 아니라 정서적인 욕구의 충족이다. 거짓으로 꾸며 낸 이야기일수록 더욱 호소력이 있다. 가령 임상 데이터를 가지고 흡연의 폐해를 조목조목 설명하는 논리는 "우리 할아버지는 하루에 담배 세 갑씩 피웠지만 백 세까지 사셨지"라는 이야기를 이길 수 없다. 이 때문에 과학이 발달한 오늘날에도 초자연적이고 비합리적이며 신비주의적인 스토리들이 여전히 우리를 지배한다.

대부분의 이야기는 사회에서 허용되는 행동과 해서는 안 되는 행동을 알려 준다. 그래서 사람들은 굳이 대가를 치르지 않고도 이야기를 통해 인생의 교훈을 배운다. 경전에 나오는 성자의 스토리도 결국 위기에 직면한 영웅이 문제를 해결해 나가면서 삶의 교훈을 전파하는 내용으로 구성되어 있다. 그래서 종교적인 스토리는 누구나 이해하기 쉬운 보편적 진리와 도덕적 교훈을 담고 있다. 모든 사람이 원하는 도덕적 진리는 악한 자를 멸하고 선한 자가 승리하는 것이다. 현실에서 불가능한 그 일을 오직 신만이 해낼 수 있다.

사람들이 권선징악을 주제로 한 드라마를 좋아하는 것도 이 때문이다. 대부분의 막장 드라마는 적대세력을 극악한 악마로 만들고 주인공을 악마에게 핍박받은 천사로 등장시킨다. 2017년 독일과 영국 연구팀이 발표한 논문에 의하면, 인간은 여섯 살이 될 무렵부터 악인이 응징받기를 바라는 마음이 생긴다. 악한 자가 응징당하기를 기대하는 심리는 침팬지도 가지고 있다고 한다. 악한 자가 고통스러워하는 모습을 보면서 쾌감을 느끼는 것은 동물도 마찬가지인 것이다.

사람들은 인과응보가 실현되기를 간절히 원한다. 악한 자는 불행하게 삶을 마감해야 하며, 선한 자는 언젠가 행복으로 보상받아야 한다. 인과응보에 대한 믿음은 인간의 간절한 기대와 희망을 반영하고 있다. 착한 흥부는 부러진 제비 다리를 고쳐 주고 부자가 되며, 마음씨 고운 신데렐라는 악한 자들의 핍박을 이기고 왕자와 결혼한다. 하지만 이런 인과응보는 현실에서 좀체 이루어지지 않는다. 금은보화가 열리는 박은 존재하지 않고, 제비가 은혜에 보답하기 위해 씨를 물어다 주지도 않는다. 또 신데렐라를 도와주는 요정은 존재하지 않으며, 한 나라의 왕자가 예쁜 드레스로 위장한 재투성이 아가씨에게 반하는 일도 없다.

하지만 우리는 선하거나 악한 행동이 원인이 되어 보상과 처벌이 뒤

따르기를 간절하게 소망한다. 이러한 기대 때문에 사람들은 곧잘 우연히 일어난 사건까지도 인과관계로 묶는 오류를 범한다. 흥부는 착해서 보상받은 것이 아니다. 세상이 올바르다면 흥부의 순진함과 게으름은 처벌받아야 한다. 신데렐라 역시 과감하게 계모의 핍박을 물리치고 자립의 길을 걸어야 한다. 그런데도 사람들은 주인공이 선했기 때문에 보상받았다고 믿는다. 우리가 요약하기를 좋아하고, 단순화하기를 좋아하며, 그럴듯한 이야기를 좋아하는 것은 복잡한 진실보다 인과관계로 간략히 압축된 이야기를 편애하기 때문이다. 이러한 오류가 세계에 대한 표상과 이를 인식하는 관점을 왜곡시킨다.

이야기를 만드는 것은 인간의 잠재된 본성 중 하나다. 인간은 생리적으로 이야기에 적응되어 있을 뿐만 아니라 스스로 이야기를 지어낸다. 허구를 창조하려는 인간의 욕구는 끊임없이 새로운 설명을 만들어 낸다. 허구의 창조는 즐거움을 준다. 뇌는 허구적 경험에 애착을 가진다. 뇌는 사실과 허구를 혼동하지 않게 해 주는 적응구조뿐만 아니라 허구를 즐기게 하는 보상체계를 갖고 있다. 이 보상체계는 '도파민 시스템'이 관장하고 있다. 도파민이 증가하면 패턴을 인식하는 능력이 증가하고 의심이 누그러드는 것으로 알려져 있다. 도파민은 중독에 영향을 미친다. 가령 도박 중독은 무작위적인 패에서 일정한 패턴을 읽어 낼 수 있다는 믿음과 자신감에서 비롯된다. 그래서 한번 허구와 미신에 빠지면 쉽게 헤어날 수 없다. 현실과 가상세계를 구분하고 허구의 경험에 보상하는 체계는 인간만 가지고 있다. 그래서 인간은 실제 경험하지 않고도 학습할 수 있다. 가상체험을 통한 학습은 정보를 분류하고, 미래를 예측하며, 상황에 적절히 대처할 수 있게 함으로써 생존에 기여한다.

오늘날 슈퍼히어로가 신화의 주인공을 대신하고 있다. 이제 슈퍼히어로는 지상의 악당은 물론 우주의 악당들과도 싸운다. 그들은 악과 불행으로 가득 찬 타락한 세계에 희망의 빛을 약속한다. 2011년 뉴욕시립대학의 플로렛 코언 연구팀은 우리가 하늘을 날아다니는 영웅 이야기를 좋아하는 이유가 죽음에 대한 공포 때문이라고 주장했다. 그들의 연구에 의하면 하늘을 날아다니는 환상은 죽음을 잠시 잊게 해 준다.

인간은 하늘을 나는 것에 대한 환상을 가지고 있다. 모든 신화와 종교 경전에도 하늘을 나는 존재들이 등장한다. 선택받은 자들은 심판의 날에 천사들의 인도를 받아 하늘로 올라간다. 날개는 지상에 갇힌 인간이 무한한 자유를 향해 도약하는 꿈의 상징이다. 그 꿈은 인간에게 씌워진 죽음의 운명을 가벼이 초월하는 꿈이다. 이 상상은 우리에게 주어진 죽음의 고통에서 완전히 벗어나는 즐거움을 준다. 종교는 이러한 인간의 나약함과 공포에 뿌리를 내리고 살아남았다.

이야기의 역사는 길다. 모든 부족·민족·국가는 놀라운 서사를 가지고 있다. 그 이야기들은 대부분 집단의 탄생을 미화하고 정당화하며 의미를 부여한다. 가령 건국 신화는 자신들이 신으로부터 선택되었다는 점을 강조하며, 창조 신화는 세상이 존재하게 된 이유와 경위를 조리 있게 설명해 준다. 또 경전에 기록된 종교 신화는 세상의 종말과 선택받은 자들의 구원, 사후세계에서의 행복을 약속한다. 이러한 약속이 없다면 종교는 존재의 근거를 잃는다. 약속에 대한 믿음을 주지 못하는 이야기는 살아남기 어렵다. 믿음은 산을 움직일 수도 있기 때문이다.

신화의 역할

이야기는 어떤 메시지를 전달하기 위해 창작된 것이다. 다시 말하면 어떤 교훈을 전달하기 위해 허구로 만든 서사에 '재미'의 옷을 입힌 것이다. 그렇다면 신화는 어떤 메시지를 전달하려고 만들어진 것일까? 문자가 존재하지 않았던 시대에는 부족사회에서 반드시 전수해야 할 정보의 축적이 어려웠다. 구술만 통용되던 사회에서는 사용되는 것만 계승되었고 동시에 전승되는 것만 다시 사용되었다. 인간의 기억력은 한계가 있으므로 정보를 암기하고 전파하는 역할을 맡은 직업적 구성원이 존재했고, 가능하면 복잡한 정보를 단순화·보편화해 후세에 전달했던 것이다.

인간은 이야기를 짓는 동물이며 거짓말을 하는 동물이다. 또 인간은 원인을 추론하는 동물이기 때문에 어떤 결과에 대한 이유를 찾으려고 노력한다. 태양과 별은 왜 거기에 존재하는가? 바람과 비를 만드는 존재는 누구이며, 자연을 생성한 이는 누구인가? 특히 인간은 실패한 결과를 설명하거나 변명하려고 애쓴다. 사냥에 실패했다면 그것은 자신의 능력 부족이 아니라 절대자의 분노 때문일 수도 있다.

부족사회의 조상들은 장거리 이동에 길잡이가 되는 별자리를 일일이 기억하기 힘들었고 자손에게 교육하기도 어려웠다. 이야기는 기억하고 전달하는 데 아주 효과적인 수단이다. 조상들은 별이 배치된 구조에 일정한 형태를 부여하고, 그 모양이 생겨난 유래를 이야기로 꾸며 냄으로써 이 난제를 해결할 수 있었다. 이야기는 생존 방법을 기억하기 쉬운 형태로 전달하기 위한 일종의 매뉴얼이었던 셈이다.

이야기는 인간이 세계를 이해하고 삶에서 일어나는 사건의 의미를 파악하는 방식이라 할 수 있다. 많은 이야기가 공통 화소로 이루어져 있는 것도 사회적 관계 속에서 인간에게 요구되는 주제들이 유사하기 때문이다. 그것은 선이 악에 승리한다는 보편적 진리, 선한 사람은 사후에라도 보상받는다는 도덕적 결과, 선한 사람의 고통은 일시적이라는 메시지다. 공정성에 대한 믿음, 삶은 즐길 만한 가치가 있다는 믿음, 역경을 극복하고 생존하리라는 믿음이야말로 인간이 살아갈 수 있게 만드는 동기다. 이러한 메시지는 삶을 긍정적으로 받아들이게 만든다. 따라서 사회가 반드시 지켜야 할 가치를 담은 이야기들이 오래 살아남을 뿐만 아니라 집단에 영향력을 발휘할 수 있다.

선과 악, 도덕규범, 신 같은 주제는 매우 추상적이다. 뇌는 추상적인 관념에 거부반응을 보인다. 숭고한 가치는 관념적이기 때문에 전달하기 어려우며 수용자가 이해하기도 어렵다. 하지만 이야기는 다차원적이며 '언제, 누가, 어디서, 무엇을, 왜, 어떻게'라는 맥락을 갖는다. 이러한 맥락은 이야기를 '실제 일어난 사실'보다 더 '사실적'으로 만든다. 맥락을 가진 이야기는 다수를 설득하는 힘을 갖는다. 사람들은 이야기를 접하면서 세계의 근원에 관한 질문을 접고 주어진 세계에 질서를 부여함으로써 현실을 안정감 있게 받아들인다. 또 일상에서 접할 수 있는 수많은 사건을 서로 연결하고 통합해 일정한 패턴을 정립함으로써 세계 질서에 대한 불안감을 해소한다.

불안정한 세계에 대처하는 방법은 세계가 안정된 질서를 유지하고 있다는 믿음을 강화하는 것이다. 그중 한 가지는 현실세계를 통제하는 전능한 절대자가 존재하리라는 믿음을 갖는 것이다. 이러한 믿음이 없다면 인간이 몸담고 있는 세계란 한낱 악이 판치는 세계일 뿐이며 결국 몰락의 길을 걸을 수밖에 없다는 결론에 도달하게 된다. 그런 세계에서 인간은 희망을 가질 수 없다. 하지만 그런 믿음을 누가 증명해 줄 것인가?

영웅이 필요한 것은 바로 이 지점이다. 영웅은 전능한 신들을 모방함으로써 그들 스스로 신성을 경험하게 해 준다. 신화의 역할은 선택받은 자를 통해 세계의 기원과 존재의 의미를 이야기해 주는 것이다.

세계에 대한 불안감으로 충만했던 고대인은 불가해한 세계를 정리할 요약본이 필요했고, 이 과정에서 허구를 진실로 믿는 것이 안정감을 제공한다는 사실을 깨달았다. 신화가 진실인가 거짓인가는 중요한 문제가 아니다. 중요한 것은 믿음이며, 그것이 창작된 이야기의 본질이다. 신화는 인간이 곤경에 처한 이유를 설명하고, 그것을 어떻게 헤쳐 나가는가에 관한 이야기다. 인간은 원인만큼이나 그 결과도 궁금해한다. 우리가 어딘가에서 왔다면 돌아갈 곳도 있어야 한다. '그곳은 어디인가'라는 의문으로부터 사후세계에 관한 이야기들이 만들어졌다. 죽음의 세계가 실제로 존재하는가 그렇지 않은가는 문제가 되지 않는다.

모든 이에게 궁극적인 공포의 대상은 죽음이다. 신화와 종교는 사후의 심판과 끔찍한 지옥도를 창조함으로써 인간의 삶에 개입해 왔다. 처참한 지옥이 없는 종교는 존재할 수 없다. 현실은 인간에게 아무런 위안이 되지 못한다. 위안을 얻을 수 있는 곳은 현실의 삶에 대한 심판이 이루어지는 사후세계다. 눈에 보이지 않는 저 세계가 자신의 가치를 제대로 평가해 주지 않는다면 현실에서의 삶은 무의미하다. 인간이 절망에 빠지지 않고 현실의 고통을 견딜 수 있는 것은 다른 세계가 존재한다는 허구에 대한 믿음 때문이다. 권력자들은 이러한 믿음을 적절히 이용함으로써 민중에 대한 착취를 정당화했다. 그들은 민중이 고통스럽게 제공하는 선의와 복종이 언젠가 보상받으리라는 메시지를 끊임없이 지어냈다.

세상에 태어나 죄를 짓지 않는 자는 없으므로 죽음은 누구에게나 두려운 세계이며, 신화가 사라진 오늘날에도 마찬가지다. 죽음이 두려운 것은 누구도 그것을 경험하지 못했기 때문이다. 우리는 타인의 죽음을 경험하면서 비로소 죽음을 인식할 수 있다. 죽음은 존재가 받아들여야 할 가장 극한적인 상태다. 인간은 스스로 죽음의 문제를 해결할 수 없고 자신의 의지로 영혼의 안식처를 선택할 수 없다. 그것이 인간이 신에게 의지할 수밖에 없는 이유다.

저승에 이르지 못하고 이승을 떠도는 영혼은 위협적인 존재다. 고대인은 원한과 분노, 후회와 집착의 사연을 가진 영혼이 살아 있는 자의 주위를 배회하며 현실의 삶에 영향을 끼친다고 생각했다. 떠도는 영혼과 살아 있는 자 사이에 내면의 평화가 유지되려면 길 잃은 영혼들이 제 갈 길을 가야 한다. 살아 있는 자 역시 언젠가는 저승의 문턱을 밟아야 하기에 죽음과의 조화를 선택할 수밖에 없다. 죽음을 다룬 신화가 세계 곳곳에 존재하는 것은 산 자가 내면의 평화를 얻기 위해 죽음을 수용하고 그 세계에서 재생이 가능할 수 있다는 믿음을 강화한 결과다.

신화는 신에 관한 이야기라기보다는 신성에 관한 이야기다. 다시 말하면, 신성이 어디에서 발현되는가를 전하는 이야기다. 신성이란 선택받은 고귀한 존재, 그러나 버림받고 박해받는 존재로부터 발현된다. 결국 신화는 인간을 죽음의 공포로부터 구원할 절대적 존재가 누구인가를 알려 주는 서사이며, 그 주재자가 결코 비천한 신분으로부터 출발하지 않았다는 것을 알려 주는 서사다.

아버지의 '말씀'

   일반적으로 남성 영웅은 적자가 아니라 서자다. 그리스 신화에 등장하는 영웅 중 상당수는 제우스가 혼외정사를 통해 얻은 자녀다. 수메르 신화의 길가메시도 서자 출신이며, 한국 신화에서 고조선을 건국한 이로 등장하는 환웅 역시 환인의 서자다. 테세우스 역시 고구려의 유리왕처럼 서자 출신이다. 신화 속의 서자는 고귀한 신분의 아비에게서 태어났고, 훗날 아비를 찾는 데 필요한 출생의 비밀 열쇠를 간직하고 있다.

   서자는 아비에 의해 방치되거나 어린 시절부터 고난을 겪는데, 이는 영웅 신화의 주요 화소 중 하나다. 그들은 사춘기에 접어들어 자신의 정체성에 회의를 느끼고 마침내는 아비를 찾아 길을 떠난다. 하지만 아비는 그가 자기 핏줄인지 확인할 길이 없다. 영웅과 아비의 만남은 두 가지 형태로 이루어진다. 한 가지는 크로노스, 제우스, 오이디푸스, 테세우스 등처럼 아비를 살해하고 그 권위를 승계하는 것이다. 두 번째는 위기에 처한 가족을 구하고 자신의 정체성을 증명하거나 아버지의 권위를 상속받아 본래의 질서를 회복하는 것이다.

   한국 신화에서는 여성이 이 역할을 맡는다. 그 주인공으로는 감은장애기, 자청비, 바리공주가 있다. 바리공주는 죽음에 이른 아비를 재생시킴으로써 위기에 처한 가족과 왕국의 질서를 본래대로 회복시킨다. 특히 「바리공주」는 남성 영웅의 아비 찾기와 가장 유사한 구조를 가지고 있다. 모험에 나선 여성 영웅은 배우자를 만나고, 아비를 살리고, 후계자까지 생산함으로써 완전한 정체성을 확립한다. 바리공주가 궁극적으로 얻고자 하는 것은 죽은 아비의 재생이며, 그 수단은 약수와 꽃이다. 단순히 하계에 머물고 있는 아비를 현실계로 데려오는 것만으로는 신격을 획득할 수 없다. 단 한 번의 재생을 성공시키는 것만으로는 신들의 왕으로 군림할 수 없으며, 그가 이승으로 가져와야 할 것은 재생의 영구적인 능력을 발휘할 수 있는 물과 꽃이다. 물과 꽃을 들고 하계에서 성공적으로 귀환한 바리공주는 왕국의 절반을 물려주겠다는 아비의 제의를 물리치고 '만신의 왕'이 된다. 이는 자신의 아비뿐만 아니라 만인을 구원할 수 있는 신격을 획득했다는 것을 의미한다.

출생의 비밀은 영웅의 모험과 전리품의 획득을 정당화한다. 영화 〈스타워즈〉에서도 악당 다스베이더는 루크와의 결투에서 승리할 기회가 있었음에도 끝내 결정타를 날리지 못하고 "내가 네 아비다"라고 말한다. 출생의 비밀은 곧 '당신은 누구의 자손인가'에 대한 물음인 동시에 '당신은 왜 사는가'에 대한 물음이다. 그 물음에 대한 답은 이미 나와 있다. 당신은 보잘것없는 존재들과 달리 신의 자손이며, 언젠가 약속된 땅으로 인도될 무리의 리더다.

신화에서 아버지의 존재는 단순히 생부(生父)를 의미하는 것이 아니다. 아비는 영웅을 버린 현실세계를 상징하며, 그는 영웅의 능력을 검증하는 시험관이자 절대자이기도 하다. 자신을 버린 세계로부터 또는 절대자로부터 후계자로 인정받기 위해 영웅은 자신의 존재를 여실히 증명해야 하고, 이를 통해 아비의 진정한 아들이라는 정당성을 확보해야 한다. 영웅이 물려받아야 할 왕국은 영토만이 아니다. 영웅이 다시 세워야 할 왕국은 새로운 세계를 여는 지평이자 삶과 죽음을 넘어서는 어떤 것이다. 따라서 영웅은 신의 대리인인 동시에 불멸하는 영혼을 인도하는 길라잡이가 되어야 한다. 이런 임무를 가장 훌륭히 수행한 영웅은 바로 종교의 창시자들이다.

종교의 창시자는 악의 대리인과의 싸움에서 승리하고, 마침내는 죽음의 세계를 관통해 죄로 물든 인간 세상을 구원할 전리품을 가져온다. 그가 저 세계로부터 가져온 획득물은 '진리'·'복음'·'말씀'이라 불리며, 그 획득물을 통해 궁극적으로 성취하고자 하는 것은 육체의 외피를 벗어던지는 것, 즉 죽음이라는 인간의 약점과 한계를 벗어나 영원한 삶을 얻는 것이다. 그것이 곧 부활이고 영생이며, 불교적 의미에서는 윤회로부터의 완전한 탈피다. 신화에서 불사의 영약으로 등장하는 꽃과 물은 종교에서 영혼을 정화하는 무형의 수단으로 전환한다. 이 과업은 결국 영혼의 주재자인 아비를 만나 진리의 말씀과 범우주적 권능을 부여받고, 자신이 획득한 것을 세상에 전파함으로써 인간을 삶과 죽음의 고통으로부터 구원하는 것이다.

신화의 주인공들은 죽음의 세계를 여행한 뒤 비범한 인격적 존재에서 신성을 획득한 존재로 변화한다. 신으로서의 자격을 획득하려면 하계로부터 재생의 상징물을 가져와야 한다. 바리공주가 궁극적으로 가져온 것 역시 아비의 목숨, 즉 재생이다. 또한 아비의 재생은 한 사람의 목숨이라기보다 만인의 재생을 상징한다.

신이 되기 위한 조건

그리스 신화에서 하계를 방문했다가 돌아온 영웅은 오르페우스, 디오니소스, 헤라클레스, 프시케, 테세우스 등이다. 이미 소개했지만, 다시 한번 신화의 영웅들을 떠올려 보자. 오르페우스는 트라키아의 왕 오이아그로스와 칼리오페 사이에서 태어난 아들이라는 설과 아폴론의 아들이라는 설이 함께 전한다. 칼리오페는 제우스와 기억의 여신 므네모시

네 사이에서 태어난 아홉 뮤즈의 하나였으니, 그 부모가 누구이든 오르페우스는 반신반인의 존재다. 그는 사랑하는 연인 에우리디케가 독사에게 발목이 물려 사망하자 뛰어난 수금 연주로 하데스를 설득해 아내를 데리고 가도 좋다는 허락을 받아 낸 인물이다. 그러나 뒤를 돌아보지 말라는 약속을 지키지 못하고 연인을 다시 하계에 빼앗기고 만다.

훗날 오르페우스는 영혼의 불멸을 믿는 오르페우스교의 창시자로 숭배되었다. 그의 추종자들은 영혼의 불멸성과 재생을 믿었지만, 오르페우스에게 재생의 권능은 없다. 그가 하계에서 아무것도 획득하지 못했기 때문이다. 그는 아내를 재생시키지도 못했고, 하계로부터 재생을 상징하는 어떤 것도 얻지 못했다. 따라서 오르페우스는 한 종파의 창시자로 이름을 올릴 수 있었지만, 삶과 죽음을 관장하는 신격까지 획득하지는 못했다.

디오니소스는 제우스와 세멜레의 아들이다. 세멜레는 테베의 왕 카드모스의 딸이었으니, 디오니소스 역시 반신반인의 존재라 할 수 있다. 세멜레는 제우스의 아내 헤라의 질투로 인해 번개에 불타 죽었는데, 그때 제우스는 세멜레의 배 속에 있던 태아를 꺼내 자신의 넓적다리 속에 넣었다. 디오니소스가 부활의 신, 재생의 신이 된 것은 죽음에서 탈출해 태아기 10개월 중 절반을 제우스의 넓적다리에서 자랐기 때문이다. 하데스의 아내 페르세포네가 일 년 중 절반을 어머니 데메테르와 함께 지상에 머무름으로써 계절의 순환이 이루어지는 것과 마찬가지로, 디오니소스는 죽음과 삶을 번갈아 겪었기 때문에 대지의 열매인 포도의 신, 술의 신이 될 수 있었다.

세상에 태어난 디오니소스는 요정의 손에서 자란 후 각지를 떠돌아다니며 포도 재배 기술을 보급한 것으로 알려져 있다. 또한 그는 하계에 내려가 어머니를 데리고 나오는 데 성공했다. 그는 어머니를 다시 살려내는 데는 성공했지만, 하계로부터 재생을 보장하는 획득물은 가져오지 못했다. 결국 그 자신은 죽음을 관장하는 신격을 획득하지 못한 것이다. 다만 그는 광적인 입신(入神) 상태를 수반하는 신비적 교단에서 숭배되었고, 오르페우스와 마찬가지로 한 종파의 창시자에 머물렀다.

헤라클레스 역시 제우스와 인간 알크메네 사이에서 태어난 반신반인이다. 그는 제우스의 바람기 때문에 노심초사했던 헤라의 저주 때문에 평생 고초를 겪었다. 그에게 주어진 12난사(難事) 중 열한 번째 과제는 하계의 입구를 지키는 케르베로스를 데려오는 것이었다. 헤라클레스는 하계를 방문해 맨몸으로 케르베로스를 잡아 왔다가 다시 하데스에게 돌려주었다. 그때 그는 페르세포네를 납치하기 위해 친구 페이리토오스와 함께 하계에 왔다가 포박되어 있던 영웅 테세우스를 구한다. 또 헤라클레스는 친구의 죽은 아내 알케스티스를 위해 죽음의 사신과 사투를 벌인 후 그녀를 구하기도 했다. 헤라클레스는 하계를 평정할 만큼 용맹한 영웅이었지만, 그 자신은 죽음을 피할 수 없었다. 그는 현실의 고통에서 영원히 벗어나기 위해 스스로 죽음을 택한다. 그는 장작더미 위에 올라 자신에 대한 저주를 멈추지 않았던 헤라를 향해 외친다.

"내 파멸을 보고 즐기시오! 즐기시란 말이오. 잔인한 분이여, 그대는 높은 곳에서 이 재앙을 내려다보며 잔혹한 마음속으로 실컷 좋아하시오! 고역을 위해 태어난 이 가증스러운 내 목숨을 거두어 가시오. 죽음은 나에게는 선물이오. 의붓어머니가 내게 주기에 알맞은 선물이오."

제우스는 지상에서의 삶을 마친 헤라클레스에게 신격을 부여하고, 자신의 사두마차에 태워 반짝이는 별들 사이에 머물게 했다. 헤라클레스는 살아 있을 때 하계를 방문하고 죽은 테세우스도 재생시켰다. 신들은 그의 고난에 찬 운명을 안타까이 여겨 죽은 뒤에 불사의 신격을 부여했지만, 인간을 재생시키는 능력까지 부여하지는 않았다. 스스로는 불사신이 되었지만, 죽음을 관장할 자격까지는 획득하지 못한 것이다.

수메르 신화의 남성 영웅 중에서 바리공주와 가장 유사한 인물은 길가메시다. 길가메시는 죽은 친구를 되살리기 위해 신에게 영원한 생명을 부여받은 채 '태양의 정원'에 사는 우트나피쉬팀을 찾아가 '영원한 생명'을 얻을 방법을 묻는다. 그러나 우트나피쉬팀은 이 세상에 영원히 변하지 않는 것은 없다면서 영생을 얻으려면 여섯 날과 일곱 밤을 자지 않고 견뎌야 한다고 말한다. 그러나 오랜 모험으로 피곤함에 지친 길가메시는 그대로 곯아떨어지고 우트나피쉬팀은 아내에게 7일 동안 하루 한 개씩 케이크를 굽도록 한다. 잠깐 졸았을 뿐이라고 생각한 길가메시가 잠에서 깨어났을 때 일곱 개의 케이크 중 첫날 구운 것은 이미 썩어 있었다.

그것이 인간의 운명이다. 일찍 태어난 자는 일찍 죽음에 이를 수밖에 없다. 우트나피쉬팀은 썩어 가는 케이크처럼 인간도 죽음을 피할 수 없다는 것을 말해 준 후 비로소 영생의 비밀을 알려 준다. 그것은 바다 밑에 있는 날카로운 가시를 가진 식물, 곧 불로초의 존재였다. 길가메시는 바닷속으로 뛰어들어 생명의 꽃을 꺾었다. 그러나 돌아오던 중 길가메시는 샘물에서 목욕한 후 잠시 긴장을 풀었고, 그때 뱀이 나타나 생명의 꽃을 물고 달아나 버렸다. 이 때문에 영생을 얻은 것은 인간이 아니라 영원히 허물을 벗으며 새 삶을 살아가는 뱀이었다. 인간은 생명의 꽃을 뱀에게 빼앗기고 죽음을 피할 수 없게 된 것이다.

생명의 꽃을 우르크로 가져와 늙은이들에게 나누어 주겠다는 길가메시의 꿈은 물거품이 되었다. 그것을 먹고 젊은 시절로 되돌아가겠다는 길가메시의 꿈도 산산이 부서졌다. 저 세계로부터 재생을 위한 획득물을 가져오는 데 실패한 길가메시는 마침내 죽음을 맞는다. 길가메시는 생명의 꽃을 얻었으나 자신뿐만 아니라 도시의 노인들에게도 나눠 주지 못했다. 결국 길가메시는 완전한 신격을 획득하지 못하고 3분의 1은 인간으로, 나머지 3분의 2는 신성을 지닌 존재가 되었다. 바리공주가 서천 꽃밭에서 '꽃'과 '약수'를 무사히 획득하여 귀환한 것과는 대조되는 결말이다.

왕국의 공주였던 프시케는 미모를 뽐내다가 미의 여신 아프로디테의 노여움을 산다. 아프로디테는 아들인 에로스에게 화살을 쏘게 해 프시케가 이 세상에서 가장 추한 사람과 사랑에 빠지도록 하려 했으나, 에로스는 프시케의 아름다움에 반해 부부의 연을 맺는다. 하지만 언니들의 시기와 질투로 실수를 범한 프시케는 에로스에게 버림받은 후 에로스를 찾아 세상을 방랑하다가 대지의 여신 데메테르의 신전을 찾아가 도움을 요청했다. 데메테르로부터 아프로디테의 신전에 가서 용서를 구하라는 조언을 들은 프시케는 곧바로 신전을 찾아가 용서를 구하지만, 아프로디테는 프시케에게 네 가지 난제를 해결할 것을 요구한다.

그중 마지막 과제는 하계의 페르세포네에게 아름다움의 비밀이 든 상자를 받아오는 것이다. 원하는 것을 획득하는 데는 대개 금기 사항이 따른다. 오르페우스가 하계를 벗어나기 전까지는 절대 뒤를 돌아보지 말라는 하데스의 명을 어겨 아내를 데려오는 데 실패했듯이, 프시케에게도 상자를 열어 보지 말라는 지시가 내려진다. 프시케는 여러 조력자의 도움으로 미의 비밀이 담긴 상자를 얻는 데 성공한다. 그러나 거부할 수 없는 호기심이 프시케의 마음을 뒤흔들었다. 상자를 손에 넣은 프시케가 호기심에 상자를 열자 그 안에 들어 있던 것은 아름다움이 아니라

신 들 의 귀 환

명부의 잠이었다. 죽음과도 같은 잠이 프시케를 뒤덮었고 곧 잠자는 시체로 변했다.

에로스는 프시케를 덮친 잠을 급히 수습해 상자에 넣은 후 제우스를 찾아가 아프로디테를 설득해 노여움을 풀어 달라고 간청한다. 결국 아프로디테는 에로스와 프시케의 혼인을 허락하고, 프시케에게 신들의 음료인 암브로시아를 마시게 함으로써 영원한 생명을 주었다. 프시케는 하계를 방문해 페르세포네를 만났지만 어떤 것도 가져오지 못했으며, 오히려 스스로가 죽음의 위기에 처했다. 그가 불로불사의 존재가 된 것도 하계 방문의 성과가 아니라 신들의 연민과 동정 때문이었다. 프시케는 영생을 얻음으로써 죽음으로부터는 벗어났으나 신격까지 획득하는 데는 실패한 것이다.

죽음으로부터의 부활

수메르 신화에 등장하는 인안나는 바리공주와 달리 인간으로 태어난 것이 아니라 여신으로서 하늘의 여주(女主)다. 그러나 하계를 방문하고 재생의 상징물인 생명수와 생명초가 중요한 신화소로 등장한다는 점에서 바리공주 이야기와 유사성을 갖는다. 앞에서 소개했던 인안나의 하계 방문을 다시 떠올려 보자. 인안나의 언니 에레쉬키갈은 하계 쿠르를 다스리는 죽음의 여주다. 인안나는 형부 구갈안나가 죽었다는 부음을 핑계로 하계를 방문한다. 인안나는 저승의 일곱 문을 통과할 때마다 하나씩 장식물을 벗는다. 일곱 가지 장식물은 지상의 권력을 상징하기 때문에 이를 버린다는 것은 지상의 일곱 도시와 신전을 포기한다는 것을 의미한다. 인안나는 알몸으로 언니 에레쉬키갈 앞에 선다. 언니가 인안나를 맞기 위해 자리에서 일어서자 인안나는 재빨리 언니의 왕좌에 앉아 버렸다. 이를 본 에레쉬키갈은 분노에 가득 차 인안나를 끌어내려 고깃덩어리처럼 나무못에 걸어 놓고 사흘 밤낮 동안 60가지 고통을 안기며 심판을 시작했다.

사흘이 지나도 인안나가 돌아오지 않자 지상에서는 모든 생식 작용이 멈추었다. 전령 닌슈부르는 급히 인안나의 할아버지이자 대기의 신인 엔릴을 찾아가 지상으로 다시 올라오게 해 달라고 요청한다. 엔릴이 이를 거절하자 닌슈부르는 인안나의 아버지이자 하늘의 최고신 아누를 찾아가 다시 구제를 요청하지만, 이마저도 거절당한다. 닌슈부르는 마지막으로 지하수의 신이자 인안나의 외할아버지인 엔키를 찾아가 부탁한다. 지하수는 지상에 자라는 모든 생명의 원천이다. 인안나가 하계에 머무는 동안 지상의 생명들이 생식 작용을 멈추고 말라 죽는 것은 엔키가 원하는 것이 아니었다. 마침내 엔키는 손톱 밑에서 때를 꺼내 두 대곡(代哭)꾼을 만들고, 두 곡꾼에게 생명수와 생명초를 건네주었다. 두 곡꾼은 하계로 내려가 만신창이가 된 인안나의 몸에 생명수와 생명초를 60번 뿌려 부활시킨다.

하계의 일곱 심판관이 인안나의 귀환을 거부하자 인안나는 자신을 대신할 '머리 하나'를 보내 주겠다고 약속한 후 가까스로 하계를 벗어날 수 있었다. 인안나는 하계에 대신 보낼 사람을 찾다가 석류나무 아래 화려한 옷을 입고 즐기고 있는 남편 두무지를 발견하고 화가 나 저승사자에게 대신 데려가라고 명령한다. 두무지는 태양의 신 우투의 도움으로 도망쳐 누이 게쉬틴안나에게 은신했으나 결국 발각되어 누이와 번갈아 가며 일 년 중 절반씩을 하계에 머물게 되었다.

인안나는 그리스 신화의 데메테르처럼 대지의 생명을 주재한다. 데메테르는 딸 페르세포네가 사라졌을 때 딸을 찾기 위해 대지를 방치함으로써 모든 생명이 시들게 만들었다. 인안나가 하계를 방문한 사흘 동안 대지의 모든 생명은 생식을 멈추었다. 인안나가 그런 위험을 무릅쓰고 하계를 방문한 것은 '더 큰 땅'을 원했기 때문이다.

최고신이 되기 위해서는 죽음의 세계까지 통제할 수 있어야 한다. 인안나는 하늘과 땅의 여주지만 하계를 알지 못했다. 하계는 죽음의 장소지만, 모든 생명은 그곳에서 재생된다. 지상의 모든 자원은 씨앗 형태로 땅속에 생명을 감추고 있다가 비로소 땅 위로 고개를 내밀고 꽃을 피우고 열매를 맺는 것이다. 죽음의 세계를 통제할 수 있다면 일 년 내내 대지를 더욱 풍요롭게 할 수 있으며, 두 세계를 자유자재로 다룰 수 있는 가장 위대한 신으로 군림할 수 있다.

위대한 신이 되기 위해서는 죽음을 극복하고 재생되어야 한다. 인안나는 죽음의 세계에서 귀환했다는 점에서 하계의 비밀을 체험했다고 할 수 있다. 하지만 인안나 역시 죽음을 완전히 정복하지 못했다. 인안나가 지상의 생명을 다스릴 수 있는 것은 하계와 타협한 결과다. 즉 자신이 재생되는 조건으로 두 명의 인질을 번갈아 하계에 보내기로 한 것이다. 이에 반해 바리공주는 하계로부터 재생의 수단인 '꽃'과 '약수'를 획득하고 이를 인간세계에 적용한다. 재생에 필요한 보편적 수단의 획득과 현실세계에의 적용이야말로 진정 죽음의 세계를 주재할 수 있는 권능의 확보요, 신격 획득의 정당성을 완벽하게 증명하는 것이다.

신화에서는 오직 선택된 자, 부름받은 자만 하계를 방문했다가 귀환할 수 있다. 그가 하계로부터 가져와야 할 것은 '죽음으로부터의 재생'이다. 하계에서 귀환하지 못하는 것은 곧 죽음을 의미하기 때문에 그들의 여정은 고통스럽고 위험천만하다. 신이 되려면 죽음의 세계에서 재생의 수단을 획득해야 한다. 오르페우스는 아내를 재생시키는 데 실패함으로써 한 종파의 창시자에 머물렀고, 디오니소스는 어머니를 재생시키는 데는 성공했지만 하계로부터 재생을 보장하는 획득물은 가져오지 못했다. 이 때문에 디오니소스는 완전한 신격을 획득하지 못하고 비교(秘敎)에서 숭배되었을 뿐이다. 헤라클레스 역시 괴력을 발휘해 하계를 방문하고 테세우스를 재생시켰지만, 자신의 죽음은 피할 수 없었다. 그는 영생을 얻었지만 신격을 획득하지는 못했다. 길가메시 역시 바닷속에서 생명의 꽃을 얻는 데까지는 성공했으나 그것을 가져오는 데는 실패했다. 결국 길가메시는 완전한 신격을 획득하지 못하고 3분의 1은 인간으로, 3분의 2는 신성을 지닌 존재가 되었다.

프시케는 하계로부터 아름다움의 비밀이 담긴 상자를 얻는 데 성공했지만 그것을 가지고 돌아오지는 못했다. 아프로디테는 프시케에게 영원한 생명을 주었지만, 역시 신격을 획득하는 데는 실패했다. 인안나는 하계로부터 돌아오는 데 성공하고, 비록 대리인의 도움에 의한 것이지만 생명수와 생명꽃 덕분에 재생에도 성공한다. 하지만 하계까지 자신의 영토를 넓히려는 계획은 수포로 돌아갔으며, 결국 하계와 타협함으로써 이 위대한 여신은 세계의 절반만 다스리는 존재가 되었다. 이에 반해 바리공주는 하계로부터 재생의 수단인 '꽃'과 '약수'를 획득하고 이를 인간세계에 적용한다. 재생을 위한 보편적 수단을 갖고 있다는 것은 이승의 망자까지 재생시킬 수 있는 권능을 확보했음을 의미한다. 한국의 무속 신화가 유사한 서사구조를 갖춘 세계 신화와 구별되는 점은 바로 이것이다.

죽음으로부터의 부활은 신격을 부여받을 수 있는 핵심적 기호다. 그러나 단순히 하계로부터 귀환하는 재생만으로는 신격을 획득하기에 미흡하다. 재생에 성공하는가, 획득물이 있는가, 획득물을 가지고 성공적으로 귀환하는가 등에 따라 신격의 차이가 발생한다. 진정 위대한 신, 만신의 왕이 되기 위해서는 하계로부터 재생의 수단이 되는 보편적 상징물을 획득해 성공적으로 귀환해야 한다. 이런 영웅만이 종교를 창시할 수 있다. 종교의 창시자들은 모두 저 세계로부터 '영생의 말씀'을 가져온 이들이다.

어떤 종교의 신도 죽음을 정복하거나 인간세계에서 악을 물리치는 데는 실패했다. 그래서 인간은 지금도 죽음을 두려워하고 악과 공존하며 살아간다. 신의 역할이 있다면, 죽음과 악에 시달리는 인간에게 현실의 고통은 참을 만한 것이며 진정한 행복은 육체적 죽음 뒤에 있다는 '말씀'을 들려주는 것뿐이다.

03
진정한 영웅, 메시아의 출현

죽음이 끝은 아니다.
새로운 탄생이 우리에게 주어졌다.
_조지프 캠벨, 『천의 얼굴을 가진 영웅』

동정녀의 잉태

이 세상에 태어난 모든 인간은 하나의 경이다. 설령 깊은 산골의 오두막에서 태어났거나 어머니 혼자서 탯줄을 잘랐다 하더라도 당신의 탄생은 충분히 축복받을 만한 가치가 있다. 태어나는 순간 당신은 이미 자연의 모든 유산을 물려받았고, 조상들이 경험했던 모든 기억을 작은 몸속에 간직하고 있다. 그러나 선택받은 영웅의 탄생은 훨씬 더 신비롭다. 그들의 위대함은 탄생의 순간 또는 그 이전에 나타난다. 이 역사적 인물들은 모두 정결하고 곧은 성품을 지닌 어머니의 몸에서 태어난다. 탄생의 순간을 전후해 특출한 능력을 지닌 예언자가 나타나는 것은 당신이 읽은 그대로다. 예언자는 아이의 앞날을 예언하며 장차 위대한 인물이 될 것을 선언한다.

조선을 건국했던 이성계가 적절한 예가 될 수 있다. 그가 태어날 무렵 한 승려가 찾아왔다. 그는 이성계의 고향 영흥 흑석리에 휘황한 빛이 서려 있는 것을 보고 그곳을 방문했다고 한다. 그러고는 잔뜩 배가 부풀어 오른 산모에게 이렇게 말한다. "오늘 아침 천기를 살펴보니 문득 하늘에 서기가 서려 있어 발 닿는 대로 따라왔습니다. 장차 훌륭한 아이가 태어날 것입니다."

하물며 인간으로 태어나 인간으로 살았던 역사적 인물에게도 이러한 계시가 내릴진대, 모든 인간을 신 앞에 인도하고 영생의 꿈을 심어 준 성자의 탄생은 말할 것도 없다. 붓다는 인도 북부의 카필라국 왕비 마하마야의 몸에서 태어났다. 아이가 태어날 무렵이 되자 왕비는 출산하기 위해 친정으로 향했다. 왕비는 여행 도중 룸비니 동산에 이르러 잠시 쉬어가기로 했다. 그녀는 커다란 나무 아래에 자리를 깔고 꽃이 만발한 나뭇가지를 향해 팔을 뻗어 올렸다. 그 순간 산기(産氣)가 느껴졌고 곧 왕비의 오른쪽 옆구리에서 옥동자가 탄생했다. 그 아이는 태어나자마자 사방으로 일곱 걸음을 걸은 후 이렇게 외쳤다. "하늘과 땅 위에 오직 나 홀로 존귀하도다(天上天下 唯我獨尊)."

붓다가 어머니의 옆구리에서 태어났다는 것을 곧이곧대로 믿을 필요는 없다. 그것은 붓다가 성적 접촉 없이 어머니의 순수한 자궁 안에서 잉태되었음을 강조한 것에 지나지 않기 때문이다. 왕비는 붓다를 잉태할 때 8일간의 여름 수행 기간 동안 성적 교섭을 하지 않았고, 모든 계율을 엄격히 지켰다. 또 왕비는 커다란 코끼리가 자신의 옆구리를 비집고 몸 안으로 들어오는 태몽을 꾸었다. 그러나 왕비는 붓다가 태어난 지 7일 만에 세상을 떠나고, 아이의 양육은 아버지의 몫으로 남겨진다.

붓다가 태어난 지 닷새 후 위대한 선인 아시타가 왕궁을 찾아온다.

그는 붓다의 아버지 슈도다나 왕에게 이렇게 말한다. "만약 이 아이가 집에 남아 있으면 세계를 지배할 위대한 왕이 될 것이고, 출가하면 반드시 청정한 법륜을 굴리며 하늘과 인간을 제도할 것입니다."

왕은 아들이 전륜성왕이 되기를 기대했다. 아이가 여덟 살이 되자 왕은 뛰어난 스승들에게 학문을 가르치게 했다. 물론 붓다는 함께 학문을 배우는 무리 중에서 단연 으뜸이었다. 이윽고 아이는 열두 살이 되어 땅에 씨를 뿌리는 농경제에 참석하게 된다. 그곳에서 그는 앙상하게 뼈만 남은 농부들이 뜨거운 햇볕에 몸을 그을린 채 소를 채찍질하는 모습을 본다. 소는 채찍에 맞아 살가죽이 찢기고, 쟁기가 지날 때마다 흙이 패여 벌레들의 잘린 몸통이 나타났다. 다시 새들이 날아와 벌레를 쪼아 먹는 것을 보면서 소년은 열병과도 같은 사춘기를 경험한다.

아버지는 아들의 변화를 금세 눈치챘다. 붓다가 16세가 되자 왕은 태자를 위해 삼시전(三時殿)을 지은 후 온갖 칠보로 장식하고 동산에는 못과 늪을 만들어 아름다운 꽃으로 둘러쌌다. 붓다는 호화로운 궁전 안에서 날마다 환락에 빠졌다. 그것도 모자라 왕은 서둘러 아들의 결혼식을 준비했다. 붓다의 배필로 정해진 처녀는 고오파였다. 하지만 장차 위대한 성인이 될 붓다의 마음은 세상에 대한 의문으로 가득 차 있었다. 어느 날 그는 궁전 밖으로 나갔다가 노인·병자·시체를 보고 마지막에 출가한 수행자와 맞닥뜨린다. 붓다의 마음속에 강렬한 인상을 심어 준 것은 출가한 사문이었다. 오랜 고민 끝에 붓다는 출가를 결심한다. 그 무렵 두 번째 부인 아쇼다라가 아들을 낳았다는 소식이 전해진다. 출가를 작심한 붓다는 절망하지 않을 수 없었다. 그리하여 그는 탄식하며 외쳤다. "오! 라훌라!"

라훌라는 훼방꾼이라는 뜻이다. 아들은 얻은 붓다는 번민에 빠진다.

그러던 어느 날 밤, 붓다는 성대한 연회를 끝낸 뒤 졸린 눈을 비비며 자리에서 일어났다. 연회장 곳곳에는 춤추던 무희들이 술에 취한 채 널브러져 있었다. 이윽고 결심을 굳힌 듯 붓다는 성을 빠져나왔다.

어둠 속에 묻힌 카필라성을 바라보면서 붓다는 혼잣말로 되뇌었다. "이제 내 몸이 큰 바위에 부딪혀 산산이 부서질지언정, 독약을 마시고 목숨을 끊을지언정, 굶주리고 목말라 죽을지언정 이 길을 가리라. 만약 고통의 바다에서 중생을 해탈시키지 못한다면 결코 돌아오지 않으리."

붓다의 결연한 모습을 지켜보던 마왕이 다가와 유혹했다. "태자여, 꽃다운 궁전으로 돌아가라. 그리하면 이레 뒤에 사대주(四大洲)를 다스리는 전륜성왕이 되리라."

그러나 붓다는 흔들리지 않았다. 그는 곧장 숲으로 들어가 7일 밤낮을 명상에 잠겼다. 명상이 끝난 후 그는 다시 스승을 찾아 나섰다. 붓다는 세 명의 스승 밑에서 가르침을 받았지만, 아주 짧은 기간에 그들이 다다랐던 단계를 모두 깨달아 버렸다. 붓다가 떠나려 하자 함께 수행하던 다섯 수행자가 동행을 자처하고 나섰다.

일행은 나이란자나강이 굽이치는 언덕에서 6년간이나 죽음과도 같은 수행을 계속했다. 붓다에게서 고귀하던 태자의 모습은 찾아볼 수 없었다. 오직 눈빛만이 깊은 우물 속에 비친 별처럼 반짝였다. 그곳에서 붓다는 고행이 결코 깨달음의 길로 인도해 주지 않는다는 것을 알았다. 그는 지나친 고행은 쾌락을 구하기 위한 것에 지나지 않는다는 것을 깨닫고 강에 뛰어들어 목욕한 다음, 마을로 내려가 한 여인이 건네준 우유를 먹는다. 그러고는 다시 보리수나무 아래에 가부좌를 틀고 앉았다.

붓다가 고행을 멈추자 실망한 다섯 수행자는 붓다의 곁을 떠나 버렸다. 그 후 7일 동안 붓다는 선정에 들어 마침내 해탈의 길에 이르렀다.

붓다가 깨달음에 이르는 순간 먹구름이 몰려와 굵은 빗방울을 쏟기 시작했다. 그때 거대한 뱀이 붓다의 성체(聖體)를 일곱 번 감쌌으며, 자신의 머리를 우산처럼 펼쳐 성자의 머리를 가려 주었다.

그때 마왕 파순이 세 딸을 보내 붓다의 깨달음을 방해하고자 했다. 마왕의 세 딸은 육욕과 쾌락으로 유혹했으나 붓다를 무너뜨리는 데는 실패했다. 그러자 마왕은 18억의 악마와 괴물 형상으로 붓다를 공격하고, 천 명의 아들을 동원해 논쟁하도록 했다. 그러나 악마의 시도는 번번이 실패로 끝났다.

마침내 붓다는 모든 업장(業障)을 소멸하고 완전한 깨달음을 얻었다. "이제 어둠의 세계는 타파되었다. 이제 다시는 고통의 수레에 말려들지 않으리."

붓다가 깨달음을 선포하자 마왕 파순이 다시 달콤한 유혹의 손길을 내밀었다. "불사안온(不死安穩)에 이르는 길을 그대가 진정 깨달았다면, 그대 홀로 감이 좋도다. 왜 남에게까지 그것을 설파하려 하는가? 그대 혼자 법열을 즐기다 열반에 드는 것이 어떠한가?"

붓다가 마왕의 유혹에 대답한다. "나는 아직 열반의 시기에 이르지 않았느니. 나는 뭇사람이 해탈을 증득한 후에 비로소 열반에 들리라."

여기까지가 붓다가 태어나 깨달음을 얻는 순간까지를 간결하게 요약한 이야기다. 이성계의 예에서 보았듯이 붓다가 태어났을 때도 영웅의 앞날을 예견하는 선인이 등장한다. 만약 종교가 신화의 한 영역이라면, 예수의 탄생과정도 동일한 패턴을 가지고 있어야 한다.

예수의 탄생을 기록하고 있는 것은 『마태복음』과 『누가복음』이다. 『마태복음』의 기록을 간략히 요약하면 다음과 같다. 어머니 마리아가 목수 요셉과 정혼하고 동거하기 전에 성령으로 잉태했다. 요셉이 의심했으나 꿈속에 천사가 나타나 성령으로 잉태한 것임을 계시하자 요셉은 아들을 낳을 때까지 아내와 동침하지 않았다. 예수가 태어나자 동방박사들이 별빛을 따라 예루살렘을 방문하여 헤롯 왕에게 새로 태어난 유대인 왕이 어디 있느냐고 묻는다. 헤롯 왕은 만일 아이를 찾거든 자기에게도 일러 달라고 부탁한다. 이윽고 동방박사들은 별빛의 인도로 베들레헴에 도착하여 갓 태어난 아이를 향해 경배한 후 황금과 유향과 몰약을 예물로 바쳤다. 그때 헤롯 왕은 두 살 이하의 아이를 모두 죽이라고 명령하고, 요셉은 아이와 함께 이집트로 피난한다. 요셉의 가족은 헤롯 왕이 죽었다는 소식을 듣고서야 이스라엘로 돌아와 갈릴리 지방의 나사렛에 새 보금자리를 꾸민다.

『누가복음』에는 마리아에게 천사 가브리엘이 나타나 잉태를 예고하고 이름을 예수라 지으라고 권고한다. 그때 마리아가 한 번도 남자와 교섭하지 않았다고 말하자 천사 가브리엘은 성령이 임할 것이라고 일러 준다. 그 무렵 로마의 황제 아우구스투스는 백성의 호적을 정리하라고 명한다. 요셉의 가족 역시 호적을 올리기 위해 베들레헴으로 향하던 중 마리아의 해산 일이 다가오자 마구간에 들어가 예수를 낳았다. 그때 하느님은 양치기들에게 구주의 탄생을 알리고 하늘의 군대와 천사들을 보내 어린 예수의 탄생을 찬양했다.

예수의 어린 시절을 그나마 짐작할 수 있는 것은 『누가복음』이 있기 때문이다. 예수가 할례를 받기 위해 예루살렘의 성전에 도착하자 사제 시므온이 마리아에게 이렇게 말했다. "이 아기는 수많은 이스라엘 백성을 넘어뜨리기도 하고 일으키기도 할 분이십니다. 이 아기는 많은 사람의 반대를 받는 표적이 되어 당신의 마음은 예리한 칼에 찔리듯 아플 것입니다. 그러나 그는 반대자들의 숨은 생각을 드러나게 할 것입니다."

이후 요셉은 유월절마다 예루살렘을 방문했는데, 예수가 열두 살이 되던 해에도 마찬가지였다. 그런데 예수는 갑자기 아버지의 곁을 떠나 자취를 감추고 말았다. 요셉은 사흘 동안이나 아들을 찾아 헤맨 뒤에야 성전에서 사제들과 토론을 벌이고 있는 예수를 발견했다. 예수의 질문과 대답이 얼마나 명료했던지 듣는 이들이 모두 기이하게 여겼다.

더 이상 예수의 어린 시절에 대한 기록은 발견되지 않는다. 『누가복음』에 예수가 다시 등장했을 때는 이미 서른 살의 어른으로 자란 후다. 서른 살쯤 되던 해에 예수는 요단강으로 돌아와 이종사촌인 요한에게 세례를 받고 40일 동안 악마의 시험을 받는다. 악마와 예수의 문답은 이렇다.

"네가 만일 하느님의 아들이라면 이 돌로 떡을 만들어 보라."

"사람이 떡만으로 살 것이 아니니라."

악마는 예수를 공중으로 끌고 올라가 천하를 보여 주며 유혹한다.

"네가 만일 내게 절을 하면 이 모든 권세와 영광을 너에게 주리라."

"하느님께 경배하고 다만 그를 섬기라 했느니라."

악마는 다시 예루살렘의 성전 꼭대기로 예수를 데려갔다.

"뛰어내려 보라. 네가 만일 하느님의 아들이라면 너를 지켜 줄 것이니라."

"너의 하느님을 시험치 말라."

악마의 유혹을 물리친 예수는 고난에 찬 여정을 시작한다.

예수와 붓다의 탄생과정이 어딘가 비슷하다는 생각이 들 것이다. 두 성인은 모두 정결한 여인의 몸에서 태어났다. 붓다는 성적 접촉이 없이 잉태되었고, 예수는 동정녀 마리아의 몸에 성령으로 임했다. 처녀 잉태에 관한 신화는 세계 도처에서 발견된다. 그래서 초기의 기독교 선교사들은 악마가 성경을 위작해 도처에 뿌린 것이라는 생각까지 했다고 한다. 주몽의 어머니 유화가 독방에서 황홀한 빛을 받는 것만으로 잉태했음을 떠올리면 쉽게 수긍할 수 있을 것이다. 이슬람교의 창시자 마호메트 역시 다마스 시장을 대낮같이 밝히는 강렬한 불빛에 의해 잉태되었다.

두 성인의 어머니가 여행 중에 출산을 한 것도 같다. 붓다의 탄생 순간을 목격한 사람은 왕비를 호위하던 왕궁의 시종들이었을 것이며, 예수의 탄생을 목격한 사람은 양치기들이었다. 불가사의들이 신빙성 있는 목격자를 내세우는 것과 비교할 때 두 성인의 탄생은 조촐하기까지 하다. 그러나 그들은 모두 계시를 받았고, 현자들이 앞날을 예언했으며, 그 길을 걸어갔다.

붓다와 예수가 떠나야 할 모험의 여정은 이미 준비되어 있었다. 붓다의 어머니는 코끼리가 옆구리로 비집고 들어오는 태몽을 꾸었고, 마리아는 천사 가브리엘로부터 계시를 받았다. 그리고 두 성인의 위치를 확고히 해 주는 예언자들이 등장한다. 붓다에게는 아시타 선인이 있었고, 예수에게는 사제 시므온이 있었다. 마호메트에게도 그가 선지자임을 예견한 시리아의 기독교 수도승 바히라가 있었다. 동방박사가 아기 예수를 찾아가는 과정은 티베트의 승려들이 달라이라마의 화신을 찾아가는 여정과 비슷하다. 예수가 이집트로 피난을 떠난 것 역시 힌두교의 신 크리슈나가 칸사 왕의 복수를 피해 달아난 것과 유사하다.

크리슈나도 동정녀 데바키의 몸에서 태어났다. 마투라의 왕 칸사가 별을 보고 한 승려에게 그 의미를 묻자, 그는 인간을 구원할 위대한 인물이 왕의 질녀인 데바키의 자궁에서 만들어질 것임을 예고한다. 결국 칸사는 아기를 죽이기로 결심하지만 크리슈나는 위기를 벗어난다. 크리슈나가 무사할 수 있었던 것은 칸사 왕이 다른 아이를 크리슈나로 착각하고 살해했기 때문이다.

예수는 열두 살 때 사제들과 토론함으로써 자신의 총명함을 드러낸다. 붓다는 같은 나이에 농경제에 참석하여 세상에 대한 의문을 품는다. 또 두 성인은 서른 살이 되었을 즈음에 이 세상을 구원하기로 결단을 내리고, 마침내 깨달음을 얻는다. 그 순간에 두 성인은 동시에 악마로부터 유혹을 받는다. 두 성인에게 나타나는 가장 큰 차이는 붓다의 어린 시절과 청년기의 행적이 소상히 밝혀져 있는 반면, 예수에게서는 한 줄의 기록도 발견할 수 없다는 점이다. 그렇지만 기독교 외경을 참조하면 예수의 탄생 과정과 청소년기를 어느 정도 재구성할 수 있다.

예수의 잃어버린 세월

외경 『빛의 탄생』에는 아기 예수를 받은 산파의 이름이 '자켈'로 기록되어 있다. 또 예수가 태어난 곳은 마구간이 아니라 동굴이며, 출산할 때 마리아가 고통을 느끼지 않았을 뿐만 아니라 피도 흘리지 않았다고 한다. 마리아는 해산하고 나서도 여전히 처녀로 남았다.

외경 『야고보 복음서』에는 예수의 아버지 요셉이 이미 아이를 둔 홀아비로 등장하고, 성모 마리아의 아버지에 대한 정보도 비교적 소상하다. 당시 엄청난 재력을 가졌던 요아킴은 자식이 없었다. 어느 날 요아킴은 성전에 제물을 바치려 했으나 사제로부터 아들이 없는 자는 성전에 봉헌할 수 없다는 말을 듣고 실의에 빠졌다. 그는 40일 동안 사막에서 단식하며 아이를 갖게 해 달라고 간절히 기도했다. 그 결과 아내는 딸을 낳았고, 이름을 '마리아'로 지었다. 마리아가 세 살이 되자 부모는 딸을 성전으로 데려가 주님에게 바칠 것을 서약했다. 이후 마리아는 열두 살 때까지 성전에 거주하며 생활한다. 마리아가 열두 살이 되자 사제들은 회의를 열어 어떻게 할 것인지를 상의했다. 그때 사제 자카리아에게 천사가 나타나 계시를 내린다.

"홀아비를 전부 불러들이되 지팡이를 하나씩 나누어 주도록 하라. 하느님의 징표가 나타날 것인즉, 그가 바로 마리아의 남편이 되리라."

홀아비 요셉도 부름을 받아 성전으로 향했다. 그때 요셉의 지팡이 위로 비둘기 한 마리가 날아와 앉았다. 상서로운 조짐을 본 사제들이 요셉을 마리아와 약혼시켰으나 그는 집 짓던 일을 마치기 위해 먼 길을 떠나지 않을 수 없었다. 마리아가 천사로부터 잉태 사실을 전해 들은 것은 바로 이 무렵이었다. 요셉은 마리아가 임신한 지 6개월이 되어서야 돌아왔다. 아내의 임신을 안 요셉은 다른 남자와 정을 통한 줄 알고 울분을 터뜨렸으나 꿈에 천사의 계시를 받고 오해를 거두었다.

그때 율법학자 안나스가 마리아가 결혼 전에 임신한 것을 알고 사제들에게 고발하기에 이른다. 결국 마리아와 요셉은 재판정에서 사제들의 시험을 받아야 했다. 사제들은 두 사람에게 '시험의 물'을 마시게 하고 사막으로 내쫓았다. 그러나 두 사람이 무사히 돌아오자 사제들은 그녀가 성령으로 임신했음을 인정하지 않을 수 없었다.

그 무렵 아우구스투스 황제가 호적 등록을 명하자 요셉은 아내와 함께 베들레헴으로 향한다. 그때 예수를 받아 낸 산파의 이름은 '살로메'다. 왜 그랬는지는 모르지만, 살로메는 아기를 낳은 후에 마리아의 처녀성을 검사하기 위해 자궁 속으로 손을 집어넣었다. 그러자 손이 불에 타면서 떨어져 나갔다고 한다. 4세기에 기록된 외경 『마리아의 탄생에 관한 복음』도 이와 비슷한 내용을 담고 있다.

외경 『도마복음』은 어린 예수를 기적을 일으키는 악동으로 묘사하고 있다. 예수는 다섯 살 때 진흙으로 열두 마리의 참새를 만들어 날리고, 한 소년이 귀찮게 하자 죽여 버린다. 또 스승 자케우스에게 뛰어난 지식을 과시하며 창피를 주고, 죽은 아이를 살려 내고, 깨진 물 항아리를 원상태로 복원시키고, 밀알 하나로 엄청난 수확을 하는 기적을 행한다. 그뿐만 아니라 옷으로 물을 담아 오고, 아버지가 사용하는 목재를 마음대로 늘이거나 줄였다.

기독교에서 공인하지 않은 자료로 예수의 어린 시절을 재구성한다는 것은 문제가 있다. 더구나 이런 자료들조차 예수가 청년기에 무엇을 했는지 전혀 밝히지 않고 있다. 이런 의문에 도전한 사람이 있었다. 『인도에서의 예수의 생애』를 쓴 독일 신학자 홀게르 케르스텐이다. 그가 흥미를 가진 것은 예수의 잃어버린 세월, 즉 열두 살 무렵 예루살렘 성전에서의 토론 이후 요한에게 세례를 받기까지의 공백기였다. 케르스텐은 각종 문헌과 어원 연구를 토대로 예수가 인도에서 수행했을 것이라고 결론지었다.

예수의 청년 시절에 대해서 밝혀진 것이 없으므로 어떤 주장도 확실하지 않다. 예수가 언제 태어났는지는 정확히 알려지지 않았지만, 헤롯 왕이 죽은 것이 기원전 4년이고 두 살 이하의 어린이를 모두 죽이라고 명령했으므로 아마도 기원전 7년에서 4년 사이에 해당할 것이다. 당대의 역사가들은 예수의 행적을 거의 기록하지 않았다.

예수의 생애 중에서 가장 치명적인 것은 그가 겪은 모험이 누락되어 있고, 가장 중요한 깨달음의 순간이 빠져 있다는 점이다. 기독교에서 파생된 이슬람교조차 마호메트가 깨달음을 얻는 순간을 기록하고 있다.

마호메트는 611년 어느 날 밤, 삭막한 언덕배기 한 곳에 잠들어 있었다. 그때 별안간 빛과 구름에 휩싸인 신비한 영체가 나타나 그를 깨운다. 겁에 질린 마호메트에게 신비한 영체가 말한다. "보라, 그대는 하느님이 보내신 이, 알라의 선지자니라!"

성서에 등장하는 선지자는 대부분 하느님의 사자로부터 계시받거나, 직접 보거나 음성을 듣는 것으로 저 너머 세계의 존재와 대면한다. 예수 역시 서른 살 무렵에 신과 대면했을 것이다. 그러나 성서는 그런 내용조차 전하고 있지 않다. 예수는 요한에게 세례를 받는 것을 시작으로 곧장 진리를 전파하기 시작한다.

모든 신화는 모험과 시련을 기록하고 있다. 깨달음은 그 시련의 끝에서 얻어지는 것이다. 그러나 예수의 시련은 갓난아기 때 이집트로 피난한 것을 빼면 대부분이 귀환 후에 일어나고 있다. 분명한 것은 예수가 열두 살 때부터 서른 살까지 집을 떠나 무엇인가 했고, 그것은 수행을 위한 고행이었거나 방랑이었을 것이라는 사실이다. 붓다와 예수는 신화 속의 영웅들이 걸어갔던 과정을 그대로 재현하고 있다. 신탁 또는 계시로부터 시작된 그들의 운명은 출발(출가)→시련(고행)→신의 선물(깨달음)→귀환의 궤도를 밟는다. 이제 그들에게 남은 일은 신으로부터 받은 선물을 모든 인간에게 나누어 주는 것이다.

신화의 영역, 기록의 영역

영국의 신비주의 작가인 티머시 프릭과 피터 갠디는 1999년 『예수는 신화다』를 출간했다. 그들은 이 책에서 성서에 등장하는 에피소드들이 고대 신화에서 유래했으며, 예수의 부활 역시 고대 종교의 영향을 받았다고 주장했다. 그들이 기독교에 영향을 미쳤다고 주장한 신화적 인물은 이집트의 오시리스와 호루스, 그리스 신화의 디오니소스와 아티스, 페르시아의 미트라, 인도의 크리슈나 등이었다. 이 책은 신학자와 역사학자들로부터 호된 비판을 받았고, 2002년 국내에 번역 출판되었을 때는 기독교단체의 거센 반발로 출판사 측이 서점에서 판매되고 있는 서적을 전량 회수할 정도였다. 이를 계기로 책이 절판되었다가 2009년 다른 출판사에서 재출간되었다.

기독교인을 화나게 했던 것은 예수가 허구의 인물이라는 주장이었다. 책의 저자들은 예수가 실존 인물이라는 역사적 증거가 희박하다면서 "예수 이야기는 역사적으로 실존한 메시아의 전기가 아니라 이교도의 여러 유서 깊은 이야기를 토대로 한 하나의 신화"라고 주장했다. 두 사람은 고대 신화에 등장하는 영웅들과 예수 이야기를 비교하면서 출생 시기, 처녀 잉태, 출산 후 축하 사절 방문, 청소년기의 도피와 고행, 30세 무렵의 깨달음, 12명의 제자, 여러 기적, 죽음과 부활 같은 유사점을 찾아냈다.

사실 이 책의 저자들은 몇몇 신화들을 정확히 인용하지 않았다. 그러나 신화학자들은 세계 도처에 널려 있는 영웅 신화들이 매우 유사한 신화소와 스토리구조를 가지고 있다는 것을 알고 있다. 그렇다면 복음서에 묘사한 예수의 이야기는 어디까지 사실일까? 예수가 실존 인물임을 증명할 때 주로 플라비우스 요세푸스의 기록을 인용하곤 한다. 요세푸스는 제사장 가문의 바리새인 출신으로 유대의 정치가이자 역사가였다. 그는 37년에 출생한 것으로 알려져 있는데, 그가 태어난 해는 사도 바울이 회심한 해이기도 하다.

그는 67년 유대와 로마가 전쟁을 벌일 당시 예수의 고향인 갈릴리의 사령관으로 있었으나 로마군에 투항해 포로가 되었다. 그는 로마 베스파시아누스 황제의 배려로 풀려나 로마시민이 된 후 『유대 전쟁사』와 『유대 고대사』 등을 집필했다. 예수에 대한 기록은 『유대 고대사』에 몇 문장으로 요약되어 있는데, 기독교인은 이를 '요세푸스의 증언'이라 부른다.

캐나다의 역사학자 스티브 메이슨은 『요세푸스와 신약성서』에서 요세푸스의 기록은 원본이 아니라 다시 편집된 것이라고 말한다. 요세푸스의 기록이 중요한 이유는 성서에 등장하는 몇몇 주요 인물에 대해 언급하고 있기 때문이다. 그가 언급한 인물은 세례 요한, 예수, 예수의 형제 야고보다. 요세푸스는 세례 요한이 죽은 후에 출생했기 때문에 요한에 관한 이야기는 유대인 사회에 전해지던 구전이나 전승을 참조했을 것이다. 이로 미루어 볼 때 적어도 세례 요한에 관한 이야기는 유대 사회에 널리 알려져 있었다고 볼 수 있다.

요세푸스는 『유대 고대사』 18장에서 예수에 대해 "놀라운 일을 행한 사람, 진리를 기쁘게 받아들이는 사람들의 선생, 수많은 헬라인과 유대인의 관심을 끈 인물"로 묘사했다. 그러면서 예수를 '그리스도'라 칭하고, 유대교 지도자들의 비난 때문에 십자가형에 처형당한 후 사흘 만에 부활했다고 썼다. 이 기록은 필사본만 전해지고 있는데, 신학자들은 가장 빠른 필사본도 9세기나 10세기경에 제작된 것으로 파악하고 있다. 특히 신학자들은 그가 그리스도라고 칭한 대목, 죽은 지 사흘째 되는 날에 다시 살아나 제자들 앞에 나타났다는 구절, 그리고 그것이 하느님의 뜻이었다는 내용은 훗날 윤색되었을 것으로 추정하고 있다.

예수의 이름은 야고보의 죽음을 기술할 때 다시 한번 등장한다. 야고보는 예수의 형제다. 요세푸스는 유대교 대제사장인 안나스 2세가 산헤드린을 소집해 야고보와 몇몇 기독교인이 율법을 위반했다며 돌로 쳐 죽이도록 명령했다고 기록했다. 세상을 구원할 인물 예수가 유대인 사회에서 중요하게 취급되지 않은 것은 의외다. 물론 당시 지식인이나 기득 권층의 눈에는 예수의 종교운동이 주목할 만한 사건이 아니었고, 로마의 역사가들에게는 더욱 그러했을 것이다.

로마의 역사가 타키투스의 『연대기』에도 예수의 이름이 잠깐 언급되어 있다. 115년에서 117년 사이에 쓴 것으로 보이는 『연대기』는 아우구스투스의 죽음부터 네로 황제의 죽음까지 네 황제의 치세를 다루고 있다. 타키투스는 네로 황제 시절인 64년에 발생한 로마 화재 사건을 다루면서 그리스도인이 당한 핍박을 서술했다. 그는 '그리스도'라는 명칭의 유래를 설명하면서 예수의 이름을 언급한다. 『연대기』는 예수가 행정장관 빌라도의 선고로 처형당했으며, 이로 인해 사교(邪敎)가 잠시 정지되었으나 그가 죽은 후 유대뿐만 아니라 로마에 사교가 퍼졌다고 기술하고 있다. 타키투스의 기록은 신약성서의 내용과 어느 정도 일치한다. 즉 예수가 활동했던 시기가 티베리우스 황제가 통치하던 시기이며, 예수가 처형당할 당시 유대의 총독은 빌라도였다. 그리고 예수의 죽음 이후 그를 따르는 신도들이 유대뿐만 아니라 로마에도 퍼져 나갔다.

플리니우스의 조카로 정치가이자 변호사로 활동했던 소(小)플리니우스는 111년경 총독의 권한으로 지방을 순회하면서 황제에게 기독교인에 대한 처리 문제를 편지에 써 보낸 적이 있다. 거기서 그는 기독교인이 정해진 날에 해뜨기 전에 모임을 갖고 찬송을 부르며, 서로 죄를 짓지 않고 신뢰할 것을 맹세하며 결속했다고 적고 있다. 따라서 2세기경 유대와 로마, 그리고 로마의 통치 아래 있는 몇몇 지역에서 기독교 활동이 상당했음을 알 수 있다.

이러한 기록들을 성서와 비교하면 4대 복음서에 기록된 예수 이야기가 어느 정도 신빙성이 있는지 짐작할 수 있을 것이다. 물론 4대 복음서는 역사적 사실을 기록한 것이 아니다. 복음서는 초대 교회에서 유통되던 여러 복음서 중 교회의 심사를 거쳐 경전으로 채택된 것들이다. 따라서 각 복음서가 전하는 정보는 조금씩 다를 수 있다. 복음서의 목적은 신도들의 신앙을 고양하는 것이었으므로 복음서마다 다르게 묘사한 정보들은 묵인되었다.

지금까지도 신학자들은 신약성서의 4대 복음서인 『마가복음』, 『마태복음』, 『누가복음』, 『요한복음』을 쓴 저자에 대해 아는 것이 별로 없다. 확실한 것은 『마가복음』이 가장 먼저 기록되었고, 나머지 복음서들이 이를 참조했다는 것이다. 전하는 바에 따르면, 『마가복음』의 저자는 전도 여행을 떠난 베드로의 통역사였다. 그가 베드로의 설교를 통역했다면 베드로의 구술을 바탕으로 기록을 정리했을 것이다.

우리가 예수의 생애를 알 수 있는 것은 앞에 열거한 복음서를 통해서다. 하지만 4대 복음서가 기록된 연대도 정확하지 않다. 전문가들의 견해에 따르면, 『마가복음』은 70년 이전에, 『마태복음』은 70년 이후, 『누가복음』은 75~80년, 『요한복음』은 110년 이후에 기록되었다고 한다. 최초의 복음서인 『마가복음』조차 예수가 떠난 지 35년 이상이 지난 뒤에야 기록된 것이다. 그렇지만 『마가복음』이 가장 사실에 근접한 기록이라는 데는 의심의 여지가 없다. 그때까지 예수를 기억하는 사람들이 생존해 있었을 것이기 때문이다.

그보다 나중에 기록된 『마태복음』과 『누가복음』에는 『마가복음』에 기록되어 있지 않은 정보들이 있다. 『마가복음』에는 예수의 탄생이나 유년기에 관한 이야기가 나오지 않지만, 『마태복음』과 『누가복음』에는 예수의 가계와 탄생 이야기가 등장한다. 나중에 기록된 것일수록 예수의 생애에 대한 정보가 점점 늘어나고 구성도 정교해졌다.

신약 중에서 가장 오래된 기록은 복음서가 아니라 바울의 서신들이다. 『마가복음』이 70년경에 기록된 데 비해, 바울의 『데살로니가전서』는 49~50년에 기록된 것으로 보인다. 바울은 예수와 같은 시대를 살았는데도 예수에 관해 아는 것이 거의 없었던 듯하다. 바울 서신에는 예수 개인에 대한 정보가 거의 없다. 기껏 확인할 수 있는 정보는 예수가 다윗의 계보를 잇는 유대인이며, 야고보라는 형제가 있다는 정도다. 신약 성서의 절반 이상을 차지하고 있는 바울의 서신에서조차 예수의 생애를 찾을 수 없다는 것은 놀라운 일이 아닐 수 없다.

신학자들은 부활 이전의 예수와 이후의 예수를 구분한다. 부활 전의 예수는 인간의 모습을 한 예수이고, 부활 후의 예수는 신적 존재로 격상되어 있다. 예수의 존재를 신으로 격상시킨 것은 진정한 기독교도였고 훌륭한 종교적 비즈니스맨이었던 바울의 공로다. 그는 예수의 생애에서 가장 매력적인 스토리인 십자가 처형과 부활에 종교적 의미를 부여하는 데 성공했다.

역사적 기록을 세심하게 살펴보면 복음서의 내용과 역사적 사실이 일치하는 부분도 있고 그렇지 않은 내용도 있다. 그러나 예수라는 인물이 실제로 존재했다는 사실만큼은 의심하지 않아도 될 듯하다. 다만 신약성서에서 묘사하고 있는 만큼 예수라는 인물이 당대에 큰 영향력을 가지고 있었는가는 별개의 문제다.

아난다여, 아직도 내게 의지하려느냐

입멸을 앞둔 어느 날, 붓다는 시중을 들던 제자 아난다에게 말한다.

"아난다여, 여래는 일 겁 이상도 이 세상에 머물 수 있느니라."

붓다가 세 번씩이나 같은 말을 반복했음에도 불구하고 아난다는 그 의미를 알아차리지 못한다. 『열반경』은 그때 아난다가 악마에게 홀려 있었기 때문에 일 겁 이상 이 세상에 머물러 달라는 말을 하지 못했다고 전한다. 붓다가 깨달음에 이르렀을 때와 마찬가지로 죽음에 이르렀을 때도 마왕이 찾아왔다. 마왕은 붓다를 안심시키며 속히 세상을 떠날 것을 요구한다.

"세존이시여, 모든 뜻이 이루어졌으니 열반에 드실 때가 왔습니다."

마왕의 유혹에 붓다는 결연히 대답한다.

"모든 중생이 헛된 교설을 물리치고 기적을 일으키는 가르침을 설할 수 있을 때까지 결코 열반에 들지 않으리라."

그런데도 마왕은 계속해서 붓다의 뜻이 모두 이루어졌음을 알리고 열반을 재촉한다. 결국 붓다는 때가 왔음을 깨닫고 3개월 후에 열반에 들 것임을 선언한다. 당황한 아난다는 그제야 일 겁 동안만이라도 세상에 머물 것을 간청했다. 그러나 이미 엎질러진 물이었다. 붓다는 안쓰러운 눈으로 아난다를 바라보며 말한다.

"오래전에 네가 그리했다면 너의 청을 받아들였을 것이다."

이윽고 붓다는 아난다와 함께 설법장으로 가서 비구들에게 말한다.

"명심하라, 비구들이여! 모든 것은 변한다. 방일하지 말고 마치 낙숫물이 돌에 구멍을 내는 것과 같이 끊임없이 정진하라."

붓다는 파바 마을의 망고 동산에 이르렀다. 그때 대장장이의 아들 춘다는 붓다가 왔다는 말을 듣고 스카라맛다바라는 버섯요리(또는 돼지고기 요리)를 공양했다. 붓다는 이미 죽음을 예감하고 있었다. 붓다는 버섯요리를 모두 자신이 먹을 것이라고 말하고 남은 음식은 구덩이에 버리라고 일렀다. 식사를 한 후 붓다는 며칠 동안이나 피가 섞인 설사를 했다. 그러나 설법을 멈출 수는 없었다. 그는 쿠시나가라로 향하던 중 나무 아래 가사를 깔고 휴식을 취했다. 그곳에서 붓다는 걱정스러워하는 아난다를 바라보며 말한다.

"아난다야, 내일 새벽에 나는 사라나무 사이에서 열반에 들리라."

사라나무 아래로 자리를 옮긴 붓다는 머리가 북쪽으로 향하도록 침상을 준비하라고 일렀다. 아난다가 침상을 준비하자 붓다는 자리에 편안히 누웠다. 그때 갑자기 사라나무가 꽃을 피웠고, 그 꽃잎이 붓다의 온몸 위로 한 잎 한 잎 흩날리면서 떨어졌다. 또 허공에는 천상에 피는 만다라 꽃이 하늘하늘 흩날리고, 천상의 악기가 허공에 울려 퍼졌다. 붓다는 다시 아난다를 불러 자신의 장례를 재가 신자들에게 맡기고 유골은 전륜성왕의 장법에 따르도록 유언했다. 아난다는 너무나 괴로운 나머지 홀로 방에 들어가 눈물을 흘렸다. 그러자 붓다는 아난다를 위로하며 그의 네 가지 장점을 말해 주었다. 아난다는 흐르는 눈물을 닦으며 물었다.

"세존께서 열반에 드시면 우리는 누구를 의지해야 합니까?"

"아난다여, 아직도 내게 의지하려느냐?"

아난다가 마을로 내려가 붓다의 입멸이 머지않았음을 알리자 수많은 사람이 몰려와 붓다의 존안을 뵙고자 했다. 이윽고 붓다는 제자들을 모두 불러들여 마지막 유언을 남긴다.

"너희들은 스스로를 등불로 삼고 자기를 의지처로 삼을 것이며, 법을 등불로 삼고, 법을 의지처로 삼아라."

붓다의 유해는 천관사로 옮겨 화장되었고, 신자들은 7일간 꽃과 향료를 공양했다. 붓다의 입멸이 알려지자 갠지스강 유역의 8개국에서 유해의 소유권을 주장하고 나섰다. 그때 마가다의 왕 아자타샤트루가 붓다의 사리를 8등분해 각국의 사신들에게 나누어 주었다. 8개국은 이 사리를 보관하기 위해 사리탑을 세웠는데, 훗날 마우리아 왕조의 아소카 왕이 사리탑을 열어 사리를 8만 4,000개로 나눈 다음 각지에 그 숫자만큼 불탑을 세워 보관하도록 했다고 한다.

붓다가 얻은 깨달음은 영원히 죽지 않고 평안에 이르는 길이었다. 그것은 니르바나(涅槃)의 세계다. 니르바나에 머무는 자는 다시 이 세상에 내려와 고통스러운 윤회의 바퀴를 굴릴 필요가 없다. 그는 완전한 존재로서 그곳에 머물고 있을 뿐이다.

『열반경』은 붓다가 영원히 세상에 머물 수 있을 것처럼 말하고 있지만 어떤 성자도 죽지 않은 사람은 없다. 성자들 역시 어머니의 몸에서 잉태되고 인간의 육체를 가진 채 살다가 죽었다. 그러나 성자의 죽음은 결코 예사롭지 않다. 붓다는 자신의 입멸을 미리 알았고, 아난다에게 이 사실을 암시했다. 그때 아난다는 미혹의 어둠에서 벗어나 붓다에게 간절히 이 세상에 머물러 달라고 요청했어야 했다. 결국 아난다의 잘못으로 인해 당신과 나는 지금까지 살아 있어야 할 붓다를 보지 못하게 된 것이다.

마호메트는 자신의 죽음을 예견하지 못했지만, 예수는 죽음을 미리 알았다. 예수는 십자가에서 고통스럽게 죽어 가리라는 것을 알았을 뿐만 아니라 죽음에 이르는 과정도 소상히 꿰뚫고 있었다. 그래서 그는 듬직한 제자들에게 죽은 후 사흘 만에 부활할 것임을 미리 이야기했고, 자신을 죽음에 이르게 하는 자가 제자 중에서 나올 것이라고 말했다.

예수가 자신의 죽음을 알고 예비한 것은 당연한 일이다. 그는 태초에 하느님으로부터 저주받은 인류를 구원하기 위해 이 땅에 왔고, 하느님은 속죄의 대가로 예수의 죽음을 요구했기 때문이다. 따라서 예수의 궁극적 목표는 죽음이었다.

주여, 어찌하여 나를 버리시나이까

『마태복음』에 따르면 예수는 감람산 위에서 제자들에게 가르침을 줄 때 자신이 이틀 후에 십자가에 못 박히기 위해 잡혀가리라는 것을 말했다. 그때 유대교 대제사장 가야바의 무리가 예수를 살해하기 위한 모의를 꾸미고 있었다. 그들은 예수가 율법을 부정하고 스스로 메시아라고 주장하는 것에 대해 불만을 갖고 있었다. 여기에서 악역을 맡은 가룟 유다가 등장한다. 열두 제자 중 한 사람인 유다는 대제사장에게 달려가 은 30냥에 예수를 팔겠다고 제안한다. 한편 예수는 유월절에 이르러 최후의 만찬을 준비하고 이 자리에서 제자들에게 이렇게 말한다.

"너희에게 이르노니 너희 중에 한 사람이 나를 팔 것이라."

철렁 가슴이 내려앉은 유다가 물었다.

"저입니까?"

"그렇다."

예수가 언제 처형되었는지는 정확히 알려진 바 없지만, 학자들은 30년에서 33년 사이로 추정한다. 당시 유대교는 대제사장이 산헤드린으로 불리는 귀족회의와 함께 자치권을 행사하고 있었다. 산헤드린은 사형을 선고할 수 있지만 집행만큼은 로마 당국에 위임해야 했다. 따라서 예수는 사형이 합당한 것인지 취조받기 위해 빌라도 총독 앞에 끌려갔다. 그 자리에서도 예수는 유죄로 확정되었다. 그는 십자가를 진 채 처형장인 골고다로 끌려갔고, 정오 무렵에 십자가에 못 박혔다. 예수는 죽음에 이르러 이렇게 외친다.

"엘리, 엘리, 라마사막다니(주여, 주여, 어찌하여 나를 버리시나이까)!"

예수가 처형당할 당시 로마의 십자가형은 가장 불명예스러운 형벌이었다. 초기에는 기둥에 사형수를 오랫동안 묶어 두어 갈증과 굶주림으로 사망하게 했지만, 세월이 흐르면서 십자가형은 끔찍하게 변형되었다. 그들은 죄수에게 무거운 십자가를 짊어진 채 처형장까지 걸어가도록 했고, 손목과 발목에 못을 박은 후 채찍질을 가함으로써 더 큰 고통을 가했다.

십자가에 못 박힌 채 체중을 지탱하면 빠른 시간 안에 질식사에 이른다. 그래서 로마에서는 받침대를 설치해 빨리 죽는 것을 방지했다. 그러나 예수는 발목에도 못이 박혔기 때문에 받침대가 필요 없었을 것이다. 당시 전통에 의하면 죄인들은 십자가형을 당한 후 완전히 죽을 때까지 5일 정도 고문을 당했다고 한다. 그러나 예수는 십자가에 못 박힌 지 여섯 시간 만에 사망한 것으로 되어 있다. 물론 병사들이 예수의 옆구리를 창으로 찔렀으므로 출혈이 심했을 수도 있지만 관례에 비추어 볼 때 지나치게 이른 죽음이 아닐 수 없다.

그래서 빌라도는 아리마태아 마을에 사는 요셉이 예수의 시체를 내달라고 하자 매우 놀란다. 요셉은 산헤드린의 회원이면서 예수의 후원자였다. 빌라도는 예수가 죽었다는 말이 의심스러워 백부장에게 죽은 지 얼마나 되느냐고 물은 다음에야 시체를 내주도록 허락했다. 요셉은 예수의 시체를 아마포로 감싼 뒤 동굴 무덤에 넣은 다음 바위로 입구를 막아 놓았다. 이 모습을 막달라 마리아와 요셉의 어머니가 지켜보고 있었다. 빌라도의 행적을 중심으로 기록된 외경 『니고데모 복음서』에는 요셉이 무덤을 제공했다는 이유로 감옥에 갇혔다가 부활한 예수를 목격하는 장면이 나온다.

예수는 붓다보다 훨씬 비참하게 죽었다. 물론 그 비참한 죽음에 대한 보상은 인류에게는 구원이었고 예수에게는 부활이었다.

04
신이 선택한 복음, 권력

세계를 지배하고 있는 종교적 원리들을 검토해 보라.
그것들은 어이없게도 인간의 꿈을 병들게 할 뿐이다.

_데이비드 흄, 『종교의 자연사』

붓다의 라이벌, 데바닷타

데바닷타는 붓다의 사촌동생이자 막강한 영향력을 가진 제자였다. 그는 붓다의 측근이었던 아난다와 형제 사이로 샤카족의 왕족 출신이었다. 붓다가 깨달음을 얻고 돌아왔을 때 그는 몇몇 왕족과 함께 출가해 비구가 되었다. 어느 날 붓다가 설법하고 있을 때 데바닷타가 다가와 말했다. "이제 편히 쉬실 때가 되었습니다. 앞으로는 제가 승단을 통솔하겠습니다." 붓다는 그의 제안을 단호히 거절한다. 이후 데바닷타는 마가다국의 태자인 아자타샤트루를 찾아가 그의 스승이 된다. 태자는 승단 내에서 유력한 지위에 있는 데바닷타를 지원해 태자로서의 위치를 확고히 하고자 했다.

전하는 바에 따르면, 데바닷타는 붓다에게 승단 개혁을 강력히 요구했다고 한다. 그가 요구한 것은 ① 출가 승려는 숲에서 지낸다. ② 탁발만으로 연명한다. ③ 낡은 옷만 걸치고 새 옷을 입지 않는다. ④ 나무 밑에 머문다. ⑤ 육식을 하지 않는다는 다섯 가지 계율이었다. 다섯 가지 요구사항으로 미루어 볼 때 붓다가 설법하던 시절에도 많은 수행자가 계율을 지키지 않았던 듯싶다. 붓다가 이를 거절하자 데바닷타는 비구들의 집회에서 다수결로 결정할 것을 요구했다. 그때 바이샬리의 밧지족 승려 500명이 데바닷타의 의견에 동조했으나 비구들에게 면박만 당한 채 뜻을 꺾어야 했다.

데바닷타는 동료들에게 면박당한 후 계속해서 악역을 맡는다. 그는 자객을 보내 붓다를 살해하려 했으나 자객들은 붓다를 보자마자 모두 교화된다. 나중에는 영취산에 올라가 붓다를 향해 큰 바위를 굴리지만, 중간에 이르러 바위는 산산조각이 난다. 또 태자에게 빌린 코끼리에게 술을 먹여 붓다를 향해 풀어놓았지만, 코끼리는 붓다 앞에 이르러 고양이처럼 유순해진다. 모든 시도가 실패로 돌아가자 데바닷타는 자신의 의견에 동조한 밧지족 비구 500명을 이끌고 상두산으로 들어간다. 훗날 데바닷타는 패배를 시인하고 피를 토하며 죽었다고 한다.

데바닷타는 늘 악인으로 등장하지만, 그가 붓다의 가장 강력한 경쟁자였으며 무시할 수 없는 영향력을 행사했다는 점은 부인하기 어려울 것 같다. 그로 인해 500명의 비구가 승단에서 이탈하는 사태가 발생했기 때문이다. 데바닷타는 출중한 능력에도 불구하고 스스로 저지른 악행 때문에 붓다의 십대 제자에 들지 못했다. 붓다의 십대 제자는 지혜제일 사리불, 신통제일 목건련, 두타제일 마하가섭, 은둔제일 수보리, 설법제일 부루나, 천안제일 아나율, 논의제일 마하가전연, 지계제일 우바리, 밀행제일 나후라, 다문제일 아난다 등이다.

데바닷타가 데리고 떠난 500명의 비구는 훗날 사리불과 목건련의 설득으로 되돌아왔다고 전해진다. 사리불과 목건련은 붓다가 입멸하기 전에 이미 세상을 떠났으므로 붓다가 생존해 있을 때 이미 승단의 화합이 이루어진 것 같다. 그러나 승단 분열의 후유증은 오래도록 가시지 않았다.

붓다가 입멸하자 그의 가르침을 따르던 재가 신자들이 하나둘 흩어지기 시작했다. 붓다의 존재는 사라지고 남아 있는 것이라곤 그의 가르침뿐이었다. 마하가섭은 스승의 가르침을 결집할 결심을 굳히고 각지에 흩어진 동료들을 모으기 시작했다. 그러나 그의 시도는 적지 않은 문제에 부딪혔다. 가장 큰 문제는 마하가섭이 이끄는 주류에 반기를 든 세력이었다. 결집에 참여할 수 있는 사람은 깨달음을 얻은 499명의 아라한으로 국한되었다. 499명의 아라한을 골라내는 작업이 쉽지는 않았을 것이다. 깨달음을 증명할 방법도 없었을 뿐만 아니라, 깨달음을 얻은 자 중에서 누구를 선택할 것인지도 풀기 어려운 과제였다. 결국 모든 권한은 마하가섭이 쥘 수밖에 없었다.

권력을 쥐고 있는 자가 있으면 소외된 자도 있기 마련이다. 마하가섭의 초대에도 불구하고 십대 제자 중 한 사람이었던 아나율은 참석을 거부한 채 스스로 불을 지펴 열반에 들었다. 또 붓다의 사촌동생이었던 데바닷타는 참가를 거부당했으며, 데바닷타의 형인 아난다도 아라한에서 제외되었기 때문에 결집을 반대하고 나섰다. 아난다가 빠진 채 결집을 강행하는 일은 있을 수 없었다. 그는 붓다의 말을 가장 많이 들었으며, 가장 많이 기억하고 있었기 때문이었다. 결국 마하가섭은 아난다를 포함해서 500명의 비구를 구성했다.

제1차 결집은 마하가섭의 주재 아래 라자그리하의 사프타파르나 동굴에서 이루어졌다. 결집의 방식은 우바리가 율을 암송하고 아난다가 법을 암송하면 나머지 비구들이 이를 승인하는 형식으로 이루어졌다. 그래서 초기 경전의 모든 구절은 "나는 이와 같이 들었다(如是我聞)"로 시작된다. 그때 비구 250계, 비구니 348계가 성립되었다. 이를 계기로 재가 신자는 하안거 동안 비구와 비구니가 머물 거처를 마련해 주었다. 일정 기간 머물 곳이 마련됨에 따라 승단과 사찰의 기반이 만들어졌다.

그러나 복잡하고 엄격한 계율은 승단이 분열하는 원인을 제공했다. 600여 개나 되는 계율을 지키는 것은 쉬운 일이 아니었다. 붓다가 입멸한 지 100년쯤 지난 기원전 4세기에 '야사'라는 장로가 계율에 문제를 제기하고 나섰다. 바이샬리 지방을 방문했던 야사는 승려들이 계율을 왜곡시켜 실천하는 것을 보고 10개 항의 문제점을 지적했다. 그가 지적한 문제들은 승려들이 소금을 저장하고, 신자들로부터 금과 은을 보시받고, 마을을 돌아다니며 새 음식을 먹으며, 방석을 깔고 앉는 것 등과 같은 아주 사소한 것들이었다. 야사는 바이샬리 교단을 비난하며 이를 고치도록 권고했으나 받아들여지지 않았다. 결국 이 문제는 동서 교단의 대결로 치달았다. 이에 동서 교단 대표 4명이 참석하여 계율 문제를 논의했고, 10개 항 중 9개 항을 비법(非法)으로 간주했다. 그러나 이 결정에 불복하는 비구가 더 많았다. 이들 다수파는 스스로 대중부(大衆部)라 일컬으며 상좌부(上座部)와 대립했다. 이로써 대승불교와 소승불교의 근본 분열이 일어났다.

승단의 분열은 이미 붓다가 생존했을 때 예고되어 있었다. 논쟁의 씨앗을 제공한 사람이 바로 데바닷타였다. 그가 다섯 가지 계율을 요구했을 때 많은 비구가 이를 받아들이지 않았다. 따라서 당시의 출가 승려는 마을을 떠돌아다니며 신자가 제공하는 것으로 의식주를 해결하고 육식까지 했음을 알 수 있다. 대승불교는 바로 이 비구들이 만든 것이다. 이후 대승불교는 재가 신자의 열렬한 호응 속에 승단의 주류로 발전한다. 주어진 계율을 일일이 지키는 것은 재가 신자들에게 엄청난 고통이었을 것이다. 따라서 일일이 계율을 지키지 않아도 되고 집에 머물면서 깨달음을 얻을 수 있다는 대승불교야말로 대중에게는 빛이자 진리였던 것이다. 이러한 세간의 흐름을 몰랐던 데바닷타는 이단자가 될 수밖에 없었다.

예수의 후계자, 베드로

붓다와 예수, 그리고 마호메트는 자신의 육체가 소멸한 후 어떤 일이 벌어지리라는 것을 미리 알고 있었을 것이다. 그런데도 그들은 교단을 이끌어 갈 후계자를 미리 정하지 않았다. 추종자들이 모여들면 엉뚱한 뜻을 품는 사람들이 생겨나기 마련이다. 예수의 경우에도 마찬가지였다. 예수의 열두 제자는 베드로, 안드레(안드레아), 제베대오의 야고보(大야고보), 요한, 빌립(필립보), 바돌로매(바르톨로메오), 도마(토마스), 마태(마태오), 알패오의 아들 야고보(小야고보), 다대오(타대오), 시몬, 맛디아(마티아), 유다였다. 베드로를 제외하면 이들에 대해 알려진 것은 거의 없다. 그중에서도 아직 베일에 휩싸여 있는 인물은 가룟 유다다.

유다는 예수를 배신하고 유대교 대제사장에게 메시아를 팔아먹었다. 그 대가로 유다가 얻은 것은 은 30냥뿐이다. 더구나 유다는 이미 잘 알려져 있던 예수의 얼굴을 알려 주려고 일부러 무장한 병력을 이끌고 겟세마네 동산까지 찾아왔으며, 예수가 체포된 직후 자살해 버리고 말았다. 유다가 불타는 야욕을 갖고 있었다면 예수가 처형당한 후 유대교 지도자들이나 로마 지배자들로부터 후한 대접을 받았어야 했다. 그러나 유다는 자신이 받은 은 30냥마저 성소에 갖다 바치고 스스로 목을 맸다. 유다의 자살이 천벌이라고 주장할 수 있지만, 재물에 눈이 멀어 스승까지 팔아먹은 그가 스스로 목을 맸다는 사실은 수긍하기 어렵다. 따라서 유다는 개인적인 약점 또는 밝혀지지 않은 어떤 이유로 예수를 배신했을 가능성이 있다. 아니면 예수가 자신의 운명을 정확히 알고 있었기 때문에 일부러 악역을 맡을 인물을 제자로 선택했을 것이다.

예수의 제자 중에서도 후계자가 되고 싶은 욕망을 가진 사람들이 있었다. 『마가복음』 10장에는 야고보와 요한이 예수에게 교단을 물려주기를 요청하는 대목이 나온다. 두 사람은 예수에게 이렇게 말한다.

"스승이시여, 우리가 원하는 바를 들어주소서."

"너희가 원하는 바가 무엇이더냐?"

"주의 영광 중에서 우리 중 한 사람을 주의 오른쪽에, 다른 한 사람을 왼쪽에 앉게 해 주십시오."

"내 곁에 앉는 것은 내가 줄 것이 아니다. 누구를 위해 그 자리가 있든지 그들이 스스로 얻을 것이다."

요한과 야고보는 자신들에게 교단을 물려 달라고 요구했지만, 예수는 이를 거절했다. 결국 예수의 후계자가 되는 사람은 충직한 믿음을 가졌던 베드로였다. 『마태복음』은 베드로가 예수의 후계자가 되는 근거를 제시하고 있다. 예수가 한 지방을 여행할 때 그 일행을 본 사람들이 저분이 누구냐고 제자들에게 묻자 베드로는 이렇게 대답한다.

"주는 그리스도요, 살아 계신 하느님의 아들이십니다."

그때 예수는 베드로를 칭찬하며 말한다.

"네게 복이 있도다. 이 사실을 네게 알게 한 이는 하늘에 계신 내 아버지시니라. 내가 너에게 이르노니 너는 베드로라. 내가 이 반석 위에 교회를 세우리니 음부의 권세도 이기지 못하리라. 내가 천국의 열쇠를 네게 주리니 땅에서 무엇이든지 매면 하늘에서도 매일 것이요, 무엇이든지 풀면 하늘에서도 풀리리라."

예수는 다른 제자들이 이 사실을 알까 경계하여 베드로에게 다짐을 주었다.

"내가 그리스도라는 것을 아무에게도 이르지 말라."

예수는 왜 자신이 그리스도라는 사실을 다른 제자들에게까지 비밀로 했던 것일까? 당시의 상황을 고려해 볼 때 메시아임 밝히는 것은 유대교 지도자들의 반감을 불러일으키기에 충분했을 것이다. 예수는 스스로 메시아라고 밝히는 순간, 자신의 운명에 대해서도 알고 있었을 것이다. 죽음의 예감은 결국 유다에 의해 실현되었다. 유다는 예수가 메시아라고 주장한다는 것을 알았고, 이 사실을 고발했던 것이 아닐까? 그는 예수의 비밀을 알았던 두 사람의 제자 중 하나였다. 유다는 베드로의 맞은편에 서 있었던 것이다.

열두 명의 제자 중에서 직업이 밝혀진 사람은 어부였던 베드로 형제와 야고보 형제, 세금징수원이었던 마태뿐이다. 나머지 제자들은 어부였거나 가난한 직업을 가진 사람들이었을 것이다. 유일하게 글을 쓰고 읽을 줄 알았던 마태조차도 당시에는 천한 직업으로 여겨지던 세금징수원 출신이었다.

초기 기독교 신자들이 경전으로 삼았던 것은 바울이 각 교회에 보낸 편지였다. 베드로가 사망한 것은 64년경이고, 바울 역시 그때 사망했다. 베드로는 로마교회의 첫 대사제를 지냈기 때문에 생전에는 물론 사후에도 기독교의 지도자로서 인정받았다. 베드로가 처형당한 후 통역사였던 마가가 『마가복음』을 집필하고, 이를 바탕으로 나머지 복음서가 탄생했다면 모든 복음서가 베드로를 후계자로 지목하고 있는 것은 당연한 일이다.

예수가 사망한 후 제자들은 뿔뿔이 흩어져 고향으로 돌아갔다. 그들이 다시 뭉쳐 복음을 전파하고 교단을 세운 것은 예수의 부활 때문이었다. 예수의 육체적 부활은 기독교의 후계 구도에서 가장 중요한 역할을 담당한다. 4대 복음서는 베드로가 예수의 후계자임을 암시하면서 증거를 제시한다. 모든 복음서는 예수가 체포되었을 때 베드로만이 산헤드린의 재판정까지 따라갔다는 사실을 기록하고 있다. 예수가 부활한 모습으로 제자들 앞에 나타났을 때도 제자들 대부분은 부활을 의심하지만, 베드로는 이를 기꺼이 수용한다.

최초의 복음서인 『마가복음』에 따르면 예수의 부활을 처음 목격한 사람은 막달라 마리아, 야고보의 어머니, 그리고 살로메라는 여인이었다. 하지만 『마태복음』은 예수의 부활을 최초로 목격한 사람이 막달라 마리아와 또 한 사람의 마리아라고 전하고 있으며, 『누가복음』에는 막달라 마리아와 야고보의 어머니, 그리고 요안나라는 여인이 등장한다.

『요한복음』은 부활한 예수를 가장 먼저 인정한 제자가 베드로라고 기록하고 있다. 막달라 마리아로부터 무덤을 막고 있던 돌이 사라졌다는 소식을 접한 베드로는 동료 한 사람과 함께 한달음에 무덤으로 달려간다. 그는 시신을 감쌌던 세마포만을 확인하고 집으로 돌아온다. 그때 막달라 마리아는 무덤 앞에서 눈물을 흘리다가 예수의 모습을 본다. 이후 예수는 열 명의 제자 앞에 나타났고, 8일 후에는 마침 그 첫 만남의 자리에 참석하지 못했던 도마의 의심을 풀어 주기 위해 다시 나타난다. 또 테베리아호수에서 고기를 잡고 있는 베드로와 여섯 제자 앞에 나타나 함께 음식을 먹는다. 이 자리에서 예수는 베드로에게 "내 양을 먹이라"고 세 번씩이나 말한다.

4대 복음서를 살펴보면 시간이 흐를수록 베드로의 지위가 점점 확고해지고, 나중에 기록된 『요한복음』은 베드로를 예수의 후계자로 단정하고 있음을 알 수 있다. 베드로는 예수의 부활을 가장 먼저 인정함으로써 흔들리지 않는 믿음을 보여 주었다. 하지만 모든 복음서가 부활의 첫 목격자로 정체불명의 막달라 마리아를 등장시키는 것은 이상한 일이 아닐 수 없다.

외경 『히브리인들의 복음』에는 부활의 첫 목격자가 야고보로 되어 있다. 또 외경 『마리아 복음』에는 막달라 마리아가 예수를 보았다고 말하자 베드로가 비웃는 것으로 나온다. 이 기록에서 막달라 마리아는 베드로보다 뛰어난 인물로 묘사된다. 외경 『요한행전』은 예수의 부활을 처음 목격한 사람이 요한이라고 주장한다. 초기 교회를 세운 세 기둥은 베드로·야고보·요한이었다. 외경이 베드로를 비하하고 막달라 마리아나 야고보 또는 요한을 부활의 첫 목격자로 삼은 것은 베드로에게 반감을 갖는 세력이 존재했음을 의미한다. 신학자들은 베드로를 반대하던 세력이 예수의 형제였던 야고보를 따르던 무리일 가능성이 크다고 추정한다. 야고보는 구약성서를 부정한 바울과도 대립했다. 앞에서 언급했듯이 예수의 형제 야고보는 62년에 다른 기독교인들과 함께 율법을 위반했다는 죄목으로 유대교인에게 돌에 맞아 죽는다. 야고보는 본래 예수의 제자는 아니었지만, 베드로가 감옥에서 탈출했을 때 가장 먼저 야고보와 형제들에게 연락한 것으로 보아 그는 교회에서 상당한 영향력을 가졌던 것으로 보인다.

출출세간(出出世間), 중생 속으로

역사가 증명하듯 문화의 전파는 정복의 역사와 관련이 있다. 정복자는 식민지의 문화와 종교, 심지어는 수천 년간 이어져 온 역사까지 송두리째 바꾸어 버린다. 따라서 진리의 전파를 원하는 종교는 칼을 쥐고 있는 자를 아군으로 끌어들여야 한다. 불교에서 이 역할을 맡은 사람은 아소카 왕이다. 그는 마우리아 왕조의 제3대 왕으로 찬드라굽타의 손자이자 빈두사라 왕의 아들이었다. 할아버지인 찬드라굽타는 난다 왕조를 멸망시키고 마우리아 왕조를 세웠으며 인도 정벌을 노리던 그리스군을 몰아낸 후 인도를 통일했다. 아소카는 할아버지의 유산을 그대로 물려받아 광활한 영토를 수비하는 한편, 인도 남동부까지 정복함으로써 완전한 통일국가를 세웠다.

아소카 왕은 정벌 과정에서 수많은 사람을 살생했다. 전쟁포로가 15만 명에 달했고 10만 명의 군사가 사망했다. 아마 무고하게 희생된 사람들은 그보다 몇 배나 많았을 것이다. 하지만 말년에 이르렀을 때 아소카는 전쟁의 비참함과 허망함을 깨닫고 불교에 귀의한다. 인도 전역에 불교가 전파될 수 있었던 것은 모두 그의 덕이다. 아소카 왕은 이집트와 마케도니아, 그리스에까지 불교를 전파하기 위해 사신을 보냈다.

불교 교리는 두 차례에 걸친 결집에도 불구하고 아소카 왕의 통치기인 기원전 241년 라자그리하에서 열린 파탈리푸트라 법회에서 1,000명의 비구에 의해 다시 결집된다. 그때쯤 불교 교단은 20개 파로 갈가리 찢겨 있었다. 그로부터 200여 년 뒤 대승불교는 부흥기를 맞게 된다. 먼저 문수보살을 추종하는 무리가 『반야경』을 주창하며 대승불교의 출현을 알렸다.

문수보살은 환상 속의 보살이 아니라 실제 인물로 알려져 있다. 그는 인도 코살라(사위성)에서 태어나 제2의 붓다로 숭앙되었다. 그는 설산에 들어가 500명의 비구에게 가르침을 주고 고향으로 돌아와 열반했다고 한다. 뒤이어 『법화경』을 주창하는 이들이 등장했고, 다시 『화엄경』과 『대집경』, 『열반경』이 차례로 나타났다. 종교 제의에도 많은 변화가 일어났다. 원시불교에서는 석가모니불만 신봉했으나 대승불교에 이르러 무수히 많은 부처가 등장하게 된 것이다.

교단의 위세는 누가 더 많은 신도를 거느리고 있느냐에 따라 판가름 나기 마련이다. 따라서 대승불교는 모든 중생이 부처가 될 수 있다고 가르쳤고, 그러기 위해서는 더 많은 부처가 필요했다. 물론 신도들이 원하기만 한다면 얼마든지 새로운 이름을 가진 부처를 만들 수도 있었다.

대승경전 중에서 가장 파격적인 내용을 가진 것은 『유마경』이다. 유마경은 1세기경 인도의 상업도시 바이샬리를 배경으로 씌어졌다. 주인공 유마는 바이샬리의 리차비족 출신으로 출가하지 않은 재가 신자였다. 그는 늘 흰옷을 걸치고 다녔지만 출가 승려와 다름없이 생활했으며, 세속에 머물면서도 비구들을 뛰어넘는 경지에 이르렀다. 그는 중생을 제도하기 위해 거리를 돌아다니며 가르침을 설파하고, 애욕의 허망함을 깨우치기 위해 창녀촌을 찾아가는 것도 마다하지 않았다. 그는 또한 큰 부자였으며, 크샤트리아 계급에 속했다.

어느 날 유마가 병에 걸려 자리에 눕자 많은 사람이 문병을 왔다. 그때 붓다는 망고 동산에서 설법을 하다가 유마가 병에 걸렸다는 소식을 들었다. 붓다는 제자들에게 문병할 것을 요청했지만 제자들은 유마와 겨룰 능력이 없다는 이상한 이유를 대며 모두 거절한다. 붓다는 결국 문수보살을 설득해 문병을 보냈다. 문병 갈 것 같지 않았던 제자들은 문수보살을 따라 유마의 집으로 향한다. 유마는 문병을 온 문수보살에게 한 수 높은 설법을 편다. 문수가 병의 원인이 무엇이며 언제쯤 나을 수 있겠냐고 묻자 유마는 이렇게 대답한다. "모든 중생에게 아픔이 남아 있는 한, 제 아픔 역시 앞으로도 계속될 것입니다. 모든 중생이 병고에서 벗어나게 되면 그때 비로소 제 병도 깨끗이 낫겠지요."

유마의 설법에서 유명한 화두들이 등장한다. '번뇌가 곧 보리이며 생사가 곧 열반(煩惱卽菩提 生死卽涅槃)'이라는 화두도 여기에서 나온다. 문수보살은 물론 붓다의 모든 제자가 유마 앞에서 숨조차 쉬지 못한다. 유마는 재가 신자인 자신이 오랫동안 수행한 붓다의 제자들보다 더 높은 경지에 이르렀음을 과시한다.

원시불교의 경전들이 대개 실록 형식으로 기록된 데 반해, 대승경전은 문학적 색채가 농후하다. 그래서 대승불교를 못마땅하게 여겼던 상좌부 비구들은 그 경전들이 거짓이라고 주장했다. 대승 쪽의 반격도 만만치 않았다. 그들은 승리를 위해서라면 적대자들을 살해할 결심까지 했다. 『대반열반경』에는 "보살은 정법을 보호하므로 대승을 훼방하는 자를 채찍질하거나 목숨을 빼앗아도 죄가 되지 않는다"고 쓰여 있었기 때문이다. 그러나 대승의 논리는 빈약했다. 그들은 4세기에 이르러서야 8가지 이유를 들어 대승도 붓다의 가르침이라는 것을 입증하려고 노력했다.

그들이 증거로 내세운 것은 대승경전이 거짓이라면 일찍이 붓다께서 비법(非法)을 예언했을 것이며, 소승과 대승은 오래전부터 병행되었다는 것이었다. 물론 대승경전은 붓다의 설법을 기록한 것이 아니며 창작물이었지만 출가하지 못한 재가 신자에게 열렬한 환영을 받았다. 유마야말로 그들의 대변자였으며 최고의 이상형이었다. 그들은 사원과 탑을 건립할 때 보시를 하고 집 안에 앉아 마음을 닦으면 부처가 될 것이라고 믿었다. 이로써 불교는 대중에게 자리를 내주지 않으면 안 되었다. 대중은 교단을 지탱하는 힘이었으며, 신도가 없는 종교는 존립할 수 없기 때문이었다.

종교는 권력에 의지한다

기독교에도 아소카 왕 같은 존재가 있었다. 콘스탄티누스 황제다. 로마제국의 기초를 세운 그는 313년에 밀라노 칙령을 발표해 기독교를 공인하고, 325년에는 소아시아의 니케아에서 주교 회의를 개최해 기독교 교리를 정립했다. 그가 없었다면 지금쯤 기독교는 유대교의 이단으로 존재하거나 일찍이 소멸했을 것이다.

우리는 서기(西紀)로 표시된 연도에 익숙하다. 이 서양의 연대기는 예수의 탄생을 기점으로 삼고 있다. 만일 유구한 역사를 가진 고대 수메르인과 아시리아인, 지중해를 호령했던 페르시아인과 그리스인, 황허문명과 모헨조다로 문명을 일구었던 고대 중국인이나 인도인이 이 사실을 알게 된다면 무척 섭섭해할 것이다. 자신들의 웅장했던 역사가 하찮은 동네 베들레헴에서 발생한 사건을 기준으로 기록되어 있다는 사실을 그들이 안다면 얼마나 황당해할 것인가? 그러나 역사는 냉정하다. 이 모든 것이 로마로부터 비롯되었고, 로마의 힘이 세계의 기준을 정해 버린 것이다. 고고학자와 신학자들은 팔레스타인 지방에서 수없이 많은 고고학적 탐사를 시도했지만 다윗과 솔로몬의 조각상 하나 발굴하지 못했다. 발굴된 것이라고는 고작 몇 개의 조각품들과 물 항아리, 그리고 부서진

석판들뿐이다. 그런데도 로마는 일부 유대인의 믿음을 세계인의 것으로 만들어 버렸다.

콘스탄티누스 황제를 말하기 전에 그 이전의 기독교에 대해 몇 가지 설명을 덧붙여야 할 것 같다. 예수가 세상을 떠난 후 기독교 공동체는 재산을 공유하며 복음의 전파에 심혈을 기울였다. 사실 로마는 식민국가의 종교에 대해 어느 정도 관용을 베풀었다. 유대교가 기독교처럼 박해받지 않은 것은 이 때문이다. 따라서 예수가 메시아라고 주장하지 않았다면 유대교인에게 사형 판결을 받지 않았을 것이고, 로마 역시 그를 처형할 이유가 없었다. 로마가 예수를 처형한 것은 유대교의 지도자들이 그의 죽음을 요구했기 때문이다.

당시 로마는 응집력을 가진 종교가 필요했다. 초기 기독교가 다른 종교에 비해 박해받은 것은 유일신에 대한 믿음이 너무나 강렬했을 뿐만 아니라 다른 종교에 배타적이었고 군 복무를 거부했기 때문일 것이다. 군주는 자신의 병력이 손실되는 것을 두고 보지 않는다. 병력은 황제의 재산이기 때문이다. 혹독한 박해는 오히려 믿음을 결집시키는 접착제 역할을 했다. 기독교인은 위험에 직면해 서로의 연대를 강화하고 공동의 대처 방안을 논의했다. 이러한 움직임은 지역적 차별을 없애고, 시리아에서 소아시아에 이르기까지 하나의 믿음을 가진 교회를 구성하는 데 중요한 역할을 했다.

엄청난 시련 앞에서 초인적인 믿음과 정열로 기독교를 일으켜 세운 사람은 바울이었다. 그는 예수의 죽음이 인류가 구원받는 계기라고 주장했다. 예수의 비참한 죽음을 아름답고 즐거운 복음으로 바꾸어 놓은 것이다. 바울은 강한 율법으로 무장한 구약성서를 철저히 배척했으며, 신약 복음서가 기록되는 데 결정적인 역할을 했다. 하지만 구약성서의 내용 자체를 버린 것은 아니었다. 그는 예수를 유일신 야훼의 아들로 믿고 있었다.

바울이 사망한 후 4대 복음서가 완성될 때까지 각 교회는 공동체적 생활을 유지하고 있었다. 예수는 교회를 세운 적이 없었고, 제자들 또한 교회를 세울 필요가 없었다. 곧바로 예수가 재림하여 심판을 내릴 것이기 때문이었다. 그러나 고대하던 심판의 날은 오지 않았고, 제자들은 자신들의 믿음을 연장해야 하는 상황에 처했다. 그들은 믿음을 유지하고 신도들이 흩어지지 않게 할 수 있는 장소가 필요하다는 사실을 알게 되었다. 그러나 조직을 세우는 것은 결코 쉬운 일이 아니었다. 누가 명령하고 누가 따르도록 할 것인가? 이보다 더 심각한 문제는 이단의 등장이었다. 이단자들은 '무엇을 믿을 것인가'라는 문제를 제기했다. 이 의문은 조직의 문제보다도 본질적인 문제였다. 곧 '예수는 인간인가 신인가' 하는 문제에 부닥친 것이다.

그 시기에 이레니우스 같은 교부들이 나타나 이단의 주장을 잠재우며 정통적 신앙을 부르짖고 나섰다. 그들이 주장한 정통적 신앙이란 믿음의 반석이었던 베드로의 길을 따라 걷는 것이었다. 이 믿음에 따라 베드로가 세운 안티옥, 로마, 알렉산드리아의 교회들이 정통파의 중심에 서게 되었다. 더구나 로마교회는 기독교인에게 중요한 의미를 갖고 있었다. 로마는 베드로와 바울이 순교한 곳이며, 서방에서는 유일하게 사도가 직접 세운 교회였다. 따라서 로마교회는 모든 교회의 기둥이 되었다. 이로부터 로마교회의 주교는 각 지역의 교회들을 관장하는 대주교가 되었고, 이는 교황 제도의 첫 시발점이었다. 하지만 이에 대한 반발도 만만치 않았다. 카르타고의 주교였던 키프리아누스는 '주교 중의 주교'는 있을 수 없다고 주장하며 로마교회에 맞섰다. 교회의 조직이 정비된 것은

2세기 말에 이르러서였다. 그 무렵 교회는 주교-사제-부제로 이루어진 3단계의 조직 체계를 완성했다.

180년경 리옹의 대주교였던 이레니우스는 이단을 공격하며 4권의 복음서를 교회법으로 제정했다. 그는 전해오는 기록들을 간추려 하나로 묶은 뒤에 이 복음서들이 예수의 제자들이 기록한 것이라고 단언했다. 50년 뒤인 225년경 로마의 사제였던 히폴리투스는 방대한 저술을 통해 이단을 반박하고 나섰다. 이러한 기록들을 볼 때 예수가 세상을 뜬 지 불과 100여 년 만에 수많은 이단이 생겨났고, 그들의 영향력 또한 만만치 않았음을 알 수 있다. 콘스탄티누스의 위력은 그로부터 1세기가 지난 뒤에 발휘된다. 콘스탄티누스가 기독교로 개종하면서 이레니우스파가 교회의 권력을 장악하게 되었다. 이단에 대한 탄압이 시작되자 수많은 서적이 불태워졌고, 일부는 깊은 동굴 속에 숨겨져 1,500년 동안이나 긴 잠에 빠져 있어야 했다.

이제 콘스탄티누스가 등장하게 된 계기를 살펴보자. 303년에 이르러 광활한 로마제국 건설의 꿈에 부풀어 있던 디오클레티아누스 황제는 기독교를 뿌리 뽑는 일에 착수했다. 284년 군대의 추대로 제위에 오른 그는 수도를 로마에서 동방으로 이전하고, 막시미아누스와 함께 제국을 분할 통치했다. 이에 따라 자신은 동방을 통치하고, 막시미아누스는 서방을 통치하게 되었다. 이어 293년에는 영토를 넷으로 나누고 2명의 부황제를 더 두었다.

그러나 디오클레티아누스가 황제의 자리에서 물러나자 심각한 문제가 발생했다. 동·서방의 두 황제는 이미 갈레리우스와 콘스탄티누스 클로루스에게 양위하기로 밀약했던 터였다. 그러나 클로루스가 일찍 사망하자 그의 아들 콘스탄티누스는 자신을 후임자로 인정해 줄 것을 요구했다. 함께 양위받기로 한 갈레리우스는 이 주장에 동의했으나 막시미아누스의 아들 막센티우스가 이에 반발하는 바람에 로마는 내전에 휩싸이고 말았다.

20년 동안 계속된 내전에서 콘스탄티누스는 승리를 거두고 서방의 패권을 장악했다. 이때 동방을 통치하던 갈레리우스는 기독교 박해가 실패로 끝났음을 인정하고 기독교를 허용한다는 조서를 내렸다. 갈레리우스가 죽자 콘스탄티누스는 새로 동방 황제로 등극한 리키니우스와 종교 평등권을 인정하는 밀라노 칙령에 합의했다. 이로써 기독교는 로마의 공인을 얻게 되었다. 그동안 적그리스도로 취급받던 로마 황제가 졸지에 위대한 성인으로 등장한 것이다.

콘스탄티누스는 324년에 이르러 사위인 리키니우스마저 제압하고 제국의 유일한 군주로 등극했다. 그는 십자가가 새겨진 깃발을 들고 동방으로 진군했다. 기독교인은 그를 메시아로 추앙하면서 진군에 열렬한 지지를 표시했다. 그 대가로 로마교회는 황제로부터 웅장한 궁전을 선물받고, 로마 한가운데에 거대한 대성당을 지을 수 있었다.

서방을 통합해 강력한 로마제국을 건설한 콘스탄티누스가 시급히 해결해야 할 과제는 분열된 지역을 하나로 통합하는 것이었다. 종교만큼 감정적인 앙금을 삭여 낼 수 있는 무기는 없다. 그는 기독교가 이 역할을 하도록 지원했고, 심지어는 교리 문제에 개입해 정통과 이단을 가려내는 일까지 도맡았다. 결국 로마는 예수를 십자가에 못 박음으로써 인류에게 구원의 희망을 주었고, 그 추종자들을 탄압함으로써 굳건한 믿음을 세우게 했으며, 그런 다음 기독교를 공인함으로써 세계적인 종교로 만들었다.

승자의 기록, 패자의 기록

콘스탄티누스의 기독교 개종은 예수의 희생적인 죽음을 무색하게 만들었다. 메시아의 뜻과는 달리 젊은 기사들은 십자가가 그려진 깃발을 들고 황제를 위해 수없이 죽어 갔으며 복음을 전파하기 위해 진군했다. 그리하여 기독교는 황제의 휘황한 장식처럼 되어 버렸고, 귀족들은 앞다투어 기독교 신자가 되었다. 호화스러운 생활을 누리며 기독교를 탄압하던 인물들이 하루아침에 하느님의 충실한 종이 된 것이다.

콘스탄티누스는 세례를 받으면 모든 죄를 용서받을 수 있다는 기독교 교리가 마음에 들었다. 그리하여 그는 모든 친척을 죽여도 천국에 갈 수 있다고 생각했다. 그는 실제로 그렇게 했고 성인의 반열에 올랐다. 콘스탄티누스는 기독교의 새로운 창시자로 추앙되었으며 사도들과 동등한 자로 인정받았다.

325년 니케아 공의회에서 논쟁의 초점이 된 것은 예수의 인성과 신성에 관한 문제였다. 이집트 알렉산드리아의 주교였던 아타나시우스는 예수가 하느님의 단순한 피조물이 아니라 신성과 인성을 함께 갖춘 존재라고 주장했다. 그러나 알렉산드리아의 사제였던 아리우스는 그 주장에 맞서 예수가 모든 창조물 중에서 가장 완벽한 존재이긴 하지만 하느님처럼 영원한 존재는 아니라고 주장했다. 즉 예수는 하느님의 아들이긴 하지만 인간의 몸으로 이 세상에 왔다는 것이다.

첫 번째 논쟁의 승리자는 아타나시우스였다. 아리우스는 종교 논쟁에서 패배하여 추방당했으나 그의 추종자들은 소아시아를 중심으로 세력을 확장했다. 아리우스를 추종하는 세력들이 점점 커지자 355년에 두 로에서 두 번째 공의회가 열렸다. 이번에는 아리우스가 승리했고 아타나

시우스는 유배당했다. 두로 공의회 이후 서방은 니케아 신조를 믿음으로 삼았고, 동방에서는 아리우스의 견해를 지지했다.

378년 황제에 즉위한 테오도시우스 1세는 서방을 통치하던 그라티아누스 황제가 암살되고 군웅이 할거하자 이를 평정해 로마를 통일했다. 그는 기독교를 국교로 삼았고, 두 아들에게 영토를 나누어 주었다. 이로써 로마는 동로마제국과 서로마제국으로 갈라지게 되었다. 그는 381년에 콘스탄티노플 공의회를 소집해 니케아 신조를 다시 공포했다. 393년 북아프리카의 히포에서 구약과 신약을 확정하기 위한 회의가 열렸다. 히포는 아우구스티누스가 주교로 재임하고 있던 도시였다. 그러나 신약과 구약이 확정된 것은 397년에 개최된 카르타고 공의회에서였다. 두 차례의 회의에서 격론을 벌인 끝에 그들은 『마태복음』, 『마가복음』, 『누가복음』, 『요한복음』을 복음서로 선택했다.

성서의 확정에도 불구하고 교리 해석을 둘러싼 논쟁은 계속되었다. 이 논쟁은 428년 네스토리우스가 콘스탄티노플 대주교로 임명되면서 다시 불거졌다. 그는 인성과 신성을 구분해야 한다고 주장하고, 마리아는 하느님의 어머니가 아니라 예수의 어머니일 뿐이라고 강조했다. 그의 주장은 니케아에서의 결정을 번복하는 것이었다. 마침내 431년 이 주장을 단죄하기 위해 에페소 공의회가 열렸다. 이 회의에서 네스토리우스는 로마 주교의 동의 아래 이단으로 선고되어 페르시아로 추방당했다. 이로써 기독교에는 예수의 신성만을 인정하고, 성자와 성부가 일치한다는 단성론(單性論)만 존재하게 되었다.

이단자들은 아라비아 북부와 인도, 몽골, 중국 등지에 자신들의 믿음을 전파했다. 세력이 강해지면 믿음도 바뀔 수 있다. 451년 칼케돈에서 열린 공의회에서는 두 가지 주장을 뒤섞은 결론이 내려졌다. 즉 예수는 구분될 수도 뒤섞일 수도 없는 두 가지 본성으로 존재한다는 것이다. 예수는 '신'에서 '신적 인간'으로 모습을 바꾸었다. 그 과정에서 이단으로 취급받은 많은 서적이 불태워졌고 추종자들은 추방당했다. 니케아의 승리자였던 아타나시우스조차 다섯 번이나 추방을 당하는 수모를 겪어야 했다. 그는 367년에 신약성서를 27권으로 구성된 책으로 정의함으로써 오늘날의 기독교가 있게 한 장본인이다. 그는 자신이 주장한 27권을 제외한 모든 기록을 없애라고 명령했다. 그러나 이단자들은 자신들이 기록하고 간직해 온 문서들을 깊은 동굴 속에 감추거나 품속에 간직한 채 먼 이역으로 전도 여행을 떠났다.

박해에도 불구하고 이단자들은 사라지지 않았다. 447년경 교황 레오는 이단 서적을 불태워야 한다고 주장했고, 교황의 권위를 강화하는 데 기초를 세운 그레고리우스 교황도 선택된 경전 외의 문헌들을 모두 불태워야 한다고 선언했다. 또 553년에 열린 제5차 콘스탄티노플 공의회에서 영혼의 윤회를 주장한 오리게네스의 교설이 모두 삭제되었다. 따라서 오늘날의 신약 교리는 6세기에 이르러서야 완전한 형태로 정립되었다. 구약성서는 1545년에서 1563년 사이에 세 차례 열린 트리엔트 공의회에서야 비경전이 삭제된 형태로 정립되었다. 결국 경전이란 신의 목소리가 아니라 수천 년 또는 수백 년간의 논쟁과 편집을 통해 만들어진 것이다.

나그함마디 문서와 사해 문서

1945년 12월 한 농부가 낙타를 끌고 이집트의 자발 알 타리프 언덕에 있는 나그함마디 마을을 가로지르고 있었다. '무하마드 알리 알 삼만'

이라는 이 농부는 여러 개의 동굴을 뒤지며 농토를 비옥하게 만들 흙을 파내기 시작했다. 그 지역에는 무려 150개가 넘는 동굴이 미로처럼 산재해 있었기 때문에 수백 년 동안이나 사람의 발길이 닿지 않은 곳도 많았다. 농부는 동굴 속을 뒤지다가 높이가 1미터쯤 되는 항아리를 발견했다. 놀랍게도 항아리 속에는 지금까지 알려지지 않았던 기독교의 비밀 복음서가 들어 있었다. 이 비밀 복음서는 모두 52종에 달했고, 13권의 파피루스에 기록되어 있었다. 그 농부가 낡고 군데군데 부서져 나간 이 문서의 중요성을 알 리 없었다. 더구나 그는 경찰의 추적을 받는 살인 용의자였다. 문서를 집으로 가져온 농부는 경찰이 들이닥칠 것을 두려워하여 책의 일부를 한 사제에게 보관해 달라고 요청했다.

마침 그 지역의 역사 교사였던 라쥐브가 그 책을 보고 카이로에 있는 친구에게 감정을 의뢰했다. 그러나 그 책은 감정 결과가 나오기도 전에 골동품상을 통해 몰래 팔려 나갔다. 고대 문서가 밀매되고 있다는 정보를 얻은 이집트 정부는 그중 한 권을 매입하고, 10권 정도를 압수해 카이로의 콥트 박물관에 보관했다. 이집트 정부의 노력에도 불구하고 책의 일부는 미국으로 반출되었으며, 나머지 일부는 농부의 어머니가 아궁이의 불쏘시개로 집어넣고 말았다.

그 책에 대한 소문이 세계 각지로 퍼져 나가자 네덜란드의 종교역사가 질레스 퀘스펠이 스위스의 융 재단에 이 책을 구입하도록 촉구했다. 그때 융 재단이 구입한 것이 『야고보 비밀 복음』이다. 퀘스펠은 즉시 이집트로 날아가 원본 사진을 입수해 해독을 시작했다. 그 책들은 여러 과정을 거쳐 1972년에 이르러 영인본이 출판되기 시작했고, 1979년에 13권 전권이 출간되었다. 그 기록들은 약 1,500년 전에 그리스어로 기록된 것을 콥트어로 번역한 것이었다. 따라서 350~400년 사이에 기록된 것으로 분석되었으나 그 책의 원본인 그리스어 판본의 기록 연대에 대해서는 학자들 간에도 이견이 있다.

한편 1947년 5월에는 베두인족 소년 무하마드에 의해 사해(死海) 문서가 발견되었다. 소년은 잃어버린 염소 한 마리를 찾기 위해 이스라엘과 요르단 사이의 사해 절벽들을 살펴보다가 어느 동굴 안으로 들어서게 되었다. 뜻밖에도 동굴 안에는 깨어진 질그릇과 봉인된 항아리가 놓여 있었다. 소년은 조심스럽게 항아리를 열어 보았고, 그 속에는 사향 냄새가 물씬 배어 있는 가죽 두루마리 일곱 개가 들어 있었다.

소년으로부터 두루마리를 넘겨받은 마을 족장은 이를 골동품상에게 넘겼다. 골동품상은 이것을 이스라엘의 성 마르코 수도원에 있는 사무엘 대주교에게 보여 주었고, 사무엘은 5파운드에 두루마리를 구입해 예루살렘에 있는 아메리카동방연구소의 존 트레버를 찾아갔다. 트레버는 히브리어와 아람어로 기록된 문서를 확인하고 깜짝 놀랐다. 1948년 2월 트레버는 두루마리를 찍은 사진을 전 세계 고고학자들에게 발송했다. 이어 1949년에는 프랑스 신부 브오가 사해의 동굴을 찾아가 여러 동굴에 분산되어 있던 수백 개의 두루마리를 추가로 발견해 냈다. 이후에도 두루마리 문서는 인근 지역에서 계속 발견되었다.

나그함마디와 사해 동굴에서 잇따라 발견된 문서들은 구약과 신약을 모두 포함하고 있었고, 그중에는 거의 완벽한 형태로 보존된 것도 있었다. 그렇다면 이들 문서가 왜 1,500년 동안이나 오지의 동굴 속에 감추어져 있었던 것일까? 이러한 의문에 접근하려면 앞에서 언급했던 이단 논쟁을 상기해야 한다. 기독교의 교리가 각 종파의 주장에 따라 수시로 바뀌면서 패배자들은 자신들의 기록을 감추지 않으면 안 되었다.

기독교에서 가장 먼저 이단으로 낙인찍힌 사람들은 영지주의자들이었다. '그노시스'파로 불리는 그들의 지도자는 발렌티누스였다. 그는 100~110년경 이집트 알렉산드리아에서 태어나 135년부터 160년까지 로마에서 가르침을 설파하며 발렌티누스파를 창시했다. 그는 바울의 제자인 테다우스로부터 하느님의 비밀 교리를 전수받았다고 주장하며 제자들을 교육시켰다. 그뿐만 아니라 그는 로마 주교로 선출되려고 시도했다. 만약 그가 로마 주교로 선출되었다면 397년 카르타고 공의회에서 경전을 확정할 때 예상치 못한 결과를 낳았을 것이다.

나그함마디에서 발견된 『도마복음』은 2~3세기경 기독교 영지주의자들이 남긴 그노시스파의 대표적인 문헌이라 할 수 있다. 서문에는 이 복음서의 저자가 예수의 열두 제자 중 한 사람인 쌍둥이 유다 도마라고 밝히고 있다. 초대 교부들은 영지주의자들이 예수의 육체적 부활을 부인했다는 이유로 이단으로 취급했다. 『도마복음』은 예수의 생애를 기록한 다른 복음서와 달리 예수의 어록으로 구성되어 있다. 겨자씨의 비유, 큰 잔치의 비유, 악한 포도원 농부의 비유 등이 포함되어 있으므로 신학자들은 예수의 초기 가르침이 이 문서에 잘 보존되어 있다고 평가한다. 하지만 예수가 겪은 수난에 관한 이야기는 없다. 『도마복음』을 비롯한 그노시스파 문헌들은 회개와 구원 대신 세계의 허상과 깨달음에 대해 말하고 있으며, 예수는 신적 존재라기보다 영적 깨달음을 인도하는 이로 묘사된다.

영지주의를 추종하는 발렌티누스파가 활개를 치자 이레니우스, 히폴리투스, 클레멘스, 아우구스티누스 등 초대 교부들이 그들을 이단으로 단정짓고 대대적인 공격을 퍼부었다. 결국 발렌티누스와 그 추종자들은 교회에서 추방되었다. 하지만 상당수의 기독교인이 그들의 주장에 동조하고 나섰다. 심판의 날이 오리라던 기대가 무너지면서 자신의 내면에 관심을 갖기 시작한 것이다.

영지주의자들은 성서의 권위를 여지없이 무너뜨렸다. 140년경 소아시아에서 온 마르키온은 하느님이 왜 고통과 질병, 모기와 전갈까지 창조했는지 의문을 제기하며 선과 악을 주재하는 신이 따로 있다고 주장했다. 그노시스파 문헌인 『세상의 기원에 관하여』에서 하느님은 질투하는 신으로 묘사되었고, 뱀은 아담과 하와에게 하느님의 압제에 저항하도록 가르친 지혜의 화신으로 등장한다. 그노시스파는 물질세계를 경시하고 육체로부터의 해방이 진정한 구원이라고 믿었다. 곧 물질세계는 타락의 산물일 뿐이며, 구원의 장애물이라는 주장이었다. 또한 자신을 안다는 것은 인간의 본성과 운명을 아는 것이며, 동시에 하느님을 아는 것이다. 따라서 믿음과 순교는 구원을 보장해 주지 않는다.

자아와 신성이 동일하다는 그들의 주장에서 힌두교의 냄새가 물씬 풍긴다. 그들의 가르침에 의하면 예수는 회개를 위해서 온 것이 아니라 영적인 깨달음을 주기 위해 온 것이다. 따라서 물속에 들어갔다가 나오는 세례만으로 구원을 받았다고 믿는 것은 허상에 불과하다. 영지주의가 개화했던 시기는 80년에서 200년 사이였다. 그때는 로마와 극동 지역 간 무역로가 개설되어 있었고, 불교 포교사들이 알렉산드리아에서 포교 활동을 벌이고 있었다. 따라서 영지주의는 동양의 종교에 영향을 받았을 가능성이 크다.

그노시스파와 정통파와의 논쟁은 4세기까지 계속되었다. 이것은 이단의 주장이 상당한 설득력을 가지고 있었음을 의미한다. 그들의 주장이 설득력을 얻기 시작하자 기독교 교부들은 신약 경전을 조속히 확정할 필요성을 느꼈고, 마침내 비경전을 하나씩 제외해 나가기 시작했다. 비록 그노시스파는 패했지만, 그들은 오히려 기독교에 강건한 토대를 제공하는 결과를 낳았다.

신의 이름으로 칼을 들라

이제 당신은 '외경'이란 말이 어떻게 생겨났는지 이해했을 것이다. 결국 모든 역사는 승자를 위해 기록된 것이다. 패자의 기록은 잊히고 계획적으로 말살당한다. 승자와 패자의 길을 결정짓는 것은 권력이다. 권력은 인간의 본질적인 욕구다. 교황 역시 종교지도자에서 권력자로 옮겨간 형태다. 494년 교황 젤라시오 1세가 '세상을 지배하는 권력은 주교권과 세속 권력뿐'이라고 주장한 이래 교회와 제후는 빈번하게 충돌했다.

교회 권력은 로마 시장 출신인 그레고리우스 1세가 교황에 즉위하면서 한층 강화되었다. 하지만 그가 사망한 후 비잔틴 제국의 황제들은 입맛에 맞는 주교를 교황으로 선출하도록 압력을 가함으로써 세속 권력의 위대함을 보여 주었다. 이 시기에는 교황조차도 황제에 의해 해임되거나 공개적으로 치욕을 당했다. 교황이 권력을 유지하기 위해서는 황제의 권력을 인정하고 이를 뒷받침하는 길밖에 없었다. 결국 자카리아 교황은 751년에 메로빙거 왕조를 몰아내고 카롤링거 왕조를 세운 피핀의 쿠데타를 승인함으로써 권력의 힘을 이용하고자 했다. 쿠데타가 성공하자 교황은 즉각 카롤링거 왕조를 공인했고, 쿠데타를 일으킨 피핀은 그 대가로 이탈리아 영토를 교황에게 헌납했다. 교황의 영토가 처음 생긴 순간이었다.

로마 교황은 한동안 카롤루스 대제와 밀월관계를 유지하면서 자신의 권력을 이어갈 수 있었다. 그러나 카롤링거 왕조가 붕괴하면서 교황은 강력한 후원자를 잃게 된다. 결국 교황은 타락한 로마 귀족들의 당쟁에 휩쓸려 권력의 노리개로 전락하고 말았다. 904년에서 1046년까지 무려 44명이 교황을 자처하고 나섰다. 하지만 그중 9명은 살해되고, 9명은 해임되었으며, 7명은 추방당했다.

교황 그레고리우스 7세는 교회의 타락을 방지하기 위해 성직 매매와 성직자의 결혼을 금하는 한편, 황제의 성직자 임명을 봉쇄함으로써 교권 확립의 기초를 닦았다. 그러나 그의 노력은 독일 황제 하인리히 4세와 대립하는 결과를 낳았다. 하인리히 4세는 종교회의를 열어 교황을 폐위시켰고, 그레고리우스 7세는 이에 맞서 황제를 파문했다. 하인리히 4세는 1077년 1월 25일 카노사에 머물고 있는 교황을 맨발로 찾아가 자비를 베풀어 줄 것을 간청함으로써 파문을 면할 수 있었다. 그러나 지위를 회복한 하인리히 4세는 카노사에서의 치욕을 갚기 위해 로마를 공격했고, 교황은 살레르노로 도망쳐 그곳에서 사망했다.

이처럼 중세에는 교황과 황제, 제후들 간의 권력 쟁탈전이 극심했다. 기독교인끼리의 전쟁을 피하려고 교황과 제후는 일정한 서약을 맺었지만, 제후들은 곧잘 약속을 파기했다. 그러나 교황에게는 군대가 없었기 때문에 이들을 처벌할 수 없었다. 결국 교황은 군대를 원했고, 이 욕망은 십자군운동으로 실현되었다.

1095년 11월 27일, 교황 우르바누스 2세는 클레르몽 공의회를 소집했다. 동로마제국의 황제가 셀주크튀르크족을 응징하기 위해 교황에서 도움을 요청했기 때문이었다. 1071년부터 셀주크튀르크족은 예루살렘을 장악하고 성지를 찾는 순례자들을 박해했을 뿐만 아니라 동로마제국의 국경을 위협하고 있었다. 이에 클레르몽 공의회는 군대의 파견을 결정했다. 마침 교황은 동방교회를 끌어들여 자신의 지배권을 확장하고 싶은 야심을 품고 있었고, 봉건 영주들 역시 영토를 넓히려는 야망에 가득 차 있었다.

프랑스인을 중심으로 구성된 1차 십자군이 먼저 예루살렘으로 향했다. 그러나 십자군 지도자들은 거룩한 성에 도착하는 것보다 영토에 더 관심이 있었다. 1096년에 일반 서민으로 구성된 십자군은 30만 명에 달했지만, 예루살렘이 있는 팔레스타인에 도착했을 때는 고작 2만 5천 명에 불과했다. 그나마 그들 중 3천 명만이 콘스탄티노플로 돌아올 수 있었다. 다시 1097년 겨울과 봄 사이에 귀족들로 구성된 십자군이 출발했다. 그들은 1099년 7월 15일에 예루살렘을 점령했다. 예루살렘을 함락하자 십자군의 역할은 끝나는 듯했다. 하지만 이슬람 세력이 점차 강성해지자 1145년 교황 에우게니우스 3세는 다시 십자군을 소집했다. 그러나 이들은 1187년 '하틴의 뿔(Horns of Hattin)' 전투에서 살라딘에게 대패한 후 예루살렘마저 빼앗기고 말았다.

교황 인노켄티우스 3세는 프랑스 남부 도시 알비에서 발생한 이단자들을 정벌하기 위해 십자군을 활용했다. 정벌은 1209년부터 20년 동안 진행되었다. 교황청은 종교재판소를 설치하고 이단자들을 불태워 죽였다. 교황은 성전기사단을 조직해 합법적으로 병력을 보유할 수 있었다. 십자군전쟁은 1291년까지 200년에 걸쳐 진행되었고, 모두 8차례 원정을 단행했다. 초기의 십자군은 교황의 권위와 신앙의 힘으로 질서를 유지할 수 있었지만, 교황의 영향력이 약해지면서 점차 성격이 변했다. 교황과 제후, 상인과 농민 사이에 이해관계가 대립했고 참가국 사이에도 영토의 분할을 놓고 반목이 생겼다. 결국 십자군전쟁은 수많은 희생자만 양산한 채 실패로 끝나고 말았다.

십자군전쟁이 한창이던 무렵 교황과 황제는 권력을 두고 다시 한번 격돌한다. 이 싸움의 주자는 독일 황제 프리드리히 1세와 교황 알렉산데르 3세였다. 접전 결과 1177년에 베네치아 조약이 맺어졌고, 교황은 최고 권력자로 인정받았다. 그때부터 교황은 유럽의 실질적인 지배자로 등장했다.

교황 인노켄티우스 3세에 이르러 교황청의 권한은 최고의 절정에 달한다. 35세의 젊은 나이에 교황으로 선출된 그는 독일의 오토 4세와 신부 임명권을 놓고 갈등을 빚자 시칠리아 왕 프리드리히 2세를 독일 왕으로 세움으로써 승리를 거두었다. 이후 그는 마음대로 황제를 옹립하고 비협조적인 황제를 파문함으로써 정치적 생명을 끊어 버렸다.

교황의 권력이 극에 달하자 세속 권력자들도 위협을 느끼지 않을 수 없었다. 결국 두 권력의 갈등은 캔터베리의 대주교인 토머스 베켓 사건으로 다시 표출되었다. 당시 종교재판은 세속재판과 종교재판으로 분리되어 있었는데, 영국 왕 헨리 2세는 왕권을 강화하기 위해 종교재판에서 유죄를 받은 자의 성직을 박탈하고 세속재판에 회부할 것을 요구했다. 토머스 베켓 대주교가 이를 거부하자 헨리 2세는 종교회의를 소집했으며, 토머스 베켓은 신변의 위협을 느낀 나머지 헨리 2세의 요구를 인정하지 않을 수 없다. 그러나 왕의 강압 속에서 이루어진 서약은 무효라는 교황의 추인이 내려지자 토머스 베켓 대주교는 헨리 2세를 파문해 버렸다. 헨리 2세는 파문을 당한 채 왕위를 유지하기 힘들다는 판단을 내리고 서둘러 타협에 나섰지만 실패하고 말았다. 결국 헨리 2세는 네 명의 자객을 보내 토머스 베켓 주교의 목을 잘라 버렸다.

이후 유럽은 르네상스의 시대로 접어들었다. 교황의 권위는 점점 퇴색했고, 마침내 기독교는 종교개혁의 회오리에 휩말렸다. 그 무렵 유럽 각국은 용기 있는 탐험가들의 열정적인 모험심에 의존해 경쟁적으로 새로운 영토를 찾는 데 혈안이 되어 있었다. 새로운 대륙의 발견은 교황에게는 복음을 전파할 땅을 찾아내는 것이었으며, 제후들에게는 자신들의 통치영역을 확장할 수 있는 절호의 기회였다. 마침내 1492년 10월 11일 콜럼버스는 거대한 땅덩어리 하나를 찾아냈다. 아메리카 대륙의 등장은 유럽인에게는 희소식이었으나 원주민에게는 끔찍한 재앙이었다.

아즈텍인은 전설 속의 영웅 케찰코아틀이 언젠가 다시 돌아올 것으로 믿고 있었다. 그는 물을 건너 다시 돌아올 것이라는 말을 남기고 아스텍을 떠나 바닷속으로 거품처럼 사라졌던 것이다. 그러나 1519년 4월 22일 베라크루스 해안에 도착한 것은 에르난 코르테스가 이끄는 에스파냐 함대였다. 몬테수마 2세는 케찰코아틀을 영접하기 위해 표범같이 날랜 600명의 용사를 모았다. 그러나 해안에 도착한 용사들이 본 것은 불을 뿜어내는 총과 일찍이 본 적이 없는 굉장히 큰 짐승, 말(馬)이었다. 그로부터 2년 뒤 아스테카왕국은 완전히 정복당했다. 유럽인이 가져온 것은 복음이 아니라 천연두와 독감 같은 전염병이었다. 유럽인은 아메리카의 원주민이 바빌론에서 추방당한 후 돌아오지 않은 이스라엘의 열 개 종족 중 하나라고 생각했다. 그들은 원주민을 무참하게 도륙하고, 그곳에 자신들의 성전인 교회를 세운 후 야훼로부터 용서받았다.

달마와 그 제자들

중국 선종의 시조로 추앙받는 '달마'의 이름은 제자 담림이 스승의 설법을 정리한 『이입사행론(二入四行論)』 서문에 처음 등장한다. 서문에 따르면 달마는 남인도 사람으로 팔라바국 왕의 셋째아들이다. 그는 산과 바다를 건너 중국 위나라에 들어와 각지를 유랑하며 법을 가르쳤고, 도육과 혜가를 제자로 두었다.

547년에 기록된 양현지의 『낙양가람기(洛陽伽藍記)』에도 달마가 등장한다. 그는 페르시아 출신으로 중국 땅을 떠돌아다니던 중 북위의 수도였던 낙양 영녕사에 이르렀다. 달마는 스스로 150세라 칭했다고 한다. 그는 영녕사의 장려한 9층탑 앞에 서서 금빛으로 채색된 받침대가 햇살에 비치어 그 빛이 구름 위에까지 넘실거리는 모습에 탄성을 내지르고, 보탁(寶鐸)이 바람에 흔들려 그 소리가 허공에까지 미치는 것을 보며 경탄했다. 달마는 여러 나라를 두루 돌아다녀 보았지만 이처럼 훌륭한 절은 없었다고 찬탄하고는 탑 앞에서 여러 날 합장했다. 『낙양가람기』는 당시 북위의 수도 낙양성 안팎에 즐비하던 1,367개 사찰에 대한 기록을 정리한 것이다. 달마가 머물렀다는 영녕사는 516년 완공되었으나 527년에 태풍으로 무너져 내렸다. 따라서 달마가 중국에 온 것은 527년 이전일 것이다.

645년에는 도선이 담림의 서문과 『낙양가람기』를 참조하여 『속고승전』을 편찬했다. 여기에서는 달마가 남월(南越, 광둥성)에 도착한 후 위나라에서 교화했다는 내용이 첨가되어 있다. 이전의 기록에서는 달마가 어디서 생을 마쳤는지 나타나 있지 않았다. 그러나 도선은 달마의 제자인 혜가가 40세에 달마를 숭낙(嵩洛)에서 만났고, 달마가 낙빈(洛濱)에서 입적함에 따라 그의 유해를 강변에 묻었다고 전한다. 혜가가 동위의 수도 업으로 나가 선원을 연 것이 534년이므로 달마가 입적한 것은 그 이전이라고 볼 수 있다.

713~741년경에 편찬된 『전법보기(傳法寶記)』는 달마가 스스로 독을 먹고 자살했다고 주장한다. 죽음을 앞둔 달마는 혜가에게 이렇게 유언한

다. "내가 전하고자 한 법은 이미 너에게 모두 전해 주었다. 그러므로 나는 더 이상 이곳에 머물 이유가 없다. 그러니 이쯤 해서 돌아가야겠다."

그는 제자들을 모아 놓고 마지막 설법을 행한 후 스스로 독을 마심으로써 입멸의 본보기를 보여 주었다. 흥미로운 점은 달마의 부활을 목격한 사람이 등장한다는 점이다. 달마가 사망한 후 동위의 사신 송운이 인도에서 돌아오던 중 파미르고원에서 서쪽으로 돌아가는 달마를 목격했다는 것이다. 나중에 무덤을 파보니 달마의 관은 텅 비어 있었다.

이러한 기록만 살펴보면 달마의 생애에 대해 알려진 것은 거의 없다. 하지만 신기하게도 그 이후의 기록에서 달마의 생애가 더 자세히 드러나고 있다. 733년 6조 혜능의 제자 신회가 편찬한 『보리달마남종정시비론(菩提達磨南宗定是非論)』에는 달마가 바다를 건너 중국에 건너왔으며, 양나라 무제와 만난 기록을 추가하고 있다. 여기에 따르면 달마는 520년 9월 21일 광주에 도착해 10월 1일에 무제와 대면한다. 독실한 불교 신자였던 무제는 이 자리에서 달마에게 묻는다.

"부처님의 첫 번째 가르침은 무엇입니까?"

"텅 비어 부처님이 없습니다."

"그럼, 내 앞에 있는 것은 누구입니까?"

"모르겠습니다."

무제는 크게 실망했다. 무제와의 만남 이후 달마는 갈대 한 잎을 꺾어 타고 양쯔강을 건너 숭산 소림사에 이르렀다. 그는 소림사에서 9년 동안 면벽하며 수행했는데, 어깨 위에 참새가 집을 짓는 것조차 몰랐다고 한다.

775년경에 편찬된 『역대법보기(歷代法寶記)』에는 달마의 이름이 '달마다라'로 기록되어 있다. 이 기록에 따르면 달마는 바다를 건너 중국에 도착하여 양나라 무제의 영접을 받았다. 여기에도 두 사람의 문답이 나온다.

"화상께서는 어떤 가르침을 가지고 왔습니까?"

"한 글자의 가르침도 가져오지 않았습니다."

"나는 절을 세우고 승려를 길렀으며 경전을 펴내고 불상을 만들었습니다. 이것이 큰 공덕이 아니고 무엇이겠습니까?"

"아무 공덕도 없습니다."

무제가 그 뜻을 알아채지 못하자 그는 위나라로 가서 숭산에 머물렀다. 그가 수행하고 있을 때 승려 보리유지와 광통율사가 음식에 독약을 넣어 보냈다. 달마는 독약을 먹은 뒤 그릇을 청하여 뱀을 한 되나 토해 내고 살아났다. 두 번째 독약을 보내자 달마는 이를 마신 후 좌선에 들어갔는데 그가 앉았던 바위가 갈라졌다. 그렇게 독을 마시기를 여섯 번, 달마는 마침내 떠날 때가 되었음을 알고 수제자 혜가에게 가사를 전해 주고 열반에 들었다. 그때 달마는 혜가에게 다음과 같이 유언했다.

"너도 나와 같은 위험을 피하기 어려울 것이다. 더구나 법을 이은 제자가 6대에 이르면 목숨이 실에 매달린 것처럼 위태롭게 될 것이다. 이 나라에 나의 법을 이은 사람은 셋이 있는데 너는 나의 골수를 얻었고, 도육은 나의 뼈를 얻었으며, 니총지는 나의 살을 얻었노라."

당시 무명의 수행자였던 달마가 왜 암살의 대상이 되었는지는 알 수 없다. 더구나 나중에 추가된 이야기들은 무협지와 다를 게 없다. 6대에 이르러 생명이 위태롭다고 한 것은 6조 혜능을 염두에 두고 후대에 창작한 것이다. 어쨌든 송운은 부활한 달마와 직접 대화까지 나눈다. 달마는 송운에게 오늘 황제가 사망했다는 사실을 일러 주고, 송운은 달마에게 법맥의 후계자가 누구냐는 한가한 질문을 던진다. 송운의 물음에 달마는 이렇게 대답한다. "40년 뒤에 한 사람의 승려가 나타날 것이다."

달마는 짤막한 대답을 마치고 신발 한 짝을 들고 서쪽으로 향했다. 훗날 무덤을 파보니 달마의 시신은 간데없고 짝을 잃은 신발 하나만 덩그러니 놓여 있었다. 물론 40년 뒤에 후계자가 나타난다는 것도 혜능의 제자들에 의해 창작된 것이다.

801년에 편찬된 『조계보림전(曹溪寶林傳)』은 황제가 죽었다는 날을 참조하여 달마의 입적일이 536년 12월 8일이라고 주장한다. 그뿐만 아니라 양나라 무제가 달마를 위해 비문을 쓰고 아들 소명태자가 제문을 썼다고 주장하면서 제문까지 수록하고 있다. 또 841년경에 종밀이 편찬한 『중화전심지선문사자승습도(中華傳心地禪門師資承襲圖)』는 달마가 세 명의 제자를 시험하는 이야기를 추가하고 있으며, 1004년에 편찬된 『전등록』은 달마의 제자를 6명으로 늘리고, 달마가 중국으로 오기 전의 상황을 묘사하고 있다. 기록의 흐름을 살펴보면 그 내용이 의도적으로 편집되어 있음을 금방 알 수 있다. 즉 부족한 달마의 전기를 보충하기 위해 새로운 사실들을 끊임없이 추가한 것이다.

달마의 뒤를 이은 2조 혜가는 자신의 팔을 잘라 달마의 제자가 되었다는 단비구법(斷臂求法)의 주인공이다. 이 내용은 『전법보기』에 처음 등장하고, 『역대법보기』에는 보다 자세한 전기가 기록되어 있다. 그는 32세(또는 40세)에 달마를 찾아가 제자로 받아 줄 것을 간청했으나 달마는 들은 척도 하지 않았다. 그러던 어느 날 혜가는 단단히 결심하고 달마 앞에 앉았다.

"제가 어느 경지에 이르러야 제자로 받아들이겠습니까?"

"천하에 붉은 눈이 내릴 때 받아들이마."

홍설(紅雪), 그것은 피에 젖은 눈이다. 혜가는 문득 깨달은 바가 있어 칼을 꺼내 한쪽 팔을 도려냈다. 그 모습을 본 달마는 혜가의 잘려 나간 왼쪽 팔을 감싸고 법의를 벗어 주었다고 한다. 이후 혜가는 보리유지와 광통율사의 제자들에게 독살의 위협을 당하자 3조 승찬에게 법을 물려 주고 피신했다. 이후 그는 거리에서 미치광이 행세를 하면서 설법을 행했는데, 변화법사라는 자가 혜가를 수상한 자로 지목해 관청에 고발했다. 그러자 성안현 현감 적중간(翟仲侃)이 혜가를 처형했는데, 그때 잘린 혜가의 목에서 흰 젖이 흘렀다고 한다. 그러나『속고승전』은 혜가가 두타행을 하다가 산적들에게 붙잡혀 팔을 잘렸다고 전한다. 당시에는 많은 승려가 산적에게 잡혀 팔을 잘렸는데 그들을 팔이 없는 무리라는 뜻으로 '무비림(無臂林)'이라고 일컬었으며, 달마의 제자였던 담림 역시 무비림으로 불렸다.

3조 승찬은 나병환자 출신이었는데 실존 인물이었는지는 확실치 않다. 기록에 따르면 승찬은 혜가에게 법을 물려받은 후 살해 위협에 시달려 스스로 미치광이 행세를 했다고 한다. 또 주나라 무제의 폐불(廢佛) 때 완공산에 10년간 피신했으며, 4조 도신에게 법을 물려준 후에도 나부산에 들어가 3년 동안 피신했다. 그 후 대중에게 나타나 말하기를 "그대들은 앉은 채로 죽는 것을 기이하게 여길 것이나 나만은 생사가 자유롭다"고 말하고는 한쪽 손으로 나뭇가지를 잡고 조용히 선 채로 열반했다.

4조 도신은 60이 넘도록 옆구리를 방바닥에 댄 적이 없을 정도로 고행을 했던 것으로 알려져 있다. 643년에 당나라 태종이 그에게 입궐을 명했으나 도신은 노령을 이유로 가지 않았다. 다시 사신을 보내 입궐을 청했으나 이마저 거절하자 격노한 태종은 도신의 목을 잘라 오도록 위협했다. 그러나 도신은 태종의 사신에게 스스로 목을 내밀면서 이렇게 말했다고 한다. "어서 가져가시오."

나의 법은 혜능에게 있다

달마의 오묘한 법은 5조 홍인을 거쳐 6조 혜능으로 이어진다. 혜능의 제자 법해가 편찬한 『육조단경(六祖壇經)』에 따르면 본래 혜능의 아버지는 범양 출신이었으나 영남으로 유배되어 신주 땅에 살았다. 일찍 아버지를 여읜 혜능은 땔나무를 해다 팔면서 어머니를 봉양했다. 그러던 어느 날 혜능은 여관으로 나무를 배달하러 갔다가 한 손님이 『금강경』을 읽는 것을 보았다. 비수처럼 혜능의 가슴에 박힌 구절은 '응무소주 이생기심(應無所住 而生其心)', 즉 머무르는 바 없이 마음을 일으키라는 것이었다. 혜능은 그 구절을 듣자마자 문득 마음의 문이 열리는 것을 깨달았다. 한동안 정신을 잃고 있던 혜능은 마음을 추스르고 손님에게 다가가 물었다.

"손님은 어디에서 오셨습니까?"

"나는 기주 땅에 있는 황매현에서 왔네. 그곳에는 달마 조사로부터 법을 이은 홍인 대사가 있는데 제자가 천 명이 넘네."

혜능은 곧장 아는 사람에게 은 열 냥을 얻어 노모에게 전해 주고 황매현으로 향했다. 혜능을 본 홍인이 물었다.

"어디서 왔는가?"

"영남 신주에서 왔습니다."

"무엇을 얻고 싶은가?"

"오직 부처가 되고 싶을 뿐입니다."

"영남 사람은 오랑캐나 다름없는데 어찌 부처가 될 수 있는가?"

"사람에게는 남북의 구별이 있을지라도 불성에는 남북의 구별이 없습니다."

당시 중국은 양쯔강을 사이에 두고 남북으로 나뉘어 있었다. 한족은 북방을 중심으로 번성하고 있었으며, 남쪽에는 5호가 발호하여 서로 대치하고 있었다. 그러다가 남쪽에 송이 세력을 형성하고, 북쪽에 북위가 들어서면서 남북조로 대립하게 된다. 이 때문에 북방에 있는 사람들은 영남에 사는 사람들은 야만족으로 여기며 멸시했다.

혜능이 비범한 인물임을 첫눈에 알아본 홍인은 그를 절에 머물게 하고 다른 사람들과 함께 방아를 찧는 일을 맡겼다. 그로부터 8개월 후 홍인은 혜능에게 다가와 넌지시 말했다.

"처음에 네 대답을 듣고 장차 쓸모가 있는 인물이라는 것을 알았다. 그러나 나쁜 무리가 너를 해칠까 두려워 그동안 너를 가까이 두지 않았다."

"저도 짐작은 하고 있었습니다. 그래서 스님이 계신 큰 방 가까이 가기를 삼가고 남들이 눈치를 채지 못하도록 해 왔습니다."

스승이 자신을 눈여겨보고 있다는 사실을 안 혜능은 불경을 공부하고 싶었지만 까막눈이라서 감히 경전을 펼쳐 보지 못했다. 이윽고 혜능에게 기회가 찾아왔다. 홍인은 제자들을 모두 불러들인 후 이렇게 말했다.

"너희들은 게송 한 수씩을 지어 가져오라. 만약 깨달음을 얻은 자가 있다면 나의 가사와 법통을 물려주어 6대 조사로 삼을 것이다."

제자들은 모두 뒤뜰로 물러 나와 수군거렸다.

"우리가 게송을 지을 필요가 뭐 있겠나. 이미 스승의 마음은 신수(神秀)에게 가 있는 것을."

신수야말로 스승을 대신해 경전을 강의할 정도로 홍인의 제자 중에서 가장 뛰어난 인물이었다. 신수는 다른 제자들이 모두 게송 짓기를 포기하고 자신에게 미루자 하는 수 없이 게송을 짓기로 했다. 그는 고민 끝에 게송을 지었으나 나흘 동안이나 스승에게 보이지 못했다. 이윽고 그는 열세 번이나 벼르다가 복도 한쪽 벽에 게송을 써 붙여 스승이 볼 수 있도록 했다.

몸은 깨달음의 나무	身是菩提樹
마음은 맑은 거울의 받침대	心如明鏡臺
늘 깨끗하게 털고 닦아서	時時勤拂拭
먼지에 더럽히지 않도록 하리	莫使染塵矣

신수는 스승이 게송을 보고 기뻐하면 자신이 지었음을 밝힐 작정이었다. 이튿날 새벽 신수의 게송은 홍인의 눈에 띄었다. 홍인은 게송을 살펴본 후 제자들을 불러 모았다.

"이 게송을 지은 자는 3악도(惡道)에 떨어지는 것을 면할 수 있다. 만일 너희들이 이 게송에 담긴 뜻을 깨닫는다면 즉석에서 견성할 수 있을 것이며, 이 게송대로 수행한다면 타락하지 않을 것이다."

제자들은 게송을 보고 모두 탄성을 내질렀다. 그날 밤, 홍인은 조용히 신수를 불렀다.

"네가 게송을 지었느냐?"

"그렇습니다. 부족하다면 꾸짖어 주십시오."

"아직 깨달음의 본성을 알지 못했다. 이제 겨우 불법의 문 앞에 닿았을 뿐이다. 그러니 다시 게송을 지어 오도록 해라."

다른 제자들은 모두 신수의 게송을 따라 외우며 돌아다녔다. 혜능은 승려들이 신수의 게송을 외는 것을 듣고 무슨 게송이냐고 물어보았다. 승려가 신수의 게송임을 알려 주자 혜능은 그에게 게송 앞에서 합장할 수 있게 해 달라고 부탁했다. 비록 글을 읽을 줄은 몰랐으나 승려가 벽 앞에 이르러 게송을 읽어 주자 혜능은 단박에 그 뜻을 깨달았다.

"나도 게송을 불러 줄 테니 벽에 써 줄 수 있겠습니까?"

콧방귀를 뀌던 승려는 혜능의 부탁에 못 이겨 부르는 대로 받아 적었다.

본디 깨달음에는 나무가 없네	菩提本無樹
맑은 거울도 받침대가 아니니	明鏡亦非臺
본디 텅 비어 아무것도 없는데	本來無一物
어디에 먼지나 티끌이 있을까	何處有塵矣

혜능의 게송은 곧 홍인의 눈에 띄었다. 홍인은 게송을 지은이가 깨달음에 이르렀음을 알고 있었으나 제자들이 혜능을 해칠까 싶어 짐짓 거짓말을 둘러댔다.

"이 게송도 아직 깨달음에 이르지 못했다."

그러고는 혜능이 절구질을 하는 방앗간으로 향했다.

"방아는 다 찧었느냐?"

"다 찧었습니다만 아직 키질을 못했습니다."

그날 밤 홍인은 혜능에게 『금강경』을 교설했다. 스승의 말 한 마디 한 마디를 들을 때마다 혜능에게는 그대로 깨달음이 되었다.

"이제 나의 법을 너에게 전해 주겠다."

그날 홍인은 혜능에게 법통을 물려주고 그 증거로 가사를 전해 주었다.

"이 가사는 달마 조사 이래로 대대로 상속되어 온 것이다. 옛날부터 법통을 이은 사람은 목숨이 실 끝에 달린 것처럼 위태로웠다. 그러니 너도 이곳을 떠나도록 하라."

홍인은 구강(九江) 주막거리까지 제자를 배웅해 주었다.

"네가 떠난 지 일 년 뒤에 나도 세상을 떠날 것이다. 부디 남쪽으로 가되 5년간 설법을 해서는 안 된다."

혜능은 그 길로 황매를 벗어나 두 달 동안이나 걸음을 재촉했다. 이윽고 대유령에 도착했을 때 그는 위기를 맞게 된다. 4품 장군 출신인 혜명이 혜능을 추적해 온 것이다. 혜능은 스승에게서 받은 가사를 돌려주려 했으나 혜명은 이를 거절하며 말했다.

"나는 가사가 욕심이 나서 쫓아온 것이 아니라 설법을 듣고 싶어서 왔습니다."

혜능이 법을 설하자 혜명은 그 자리에서 깨달음을 얻었다고 한다. 혜능은 혜명에게 북쪽 지방에서 교화할 것을 당부한 후 조계(曹溪)에 도착했다. 그는 사회(四會)로 피신하여 5년간 사냥꾼들과 어울리며 설법을 하지 않았다. 649년에는 광둥성의 법성사에서 인종법사를 만났고, 이를 계기로 그는 세상에 나와 설법을 하게 된다.

혜능은 76세 때인 713년에 입적했다. 그러나 제자 신회의 법어를 정리한 『신회어록(神會語錄)』에는 712년에 입적한 것으로 기록되어 있다. 712년 7월 8일 혜능은 제자들을 모아 놓고 8월에 세상을 떠나고 싶다고 말한다. 그러면서 혜능은 제자들에게 의문이 있으면 물어볼 것을 주문한다. 그때 제자들은 울음을 터뜨렸으나 오직 신회만 울지 않았다. 혜능이 신회를 바라보며 말했다.

"신회는 선(善)과 불선(不善)을 볼 줄 알고, 악의에 찬 비난에도 동요되지 않는 경지에 이르렀다. 그대들은 몇 해나 수행했으면서 도대체 무엇을 수행했다는 것인가? 그대들이 슬퍼하고 있는 것은 누구를 위한 것인가?"

그러면서 혜능은 달마의 게송을 들려주고 이를 해설해 주었다. 그때 법해가 스승에게 물었다.

"큰스님이 떠나면 법의와 법통은 누구에게 있습니까?"

"내가 떠난 뒤 20년간은 종파가 혼란에 빠질 것이다. 그러나 한 사람이 나타나 나의 종지를 세울 것이다. 그때 이르러 나의 가르침은 황하와 낙수 유역에 널리 퍼질 것이다. 그 사람이 아니면 가사를 물려줄 수 없다."

8월 3일에는 제자들이 모인 가운데 법해가 다시 물었다.

"스승의 종지는 몇 대에 걸쳐 상속된 것입니까?"

"마하가섭으로부터 28대에 이르렀노라."

이윽고 혜능은 작별의 게송을 들려 주었다.

"그대의 마음이 곧 부처다. 절대로 의심하거나 망설이지 말라. 마음이 생겨나면 온갖 것이 생겨나고 마음이 소멸하면 온갖 것이 소멸한다. 내가 떠나거든 조문을 받거나 상복을 걸치지 말라. 그리하면 내 제자가 아니다. 움직임도 없고 정지함도 없고, 발생도 없고 소멸도 없고, 가는 것도 없고 오는 것도 없고, 긍정도 없고 부정도 없고, 머무는 일도 없고 가는 일도 없고, 이름도 없고 글자도 없다."

달마가 전한 가사의 행방은

선종에서 법맥의 후계자가 되려면 두 가지를 갖추어야 한다. 하나는 스승이 법을 깨달았음을 인정하고 이를 게송으로 화답하는 전법게(傳法偈)이고, 다른 하나는 스승으로부터 물려받은 가사를 간직하는 일이다. 가사는 달마가 혜가에게 처음 물려준 것으로 되어 있다. 이 기록이 처음 등장하는 것은 775년경에 기록된 『역대법보기』다. 이 기록에 따르면 붓다는 마하가섭에게 금란가사(金襴袈裟)를 전해 주고 계족산으로 들어가면서 훗날 미륵이 나타나면 건네주라고 당부했다고 한다. 그때부터 가사는 27명의 조사를 거쳐 달마에게 전수되고, 다시 6조 혜능까지 이른다. 이 기록이 사실인지 밝히는 것은 무척 흥미로운 일이 아닐 수 없다. 만약 이 기록이 사실이라면, 그것이 닳아 없어지지 않는 한 누군가는 달마가 전한 가사를 간직하고 있어야 한다.

6조 혜능은 적어도 얼마 동안 스승 홍인에게 인정받지 못한 것으로 보인다. 하지만 혜능은 선종의 기치를 내걸고 기존 승단에 과감히 도전장을 던졌다. 일자 무식꾼이었던 혜능이 홍인의 수제자 신수를 극복할 수 있었던 방법은 지식이 필요치 않은 선불교의 창시였을 것이다. 당시 혜능은 법해, 지성, 법달, 신회, 지상, 지통, 지철, 지도, 법진, 법여 등과 같은 제자를 두고 있었다. 그들은 스승의 가르침을 가슴에 새긴 채 남방으로 진출했다. 그들 중에서 혜능을 6대 조사로 올려놓는 데 결정적인 공헌을 한 사람은 신회였다. 그는 13세에 신수에게 귀의했으나 나중에는 혜능의 제자가 되었다.

732년 신회는 활대(滑臺)의 대운사에 승려들을 모아 놓고 무차대회(無遮大會)를 열었다. 그때는 혜능이 입적한 지 20년이 지난 뒤였다. 그의 목적은 스승 혜능을 6조의 반열에 올려놓는 것이었다. 혜능이 6조에 오른다는 것은 자신이 7조의 자리를 굳힐 수 있다는 것을 의미했다. 따라서 그의 공격 목표는 이미 입적한 신수가 아니라 신수의 뒤를 이어 7조를 자처하고 있던 보적이었다. 신수의 제자 보적은 상당한 영향력을 갖고 있었던 듯하다. 그 시기에 편찬된 『전법보기』는 신수계의 법통을 정리한 것인데, 여기에는 홍인 →신수/법여→보적으로 이어지는 법맥을 제시하고 있다. 특히 보적은 숭산에 7조 법당을 건립하고 설법했다고 한다.

무차대회에서 신회는 혜능이 달마의 법을 계승했으며, 신수는 직계 제자가 아니라고 주장했다. 물론 증거가 필요했다. 그때 창작된 것이 전의부법설(傳衣付法說)이다. 그는 신수계를 대표하는 숭원법사와 토론을 벌이면서 혜능이 스승 홍인으로부터 가사를 전수받았다고 주장했다. 그때 신회는 마하가섭으로부터 7명의 조사를 거쳐 8대 달마에게 가사가 전수되고, 이후 혜능에게 전수되었다는 13대 조사설을 내세웠다. 하지만 붓다로부터 혜능까지의 연대에 너무 많은 차이가 있었다. 후대 사람들은 역대 조사들의 나이를 늘이는 것이 여의치 못하자 28대 조사설을 만들어 냈고, 다시 40대 조사설을 내세우게 된다.

이 무차대회에서 신회는 승리하게 된다. 인도에서 상좌불교에 대항해 대승불교가 승리한 것처럼, 중국에서 선불교는 많은 승려와 신도에게 매력적으로 받아들여졌다. 어려운 불경을 읽을 필요가 없을 뿐만 아니라 평상심만으로 부처가 될 수 있다는 주장은 더 이상 사이비가 아니었다. 물론 신회는 혜능이 물려받았다는 가사를 가지고 있지 않았다. 숭원법사가 가사를 가지고 있느냐고 물었을 때 그는 "앞으로 저절로 알게 될 것"이라고만 대답했던 것이다.

『역대법보기』는 신회가 전의부법설을 주장한 지 20여 년 뒤에나 편찬되었다. 따라서 이미 승리한 종파의 견해를 담을 수밖에 없었을 것이다. 그러나 가사가 실제로 존재하지 않는다는 사실은 그들에게 딜레마가 아닐 수 없었다. 그리하여 기록의 편찬자는 혜능의 말을 빌려 가사의 행방을 오리무중으로 만들어 버렸다. 즉 혜능이 죽음을 1년 앞둔 712년 9월, 현해와 지해는 혜능에게 누가 후계자인지 묻는다. 그때 혜능은 이렇게 대답한 것으로 되어 있다.

"나는 가사 때문에 목숨을 잃을 뻔했다. 도신 대사도 세 번이나 도난 당하고, 홍인 대사도 세 번 도난당했으며, 나 역시 여섯 번이나 도난당 했다. 그러나 이제부터 훔치는 자는 없다. 내 가사는 어떤 여인이 가져가 버렸다. 그대들이 내 정법을 전수받은 사람을 알고 싶다면 내가 죽은 20 년 뒤에 내 종지를 세우는 이가 바로 그 사람이다."

혜능이 712년(또는 713년)에 입적했으므로 20년 뒤는 바로 신회가 활대 에서 무차대회를 연 732년과 일치한다. 여기에서 우리는 혜능의 유언이 편찬자가 꾸며 낸 이야기라는 것을 알 수 있다. 더구나 이 편찬자는 가 사의 행방마저 자신의 종파에 유리하도록 윤색한다. 그에 따르면 측천무 후가 즉위하면서 혜능을 초청했으나 혜능은 병을 핑계로 가지 않았다. 그러자 측천무후는 가사만이라도 영접해 공양할 수 있도록 해 달라고 부탁했다. 혜능이 가사를 전해 주자 측천무후는 황궁 안에 있는 도량에 가사를 보관하고 공양을 올렸다. 697년에 이르러 측천무후는 다시 지선 선사를 초청했고, 700년에는 신수를 초청했다. 여러 선사를 두루 초청한 측천무후는 지선 선사가 가장 출중한 인물임을 깨닫고『화엄경』한 부와 미륵의 자수 초상화 그리고 가사를 선물로 주었다고 한다.

그렇다면『역대법보기』의 편찬자는 신회의 제자는 아니었을 것이다. 학자들은 편찬자가 홍인의 10대 제자 중 한 사람인 지선의 법맥에 속했 을 것으로 해석한다. 지선은 처적→무상→무주로 이어지는 독자적인 법 맥을 갖는다. 따라서 이 편찬자는 자신이 속한 법계의 정통성을 강조하 기 위해 검남지선이 가사를 가져갔다고 주장한 것이다.

이후에 등장하는 가사 이야기는 대개 이 기록의 영향을 받았지만 가사의 행방에 대해서는 밝히지 않고 있다. 혜능에 대한 일대기가 가장 상세히 기록된 것은 『육조단경』이다. 이 책은 혜능의 제자 법해가 편찬한 것이지만, 이후 신회에 의해 개작된다. 이를 두고 혜능의 직제자였던 혜충은 "우리의 종지는 죽었다"고 개탄했을 정도였다. 신회는 신수와 혜능이 실력을 겨루는 게송마저 고쳐 놓았던 것이다. 그러므로 앞서 소개했던 혜능의 일대기는 조작일 가능성이 많다. 『육조단경』이 완전히 정리된 것은 967년경이고, 가장 오래된 둔황본 『단경』조차 혜능이 입적한 지 70년 뒤에나 성립된 것이다.

사실 신회는 스승인 혜능에 대해 별로 아는 것이 없었다. 신회의 부탁으로 왕유가 썼다는 혜능의 비문에도 출신지나 생몰연대가 드러나 있지 않기 때문이다. 신회는 무차대회에서 승리한 이후 7조를 자처했지만 선종에서는 이를 인정하지 않았다. 선종의 조사선(祖師禪)이 확립된 것은 도일이 등장한 이후였다.

사대부를 잡아라

불교가 전래하기 전 중국에는 이미 도교가 뿌리를 내리고 있었다. 당시 도교가 추구하는 것은 정신적 초월이 아니라 현세의 욕망을 충족하는 것이었다. 그리하여 권력자들은 장생불사를 꿈꾸며 단약을 복용하고 있었다. 권력자들이야말로 도교의 가장 큰 고객이자 종교적 기반을 넓혀 주는 지지자들이었던 셈이다. 그러나 불교가 전래하면서 도교의 입지는 점차 위협받기 시작했다. 불교는 현실적 욕망이 아닌 초월적 정신

세계를 보여 줌으로써 지식인들을 매료시켰다. 더구나 서역에서 온 승려들은 엄청난 양의 불경과 위엄 있는 불상을 함께 가지고 들어왔다. 단지 약품 제조자로 전락해 있던 도교 숭배자들에게는 엄청난 충격이 아닐 수 없었다.

도교에서 신의 자리는 없었기 때문에 숭배자들은 그동안 전해 오던 설화 속에서 다양한 신선과 귀신을 만들어 내지 않으면 안 되었다. 그들이 맨 먼저 시작한 것은 전설적인 인물로 묻혀 있던 노자를 세계를 주관하는 신으로 격상시키는 일이었다. 우선 그들은 붓다를 폄하하기 위해 노자가 오랑캐 땅으로 들어가 부처가 되었다는 노자화호설(老子化胡說)을 유포시켰다. 불교 측 역시 앉아서 당할 수는 없었다. 불교는 붓다가 가섭을 노자로 만들고, 광정보살을 공자로 삼고, 월광보살을 안회로 삼았다는 유언비어를 만들어 냈다. 이렇게 해서 도교와 불교 양쪽에서 엄청난 양의 거짓 경전이 생겨났다.

도교 신자들은 노자를 신격화하면서 불교 경전까지 그대로 차용했다. 즉 노자의 어머니가 오얏나무에 오르자 돌연 그녀의 왼쪽 겨드랑이에서 노자가 탄생했고, 그 순간 만 개의 깃털을 가진 학이 하늘을 날았으며, 아홉 마리의 용이 물을 뿌렸다. 또 노자는 태어나자마자 아홉 걸음을 걸었는데, 그 발자국마다 연꽃이 피었다. 그러다가 왼손으로 하늘을 가리키고, 오른손으로 땅을 가리키며 "천상천하 유아독존, 나는 이제 무상(無想)의 도법을 열어 널리 중생을 구제하겠다"고 외친다.

나아가 도교는 노자의 모습까지 변형시켰다. 노자의 키는 9척으로 늘어났고, 눈썹의 길이만 다섯 치, 귀의 길이는 일곱 치에 이르렀다. 또 노자는 신령스러운 거북으로 요를 삼고, 금루옥당(金樓玉堂)에서 백은으로 만든 계단 위에 살며, 오색구름으로 옷을 삼게 되었다. 그뿐만 아니라 그는 동자 120명을 거느리고, 12마리의 청룡과 26마리의 백호, 24마리의 주작, 72마리의 원무(元武)를 거느리는 존재가 되었다. 하지만 이런 거짓말로는 불교에 대적할 수 없었다. 그리하여 도교는 석가모니를 신의 계보에서 밑으로 끌어내려 네 번째 위치로 격하시키고, 그 위에 다양한 신들을 배치하기에 이른다.

불교 역시 몇 차례의 위기를 넘겨야 했다. 그 첫 번째 위기는 446년 북위 태무제의 폐불 사건이었다. 전하는 바에 따르면 태무제는 반란을 평정하기 위해 행군하다가 어느 사찰에 들렀다. 그때 승려로부터 술을 대접받았는데, 신하 하나가 절에 무기와 술을 만드는 도구가 있는 것을 보고 적과 내통하는 증거라고 일러바쳤다. 격노한 태무제는 즉시 모든 사찰을 폐하라고 명했다. 그때 불교는 궤멸적인 피해를 입었다. 또 577년 에는 북주의 무제가 화북 지역을 통일하면서 불교를 폐하고 왕권의 강화를 꾀했다. 당나라 때의 무종도 845년에 대대적인 폐불을 단행한다. 물론 권력자가 폐불을 일으킨 동기 속에는 도교와의 경쟁 관계를 빼놓을 수 없다.

세 차례의 위기는 승려들에게 소중한 교훈을 일깨워 주었다. 권력자와 결탁하지 않으면 살아남기 어렵다는 깨달음을 얻은 것이다. 618년 당 왕조가 시작되자 지배자의 마음을 사로잡기 위한 불교와 도교의 경쟁이 치열하게 전개되었다. 도교는 당나라가 이씨(李氏) 왕가임을 들어 노자의 후손이라고 주장했고, 불교 역시 권력자에게 줄을 대기 위해 노력했다. 역대 조사들이 황제의 부름을 받았으나 이를 거절했다는 기록은 이러한 현실적 욕망을 반영한 것이다. 황제의 부름을 받고 싶은 강렬한 열망이 역으로 표현된 것이다. 다행히 당나라는 상당 기간 불교를 배척하지 않았다. 선종이 움을 틔울 수 있었던 것은 바로 이러한 분위기 속에서였다. 측천무후는 이반된 민심을 추스르기 위해 불교를 사상적 지주로 삼았다. 또 신회는 현종 때 안녹산과 사사명의 난이 일어나자 군량미와 군사를 모으는 일을 자청하고 나섰다.

안사의 난이 일어나기 전까지 사대부의 생활은 여유가 넘쳤다. 그들은 술을 마시고, 유행(遊行)을 일삼고, 기생들과 풍류를 즐겼다. 그러나 8년간에 걸친 내란으로 현실은 암흑세계로 변했다. 그들이 찾아낸 탈출구는 피안(彼岸)의 세계였다. 그때부터 불교는 사대부에게 깊숙이 침투하기 시작했다. 깨달음을 위한 고행이나 금욕생활은 향락 생활의 미련이 남아 있는 사대부에게는 어울리지 않았다. 선종은 그들의 심리를 교묘히 파고들면서 입지를 넓혀 갔다. 속세로부터의 이탈과 은거, 게으른 생활방식은 노장사상과 합쳐지면서 사대부 속으로 스며들었다. 그들은 여색과 가무를 즐기면서도 극락에 갈 수 있다는 점에 매료되지 않을 수 없었다. 이를 단적으로 보여 주는 것이 '파자분암(婆子焚庵)'이라는 화두다.

청정한 승려가 한적한 산속에서 수행하고 있었다. 어느 날 한 노파가 홀연히 찾아와 수행승에게 암자를 지어 주고는 20년 동안 공양을 올렸다. 20년 후 노파는 수행승이 득도했는지 시험하기로 했다. 노파는 아리따운 처녀를 골라 수행승에게 보낸 후 그를 유혹하라고 일렀다. 그러나 수행승은 처녀의 유혹에 넘어가지 않았다. 그는 화를 내며 처녀에게 말했다.

"나는 고목한암(枯木寒巖)하여 삼동(三冬)에도 온기가 없다."

절벽에 서 있는 고목이 한겨울 동안 온기가 없듯이 자신도 그만큼 청정하다는 말이었다. 그런데 이 소식을 들은 노파는 몹시 화를 내며 이렇게 말했다.

"겨우 그 정도 속물에게 20년간이나 공양을 했다니!"

마침내 노파는 수행승을 내쫓고 암자를 불태워 버렸다. 당신은 노파의 행동을 이해하기 어려울 것이다. 사실 이 화두는 깨달음을 위장하는 수단이자 대중에게 던지는 유혹의 미끼다. 만일 수행승이 처녀를 취했다면 그에게 두 가지 평가가 내려질 수 있다. 그는 평상심이 곧 도라는 것을 깨우친 선사이거나 아니면 돌팔이인 것이다. 대승불교는 깨달은 자와 그렇지 않은 자를 구분하는 경계선을 지워 버렸다. 부처는 곧 중생이고 중생은 곧 부처인 것이다. 따라서 선사들은 대중과 똑같은 삶을 살면서 독설을 퍼부을수록 도력이 높은 것으로 평가되었다. 그들의 독설은 상상을 초월한다. 문언은 이렇게 말한다.

"붓다는 태어날 때 천상천하 유아독존이라고 말했다. 그때 내가 보았더라면 일격에 그를 때려죽여 개 먹이로 주었을 것이다."

선감은 한술 더 뜬다.

"여기에 부처란 없다. 달마는 비린내 나는 오랑캐이며, 석가와 노자는 똥 닦는 밑씻개이고, 문수와 보현보살은 똥 푸는 사람에 불과하다. 깨달음이란 굴레를 벗어난 범부의 마음에 지나지 않고, 보리와 열반은 나귀 묶는 말뚝이며, 12분교의 가르침은 귀신들의 장부이자 고름을 닦는 휴지일 뿐이다. 또 사과삼현(四果三賢)과 초심십지(初心十地)는 황폐한 무덤 위를 머뭇거리는 귀신으로 자신조차도 구원하지 못하고 있다."

사대부에게는 정말 멋있는 화두가 아닐 수 없었다. 사대부는 풍류를 즐기면서 극락으로 가는 티켓을 예약할 수 있었고, 가난한 지식인은 현실의 권세를 조롱하면서 위안거리로 삼았다. 신비주의적 감각과 비유는 사대부들의 기호에 잘 맞아떨어졌다. 그들은 불교의 현학적인 표현을 즐기기는 했지만, 고행은 철저히 배격했다. 고지식하게 계율을 지키거나 고행을 하는 자는 덜떨어진 돌팔이에 불과했다. 그들에게 필요한 것은 단번에 해탈할 수 있는 돈오(頓悟)의 세계였다. 이백, 왕유, 두보, 소식 등과 같은 당대의 시인이 이 세계에 빠져들었다. 특히 왕유는 혜능·신회·정각의 비문을 쓸 만큼 선사들과 폭넓게 교류했다.

이런 기류에 반기를 드는 선승들도 적지 않았다. 종밀은 이런 선종의 분위기를 빗대 "선행과 악행을 동시에 행하며 즐거움과 고통이 모두 불성이라고 주장한다"고 비난했다. 회해와 문익도 잘못된 선풍을 바로잡으려 노력했으나 성공을 거두지는 못했다. 그것은 당연한 귀결이었다. 수행하지 않아도 깨달음을 얻을 수 있다면 누가 어리석게 수행할 것인가?

송나라에 이르러 승려들의 생활이 더욱 방탕해졌다. 선승들은 술과 고기를 먹고, 불타오르는 욕정을 굳이 숨기려 하지 않았다. 선사에게는 깨달음에 이르렀느냐는 물음조차도 필요 없게 되었다. 깨달음이란 결코 말할 수 있는 게 아니기 때문이다. 이로써 불교와 도교는 점차 사대부의 것과 대중의 것으로 이원화된다. 사대부는 고상하고 현학적인 정신세계에 경도되었고, 대중은 수많은 신과 보살을 만들어 내며 그들이 화복을 가져다줄 것이라고 믿었다. 이제 불교는 고행으로 점철된 힘든 종교가 아니라 즐겁고 유쾌하며 지적인 종교가 되었다. 지식인들은 지적 쾌락에 만족했고, 선사들은 기발하고 풀기 어려운 화두를 제공함으로써 그들의 기대를 충족시켰다.

05
신을 살해하다

> 인간을 비롯하여 모든 것을 꿰뚫어 본 신!
> 그러나 그 신은 죽지 않을 수 없었다.
> 인간은 자신에 대한 목격자,
> 신이 살아 있는 것을 견딜 수 없었다.
> _니체, 『자라투스트라는 이렇게 말했다』

무신론자의 출현

왜 신은 사탄을 창조했을까?

1세기경 로마에서 의학자로 활동했던 켈수스는 만약 하느님이 세상을 창조하셨다면 지금보다 더 나은 세상을 창조했어야 한다고 주장했다. 더구나 그는 하느님이 척박한 팔레스타인을 약속의 땅으로 정하지 않았을 것이며, 사생아를 통해 세상을 구하려 하지도 않았을 것이라고 말했다. 그러나 로마에서 기독교가 공인된 이후에는 어떤 철학자도 이런 불경한 발언을 할 수 없었다. 지식인들이 신의 존재에 의심을 드러내며 조심스럽게 언급하기 시작한 것은 르네상스와 종교개혁을 거치면서였다.

이성의 토대 위에서 신의 존재를 생각했던 철학자 르네 데카르트는 "내가 분명하게 진리라고 깨달은 것 외에는 어떤 것도 참된 것으로 받아들이지 않을 것"이라고 선언했다. 반면 파스칼은 데카르트와 분명한 입장 차이를 보였다. 그는 신을 알 수 있는 것은 인간의 이성이 아니라 '마음'이라고 주장하면서 데카르트를 비난했다.

"나는 데카르트를 용서할 수 없다. 그는 자신의 철학에서 신을 제외하려고 한 것 같다. 데카르트는 세계를 움직이게 하기 위해 신으로 하여금 손가락을 움직이게 했다. 그다음 그는 신을 필요로 하지 않았다."

파스칼은 독실한 기독교 신자였다. 그는 말년에 이르러 날카로운 못이 박힌 허리띠를 차고 다니며 불순한 생각이 떠오를 때마다 허리띠를 조였다고 한다. 그뿐만 아니라 예수처럼 고행하다가 서른아홉 살의 젊은 나이에 탈진해 죽었다.

불과 200여 년 전까지만 해도 신에 대한 모독은 자살행위나 다를 바 없었다. 네덜란드 출신의 유대계 철학자인 스피노자는 신의 존재 자체를 부정하지는 않았지만 인격화된 신을 거부하며 성경과 기독교 신학에 대담한 비판을 시도했다. 그 대가로 그는 1656년에 파문 선고를 받았다. 1798년에는 독일의 관념철학자 피히테가 같은 꼴을 당했다. 그는 한 논문에서 "사물들의 살아 있고 능동적인 도덕 질서가 곧 신"이라고 주장했다가 예나대학에서 면직당했다. 또 프랑스 예수회 소속이었던 피에르 샤르댕 신부는 진화론을 받아들여 정신이 인격적인 형태로 진화할 것이며, 최고로 진화한 인격적 존재가 그리스도라고 주장했다. 이 주장의 대가로 그는 1926년에 신학원 교수직을 박탈당했고, 로마 교황청은 1957년 12월 6일 그의 서적들을 서점에서 회수할 것을 명령했다.

가장 신랄하게 신을 공격한 사람은 포이어바흐였다. 청년 시절 신학자의 길을 택했던 그는 개신교 목사가 되는 것이 꿈이었다. 그러나 26세 때인 1830년에 『죽음과 불멸에 관한 고찰』이라는 책을 출판함으로써 에

를랑겐대학의 강사직을 박탈당하고 경찰의 수사까지 받았다. 그의 목적은 신학을 인간학으로 바꾸는 것이었다. 그는 신앙은 불신앙으로, 성서는 이성으로, 지옥은 물질적 참상으로, 그리스도인은 인간으로 대체되어야 한다고 주장했다. 그는 종교가 노예감정에 기초를 둔 것이라 생각했으며, 신은 인간의 필요에 의해 생겨났다고 믿었다. 따라서 신이 인간을 창조한 것이 아니라 인간이 신을 창조한 것이 된다. 철저한 무신론자였던 포이어바흐는 조카의 대부가 되어 달라는 동생의 부탁마저 거절했다. 포이어바흐의 무신론에 대해서는 뒤에서 다시 한번 논의할 것이다.

헤겔주의자였던 다비트 프리드리히 슈트라우스도 1836년 복음서에 기록된 예수의 생애를 비판하는 책을 쓴 대가로 튀빙겐신학교에서 해임되었다. 그는 인간 예수와 신앙 대상으로서의 예수 사이에 근본적인 차이가 있다고 문제를 제기하면서, 성서는 신화적 포장에 지나지 않는다고 주장했다. 즉 성서의 내용은 보편적 이념이 예수를 통해 인류의 의식 속에 스며든 것이지 그 이하도 이상도 아니라는 것이다. 그러므로 신은 인간의 의지가 투사된 존재라는 것이다.

카를 마르크스는 포이어바흐의 유물론을 발전적으로 비판하면서 종교를 사회관계의 상부구조로 이해했다. 즉 국가와 사회는 끊임없이 종교를 생산함으로써 전도된 의식세계를 만들어 낸다. 종교는 억압받는 피조물들의 신음이며, 이 고통을 은폐하기 위해 투여된 아편 같은 것이다. 상부구조는 종교를 환각제로 활용함으로써 현실적인 행복 대신 미래의 행복이라는 환각을 일으킨다. 마르크스의 동료였던 프리드리히 엥겔스도 상상력이 만들어 낸 신은 자연의 반영에 지나지 않는다고 주장했다.

니체에 이르면 신은 무신론자의 조롱거리로 등장한다. 그는 『반그리스도』에서 이렇게 외쳤다. "오직 한 사람의 기독교인이 있었고, 그는 십자가에서 죽었다." 니체의 할아버지와 아버지는 모두 성직자 출신이었지만, 그는 애초부터 선친의 길을 따르기를 거부한 것 같다. 그는 젊은 시절에 매독이 걸렸고, 12년 동안 혼수상태에 있다가 진행성 마비증으로 사망했다. 그는 스스로 '인간으로 변장한 신'이라 생각하고, 악기를 연주하면서 거리를 방랑하기도 했다. 니체의 대표적 저서 『자라투스트라는 이렇게 말했다』는 온갖 독설과 야유로 가득 차 있다. 그는 말한다.

"형제들이여, 내 말을 믿어라. 예수는 너무 일찍 죽었다. 그가 내 나이까지만 살았더라도 모든 설교를 스스로 취소했을 것이다."

니체에게 예수는 지상에 유배된, 가녀리고 순진한 청년에 지나지 않았다. 예수는 인류가 지고 있는 무거운 짐을 모두 끌어안기에는 역부족이었다. 니체는 신이 죽었다고 선언하면서, 모든 신은 인간의 광기가 빚어낸 것이라고 설파했다. 그뿐만 아니라 만일 신이 존재한다면 자신도 신이 안 되고는 못 배길 것이기 때문에 어떤 신도 존재하지 않는다고 결론지었다. 그가 보기에, 신은 어떤 문제도 해결해 줄 수 없다. 인간의 본성은 무의식적 의지에 있다. 이 의지야말로 삶의 진정한 목적이다. 그러므로 '진리를 향한 의지'조차 '힘을 향한 의지'에 이바지하기 위한 것이다. 이를 극복할 수 있는 존재는 초인(超人)뿐이다.

쇼펜하우어도 니체와 비슷한 생각을 했다. 그는 살고자 하는 인간의 생존 의지야말로 인간의 본성이며 세계의 본질이라고 믿었다. 즉 세계의 본질은 로고스·이데아·이성·절대정신으로 불리는 초월적 주체가 아니라 충동·본능·생명·의지인 것이다. 따라서 모든 사물의 배후에는 원시적인 생존본능만이 존재한다. 의지, 즉 욕구가 없는 곳에는 이념도 세계도 없다. 그러므로 진정한 구원은 모든 욕망을 끊어 버리고 자신의 의지를 전적으로 체념하는 것이다. 모든 것을 끊어 버리는 일은 곧 불교적 수행과 유사하다.

많은 철학자가 쇼펜하우어를 허무주의자로 규정하고 있지만, 세계가 욕망의 산물이며 또 욕망에 의해 지배되고 있다는 것을 부정하기란 쉽지 않다. 만일 이성이 욕망을 완전히 지배할 수 있다면 니체나 쇼펜하우어는 맹랑한 허무주의를 전파한 혐의를 벗기 어렵다. 하지만 인간의 몸을 받고 태어난 그 누구도 욕망을 잠재우지는 못했다. 위대한 성자조차도 구원과 해탈에 목말라하고, 이름을 남기기 위해 경쟁자와 다투고, 복음을 전파하기 위해 제자들의 죄악을 방치했다. 무신론자가 부도덕한 자라는 등식은 성립되지 않는다. 무신론은 그 숭배 대상이 인간일 뿐, 종교적 신념에는 아무런 차이도 없다.

프로이트의 신

오스트리아의 신경과 의사였던 지그문트 프로이트는 훨씬 적나라하게 종교를 해석했다. 그는 종교적 관념은 고차원적인 사유를 통해 형성된 것이 아니라 인류의 가장 강력하고 집요한 욕망의 충족일 뿐이라고 주장했다. 프로이트는 인간 욕망의 본질과 원죄의식을 아버지에 대한 적개심으로 해석했다. 그의 설명에 따르면 최초의 종교 형태를 띠었던 토테미즘은 아버지에 대한 공포를 동물에게 투사한 것이다. 즉 아주 오랜 옛날에 아버지는 폭군과 같은 존재였다. 아버지는 모든 여인을 소유하고 전횡을 일삼았다. 따라서 아들은 폭압적인 아버지의 경쟁자인 동시에 피지배자였다.

혹독한 지배를 견딜 수 없었던 아들들은 서로 모의하여 아버지를 살해하고 그 살코기를 나누어 먹음으로써 아버지를 극복하고자 했다. 그러나 그들 역시 서로에 대한 견제와 경쟁 때문에 여자와 유산을 차지할 수 없음을 깨닫고 형제끼리 연합하여 부족을 결성했다. 그리고 다른 부족의 여자를 찾아다님으로써 경쟁 관계를 해소했고 이로써 족외혼이 생겨났다. 동물에 대한 희생 제의는 그들로부터 생겨났다. 그들은 아버지를 살해했다는 원죄에서 벗어나기 위해 아버지를 상징하는 동물을 숭배하고 두려운 행위를 회고하는 축제를 열기 시작했던 것이다. 이로부터 인류는 하느님의 약속을 저버렸기 때문에 불행하다는 원죄의식을 갖게 되었다. 따라서 원죄를 가진 인류는 예수가 목숨을 버린 다음에야 구원될 수 있었다.

프로이트는 오이디푸스 신화로부터 살부의식(殺父儀式)의 영감을 얻었다. 그에 따르면 인간이 최초로 꿈꾸었던 천국은 어머니의 자궁 속이다. 그러나 아버지는 자궁 속과 똑같은 모습으로 재현된 지상의 천국을 침범한 최초의 침입자로 등장한다. 프로이트는 아버지를 죽이고 어머니를 아내로 취한 오이디푸스는 우리 모두가 갖고 있는 유아기의 원망을 충족시킨다고 말한다. 그러나 종교의 기원을 설명한 그의 주장은 오늘날 많은 학자로부터 비판받고 있다.

프로이트가 말한 원형적 아버지가 유일신으로 대체된 것인지는 단정할 수 없다. 그러나 대부분의 신화는 아버지를 찾아가는 과정으로 점철되어 있다. 영웅은 바로 아버지가 갖고 있는 근원적 비밀을 전수받기 위해 떠나는 자다. 그는 아버지가 머물고 있는 곳을 정확히 뚫고 들어가 자신의 존재를 제약하고 있는 질긴 매듭을 잘라 내야 한다. 아버지를 만나러 가는 영웅은 영혼의 문을 열고 들어가 세계의 비밀을 발견하고, 그 비밀을 전해 주기 위해 돌아온다. 프로이트에게 신은 '고상한 아버지'

의 다른 표현에 불과한 것이다.

악마의 탄생

무신론자에게는 신이 존재하지 않는다는 확실한 증거가 있다. 그것은 현재의 삶 그 자체다. 신이 있다면 욕망과 허위로 가득 찬 이 세상을 그냥 두고 보지는 않을 것이기 때문이다. 물론 신은 타락한 인간을 언젠가 심판할 것이라는 시나리오를 갖고 있다. 그러나 심판의 날을 학수고대했던 선량한 인간에게 정의는 끝내 실현되지 않았다. 따라서 믿음을 가진 사람들은 심판의 날을 연기하지 않을 수 없었고, 그 연기된 만큼 신의 능력이 미치지 않는 존재를 창조해 내야 했다. 악마는 바로 그 틈 바구니에서 살아남았다.

유대교 전설을 기록한 『하가다』는 하느님의 제1 천사가 사탄이 되었다고 설명한다. 그는 하느님의 수천사(首天使)이기 때문에 천사 중에서도 가장 탁월한 능력을 가지고 있었다. 그러므로 오직 그만이 하느님이 창조한 세상을 어지럽힐 수 있으며, 신의 창조물인 인간을 악의 구렁텅이로 몰고 갈 수 있다. 최초의 인간 아담이 태어났을 때 하느님은 모든 천사를 초대해 아담을 존경하라고 명령했다. 그때 수천사였던 사탄은 경배를 거부했다. 사탄은 다른 천사들보다 두 배나 많은 날개를 갖고 있을 만큼 출중했다. 따라서 그는 아담과 지혜를 겨룬 다음 자신을 이기면 경배하겠다고 맹세했다.

하느님을 모시고 있는 천사가 이런 치졸한 언행을 했다고는 생각할 수 없지만, 어쨌든 사탄은 '짐승들의 이름 대기 게임'에서 지고 만다. 천사 미카엘이 먼저 아담에게 경배했으나 사탄은 이를 거부하고 그 추종자들과 함께 하느님의 나라를 떠난다. 하느님은 은총을 베풀어 미카엘에게 사탄을 설득하도록 했다. 그러나 자존심 강한 사탄은 미카엘의 설득을 거부하면서 이렇게 말한다.

"만일 하느님이 내게 분노한다면 나는 내 왕좌를 하느님의 별들보다 더 높이 들어 올리고, 가장 높으신 그분과 동등한 자리를 차지하겠다."

그 말을 들은 하느님은 사탄과 그 부하들을 지상으로 추방했다. 외경 『에녹의 제2서』도 비슷한 상황을 묘사하고 있지만 수천사의 이름은 '사토마일'이다. 외경 『바르톨로메오 복음서』 역시 사탄이 부하 천사 600명을 거느리고 땅으로 유배된 후 아들 살프산과 함께 하와를 유혹하는 대목을 설명하고 있다.

이제 어떻게 악마가 생겨 났는지 알았을 것이다. 그는 하느님의 명령을 최초로 거부한 자이며, 하느님이 거느린 천사들의 우두머리였다. 인간은 창조자의 말씀을 거역하고 선악과를 따먹은 악마의 후예라 할 수 있다. 그렇다면 하느님은 사탄을 멸망시킬 능력이 없었던 것일까? 노아에게 대홍수의 화가 미쳤을 때 악마들도 함께 쓸어 버려야 하지 않았을까?

이 의문에 대해 유대교 전설이 해답을 제시하고 있다. 노아는 대홍수를 앞두고 동물 한 쌍씩을 배에 태웠다. 그때 악마는 자신이 제외된 것을 알고 바가지를 잘 긁은 노아의 아내 나아마의 그림자 속에 숨어 있다가 배에 올라탔다. 또 다른 전설에는 노아가 당나귀가 꾸물거리는 것을 보고 "악마랑 같이 있어도 상관없으니 빨리 좀 오라"고 소리치자 악마가 그것을 초대로 받아들이고 배에 올라탔다고 한다. 결국 인간은 사탄을 추방할 마지막 기회까지 저버린 존재다.

기독교에서 악마는 언젠가 정복되어야 할 대상이다. 그러므로 악마는 하느님과 동등한 지위를 가질 수 없다. 하지만 조로아스터교는 선한 신 아후라마즈다의 반대편에 악한 신 앙그라마이뉴가 자리 잡고 있다. 조로아스터교는 세계를 네 시대로 구분하고 있는데, 제1의 시대는 악마 앙그라마이뉴의 시대다. 그리고 제2의 시대는 악마가 실패하고, 제3의 시대에는 선과 악이 균형을 이룬다. 그러나 오늘날에 해당하는 제4의 시대는 다시 악마가 지배한다. 여기에서 악마는 창조자인 동시에 파괴자다. 그는 아후라마즈다를 숭배하는 예언자 조로아스터를 두려워하고 증오한다. 악마는 조로아스터와 대결하게 되고 언젠가는 패하게 되어 있다.

이슬람교에서는 알라신에 대항한 천사 이블리스가 사탄을 대신하고 있다. 그 역시 인간을 질투하는 바람에 하늘에서 추방되었다. 또 215년경 아시리아의 유대인 기독교 공동체를 중심으로 번성했던 마니교는 조로아스터교의 영향을 받았다. 마니교에서 앙그라마이뉴를 대신하는 악마는 아흐리만인데, 그는 아담과 하와를 창조한 당사자다.

악마는 두 얼굴을 가지고 있다. 즉 기독교의 악마는 하느님의 피조물이지만, 근동 지방의 악마는 절대 신과 동일한 지위를 가진 창조자다. 그러므로 기독교는 악마에 대해 많은 딜레마를 가질 수밖에 없다. 하느님의 능력에 의해 당장 처치되어야 할 악마가 버젓이 존재해야 하는 이유를 설명하기가 곤란해진 것이다. 기독교에서 종말과 심판이 중요시되는 것은 이 때문이다.

마녀가 나타날 때

마녀는 그리스 신화에 먼저 등장한다. 영웅 이아손은 이올코스의 왕 아이손의 아들이다. 왕은 이아손의 나이가 어려 동생 펠리아스에게 왕 위를 물려줄 수밖에 없었다. 이아손이 성장하여 왕위를 넘길 때가 되자 펠리아스는 이웃 나라에 있는 황금 모피를 찾아오면 왕위를 물려주겠다 는 조건을 내걸었다. 이 황금 모피는 아이에테스 왕의 보호 아래 거대한 용이 지키고 있었다. 그리하여 이아손은 커다란 배를 만들고 모험을 좋 아하는 그리스 젊은이들을 모집하기에 이른다. 그때 헤라클레스, 테세 우스, 오르페우스 같은 영웅이 이 모험에 동참한다.

흑해를 건너 이웃 나라에 도착한 일행은 아이에테스 왕에게 방문 목 적을 설명했다. 그러자 왕은 한 가지 조건을 제시한다. 불을 뿜는 놋쇠 황소 두 마리에 쟁기를 매어 밭을 갈고 동굴을 지키는 용의 이빨을 뽑 아 땅에 뿌리면 황금 모피를 주겠다는 것이었다. 주인공이 어려움에 직 면하면 반드시 도움을 주는 이가 나타난다는 것은 이미 여러 번 설명했 다. 그때 도움을 자청한 이는 그 나라의 공주이자 마술사였던 메데이아 였다. 이아손은 그녀에게 결혼을 약속하고 도움을 요청한다. 결국 이아 손은 메데이아의 도움으로 황금 모피를 가지고 무사히 귀환한다.

고국으로 돌아왔을 때 아버지 아이손은 이미 늙고 병들어 있었다. 효 심이 깊었던 이아손은 마술사인 메데이아에게 부탁해 자신의 수명 중에 서 몇 년을 떼어내 아버지에게 줄 것을 부탁했다. 그때부터 메데이아의 마법이 시작된다. 메데이아는 보름달이 뜬 밤 신들에게 기도를 올린 후 9일 밤낮 동안 약초를 구했다. 그러고는 제단을 만들어 검은 양 한 마리 를 제물로 바치고 우유와 포도주를 뿌렸다. 이어 저승의 신 하데스와 그 아내 페르세포네에게 기도하고, 약초가 깔린 침상에 왕을 눕혔다.

그녀가 주문을 외자 왕은 깊은 잠에 빠져들었다. 메데이아는 머리를 풀고 불붙은 나뭇가지로 양의 피를 저으며 제단을 세 바퀴 돈 후 가마솥에 불을 지폈다. 그녀가 올려놓은 가마솥에는 별의별 것이 다 들어 있었다. 약초·씨앗·꽃·모래를 비롯하여 흰 서리, 올빼미 부리와 날개, 이리의 내장, 거북딱지, 수사슴의 간장, 까마귀의 머리와 부리 등이었다. 그녀는 올리브 가지로 가마솥을 저으며 계속 끓였다. 그런 다음 왕의 목을 찢어 온몸의 피를 빼낸 후 입과 상처 구멍에 끓인 즙을 부었다.

놀랍게도 아이손은 40년이나 젊어졌다. 그 모습을 본 펠리아스의 딸들이 자신들의 아버지도 회춘시켜 달라고 요구했다. 그러나 메데이아는 가마솥에 물과 잡초만을 집어넣은 후 딸들에게 아버지의 목을 찌르라고 가르쳐 주었다. 딸들은 그녀의 말에 따랐고, 메데이아는 침상에 누운 펠리아스를 칼로 찌른 후 가마솥에 넣어 삶아 버렸다. 그러나 메데이아 덕에 왕위를 되찾은 이아손은 다른 여자에 취해 그녀를 돌보지 않았다. 메데이아는 분개한 나머지 제 자식을 죽인 후 아테네로 도망쳤다. 그곳에서 그녀는 테세우스의 아버지이자 아테네의 왕이었던 아이게우스와 결혼한다.

오랫동안 그리스 신화 속에 잠들어 있던 마녀는 1459년에 이르러 유럽에서 다시 깨어난다. 그해 프랑스의 아라스에서 몇 사람의 은둔 생활자가 마법사라는 죄목으로 체포되는 사건이 일어났다. 도미니크 수도회는 그들을 고문하여 1460년 5월에 두 사람을 화형에 처했다. 그들은 12세기 후반부터 유럽에 전파된 발도파의 신자들이었다. 수도회가 고문을 통해 얻어 낸 자백은 충격적이었다. 그들은 악마를 숭배하며, 집회에 갈 때는 다리 사이에 막대기를 끼운 채 하늘을 날아다녔다는 것이다. 또 비밀집회를 열어 사람들과 통음하고 함께 어울려 어지러운 춤을 추었다. 그들의 집회에서는 십자가와 예수를 조롱했을 뿐만 아니라 두꺼비들에게 성찬 예식을 행했다.

비밀집회에 연루된 자들이 속속 체포되었다. 그 시기는 사회적 혼란기와도 겹쳐 있었다. 유럽 사회에는 1378년부터 1417년까지 기근, 페스트, 백년전쟁 등이 휩쓸었고, 이후에도 내란과 반란이 끊임없이 일어났다. 더구나 교회는 왕권과의 권력 투쟁으로 1309년부터 1377년까지 7대에 걸친 교황들이 아비뇽에 유폐되어 있었다. 또 대외적으로는 오스만 튀르크족의 군사적 위협이 유럽을 불안하게 만들었다.

마녀재판이 시작된 것은 사회 불안기가 끝나가던 시점이었다. 그때 사람들은 교황의 권위에 회의를 느끼기 시작했고 민심도 흉흉했다. 교회는 결국 희생양을 만들기로 했다. 그들은 유대인이 우물에 독을 풀고 병을 빨리 전염시키기 위해 문에 기름을 칠한다는 악성 소문을 퍼뜨렸다. 나아가 마녀를 가려낼 방법까지 정하기에 이른다. 즉 마녀는 악마를 만나러 가기 위해 빗자루나 동물을 타고 한밤중에 창문이나 굴뚝을 빠져나간다. 또 이들은 성적 유희의 순간에 몽마(夢魔, 잠자는 여자를 범하는 귀신), 음몽마녀(淫夢魔女, 잠자는 남자와 관계를 맺는 악령)로 자유롭게 변신할 수 있다. 마녀는 온몸에 환각성 향유를 바르는데, 거기에는 어린아이의 지방질과 약초, 그을음, 박쥐의 피, 포플러 이파리, 잠을 자게 하는 가지, 독 보리와 독 당근, 사리풀 등이 들어가 있다.

15세기 말에 시작된 마녀사냥은 1580년에서 1670년 사이에 절정을 이룬다. 그 이전까지는 주로 종교재판소가 나서서 마녀를 색출했지만 그때부터 세속 법정이 팔을 걷어붙였다. 그들이 필요로 하는 희생양은 열에 아홉은 여자이며, 혼자 사는 과부였다. 학살자들은 마녀를 판별하는 기준이 모호해지자 기묘한 방법을 고안해 냈다. 즉 용의자의 몸에 무거운 바위를 매달고 강이나 늪에 던지는 것이었다. 물론 그들의 목적은 살인이었다. 용의자가 살아나면 마녀이기 때문이고 죽으면 결백하다는 것이 증명되었다. 그러나 죽은 뒤에 결백이 밝혀지면 무슨 소용인가? 어느 쪽이든 죽기는 마찬가지였다.

그들은 다양한 고문 방법을 고안해 냈다. 학살자들은 마녀가 피를 흘리지 않는다는 신념을 갖고 있었기 때문에 칼로 무자비하게 난자했다. 용의자가 의식을 잃어 고통을 느끼지 않으면, 물론 마녀였다. 학살자들은 "마법사를 믿느냐"고 물었다. 아니라고 대답하면 성경에 등장하는 사탄의 존재를 부정하는 것이므로 죽어야 한다. 믿는다고 대답해도 죽였다. 마녀를 믿으면 사탄의 무리이기 때문이다.

그러한 광기는 유럽 전역으로 전염되었다. 이제 연금술사, 마술사, 무당, 정신병자, 돌팔이 의사가 모두 마법사와 동일시되었다. 각 지역의 제후들도 이를 마다할 리가 없었다. 이단자들의 재산은 모두 몰수되어 자신의 금고를 채우는 데 사용되었기 때문이다. 아무도 그들의 광기를 저지하지 못했다. 종교개혁가들조차 침묵할 수밖에 없었다. 프로테스탄트는 마녀사냥이 교황 숭배주의의 발현이라고 생각했지만 악마의 존재를 부인하지는 않았다. 기독교 역사상 마녀사냥만큼 끔찍한 것은 없었다. 그들은 신의 이름으로 살인 면허를 취득할 수 있었다. 이것은 종교가 도덕성을 근본으로 삼고 있다는 사실이 얼마나 허황한 것인가를 일깨워준 사건이었다.

인간 속의 악마

외경에 등장했던 '릴리트'라는 여성을 기억하고 있을 것이다. 릴리트는 하느님이 정해 준 아담의 첫 번째 배필이다. 그러나 그녀는 아담을 버리고 악의 세계에서 여왕이 된다. 전설에 따르면 그녀는 아담과의 사이에서 많은 자식을 낳았지만, 아담을 떠난 후 악마 사무엘의 아내가 되었다고 한다. 그녀 역시 마녀다.

릴리트는 살아 있는 생명체의 피를 마시지 못하게 한 모세의 율법을 어기고, 어린이의 피를 마시며 잠자는 남자의 생식력을 앗아간다. 악마의 의식에는 항상 피가 등장한다. 호메로스의 서사시 『오디세이아』에 나오는 오디세우스는 자신을 도와줄 유령을 불러내기 위해 양의 피를 사용한다. 죽은 자들의 망령이 그 피를 마시고 힘과 활기를 되찾아 오디세우스의 우군이 되는 것이다. 구약성서가 출현하기 전 유대인 사회에 짐승이나 아이를 제물로 바치는 행위가 있었던 것으로 보인다. 『레위기』 17장에는 이런 구절이 나온다.

"피는 곧 모든 생물의 생명이다. 내가 이스라엘 백성에게 일러둔다. 어떤 생물의 피도 너희는 먹지 마라. 피는 곧 모든 생물의 생명이다. 그것을 먹는 사람은 내가 겨레 가운데서 추방하리라."

이는 생피를 먹는 의식이 과거에 엄연히 존재하고 있었고, 피를 바치는 의식이 성행했음을 반증하는 것이라 볼 수 있다. 아브라함조차도 하느님으로부터 아들을 제물로 바치라는 시험을 받는다. 유대교는 피를 불순한 것으로 여겼다. 하느님이 하와에게 내린 월경의 벌은 명을 어긴 것에 대한 불순한 상처의 증거다. 그러나 예수 이후 피에 대한 개념은 약간 수정된다. 예수는 피를 흘림으로써 인류를 구원했다. 따라서 피 흘림은 곧 억압에 대한 절개와 순교, 믿음의 증거가 되었다. 그러나 종교의식에서 생피를 요구하는 것은 엄격히 금지되었다. 피를 사용하는 것은 악마뿐이다.

흡혈귀에 대한 환상은 악마의 이미지와 겹치면서 한동안 유럽 무대를 휩쓸었다. 첫 무대는 영국이었다. 14세기에 유럽 전역은 흑사병에 시달렸다. 사람들은 죽지도 않은 환자들을 들에 갖다 버렸고, 전염을 피하려고 그들을 생매장했다. 살아난 시체 이야기는 그때부터 위력을 발휘하기 시작했다. 목숨이 붙은 채 생매장당하거나 구덩이에 버려진 사람 중 몇몇이 부스스한 몰골로 다시 마을에 나타났을 것이다. 그런 일이 실제로 있었다면 그것은 너무나 끔찍한 공포담이 되었을 것이고, 그 소문은 각지로 퍼져 나갔을 것이다.

그러나 정작 피를 빨아먹는 것은 흡혈귀가 아니라 변태적 인간이었다. 1440년, 잔 다르크의 경비병이었던 질 드 레는 은퇴 후 연금술에 매료되었다. 그는 금을 만들겠다는 망상에 빠져 수백 명의 어린이를 무참히 살해해 연금술의 재료로 사용했다. 루마니아의 백작이었던 블라드 체페슈는 '드러쿨레아'라는 별명을 가지고 있었는데, 죄인들을 꼬챙이에 꿰어 죽이고 말뚝에 박아 놓는 취미를 즐겼다고 한다. 그로부터 400년이 지난 후인 1897년 아일랜드의 작가 브램 스토커가 그를 모델로 삼아 『드라큘라』라는 소설을 썼다. 또 1611년 헝가리 바토리 에르제베트라는 여자 백작은 300여 명의 어린 소녀를 납치해 고문하는 취미를 가졌다. 그녀는 젊음과 아름다움을 영원히 유지하고픈 욕망에 사로잡혀 어린이의 피를 목욕통에 가득 채우고 목욕을 즐겼다.

17세기를 거치면서 흡혈귀에 대한 미신이 전 유럽으로 확산되었고, 18세기 말부터는 낭만주의의 영향을 받은 작가들이 흡혈귀를 주인공으로 하는 소설을 잇달아 발표했다. 브램 스토커의 『드라큘라』는 1924년에 영국에서 연극으로 상연되었다가 1927년에는 브로드웨이에서 공연되었다. 공연이 대성공을 거둔 덕에 1931년에는 영화로 제작되었다.

여기에서 우리는 악마적 영감을 가진 시인 보들레르를 빼놓을 수 없다. 그는 1857년에 시집 『악의 꽃』을 펴내 주목받았으나 매독에 걸려 40세가 되기 전에 정신착란증에 시달렸다. 이후 그는 마약의 도움으로 환각 속에서 살다가 파리의 자선병원에서 숨을 거뒀다. 그를 추종했던 랭보 역시 매독에 걸려 말년을 방랑 생활로 일관했다. 마약은 몇몇 작가에게 훌륭한 상상력을 제공해 주었다. 1923년 노벨문학상을 수상한 예이츠와 영국의 시인이자 극작가인 오스카 와일드도 마약이나 악마 신앙과 밀접한 관련이 있었다. 그들이 쓴 악마적 성향의 작품들은 이후 세기말주의와 결합하면서 화려하게 꽃을 피웠다.

보들레르는 "악마의 최고 계략은 그가 존재하지 않는다는 확신을 우리에게 심어 주는 것"이라고 말했다. 아마 그는 환각 속에서 악마를 보았을 것이고, 이 세상이 악마의 지배에 놓여 있다는 사실을 깨달았을 것이다. 악마는 인간세계에 머물며 신보다 더 막강한 영향력을 행사한다. 신은 악마를 물리칠 방도를 궁리하느라 여념이 없지만, 아직 때가 되지 않았다. 신은 아무 때나 심판의 칼을 휘두르지는 않는다. 신이 심판의 칼을 꺼내려면 인류는 좀 더 타락해야 하고 악마에게 종속되어야 한다. 거짓 선지자가 나타나 인간을 홀리고, 전쟁이 일어나고, 교만해지고, 악의 무리가 들끓을 때 신은 비로소 모습을 드러낼 것이다. 물론 그때가 언제인지는 아무도 알 수 없다. 아무리 타락한 인간도 충분히 더 타락할 수 있기 때문이다. 그렇다면 처치 곤란한 악마를 신은 왜 창조했을까? 신은 전지전능하므로 자신의 수천사 하나가 악마가 되리라는 것을 알고 있었다. 그런데도 신은 악마의 길을 막지 않았다.

교황 역시 악마로부터 자유롭지 못했다. 요한 12세는 963년에 오토 황제가 소집한 로마 종교회의에서 자신이 악마의 대리인이 아니라는 것을 해명해야만 했다. 기록에 의하면, 그는 살인과 위증을 일삼고, 교회를 타락시켰으며, 근친상간을 행하고, 악마와 함께 축배를 들었다고 한다. 교황 실베스테르 2세 역시 악마를 숭배하고 많은 여자를 유혹한 혐의를 받았다. 하지만 그런 일이 실제로 일어났는지는 판단하기 어렵다. 중세에는 그리스 신화를 언급하고, 견해가 다른 서적을 읽는 것만으로도 극형에 처해졌기 때문이다. 더구나 교황은 수많은 정적과 경쟁자를 갖고 있었고 세속 권력의 표적이 되어 있었다. 결국 악마의 혐의를 뒤집어씌우고 죽은 악마를 부활시킨 것은 인간 자신이다. 또 악마적인 상상력을 발휘하고 다른 사람을 함정에 빠뜨리는 것 역시 인간이다. 악마는 인간의 뇌, 바로 그곳에 자리 잡고 있다.

V

종교는 어떻게 탄생하는가

01
종교의 기원과 진화

신은 존재하거나 존재하지 않거나 둘 중 하나다.
그래서 나는 그다지 걱정하지 않는다. …
전지전능하고 모두를 사랑하는 신이
왜 내가 자신을 믿는지 아닌지를 신경 쓰겠는가?

_마이클 셔머, 『믿음의 탄생』

그것은 이렇게 시작되었다

종교가 언제 시작되었는지는 정확히 알 수 없다. 하지만 인류의 흔적을 거슬러 올라가면 어느 정도 그 시작점을 짐작할 수 있다. 역사학자들은 종교의 기원을 인간이 죽음을 인식하기 시작한 지점에서 찾는다. 육체와는 다른 존재, 자연을 관장하고 세상을 움직이지만 인간의 눈에는 보이지 않는 존재, 고통과 쾌감을 안겨 주며 내 운명을 쥐고 흔드는 존재, 삶과 죽음의 갈림길에서 생명을 주재하는 존재가 있을 곳은 죽음 너머밖에 없다. 그는 이 세상에 우리와 같은 모습으로 존재하지 않을 것이다.

인간이 죽음을 인식한다고 해서 곧바로 종교적 사유로 이어지는 것은 아니다. 종교가 탄생하려면 죽음 너머에 차원이 다른 세계가 존재하고 있음을 상상할 수 있어야 한다. 현실에 존재하지 않는 세계를 상상할 수 있어야 종교적이고 영적인 세계로 나아갈 수 있다. 조상들이 죽음을 인식하고 그 너머를 상상했던 증거는 죽은 자를 묻는 매장 의식에서 찾을 수 있다. 네안데르탈인은 의식적으로 죽은 자를 매장한 것으로 알려져 있다. 그들은 죽은 자를 땅에 묻을 때 도구나 동물의 뼈를 함께 묻었다고 한다. 하지만 반론도 만만치 않다. 그들이 죽음을 인식했다고 보기에는 무덤 속의 부장품이 충분하지 않기 때문이다. 만일 죽은 자의 부장품을 함께 묻은 것이 사실이라면, 네안데르탈인은 사후세계에 대한 개념을 가지고 있었을 것이고 죽은 자들을 위한 공동묘지를 만든 최초의 존재였을 것이다.

호모사피엔스는 분명 죽음을 알고 있었다. 의도적으로 매장이 이루어진 증거들은 9만~10만 년 전부터 나타나고, 약 3만 년 전쯤부터는 망자의 무덤에서 다양한 부장품이 발견된다. 죽음을 인식하려면 타인의 죽음을 관찰하면서 그것이 언젠가 자신에게도 일어나리라는 것을 이해해야 한다. 그러려면 과거로부터 축적된 기억을 자신의 미래에 투사할 수 있어야 한다. 즉 자전적 기억이 있어야만 한다. 호모사피엔스가 자전적 기억을 형성하고 죽음을 예측하게 되면서 사후세계에 대한 새로운 개념들이 탄생했다. 호모사피엔스는 자신이 죽을 것임을 아는 최초의 존재인 동시에 자신의 과거를 성찰하고 미래를 상상하는 최초의 존재였다.

인간이 영혼을 가지고 있고 그 영혼이 죽음과 함께 육체를 떠난다는 상상, 그리고 그 영혼들이 내세에도 계속 존재한다는 믿음이야말로 종교의 발원지다. 죽음이 끝이 아니라는 생각은 내세의 발견으로 이어지고, 마침내 불멸의 존재인 신을 상상하는 데까지 이른다. 이를 통해 인간은 신의 은혜를 입어 영생할 수 있다는 희망을 갖게 되었다. 인간이 자아를 인식하고 기억을 미래로 확장하게 되면 이런 의문에 휩싸이게 된다. '나는 어디에서 왔는가? 나는 왜 여기 있는가? 나는 죽어 어디로 가는가?'

죽음 없이는 신도 존재할 수 없다. 죽지 않는 자, 그는 곧 신이거나 신의 선택을 받은 자다. 죽음에 대한 공포와 미래에 대한 불안으로 인간은 보이지 않는 존재를 상상하고 그 존재를 인격화하기에 이른다. 데이비드 흄은 『종교의 자연사』에서 이렇게 말했다.

"최초의 종교는 자연물을 관조함으로써 생겨난 것이 아니라 인간의 마음을 움직이는 인생의 사건들에 관한 관심과 끝없는 희망과 공포심으로부터 생겨난 것이라고 결론을 내릴 수 있다."

이는 인간의 기대와 불안 심리가 인격화된 신을 창조했다는 말과 같다. 자연법칙을 이해하지 못했던 초기 인류가 불가해한 자연현상으로부터 야기되는 불안을 해소하기 위해 신을 만들었다는 것이다. 흄의 말을 빌리면, 인간은 모든 존재를 자신과 같은 존재로 생각하며 자신에게 익숙하고 친숙한 속성들을 사물에 부여하는 성향을 지니고 있다. 그래서 사람들은 달과 구름에서 인간의 군상을 발견하며 사물에도 악의와 선의가 있다고 생각한다. 인간은 자신의 감정을 자연물에 이입시켜 선악을 판단하고, 이를 기준으로 부족의 이기심을 충족시키는 탐욕적이고 편파적인 신을 탄생시킨다.

종교의 기원에 관해서는 과학자들 사이에 여러 가설이 존재한다. 먼저 리처드 도킨스가 『만들어진 신』에서 소개한 세 가지 가설을 살펴보자. 그가 소개한 세 가지 가설은 집단 선택 가설, 진화적 적응의 부산물 가설, 그리고 밈(meme) 가설이다.

첫째, 집단 선택 가설은 생물학자 에드워드 윌슨이 지지하고 있다. 종교가 집단과 개인의 생존과 번식에 순기능을 하므로 선택되었다는 가설이다. 찰스 다윈은 진화가 개체 선택을 통해 이루어진다고 보았지만, 타인을 위해 희생하는 이타주의자가 많은 집단일수록 생존 가능성이 크다는 점을 놓치지 않았다. 종교가 바로 그런 경우다. 종교는 집단을 결속시키고 집단에 대한 개체의 헌신을 유도한다. 따라서 종교를 가진 집단은 자연선택될 가능성이 크다. 에드워드 윌슨은 개체 선택과 집단 선택을 동시에 수용하는 '다수준 선택'을 옹호한다. 그는 2014년에 출간한 『인간 존재의 의미』에서 이방인을 강하게 배척한 집단일수록 번식에 성공했을 것이라고 주장했다. 종교는 집단 선택을 통한 진화의 산물일 뿐만 아니라 인간이 만들어 낸 가장 강한 내부 결속의 힘이라는 것이다.

둘째, 진화적 적응의 부산물 가설은 인간의 인지능력이 진화하는 과정에서 종교가 부산물로 생겨났다는 것이다. 이 가설은 무엇에 대한 부산물인가에 따라 다양한 견해가 있을 수 있다. 가령 미래의 위험과 타인의 마음을 추론하고 자연에서 일어나는 여러 사건의 원인을 추론하는 능력에서 종교가 탄생했을 수 있다. 스티븐 핑커, 스티븐 제이 굴드, 리처드 르원틴 등이 이 가설의 지지자다.

셋째, 밈 가설은 리처드 도킨스가 『이기적 유전자』에서 처음 제시한 것으로, 문화적 단위인 밈이 선택되어 진화해 왔다는 것이다. 적응에 유리한 유전자가 선택되어 진화하듯, 생존 가치가 높은 밈이 선택되어 살아남는다. 가령 영적 존재, 심판, 사후세계, 천국, 지옥, 부활, 불멸, 영생 같은 밈들은 너무나 매력적이어서 생존 가능성이 크다. 종교적 의식이나 예술품 같은 상징 역시 생존 가치가 높다. 이런 밈들은 생존하고 번성하면서 종교라는 밈 복합체를 구성한다. 리처드 도킨스와 대니얼 데닛 등이 이 가설의 지지자다.

세 가지 가설 외에 다양한 이론이 있다. 하지만 다른 가설 등은 자연선택이나 적응 같은 본질적인 문제보다는 부차적인 것에 근거한다. 아직 종교의 기원을 설명하는 완벽한 이론은 없다. 위의 세 가지 가설이 모두 영향을 미쳤을 수도 있다. 여기에 유전자, 뇌의 진화, 도구와 언어 사용, 사회문화적 요인, 학습과 경험 등이 종교의 출현과 개인의 종교 선택에 영향을 미친다.

종교는 세상의 기원과 자연현상, 그리고 인간의 죽음과 운명에 대해 매우 단순한 논리를 제공한다. 종교를 가진 사람은 주변에서 일어나는 각종 현상에 대해 복잡한 논리를 가지고 고민할 필요가 없다. 종교는 위협적이고 불안한 환경 속에서도 인간에게 위안과 평안을 준다. 또 종교는 집단의 결속력을 강화함으로써 좀 더 안전한 사회를 보장한다. 물론 종교는 장점만큼이나 많은 단점을 가지고 있다. 그런데도 종교가 살아남은 것은 인간이 가진 인지 시스템의 결함과 함께 종교가 가진 장점이 빛을 발했기 때문일 것이다.

종교가 출현하기 위한 조건

인지과학자들은 종교의 진화와 뇌의 진화가 밀접한 관련이 있다고 생각한다. 정신의학자인 풀러 토리는 『뇌의 진화, 신의 출현』에서 인간의 인지능력이 발달하면서 신이 출현했다고 주장한다. 사후세계를 상상하거나 타인의 마음을 파악하려면 발달된 뇌를 가지고 있어야 한다. 가령 갓 태어난 아이는 '까꿍 놀이'를 할 때 엄마가 손바닥으로 얼굴을 가리면 얼굴이 사라졌다고 믿는다. 엄마의 얼굴이 완전히 사라진 것이 아니라 손바닥 뒤에 가려져 있다는 것을 알려면 생후 3개월쯤 되어야 한다. 또 자아를 인식하고 자전적 기억을 생성하며 타인의 마음을 헤아리려면 생후 18개월이 지나야 한다. 그 시기에 아이의 뇌는 폭발적으로 성장한다.

풀러 토리는 도구의 사용과 농경 생활이 눈에 보이지 않는 세계를 상상하는 데 결정적으로 기여했다고 믿는다. 물론 조상들이 사냥꾼으로 살아가던 시절에도 상상력과 추론 능력은 필요했다. 사냥꾼은 동물의 이동 시기와 경로를 예측해야 했다. 그렇게 하려면 자전적 기억은 물론 새로 알게 된 정보를 선명하게 기억할 수 있어야 한다. 따라서 조상들은 협력을 통해 동물을 대량으로 사냥했던 시기에 이미 상당한 수준으로 뇌가 진화해 있었다고 할 수 있다. 뇌의 진화를 촉진한 요인에 대해서는 여러 가지 설명이 있다. 도구의 제작과 사용도 그중 하나다.

영국의 생물학자 루이스 월퍼트는 『믿음의 엔진』에서 종교가 출현하는 데 도구가 중요한 역할을 했음을 강조한다. 도구를 만들려면 먼저 존재하지 않는 물체를 마음에 그릴 수 있어야 한다. 또 도구가 어떻게 사용될지도 미리 머릿속에 그릴 수 있어야 한다. 만들려는 것의 이미지를 머릿속에 떠올리는 개념적 사고를 하려면 인과관계를 이해해야 한다. 모든 종교는 이러한 인과적 믿음이 진화하는 과정에서 발생했다는 것이다. 결과를 상상할 수 있을 때 인과적 사고가 생긴다. 언어 역시 인과적 사고의 결과물이다. 종교적 메시지는 언어를 통해 전달된다. 언어학자들은 현대적 언어가 10만~5만 년 전쯤에 출현했을 것으로 보고 있다. 따라서 종교는 그 이후에 출현했다.

인간은 본능적으로 자신이 경험한 또는 경험하고 있는 사건의 원인을 설명하려 든다. 원인을 설명할 수 없으면 결과를 예측할 수도 제어할 수도 없다. 우리가 장대를 들고 감나무 가지를 흔드는 것은 감이 떨어질 것을 알기 때문이다. 이렇듯 인과적 믿음은 의도적인 행동을 낳는다. 루이스 월퍼트의 견해를 정리하면, 인과적 믿음이 도구와 관련하여 먼저 진화하고, 이는 언어의 진화로 이어졌다. 이후 자연현상이나 죽음의 원인을 알고 싶은 욕구가 생겼고, 인과적 사고 위에서 불안을 해소하기 위한 종교적 믿음이 탄생했다.

농경 생활은 종교가 발전하는 데 중요한 역할을 했다. 농부가 어떤 작물을 어디에 얼마나 심을 것인지를 결정하려면 현재의 조건은 물론 미래에 벌어질 여러 변수를 추론할 수 있어야 한다. 이런 인지능력은 뇌가 발달하지 않고는 불가능하다. 따라서 체계화된 유일신앙은 뇌가 충분히 발달한 뒤에야 출현할 수 있었다. 신에 대한 최초의 기록이 발견된 메소포타미아는 농경의 출발지이기도 하다. 농경은 인구의 증가와 함께 권력의 집중을 가져왔고, 권력자는 신의 대리인이 되어 정치적 목적으로 신을 이용하기 시작했다. 처음에는 제사장이 그 역할을 맡았으나 집단의 규모가 커지면서 군왕이 제사장의 역할까지 대신했다. 권력자는 부족의 시조나 전쟁영웅, 그리고 그들의 후손인 자신을 신격화하기에 이른다. 이로부터 신은 불멸성과 초월성을 가지는 동시에 인간적인 모습을 갖게 되었다. 인간이 신의 중재자로 활약하게 되면서 신은 시기하고 분노하며 가학적인 정념을 가진 존재가 된 것이다.

종교는 모든 지역에서 나타나며, 대개 유사한 특징을 지닌다. 종교적 체계는 세상을 창조한 초월적 존재, 음악이나 춤을 동반하는 종교적 의식, 도덕적 규범, 종교적 교의, 그리고 신을 대리하는 존재의 생애와 그가 일으킨 기적에 관한 스토리로 특징을 요약할 수 있다. 종교가 체계를 갖추기 시작하면 이런 특징들은 문화적이고 예술적인 요소들에 의해 뒷

종교는 어떻게 탄생하는가

받침된다. 종교적 의식과 성전을 장식하는 수많은 상징이 등장하는 것이다. 이 상징들은 교리와 경전으로는 표현하기 어려운 초월적 존재와 대리자의 신성을 장엄하고 알기 쉽게 표현해 준다. 문자의 발명 역시 종교의 발달에 기여했을 것이다. 문자의 역사는 짧지만 구전되던 신화를 기록하고 전파하는 데 유용했다.

작은 신들의 시대에서 유일신의 시대로

종교학자들은 종교가 애니미즘으로부터 진화했다고 믿는다. 애니미즘은 동식물이나 자연물 등에도 영혼이 깃들어 있다고 믿는 원시 신앙을 말한다. 그 시기의 인류는 모든 자연물에 생명력이 깃들어 있고, 자연에서 일어나는 모든 사건은 그 생명력이 활동한 결과라고 믿었다. 그 시기는 샤먼의 시대였다. 샤먼은 공동체의 운명을 인도하는 자로서 최초의 정치 지도자이기도 했다. 샤먼은 자연의 영령들과 소통하며 길흉화복을 예측하고 죽은 자를 저승으로 인도하는 역할을 했다.

자연계에 존재하는 모든 생물은 죽는다. 그렇다면 그들에게 깃들었던 생명력은 죽은 뒤에 어디로 가는가? 또 인간을 포함한 자연의 생명력을 주재하는 존재는 누구인가? 이러한 의문은 인격화된 신이 출현하는 실마리가 되었다. 최초의 인격신은 부족 신이었을 것이다. 만약 침팬지에게 신을 그리라고 하면 침팬지를 닮은 신을 그릴 것이다. 인간도 마찬가지다. 초기 종교는 모두 자기 부족을 닮은 신을 섬겼을 것이 분명하다.

진화심리학자 로버트 라이트는 『신의 진화』에서 종교가 어떻게 권력과 협력하면서 발전했는지를 잘 보여 주고 있다. 부족사회의 족장이 제사장을 대신해 신을 대리하게 되면서 초자연적 존재와의 교감을 독점하게 된다. 족장은 이를 이용해 권력의 정당성을 확보하고 대중에게 공포감을 줌으로써 권력을 공고히 한다. 권력을 차지하기 위한 가장 손쉬운 방법은 절대적 신성과 자신을 동일시하는 것이다. 농경사회로 접어들면서 족장은 정치적 리더십과 종교적 리더십을 통합해 부족 구성원들을 결속시킨다. 구성원들은 족장이 신의 자손이며 죽은 뒤에는 신이 될 것이라고 믿었다. 이러한 믿음 덕분에 족장은 신으로부터 얻은 권위를 누리며 구성원의 노동력을 착취할 수 있었다.

농경으로 인한 가장 큰 변화는 사유재산의 축적이다. 수렵·채집사회는 사유재산의 축적이 불가능하지만, 농경은 운에 따라 또는 자원의 투입에 따라 생산량이 달라진다. 농부 중 일부는 잉여생산물을 축적할 수 있었고, 권력자는 이를 조세로 거둬들일 수 있었다. 권력자가 구성원을 착취하면서 도락만 즐긴 것은 아니다. 그는 자신의 자리를 노리는 귀족을 견제하고 가난한 자들의 불만과 반란에 대응해야 했으며, 다른 부족의 침략에도 대비해야 했다. 그것이 신을 대리하는 자의 운명이다. 자연으로부터 버림받거나 무능력한 지도자라는 평가를 받으면 신은 총애를 거두어 버린다. 그때 새로운 인물이 반란을 일으키거나 부족 전체가 이웃 부족에게 멸망한다. 부족 간 전쟁은 다른 신과의 전쟁이다. 승리하는 부족의 신이 패배한 부족의 신을 하위 신으로 거느리는 것이다.

고대 국가가 성립되었던 시기는 다신교의 시대였다. 고대 이집트와 메소포타미아에서 볼 수 있듯이 그 시기의 신들은 태양, 바람, 천둥, 비, 토지, 곡식, 물, 숲 등을 관장하면서 각자 역할을 분담했다. 시간이 흐르면서 신들의 층위와 계보가 정리되었다. 최고신 밑으로 하위 신들이 서열을 형성한 것이다. 정복 전쟁과 영토 확장을 통해 다양한 신의 계보를 정리하고, 지역마다 다른 이름으로 불리던 신들이 통합되었다. 가령 바빌로니아의 태양신 마르두크는 인근 지역의 신들을 하나씩 흡수해 강력한 권위를 갖게 되었고, 이집트의 신 '라'도 다른 신들을 대체하거나 흡수하면서 최고신으로 등극했다.

하지만 그 신들은 유일신으로 승격되지 못했다. 놀랍게도 유일신이된 신은 작은 영토와 나약한 힘을 가진 유대인의 신 야훼였다. 야훼는맨 처음 '엘' 또는 '엘로힘'이라는 이름으로 등장한다. 그러다가 아브라함에 이르러 '엘 샤다이'가 되고, 모세에 이르러서야 비로소 야훼로 나타난다. 몇몇 학자들은 야훼가 가나안의 신이었던 엘을 흡수했다고 본다. 당시 주변의 이교도들은 구약에 기록된 대로 풍요 신 바알을 숭배하고 있었다. 야훼와 바알의 갈등은 기원전 9세기의 예언자 엘리야의 행적에서확인할 수 있다. 그는 카르멜산에서 바알을 따르는 450명의 예배자와 대결하여 승리한 후 백성에게 바알 신을 숭배하던 자들을 모두 처형하도록 했다.

기원전 7세기 유다왕국의 요시야 왕에 이르러 대대적인 종교 정화 운동이 전개된다. 야훼의 추종자들은 이교도의 사원과 신상을 파괴하고제단을 무너뜨렸다. 신상을 부순 돌가루는 이교도의 무덤 위에 뿌려졌으며, 사제의 뼈는 제단 위에서 태워졌다. 하지만 이런 노력은 별반 효과를 보지 못했다. 곧바로 신바빌로니아의 침략을 받아 수많은 유대인이 포로로 잡혀갔기 때문이다. 하지만 예언자들에게는 시련이 절호의기회였다. 시련이 주어진 이유가 우상을 섬겼기 때문이라고 주장할 수있는 정당성이 확보된 것이다. 이런 논리를 바탕으로 예언자들은 야훼를 우주의 최고신으로 승격시켰다. 하지만 시련은 끝나지 않았다. 유대인은 기원전 332년 알렉산드로스 대왕의 뒤를 이어 그리스의 통치를 받앗고, 잠시 독립의 기쁨을 맛보는 사이 다시 로마의 속국이 되었다. 유대인의 절망감은 복수심으로 바뀌었고, 이는 이교도를 향한 증오심으로 드러났다.

지중해와 건조한 사막 사이에서 온갖 시련을 겪으며 살아가던 작은 민족에서 세계적인 유일신이 등장한 것은 놀라운 일이다. 학자들은 그 이유를 유대인의 만성적인 위기와 시련에서 찾는다. 이방인들의 잦은 침략은 낯선 문화의 침입, 빈부의 격차, 부유층의 도덕적 타락을 불러왔고, 이는 이방인에 대한 혐오를 바탕으로 근본주의자들이 득세하는 결과를 낳았다. 이러한 움직임은 기원전 7세기의 정화 운동을 거치면서 유일신앙을 확립하는 계기가 되었다.

도덕적 상위 신의 등장

1만 년 전쯤에 시작된 농업혁명은 거주지의 확대와 함께 인구 증가를 불러왔다. 이러한 변화는 주변에 있던 부족들을 통합하면서 이루어졌다. 인구가 늘어나면 분란이 생기기 마련이다. 종교는 부족 간 통합 과정에서 발생하는 분란들을 해소하고 사회적 안정을 제공하는 역할을 했다. 농업혁명으로 탄생한 고대 이집트나 메소포타미아 왕국은 군주가 종교 지도자를 겸임하는 신권정치 체제였다.

농경의 성공은 토지가 곧 왕국을 지탱하는 중요한 자원임을 일깨워 주었다. 농경을 통해 부를 축적한 몇몇 권력자는 이웃의 다른 도시들을 차례로 정벌해 나갔다. 기원전 1000년 전쯤에 이르면 도시 인구가 급격히 증가하여 점차 제국으로 발전하고, 도시를 보호하던 각 부족의 신들도 하나의 계보로 통합되면서 규모에 걸맞은 권위를 갖게 된다. 권력자들이 통치에 필요한 힘을 신에게서 빌려 오면서 부족 신은 점차 유일신으로 변화했다. 유일신 신앙의 첫걸음은 거대한 권력 피라미드를 구축하는 것이다. 또 피라미드의 정점에 있는 권력자가 자신과 집단의 안전을 확보하는 방법은 신이 기뻐할 일과 심판할 일의 목록을 정하는 것이다. 그 목록은 신이 인간에게 하사한 계명인 동시에 인간이 지켜야 할 도덕률이기도 하다.

빈부 격차가 생기면 범죄에 대한 유혹도 증가한다. 권력자는 이 문제를 해결하기 위해 도덕률을 강화하고 법률을 제정하기에 이른다. 그러나 세상은 여전히 혼탁하고 평화의 시기는 오지 않았다. 도덕적 사회는 권력자의 강제가 아니라 구성원의 자발적 성찰과 행동을 통해 이루어진다. 그 과정은 하루아침에 이루어지지 않는다. 그런데 기원전 500년경을 전후하여 갑자기 도덕혁명이 일어난다. 동양과 서양에서 여러 현인이 도덕을 부르짖으며 등장한 것이다. 석가모니, 노자, 공자, 소크라테스 등이 그 무렵에 나타났다. 그 시기에 정신적인 측면뿐만 아니라 경제적으로도 급격한 변화가 일어났다. 화폐가 출현하고 원거리 교역로가 뚫렸다. 화폐가 통용되고 국가 간 무역이 이루어졌다는 것은 경제 전반을 국가가 통제하기 시작했다는 것을 의미한다.

종교인들은 인간의 도덕률이 신의 선물이라고 생각한다. 신이 없었다면 인간은 도덕적인 존재가 되지 못했을까? 찰스 다윈과 함께 '자연선택'을 발견했던 앨프리드 러셀 월리스는 이 의문 앞에서 고민에 빠졌다. 그는 1869년 인간의 뇌가 결코 진화의 산물일 수 없다고 주장함으로써 다윈과는 다른 길을 걸었다. 그가 보기에 인간의 지능과 감성은 비자연적인 것이다. 자연은 복잡하고 섬세하며 이성적인 뇌를 선택할 하등의 이유가 없다. 어떤 목적을 갖지 않고는 인간처럼 고차원적인 뇌가 진화하는 것이 불가능해 보였다. 그는 진화의 목적은 최선의 유기체가 되는 것이라고 믿었다. 하지만 진화는 다리·날개·지느러미가 모두 달린 슈퍼 물고기를 만들겠다는 목적 따위를 가지고 있지 않다. 만일 진화의 목적이 있다면 인간이 완벽한 존재가 되도록 방향을 안내하는 절대적 존재를 상정할 수밖에 없다. 진화를 이끄는 절대적 존재는 바로 신이다.

도덕의 등장은 집단의 규모와 관련 있다. 집단의 규모가 커지면 익명성이 확대되고 규범을 위반하는 자들이 증가한다. 지배자는 도덕규범을 만들고 법규를 제정해 부도덕한 행위를 근절해야 할 책임이 있다. 이로부터 도덕적 행위를 성문화하고 제도화하는 작업이 진행되었다. 그 과정에서 종교가 중요한 역할을 담당했다. 캐나다 브리티시컬럼비아대학의 심리학자 아라 노렌자얀은 2008년에 발표한 논문에서 사회가 성장하려면 무임승차자의 문제를 해결해야 하며, 도덕적 상위 신들이 그 역할을 했을 것이라고 주장했다. 즉 유일신 신앙이 사회를 발전시킨 것이 아니라 사회의 성장이 유일신 신앙을 만들었다는 것이다. 2015년에도 뉴질랜드 오클랜드대학 연구팀이 아프리카 동쪽 마다가스카르섬에서 남태평양의 이스터섬에 이르는 96개 집단을 분석하여 유일신 숭배가 정치적 복잡성이 높아진 뒤에 등장했다는 사실을 밝혀냈다.

매 순간 생존을 걱정해야 하는 사회에는 도덕이 들어설 틈이 없다. 『맹자』에 "유항산자유항심(有恒産者有恒心)"이라는 구절이 있다. 먹고살 수 있어야 도덕심도 생긴다는 뜻이다. 하루의 끼니를 걱정하는 사람에게 도덕은 무의미하다. 조직화된 종교 역시 먹고살 수 있는 환경에서 발아한다. 2015년 파리고등사범학교의 니콜라스 보마 연구팀은 종교가 발생할 수 있는 예측 모델을 설계한 후 여러 조건을 분석했다. 그 결과 도덕적 종교의 등장을 가장 잘 예측할 수 있는 지표는 구성원의 '에너지 획득'이었다. 구성원의 에너지 획득이 하루 2만 칼로리를 넘어서야 도덕적 종교의 탄생 빈도가 높았던 것이다. 종교는 물질적 풍요로움 속에서 싹을 틔우고 번성한다.

놀랍게도 도덕혁명의 시기에 물질적 풍요를 거부하는 도덕률도 생겨났다. 인도에서 출현한 불교와 중국에서 등장한 노자의 가르침이 그렇다. 모든 것이 결핍된 사회에서는 많은 구성원이 무소유 상태로 살아갈 수밖에 없다. 그들이 원해서가 아니라 다른 선택지가 없기 때문이다. 따라서 무위나 무소유는 풍요로운 사회에서나 가능한 도덕률이다. 인간에게는 자신의 목숨을 버리면서까지 타인에게 인정받으려는 욕구가 있다. 먹고사는 것이 해결된 사회에서는 도덕규범을 준수하는 것만으로 타인의 존경을 받을 수 없다. 진정한 도덕군자로 인정받으려면 부, 명예, 지위 같은 세속적 욕망이 아예 없다는 것을 과시해야 한다. 이러한 태도는 상대방의 경계심을 무장 해제시킬 뿐만 아니라 인간적으로도 매력적으로 보이게 만든다.

이기적인 개체들 사이에서 도덕이 진화한 것은 자연의 경이라고 할 만하다. 종교인들은 종교가 도덕을 낳았다고 믿는 경향이 있지만, 도덕의 진화에 대해서는 생물학적으로 정교한 설명이 준비되어 있다. 여기서는 도덕의 진화에 관한 생물학적 설명을 생략한다. 다만 사회적 동물로 살아가는 데 필요한 협력과 이타적 감정이 종교보다 훨씬 오래전에 진화했다는 사실만 말해 두기로 하자.

종교가 도덕에 별 영향을 미치지 않는다는 연구도 있다. 2015년 미국 시카고대학 연구팀은 미국, 중국, 캐나다, 요르단, 터키, 남아공 등 6개국에서 5~12세 어린이 1,170명을 대상으로 종교와 이타심의 관계를 실험했다. 어린이들에게 좋아하는 스티커를 고르게 한 뒤 다른 친구들에게 나눠 주는 방식으로 실험을 진행한 결과 오랫동안 종교를 믿는 가정에서 자란 아이일수록 이타심이 부족했다. 그뿐만 아니라 타인을 용서하려는 태도 또한 적게 나타났다.

　종교 집단을 포함하여 이타적인 집단은 존재하지 않는다. 다만 이타적인 개인이 있을 뿐이다. 이스라엘 국민이 모두 선하거나 악한 것이 아니고, 이슬람 국가의 국민이 모두 악하거나 선한 것도 아니다. 또 종교를 가졌다고 해서 도덕적인 것도 아니고 무신론자라고 해서 부도덕한 것도 아니다. 신은 자신에 대한 믿음을 가진 도덕적 존재를 선택한다. 그러므로 모두가 도덕적 존재가 되면 신은 존재할 이유가 없다.

02
종교와 과학

우주라는 시계의 태엽을 감고 그 시작의 방식을 선택하는 것은
역시 신에게 달려 있다.
우주에 시작이 있는 한
우리는 우주의 창조자가 있었다고 상상할 수 있다.
그러나 만약에 우주가 완전히 자급자족하고 경계나 끝이 없는 것이라면
우주에는 시초도 끝도 없을 것이다.
우주는 그저 존재할 따름이다.
그렇다면 창조자가 존재할 자리는 어디인가?
_스티븐 호킹, 『시간의 역사』

아담의 배꼽

어린 시절 칠흑같이 어두운 밤길을 혼자 걸었던 경험이 있는지 모르
겠다. 문득 하늘을 올려다보면 유릿가루 같은 별 무리가 쏟아져 내릴 듯
머리 위로 빛나고 있었다. 그 시절에는 누가 무슨 이유로 저 많은 별을
깜깜한 밤하늘에 매달아 놓은 것인지 알 수 없었다. 왜 별들은 밤에만
나타나며, 어째서 그 맑은 은하수가 지상으로 흘러넘치지 않는 것일까?
안타깝게도 그런 의문에 속 시원히 대답해 줄 만한 사람은 없었다.

나이가 들어서야 작은 물질 입자들의 화학적 결합을 통해 우주가 탄생했으며, 인간 역시 화학적 결합으로 이루어진 무생물로부터 진화했다는 사실을 배웠다. 인간이 사는 지구가 광대한 우주 속에서 눈에 띄지도 않는 먼지에 불과하다는 사실을 깨달았을 때, 그리고 인간이 그 작은 먼지 안에서 살아가면서 만물의 주인인 양 행세하고 있다는 사실을 알았을 때, 그때도 신의 존재는 여전히 의미를 갖는 것일까?

고대인에게 우주는 불가해한 신비 그 자체였을 것이다. 왜 세상에는 낮과 밤이 있고, 그들을 주재하는 태양과 달이 있으며, 예고도 없이 천재지변이 일어나는가? 아무도 그 이유를 알지 못했다. 그들이 추측할 수 있었던 것은 우주의 정교한 시스템을 굴릴 수 있는 어떤 존재가 있으며, 그는 인간이 사는 곳과는 전혀 다른 세계에 머물고 있으리라는 것뿐이었다. 그가 우주를 만들었고 지상에 있는 모든 것을 창조했다.

고대 메소포타미아인은 천신 마르두크가 세상을 창조했다고 믿었다. 마르두크는 탐욕스러운 바다의 여신 티아마트를 정복한 후 그녀의 두개골을 떼어내고 동맥을 잘랐다. 그러고는 몸을 두 개로 나누어 하나는 하늘의 지붕으로 삼고, 다른 하나는 땅으로 만들었다. 그때 그녀의 젖가슴은 산이 되었고, 침은 구름이 되었으며, 눈물은 티그리스강과 유프라테스강이 되었다. 멕시코의 영웅신 케찰코아틀 역시 원시의 바다를 헤엄치고 있는 여신 시팍틀리의 몸을 쪼개 하늘과 땅을 만들었다. 또 그녀의 머리카락과 피부로 식물을 만들고, 눈으로 우물과 샘을 만들었으며, 어깨로 산을 만들었다.

고대 중국인은 거대한 혼돈 속에서 우주가 생겨났다고 생각했다. 태초의 혼돈은 커다란 달걀처럼 생겼는데, 그 거대한 원형질 속에서 반고가 태어나 천지를 개벽하고 우주를 만들었다. 그가 죽은 후에 기(氣)가 변해 바람과 구름이 되고, 소리가 변해 벼락과 천둥이 되었으며, 두 눈은 해와 달이 되었다. 또 사지는 동서남북의 사극(四極)이 되었고, 오체는 다섯 개의 산으로, 핏물은 강과 바다로, 살은 흙으로, 수염과 모발은 별로, 털가죽은 초목으로, 몸속의 벌레는 인간으로 변했다.

그리스인은 우주를 현실적으로 해석했다. 그들은 지구가 원반처럼 평평하다고 믿었고, 그 한복판에 그리스가 있으며 바로 그곳에 신들의 거처인 올림포스산이 있다고 생각했다. 원반으로 된 세계는 커다란 바다에 의해 동서로 양분되어 있다. 두 대륙의 중간에 지중해가 자리 잡고 있다. 세계 주위에는 오케아노스강이 흐르고 있는데, 바닷물이나 대부분의 강물이 여기서 흘러나온다. 북쪽 땅에는 '휘페르보레오이'라는 종족이 행복하게 살아가는 북방 정토가 있다. 그곳에 커다란 동굴이 하나 있는데, 겨울이 추운 것은 그 동굴 속에서 추운 바람이 불어오기 때문이다. 또 남쪽에는 에티오피아인이 행복하게 살고 있고, 서쪽에는 '엘리시온'이라는 낙원이 있다.

이런 믿음은 모두 신화를 바탕으로 한 것이다. 그들 역시 언제 우주가 생겨났고 언제 인간이 지상에 태어났는지 알고 싶어 했지만, 누구도 해답을 찾지 못했다. 인간과 우주가 신의 창조물이라고 믿는 사람들은 경전에서 그 해답을 찾는다. 기독교의 영향을 받은 이슬람교 역시 성경과 마찬가지로 진흙에서 인간이 만들어졌다고 믿는다. 신은 진흙 덩어리로 작은 씨알을 만든 다음, 그것을 반죽하여 근육을 만들고 그 속에다 뼈를 심었다. 이것이 자라 수많은 창조물의 재료가 되었다.

19세기에 접어들면서 신학은 위기를 맞게 된다. 과학이 발전함에 따라 우주의 신비가 하나씩 베일을 벗고, 인간이 신에 의해 창조되었다는 믿음에 반기를 드는 과학자들이 등장했던 것이다. 그러나 수천 년간이나 세계를 지배했던 믿음은 쉽게 무너지지 않았다. 1857년 영국의 필립 고시는 『옴파로스』라는 책을 저술했다. 옴파로스는 그리스의 아폴론 신전에 있는 반원형의 돌을 가리키는 것으로 세계의 중심 또는 배꼽을 의미한다.

필립 고시는 이 책에서 흥미롭고 의미 있는 질문을 던졌다. 그가 던진 질문은 과연 최초의 인간인 아담에게 배꼽이 있느냐는 것이었다. 만약 아담이 신에 의해 창조되었다면 배꼽 같은 것은 있을 필요가 없다. 그는 어머니의 자궁에서 탄생하지 않았으므로 탯줄의 흔적을 가질 이유가 없었다. 그러나 필립 고시는 아담에게 배꼽이 있었을 것이라고 주장했다. 그리고 한 걸음 더 나아가 하느님은 인간의 미래 모습을 알고 있었기 때문에 아담에게 출생의 흔적을 미리 만들어 놓았다고 말했다. 따라서 세계 도처에서 발견되는 화석은 실제로는 생존하지 않았던 동물의 흔적이며, 이것 역시 하느님이 창조해 놓은 것이다.

그가 내세운 창조의 증거는 아이러니하게도 '아담' 그 자체였다. 아담은 어린아이로 창조된 것이 아니라 청년으로 창조되었기 때문에 기다란 머리털과 손톱을 가지고 있었다. 따라서 하느님은 아담이 미처 겪지 못했던 성장의 시간까지 예상해 신체적 특징을 만든 것이다. 그와 마찬가지로 하느님은 지구를 창조할 때 마치 오랜 과거가 있었던 것처럼 모양을 갖추어 창조했다는 것이다.

1650년, 아일랜드의 대주교이자 트리니티대학의 교수였던 제임스 어셔는 성경의 기록을 근거로 인간이 기원전 4004년 10월 22일 저녁에 창조되었다고 주장했다. 이것은 성경에 등장하는 인물들의 나이를 일일이 환산하는 노력 끝에 얻은 결론이었다. 비슷한 시기에 케임브리지대학의 교수였던 존 라이트풋은 기원전 3928년에 세계가 창조되었다고 단정했다. 물론 그 시기에는 지질의 연대를 측정할 방법이 없었다. 그나마 과학적인 방법으로 지구의 연대를 측정하려고 시도했던 사람은 아이작 뉴턴이다. 그는 지구의 중심 부분이 뜨겁다는 데 착안하여 고체의 냉각 속도를 측정함으로써 지구의 나이를 밝히려 했다. 결국 뉴턴은 지구만 한 크기의 달구어진 쇠공이 오늘날의 온도에 도달하려면 5만 년이 걸린다는 결론에 도달했다. 1863년에는 영국의 물리학자 윌리엄 톰슨(켈빈 남작)이 비슷한 방법으로 지구가 열을 빼앗기는 시간을 계산하여 지구의 역사를 1억 년으로 추정하기도 했다.

과학자들의 도전이 거세어지자 신학자들은 그들의 공격에 대응할 수 있는 논리를 만들어 내지 않으면 안 되었다. 그들도 알고 있었다. 나일강의 삼각주가 생성되려면 수천 년 이상의 세월이 필요하고, 지금은 존재하지 않는 동식물의 화석이 지구 곳곳에 산재해 있다는 사실을. 신학자들은 아담이 탄생하기 이전에도 인간이 존재했음을 인정하지 않을 수 없었다. 그리하여 등장한 것이 우주의 재창조설이다.

프랑스의 생물학자 조르주 퀴비에는 실증생물학을 정립한 사람이지만 진화론을 거부하고 '천변지이설(天變地異說)'을 주창했다. 지구 환경이 급격히 변화할 때 대부분의 생물이 멸종되었고, 그때마다 신이 생명을 다시 창조했다는 것이다. 그의 뒤를 이어 토머스 찰머스가 재창조설을 주장했다. 그는 성경에 나타난 창조의 여섯 날은 하나의 상징일 뿐이며 아담이 창조되기 이전에 이미 우주가 존재했다고 설명했다. 그에 따르면 이전의 우주는 천사장이 지배했으나 그가 천상에서 추방된 후 인간의 타락이 시작되었다. 마침내 하느님은 심판을 통해 인간을 멸망시켰고, 이후에 새로운 인간 아담을 창조했다는 것이다.

창조론과 진화론

1925년, 미국 테네시주의 임시 과학교사였던 존 스코프스는 뜻하지 않은 일로 법정에 서야 했다. 그에게 씌워진 혐의는 학생들에게 진화론을 가르쳤다는 것이었다. 당시 테네시주는 진화론을 가르치는 것을 위법행위로 간주하는 법률을 가지고 있었다. 결국 스코프스는 법정에서 100달러의 벌금형을 선고받았다. 이 재판은 찰스 다윈이 『종의 기원』을 발표할 당시의 상황을 빗대 '원숭이 재판'으로 불렸고, 전 세계 과학자들의 이목을 집중시켰다. 스코프스는 즉각 항소했고, 테네시주 최고법원은 판결을 번복해 그에게 무죄를 선고했다. 50달러가 넘는 벌금형의 경우 배심에서 판결해야 한다는 규정에 따라 마지막에 판결이 뒤집힌 것이다. 그러나 최고법원은 진화론을 금지하는 법 자체는 아무런 문제가 없다는 결론을 내렸다. 이 법은 1967년까지 법전에 남아 있었지만 엄격하게 시행되지는 않았다.

기독교 근본주의자들은 진화론을 공부하거나 믿는 것을 도덕적 타락과 결부시키는 경향이 있다. 존 스코프스 사건이 있기 2년 전인 1923년 오클라호마주는 진화론을 언급하지 않는다는 조건으로 공립학교에 비검정 과학교과서를 허용했다. 또 플로리다주는 '반진화론법'을 통과시켰고, 존 스코프스 사건이 일어난 테네시주는 1925년에 모든 공립학교에서 진화론을 가르치는 것을 불법으로 규정한 '버틀러 법령'을 통과시켰다.

1957년 10월 4일 소련이 스푸트니크 1호를 우주로 발사하면서 미국의 과학자들은 정부의 교육정책에 강한 불만을 토로하기 시작했다. 이후 미국 정부의 교육정책이 과학을 중시하는 방향으로 전환되자 이에 반발하는 사람도 늘어났다. 1963년 캘리포니아 샌디에이고에 창조연구학회가 탄생했다. 독실한 기독교인 과학자들로 구성된 창조연구학회는 '과학적 창조론'을 태동시키겠다는 꿈을 안고 출범했다. 1972년에는 샌디에이고에 거점을 둔 창조과학연구소가 출범했다.

1981년에 이르러 창조과학연구소는 정회원이 640명에 달할 정도로 큰 조직으로 발전했다. 연구소 소장인 헨리 모리스는 학교에서 진화론을 몰아내기 위해 부단한 노력을 기울였다. 그러나 이러한 노력이 번번이 실패로 돌아가자 창조과학연구소는 창조론을 진화론과 동등하게 대우해 줄 것을 요구했다. 즉 학교에서 진화론과 함께 창조론을 가르쳐야 한다고 주장한 것이다. 하지만 미국 헌법에는 정교분리 원칙이 명시되어 있으므로 공립학교에서 종교를 가르칠 수는 없었다. 결국 그들은 창조론이 종교인지 과학인지를 먼저 가려내야 했다.

창조과학연구소는 의회를 주요 공격 목표로 삼아 법을 수정하거나 입법하는 쪽으로 전략을 바꾸었다. 그 시기에 미국 대통령 선거가 있었다. 1980년 선거 운동에 열중하던 레이건 후보는 보수주의자들의 표를 의식하여 창조론 역시 진화론과 함께 학교에서 가르쳐야 한다고 주장했다. 마침내 1981년 아칸소 주지사였던 프랭크 화이트는 창조과학연구소의 주장을 수용하여 '창조과학과 진화과학의 동등한 처우에 관한 법률안'에 서명했다. 이 법률안은 주 법률 590호로 주 의회를 통과했다. 이로써 아칸소주에 있는 모든 학교는 창조과학을 인정하고 진화론과 함께 이를 가르쳐야 했다. 아칸소주는 창세기에 근거하여 새로운 과학 교과서를 발간하기에 이른다.

이러한 움직임에 제동을 건 곳은 미국 인권위원회였다. 미국 인권위원회는 아칸소주의 법률이 정교분리 원칙에 위배된다는 소송을 제기했다. 그때 생물학교사협회 등 모두 23개 단체가 소송에 참여했다. 이 소송의 재판장은 윌리엄 오버턴 판사였다. 아칸소주 상급법원에서 2주 동안 진행된 이 재판에는 내로라하는 과학자들이 증인으로 참여했다. 이 역사적인 재판이야말로 창조론자에게는 신의 약속을 법적으로 인정받을 수 있는 절호의 기회였으며, 과학자들에게는 과학의 존립 기반을 고수해야 할 위기의 순간이었다.

창조과학 측에서 내세운 이론가는 캘리포니아대학의 버클리 분교에서 박사학위를 받은 창조과학연구소 부소장 두에인 기시였다. 창조과학을 뒷받침할 수 있는 다양한 이론이 제시된 것도 이 무렵이었다. 그들은 진화론의 모순을 지적하는 서적들을 출판하기 시작했고, 그들의 저서는 세계 각국에서 번역·출판되었다. 국내에서도 진화론을 비판하며 창조론을 옹호하는 서적들이 출판되었고, 유명 대학의 교수들이 창조과학을 지지하는 과학자 명단에 이름을 올렸다.

그러나 진화론을 비판하는 그들의 논리는 이미 찰스 다윈이 『종의 기원』을 저술할 당시부터 대부분 알고 있었던 문제였고, 과학자들에 의해 대부분 의문이 해소된 상태였다. 그런데도 기독교를 믿는 몇몇 과학자는 창조과학의 주장을 여과 없이 수용했다. 창조론자들의 논리는 재판정에서 순식간에 무너지고 말았다. 증인으로 내세운 전문가들이 그들이 기대했던 수준이 아니었던 것이다. 결국 아칸소주의 법원은 창조론자들의 주장이 과학이 아니라 종교라는 판결을 내렸다.

그러나 여기서 끝나지 않았다. 진화론과 창조론 논쟁이 1987년까지 지속되었다는 사실을 알면 당신도 약간 놀랄 것이다. 그해 루이지애나주에서 시행하고 있던 유사한 법률에 대해서 똑같은 소송이 제기되었다. 이 소송은 미연방 대법원까지 상고되었으나, 1987년 6월 19일 미연방 대법원 판사들은 7대2로 진화론의 승리를 선언했다.

오랫동안 과학 교육을 받아 온 당신은 아마 창조론을 옹호하는 과학적 논리를 이해할 수 없다고 생각할지 모르겠다. 신의 천지창조를 어떻게 과학적으로 설명할 수 있단 말인가? 물론 그들은 창조론을 과학적으로 설명하지 못했다. 그들이 초점을 맞춘 것은 진화론의 문제를 드러내는 것이었지, 창조를 증명하려는 것은 아니었기 때문이다. 하지만 그들의 주장이 일고의 가치도 없는 것은 아니었다. 그들은 진화론의 맹점을 집요하게 파고듦으로써 진화생물학의 과학적 입지를 더욱 단단하게 해 주었다.

세상이 창조되는 순간을 목격한 사람은 없다. 있었다면, 그는 곧 신이거나 천사였을 것이다. 자료마다 약간의 차이는 있지만 우주는 약 138억 년, 지구는 약 46억 년의 역사를 갖고 있다. 최초의 생명체가 어떻게 지구상에 나타날 수 있었는가 하는 것은 과학자들에게도 커다란 숙제였다. 그동안 생명의 기원에 관해 여러 가설이 있었지만, 무생물로부터 생명체가 탄생했다는 것에는 많은 학자가 동의했다. 그러나 어떻게 원자에서 분자로, 단백질로, 바이러스로, 식물과 동물로, 파충류와 양서류로, 조류와 포유류로 진화할 수 있었을까?

생물의 기원을 설명하는 이론에는 크게 '화학적 진화론'과 '외계 유입 이론'이 있다. 전자는 원시지구에 있던 화학 원소들이 당시 환경과 상호작용하여 아미노산과 같은 유기물을 생성했다는 것이고, 후자는 지구 밖의 행성으로부터 유기분자가 유입되었다는 이론이다. 모든 생명현상을 과학적으로 증명하는 것은 쉬운 일이 아니다. 진화의 현장을 직접 보여 주는 것도 불가능하다. 이 때문에 창조론자들은 완전한 지능을 갖춘 설계자만이 생명체의 구조를 이토록 정밀하게 만들 수 있다고 주장한다. 하지만 우리 몸은 모순투성이다. 지성을 갖춘 설계자라면 인간의 몸을 이따위로 설계하지는 않았을 것이다.

자연은 효율성을 선호한다. 가장 비용이 적게 먹히고 가장 에너지가 적게 투입되는 시스템이 발견되면 자연은 그것을 선택한다. 생명체가 자신을 영원히 유지할 방법은 바로 자신과 닮은 후손을 복제하는 것이다. 이 복제 능력이야말로 진화를 가능케 한 열쇠다. 이 열쇠를 쥐고 있는 것은 유전자다. 인간은 죽지만 유전자는 늙거나 죽는 법이 없다. 유전자는 마치 택시를 갈아타듯 개체에서 개체로 옮겨 간다. 당신이 살아 있어야 할 첫 번째 목적은 후손에게 택시에 타고 있는 유전자를 안전하게 배달하는 것이다. 생명체가 조상으로부터 물려받은 상속 중에 가장 중요한 것은 정보다. 정보만이 수천만 년에 걸쳐 지속될 수 있기 때문이다.

유전자의 궁극적인 목표는 생존과 번식이다. 유전자가 사라지면 당신의 생존 가치는 사라지고 만다. 만일 당신이 독신을 고집한다면 이 고독한 임무로부터 해방될 수 있지만, 이 임무에서 제외되었다고 하더라도 변하는 것은 별로 없다. 이 지구상에는 수많은 택시가 있고, 그들이 당신의 역할을 대신할 것이기 때문이다. 하지만 당신이 지구상에 생존하면서 얻은 엄청난 양의 정보는 당신의 죽음과 함께 사라지고 만다. 후손을 남기지 않는다면 당신은 인류의 진화에 참여할 수 있는 최소한의 기회를 잃는 것이다.

창조론자들은 진화론에 대해 몇 가지 그릇된 편견을 가지고 있다. 첫 번째 오해는 후천적으로 획득된 형질이 유전된다는 것이다. 물론 이것은 오래전에 폐기된 이론이다. 그런데도 창조론자의 저술들은 이 이론을 공격하는 데 상당 부분을 할애하고 있다. 또 다른 편견은 진화가 어떤 목적을 갖고 진행된다는 것이다. 즉 진화의 최종 목적은 인간이며, 지금의 원숭이조차 언젠가는 인간으로 변해야 한다는 것이다. 하지만 과학자들은 이 논리를 부정한다. 진화에 목적 따위는 없다.

태초에 빅뱅이 있었다

1842년 오스트리아의 물리학자 크리스티안 도플러는 소리나 빛을 내는 물체가 움직이면 그 물체의 파동이 달라진다는 사실을 발견했다. '도플러 효과'로 이름 붙여진 이 현상은 주위에서 쉽게 찾아볼 수 있다. 이를테면 달려오는 기차의 기적 소리는 크게 들리고 멀어지는 기차의 기적 소리는 작게 들린다. 사소해 보이는 이 발견은 천문학의 발전에 지대한 영향을 끼쳤다. 1924년 미국의 천문학자 에드윈 허블은 은하계의 성운을 관측하다가 우리 은하계 밖에 다른 은하계가 존재한다는 사실을 알아냈다. 이후 그는 먼 곳에 떨어진 은하계의 거리를 측정하는 데 심혈을 기울였다. 마침내 1929년 그는 은하계에서 오는 빛의 스펙트럼을 관측하여 우주 팽창에 관한 '허블의 법칙'을 제안했다.

당시 허블은 멀리 떨어진 은하일수록 색깔이 더 붉게 보인다는 사실에 주목했다. 이를 바탕으로 허블은 마운트 윌슨 천문대에서 관찰한 결과를 그래프로 그려 나갔고, 그 결과는 놀라운 것이었다. 눈으로 볼 수 있는 빛은 파동으로 이루어져 있다. 그런데 빛의 파동 횟수, 즉 진동수가 다르면 각기 다른 색으로 관찰된다. 가장 낮은 진동수를 가지면 그 빛은 스펙트럼의 붉은 쪽에 위치하고, 높은 진동수를 가지면 푸른 쪽 끝에 나타난다. 따라서 빨·주·노·초·파·남·보의 무지개색은 진동수가 낮은 것부터 높은 쪽으로 배열된 것이다. 이것을 도플러 효과와 결합시키면 진동수와 거리의 관계를 알 수 있다.

진동수는 1초 동안 생긴 파동의 수를 가리킨다. 따라서 진동수가 많아지면 파고는 높아지고 파장은 짧아진다. 반면에 진동수가 적으면 파고는 낮아지고 파장은 늘어난다. 멀어지는 기차의 소리가 작게 들리는 것은 거리가 멀어질수록 소리의 진동수가 점점 낮아지기 때문이다. 빛은 낮은 진동수를 가질수록 붉은색을 띤다는 것은 앞에서 설명한 바와 같다. 따라서 별이 붉은빛을 띠는 것은 빛의 파장이 늘어났음을 의미하는 것이고, 이는 거리가 점점 멀어지고 있음을 보여 주는 것이다.

허블은 이러한 현상에 착안하여 은하계의 거리를 측정할 수 있었다. 또한 그는 하나의 별에서 색의 일부가 사라져 있음을 알아냈고, 그 없어진 비율만큼 붉은빛이 늘어나 있다는 사실을 발견했다. 그리고 먼 곳에 있는 별일수록 더 빠른 속도로 붉은색의 비율이 늘어나고 있다는 사실도 밝혀냈다. 이러한 현상을 '적색편이(赤色偏移)'라 부른다. 눈치 빠른 당신은 왜 이런 현상이 일어나는지 단박에 알아차렸을 것이다. 별이 붉은색으로 변해 가고 있다는 것은 관찰자가 서 있는 지구로부터 별이 점점 멀어지고 있기 때문이다.

왜 별들은 검은 우주 공간을 향해 시속 수백만 마일의 속도로 멀어지고 있는 것일까? 은하는 어디에서 출발하여 그곳까지 온 것일까? 그리고 어디를 향해 질주하고 있는 것일까? 우주의 중심은 어디일까? 우주의 끝에 다다르면 모든 별은 눈송이처럼 떨어져 내리지는 않을까? 대폭발(big bang) 이론은 이런 의문으로부터 생겨났다. 허블은 별이 멀어지는 속도가 양자 간의 거리에 비례한다는 사실을 알아냈다. 이것은 태초의 우주가 한 지점에서 출발했으며, 언젠가는 별들이 광속에 가까운 속도로 우리 시야에서 영원히 사라질 것이라는 사실을 암시한다.

허블의 이론은 1960년에 이르러 다시 한번 증명된다. 1965년, 미국 뉴

저지의 '벨전화연구소'에서 근무하던 아노 펜지어스와 로버트 윌슨이 그 주인공이다. 두 사람은 안테나에 수신되는 외부의 마이크로파를 찾아내 잡음을 제거하는 일을 하고 있었는데, 높이 설치된 안테나에서 비둘기를 쫓아내는 방법을 찾아내는 것도 그들이 맡은 업무 중 하나였다. 마이크로파 탐사 장비로 잡음의 정체를 조사하던 두 사람은 안테나에 수신되는 다양한 마이크로파를 발견했다. 조사 결과 마이크로파는 우주의 모든 방향으로부터 수신되는 열 전자파로 판명되었다. 그렇다면 이 복사열은 어디에서 생겨난 것일까? 두 사람은 이 복사열이 빅뱅의 흔적임을 깨달았다. 즉 초기에는 엄청나게 뜨겁고 밀도가 높은 우주가 존재했으며, 마이크로파는 최초의 엄청난 폭발이 남긴 메아리였던 것이다. 지금도 우주에는 이 복사열이 남아 있다. 이 복사열은 우주의 격렬한 탄생 순간에 남은 열의 유적이며, 점점 흐려져 가는 마지막 불꽃이다.

처음으로 지구가 돌고 있다는 생각을 한 사람은 아리스타르코스였다. 그로부터 350여 년 후 그리스 천문학자 프톨레마이오스는 당시까지의 관측 자료와 학설을 바탕으로 천동설을 주장함으로써 아리스토텔레스의 이론으로 되돌아갔다. 이후 아리스토텔레스와 프톨레마이오스의 우주론은 근세 초기까지 기독교의 지지를 받는다. 이 우주관에 반론이 제기된 것은 무려 1,400여 년이 지난 뒤였다. 1514년에 이르러 폴란드 출신의 성직자 코페르니쿠스가 지동설을 제창하고 나섰다. 하지만 그가 신성 모독으로 화형에 처해진 후 과학자들은 숨을 죽이고 지냈다. 그러나 진실은 어둠 속에서도 불씨를 간직하고 있는 법이다. 그의 생각은 이탈리아의 조르다노 브루노에 의해 부활했다. 하지만 도미니크 교단의 사제였던 브루노 역시 7년간의 감옥생활 끝에 화형당하고 말았다.

죽음을 담보로 한 그들의 탐구정신은 요하네스 케플러, 갈릴레오 갈릴레이로 이어졌다. 갈릴레이는 1609년에 망원경을 발명하여 목성의 위성, 태양의 흑점, 은하를 관찰하는 데 성공했다. 그가 발견한 목성의 위성은 모든 천체가 지구를 중심으로 돌지 않는다는 사실을 확인해 주는 강력한 증거였다. 그가 종교재판소를 나오면서 "그래도 지구는 돈다"고 말했는지는 확실치 않지만, 케플러와 함께 근대 과학의 아버지로 불릴 만한 공적을 이룬 것은 틀림없다. 두 사람의 이론은 1687년 뉴턴에 의해 체계화되었다. 오늘날의 과학자들은 별의 정체를 알고 있고, 우주가 어떻게 해서 만들어졌는지 설명할 수 있다. 아무도 빅뱅을 본 사람은 없으므로 그 장엄한 광경은 당신의 상상에 맡기겠다.

마음의 진화

1953년, 영국 케임브리지대학의 캐번디시연구소는 과학사에 길이 남을 만한 연구 결과를 발표했다. 이 연구의 책임자는 미국 시카고 출신의 분자생물학자 제임스 왓슨과 영국의 생화학자 프랜시스 크릭이었다. 두 사람은 핵산의 분자구조를 연구함으로써 DNA가 이중 나선형 모양의 고리로 연결되어 있다는 사실을 규명했다. 이 공로로 두 사람은 1962년에 노벨상을 받았다.

분자생물학의 등장은 인간을 바라보는 시각을 완전히 뒤바꾸어 놓았다. 분자생물학은 인간의 몸이 무기물의 정밀한 상호작용에 의해 구성되어 있다는 사실을 밝힘으로써 모든 생물이 하나의 기계장치에 불과하다는 사실을 일깨워 주었다. 따라서 그동안 인간에게 부여되었던 모든 특권은 박탈당하고, 인간이 우월한 존재라는 인식도 막을 내렸다. 결국 인간은 다른 동물에 비해 좀 더 정교한 기계장치일 뿐이었다.

많은 사람이 진화를 신의 대리자인 인간이 출현하기 위한 과정쯤으로 여기고 있었다. 하지만 분자생물학은 진화의 목적을 철저히 배제한 채 생명체가 우연히 발생한 돌연변이와 도태, 확률의 산물임을 밝혀냈다. 유전자에 대한 확고한 믿음은 다시 사회생물학을 출현시켰다. 사회생물학은 인간 행동의 뿌리를 생물학적 특성에서 찾는다. 이 이론은 지금까지 설명해 내지 못했던 우리의 마음과 행동을 이론적으로 설명하는 데 도움을 주었다.

창조론자들은 인간의 급속한 진화에 의문을 갖는다. 인류가 300만 년 정도의 긴 역사를 갖고 있다면, 299만 년을 왜 허송세월로 보낸 것일까? 인간이 문명을 갖게 된 것은 불과 1만 년 정도에 불과하고, 최근 100년 동안의 진보는 299만 9,900년 동안의 진보보다 눈부시다. 그러나 폭발적인 변화를 초래할 임계 값이 형성되면, 생존에 유리한 유전자 돌연변이는 군집 전체로 급속히 확산한다. 문화는 폭발과 전염의 촉매제다. 인간이 단순한 채취자에서 유능한 사냥꾼으로 변모했을 때 그들은 언어를 만들어 냈다. 아마 그때쯤 인류는 폭발적인 진화를 경험했을 것이다.

이 폭발적 진화는 뇌의 크기와 관련 있다. 오스트랄로피테쿠스의 뇌 용적은 450~550밀리리터 정도이고, 호모에렉투스의 뇌 용적은 860~1,100밀리리터였다. 호모에렉투스는 불을 피웠고 도구를 만들었다. 따라서 오스트랄로피테쿠스가 호모에렉투스로 진화하는 과정에서 폭발적 진화가 일어났음을 알 수 있다. 아마도 그 경계는 뇌가 700~750밀리리터가 되는 지점이었을 것이다. 오늘날 유아는 두 돌이 되는 시기에 그 정도의 뇌 용적에 이른다. 그때부터 아이는 언어를 구사하기 시작한다.

『이기적인 유전자』의 저자인 리처드 도킨스는 문화적 전파가 유전자의 전파 과정과 유사하다는 가정 아래 이 전달 매개체를 밈(meme)으로 명명했다. 밈은 일종의 '마음 바이러스'다. 이것은 부호화되고, 전달되고, 해독되고, 감염된다. 밈의 중심에는 모방과 언어가 자리 잡고 있으며, 이것을 통해 뇌에서 뇌로 도약한다. 즉 밈은 살아 있는 존재로서 인간의 뇌에 기생하고 있다는 것이다. 더구나 밈은 유전자보다 훨씬 빠르게 전파되고, 그 대상에도 제한이 없다. 인간의 마음은 곧 밈의 복사 장치이며, 언어 개발과 더불어 밈의 진화를 촉발시킨다.

이는 발달된 뇌로 인해 가능하다. 우리 뇌를 감싸고 있는 대뇌피질은 약 100억 개의 신경세포, 즉 뉴런을 갖고 있다. 뇌는 뉴런을 통해 정보를 입력하고 적절한 반응을 출력한다. 뉴런은 시냅스로 서로 연결되어 있다. 시냅스를 오가는 것은 신경전달물질이며 그것은 전기화학적 신호에 의해 분비된다. 시냅스를 오가는 것은 궁극적으로 작은 입자들이다. 그러나 입자 속에서 '마음'을 발견할 수는 없다. 예를 들어 인간의 감정을 조절하는 아드레날린 속에는 분노도 공포도 담겨 있지 않다. 마찬가지로 도파민 속에서 환희의 감정을 찾아낼 수 없다. 이 물질들은 가솔린이나 이산화탄소처럼 마음과는 무관하다. 그렇다면 마음은 어떻게 생겨났을까?

어쩌면 우리가 작은 입자 수준에서 벗어나 세포 단계로 넘어가면 해답의 실마리를 발견할 수도 있을지 모른다. 생명체를 구성하고 있는 세포는 끊임없이 활동한다. 세포의 활동을 이해할 수 있는 가장 좋은 조건은 척추동물만이 가지고 있는 면역계다. 면역계는 분자 수준에서 이미 '나'와 '나 아닌 것'을 구별한다. 즉 면역계는 세균성 침입자를 발견하고 침입자와 화학적으로 결합해 항체를 만들어 낸다. 그뿐만 아니라 면역계 세포는 적을 기억해 두었다가 다시 공격한다. '나'와 '나 아닌 것'을 기억하고 구별하는 것이야말로 의식의 필수적인 전제조건이다.

'기억'은 마음을 생성하는 재료이자 바탕이다. 이런 경우를 상상해 보자. 어젯밤에 당신은 다른 사람에게 뇌를 이식했다. 이제 당신은 누구인가? 당신이 새로운 육체를 가진 것인가, 아니면 당신이 새로운 뇌를 가진 것인가? 여기서 당신을 인식할 수 있는 것은 기억밖에 없다. 성형수술을 받은 사람이 낯선 모습의 얼굴을 '나'로 인식할 수 있는 것은 자신에 대한 기억이 있기 때문이다. 기억이 없는 상태에서 나는 존재하지 않는다.

적을 가려내고 그들을 혼란에 빠뜨리는 일이야말로 생명을 지닌 존재가 추구하는 목표다. 생명체의 가장 큰 욕구와 생존 기술은 필요한 먹이를 획득하고 포식자의 먹이가 되지 않는 것이다. 그러므로 모든 생물은 적군과 먹이를 다른 것들과 구별할 줄 알아야 한다. 그뿐만 아니라 생명체는 살아남기 위해 위장하거나 숨거나 흉내 내야 한다. 생존의 과정에서 터득한 고도의 책략은 결과적으로 의식이 진화할 수 있는 동인이 되었다. 따라서 의식의 진화는 '나 아닌 것'과의 만남을 통해서 이루어졌을 것이다.

의식은 인간의 전유물일까? 신경과학자들은 몇몇 동물도 일정 수준의 의식을 가지고 있다고 생각한다. 인간의 의식은 다른 동물과 달리 고차원적이다. 생명체의 목적이 자기복제라면 왜 인간은 거추장스럽고 복잡한 의식을 갖게 되었을까? 의식이 진화한 이유에 대해서는 신경과학자들 사이에서도 견해차가 존재한다. 그러나 다수의 신경과학자는 의식의 출현이 개체의 생존 확률을 높였을 것으로 보고 있다. 진화는 생존에 유리한 기능을 가진 물리적 체계를 선택할 뿐, 어떤 목적도 가지고 있지 않다. 물론 의식이 생존 확률을 높이는지는 아무도 모른다. 인간이 미생물보다 더 훌륭하게 지구 환경에 적응했다는 증거가 없기 때문이다. 따라서 의식은 뇌가 진화 과정에서 얻은 부수적인 기능일 수도 있다.

설령 의식이 진화 과정에서 획득한 부수적 기능이라 해도 생존경쟁에서 중요한 무기로 기능했을 것이다. 의식을 통한 여러 정신작용은 팔다리만큼이나 훌륭한 역할을 했을 것이다. 많은 에너지와 비용이 추가되지만, 의식은 의도적이고 계획적이며 조직화된 행동을 훨씬 능률적으로 수행할 수 있게 한다. 인간이 어떤 생물보다도 훌륭한 의식세계를 갖고 있는 것은 언어를 가지고 있기 때문이기도 하다. 동물도 협동을 통해 먹이를 사냥하고 서로 위험 경보를 전달하지만, 인간만큼 다양한 정보를 나누지는 못한다. 인간이 좀 더 정교하게 의식을 진화시킬 수 있었던 것은 군집생활을 통해서였을 것이다. 당신은 상대방의 마음을 읽고 상대방이 취할 행동에 대한 가설을 개발하고 검증한다. 의식은 바로 이러한 전략이 발전한 것이다. 집단 속에서 상대방의 기분·의도·생각을 아는 것은 매우 중요한 문제다. 물론 이것을 지배하는 것은 뇌다.

뇌가 자연선택을 통해 진화했듯이 의식 역시 자연선택의 결과로 생겨났다. 사물을 분석하고 판단하는 능력은 환경에의 적응도를 높여 주었을 것이다. 물론 최초의 의식은 '현재'를 기억하는 일차적 의식이었을 것이다. 그러나 어떤 순간에 기억을 재입력할 수 있게 되었고, 그때부터 기억은 의식의 일부가 되었다. 이후 언어가 생겨나면서 일차적 의식은 고차원의 의식으로 발전한다. 언어는 현재뿐만 아니라 과거와 미래의 개념까지 가져다주었다.

무의식에서 건져 올린 영혼

인간이 한낱 화학적 원소의 결정체라는 사실을 인정하고 싶지 않을 것이다. 도대체 인간의 숭고한 이성, 마음, 영혼 등은 모두 어디로 갔는가? 일찍이 탈레스의 제자였던 아낙시만드로스는 세계가 우주의 숨결인 '프네우마'로 지탱되는 하나의 유기체라고 생각했다. 즉 지고지순한 어떤 영혼이 우주를 지배한다고 생각했다. 그의 생각은 플라톤에 이르러 이데아로 발전한다. 이후 서양철학은 플라톤의 영향 아래 놓이게 되었다.

데카르트 역시 자연을 마음과 물질이라는 두 개의 분할된 세계로 인식했다. 오늘날 극단적인 기능주의자는 두뇌가 하나의 기계장치이며, 인간의 감각과 이성은 신경세포들의 전기적 자극에 의해 생겨난 것이라고 말한다. 그렇다면 의식은 인간만 가지고 있는 것이 아니다. 이론상으로는 전기 배선을 갖고 있는 기계들도 생각하고 느낄 수 있다. 그러나 뇌를 절개한다고 해도 영혼을 찾아낼 수는 없다.

생존에 적합하지 않은 것들은 자연선택에 의해 퇴화·소멸한다. 우리의 마음 역시 자연계에서 살아남기 위해 생겨났다. 인간은 '의식'을 획득함으로써 강력한 생존 수단을 보유하게 되었다. 그러나 초기의 의식은 그다지 큰 역할을 하지 못했을 것이다. 일차 의식은 먹이를 사냥하고 포식자를 피해 도주하는 데는 유용했지만 무시무시한 육식동물에게 위협을 주지는 못했을 것이다. 그러나 이 새로운 능력은 분명히 계속 간직할 만한 가치가 있었다. 인간은 다른 기관을 퇴화시키면서까지 이 능력을 갖고 싶어 했다. 사고능력을 지닌 이차 의식이 생겨나기 시작했을 때 인간은 처음 획득했던 일차 의식을 저장해 둘 필요를 느끼게 되었다. 이차 의식은 사냥감을 찾아내고 분배하기까지의 과정을 계획하는 데 도움을 주긴 했지만 급박한 위험에 직면했을 때 필요한 것은 일차 의식이었다. 위험에 대한 경고를 신속히 알아차리고 민첩하게 대응할 수 있는 것은 '사고'가 아니라 '반사'였다. 따라서 그들은 일차 의식을 유전적 기억 안에 축적해 두기 시작했다. 이것이 바로 '무의식'이라 부르는 어떤 것이다.

무의식은 생존에 필수적이지만, 가끔 작동 오류를 일으킨다. 별것 아닌 것에 몸과 마음을 긴장시키고, 때로는 의식 안으로 불현듯 뛰어들어 합리적인 사고를 방해한다. 따라서 평상시에는 어떤 저장소에 무의식을 가둬 놓았다가 필요할 때 꺼내 쓸 수 있도록 일종의 여과기를 만들어 두어야 했다. 물론 이 여과기는 무의식 영역에서 의식 영역으로 전달되는 한 방향 통로를 갖고 있다. 인간의 삶이 문명화되면서 무의식은 점차 쓸모없는 것으로 치부되었다. 의식을 방해하고 본능을 자극하는 요인으로 작용한 것이다. 따라서 자연의 선택압은 여과기의 역할을 더욱 강화하는 방향으로 향했고, 불필요하거나 통제가 불가능한 정보들을 무의식의 영역으로 추방해 버렸다. 그 결과 무의식은 의식의 쓰레기 하치장이 되어 버렸다.

새로운 것에 관심을 쏟을 때 이전에 관심을 가졌던 것들은 그늘 속에 남는다. 마치 탐조등이 한 방향을 주시하고 있을 때 다른 부분은 어둠 속에 잠기는 것과 같다. 하지만 잊힌 것이라 해도 그 존재가 사라지는 것은 아니다. 그것은 비록 당신의 의지로 재생할 수는 없지만 잠재적 상태로 당신의 어딘가에 존재하고 있으며, 어느 순간에 불현듯 다시 떠오른다. 그것이 바로 당신의 무의식이다. 무의식은 단지 과거의 기억만으로 축적된 창고가 아니다. 그것은 과거뿐만 아니라 미래의 심적 상황이나 이미지들로 가득 차 있다. 당신이 의식적으로 알기 어려운 것들은 종종 무의식에 의해 감지된다.

원시인은 현대인보다 훨씬 더 본능의 지배를 받았을 것이다. 그러나 문명화의 과정을 거치면서 인간은 본능을 분리시켰고, 마침내는 질긴 철사로 묶어 깊숙한 어둠 속에 유폐시켜 버렸다. 무의식을 유폐시킨 대가로 인간은 조상들이 가지고 있었던 정신적 가치를 상당 부분 잃어버렸다. 천둥이나 벼락은 더 이상 신의 성난 목소리가 아니며, 번개는 더 이상 복수의 무기가 아니다. 이미 자연은 인간에게 속삭이는 일이 없으며, 인간도 그들이 들을 수 있다고 믿지 않는다. 인간과 자연이 교류하며 동화하던 지점은 이제 완전히 유실되어 버린 것이다. 다행히 우리는 이 본능을 완전히 잃어버리지는 않았다. 우리가 무리와 결속될 때 개인의 금기사항은 사라지고 잔인하고 동물적인 본능이 되살아난다.

샤먼은 집단의 무의식을 몸으로 받아들인다. 어느 사회의 구성원이든 대개 샤먼이 되는 것을 꺼린다. 그래서 제사장은 무병(巫病)을 앓고 있는 사람에게 신의 계시를 따르지 않으면 목숨을 잃을 것이라고 위협하지 않을 수 없었다. 이 병은 병원에서도 고칠 수 없다. 그때야 무당은 저 세계에서 자신에게 내린 계시를 인정하고 샤먼이 되기 위한 고난의 길로 들어선다. 무당이 겪는 입문 과정은 일종의 접신 체험이다. 그는 원초적인 신화시대로 거슬러 올라가 아득한 조상들이 염원했던 낙원을 경험한다. 이 낙원은 말할 필요도 없이 아무런 위험도 존재하지 않았던 어머니의 자궁 속이다. 신과 만나는 과정 역시 죽음의 과정과 유사하다. 그들은 대개 고열이 뒤따르는 병을 앓고, 때로는 마취성이 있는 약물을 마신다. 그런 다음에야 그들은 유체 이탈을 경험하고, 강이나 호수 같은 장애물을 건넌다.

그는 '믿음'으로써 고통스러운 병으로부터 해방되었다. 이 믿음이야말로 강력한 전파성을 가진 마음의 바이러스, 즉 밈이다. 맹신으로 무장한 밈은 증거를 필요로 하지 않는다. 종교적 밈은 이성적인 의문을 무력화시키고, 어떤 것도 정당화할 수 있다. 종교적 밈은 절대권력을 가진 채 번식한다. 절대권력을 가진 존재는 때로 상상적인 동물의 모습으로, 아니면 초월적인 존재로 나타난다. 인간은 이 존재에게 복종을 알리기 위해 무릎을 꿇고, 땅바닥에 엎드리고, 눈물을 흘리는 것이다. 제사 의식은 종교적 밈을 전파하는 중요한 기회다. 그것은 마치 최면상태와도 같다. 최면술사의 명령은 세상에 대한 모든 관심을 거두고 최면술사에게 집중하라는 지시일 뿐이다. 최면을 당한 사람은 결코 최면술사의 뜻을 거역할 수 없다. 그는 수동적인 태도만 취할 수 있으며, 최면술사 앞에서 자신의 의지를 꺾어야 한다.

우리가 경험하고 있는 심령현상은 무의식과 관련되어 있다. 그것은 우리가 공통으로 지니고 있는 무의식 영역으로부터 방출된다. 즉 우리가 깨닫지 못하는 어떤 순간에 의식의 밑바닥에 잠재해 있던 무의식이 여과기를 통과하여 모습을 드러내는 것이다. 신이 광활한 우주 어딘가에 웅크리고 앉아 양성자와 중성자의 개수를 헤아리고 있다고 생각할 수는 없다. 신은 인간이 존재할 때만 존재할 수 있다. 그러므로 우리는 "신들조차도 인간 정신의 투영에 지나지 않는다"는 카를 구스타프 융의 명제에 동의할 수 있다.

현대 물리학이 찾아낸 마음

마음이 물리적으로 실재한다면 질량을 가지고 있을 것이고, 동시에 입자 형태로 구성되어 있을 것이다. 하지만 마음은 '입자 덩어리'가 아니다. 19세기 초 영국의 물리학자 토머스 영은 처음으로 빛이 파동이라는 것을 증명했다. 빛은 파동인 동시에 입자다. 이로부터 베르너 하이젠베르크의 '불확정성의 원리'가 출현했다. 어떤 물체의 운동 상태는 위치와 속도로 규정된다. 그러나 소립자의 세계에서 이 두 가지 정보를 정확히 안다는 것은 불가능하다. 파동은 정확한 위치를 갖고 있지 않기 때문이다. 전자는 정지해 있는 것이 아니라 끊임없이 진동한다. 만일 그 물질의 위치를 알게 되면 관찰자는 속도를 잃어버리고 속도를 알면 위치를 잃어버린다. 한쪽이 결정되면 다른 쪽은 결정될 수 없다는 것이 바로 불확정성의 원리다. 따라서 입자는 한 장소에 존재하는 것이 아니라 존재하려는 경향 또는 확률을 나타낸다.

　당신이 전자를 관찰할 수 있을 만큼 정밀한 현미경을 갖고 있다고 하자. 현미경을 통해 원자 안을 들여다보는 순간 최소한 한 개의 빛 입자가 현미경을 통해 원자 속으로 들어간다. 그때 전자는 빛 입자와 충돌하게 되고, 결국 이 충돌로 인해 전자의 운동량과 속도는 변화한다. 따라서 전자궤도를 정확히 관찰하여 기술하는 것은 불가능하다. 이미 빛의 입자는 전자와 충돌했기 때문에 자신이 사라져 가는 흔적, 즉 파동만 보여 줄 수 있을 뿐이다. 파동은 확률로밖에 표시할 수 없다. 현미경으로 관찰하기 전까지 전자는 분명 어떤 궤도를 달리고 있었을 것이다. 하지만 현미경을 들이대는 그 순간 전자는 파동을 남기고 사라진다. 당신은 전자를 확인할 수는 있지만 궤도를 돌고 있다고 말할 수 없다. 전자의 위치를 찾아낼 수 있었던 것은 당신이 관찰을 시도했기 때문이다. 따라서 당신이 현미경을 들이대기 전까지 전자는 두 개의 가능성을 모두 갖고 있다. 즉 전자가 궤도 위에 있거나 없거나 둘 중의 하나다. 두 개의 존재 가능한 세계가 공존하는 것이다. 존재 가능한 두 개의 세계를 하나로 고정하려는 것은 당신이다. 당신이 개입하지 않으면 물질은 유와 무, 두 개의 가능성 속에 존재하는 것이다.

1926년 오스트리아의 물리학자 에르빈 슈뢰딩거는 입자를 확률로 표기할 수 있는 파동방정식을 창안했고, 독일의 물리학자 막스 보른은 이 파동함수를 입자를 발견할 수 있는 확률 진폭으로 해석하자고 제안했다. 그러나 아인슈타인은 이 이론을 수긍할 수 없었다. 아인슈타인은 물리학 법칙이야말로 가장 단순하고 명료한 것이라는 믿음을 갖고 있었다. 따라서 물리학 법칙에 있거나 없거나 하는 따위의 논리가 적용될 수 없다. 그는 "신은 주사위 놀이를 하지 않는다"는 말로 그들의 주장을 거부했다.

아인슈타인은 입자가 정확한 위치를 갖고 있지만 단지 인간이 알 수 없을 뿐이라고 주장했다. 아인슈타인은 양자역학의 강력한 옹호자였던 닐스 보어와 1933년까지 논쟁을 계속했지만, 과학자들은 아인슈타인의 패배로 결론지었다. 그러나 물리학자들은 입자는 어디엔가 있어야 하고, 그것이 불가능하다면 어떤 형태로든 기술되어야 한다고 믿었다. 결국 물리학자들은 덴마크의 코펜하겐에 모여 이 문제를 정리했고, 하이젠베르크의 '불확정성의 원리'를 지지하기에 이른다. 그들이 내린 결론에 의하면 입자는 실재가 아니라 존재에 대한 하나의 경향이며 가능성이다. 따라서 객관적인 서술은 불가능하다.

당시 슈뢰딩거가 제안한 '고양이 역설 실험'을 살펴보자. 우선 밀폐된 상자가 있어야 한다. 이 상자 안에는 고양이 한 마리가 들어 있고, 방사능물질과 독성이 강한 시안화수소(HCN)가 담긴 유리병이 있다. 이때 방사능물질 속의 원자가 붕괴하면 잘 조준된 망치가 유리병을 깨뜨려 시안화수소가 나온다. 이 경우 고양이는 독성이 강한 기체를 흡입하고 죽게 된다. 방사능 붕괴는 입자들의 움직임으로 인해 발생하기 때문에 확률적이다.

코펜하겐 해석에 의하면 상자의 뚜껑을 열어 보기 전까지 고양이는 죽어 있거나 살아 있거나 둘 중 하나다. 이것은 관찰자가 전자를 측정하기 전까지 파동도 입자도 아닌 형태로 존재하는 것과 같다. 따라서 상자 안의 고양이가 살았는지 죽었는지 확인하려면 뚜껑을 열어 보는 수밖에 없다. 그렇다면 뚜껑을 열어 보기 전까지 고양이는 어떤 상태로 존재하고 있을까? 안타깝게도 우리는 확률로만 말할 수 있다. 뚜껑을 열기 전까지 고양이는 살아 있지도 죽어 있지도 않다. 즉 관찰하기 전까지 고양이는 삶과 죽음이 혼합된 허깨비로 존재하는 것이다. 관찰자의 시선이 닿았을 때 비로소 고양이는 하나의 실체로 결정된다.

슈뢰딩거의 고양이 실험은 불확정성의 원리의 모호함을 비판하기 위한 사고실험이었지만 의도와 달리 양자역학의 특성을 잘 설명해 주는 예로 자주 인용된다. 이 실험은 관찰자가 없으면 물질은 어떤 규칙에도 적용받지 않는 허깨비로 존재한다는 사실을 역설적으로 보여 준다. 물질을 규정하는 것은 곧 관찰자의 '의식'이라는 것이다. 그들의 논리에 의하면 우주는 실체가 아니라 단순한 허깨비들의 집합이다.

이 이론은 프린스턴대학의 휴 에버렛 3세에게 '평행우주론'에 대한 영감을 주었다. 1957년에 그는 입자가 하나의 구멍을 선택할 때마다 우주는 두 개로 갈라질 것이라는 제안을 했다. 이 흥미로운 제안은 선택의 순간마다 우주가 분리되어 수없이 많은 평행우주가 독립적으로 존재할 수 있다는 점을 암시한다. 즉 고양이가 죽었는지 살았는지를 결정할 때마다 우주는 둘로 갈라지며, 한 우주는 살아 있는 고양이를 품고 있고 다른 우주는 죽은 고양이를 담고 있다는 것이다. 두 개의 우주는 실재적이며, 동시에 인간 관찰자를 갖고 있다. 그러나 각각의 세계에 거주하는 관찰자는 오로지 자기가 거주하는 세계만 자각할 수 있다. 따라서 우주가 갈라질 때 우리의 의식도 함께 갈라지며, 우리는 각자의 우주만이 유일한 것이라고 생각한다. 정말 그런 세계가 존재할 수 있을까? 만일 그런 우주가 존재한다면 태초에 갈라져 나간 우주는 우리의 우주와 다른 모습을 하고 있을 것이며, 그 관찰자가 인간이 아닐지도 모른다.

이것은 물질이 이데아의 복제품이거나 영상이라는 플라톤의 원리로 되돌아가는 것을 의미한다. 양자역학은 물리학자들에게 객관적인 실체를 부정하도록 만들었다. 실체는 본질적으로 존재하는 것이 아니라 인간의 의식이 개입될 때만 모습을 드러내기 때문이다. 만일 관찰자가 인간이 아니라 신이라고 생각하면 어떨까? 그때는 생명체가 없는 우주들도 여전히 중요한 의미를 갖는다. 인간 역시 신의 눈에서 보면 있거나 없거나 둘 중 하나이기 때문이다.

일부 물리학자들이 동양의 신비사상에 관심을 갖게 된 것도 양자역학의 영향이었다. 양자역학에서 궁극적인 실재라는 것은 존재하지 않는다. 실재는 측정·입자·장치·관찰자라는 전체 상황 속에서만 규정될 수 있다. 힌두교에서는 모든 사물과 사건은 하나의 실재가 나타내는 허상일 뿐이라고 설명한다. 즉 사물이 다양한 모습으로 보이는 것은 궁극적 실재가 만들어 낸 환영에 지나지 않는다. '나의 존재' 역시 관측 상황의 집합에 불과하다. 그러므로 나는 '나'인 동시에 '나'가 아닐 수도 있다. '나'가 존재하려면 '나'를 규정하는 집합 조건이 필요하다. 그 집합 조건은 내가 살아가고 있는 우주 전체다. 존재하는 모든 것은 상호 의존적이며 불가분의 관계를 맺고 있다. 나는 단지 관계 집합 속에서 드러난 허상일 뿐이다.

양자역학에서는 물질의 구성 요소들은 모두 상호 연결되어 있고, 상호 의존적이며, 고립된 실체로서 존재하지 않는다. 물질의 기본 입자는 단지 전체의 완전한 부분으로서 이해된다. 예를 들어 전자의 위치를 확인하는 것은 원자핵을 묶어 주고 있는 핵력과 다른 전자들의 영향에 의해 좌우된다. 또 전자는 정적이고 영원한 것이 아니라 그칠 줄 모르는 운동과 에너지의 율동 속에서 나타났다가 사라진다. 그들의 움직임은 동적이고 순간적이다. 그들은 무에서 유로, 유에서 무로 자유롭게 넘나든다. 이것이야말로 색즉시공(色卽是空) 공즉시색(空卽是色)이 아니고 무엇이랴!

그래서 『현대물리학과 동양사상』의 저자 프리초프 카프라는 이렇게 말한다. "신비주의자는 내적인 영역에서 출발하고 물리학자는 외적 세계에서 출발하여 궁극적으로 동일한 결론에 도달한다. 그 결론은 궁극적 실재인 브라만과 내부의 실재인 아트만이 일치하는 범아일여다."

하지만 피터 코브니는 『시간의 화살』에 이런 말을 남겼다. "(측정에)… 의식을 가진 존재가 꼭 필요한 것은 아니다. 실험 결과를 기록할 수 있는 장치가 있으면 족하다. 인간의 마음과는 무관한 것이다."

관찰자, 즉 인간의 의식이 물질을 규정한다면 우리는 우주를 관찰하는 또 하나의 존재를 가정해 볼 수 있다. 그는 정교한 사고 체계를 가졌으며, 우리가 몸담은 우주뿐만 아니라 태초부터 수없이 분리해 나간 엄청난 수의 우주를 관찰하고 있는지 모른다. 물론 인간은 하나의 우주 속에 살고 있으므로 그 존재를 절대로 관찰할 수 없다. 하지만 분명한 것은, 인간이 그 존재를 관찰하고 탐구하기를 멈췄을 때 그 역시도 존재하지 않는다는 것이다. 수수께끼에 도전하고 의문을 던지는 것은 결국 종(種)으로서의 인간, 우리 자신이다.

파스칼의 내기

'파스칼의 내기'로 알려진 논변에 따르면, 신이 있는지 없는지 모르는 상태에서는 신을 믿는 것이 믿지 않는 것보다 이익이다. 만일 신이 존재한다면 신을 믿지 않았던 사람들은 큰 손해를 입을 것이므로 신을 믿는 것이 훨씬 낫다. 또 신이 존재하지 않는다면 신을 믿었던 사람들은 약간 실망하겠지만 손해를 입지는 않는다. 그렇다고 신을 믿지 않았던 사람들이 얻는 이익도 없다. 따라서 신이 존재할 확률이 아무리 낮더라도 신을 믿는 편이 낫다. 신이 없다고 생각했다가 심판의 날이 다가왔을 때 크게 낭패를 볼 수 있기 때문이다. 신의 심판이 예정되어 있다면 불신으로 인한 위험이 믿음으로 인한 위험보다 훨씬 크다.

'파스칼의 내기'는 전혀 모순이 없다. 그러나 이 내기는 어떤 신을 믿어야 하는지는 말해 주지 않는다. 심리학자 윌리엄 제임스가 『종교적 경험의 다양성』에서 지적했듯이 신의 존재는 단일성을 뜻하지 않는다. 어떤 사람에게는 '전투의 신'이 어떤 사람에게는 '평화의 신'이 될 수 있다. 또 어떤 종교의 유일신은 어떤 종교에서는 우상일 뿐이다. 사람들이 믿는 신은 결국 자신을 위한 신이기 때문에 믿어야 하는 대상이 어떤 신인지 알 수가 없다. 힌두교인과 이슬람인은 동일한 신에게 예배하지 않는다. 세상에는 여러 종교가 존재하지만, 사람들은 자신이 믿는 오직 하나의 종교만이 참되다고 생각한다. 다른 신을 폄훼하고 자신이 믿는 신만이 참되다고 주장하려면 오랜 기간의 과장과 날조가 필요하다.

사실 신의 존재에 대한 논쟁은 별 의미가 없다. 증명할 수 없고 증명되지도 않기 때문이다. 유신론자와 무신론자가 제시하는 증거는 신의 존재를 판단하는 데 적절치 않다. 유신론자는 경전의 기록과 개인적 체험을 증거로 제시할 수 있을 뿐이다. 무신론자 역시 신이 존재하지 않음을 증명할 수 없다. 다만 무신론자는 사람들이 왜 증명할 수 없는 신을 믿게 되었는지, 어떻게 신을 체험하는지 설명할 수 있을 뿐이다. 영국의 철학자 줄리언 바지니는 『무신론이란 무엇인가』에 이렇게 썼다. "존재하지 않는 것에는 아무런 표시가 없다. 그 존재하지 않음에 대한 유일한 증거가 되는 것은 그 존재의 표시가 부재하다는 사실이다."

그는 '네스호의 괴물'을 예로 들었다. 스코틀랜드의 네스호에서 누군가 괴물을 보았다고 증언한다. 물론 개인의 체험 외에 증거는 없다. 그런데 그의 말을 믿는 사람이 하나둘 생기기 시작하고, 나중에는 꽤 큰 무리를 형성한다. 그러자 이를 부정하던 사람들이 그 무리를 '네시즈(Nessies)'라 부르기 시작한다. 괴물을 믿는 사람은 계속 증가하여 그 사회의 다수가 된다. 그렇게 되면 '네시즈'는 주류가 되고 이를 부정하던 사람들은 '아네시즈(Annessies)'라 불리는 소수 집단이 된다.

만일 유신론자와 무신론자가 논쟁을 벌인다면 신의 존재를 입증할 책임은 어느 쪽에 있을까? 상식적으로 보면 입증 책임은 유신론자에게 있다. 유령을 본 사람과 유령을 보지 못한 사람이 있다면 유령을 본 사람이 그것을 입증해야 한다. 유령이 없다고 믿는 사람이 유령의 존재를 입증할 수 없기 때문이다. 신에 대한 증거는 개인적 체험과 믿음에 의존한다. 물이 높은 곳에서 낮은 곳으로 흐르는 것은 누구나 검증과 재현을 할 수 있지만 개인적 체험과 증언은 아무런 증거가 되지 못한다. 외계인을 보았다는 증언이 외계인이 존재한다는 증거가 되지 못하는 것과 같다. 만 명이 외계인을 목격했다면 그들의 증언을 검증해 볼 필요는 있겠지만, 외계인의 존재를 증명하려면 외계인을 보지 못한 수십억 명에게 객관적인 증거를 제시해야 한다. 여러 차례 언급했듯이 체험자가 거짓말을 하는 것은 아니다. 그는 분명히 그 존재를 체험했다. 하지만 그것이 증거는 아니다.

무신론자는 자연법칙에서 증거를 찾으려 애쓴다. 누군가 빗자루를 타고 날아가는 마녀를 보았다고 말하면, 무신론자는 중력을 거스른 빗자루를 보여 달라고 요구할 것이다. 마녀를 본 사람은 무신론자에게 마녀가 없다는 것을 과학적으로 증명하라고 요구할지 모른다. 무신론자도 마녀가 존재하지 않는다는 것을 증명할 수단이 없다. 그러나 마녀가 없다는 것을 입증할 수 없다고 해서 마녀의 존재가 입증되는 것은 아니다. 그것은 유신론자와 무신론자 모두에게 해당한다. 증거가 없다고 해서 그것이 존재하거나 존재하지 않는 것은 아니다. 그래서 신의 존재를 입증하는 것은 유신론자나 무신론자 모두에게 딜레마다. 그런 의미에서 유신론자나 무신론자에게 증거를 내놓으라고 요구하는 것은 부당하다. 종교를 가진 사람에게는 믿음 자체가 굳건한 신앙 행위다. 이런 신앙 없이는 존재하지 않는 것을 믿을 수 없다.

무신론자가 부정하는 신의 정체

유신론자들로부터 원흉으로 지목받은 두 사람을 특별히 언급하지 않을 수 없다. 한 사람은 죽음에 대해 논의하면서 이미 언급한 유물론자 포이어바흐이고, 다른 한 사람은 최근에 유신론자들의 타깃이 된 리처드 도킨스다.

포이어바흐는 목사가 되기 위해 하이델베르크대학 신학과에 입학했다. 하지만 교수들의 강의에 실망한 그는 헤겔이 교수로 있는 베를린대

종교는 어떻게 탄생하는가

학으로 이적하여 신학에서 철학으로 전공을 바꾸었다. 청년 시절에 익명으로 출간한 책이 금서로 지정되면서 그는 교직을 맡을 수 없게 되었다. 다행히 1837년 공장장의 무남독녀 딸과 결혼하면서 경제적으로 쪼들리지 않고 저술 활동에 전념할 수 있었다. 그는 1840년『기독교의 본질』 초고를 완성했고, 1851년에는 하이델베르크대학 학생회 초청으로 1948년 12월부터 이듬해 3월까지 시청 강당에서 강의한 내용을 정리한『종교의 본질에 대하여』를 출간했다.

그가『기독교의 본질』을 집필하고 있을 무렵 카를 마르크스는 베를린대학에서 법학과 철학을 공부하며 청년헤겔학파로 활동하고 있었다. 마르크스는 포이어바흐의 글들을 읽었고 엥겔스 역시 마찬가지였다. 두 사람은 포이어바흐에게 정치적 활동에 동참할 것을 요청했으나 포이어바흐는 정치와 학문은 분리되어야 한다는 입장을 견지하며 참여하지 않았다. 이후 마르크스와 엥겔스는『독일 이데올로기』에「포이어바흐에 관한 테제」를 발표한다. 두 사람은 포이어바흐가 인간의 종교적 심성이 사회적 산물이라는 사실을 간과했다고 비판했다. 마르크시즘을 대변하는 가장 유명한 문장 중 하나가 이 글의 마지막에 나온다. "지금까지 철학자들은 다양한 방식으로 세계를 해석했을 뿐이다. 그러나 중요한 것은 세계를 변화시키는 것이다."

포이어바흐의『기독교의 본질』은 금서로 지정된『죽음과 불멸에 관한 고찰』의 연장선에 있다. 그는 신이 중심이 되는 종교가 아니라 인간이 중심이 되는 종교를 꿈꾸었다. 그러기 위해서는 영혼 대신 자연이 주체가 되는 철학이 전제되어야 하며, 이는 곧 유물론의 출발을 알리는 신호탄이 되었다. 인간의 정신은 자연의 산물이며, 신은 인간의 정신이 만든 산물이다. 그는 이 책의 2판 서문에 자신이 기독교의 비밀을 누설하고 모순으로 가득 찬 신학적 망상을 제거함으로써 '참된 의미의 신성 모독'을 범했다고 썼다. 또 자신의 저서가 부정적이고 파괴적임을 인정하면서 "그것은 오직 종교의 비인간적인 본질에 대한 것이며, 종교의 인간적인 본질에 대해서는 그렇지 않다"고 말했다.

그는 신이 인간적임에도 불구하고 종교는 소멸해 버렸고, 기독교도는 종교 대신 '가상의 교회'를 신앙의 대상으로 삼게 되었다고 비판했다. 인간에 의해 신은 다른 것을 배척하고 자기 욕구와 자기 만족, 자기 이익만을 추구하는 이기적인 존재가 되었다. 또 신의 창조 행위는 이스라엘 민족의 번성과 구원이라는 한 가지 이기적인 목적을 갖게 되었다. 더구나 기독교의 출현으로 인간은 자연이나 우주를 합리적으로 성찰할 수 있는 능력을 잃었다. 그는 기독교를 비판하면서 신은 생리학적 본질도 아니고 우주적인 본질도 아니며 일종의 심리적인 본질이라고 주장했다. 그가 보기에 신은 인간의 심리가 만들어 낸 것이었다.

포이어바흐는 『종교의 본질에 대하여』에서 한 걸음 더 나아간다. 그는 종교의 출발점이 인간의 욕망이라고 보았다. 인간이 신을 믿는 것은 행복해지려는 욕망이 있기 때문이다. 인간은 행복해지려 하기에 행복한 존재를 믿고, 완전해지기를 원하기에 완전한 존재를 믿으며, 죽음을 원치 않기에 불멸의 존재를 믿는다. 신은 인간의 욕구를 만족시키는 환상이다. 그러므로 인간에게 욕망을 충족시키려는 이기심이 없었다면 종교도 신도 출현하지 않았을 것이다. 종교는 인간의 희망 사항을 반영한 것일 뿐이다.

종교적 대상이 되는 역사적 인물 역시 상상력에 의해 변형된 인물이다. 그는 예수가 역사적 인물이라는 사실을 부정하지 않았다. 하지만 예수가 그리스도이고, 신 또는 신의 아들이며, 처녀에서 잉태한 기적을 행하는 존재라는 것은 부정했다. 또 병든 자를 말 한마디로 고치고, 이미 부패하기 시작한 죽은 자를 일깨우고, 죽음에서 부활했다는 기적에 대해서는 부정했다. 그가 부정한 것은 인간적인 신이 아니라 성서에 기술된 신이었다.

그는 신을 상상력의 산물로 보았지만, 숭배의 대상 자체를 상상의 산물로 보지는 않았다. 예컨대 태양신은 상상의 산물이지만, 태양 자체는 실재한다. 인간은 실재하는 대상에 상상을 입히고 자신의 심리를 그것에 투영함으로써 신을 창조한다. 예컨대 인간은 움직이는 모든 것에서 생명을 본다. 파도는 바다의 노여움을 보여 주는 것이며, 나뭇가지를 스쳐 가는 음산한 바람은 누군가의 울부짖음이다. 인간은 상상력을 동원하여 이런 대상들을 인격화한다. 태양, 달과 별, 식물, 동물, 불, 물 등의 자연물을 인격적인 것으로 재창조하는 것이다. 따라서 상상력은 종교의 원천이다. 신은 상상의 수원지에서 길어 올린 형상이고, 이는 곧 인간의 형상으로 나타난다.

그로부터 200여 년이 지난 뒤 역사학자 유발 하라리는 『사피엔스』에서 우리 조상들이 7만 년 전쯤에 일어난 '인지혁명' 덕분에 실재하지 않는 이야기를 믿는 성향을 갖게 되었다고 말한다. 종교나 국가는 이런 픽션과 집단 환상에 의해 '창작된 제도'다. 종교가 있는 곳에는 항상 지배계급과 피지배계급이 존재하며, 종교는 오랫동안 지배계급의 이익에 봉사해 왔다. 유발 하라리는 사람들로 하여금 종교 같은 것을 믿게 하려면 상상의 질서가 신이나 자연법칙에 의해 창조된 객관적 실재라고 주장해야 한다고 말한다. 사람이 평등하지 않은 것은 신이 그렇게 창조했기 때문이라고 믿어야 한다는 것이다.

포이어바흐는 미신이 무지와 우매함에서 나온다고 보았다. 무지는 지상에서 가장 큰 힘을 가지고 있다. 무지는 공포와 종속을 낳고 헛된 상상력을 낳기 때문이다. 이런 상태에 이른 사람들은 인과관계나 필연성에 구속되지 않는 신을 가지고 있다. 자연은 신에 복종하기 때문에 신을 믿는 인간은 자연을 두려워할 이유가 없다. 반면 이교도들이 믿는 신은 자연에 구속되어 있으므로 죽음이라는 필연성에서 벗어날 수 없다. 불멸을 보증하지 못하는 신은 신이 아니다. 신은 영생을 약속하지만 자연은 죽음을 준다. 자연에는 번식을 위한 불멸만이 존재한다. 개체가 죽으면 새로운 개체가 그를 대신한다. 그러므로 번식이 없으면 죽음도 없다. 자연의 생명은 자기와 유사한 존재를 세상에 내놓으면서 죽어 간다.

인간이 가장 열렬하게 소망하는 것은 불사의 존재가 되는 것이다. 포이어바흐는 이러한 불멸성에서 신성의 의미와 목적을 발견한다. 신성과 불멸성은 하나다. 인간이 진실로 원하는 것은 천국의 행복이 아니라 지상의 행복이다. 하지만 내세는 너무 늦게 치유되는 곳이다. 내세는 생명이 사라진 후에 해결책을 제시한다. 치유의 필요성이 없을 때 비로소 치유가 이루어진다. 신은 죽은 자를 걱정할 것이 아니라 살아 있는 자들을 걱정해야 한다. 그는 신에 대한 믿음을 인간에 대한 믿음으로 대체해야 한다고 강조한다. 그에게 진짜 악마는 조야하고 미신에 사로잡힌 이기적이고 악한 인간이다. 그는 책 말미에 자신의 과제를 이렇게 밝혔다.

"나의 과제는 여러분을 신의 친구에서 인간의 친구로, 신앙인에서 사유하는 자로, 기도하는 자에서 노동자로, 내세의 후보자에서 현세의 학생으로, 기독교인의 고백과 자백에 따르면 '반은 동물이고 반은 천사인' 기독교인에서 인간으로 만드는 것이다."

이제 리처드 도킨스의 무신론에 대해 간략히 알아보자. 리처드 도킨스의 생각은 『만들어진 신』과 『신, 만들어진 위험』에 집약되어 있다. 『신,

만들어진 위험』은 『만들어진 신』의 대중화 버전으로 보아도 무방할 듯싶다. 그는 구약성서에 등장하는 신을 비판하는 것으로 논의를 시작한다. 그의 해석에 의하면 구약성서에 나오는 신은 시기하고 거만한 존재, 좀스럽고 불공평하고 용납을 모르는 존재, 복수심에 불타고 피에 굶주린 존재, 여성과 동성애를 혐오하고 유아 살해와 대량 학살을 자행하는 존재다. 신의 폭력성은 노아의 홍수, 소돔과 고모라, 아브라함의 번제, 모세의 레위인 학살 이야기에서 잘 드러난다. 신은 웬만하면 돌로 쳐 죽이라고 명령한다.

도킨스는 구약성서의 오류를 지적하면서 성서의 무오류성을 믿는 문자주의자들을 비판한다. 사실 이런 비판은 사소한 것이다. 성서에 과장된 이야기와 지어낸 이야기가 조금 섞여 있다고 해서 무슨 문제가 되겠는가? 일부 문자주의자들을 제외하면 사람들 대부분은 성서에 나오는 이야기가 비유와 상징은 물론 작가의 상상력과 교훈적인 메시지로 윤색되었다는 것을 알고 있다. 그런 장치가 없으면 이야기의 가치는 떨어진다.

도킨스가 생각하는 신은 조금 더 넓은 개념이다. 그의 신은 어떤 의도를 가지고 우주와 인간세계의 모든 것을 설계하고 창조한 초인적이며 초자연적인 지성이다. 그러므로 알베르트 아인슈타인이나 스티븐 호킹 같은 과학자들이 언급한 신은 기독교도가 생각하는 신과는 거리가 있다. 아인슈타인은 신에 대해 자주 언급했다. "신은 주사위 놀이를 하지 않는다"거나 "신은 교묘하지만, 심술궂지는 않다"는 언급들이 그것이다. 신에 대한 아인슈타인의 관점은 데니스 브라이언이 쓴 『아인슈타인, 신이 선택한 인간』에 나오는 다음 구절에 잘 나타나 있다. "나의 종교는 자연법칙의 조화에 대한 열광적인 경탄이라는 형태를 띤다."

아인슈타인의 신은 종교인들이 생각하는 신과 확연히 다르다. 그는 확률적으로 존재하기 어려운 인격신을 부정했으며, 구약성서의 신도 부정했다. 그는 자신이 창조한 인간을 심판하는 신을 상상할 수 없었으며, 물리적인 죽음 후에 부활한다는 것도 믿지 않았다. 그의 신은 '우주에 나타나 있는 초월적 존재에 대한 감성적 확신' 같은 것이었다. 아인슈타인은 1954년에 독일의 철학자 에리히 구트킨트에게 쓴 편지에서 신에 대한 생각을 솔직하게 적었다. 당시 그의 나이 74세였으므로 신에 관한 마지막 견해를 편지에 정리했을 것이다. 그는 편지에 성서가 원시적인 전설을 모아 놓은 것에 불과하며, 유대교 또한 원시적 미신이라고 썼다. 또 종교와 신앙뿐만 아니라 유대인이 선택받은 백성이라는 생각도 유치하다고 조롱했다.

스티븐 호킹은 『시간의 역사』에서 몇 차례 신을 언급했다. 예컨대 "우주가 왜 꼭 이런 식으로 시작되어야 했는지, 우리 같은 인간을 탄생시키려는 신의 의도적 행위로밖에는 달리 그 이유를 설명하기 매우 어렵다"는 진술은 신의 존재를 인정하는 듯한 뉘앙스를 풍긴다. 하지만 그는 『위대한 설계』에서 양자이론을 소개하며 신의 자리를 완전히 빼앗아 버렸다. 양자이론에서 인과관계는 명확하지 않다. 과거를 확정할 수 없다는 것은 과거의 역사가 우리를 창조한 것이 아니라 우리가 과거를 관찰함으로써 역사를 창조했다는 것을 의미하기도 한다. 이는 과거의 어느 시점에 창조주가 세계를 창조했다는 개념을 무너뜨린다.

아인슈타인이나 스티븐 호킹이 유신론자였는지 무신론자였는지는 알 수 없다. 유신론자라 하더라도 그 신이 어떤 신인가가 문제가 된다. 야훼나 예수를 부정하고 자연신을 수용하더라도 유신론자다. 그런 의미에서 두 사람은 유신론자라 할 수 있다. 아인슈타인이나 스티븐 호킹이 신을 받아들였다면 그들이 생각한 신은 인격화된 창조주가 아니라 이신론(理神論)적이거나 자연신에 가까웠을 것이다. 이러한 점 때문에 유신론자는 무신론자보다 더 어려운 처지에 놓여 있다. 무신론자는 신이 없다는 것만 입증하면 되지만, 유신론자는 신이 있다는 것은 물론 그 신이 자신이 믿는 그 신이라는 점까지도 입증해야 하기 때문이다. 신이 존재한다고 해도 그 신이 종교인들이 믿는 그 인격신인지는 아직 알 수 없다.

과학자들의 대리전

리처드 도킨스는 철학자 대니얼 데닛, 신경과학자 샘 해리스, 비평가 크리스토퍼 히친스 등과 함께 무신론의 대표주자로 꼽힌다. 그들은 『신 없음의 과학』의 공동 저자이기도 하다. 유신론 진영의 대표주자는 누구일까? 목회자나 신학자들이 무신론을 비판한 책은 많지만, 그들의 비판은 주로 성서와 신학을 근거로 이루어지기 때문에 큰 의미가 없다. 토끼와 거북이 경주하는데 거북이 토끼에게 물속에서 달리자고 우기는 것과 다를 바 없기 때문이다.

유신론 진영에는 소위 창조과학을 지지하는 과학자들이 포진해 있다. 하지만 독자적인 논리를 갖춘 과학자는 드물다. 유신론을 지지하는 과학자, 또는 과학적 글쓰기를 하는 인물은 조지타운대학 과학종교연구센터 소장인 존 호트와 유전학자 프랜시스 콜린스 정도를 들 수 있다. 그 외에 지적 설계론을 주장하는 법학자 필립 존슨, 생화학자 마이클 비히, 수학자 윌리엄 뎀스키 등이 있다.

먼저 유신론 진영의 주장에 귀를 기울여 보자. 존 호트는 『다윈 안의 신』에서 매우 열린 태도를 보여 준다. 그는 진화론의 위대함을 인정하면서도 종교를 다원주의의 잣대로만 설명하지 말 것을 주문한다. 과학과 종교는 대립이 아니라 상호보완적인 기능을 담당하고 있다. 그러므로 극단적인 '우주적 문자주의'와 '성서적 문자주의'에서 벗어나 설명의 다양성과 독법의 다양성을 서로 인정해야 한다는 것이다.

그는 진화를 유전자의 관점에서만 바라보는 과학을 비판하면서도 우주의 목적을 창조주의 '설계'가 아니라 '자연의 약속'이라는 차원에서 보아야 한다고 성서주의자들을 설득한다. 또 그는 생물학적 차원에서 종교의 기원과 진화를 인정한다. 보이지 않는 포식자를 탐지하기 위해 필요했던 감지 시스템이 인간의 상상력을 진화시켰고, 초자연적 설명들을 찾는 과정에서 뇌에 종교적 사고가 자리 잡게 되었다. 종교는 인간의 나약함과 무지에서 비롯되었지만, 그 덕분에 인간은 자신의 존재 자체에 눈을 돌리게 되었다.

인간은 지적 생명체이자 사회적 존재로서 생명의 연속성을 가로막는 운명, 고통, 무의미성, 죽음 따위와 직면한다. 종교는 생명의 연속성을 위협하는 장애물들과 타협하고 때로는 돌파하면서 궁극적인 해방과 성취를 얻기 위해 분투한다. 그에게 종교는 지적 생명체가 벌이는 가장 강인한 분투다. 즉 종교는 감내하기 버거운 생명의 한계 너머로 데려다줄 통로를 찾는 길을 모색한다. 이러한 성향이 유전적으로 타고난 것일 수도 있다. 종교가 유전적 적응력을 갖지 못했다면 일찌감치 도태되었을 것이다. 그러면서 그는 진화보다 더 깊은 곳, 모든 생성과 소멸 그리고 죽음의 이면에 어떤 등기소가 있을 것이라고 가정한다.

"베일 너머에는 정말로 무언가가 있다. 모든 죽음보다, 모든 소멸보다 더 깊은 무언가. 우리는 그것을 깊이의 차원이라 부른다. 그리고 어떤 종교들은 그것을 신이라 부른다."

그는 우주와 세계를 설명하는 차원을 네 그룹으로 구분했다. 1그룹 진화생물학자, 2그룹 진화론적 유물론자, 3그룹 지적 설계론 주창자, 4그룹 진화론적 유신론자다. 이 중에서 2그룹과 3그룹은 다른 그룹과 타협할 가능성이 거의 없다. 서로 적대적인 문자주의에 함몰되어 있기 때문이다. 그는 1그룹과 4그룹의 협력 가능성을 높게 보고 있다. 굳이 구분하자면 존 호트는 진화론적 유신론자에 해당한다고 볼 수 있다.

이번에는 『신의 언어』를 쓴 프랜시스 콜린스의 이야기를 들어 보자. 『신의 언어』는 인터뷰를 포함한 부록을 빼면 그다지 길지 않은 책이다. 유전학자인 그는 인간게놈 연구프로젝트를 책임졌던 제임스 왓슨의 후임으로 일했다. 책의 제목 역시 DNA를 '신의 언어로 쓴 암호'라고 지칭한 데서 착안한 것이다. 그는 본래 무신론자였으나 독실한 기독교 신자로 변모했다. 책의 서문에 "인간게놈 서열을 관찰하고 그 놀라운 내용을 밝히는 일은 내게 경이로운 과학적 성취이자 하느님을 위한 숭배의 시간이었다"고 쓸 정도다.

그는 눈앞의 신을 발견한 사람처럼 자신감이 넘친다. 인간이 돌연변이와 자연선택만으로 진화했더라도 DNA 서열에는 도덕률이나 신을 찾는 인간의 특성이 담겨 있지 않다고 믿기 때문이다. 그런 의미에서 성경에 나오는 신은 게놈의 신이기도 하다. 그래서 신은 예배당에서도 실험실에서도 숭배될 수 있다. 신의 창조는 웅장하고 경이로우며 섬세하고 아름답다. DNA 분자구조가 우연히 만들어졌다고는 도저히 생각할 수 없으며, 그것은 신이 생명을 창조할 때 자신의 언어로 쓴 것이다. 따라서 그것은 싸움의 대상이 될 수 없다.

그는 진화론에서 신을 찾는 것은 어림없다며 무신론자가 되기로 결심한 사람은 그 근거를 다른 곳에서 찾아야 한다고 주장한다. 오히려 진화에는 신의 지문이 묻어 있다는 것이다. 그는 생명의 본질이 과학적으로 밝혀졌다고 해서 실망하지 않고 생명의 경이 속에서 신의 손길을 찾는다. 믿음을 가진 사람은 과학을 부정하기보다 끌어안아야 한다. 생명의 복잡성과 정교함은 인간이 경외감을 느끼고 신을 믿기에 충분한 이유가 되기 때문이다. 그는 과학이 진실을 찾아가는 길임을 인정하면서도 영적 세계관 역시 진실을 찾는 또 다른 길이라고 믿는다.

다만 문자주의에 매몰된 기독교인을 향해서는 비판을 멈추지 않는다. 황당한 믿음으로는 무신론자들과의 싸움에서 이길 수 없기 때문이다. 지적 설계 이론에 대해서도 과학으로 인정받지 못하고 있다며 비판적인 입장을 취한다. 그가 제시한 길은 과학과 신앙이 조화를 이루는 '바이오로고스(Bio-Logos)'다. 그 길을 선택하려면 몇 가지 전제가 필요하다. 먼저 우주가 무에서 창조되었으며, 우주의 여러 특성은 생명이 존재하는 데 필요한 만큼 정확히 조율되어 있었다는 사실을 인정해야 한다. 또 생명이 어떻게 탄생했든지 생명이 출현한 뒤로는 진화와 자연선택 과정을 거치며, 일단 진화가 시작되면 초자연적인 존재의 개입은 필요 없어진다는 사실을 수용해야 한다. 인간 역시 진화를 거쳐 지금에 이르렀다. 다만 인간에게는 진화론적 설명을 뛰어넘어 영적 본성을 지향하는 특성이 있다. 이 전제들은 무신론자들의 주장과 크게 다를 바 없는 것처럼 보인다. 하지만 우주를 조율하는 존재를 상정하고 인간에게 영적 본성을 추구하는 특성이 있다고 보는 점에서 진화론적 유신론의 단면을 확인할 수 있다.

유신론자들의 논리에 대해 리처드 도킨스는 어떤 답을 내놓을까? 생명이 우연히 탄생할 확률이 제로에 가깝다는 주장에 대해 그는 확률로 대답한다. 그는 우주에 쓸 만한 행성이 약 1,000만조 개에 이르기 때문에 DNA에 상응하는 분자가 우연히 출현할 확률이 10억분의 1쯤 된다고 하더라도 약 10억 개의 행성에서 생명이 출현할 수 있다고 말한다. 생명의 진화 과정 역시 마찬가지다. 단 한 번 유기분자가 자기복제를 시작하고 나면 이후부터는 확률에 의존하지 않고도 자연선택에 의해 진화가 이루어진다.

유신론을 지지하는 과학자들 역시 대부분 자연선택에 의한 진화를 인정한다. 다만 우주와 생명이 진화할 수 있는 조건을 조율한 설계자가 존재한다고 말한다. 설계자가 존재한다는 것은 설계의 목적이 있다는 뜻이다. 따라서 신은 작은 유기분자가 먼 훗날 인간으로 진화한다는 사실을 알고 있었고, 그렇게 되도록 여러 조건을 세심하게 조율해 온 것이다. 물론 이 조율은 지금도 계속되고 있다.

인간이 신의 목적에 맞게 설계되었다면 인간이 존재해야 하는 목적은 무엇일까? 단순히 신 자신이 찬양받기 위해서 인간을 만들지는 않았을 것이다. 장 폴 사르트르는 1945년 10월에 행한 한 강연에서 '종이 자르는 칼'을 예로 들었다. 이 칼은 종이를 자를 목적으로 장인이 설계하고 제작한 것이다. 하지만 칼은 의식이 없으므로 장인이 추구하는 목적은 오직 장인에게만 의미가 있다. 즉 인간이 신에 의해 창조되었다면 인간이 살아가는 목적은 오직 신에게만 의미가 있다. 인간은 장인이 만든 칼과 마찬가지로 이미 정해진 존재에 불과한 것이다.

인간이 제작한 로봇을 떠올려 보자. 로봇이 인간과 유사한 지능을 가지고 있다면 로봇은 삶의 의미를 고민할 것이고, 마침내 삶의 목적이 청소라는 것을 알게 될 것이다. 우리가 살아가는 이유가 신의 목적을 충족시키는 것이라면, 인간은 신의 목적을 탐구하는 것 이외에는 더 이상

가치 있는 존재가 아니다. 종이를 자르는 칼과 마찬가지로 신을 위한 도구일 뿐이다. 그렇다면 신이 인간을 도구로 사용할 만큼 중요하게 여기는 목적은 무엇인가? 두 명의 달리기 선수가 신에게 승리를 기도하는 모습을 상상해 보자. 신이 두 사람을 달리기대회에 내보낸 것은 둘 다 1위를 만들기 위해서는 아닐 것이다. 그렇다면 이 두 사람에게 주어진 목적은 무엇인가? 인간과 세계를 설계한 존재가 있다는 논리에는 또 한 가지 맹점이 있다. 그 설계자가 우리가 믿는 또는 존재하기를 원하는 신인지 어떻게 알 수 있는가? 가령 우리를 설계한 이가 우리보다 월등하게 진화한 외계의 지적 생명체라면 그를 신이라 부를 수 있는가?

지적 설계 이론의 핵심적인 주장은 진화론이 생명체의 '환원 불가능한 복잡성'을 설명할 수 없다는 것이다. 즉 눈이나 날개처럼 극도로 복잡한 기관은 점진적 진화로 설명할 수 없다. 자연선택을 통해 점진적인 진화가 이루어지려면 수많은 중간 단계의 기관들이 존재해야 한다. 그런데 날개도 다리도 아닌 중간 단계의 기관은 개체에게 아무런 이점도 제공하지 못한다. 따라서 반쪽짜리 기관은 도태되어 더 이상 진화가 불가능하다는 논리다. 그러나 날개도 다리도 아니지만, 두 기능을 반쪽씩 가진 기관은 날개나 다리가 없는 것보다는 훨씬 쓸모가 있다.

종교와 과학의 만남

2012년 국내에서 믿을 수 없는 일이 일어났다. '교과서진화론개정추진회'라는 단체가 고등학교 생물 교과서에 실린 시조새에 관한 내용을 삭제해 달라는 청원을 제출하자 교육과학기술부가 이를 받아들인 것이

다. 교과서 개정을 청원한 단체의 모태는 1980년대에 출범한 '한국창조
과학회'다. 그들은 생물 교과서를 개정하기 위해 오랜 법정 투쟁을 전개
해 왔으나 1997년 6월 3일 헌법재판소로부터 모두 기각당했다. 하지만
그들은 다시 단체를 결성하고 2011년 12월 첫 청원서를 정부에 제출했
다. 교육과학기술부가 교과서 내용을 수정하겠다는 입장을 밝히고 출판
사들이 이에 동조하자 이 단체는 2012년 3월에도 말(馬)의 진화에 관한
내용을 수정해 달라는 청원을 제출하여 정부로부터 긍정적인 답변을 얻
었다.

하지만 이 내용이 『네이처』에 「한국, 창조론자에게 항복하다」라는 제
목으로 보도되자 한국 정부는 졸지에 세계의 조롱거리가 되었다. 다행스
럽게도 문제의 심각성을 인지한 교육과학기술부는 즉각 입장을 번복했
다. 이후에도 교과서를 개정하려는 창조론자들의 청원 활동은 계속되고
있다.

진화론은 과학적 진실로 인정되고 있다 하더라도 모든 증거가 완벽
한 것은 아니다. 그러나 수억 년 전에 일어난 사건의 증거가 완벽하지 않
다고 해서 진화론이 무너지는 것은 아니다. 이는 아인슈타인의 상대성이
론이 옳다고 해서 뉴턴 이론이 틀렸음을 증명하는 것이 아닌 것과 같다.
아인슈타인의 상대성이론은 뉴턴의 고전물리학을 풍부하게 확장시켰다.
마찬가지로 시조새와 말의 화석 그림이 교과서에서 삭제된다고 해서 진
화론이 틀렸다는 것을 증명하지 않는다. 진화론자들도 진화의 방식에
대해 몇 가지 다른 의견을 가지고 있다. 하지만 의견이 다르다고 해서 다
윈의 이론이 틀린 것은 아니다.

대개 논자들은 종교와 과학 간의 갈등을 '전쟁'으로 표현하지만, 이는
매우 과장된 것이다. 종교와 과학의 갈등은 종교 간 갈등에 비하면 매우

사소한 사건이다. 종교와 과학 간 갈등은 영토 분쟁이 없고, 민족 차별이 없으며, 총기가 동원되지도 않는다. 중세와 달리 오늘날의 종교는 과학 발전에 아무런 장애가 되지 않는다. 종교인의 관점에서 보면 과학이 종교의 기반을 무너뜨린다고 느낄 수 있지만, 신도가 줄어드는 것이 과학의 발전 때문은 아니다. 지금은 문맹자들이 신화를 믿으며 살아가던 시대가 아니다. 오늘날에는 종교 공동체가 감당했던 역할을 대체할 만한 네트워크가 많고, 심리적 보상을 얻을 수 있는 수단도 많다.

종교와 과학은 완전히 다른 것을 추구하며 추구하는 방식도 다르다. 그러나 종교와 과학은 모두 '사실 명제'를 가지고 있다. 과학을 떠받치고 있는 사실 명제가 자연법칙이라면, 종교를 떠받치는 사실 명제는 경전의 기록이다. 중력의 법칙을 믿지 않는 사람은 과학적 인간이 아니며, 그리스도의 부활을 믿지 않는 사람은 기독교인이 아니다. 물론 둘의 믿음에는 차이가 있다. 과학적 사실 명제를 받아들이지 않으면 일상생활이 어렵지만, 경전에 기록된 사실을 믿지 않는다고 해서 불이익을 당하는 일은 거의 없다.

과학이 자연철학에 바탕을 두고 있다면, 종교는 가치철학에 뿌리를 둔다. 철학자 버트런드 러셀은 『나는 왜 기독교인이 아닌가』에서 자연철학과 가치철학이 추구하는 바를 명확히 구분했다. 우리가 선호하거나 원하는 것은 실체와 아무런 관련이 없다. 행복이나 영생 같은 것은 실체가 아니다. 실체를 다루는 것은 자연철학이다. 자연의 실체는 우리에게 좋지도 나쁘지도 않으며, 우리를 행복하게 하거나 불행하게 만들 의도가 없다. 그러나 가치철학의 평가 기준은 오직 인간에게 달려 있으며 인간 중심적이다. 우리가 가치를 만들고 가치를 결정하며, 우리의 욕망이 가치를 부여한다. 인간은 이 영역에서 왕 노릇을 할 수 있다. 하지만 자연

앞에 무릎을 꿇는 순간 인간의 권위와 자존감은 나락으로 추락한다.

종교가 과학에 민감하게 반응하는 것은 이와 관련이 있을 것이다. 인간이 자연에 무릎 꿇지 않으려면 자연을 압도하는 절대적 존재가 있어야 한다. 인간은 자연 앞에서 턱없이 나약한 존재다. 적어도 인간이 숭배하는 신은 자연을 초월해야만 한다. 인간이 의지하는 신은 자연의 변덕스러움과 관계없이 우리의 삶을 평가하고 보상해 준다. 반면 자연은 인간에게 관심이 없다. 인간은 우주의 수많은 별 중 아주 작은 행성에서 운 좋게 태어난 생명체 중 하나일 뿐이다. 자연이 보잘것없는 미물을 위해 무언가를 의도하고 실행한다는 것은 있을 수 없는 일이다. 하지만 신은 그렇지 않다. 신은 인간을 창조했고 그들의 앞날을 책임져야 한다. 그러려면 신은 자연과 세계를 주재할 수 있는 전지전능한 힘을 가지고 있어야 한다. 이 지점에서 종교와 과학은 전혀 다른 길을 걸을 수밖에 없다.

신경과학자이자 작가인 로버트 버튼은 『생각의 한계』에서 과학과 종교의 논쟁을 부정적인 시선으로 바라보고 있다. 신이나 과학을 확신하는 자체가 무의식의 작용이기 때문에 검증할 수 없다는 것이다. 믿음은 의식이나 논리적 사고의 결과물이 아니라 사랑이나 분노처럼 무의식적인 뇌의 작용에서 나오기 때문이다. 그는 과학과 종교 간의 논쟁이 사라지지 않을 것이라고 말한다. 둘 다 생물학에 뿌리를 두고 있기 때문이다. 그는 단언한다.

"종교에 관한 모든 논의를 금지하고, 모든 종교 서적을 불태우고, 심지어 종교나 신앙과 관련된 모든 단어를 사전에서 없애 버리더라도 종교적 느낌만은 제거할 수 없을 것이다. …전갈이 쏘는 것을 막아 보라. 우리는 종교, 내세, 영혼, 더 높은 권능, 영감, 목적, 이유, 객관성, 무의미, 무질서에 관해 이야기한다. 우리도 우리 자신을 어쩔 수 없다."

그의 말대로 과학자들이 무엇을 밝혀내든 근본주의자들이 종교를 포기하는 일은 없을 것이다. 그들은 여전히 신앙을 근거로 논증을 시도할 것이므로 믿음은 언제나 옳은 것이다. 신의 권위에 호소하게 되면 논박당할 여지도 없고 양보할 필요도 없다. 따라서 그는 과학과 종교가 갈등을 줄이려면 두 가지 모두 생존과 항상성을 위해 필요하다는 것을 인정해야 할 것이라고 말한다. 또 신앙이 본능이라는 증거가 진화의 증거만큼 강력하다는 것도 인정해야 한다고 말한다. 인간은 이성 외에 심오한 감정적 경험을 통해서도 학습하며, 그것은 '사실'을 가지고 다투는 것이 아니라 세상을 보는 방식의 차이일 뿐이다.

우리가 살아가야 하는 세계는 완벽하지 않을 뿐만 아니라 최선의 세계도 아니다. 결함을 가진 세계에서 완전한 존재, 최선의 세계를 꿈꾸는 것은 인간에게 매우 자연스러운 일이다. 종교적 믿음은 내가 죽은 뒤라도 그런 세계가 도래할 것이며, 그 세계를 누릴 수 있을 것이라는 희망에서 나온다. 그런 희망이 있는 한, 과학자가 종교를 갖는 것은 전혀 어색하지 않고 무신론자가 되는 것 또한 자연스러운 일이다. 더구나 신을 믿는 것과 신이 존재하는가는 별개의 문제다. 신이 있다고 믿는 사람도 종교를 갖지 않을 수 있다. 현재의 종교가 숭배하는 신이 너무나 실망스럽기 때문이다. 반대로 신이 없다고 생각하는 사람도 종교를 가질 수 있다. 종교적인 환경에서 성장했거나 자신이 속한 공동체의 문화가 종교적이라면 이 또한 자연스러운 선택이다. 다만 종교인은 여전히 과학을 멀리할 것이다. 과학은 종교와 만날 수 있지만, 종교는 과학을 수용해야 할 유인이 거의 없다.

가톨릭은 개신교보다 과학에 개방적이다. 1992년 교황 요한 바오로 2세는 갈릴레이를 사면했다. 그가 교황청으로부터 처벌을 받은 지 359년

이 지난 뒤였다. 요한 바오로 2세는 1996년에도 종교 교육과 진화론 사이에 아무런 대립이 없으며, 진화론은 지동설처럼 언젠가 정설로 인정받게 될 것이라고 선언했다. 또 2014년 프란치스코 교황은 빅뱅 이론이 창조를 부정하는 것은 아니라면서, 하느님은 막대기를 든 마법사처럼 세상을 창조하지 않았다고 말했다. 가톨릭은 빅뱅으로 우주가 탄생한 것을 인정하되, 생명은 신에 의해 처음 창조된 후 인간으로 진화했다는 관점을 취하고 있는 것으로 보인다. 가톨릭이 취하고 있는 개방적인 태도야말로 종교와 과학의 만남을 테스트해 볼 수 있는 시금석이 될 수 있을 것이다.

03
믿음의 생물학

영성이란 우리의 기본적인 생물학적 유산 중 하나다.
사실, 이것은 본능이다.
_딘 해머, 『신의 유전자』

믿음의 유혹

사람들은 유령, UFO, 사후세계, 잃어버린 대륙 등 판타지 소설에나 나올 법한 별의별 것들을 다 믿는다. 이런 믿음을 가진 사람들은 권력을 가지고 있으나 잘 드러나지 않는 세력이 조직적으로 진실을 은폐하고 있다고 생각한다. 이런 믿음을 가진 이들 중에는 교양을 갖춘 지식인도 꽤 있다. 그들은 왜 이상한 것들을 믿는 것일까?

영국의 생물학자 루이스 월퍼트는 『믿음의 엔진』에서 그 이유를 "인간의 머릿속에 '믿음의 엔진'이 있기 때문"이라고 말한 바 있다. 또 미국의 정신의학자 마이클 맥과이어는 『믿음의 배신』에서 "똑똑한 사람들이 이상한 것을 믿는 이유는 기존의 믿음을 지키기 위해서"라고 답했다. 정리하면, 우리에게는 믿음을 만들어 내는 메커니즘이 있고, 한번 믿음이 형성되면 끝까지 고수하려는 경향이 있다.

우리는 불확실한 것, 보이지 않는 것, 알 수 없는 것에 대해 상상하면서 그것을 의심하거나 믿는다. 믿으면 아무 문제가 없지만 의심하는 순간부터 머릿속이 복잡해진다. 풀리지 않는 의문과 불확실성은 스트레스를 유발한다. 스트레스는 뇌에 화학적 변화를 일으켜 건강에도 좋지 않은 영향을 준다. 따라서 어떻게든 의문을 해결해야 한다. 이때 뇌는 가장 손쉬운 해결책을 찾는다. 그냥 믿는 것이다.

믿음이 형성되면 뇌는 사용하는 에너지를 대폭 줄일 수 있다. 뇌는 쓸데없이 에너지를 소모하는 것을 싫어한다. 그래서 뇌는 비록 틀릴지라도 확실한 믿음, 통제할 수 있다는 착각, 그리고 그것의 정체가 매우 단순하리라는 믿음에 쉽게 굴복한다. 이로부터 얻은 질서·균형·대칭은 우리를 편안하게 해 준다. 이것이 믿음의 역할이다.

일단 어떤 믿음을 받아들이고 나면, 뇌는 그것을 뒷받침하거나 지지할 수 있는 모든 증거를 끌어모아 튼튼한 성을 쌓는다. 반대로 자신의 믿음과 반대되는 증거들은 무시한다. 자신의 믿음을 보호하기 위해 온갖 얼토당토않은 넝마들을 그러모아 단단한 철갑을 두르는 것이다. 이러한 심리적 성향을 '확증편향'이라 한다. 확증편향이 작동하기 시작하면 대화나 토론이 불가능해진다.

미국 매사추세츠대학의 심리학자 토머스 키다는 『생각의 오류』에서 사고의 여섯 가지 오류를 지적한다. 먼저 객관적인 통계보다 이야기를 좋아하고, 이미 가지고 있는 믿음과 추론을 옳다고 확정하려 하며, 사건을 해석할 때마다 자신만의 의미를 부여한다. 또 세상을 잘못 인식하고, 지나치게 단순화하며, 불완전한 기억체계를 가지고 있다. 그런데도 우리는 자신이 알고 있는 이야기, 믿음, 의미, 사실, 기억 등을 옳다고 착각한다.

　종교적 믿음은 완전에 가까운 해답과 스토리, 질서를 제공한다. 정신의학자 마이클 맥과이어는 『신의 뇌』에서 종교의 공통된 특징을 믿음과 위계질서로 파악했다. 종교는 세상을 하늘과 땅으로 구분하는 위계적 질서를 갖는다. 이러한 위계질서로부터 복종, 구원, 선민의식 같은 개념이 형성된다. 지시하는 존재와 복종하는 존재가 없으면 종교는 성립할 수 없다. 분명하고 직선적인 위계 덕분에 종교적 헌신과 사랑은 높은 곳에서 낮은 곳으로 향한다. 장중하고 엄숙한 종교적 의식과 함께 같은 믿음을 공유하는 사람들의 정신적 교류는 신도들의 마음을 편안하게 한다. 다수가 믿으면 그것은 진실이 된다. 이 때문에 종교적 경험은 스트레스를 줄여 주고 행복감을 준다.

　종교는 믿음을 가진 이들에게 불멸을 약속한다. 하지만 웬만큼 믿어서는 선택받기 어렵다. 영생을 원하는 자는 위계질서의 상위에 있는 이의 명령에 충실히 복종해야 한다. 그렇게 하더라도 불멸의 약속은 지켜지지 않을 수 있다. 종교는 신도들에게 끊임없이 속죄를 요구함으로써 죄의식을 불러일으키기 때문이다. 죄를 짓지 않는 사람이 도대체 어디 있단 말인가! 신도들은 수시로 자신이 지은 죄를 고백하고 앞으로 지을 죄까지 용서해 달라고 기도한다. 그러나 종교는 할 수 없는 것까지 요구하므로 인간은 결코 죄에서 벗어날 수 없다. 이웃을 사랑하라는 말은 모든 종교에서 지켜진 적이 없다. 그들에게 이웃이란 같은 종교를 믿는 사람만 의미하기 때문이다.

　인간은 선천적으로 믿음을 형성하고 그것을 지키려는 성향을 타고났다. 이러한 성향은 무의식의 영역에 자리 잡고 있으므로 의식적으로 수정하기 어렵다. 더구나 우리는 믿음을 확장하고 보존하기 위해 자신을 속이는 뇌를 가지고 있다. 사람들이 믿음을 바꾸려 하지 않는 것은 믿음 자체가 즐거움을 주고 자신이 옳다는 생각을 강화하기 때문이다. 그래서 우리는 본 것을 믿는 것이 아니라 믿는 것을 본다. 종교는 사람들이 믿고 싶은 것을 보증해 준다. 하지만 과학은 내세나 영생을 보장하지 못한다. 그래서 과학은 신도를 가질 수 없다.

마술적 사고의 효과

마술은 왜 흥미를 끌까? 사람들은 마술사의 모자에서 비둘기가 날아오르거나 감쪽같이 사라졌던 카드가 마술사의 입에서 나오는 모습을 보며 환호한다. 관객이 환호하는 것은 물리적으로 도저히 일어날 수 없는 일을 마술사가 해냈기 때문이다. 관객은 마술사의 속임수를 알아챌 수 없으므로 어떻게 그런 일이 일어났는지 알 수 없다. 어떤 사건의 원인을 알 수 없을 때 우리의 뇌는 복잡해진다. 기어코 원인을 찾아내려 시도하기 때문이다. 마술은 사람들의 이런 호기심과 탐구심을 이용한다.

먼 과거의 조상들은 수많은 자연현상의 원인을 알 수 없었다. 그들은 오직 상상만으로 원인을 추론해야 했다. 종교학자 미르체아 엘리아데는 『영원회귀의 신화』에서 원시인이 겪었던 고통에 대해 언급했다. 짐승의 뿔에 찔린 상처의 고통은 원인이 명확하다. 그러나 질병으로 인한 고통의 경우에는 원인을 찾기 어렵다. 원시인은 원인을 알 수 없는 고통이 찾아왔을 때 그 고통이 자신이 저지른 과오 때문이라고 생각했다. 그렇다면 자신의 과오를 씻어 줄 수 있는 존재는 무엇인가? 그 존재에게 용서를 구할 수 있다면 고통은 감내할 만한 것이 된다.

고통의 원인을 알 수 없을 때 우리는 불안해진다. 고통은 몸에서만 생기는 것이 아니다. 가족의 죽음, 오랜 가뭄이나 폭우, 사냥감의 감소도 인간을 고통스럽게 한다. 그런 고통은 그냥 주어지는 것이 아니라 반드시 원인이 있다. 이 원인을 찾아 주는 이가 바로 주술사나 사제였다. 주술자의 수고로 고통은 설명이 가능한 것이 되고 고통당하는 이는 신에게 용서를 빌고 자비와 은혜를 기다리면 되었다.

고통을 가져오는 원인에는 현재의 과오뿐만 아니라 이 세상에 태어나기 전에 저질렀던 과오도 포함된다. 그래서 고대 인도인은 업(karma)을 현재의 고통과 연결했고 고통의 굴레에 묶이거나 영원히 해방되는 윤회의 세계를 만들었다. 이로써 현재의 고통은 필연적으로 받아들여야 하는 과거의 업인 동시에, 고통에서 해방된 내세로 향하는 디딤돌이 된다. 앞에서 언급했듯이 유대인도 자신들이 겪는 고통을 야훼의 징벌이라고 믿었다. 하지만 그 징벌은 구원을 약속하는 징벌이므로 신앙의 힘으로 충분히 감내할 수 있는 것이었다.

인과관계가 명확하지 않은데도 믿는 것을 '마술적 사고'라 한다. 마술적 사고는 대상을 통제할 수 있다는 느낌을 준다. 통제할 수 없는 것은 불안감을 부추긴다. 가령 자연재해는 인간의 능력으로 통제할 수 없다. 통제하려면 그런 일이 왜 일어나는지 알아야 하지만, 조상들은 변덕스러운 자연현상의 원인을 알아낼 방법이 없었다. 그런데도 조상들은 기어이 원인을 찾아내 의미를 부여했다. 가뭄은 태양신이 노한 것이다. 따라서 문제를 해결하려면 태양신의 노여움을 풀어야 한다. 미신은 이렇게 탄생했다.

조상들은 가뭄이 오래 지속될 때마다 기우제를 올렸다. 기우제를 올린 후 비가 내리면 기도가 효과를 발휘한 것이고 비가 내리지 않으면 정성이 부족한 것이다. 기도는 정말 효과가 있는 것일까? 1988년 샌프란시스코종합병원의 심장병 전문의 랜돌프 버드는 393명의 관상동맥 환자를 대상으로 10개월 동안 기도의 효과를 연구했다. 그 결과 병원 외부의 기독교인으로부터 중보기도를 받은 환자는 상태가 눈에 띄게 호전되었다. 이 논문은 적지 않은 논란을 일으켰고, 이후 여러 차례 기도의 효과에 관한 연구가 이루어졌다.

2001년 이스라엘 라빈의료센터에서 감염성 혈액질환으로 진단받은 3,393명의 환자를 대상으로 진행된 연구에서는 기도를 받은 그룹의 생존 가능성이 조금 높은 것으로 분석되었다. 하지만 2006년 미국 6개 병원의 관상동맥 수술 환자 600여 명을 대상으로 실험을 진행한 결과 기도의 효과는 나타나지 않았다. 이 실험은 기존의 연구와 달리 잘 통제된 상황에서 진행되었다. 연구팀은 환자들에게 기도를 받을 것이라고 알린 후 기도를 받은 그룹, 통보받고도 기도를 받지 않은 그룹, 대조 그룹으로 구분해 실험을 진행했다. 중보기도는 2주 동안 제공되었다. 기도가 끝난 후 30일간 환자들의 합병증과 사망 등을 분석한 결과, 기도는 아무런 영향도 미치지 못했다.

남미 지역에서 행해지던 부두교 의식은 부정적인 기도의 예다. 인형에 바늘을 꽂는 저주의식이 복수심을 해소시킨다는 연구가 있다. 2013년 심리학자 네이선 드월 연구팀은 529명의 기혼자에게 인형 사진을 보여 주며 사진이 당신의 배우자를 상징한다고 말해 주었다. 그런 다음 사진에 원하는 만큼 바늘을 꽂으라고 말하자 바늘을 하나도 꽂지 않은 사람이 있는 반면, 바늘을 51개나 꽂은 사람도 있었다. 사진을 실제 배우자와 동일시한 것이다. 이듬해 이루어진 다른 연구에서는 부두 인형에 바늘을 많이 꽂은 사람일수록 가정폭력이 심하다는 사실이 드러났다.

우리는 마술적 사고에 취약하다. 2007년 한 연구팀이 대학생들에게 아기 사진과 일반적인 얼굴 도형을 향해 다트를 던지게 한 결과 학생들은 아기 사진에 다트를 던졌을 때 훨씬 낮은 점수를 받았다. 그림과 실제 대상은 전혀 관계가 없는데도 자신의 행동이 실제 대상에게 영향을 미칠까 봐 걱정한 것이다.

미신은 일상생활에서 일종의 징크스로 나타난다. 심리학자들은 오랫동안 프로 스포츠 선수들의 미신적 행동에 관해 연구해 왔다. 예컨대 마이클 조던은 경기에 나설 때 시카고 불스 반바지 안에 노스캐롤라이나 반바지를 입었고, 내셔널풋볼 리그 뉴욕 제츠팀의 커티스 마틴은 게임 전에 늘 『시편』 91장을 읽었다고 한다. 심리학자들의 연구를 종합하면 미신적인 행동은 불안감을 없애고 자신감을 높여 준다. 선수들은 단지 '행운의 공'이라는 딱지만 붙여 주어도 효과를 경험했다. 하지만 부적 같은 사물에 어떤 힘이 존재하는 것은 아니다. 부적이 발휘하는 힘은 나의 내부에서 나온 것이다. 우리가 믿는 대상은 힘을 발휘하지 못할지라도 우리의 믿음 자체는 엄청난 힘을 발휘한다.

벗어날 수 없는 인과의 사슬

우리는 주변에서 일어나는 모든 사건을 인과적으로 설명하려는 욕구를 가지고 있으며, 한번 생긴 믿음을 끝까지 고수하려는 성향도 가지고 있다. 사물과 사물, 사건과 사건을 인과관계로 묶어 버리면 걱정과 두려움을 덜 수 있다. 그래서 우리는 사물과 사물 사이의 연관성을 찾아내는 능력을 진화시켰다. 이런 능력은 매우 쓸모가 있었다. 인과관계를 파악함으로써 행동의 정확도와 계획성을 높일 수 있기 때문이다. 구름이 몰려오면 비가 오고 비가 오면 홍수가 난다는 인과적 사고는 생존에 도움을 주었고, 이런 연관성을 재빨리 찾아낸 사람이 더 많은 자손을 남겼을 것이다. 대니얼 포비넬리의 2003년 연구에 의하면, 인간에게만 이런 능력이 있는 것으로 보인다. 침팬지는 레버를 누르면 먹이가 나온다는 것을 배울 수는 있지만, 동작과 동작 사이의 인과관계를 지각하지 못한다고 한다.

문제는 인과적 사고가 가끔 착오를 일으킨다는 것이다. 착오는 두 가지 형태로 나타난다. 하나는 위험이 존재하지 않는데도 위험하다고 믿는 '부정 오류'이고, 다른 하나는 위험이 있는데도 위험하지 않다고 믿거나 인과관계가 없는데도 인과관계가 있다고 믿는 '긍정 오류'다. 숲속을 걷다가 방울 소리를 내는 뱀을 만났다고 가정해 보자. 독이 없는 뱀을 만났다면 해를 입지 않지만, 독이 있는데도 방심했다면 목숨을 잃을 것이다. 따라서 이 경우에는 독이 있든 없든 뱀이 독을 가졌다고 믿는 것이 낫다. 이것은 부정 오류에 해당한다. 반면 기우제를 지내면 비가 올 것이라는 믿음은 긍정 오류에 속한다. 기우제를 지내는 것은 심리적 위안을 주는 것 외에는 아무 효과가 없다. 이런 오류는 나름의 장점을 가진 적응적 오류이기 때문에 우리는 조상들로부터 부정 오류와 긍정 오류를 동시에 물려받았다.

원인을 알 수 없는 상황에서 어떻게든 인과적인 이야기를 꾸며 자연현상을 설명하려는 데서 종교가 비롯되었다는 점은 이미 설명한 바와 같다. 뇌는 원인과 결과를 쌍으로 묶어 단순화하여 인지한다. 예컨대 가벼운 감기는 감기약을 먹든 안 먹든 며칠 내에 저절로 치유된다. 의사가 처방해 주는 약은 감기 바이러스를 퇴치하는 것이 아니라 불편한 증상을 완화하는 역할을 한다. 그런데도 약을 먹고 감기가 나으면 사람들은 원인과 결과를 결합시켜 약이 감기를 치료했다고 믿는다.

유사과학의 정체를 폭로하는 데 주력해 온 마이클 셔머는 『믿음의 탄생』에서 믿음의 특징을 세 가지로 요약했다. 첫째 패턴성, 둘째 행위자성, 셋째 확증편향이다.

첫째, 패턴성은 무작위적이고 임의적인 정보들 속에서도 일정한 패턴을 찾아내 인식하는 것이다. 구름에서 동물의 모습을 보고, 테러 현장의 연기 속에서 악마의 얼굴을 보며, 화성의 그림자에서 인간의 형상을 보는 경우가 여기에 해당한다. 일단 패턴을 발견하면 뇌는 그럴듯한 의미를 부여한다. 뇌는 쉽게 인지할 수 있는 패턴을 조직함으로써 우리가 질서를 부여할 수 있는 틀을 제공한다. 심리학자들의 연구에 의하면, 초자연적인 힘을 믿는 사람일수록, 상황을 통제할 수 없다고 느끼는 사람일수록 임의의 점들이 모인 집합에서 더 많은 패턴을 찾아낸다. 패턴성은 긍정과 부정의 기능을 동시에 가지고 있다. 모든 동물은 자극과 반응을 연계한 반복학습을 통해 행동을 자동화한다. 우리의 습관 역시 이런 과정을 통해 형성되며, 지적으로도 원인과 결과를 연계한 연합학습을 통해 성장한다. 그러나 우리 뇌는 진짜 패턴과 가짜 패턴을 구별할 수 있는 능력이 부족하기 때문에 모든 패턴을 사실이라고 가정함으로써 오류를 범한다. 이것이 패턴화의 부정적 기능이다.

둘째, 행위자성은 어떤 사건이나 현상에 누군가의 의도적 행위가 개입되어 있다고 보는 것이다. 말하자면 삶에 영향을 미치는 사물과 현상을 의인화하는 것이다. 우리는 태양이나 바람, 물 같은 무생물뿐만 아니라 식물이나 동물 같은 생물체에 인격을 부여하곤 한다. 마치 그것들이 감정적 의도를 가지고 인간의 삶에 개입하는 것처럼 인식하는 것이다. 그래서 어린 시절에는 해나 달이 자신을 따라다닌다고 여기고, 그것들을 그릴 때 얼굴 표정을 그려 넣는다. 그러나 인격화된 대상을 눈으로 확인할 수는 없다. 그래서 영혼, 유령, 악마와 천사, 외계인, 신 등이 등장한다.

셋째, 확증편향은 자신의 믿음을 뒷받침하는 증거를 모으는 것이다. 뇌는 고집이 세다. 뇌는 일단 프레임을 형성하고 나면 프레임에 반대되는 믿음을 철저히 배척한다. 그래서 믿음을 무너뜨릴 수 있는 증거들을 멀리하고 자신의 믿음을 지지하는 증거만을 차곡차곡 쌓아 간다. 증거가 쌓일수록 믿음은 더욱 굳건해진다. 미약한 증거일지라도 이 증거들은 믿음을 지지하는 튼튼한 기둥이 된다.

사실일 가능성이 거의 없는 것들을 믿는 사람들은 모든 대상에서 패턴을 쉽게 탐지한다. 그들은 무작위적인 정보를 패턴으로 연결하여 어떤 존재의 의도를 불어넣는다. 여기에 확증편향이 결합하면 그것은 진실이 된다. 그들의 믿음이 망상인가 아닌가는 어떤 증거를 어떤 방식으로 제출하느냐에 달려 있다. 합리적이고 논리적인 증거를 제시한다면 그것은 과학적 사실에 가깝다. 하지만 믿음 자체가 증거가 된다면 그것은 망상에 해당한다.

믿는 뇌

몇몇 신경과학자들은 영적 체험이 뇌의 측두엽과 관련이 있는 것으로 믿고 있다. 측두엽 뇌전증 환자는 종교적 단어와 그림에 즉각적으로 반응하고 신비적 체험도 자주 한다. 그래서 경전 속에 등장하는 선지자나 예언자들의 영적 체험을 측두엽 뇌전증 증상으로 이해하는 과학자들도 있다. 갑작스러운 빛 체험과 단기간의 실명, 환청, 심한 경련과 어지럼증, 무아지경, 비 오듯 쏟아지는 땀, 유체 이탈 같은 현상은 측두엽 뇌전증 환자의 전형적인 특징과 유사하기 때문이다.

뇌는 중추신경의 집적체다. 초기 동물은 아메바나 짚신벌레처럼 편모와 섬모로 움직이는 단세포 동물이었다. 단세포 동물이 다세포 동물로 진화하면서 운동세포(근육세포)들을 연결하는 신경세포가 출현했다. 신경세포가 모여 신경다발을 이루고, 몸 곳곳에 퍼져 있는 신경다발들을 제어하기 위한 뇌가 진화했다. 뇌는 생각을 위한 기관이 아니다. 뇌의 궁극적인 목적은 운동이다. 운동은 동물의 생존을 좌우하기 때문에 지구상에 존재하는 동물은 환경에 맞추어 최적의 운동을 진화시켰다.

인간이 선택한 방식은 '마음을 통한 운동'이다. 우리는 뇌로 감각하고, 느끼고, 예측하고, 계획하고, 결정하면서 행동한다. 이 모든 과정에 마음이라 부르는 정신활동이 개입한다. 다른 동물들과 마찬가지로 우리의 행동 대부분은 무의식적인 정신활동으로 이루어진다. 하지만 미래의 생존에 영향을 미치는 중요한 결정들은 의식적인 정신활동을 거친다. 의식적인 행동이든 무의식적인 행동이든 믿음은 중대한 영향을 미친다.

경험주의 철학은 인간이 제한적 감각에 의존하여 외부세계를 지각할 수 있을 뿐이라고 말한다. 하지만 우리의 감각은 불완전하므로 적지 않은 오류를 범한다. 예컨대 우리의 시각은 곧잘 착시현상을 일으킨다. 따라서 우리가 인식하는 세계는 실재가 아니다. 뇌에 의존하여 세계를 지각하는 한 우리는 영원히 본질을 알 수 없다. 경험한 것만 알 수 있다면 우리가 경험하지 못하는 것은 존재하지 않는 것과 마찬가지다. 이 말은 뇌가 지각한 것만 세상에 존재한다는 뜻이다. 즉 적막한 숲속에서 홀로 쓰러진 나무는 존재하지 않는 것과 마찬가지다.

우리가 지각하지 못할 뿐, 외부세계가 존재하지 않는 것은 아니다. 뇌 과학자들은 두 가지 세계, 객관적으로 실재하는 세계와 뇌가 주관적으로 해석한 세계가 동시에 존재한다고 주장한다. 몸과 마음을 구별할 수 없듯이, 두 가지 세계도 뇌를 떠나서는 설명할 수 없다. 실재가 아닌 가상의 관념 역시 뇌가 지각한 것이기 때문이다. 예컨대 '신'은 우리의 감각으로 지각할 수 없지만, 뇌는 '신'이라는 관념을 떠올릴 수 있다. 문제는 뇌가 객관적인 세계와 주관적인 세계를 제대로 구분하지 못하는 데 있다.

환각의 대상은 실재하지 않지만 뇌는 환각을 통해 그것이 실재하는 것처럼 만들어 낼 수 있다. 신경과학자들의 연구에 따르면, 뇌는 현실과 환영을 제대로 구분하지 못한다. 앞에서 잠시 언급했던 꿈이 적절한 예다. 우리는 깊은 꿈을 꿀 때 그것이 꿈인지 모른다. 사실 신경과학적인 측면에서 보면 우리가 보는 모든 것은 환영이다. 뇌가 나에게 보여 주는 것은 필요에 맞게 재구성한 영상이기 때문이다. 우리가 믿고 알고 기억하는 것 역시 뇌가 재편집한 것이다. 뇌는 실재가 아니라 자신이 믿는 것을 보여 준다.

종교가 영적 체험에만 의존했다면 대중성을 확보하는 데 어려움을 겪었을 것이다. 모든 신도가 영적 체험을 통해 신을 만날 수 있는 것이 아니기 때문이다. 따라서 종교는 그림, 조각, 희생의 상징물, 천상을 상징하는 건축물 등 다양한 촉진 수단을 이용한다. 뇌는 명백한 증거가 없거나 눈으로 확인할 수 없어도 스스로 상상하면서 믿음의 근거를 만든다. 의심하기보다는 믿는 것이 더 편안하기 때문이다.

영적 체험을 다루면서 믿음이 동일한 신경 경로를 공유한다는 점을 설명했다. 불교 수행자나 가톨릭 수녀는 영적 체험을 할 때 뇌의 같은 영역이 활성화된다. 마이클 맥과이어는 『신의 뇌』에서 "4천여 개의 서로 다른 종교가 있지만 그들은 모두 동일한 뇌 조직과 뇌 메커니즘에서 나왔다"고 말한다. 그의 표현을 빌리면, 뇌는 공중인처럼 믿음을 보증하는 역할을 하며 열심히 상징적인 현상을 믿게 함으로써 믿음을 분비한다. 그는 종교가 세 가지 수단, 즉 의식, 긍정적 교류, 믿음을 통해 신도들의 열정에 충분히 보답한다고 말한다. 종교는 세심하게 계획된 의식을 행하며, 이 의식은 집단 구성원에게 소속감을 준다. 소속감이야말로 심리적 안정감의 원천이다. 믿음을 공유하는 이들끼리의 긍정적 교류는 현실에서의 계급적 위화감을 없애 준다. 내가 열심히 믿고 선택받을 수 있다면 계급 따위는 하나도 부럽지 않다. 더구나 믿음은 뇌가 궁금해하는 존재의 이유와 사후세계에 대한 답을 주기 때문에 심리적 만족감을 제공한다.

결국 인간이 원하는 것은 행복이다. 현실에서 행복할 수 없다면 죽어서라도 행복해지려는 것이 인간이다. 종교가 전하는 스토리 역시 행복감을 안겨 준다. 거기에는 현실세계의 핍박, 고통과 방랑, 극적인 귀환과 영적 승리, 미래에 대한 약속과 경고 등이 담겨 있다. 이런 스토리야말로 놀라운 복음이 아닐 수 없다. 이 때문에 사람들은 현실에서 벗어나 자신이 상상하는 것을 믿을 수밖에 없다.

불확실성과 모호함은 불안감을 불러온다. 그래서 우리는 확실하고 명확하며 예측 가능한 것을 선호한다. 이런 해결책을 위해 뇌가 준비한 것이 바로 믿음이다. 뇌가 만들어 내는 믿음은 논리적이고 합리적인 것은 아니지만, 뇌가 들여야 할 비용을 절감해 준다. 이성적이고 합리적인 사고를 하는 데는 많은 에너지가 소모된다. 하지만 믿음이 형성되면 에너지와 비용을 대폭 줄일 수 있다. 믿음은 빠르고 단순하며 직관적이다.

따라서 뇌는 믿는 것 이외에 다른 대안을 선택할 여지가 별로 없다. 믿음은 뇌의 타고난 특성이다.

믿음 유전자

종교적 믿음이 인간의 본성인가, 아니면 학습되는 것인가에 대한 논쟁이 있다. 종교적 믿음이 타고나는 것이라면 우리는 그에 상응하는 유전자를 가지고 있을 것이다. 1990년 미국 미네소타대학의 토머스 부샤르 연구팀은 다른 환경에서 자란 일란성 쌍둥이와 이란성 쌍둥이를 비교 분석하여 유전적 요인이 인간의 행동 습관에 더 많은 영향을 미친다는 결론을 내렸다. 특히 연구팀은 서로 떨어져 자란 일란성 쌍둥이 53쌍과 이란성 쌍둥이 31쌍을 대상으로 다섯 가지 항목의 종교성을 측정했다. 그 결과 일란성 쌍둥이의 종교성 수치가 이란성 쌍둥이보다 두 배 정도 높게 나왔다. 연구팀은 종교적 성향과 관련해 유전적 요인이 절반 정도 영향을 미친다고 분석했다. 1999년에는 캐서린 커크 연구팀이 일란성 쌍둥이와 이란성 쌍둥이를 대상으로 자기초월성을 측정한 결과 일란성 쌍둥이의 수치가 높게 나왔다.

이 연구들을 보면 종교적 성향은 어느 정도 유전적으로 타고나는 것처럼 보인다. 딘 해머의 『신의 유전자』는 믿음이 타고난다는 아이디어를 바탕으로 '믿음 유전자'를 집중적으로 조명한 책이다. 미리 밝히자면 종교적 믿음이 유전자에서 비롯된다는 그의 생각은 많은 전문가로부터 비판받았다. 그런데도 그의 주장을 소개하는 것은 믿음이 어느 정도 생물학에 바탕을 두고 있으며, '믿는 뇌'를 이해하는 데도 도움이 되기 때문이다. 물론 딘 해머 스스로 밝혔듯이 『신의 유전자』는 신의 유전자가 존재하는지에 관한 책일 뿐, 신이 존재하는가에 관한 책이 아니다. 또 인간의 본성이라고 해서 그것이 도덕적으로 옳은 것을 의미하지 않는 것처럼, 믿음이 인간의 본성이라고 해서 신이 존재한다는 의미도 아니다. 과학은 신의 유전자를 탐구할 수 있어도 신의 존재 여부는 밝혀낼 수 없다.

그가 신의 유전자 후보에 올린 것은 D4DR과 VMAT2다. D4DR은 도파민 수용체를 만드는 데 관여하는 유전자로, 새로움을 추구하고 위험을 감수하는 성향과 관련이 있다. VMAT2는 모노아민계 신경전달물질을 운반하는 단백질 생성에 관여하는 유전자로 영적인 성향에 영향을 미치는 것으로 알려져 있다. 모노아민에는 도파민, 아드레날린, 노르아드레날린, 세로토닌 같은 신경전달물질이 포함된다. 세로토닌은 자기초월성이나 영성에 다양한 방법으로 영향을 미치는 것으로 알려져 있고, 도파민 역시 영적 상태에 영향을 주는 것으로 알려져 있다.

사람들은 유전자가 심리와 행동에 영향을 미친다는 말을 들으면 마치 자신의 운명이 이미 결정되어 있다는 것 같은 의미로 받아들인다. 유전자의 기능을 설명하는 것만으로도 자유의지나 자기결정권이 침해당하는 느낌을 갖는 것이다. 물론 위에서 언급한 두 가지 유전자만으로 믿음의 유전적 요인을 모두 설명할 수는 없다. 지금까지 이루어진 여러 연구를 살펴보면 유전자는 우리의 성향과 행동에 절반 정도의 영향을 미친다. 종교적 성향 역시 유전자의 영향력이 40~50퍼센트 정도다.

유전적 요인이 종교적 성향에 영향을 미친다고 해서 유전자가 개인이 믿어야 할 종교까지 정해 주는 것은 아니다. 믿음은 유전적 요인들과 상관관계가 있지만, 개인이 믿는 종교는 문화적으로 학습된다. 유전자가 불교, 기독교, 이슬람, 힌두교 신자를 만들지는 않는다. 문화적 요인이 더 중요한 영향을 미친다는 주장도 많다. 심리학자 폴 블룸 연구팀은 2012년에 종교가 문화적으로 학습되는 것이라는 내용을 담은 연구 결과를 발표했다. 캐나다의 심리학자 아라 노렌자얀 역시 종교가 문화적 진화를 통해 출현했다고 본다. 그는 2016년에 발표한 논문에서 종교적 믿음과 관습이 타고난 인지기능의 부산물로 발생했다는 점을 인정하면서도 낯선 사람들 간의 대규모 협력이 종교의 확산과 밀접한 관련이 있다고 주장했다. 종교적 믿음과 관습이 출산율을 높이고 공동체의 협력을 촉진하는 것은 물론 집단 내 경쟁과 갈등을 완화함으로써 사회 발전에 기여했다는 것이다.

종교는 유전자, 학습, 밈 모두에 의존한다. 경전에 기록된 구절을 비롯하여 화두, 주문, 기도, 종교의식, 가르침, 상징, 예술, 관습 등 매우 다양한 밈이 집단에 전파된다. 뇌와 인지기능의 진화를 고려하면 믿음이 생존의 도구로서 역할을 해 온 것은 분명해 보인다. 유전자는 무언가를 믿으려는 심리적 성향을 갖는 데 영향을 미쳤을 것이다. 그러나 유전자가 어떤 종교를 믿어야 하는가를 말해 주지는 않는다. 유전자는 뇌의 형성과 신경회로의 배선에 영향을 미침으로써 종교와 영성의 형성에 간접적인 역할을 했을 것으로 추정된다.

설령 영성이 우리의 본능일지라도 신과 종교에 대한 특정한 믿음을 타고나는 것은 아닌 것 같다. 종교는 영성과 다르다. 종교 자체는 유전자가 아니라 문화에 의해 학습되고 밈에 의해 대물림된다. 세계에 존재하는 모든 종교가 사라진다 해도 인간은 결코 신에 대한 믿음을 버리지 않을 것이다. 또 신이 사라진다고 해도 사람들은 분명 다른 것을 믿게 될 것이다.

04
인간의 종말, 신의 종말

인간은 낙원에서 추방당했으며 이제 돌아갈 수 없다.
그는 자연과의 사이에 갈등이라는 저주를 짊어지게 되었다.
세계는 그를 위해 만들어진 것이 아니며,
그는 단지 세계 속에 내던져진 존재다.
그래서 그는 자신의 활동과 이성에 의해서만
인간적인 자신의 집을 창조할 수 있는 것이다.

_에리히 프롬, 『파괴란 무엇인가』

1978년, 인민사원

1978년 11월 18일, 세계 주요 언론들은 남아메리카의 가이아나에서 벌어진 참상을 1면 머리기사로 보도했다. 지옥의 한 장면을 그대로 옮겨 놓은 것 같은 보도사진은 전 세계인을 충격으로 몰아넣었다. 숲속에 자리 잡은 광장 한가운데 쌓인 시체들 속에는 어린이들도 포함되어 있었다. 사망자는 모두 914명이었고, 그들을 죽음의 나락으로 몰고 간 주인공은 미국인 지미 존스였다.

존스는 1950년대 미국에서 인민사원이라는 종교를 창설했다. 그는 세계평화를 외치면서 인종차별에 반대하던 소수 민족과 백인 대표자들을 끌어모았다. 그들의 집단 운동이 시작되자 가족을 빼앗긴 친지들이 인민사원의 폐쇄적인 생활방식에 이의를 제기했고, 그때부터 CIA와 FBI가 인민사원을 감시하기 시작했다. 교단의 존립에 위협을 느낀 존스는 1973년에 추종자들에게 가이아나로 옮길 것을 제안했다. 가이아나 정부는 그들의 제안을 받아들여 2만 5,000에이커에 달하는 땅을 제공했고, 존스는 1974년에 교단을 옮겼다. 이후 그곳은 '존스타운'으로 불리게 되었다.

인민사원이 가이아나로 옮긴 뒤에도 가족들은 미 의회에 탄원서를 제출하고, 인민사원이 신도들을 감금하고 있다는 정보를 제공했다. 이를 확인하기 위해 리오 라이언 하원의원이 몇몇 신문기자들과 함께 존스타운으로 출발했다. 그러나 그들을 기다리고 있던 것은 죽음이었다. 집단 자살이 일어난 바로 그날, 라이언 의원과 동료 세 명, 그리고 인민사원을 이탈했던 퍼트리샤 팍스가 무장 괴한에게 비행장에서 사살되었다. 사건이 일어나자 가이아나 경찰과 미국 수사관들이 존스타운으로 급파되었다. 광장에 도착한 수사관들은 눈앞에 벌어진 참상을 도무지 믿을 수 없었다. 어디를 봐도 시체뿐이었다.

인간은 집단학살을 자행할 수 있는 유일한 동물이다. 대부분의 동물은 굶주림을 채우기 위한 먹이에 만족하지만, 인간은 절대 그런 법이 없다. 에리히 프롬이 지적했듯이, 인간은 살인자라는 점에서 동물과 다르다. 인간은 자기 종족을 아무런 생물학적·경제적 이유 없이 죽이고 괴롭히며, 그렇게 함으로써 쾌감을 느끼는 유일한 영장류다. 인간은 단순히 경고 메시지를 보내기 위해 다른 인간을 죽일 수 있으며, 피부색과 혈통이 다르다는 이유만으로 한 종족을 멸종시키려 시도한다. 굳이 아우슈비츠나 난징 대학살, 르완다 대학살 같은 예를 들 필요도 없다. 문명화된 오늘날에도 지구촌 곳곳에서 이런 만행이 벌어지고 있으며, 미래에 대한 희망으로 가득 찬 21세기에도 비극은 계속될 것이다.

그들에게 '신의 징벌이 두렵지 않은가' 하는 물음은 아무런 의미도 없다. 종교도 때로는 살인의 이유가 되기 때문이다. 살인자들은 신의 뜻과 율법에 따라 행동한다고 믿기 때문에 죄책감 따위를 느낄 필요도 없다. 그들은 때가 되면 성전이나 사원에 나가 평화를 위해 기도하는 평범한 시민인 동시에, 한 가족의 자상한 아빠이며 민족의 지도자다. 지도자는 종종 자유를 위해 싸운다는 슬로건을 내걸고 민중을 노예화한다. 그때 그들이 빈번히 사용하는 것은 집단최면, 즉 집단적 나르시시즘이라는 무기다. 사람들은 지도자의 폭력을 두려워하면서 내 민족은 가장 훌륭하고 가장 문화적이며 가장 위대한 신을 갖고 있다는 자기 최면을 시도한다.

사람들은 폭력에 대한 두려움을 '복종'이라는 형태로 극복한다. 따라서 복종은 폭력적 두려움에 대한 가장 적극적인 의사 표현이다. 그래서 사람들은 지도자를 위해 기꺼이 희생하고, 민족을 위해 목숨을 바치며, 신을 위해 전쟁터에 나간다는 명분을 만들어 내고, 마침내는 자기 최면의 만족감 속에서 사라져 간다. 자기 최면에 필요한 이데올로기를 만들어 내는 사람은 대개 지식인이거나 성직자다. 특히 일부 지식인은 기회만 주어진다면 특별한 보수 없이도 그 일을 자청하고 나선다.

정도의 차이는 있지만 인간은 모두 악하다. 그러나 모든 악이 나쁜 것은 아니다. 생존에 필요한 정도의 악은 자연과 신이 우리에게 선물한 것이기 때문에 양심의 가책을 느끼지 않아도 된다. 문제는 인간의 악성이 다른 동물에 비해 지나치게 증폭되어 있다는 점이다. 오늘날의 인류는 몽둥이와 돌멩이로 경쟁자를 제압하던 원시 인류보다 나아진 것이 전혀 없다. 나아진 것이 있다면, 좀 더 세련되게 경쟁자를 죽일 수 있는 방법뿐이다. 원시시대에는 튼튼한 근육만이 지배의 수단이 될 수 있었지만, 지금은 상황이 달라졌다. 음모와 사기, 비도덕성과 비인간성, 결탁과 협잡 등이 승리의 주요 수단으로 등장했다. 원시 인류에게는 빈약한 체격을 가진 사람이 약자였지만, 지금은 단지 착하다는 이유만으로 약자가 될 수 있다.

인간은 욕망덩어리다. 욕망과 욕망이 부딪히는 세계는 지옥이나 다름 없다. 쇼펜하우어의 말대로 인간은 사악한 욕념의 결과물이며, 세상은 속죄의 터전이요, 형벌의 식민지요, 일종의 교도소에 불과하다. 욕망의 격렬함은 그 욕망이 충족될 수 없다는 데 있다. 인간보다 개를 더 좋아한다고 선언했던 쇼펜하우어는 이 욕망을 '생존 의지'라고 생각했다. 그러므로 인간이 무한한 존재에 이르기 위해서는 살려는 의지를 포기하는 수밖에 없다. 그것이 자살을 의미하는 것은 아니다. 쇼펜하우어가 생각한 의지의 포기는 고행을 통한 욕망의 제거다.

의지를 완전히 포기하면 세계의 모든 현상은 무화(無化)되고, 끝도 휴식도 없는 충동과 혼잡도 없어지고, 최후에는 시간과 공간도 없어지며, 궁극적으로는 주관과 객관도 사라진다. 의지가 없으면 표상의 세계도 없다. 이것이 곧 쇼펜하우어의 깨달음이었다. 그리하여 그는 『의지와 표상으로서의 세계』 마지막 문장을 이렇게 적고 있다. "의지를 부정해 버린 사람들에게도 이 세계는 모든 태양과 은하수와 더불어 무(無)인 것이다."

하지만 결코 이것이 해결책이 될 수는 없다. 깨달음은 개인에게 구원을 가져다줄 수 있지만, 인류 공동체에 기여하는 바는 거의 없다. 물론 인류의 다수가 깨달음에 이른다면 모든 문제는 해결될 수 있을 것이다. 그러나 인류에게 그런 기대를 하기가 불가능하다는 것을 당신도 잘 알고 있을 것이다. 더구나 권력은 인류 모두가 깨달음에 이르는 것을 허용하지 않는다. 그때는 지배할 대상뿐만 아니라 욕망을 충족시킬 대상도 함께 사라져 버리기 때문이다.

절망 위에 세운 가냘픈 허구, 종말론

1997년 4월, 미국 캘리포니아 샌디에이고에서 '천국의 문' 신도 39명이 집단 자살하는 사건이 벌어졌다. 종말론에 심취한 사이비 종교집단의 자살 사건은 늘 있었으므로 그다지 큰 사건은 아니었다. 하지만 이 사건이 세인의 관심을 끈 것은 신도들이 지식인과 전문가 집단으로 구성되었다는 점 때문이었다. 그들은 헤일 봅 혜성과 UFO가 곧 자신들을 구원하리라는 믿음을 가지고 있었으며, 외계인에게 먼저 선택되기 위해 자살했다. 더욱 놀라운 점은 그들이 지구를 떠나기 전에 카메라 앞에 등장하여 아주 행복한 얼굴로 고별인사를 남겼다는 사실이다. 그들은 구차하게 지구상에 남아 있게 될 인류가 불쌍해서 못 견디겠다는 듯 비디오 테이프에 자신들의 고별사를 남겼다.

이 집단의 우두머리는 두 아이의 아버지인 애플 화이트였다. 그는 강도 높은 규율로 신도들의 이탈을 막았고 일부 남성을 거세시키기도 했다. 또한 세계 전 지역에서 위력을 발휘한 적이 있는 경전들을 조합하여 신세대들을 매료시킬 수 있는 가르침을 완성했다. 그것은 TV 프로그램인 〈X파일〉과 〈스타트랙〉 같은 영상을 만드는 것과 동일한 작업이었다. 애플 화이트가 염려했던 지구 종말의 시나리오는 현실보다 영화에서 빛을 발했다. 미미 레더 감독의 〈딥 임팩트〉와 마이클 베이 감독의 〈아마겟돈〉은 지구와 혜성이 충돌할지도 모른다는 불안 심리를 이용하여 쏠

쏠한 재미를 보았다.

　많은 사람이 사이비 교주의 주장이 터무니없다는 것을 잘 알고 있다. 그렇지만 종말론은 좀체 수그러들 기미를 보이지 않는다. 새로운 천년을 앞둔 1998년과 1999년에는 종말론이 더욱 기승을 부렸다. 1998년 8월에는 흑인 예수의 재림을 믿는 미국의 '데이비드의 집' 신도들이 장렬한 지구의 종말을 보기 위해 이스라엘로 향했다. 또 1998년 10월에는 미국 콜로라도주 덴버에 있는 '컨선드 크리스천스'라는 집단에 소속된 신도 100여 명이 어디론가 증발했다. 이 집단의 교주 몬트 킴 밀러는 10월 10일에 덴버가 지진으로 사라질 것이며, 자신은 12월에 예루살렘에서 순교할 것이라고 예언했다고 한다.

　교황 요한 바오로 2세는 세기말이 가까워지던 1998년 4월 성 베드로 광장에서 행한 연설에서 금세기 말에 종말이 온다는 것을 부인했다. 하지만 종말을 믿는 집단은 사라지지 않았다. 한국도 예외가 아니었다. 1992년에 해프닝으로 끝난 다미선교회의 휴거 소동은 종말의 시기가 지났음에도 불구하고 지금까지 종말을 믿는 세력이 잔존하고 있다. 사이비 교주들이 갖는 특징은 자신이 재림 예수라고 주장하는 것이다.

　서양인에게 밀레니엄은 중요한 의미를 갖는다. 실제로 999년에는 유럽 전역에서 집단적인 히스테리 현상이 일어났다. 사람들은 생업을 팽개치고 기도에 몰두했으며, 폭도들이 부자나 고리대금업자들을 살해했다. 교회는 문전성시를 이루었고, 예루살렘을 찾는 순례자들이 인산인해를 이루었다. 그러나 동양에서는 세기말 자체가 존재하지 않았다. 세기말이란 서양인이 달력을 만들 때 사용한 숫자에 불과하기 때문이다.

　종말론을 이야기하면서 노스트라다무스를 빼놓을 수 없다. 노스트라다무스는 프랑스 남부 생 레미 출신의 의사이자 점성가였다. 그는 1532

년에 의학박사 학위를 받고 몽펠리에대학의 교수가 되었다. 당시는 페스트가 유럽 곳곳에 창궐하던 때였다. 노스트라다무스는 전염의 중요성을 알고 환자를 격리하는 한편 맑은 공기와 물을 제공했으며, 시체를 불에 태우거나 비타민 C로 된 알약을 제공함으로써 페스트 예방에 중요한 역할을 했다고 한다. 그러나 그는 의사로서가 아니라 예언자로 유명해졌다. 그는 1555년에 353편의 사행시로 구성된 『레 상튀리』 4권을 출판했고, 말년에는 1,000편에 달하는 사행시를 지었다. 노스트라다무스가 일약 예언자로 등장한 것은 『레 상튀리』 1권에 나오는 한 편의 시 때문이었다. 그는 이렇게 읊었다.

젊은 사자가 늙은 사자를 이기리라
결투장에서 일대일 시합에 의해
황금 새장 안에서 그의 눈이 터지리라
두 개의 상처가 하나 되니 참혹한 죽음이로다.

이 시는 앙리 2세의 죽음을 예언했다고 해서 화제가 되었다. 1559년 앙리 2세는 누이와 딸의 결혼을 한꺼번에 치르면서 성대한 파티를 열었다. 그때 창 겨루기 시합을 벌였는데 앙리 2세의 방패에 사자가 그려져 있었다. 사흘째 되던 날, 창 겨루기 시합에 몽고메리 백작이 등장했다. 그의 방패에도 사자 그림이 그려져 있었다. 이윽고 두 번째 대결에서 몽고메리 백작의 창이 앙리 2세의 투구를 꿰뚫고 눈알에 박혔다. 앙리 2세는 열흘 동안 사경을 헤매다가 죽고 말았다. 그때부터 노스트라다무스는 세기의 예언자로 떠올랐다. 그러나 그의 시는 라틴어와 중세 프랑스어를 뒤섞고 곳곳에 철자를 바꾸어 놓았기 때문에 다양한 해석이 가능하다.

그가 앙리 2세의 죽음을 염두에 두고 이 시를 썼는지는 알 수 없다. 그러나 이 시는 다른 방식으로도 해석할 수 있다. 당시 왕가에서 암살은 흔히 있는 일로 앙리 3세 역시 1589년에 암살당했다. 앙리 3세에 이어 즉위한 앙리 4세는 프랑스 부르봉 왕조의 시조가 된다. 그 무렵은 구교와 신교가 첨예하게 대립하던 시기였다. 1562년부터 1598년까지 프랑스에서는 위그노 종교전쟁이 발발했다. 이 전쟁은 종교적인 대립에 왕위 다툼까지 겹치면서 매우 치열하게 전개되었다. 그때 신교도 출신이었던 앙리 4세는 1598년 낭트 칙령을 공포함으로써 양쪽에 모두 정치적 평등권을 부여했다. 이로써 30년 이상 계속된 내란이 수습되었으나 그 역시 1610년에 암살되었다.

당대의 흐름을 읽은 지식인이라면 신교(젊은 사자)와 구교(늙은 사자)가 결투를 벌이고, 마침내 신교가 구교와 동등한 권리(두 개의 상처가 하나 되니)를 획득하리라는 것을 충분히 예측할 수 있었을 것이다. 그러나 공개적으로 어느 한 편을 드는 것은 노스트라다무스에게도 도박이었을 것이다. 따라서 그는 은유와 비유를 사용할 수밖에 없었고, 다행히 그의 비유는 맞아떨어졌다. 신화가 현실이 되기 위해서는 약간의 포장이 필요하다. 역사적 진실인지 확인할 방법은 없지만, 두 개의 방패에 사자 그림이 새겨져 있었다는 설명이 그러하다.

어쨌든 노스트라다무스는 위대한 예언자의 반열에 오름으로써 종말에 관한 자신의 예언이 맞을지도 모른다는 믿음을 심어 주었다. 그의 예언은 끔찍하다. 1999년 음력 7월에 공포의 대왕이 내려와 적그리스도를 쓰러뜨리고 이단자들은 죽거나 추방당한다는 것이다. 그때 마르스가 세상을 지배하고, 마침내는 앙골모와 대왕이 세계를 다스린다. 공포의 대왕은 흔히 '그랜드 크로스'로 불리는 태양계의 행성 배열로 설명되었으나 천문학자들은 이 사실을 부인하고 있다. 마르스는 로마 신화에 나오는 전쟁의 신과 유사하고, 앙골모와는 해석이 다양하지만 조로아스터교의 악한 신 앙그라마이뉴와 발음이 비슷하다.

그러므로 노스트라다무스가 종말을 노래한 시는 1999년 7월이라는 숫자만 제외하면, 비관적인 생각을 가진 어떤 시인도 손쉽게 쓸 수 있는 것이었다. 당신 역시 그 정도의 예언은 충분히 할 수 있다. 정확한 시기만 명시하지 않는다면 독재자의 출현, 전쟁과 기아, 환경 재앙, 대규모 방사능 유출, 댐의 붕괴, 가공할 테러, 종교 분쟁, 민족 분쟁 같은 것은 100퍼센트 맞힐 수 있다. 하지만 당신이 예언시를 쓴다면 구체적인 고유명사와 숫자를 삼가는 것이 좋다. 가능하면 적절한 비유와 은유를 사용하고 철자와 숫자를 마구 뒤섞어 놓아야 한다. 예를 들어 당신이 '불덩이'라는 말을 사용했다면 호사가들은 그것을 핵전쟁, 혜성 충돌, 화산 폭발, 심판 등으로 해석할 것이다. 그중 한 가지만 일치하더라도 당신은 위대한 예언자의 반열에 오를 수 있다. 그러나 부득이하게 종말의 시기를 명시하고 싶다면 당신이 죽은 다음으로 하는 것이 좋다. 노스트라다무스는 1999년이라는 숫자에 대해 아무런 책임도 지지 않는다. 당신이 2999년에 세상이 멸망한다고 예언하더라도 책임질 필요는 없다.

물론 더 확실하게 예언자로 인정받을 수 있는 기회도 있다. 여기에는 약간의 도박이 필요하다. 대통령 당선자를 알아맞히는 것은 확률이 50퍼센트 정도이기 때문에 누구나 예언자가 될 수 있지만, 신문 기사만 제대로 읽어도 확률을 70퍼센트 이상으로 높일 수 있다. 물론 선거 전문가는 100퍼센트 맞힐 수 있다. 예언이 맞지 않더라도 실망할 필요는 없다. 사람들은 당신의 실패를 기억하지 않는다. 그들이 기억하는 것은 확률에 도전하여 운 좋게 성공한 사람뿐이다.

전염되는 종말론

종말 이후의 천년왕국에 대한 믿음을 행동으로 옮긴 사람은 뜻밖에
도 중국인이었다. 청나라 말기 홍수전은 과거에 네 번이나 낙방한 전력
을 갖고 있었다. 그는 선교사의 전도를 통해 기독교 신자가 되었고, 종교
단체를 조직해 1850년에 태평천국 운동을 일으켰다. 그는 농민을 이끌고
광시성을 출발하여 1853년에 난징을 점령했다. 홍수전은 자신을 예수의
동생이라고 자칭하고, 자신의 무리를 유대인이 잃어버린 지파라고 설파
했다. 그러나 그는 1864년 패색이 짙어지자 자결하고 말았다.

'야훼의 증인'을 창설한 찰스 테이즈 러셀 역시 재림파의 영향을 받아
세계의 종말을 굳게 믿었다. 그는 1874년에 예수가 재림할 것으로 믿고
1914년부터 천년왕국이 시작될 것이라고 주장했다. 그의 예언은 빗나갔
지만 '야훼의 증인'은 아직도 건재하다. 1890년대에는 미국 원주민 사이에
'영혼의 춤' 운동이 벌어졌다. 그들의 지도자는 네바다주 마손 계곡의 목
부였던 와보카였다. 그는 1889년에 자신이 하느님을 만나 말세가 도래할
것이라는 계시를 받았으며, 신성한 영혼의 춤을 추어야 약속의 땅으로
들어갈 것이라고 주장했다. 그들은 대규모 영혼의 춤을 추기 위해 족장
회의를 개최했으나 미국 정부는 기병대를 파견하여 그들을 몰살시켰다.

그 외에도 종말을 주장한 사람들은 많다. 영국의 퀘이커교도 앤 리는
1792년에 천년왕국이 시작될 것이라고 주장했지만 그때가 오기 전에 사
망하고 말았다. 1830년에 모르몬교를 창시한 조지프 스미스도 종말론을

주장한 사람 중 하나였지만 방화 혐의로 감옥에 갇혀 있다가 분노한 시민들에 의해 살해되었다. 1843년 4월 3일에 종말이 올 것이라고 주장했던 예수재림파의 윌리엄 밀러는 아무 일도 일어나지 않자 7월 7일로 종말일을 수정했다. 역시 그날에 아무 일도 일어나지 않자 종말일은 이듬해 3월 21일로 변경되었다가 10월 22일로 다시 조정되었다.

종말론에 심취한 사람들은 이번에야말로 정말 종말이 올 것이라고 말해 왔다. 하지만 그들의 예언이 성사된 적은 단 한 번도 없다. 그들이 신으로부터 계시받은 날짜는 모두 다르기 때문에 약간의 신빙성조차 갖지 못한다. 1957년 미국의 심리학자 리언 페스팅어는 두 명의 동료와 함께 어느 사이비 종교집단에 잠입했다. 이 종교집단의 지도자는 자신이 외계인과 접촉하고 있다고 주장하며 12월 21일에 세상이 대홍수로 멸망할 것이라고 예언했다. 신도들은 세상이 멸망할 때 비행접시가 나타나 자신들을 안전한 장소로 인도할 것이라 믿었다. 물론 인류 역사상 어떤 종말론적 예언도 성공한 예가 없다.

페스팅어는 예언이 실패했을 때 종교 지도자와 신도들이 어떻게 반응할 것인지를 다음과 같이 예측했다. 첫째, 광신자가 아닌 사람들은 믿음을 거두고 교단을 떠날 것이다. 둘째, 재산을 이미 처분한 광신자들은 더욱 지도자를 믿으려 할 것이다. 셋째, 광신자들은 다른 사람들을 자신의 종교집단에 합류시키기 위해 노력할 것이다.

마침내 12월 21일 새벽 2시가 되자 신도들의 긴장감은 최고조에 이르렀다. 하지만 어떤 일도 일어나지 않았다. 신도들이 동요하자 지도자는 새벽 4시 44분에 새로운 선언을 하기에 이르렀다. 자신과 신도들의 열성적인 기도가 하느님을 움직여 세계를 멸망에서 구했다는 내용이었다. 신도들이 실망했을 것 같지만, 오히려 분위기는 절망에서 환희로 바뀌었다. 광신자들은 자신들의 열광적인 기도로 세상이 구원되었다는 사실을 놀라운 은총으로 받아들였다. 일부 신도들은 교단을 떠났지만 열렬한 추종자들은 거리로 나가 이전보다 더 열심히 전도 활동을 벌였다. 추종자들은 자신들의 오류를 인정하는 대신 다른 사람의 의견을 바꾸기 위해 노력한 것이다.

리언 페스팅어는 자신의 실험 결과를 「예언이 틀렸을 때」라는 논문으로 발표했고, 이로부터 인지부조화 이론이 탄생했다. 이 이론은 두 가지 이상의 대립적인 요소들 사이에 부조화가 일어났을 때 사람들은 부조화를 감소시키는 쪽으로 행동하는 성향을 갖는다고 설명한다. 다시 말하면 강력한 반대 증거가 나타나도 그것을 받아들이는 대신, 한번 내린 결정을 끝까지 고수하려는 성향을 갖는다는 것이다. 일종의 자기합리화인 셈이다.

힌두교 신화에 의하면 세계의 주기는 네 시기로 구분된다. 첫 번째는 크리타 시대로 도덕적 질서가 지배하며, 두 번째 시대는 트레타 시대로 점점 타락해 가는 시기다. 또 세 번째는 드바파라 시대인데 선과 악이 균형을 이루며, 네 번째는 칼리 시대로 완전한 악이 지배한다. 이 악의 시대는 기원전 3102년 2월 18일부터 시작되었다. 네 주기를 순환하는 데 43만 2,000년이 걸리는데, 그 기간의 천 배인 4억 3,200만 년을 1칼파라고 한다. 우리가 사는 현재는 바라하 칼파인데 일곱 번의 홍수가 더 있은 다음에야 끝난다. 종말은 1칼파가 끝나면서 도래한다. 그때 이르러 비슈누 신이 행성의 모든 물을 마시고, 일곱 개의 태양을 만들어 불태우고, 육지를 사막으로 만든 다음 다시 비를 뿌려 거대한 바다를 만든다. 그런 다음 비슈누는 긴 휴식을 취하고 다시 세상을 창조한다.

자이나교는 시간을 6기로 구분하고 그것들의 끝없는 순환으로 인식한다. 제1기는 무량년(無量年) 동안 계속되는 낙원의 시대인데 점차 타락하기 시작하여 제3기에는 선과 악이 병존하게 된다. 제5기는 우리가 사는 현재인데 기원전 522년에 시작되어 2만 1,000년간 지속된다. 이때는 악이 발호하여 구세주도 없고 자이나교도 사라진다. 이 시기가 지나면 제6기가 찾아오는데 인간의 수명은 20년으로 줄어들고 세상은 재앙으로 가득하다. 이후 7일 동안 비가 내린 후 다시 생명이 움트고 구세주가 등장해 자이나교를 다시 일으킨다.

조로아스터교에서 세상에 주어진 시간은 1만 2,000년이다. 그리고 조로아스터가 죽은 후 3,000년 후에 그의 아들 샤오쉬안트가 7대 악마와 싸워 이기고 새로운 세계가 출현한다. 그때 선택받은 자들은 하늘로 올라가고 악한 자는 사흘 동안 지옥에 던져진다. 선택받은 자는 부부로 다시 결합하지만 아이들은 태어나지 않는다. 모든 생명이 영생을 얻기 때문이다. 이슬람교는 멸망의 시기를 밝히고 있지 않지만, 그때가 되면 태양은 빛을 잃고 바다는 마르며 하늘이 열려 모든 영혼이 심판받는다. 그러나 유대교는 노아의 홍수 때 다시 세상을 멸하지 않겠다는 하느님의 약속을 믿는다.

기원전 2000년경 남아메리카에 문명을 건설했던 올멕인은 인간 세상이 기원전 3114년 8월 13일 시작하여 2012년에 종말을 맞을 것으로 믿었다. 또 아즈텍인은 4기의 태양시대로 종말을 설명한다. 제1 태양시대는 4008년간 지속되다가 물로 멸망하고, 제2 태양시대는 4010년간 지속되다가 '바람의 뱀'에 의해 멸망한다. 그리고 제3 태양시대는 4081년간 영화를 누린 후 불에 의해 멸망하고, 제4 태양시대는 5026년간 지속되다가 불로 멸망한다. 이 시기마다 한 쌍의 남녀가 살아남아 제5 태양시대를 열었다. 제5 태양시대는 기원전 4000년경에 시작되었으므로 멸망의 시기가 머지않았다. 마야의 비문에 의하면 멸망의 시기는 2012년 12월 23일이다. 그들의 종말론은 한때 세계를 떠들썩하게 했고, 〈2012〉라는 영화로도 제작되었다.

고대 이집트에서는 신들이 통치하던 황금시대를 지나 라 등 아홉 신이 1만 3900년간 다스린다. 이후 반신(半神)들이 1255년간 통치하고, 다른 계보의 왕들이 1817년간 통치한다. 그로부터 30명의 왕이 나타나 1790년간 통치하고, 다시 10명의 왕이 350년간 다스린다. 이후 죽은 자들의 영혼이 5813년간 다스리는데, 모두 합하면 2만 4925년에 달한다. 황금시대는 기원전 2만 3100년경이었으므로 역시 종말의 시기가 머지않았음을 알 수 있다.

심판의 날이 없는 종교는 성립할 수 없고 번성할 수도 없다. 심판이야말로 선한 인간에게 신이 해 줄 수 있는 유일한 보상이기 때문이다. 그러나 불교나 힌두교는 약간 다르다. 그들에게 세계는 순환이며 연속이다. 당신이 살아가고 있는 현실은 고통이며, 그 고통에서 헤어날 방법은 굴레의 사슬을 단칼에 베어 버리는 것이다. 그러나 이러한 가르침은 대중에게 인기가 없었다. 그래서 그들은 미륵과 정토를 만들어 냄으로써 구원과 천년왕국을 동시에 충족시킬 수밖에 없었다.

모든 신화에는 뚜렷한 공통점이 있다. 최초로 창조된 인간은 신적 존재였으나 신의 명령을 거부함으로써 비로소 인간이 되었다. 그때부터 타락이 시작되고, 신은 타락한 인간의 흔적을 지우기로 결심한다. 마치 이것은 유리 상자 속에 모래를 넣고 개미굴을 관찰하던 당신이 어느 날 식탁 위를 기어 다니는 개미를 보고 유리 상자에 물을 부어 청소하는 것과 같다. 우리와 마찬가지로 신은 참을성이 없다.

또 하나의 공통점은 우리가 살아가고 있는 현세가 악의 지배를 받고 있다는 점이다. 이것이 바로 '신은 왜 이 세상의 악을 방치하는가'라는 물음에 대한 유일한 해답일 것이다. 당신이 살아가고 있는 세상에 정의는 존재하지 않는다. 거기엔 사랑도 자비도 없다. 악이 지배하고 있기 때문이다. 물론 신에게는 아직 악을 몰아낼 의사가 없다. 언젠가 그는 악을 몰아내고 자신의 왕국을 세울 터이지만, 그날은 아무도 모르며 오직 신의 달력에만 기록되어 있다. 그렇지만 당신은 사랑과 자비를 베풀어야 한다. 종말과 심판의 날이 머지않았기 때문이다. 그날이 언제인지는 모르지만 심판의 날 너머에 유토피아, 즉 천년왕국이 기다리고 있다. 이것이 당신이 종교를 가져야 하는 이유다.

그날은 도적같이 오리니

기독교만큼 종말을 중시하는 종교는 없다. 종말에 대한 암시는 구약성서와 신약성서에 다양한 형태로 등장한다. 구약성서에 등장하는 유대인의 종말은 고난의 시기와 관련되어 있다. 아시리아와 바빌로니아의 지배, 유배와 방랑의 세월, 로마의 지배 등으로 점철된 유대의 역사는 필연적으로 심판의 날과 메시아를 열망할 수밖에 없다. 심판은 예수의 등장으로 곧 실현되는 듯 보였다. 그러나 예수가 떠난 뒤에도 심판의 날은 오지 않았고, 그의 제자들은 언젠가 다가올 그날을 기다리는 수밖에 없었다. 신약성서를 보면 제자들의 신념이 어떻게 변해 가는지 짐작할 수 있다. 『마태복음』 24장은 예수가 감람산 위에 머물 때 제자들이 심판의 날에 대해 묻는 것으로 시작된다.

"어느 때 성전이 무너질 것이며 또 주의 임하심과 세상 끝에는 무슨 징조가 있사오리까?"

제자의 질문에 예수는 이렇게 대답한다.

"많은 자들이 내 이름으로 와서 이르되 '나는 그리스도라' 하며 미혹하리라. 너희는 삼가 두려워 말라. 이런 일이 있어야 하되 끝은 아직 아니니라. 민족과 나라끼리 전쟁이 일어나고 곳곳에 기근과 지진이 있으리라. 이 모든 것이 재난의 시작이라. 그때 사람들이 너희를 잡아 죽이리니 너희가 내 이름을 위하여 모든 민족에게 미움을 받으리라. 그때 사람들이 시험에 빠져 서로 미워하고, 거짓 선지자들이 일어나 사람들을 미혹하며, 불법이 횡행하여 사랑이 식어지리라. 그때 어떤 자들이 너희에게 말하되, 보라 그리스도가 여기 있다, 또는 저기 있다, 하여도 믿지 말라. 환란 뒤에 즉시 해가 어두워지고 달이 빛을 내지 아니하며, 별들이 하늘에서 떨어지고 하늘의 권능이 흔들리리라. 그때 사람의 아들이 나타나는 징조가 하늘에 보이고, 그때에는 땅의 모든 족속이 통곡하며 사람의 아들이 구름을 타고 능력과 큰 영광으로 오는 것을 보리라. 너희는 무화과나무의 비유를 배우라. 그 가지가 연해지고 잎사귀를 내면 여름이 가까운 줄 아나니 이와 같이 너희도 이 모든 일을 보거든 사람의 아들이 가까이 왔음을 알라. 내가 진실로 너희에게 이르노니, 이 세대가 지나기 전에 이 일이 이루어지리라. 천지는 없어지겠으나 내 말은 없어지지 아니하리라. 그러나 그날과 그때는 아무도 모르나니 하늘의 천사들도, 아들도 모르고 오직 아버지만 아시느니라."

『베드로후서』 3장에는 이렇게 기록되어 있다.

"사랑하는 여러분, 이 한 가지를 잊지 마십시오. 주님께는 하루가 천 년 같고 천 년이 하루 같습니다. 어떤 이들은 주님께서 약속하신 것을 미루신다고 생각하고 있지만 사실은 여러분을 위해서 참고 기다리시는 것입니다. 아무도 멸망하지 않고 모두 회개하게 되기를 바라시기 때문입니다. 그러나 주님의 날은 도둑처럼 갑자기 올 것입니다. 그날에 하늘은 요란한 소리를 내면서 사라지고 천체는 타서 녹아버리고 땅과 그 위에 있는 모든 것은 없어지고 말 것입니다."

『데살로니가전서』 4장과 5장에는 이렇게 기록되어 있다.

"주님께서 다시 오시는 날 우리가 살아 남아 있다 해도 우리는 이미 죽은 사람들보다 결코 먼저 가지는 못할 것입니다. 명령이 떨어지고 대천사의 부르는 소리가 들리고 하느님의 나팔 소리가 울리면, 주님께서 친히 하늘로부터 내려오실 것입니다. 그러면 그리스도를 믿다가 죽은 사람들이 먼저 살아날 것이고, 다음으로는 그때 살아남아 있는 우리가 그들과 함께 구름을 타고 공중으로 들리어 올라가서 주님을 만나게 될 것입니다. 이렇게 해서 우리는 항상 주님과 함께 있게 될 것입니다."

"교우 여러분, 그때와 시기에 대해서는 여러분에게 더 쓸 필요가 없습니다. 주님의 날이 마치 밤중의 도둑같이 온다는 것을 여러분이 잘 알고 있기 때문입니다."

『데살로니가후서』 1장에도 다음과 같은 구절이 있다.

"주께서는 불꽃 가운데 나타나셔서 하느님을 거부한 자들과 우리 주예수의 복음을 받아들이지 않은 자들을 처벌하실 것입니다. 그들은 주님 앞에서 쫓겨나 영원히 멸망하는 벌을 받고 주님의 영광스러운 능력을 보지 못하게 될 것입니다."

예수가 심판의 징조로 삼은 것은 거짓 예언자들의 등장이다. 지난 수세기 동안 엄청나게 많은 거짓 예언자가 나타나 사람들을 미혹했지만, 어디에서도 종말의 징후는 보이지 않았다. 거짓 예언자들은 자신의 존재 자체가 종말의 징조임을 증명이라도 하듯, 때가 가까이 왔다고 외쳤다. 이보다 더 쓰디쓴 아이러니는 없다. 그들이야말로 진정한 무신론자이며, 신을 조롱하는 비법을 터득한 자들이다. 만일 예수가 어떻게 거짓 예언자를 구분해야 하는지 밝혔더라면 이런 우스꽝스러운 사태는 결코 일어나지 않았을 것이다.

예수는 이 세대가 가기 전에 심판의 날이 오리라고 예견했다. 당시 예수의 제자들은 죽기 전에 심판의 날이 오리라는 것을 조금도 의심하지 않았다. 그러나 심판의 약속은 지연되었고 사도들은 한 사람씩 죽어 갔다. 이 때문에 신약성서는 심판이 날이 오지 않는 것에 대한 불안감으로 가득 차 있다. 그래서 추종자들은 주의 약속이 '결코 더딘 것이 아니'며, 설령 더디다 하더라도 그것은 하느님이 더 많은 사람이 '회개하기를 기다리기 때문'이라고 신도들을 설득해야 했다. 이제 남은 것은 약속뿐이었다. 이제 사도의 임무는 심판의 날을 목격하는 것이 아니라 그날이 올 때까지 예수 그리스도의 말씀을 지키는 것이 되었다. 그리하여 예수가 말한 한 세대는 천년이 되고 다시 2천년이 되었으며, '주의 하루를 세속의 천년'으로 해석하는 융통성을 발휘했다. 여기에 덧붙여 신도들은 '그 날이 도적같이 올 것'이라며 모든 책임을 신에게 떠넘겨 버렸다.

종말론에 심취한 자들은 지금이야말로 종말의 시대라고 주장한다. 그러나 징조가 나타나지 않았기 때문에 심판의 날이 당장 오는 것은 아니다. 그렇지만 곧 온다. 당신의 임무는 그날을 준비하는 것이다. 물론 당신은 그날이 오기 전에 세상을 떠날 것이고, 그날이 왔을 때 육체적으로 부활하리라는 기대와 믿음을 간직한 채 숨을 거둘 것이다. 기독교인은 그러한 믿음에 익숙해져 있다. 그들은 자신들이 겪은 고난을 전 세계인의 고난으로 환치시켜 버렸다. 그들은 오랫동안 자신들을 침략한 악의 세력과 싸웠지만, 이제 악의 세력과 싸워야 하는 임무는 전 세계인의 것이 되어 버렸다. 흩어진 유대 부족이 한데 모이는 것은 전 세계인이 기독교인이 되는 것을 의미하게 되었다. 이로써 유대인의 부족 신이었던 야훼는 세계인의 유일신이 되었다.

종말론의 성전(聖典), 『요한계시록』

유대인의 묵시문학(默示文學)은 기원전 7세기 이전까지 거슬러 올라간다. 바빌론 유수기를 거쳐 70년 예루살렘 신전이 파괴될 때까지 유대교 내에서 묵시문학이 성행했다. 대표적으로 구약성서의 『다니엘서』를 예로 들 수 있다. 기원전 6세기에 활동했던 선지자 다니엘은 기원전 597년 바빌론에 포로로 끌려갔다. 다니엘이 자신의 꿈과 환상을 기록한 『다니엘서』 7~12장이 묵시록에 해당한다. 여기에는 네 마리 짐승이 등장하는데 날개 달린 사자, 세 개의 갈빗대를 문 곰, 네 개의 머리와 날개가 달린 표범, 열 개의 뿔이 달린 끔찍하게 힘이 센 짐승이다. 네 마리 짐승은 당시 유대인을 위협하던 바빌론, 페르시아, 그리스, 로마를 상징한다. 기원전 2세기로부터 기원 1세기에는 헬레니즘의 중심 도시 알렉산드리아를 중심으로 그리스어로 번역되어 유행하기도 했다. 묵시문학은 핍박받는 민중의 희망 사항인 동시에 권력에 저항하는 수단이기도 했다.

『요한계시록』을 기록한 요한은 『요한복음』의 저자와 구별하기 위해 '밧모의 요한'으로 불린다. 그에 대해 알려진 것은 거의 없다. 단지 그가 유대인이었으며 제사장 가문의 후손으로 추정된다는 것만 알 수 있을 뿐이다. 학자들은 그가 유대전쟁 때 팔레스타인을 떠나 아나톨리아 서부에 정착했을 것으로 추정하고 있다. 당시 팔레스타인은 로마제국의 가혹한 통치와 수탈로 절망적인 상황에 처해 있었다. 『요한계시록』이 기록되었을 1세기 후반경 로마의 도미티아누스 황제는 자신을 신으로 부르도록 강요하며, 황제 숭배 의식을 거행했다. 당시 기독교인은 황제 숭배를 용인하는 것이야말로 악마의 힘에 굴복하는 것이며, 적그리스도의 출현이자 심판의 징조로 생각했을 것이다. 따라서 많은 학자는 『요한계시록』에 악의 화신으로 등장하는 일곱 개의 붉은 머리를 가진 용이 로마 황제를 상징한다는 데 동의하고 있다. 따라서 환란 후에 건설되는 천년왕국은 로마 황제를 숭배하지 않은 성스러운 자들이 예수 그리스도와 함께 통치하는 시대다.

『요한계시록』은 요한이 하느님으로부터 세상에 닥칠 일을 알리라는 계시를 받고 아시아의 일곱 교회에 편지를 보내는 형식으로 구성되어 있다. 이 내용을 모두 소개할 수는 없지만, 심판 과정은 다음과 같이 전개된다. 먼저 요한은 하늘에서 울려오는 음성을 듣고 그곳으로 올라간다. 하느님은 오른손에 책을 들고 있는데 일곱 개의 인으로 봉해져 있다. 종말의 예시는 어린 양이 봉인을 떼어내면서부터 시작된다.

봉인이 차례로 떼어지면 말들과 월계관을 쓴 승리자가 나타난다. 그리고 다섯 번째 봉인이 떼어지면 순교자들의 영혼이 나타나고, 여섯 번째 봉인이 떼어지면 본격적인 환란이 시작된다. 먼저 지진이 일어나고 별들이 하늘로부터 떨어진다. 해는 검은빛으로 물들고 달은 핏빛으로 물든다. 산과 섬들이 사라지고 사람들은 절망에 빠져 울부짖는다. 일곱 번째 봉인을 떼기 전에 하느님으로부터 선택된 14만 4,000명의 이마에 하느님의 이름이 나타난다.

봉인이 모두 떨어지면 천둥과 번개, 지진이 일어나고 일곱 천사가 일곱 개의 나팔을 차례로 분다. 그때 전염병과 엄청난 재앙이 쏟아져 내린다. 피범벅이 된 우박과 불덩어리가 쏟아지고, 천체가 혼란해지고, 무저갱이 모습을 드러낸다. 또 엄청난 메뚜기 떼가 지상을 휩쓸고, 날개 달린 짐승들이 아바돈이라는 악신을 왕으로 모신다. 또 2억이나 되는 기마병이 인간을 도륙하기 시작한다. 하느님이 모습을 드러내는 것은 일곱 번째 나팔 소리가 울려 퍼질 때다. 그때 하느님은 악을 물리치고 군림하게 되며, 마침내 성전이 열리고 그 안에 있던 성궤가 나타난다. 그 성궤는 기원전 586년 바빌로니아 유수기에 사라진 것이다. 유대인은 그 궤가 메시아가 올 때 성전에서 발견되리라 확신하고 있었다. 이어 임신한 여자가 나타나지만, 사탄이 용의 모습으로 변해 아기를 삼키려 한다. 그러나 장차 세계를 다스릴 그 아이는 하늘로 들려 올라가고 여자는 광야로 도망쳐 3년 반 동안 머문다.

하늘에서도 전쟁이 일어나 천사장 미카엘이 용을 물리쳐 여자를 구해 낸다. 사탄은 여자의 남은 자손들과 싸우기 위해 일단 물러선다. 그때 일곱 개의 머리를 가진 짐승이 나타나 3년 반 동안 세상을 지배하며, 사람들은 그 짐승을 경배한다. 사탄은 다시 어린 양의 모습으로 나타나 경배를 강요하고, 이마에 666이란 낙인을 찍는다. 그때 심판이 시작된다. 세 천사가 나타나 누구든지 짐승에게 절한 자는 불과 유황으로 심판을 받을 것이라 알린다. 일곱 천사가 일곱 개의 대접에 담긴 것을 쏟아내자 전염병이 휩쓸고 지상의 모든 물은 피로 변한다. 태양은 들과 땅을 태우고 땅은 어둠에 뒤덮인다. 그 무렵 어린 양의 탈을 쓴 사탄은 아마겟돈에서 최후의 결전을 준비한다. 마침내 일곱 번째 대접을 쏟자 도시가 조각나고 산과 섬들이 도망친다. 하늘의 군대는 악의 군대와 맞서 전쟁을 시작하고, 마침내 그리스도가 사탄을 잡아 끝없이 깊은 구렁에 던져 천 년 동안 가둔다. 이 천 년 동안의 휴식기가 천년왕국이다.

그러나 전쟁이 끝난 것은 아니다. 천 년이 지나 사탄이 풀려나자 다시 이스라엘과 전쟁을 벌인다. 그러나 악마는 하느님의 피조물이므로 신의 주권을 무너뜨릴 수 없다. 결국 사탄은 하늘에서 내려온 불길에 휩싸여 불과 유황의 바다에 영원히 던져진다. 물론 선택받은 14만 4,000명은 거룩한 예루살렘의 성전에서 영생을 누린다. 새로 건설된 예루살렘은 한 변이 2,200킬로미터에 달하는 입방체형의 순금 도시다. 이 도시는 65미터 높이의 벽옥(碧玉)으로 둘러싸여 있고 진주로 만든 12개의 성문이 있다. 성벽의 토대는 12가지의 각종 보석으로 장식되어 있고, 12개의 문에는 12지파의 이름이 새겨져 있다. 도시를 가로지르는 대로 역시 순금으로 되어 있으며, 대로 중앙에는 생명의 강이 흐른다.

하느님이 무엇 때문에 단번에 사탄을 멸하지 않는지는 의문이다. 왜 심판은 견디기 힘든 고통을 이토록 지루하게 경험하도록 하는가? 아마도 그것은 당신의 아들 예수 그리스도의 역할을 고려했기 때문이 아닌가 싶다. 천년왕국을 다스리는 것은 예수 그리스도이고, 이 기간이 끝난 뒤 사탄이 결정적으로 패배하기 때문이다. 이제 당신은 심판의 날이 오기 위해서는 반드시 거짓 예언자, 즉 적그리스도가 나타나야 한다는 것을 알았을 것이다. 그렇다면 적그리스도는 누구일까?

사실 몇몇 역사적 인물이 억울하게 적그리스도라는 혐의를 받았다. 로마 황제, 교황, 칭기즈칸, 히틀러, 스탈린 같은 사람이 그들이었다. 대개 그들은 기독교를 탄압하거나 유럽에 엄청난 타격을 가한 인물들이었다. 2세기 초 포르토의 주교를 지냈던 히폴리투스는 적그리스도가 로마 황제와 이단자들이라고 주장했다. 또 악마의 활동에 종사하는 교회 구성원도 적그리스도가 될 수 있는데, 그의 이런 주장 때문에 중세에는 로마 교황이 적그리스도로 오해받기까지 했다. 그뿐만 아니라 히폴리투스는 아담과 예수 사이의 기간을 5,500년으로 추산하고, 지구가 창조된 지 6,000년 되는 해에 종말을 맞을 것이라고 예언했다. 2세기 후반 프랑스 리옹의 주교였던 이레니우스는 기독교도가 박해의 보상을 받기 위해서는 종말 뒤에 다시 한번 낙원이 되어야 한다고 주장했다. 그의 주장은 많은 기독교인에게 용기와 희망을 주었다. 심판과 부활에 대한 믿음이 없었다면 로마의 박해를 견디기 힘들었을 것이다.

395년에서 430년까지 북아프리카 히포의 주교를 지냈던 아우구스티누스는 땅 위에 서 있는 교회 자체가 그리스도의 왕국이며 하늘의 왕국이라고 설파했으며, 학자 티코니우스는 380년에 종말을 맞을 것이라고 선언했다. 반면 431년 터키 서쪽의 에페수스에서 개최된 주교회의에서는 천년왕국설을 그대로 믿는 것은 미신이라는 결론을 내렸다. 그러나 미신으로 치부되었던 천년왕국설은 금세 추방되지 않았다.

8세기 중엽의 에스파냐 수도사 베아투스는 아담의 시대로부터 5,227년이 지나 예수가 탄생했다고 계산하고, 세상이 존재하는 기간은 6,000년이므로 곧 종말이 올 것이라고 예견했다. 특히 1000년을 전후하여 종말론이 유럽 전역에 확산되었다. 이러한 믿음은 79년에 폼페이를 잿더미로 만든 적이 있는 이탈리아 남부의 베수비오 화산이 993년에 폭발한데 이어 성 베드로 성당에 화재가 발생하면서 설득력을 얻었고, 999년 교황 그레고리우스 5세의 사망으로 절정을 이루었다. 하지만 1000년에는 아무런 일도 발생하지 않았다. 그렇지만 예수가 사망한 지 1,000년째가 되는 1033년에는 기독교인 사이에서 예루살렘을 순례해야 한다는 강박관념이 열병처럼 번져 나갔다.

그날은 아무도 알 수 없다. 만약 우주를 창조한 신이 그날을 알고 있다면 그는 시계 하나를 들고 자신의 달력 어디엔가 표시를 해 두었을 것이다. 그렇지 않다면 우주에 존재하는 모든 것의 멸망을 기억하기가 쉽지 않을 것이기 때문이다. 지구에서는 대개 6시간마다 한 종의 생명체가 멸종되고 있다. 이것을 우주로 확산시키면 얼마나 많은 물질과 생명이 사라지고 생겨나는지 알 수 없다. 신은 그 많은 생물 종의 멸망을 시계의 초침까지 재면서 기록하고 있지는 않을 것이다. 만약 신의 달력에 인간의 종말일이 표시되어 있다면, 일단 인간은 신에게 선택받은 존재다. 그렇다고 해서 축복할 만한 일은 아니다. 그때 이르러 신은 인간을 대신할 새로운 생명체를 선택할 것이기 때문이다.

종말론의 허구는 '선택된 자'들을 골라내는 기준에 있다. 그 기준은 안타깝게도 선과 악이 아니다. 대부분의 종교단체는 그 기준을 '믿음'에 두고 있다. 종교가 인류에게 조금이라도 기여할 생각이 있다면, 선한 자와 악한 자를 구원의 기준으로 삼았을 것이다. 언제나 철학자들은 인류의 도덕적 타락을 걱정하고, 종교인은 종말이 다가왔음을 경고한다. 하지만 인류의 도덕은 타락하는 것이 아니라 점점 나아지고 있다. 종말의 예언 역시 한 번도 이루어진 적이 없다. 물론 언젠가 지구는 필연적으로 종말을 맞게 될 것이다. 분명한 것은 신에 대한 믿음이 지구의 파멸을 연장하거나 중단시킬 수 없다는 사실이다. 종말은 먼 미래의 일이다. 그러므로 종말론의 교리에서 '때가 왔다'는 구절은 삭제되어야 한다. 그런 집단에 종말론은 현재진행형의 위협 수단일 뿐이다.

시간의 종말

열역학 제2법칙에 따르면 우주는 풀려 가고 있는 시계태엽과 유사하다. 결국 태초에 누군가 감아 놓았을 그 태엽은 힘이 다한 후 멈추게 되어 있다. 우주는 언젠가 열평형 상태, 즉 에너지의 이동이 없는 열 사망 상태에 이른다. 그때에는 모든 별의 땔감이 바닥나고, 우주는 거의 완전한 무질서 상태에 있을 것이다. 무질서를 향한 이러한 행로는 엔트로피의 증가로 인해 생겨난다. 우주의 종말은 어떤 모습으로 진행될까?

소련의 물리학자이자 수학자인 알렉산드르 프리드만은 우주가 공간적으로 무한하지는 않지만 경계 같은 것은 없을 것이라고 주장했다. 스티븐 호킹 역시 이 의견에 동조하여 유한하지만 경계가 없는 '무경계의 우주' 모델을 상정했다. 그는 우주물질의 중력이 강하기 때문에 공간이 구부러져 우주의 경계는 마치 지구 표면처럼 둥글게 되어 있을 것이라고 생각했다. 따라서 당신이 우주선을 타고 우주를 향해 직진한다면 영원히 넘어설 수 없는 장벽에 부딪히거나 가장자리 밖으로 떨어지기 전에 중력에 이끌려 되돌아올 것이다. 그러나 우주에 분포한 물질의 밀도가 어느 한계 값보다 적으면 중력이 너무 약해 우주는 영원히 팽창하게 될 것이다. 반면에 밀도가 한계 값보다 크면 중력의 힘이 우주의 팽창을 멈추게 한 다음, 다시 최초의 한 점을 향해 수축을 시도할 것이다. 우주는 최초의 순간에 우주가 토해 냈던 날숨을 다시 들이쉬는 것이다. 이러한 현상을 '대압축'이라고 한다.

대압축이 일어난다면 예상치 못한 일들이 벌어질 것이다. 몇몇 과학자들은 우주가 수축을 시작하면 시간이 역전될 수도 있다고 말한다. 그때 사람들은 인생을 거꾸로 살 것이다. 즉 사람들은 태어나기 이전에 죽을 것이며, 차츰 젊어질 것이다. 결국 우리는 자궁으로 되돌아가, 궁극에는 시간도 공간도 존재하지 않는 특이점 속으로 사라질 것이다.

천문학자 마틴 리스는 대압축의 시나리오를 이렇게 설명한다. 압축이 시작되는 순간에 팽창되어 있던 우주 배경복사도 동시에 압축되기 시작한다. 이 에너지는 너무나 강하기 때문에 밤하늘은 희미한 붉은빛으로 타오를 것이다. 이때 우주는 거대한 용광로로 변해 모든 것을 태워 버리고 행성의 대기를 벗겨 버린다. 우주 공간은 뜨거운 가스로 채워져 격렬히 타오르고, 그 온도는 수십억℃까지 치솟는다. 이제 모든 공간은 작은 부피로 찌그러지기 시작한다. 이 공간에서는 원자핵마저도 해체되고, 결국에는 공간이 쿼크의 수프로 변한다. 블랙홀들이 하나로 합쳐지면서 엄청나게 증가한 중력은 물질과 공간을 압착시키고, 이 과정은 무가 될 때까지 계속된다. 그다음이란 없다. 시간과 공간이 존재하지 않기 때문이다.

어떤 과학자들은 우주가 영원한 망각 속으로 사라지기보다는 특이점 속에서 다시 반동을 일으켜 대폭발이 일어날 것이라고 생각한다. 우주가 다시 창조되는 것이다. 이 주장이 사실이라면 우주는 영원한 순환을 하는 셈이다. 하지만 현재까지 밝혀진 과학적 증거들은 우주가 끝없이 팽창하리라는 전망을 보여 준다. 물론 그 이후에 어떻게 될지는 누구도 알 수 없다. 만일 우주가 수축한다고 하더라도 최소한 100억 년 이상이 걸릴 것이다. 그렇게 된다고 하더라도 조바심을 낼 필요는 없다. 그때가 오기 전에 인류는 태양과 더불어 오래전에 소멸할 것이기 때문이다.

우주가 계속 팽창한다면 그 속도는 점점 빨라져 언젠가는 광속에 가까운 속도로 이동하게 될 것이다. 그렇게 되면 시간은 점점 느려지고, 마침내는 정지 상태에 이르게 될 것이다. 다시 시계태엽을 감지 않는다면, 시계는 결국 멈추게 된다. 어떤 것도 과거로 되돌아갈 수 있는 에너지 없이는 우주의 시계태엽을 되감을 수 없다.

우주가 팽창할 것인가 수축할 것인가는 여전히 풀지 못한 숙제로 남아 있다. 분명한 것은 은하계가 지금 그 자리에 영원히 매달려 있지는 않을 것이라는 점이다. 결국 팽창과 수축의 열쇠를 쥐고 있는 것은 우주 공간을 채우고 있는 물질의 밀도다. 물질의 밀도가 팽창률을 결정하는 중력의 강도를 가늠하기 때문이다. 물질의 밀도가 충분하다면 우주는 팽창하다가 다시 수축할 것이다. 그러나 물질의 밀도가 적다면 우주는 팽창을 계속하여 어느 순간에 열 사망 상태에 이를 것이다.

인류가 우주의 종말을 걱정할 필요는 없다. 그 이전에 인류는 지구상에서 사라질 것이기 때문이다. 인류는 지구와 운명을 함께할 가능성이 크다. 가장 그럴듯한 시나리오는 혜성과의 충돌이다. 혜성이 지구와 충돌하면 어떻게 될까? 먼저 당신은 하늘에서 다가오는 거대한 한 줄기의 빛을 목격할 것이다. 그 빛은 한 가닥 연필 같은 성운으로 시작되다가 점점 부풀어 올라 끓어오르는 가스 소용돌이를 형성한다. 그 혜성의 속도는 시속 5만 6,000킬로미터. 그 속도는 1조 톤의 바위가 음속의 47배로 충돌하는 것과 같은 파괴력을 지니고 있다. 이윽고 하늘은 혜성에 가려 두 개로 갈라지고, 거대한 공기 덩어리가 지구로 휘몰아친다. 이어 거대한 불기둥이 지상으로 내려와 지구를 덮친다. 충돌의 충격으로 지진이 일어나고 모든 구조물이 휴지 조각처럼 휩쓸린다. 사방에서 녹아내린 암벽이 강물처럼 일렁거리고 들판은 담요처럼 너울거린다. 바다는 거대한 물보라를 일으키며, 동시에 방대한 양의 먼지가 대기층으로 올라가 태양 빛을 가린다. 튀어 나간 먼지들이 다시 대기권으로 추락하면서 수억 개의 운석에서 발하는 섬광들이 하늘을 덮는다.

대부분의 종말론은 이런 상황을 묘사하고 있다. 불기둥과 지진, 해일, 불덩이로 된 우박 같은 것이 여기에 해당한다. 지금으로서는 혜성이나 소행성과의 충돌이 종말의 모습과 가장 가깝다. 지구 궤도와 교차하는 소행성은 이루 헤아릴 수 없이 많지만 지름이 500미터 이상인 것만 약 1만여 개에 달한다. 물론 소행성과의 충돌은 수백만 년에 한 번 일어날까 말까 한 확률을 갖고 있다. 그러나 그것이 가까운 미래가 될지 먼 미래가 될지는 알 수 없다.

우주에 신이 존재한다면 신이 존재하는 영역은 어디일까? 신이 우리가 사는 시간 속에 존재한다면 그는 물리적 우주의 지배를 받을 수밖에 없다. 하지만 신이 시간의 구속을 받는다고 상상할 수 없다. 신은 시간을 초월한 존재일 것이다. 그러나 시간을 초월한 그는 아이러니하게도 시간 속에서 활동한다. 신이 시간을 초월하여 미래를 훤히 알고 있다면 인류가 안위를 염려하거나 악과 싸워야 할 이유가 없다. 이미 결과는 정해져 있고, 신은 그 결과를 다 알고 있기 때문이다.

신의 역할은 여기에서도 문제가 된다. 만일 우주가 신에 의해 설계되었다면 거기에는 반드시 목적이 있을 것이다. 만일 그 목적이 달성되지 않는다면 신은 실패한 것이고, 목적이 달성되면 우주는 더 이상 존재할 이유가 없게 된다. 또한 우주가 영원히 지속된다면 우주에 궁극의 목적이 있다고 생각할 수 없다. 신이 존재한다면 그는 이 문제를 진지하게 고려해야 한다.

언젠가 우주는 종말을 맞게 될 것이다. 우주의 종말에 대해 인류는 해결책을 갖고 있지 않지만, 어쩌면 지구의 종말에는 대응할 수 있을지 모른다. 인류는 지구와 유사한 별에 식민지를 건설해 새로운 정착지로 삼으려 할 것이다. 먼 미래에는 노아의 방주처럼 거대한 우주선을 만드는 일이 불가능하지는 않을 것이다. 문제는 시간이다. 약 10만 광년 정도 떨어진 곳에 지구와 유사한 환경을 가진 별이 있다면, 그 별에 도착하기가 쉽지 않을 것이다. 빛의 속도에 이를 수 있는 우주선은 존재할 수 없고, 설령 만들어 낸다고 하더라도 10만 년 동안 우주 공간을 여행해야 한다.

가장 현실성이 있는 시나리오는 로봇을 시켜 인류의 수정란을 그 별까지 옮기는 것이다. 유전자를 나르게 될 로봇은 다른 별에 있는 생명체와 유전자 조작을 실시하여 인간과 비슷한 생명체를 만들어 낼 수 있을 것이다. 그러나 보다 확실한 방법은 수정란을 옮겨서 그것이 성인으로 자랄 때까지 보살피는 것이다. 하지만 로봇에게 그 자리를 내주게 되었을 때, 어쩌면 인간은 스스로 소멸을 선택할지도 모른다. 새로운 별로 이주한 인류의 후손이 당신과 닮지 않았다고 서운해할 이유는 없다. 아득히 먼 미래까지 의식을 가진 생명체가 존재한다면, 인간과 전혀 다른 생물체일 것이기 때문이다.

05
마지막 남은 환상, 유토피아

인류는 이제 황금시대의 문턱에 서 있다고도 할 수 있다.
만약 그렇다고 하면
첫째 이 문을 막고 있는 괴물을 무찌를 필요가 있는데,
이 괴물이 바로 종교다.
__버트런드 러셀, 『나는 왜 기독교인이 아닌가』

존재하지 않는 것으로부터의 위안

낙원(paradise)은 고대 페르시아어로 '정원'을 뜻한다. 또 유토피아(utopia)
는 어디에도 존재하지 않는다는 뜻이지만, 우리는 보통 이상향을 유토
피아라고 부른다. 이 존재하지 않는 사회에 대한 열망이 중단된 적은 한
번도 없었다. 서구의 유토피아는 밀레니엄(천년왕국)과 아르카디아로 구분
된다. 밀레니엄은 종교적인 의미를 띠고 있지만, 아르카디아는 지식인에
의해 건설된 이상적 국가다. 아르카디아는 로마의 시인 베르길리우스의
『목가』를 원형으로 하고 있는데, 대개는 새로운 정치체제나 목가적 전원
생활을 노래하고 있다. 하지만 모든 이상향이 여기에 포함되는 것은 아
니다. 유토피아는 인간이 본질적으로 갖고 있는 죽음에 대한 두려움이
나 해소되지 않는 욕망과도 밀접하게 관련되어 있다.

예를 들어 바닷가의 어부들 사이에서 회자되는 '이어도'는 남성들의 이상향이다. 『오디세이아』의 영웅 오디세우스는 트로이를 정복한 후 귀환하다가 이스마로스섬에 상륙한다. 이 섬에서 그의 부하들은 연꽃 열매를 먹은 후 모든 것을 깡그리 잊어버리고 그곳에 머물고 싶어 한다. 오디세우스는 야생 마늘인 몰리를 구해 돼지가 되어 버린 부하들의 마법을 풀고 그 섬을 탈출한다. 그 섬을 지배하고 있는 것은 여신 키르케다.

바닷가에 떠 있는 이상향은 대개 여성과 관련되어 있다. 바다를 항해하는 어부나 모험가는 모두 남성이다. 그들은 거친 바다 위에서 수없이 죽음을 경험한다. 어부들은 죽음에 대한 공포를 따뜻한 이상향으로 대치시킴으로써 위안을 얻었다. 그 섬에는 여인들만 살고 있다. 섬에 찾아든 남성은 한동안 여인들의 품속에 묻혀 세상사를 모두 잊는다. 이것은 죽음에 대한 공포의 극복이자 성적 욕망의 또 다른 표현이다.

중국에서는 유토피아를 '대동사회(大同社會)'로 표현한다. 이 낱말은 『예기』에 처음 등장하는데, 同은 입(口)이 모두 한 장막 아래 있다는 것을 뜻한다. 즉 사람들이 하나의 장막 아래 모여 음식을 함께 나누어 먹는 것을 의미한다. 『예기』는 대동사회를 이렇게 설명하고 있다.

"재화가 땅에 버려지는 것을 싫어하지만 반드시 저장할 필요는 없다. 스스로 일하는 것을 싫어하지만 반드시 자기만을 위해 일하지도 않는다. 그러므로 남을 해치려는 음모도 생기지 않고 도적도 발생하지 않는다. 그러므로 바깥문을 닫을 필요가 없다."

대동사회는 재화에 대한 욕심을 버리고, 필요한 만큼 일하고, 남의 것을 탐내지 않는 사회다. 일찍이 노자는 소국과민(小國寡民)을 이상사회로 여겼고, 도연명은 무릉도원을 그려냈으며, 장자는 무하유지향(無何有之鄉)을 꿈꾸었다. 그들은 모두 현실에서 벗어난 은둔을 삶을 최상의 삶으로 여겼다.

중국의 대동사회는 몇 가지 공통점을 갖고 있다. 먼저 계급이 존재하지 않기 때문에 착취가 없고, 모든 재산은 공유된다. 또 다 같이 일하기 때문에 놀고먹는 사람이 없다. 따라서 맹자는 어진 정치는 반드시 토지의 경계를 바르게 하는 것부터 시작해야 한다고 역설했다. 바로 공(公)과 평(平)이 이상사회의 기초인 셈이다. 도교의 경전인『태평경』은 만년태평(萬年太平)을 염원하고 있는데, 그들의 이상사회 역시 재산의 공유와 모든 사람의 노동을 전제로 하고 있다.

184년, 후한의 승려였던 장각은 '황건태평(黃巾太平)'을 기치로 내걸고 황건의 난을 일으켰다. 36만 명의 농민으로 조직된 반란군은 맹자의 정전법을 계승하고 인의(仁義)의 시대를 열기 위해 붉은 깃발 아래 모였다. 춘추시대를 살았던 열자(列子) 역시 이상사회를 꿈꾸었다. 그는 화서씨(華胥氏)의 나라, 열고사산(列姑射山), 종북국(終北國) 같은 나라를 묘사했는데, 그 나라들 역시 다스리는 자가 없고, 고된 노동이 없으며, 순박한 사람들이 장수를 누리는 사회로 설명된다.

515년에 대승의 난을 일으킨 북위의 승려 법경은 무력을 통해 그 꿈을 이루려 했다. 당시 북위는 불교를 국교로 삼아 전 인구의 7퍼센트가 승려였다. 따라서 불교는 많은 폐단을 낳았고, 승려 또한 타락했다. 보다 못한 법경은 비구니와 혼인한 후 스스로 대승이라 일컬으며 반란을 일으켰다. 그는 법을 수호하기 위해서는 무기를 들어야 한다고 역설했다. 그리하여 그는 한 사람을 죽이면 일주보살(一住菩薩)로 삼고, 열 사람을 죽이면 십주보살(十住菩薩)로 삼아 사찰과 승려는 물론 경전과 불상까지 없애 버렸다. 대승의 난은 그릇된 종교적 신념이 얼마나 참혹한 결과를 낳을 수 있는지 잘 보여 준다. 그들은『대반열반경』,『대반야경』,『미륵경』같은 대승경전을 결합하여 독특한 신념 체계를 구축했다.

『미륵경』은 미륵불이 언젠가 세상에 나타나 세 차례 설법하고 중생이 깨달음의 경지에 이른다는 내용으로 구성되어 있다. 현세에 복을 받는다는 것은 대중에게는 매력적인 가르침이 아닐 수 없었다. 미륵은 인간의 수명이 점차 늘어나 8만 4천 세에 이르렀을 때 출현한다. 미륵이 선사할 장엄한 국토는 케투마티(Ketumati, 鷄頭末)의 평평하고 맑은 대지 위에 나타나는데 그곳은 아름다운 새와 꽃, 큰 나무와 맛있는 과실, 칠보로 장식된 가로수, 강 양안에 널린 황금 모래, 폭 12리에 달하는 도로, 8만 4천 개의 작은 도시로 이루어져 있다. 그때 인간의 수명은 8만 4천 세이고 키는 40미터에 달한다. 이 국토는 '샹카'라는 전륜성왕이 다스린다.

장엄 국토의 모습은 천년왕국이나 심판 후에 나타날 예루살렘의 성전과 닮았다. 미륵신앙은 팃사 메티야 신화가 변형된 것으로 추정되고 있다. 메티야는 붓다보다 먼저 죽은 제자로 알려져 있는데 이란의 태양신 미스라, 베다의 미트라, 기독교의 메시아와 음이 비슷하다. 모든 신화와 믿음이 전염성을 갖고 있다는 것이 다시 한번 확인되는 셈이다.

신의 품속에 있는 한 인간은 영원한 몽상가일 수밖에 없다. 그러나 인간 중에도 신의 품을 떠나 몽상의 세계를 꿈꾼 사람들이 있었다. 푸리에나 생시몽 같은 공상적 사회주의자와 지배 없는 사회를 꿈꾸었던 아나키스트가 그들이었다. 그러나 그들 역시 현실 속에서 유토피아를 만들지는 못했다. 우리나라에도 이상향을 꿈꾸던 사람들이 있었다. 『홍길동전』을 지은 허균과 『허생전』을 지은 박지원이 그들이다.

종교적인 것을 제외한 모든 유토피아의 이념 속에는 지식인의 절망과 좌절이 스며 있다. 희망은 고통스러운 절망의 끝에서 창조된다. 만약 인간세계에서 신을 추방해 버리면, 도덕과 이성만으로 유토피아를 건설하

는 것이 가능한가 하는 물음이 남는다. 이런 물음 앞에서는 종교적 유토
피아뿐만 아니라 장자나 노자가 생각했던 이상향도 제외되어야 한다. 깨
달음과 은둔은 해방된 개인을 창조할 수는 있지만, 인류라는 거대 공동
체를 구원할 수는 없기 때문이다.

유토피아와 태양의 나라

　일찍이 유토피아를 꿈꾸었던 몇몇 사상가를 살펴보자. 첫 주자는 플
라톤이다. 플라톤은『국가』를 통해 끔찍한 이상사회를 꿈꾸었다. 그곳에
서는 아기가 태어나면 객관적인 평가 과정을 거쳐 천성에 따라 지위와
직업을 부여한다. 같은 천성을 가진 사람끼리는 공동생활을 해야 하며,
미천한 남성과 미천한 여성 사이에서 태어난 아이는 일찌감치 없애 버린
다. 40세가 넘은 여성이나 55세가 넘은 남성이 낳은 아이도 유산시키거
나 살해한다. 통치자는 훌륭한 종족을 만들기 위해 남녀가 결혼할 때부
터 간여하고, 천성이 우수한 남녀에게는 많은 자식을 낳을 수 있도록 충
분한 기회를 제공한다. 태어난 아이는 전문 관리가 보육을 맡지만 자라
는 과정에서 열등한 아이나 불구자는 살해된다.
　통치자나 방위자는 사유재산을 가질 수 없으며, 일 년간 알맞은 양의
보수만 받는다. 그러나 그들 사이에서 열등한 아이가 태어나면 다른 계
층으로 추방한다. 반대로 다른 계층에서 훌륭한 아이가 태어나면 방위
자에게 위탁하여 교육시킨다. 여성도 남성과 동등한 대우를 받기 때문
에 음악과 체육을 교육받고 전쟁에도 참전해야 한다. 모든 여성을 모든
남성이 공유하며, 일부일처제는 인정되지 않는다. 아이 역시 국가의 공

유물이기 때문에 부모가 자신의 아이를 알거나 아이가 부모를 알게 해서도 안 된다. 통치자는 방위자 중에서도 완전한 인격을 갖춘 사람으로 15년간의 교육과 시험을 통과해야 하고, 반드시 철학에 종사해야 한다. 그들이야말로 '이데아'를 볼 줄 알아야 하기 때문이다.

플라톤은 민주제보다 군주제를 선호했다. 물론 그 나라의 군주는 이상적인 철학자이며 지혜와 인격을 동시에 갖춘 현인이다. 이런 현인을 만드는 것은 교육일 수밖에 없다. 따라서 플라톤은 교육자에 대한 철저한 감시를 최우선의 과제로 꼽았다. 이데아를 찬양하지 않고 불결한 사상을 가르치는 시인은 추방되어야 한다.

아리스토텔레스는 스승보다 현실적이었다. 그는 이상국가가 고립 속에서만 가능하다는 것을 알았다. 즉 경쟁자나 적이 없을 때만 유토피아가 존재할 수 있다. 그러나 국가는 이 세상에 홀로 존재할 수 없으므로 적으로부터 철저히 방위되어야 한다. 인적 자원은 규모보다 능력을 척도로 삼아야 하고, 인구는 자급자족이 가능한 수준에서 억제되어야 한다. 또 영토는 적의 접근이 어렵되, 국민이 쉽게 밖으로 진출할 수 있는 군사적 요충지여야 한다.

아리스토텔레스는 지배계급과 피지배계급은 자연이 인정한 것이라고 말하면서, 국가의 통치는 지배계급이 순번제로 돌아가면서 해야 한다고 주장했다. 그는 모든 구성원이 계급에 맞는 공동식당에서 함께 식사해야 한다고 말했지만, 불구자를 양육하지 못하도록 해야 한다는 플라톤의 의견을 지지했다. 다만 불구자나 열등아를 살해하는 것에 반대하면서, 그들을 함부로 유기하지 못하도록 하는 법을 만들고 생명이 생기기 전에 유산시키자고 제안했다. 오늘날의 관점에서 보면 끔찍하지만, 후대의 많은 사상가는 두 사람의 아이디어에서 유토피아를 찾고자 했다. 그것은 완전한 현인에 의한 지배, 권력의 배분, 그리고 노동의 평등과 재산의 공유였다.

1516년에 간행된 토머스 모어의 『유토피아』 역시 이러한 염원을 반영하고 있다. 당시는 종교개혁으로 야기된 사회문제로 유럽 전역이 혼란스러울 때였다. 또 항해술의 발달로 미지의 세계가 속속 발견된 시기였으며, 르네상스의 전성기이기도 했다. 플라톤이 통치계급의 공산주의를 주장했다면, 토머스 모어는 전체 공산주의를 주장했다. 『유토피아』는 토머스 모어가 노트르담 사원에서 탐험가이자 학자인 히들로다에우스를 만나는 것으로 시작한다. 탐험가는 자신이 경험했던 유토피아섬에 관한 이야기를 풀어놓는다.

유토피아라는 이름의 섬은 초승달 모양으로 되어 있는데 암석으로 둘러싸여 있어 천연의 요새 역할을 한다. 섬은 54개의 도시로 구성되어 있지만, 아무리 먼 곳이라도 하루를 걸으면 도착할 수 있을 만큼 가깝다. 각 도시는 주민에 의해 선출된 세 사람의 장로가 통치한다. 도시인이라고 해서 특별한 대우를 받지는 않는다. 2년 주기로 농민과 도시인은 거주지를 서로 교환하기 때문이다. 농가는 40명으로 구성되어 있고, 부부당 노예 두 사람을 둔다. 또 30호의 농가를 단위로 한 사람의 촌장이 농촌을 다스리고, 농촌에서 2년을 지내면 20명이 도시로 이동하는 대신 같은 수의 도시인이 농촌으로 이주한다. 따라서 일하지 않는 사람은 없다. 단지 학문에 종사하는 사람만이 노동을 면제받을 수 있다. 그러나 학자를 선발하는 데는 엄격한 규칙이 적용되며, 학자로서 성과가 없으면 다시 옛날 직위로 복귀해야 한다.

사유재산 역시 인정되지 않는다. 통치자는 한 다발의 곡식을 들고 다니는 것으로 자신의 관직을 나타내야 하며, 모든 시민은 10년마다 집단으로 서로의 집을 바꾸어 이사해야 한다. 그들은 30가구 단위로 한 사람의 관리를 선출하고, 관리 열 사람이 한 사람을 뽑아 의회를 구성한다. 또 도시의 시장은 네 사람을 추천받아 200명의 관리가 비밀투표로 선출한다. 식사는 300세대가 공동으로 하는데, 천한 일은 노예가 맡는다. 노예는 죄수나 외국에서 매입한 사형수들이다. 만일 전쟁이 일어나면 시민은 외국에서 용병을 고용하여 적과 맞선다. 종교의 자유는 충분히 보장되고, 불치병 환자에게는 자살하거나 안락사하는 것이 허용된다.

이번에는 톰마소 캄파넬라의 『태양의 나라』를 살펴보자. 톰마소 캄파넬라는 이탈리아의 신부이자 점성가로 1603년 12월 24일 수요일에 지구에 대변혁이 올 것이라고 예언했다. 그는 기독교 정신에 입각한 신정 공화국을 꿈꾸었다. 『태양의 나라』는 말타 기사단 출신의 수도사와 콜럼버스 밑에서 항해사를 지냈던 한 제노바인의 대화를 기록하는 형식으로 기록되었다. 이 제노바인은 배가 난파되어 한 섬에 도착했다가 적도 바로 아래에 있는 대평원에까지 이르렀는데, 그곳에서 그는 '태양의 나라'에 살고 있는 사람들과 만나게 된다.

태양의 나라는 대평원 위에 솟아 있는 언덕에 거대한 성처럼 세워져 있다. 성은 정상을 중심으로 7개의 환상지대로 구분되어 있으며, 정상에는 원주로 둘러싸인 신전이 자리 잡고 있다. 각 지대는 견고한 성벽으로 둘러싸여 있기 때문에 외부의 침략이 불가능하다. 그곳은 '태양'이라 부르는 한 사람의 신관 군주가 다스리는데, 그를 보좌하는 세 명의 고위 관리가 있다. 주민은 아내를 비롯한 모든 것을 공유한다. 이 지상낙원에도 범죄자들이 있긴 하지만 그들은 공동식당에서 식사할 권리와 성교할 권리를 박탈당하는 것으로 형벌을 대신한다.

아이가 태어나 세 살이 되면 네 집단으로 나뉘어 교육받는다. 그들을 교육하는 것은 네 명의 원로인데 7세까지 기초 교육을 실시하고, 10세가 되면 전문지식을 습득한다. 아이들은 한 가지 이상의 기술을 습득해야 한다. 이 과정을 통해 교사들은 천한 계급과 귀족계급을 판별한다. 관리는 교사들의 추천을 받아 평의회가 선발한다. 그러나 태양이 되려면 형이상학자나 신학자의 자질이 있어야 한다. 그는 모든 부문에 통달한 인물이지만, 월등한 인물이 나타나면 미련 없이 자신의 지위를 양보해야 한다.

교사들의 권한은 막강하다. 그들은 아이들을 어느 환상지대, 몇 번째 침대에서 재울 것인가를 결정한다. 각 환상지대에는 공공 취사장과 식량 저장소, 작업장이 있는데 원로 한 사람이 그들의 작업을 감독한다. 의복은 매년 네 벌씩 지급하고, 남녀가 운동할 때는 실오라기 하나 걸치지 않는다. 성교는 3일마다 한 번씩 허용된다. 성교는 쾌락의 수단이 아니라 단지 생식을 위한 행위에 지나지 않는다. 물론 우수한 남자는 우수한 여자와 맺어져야 하고, 뚱뚱한 남자는 마른 여자와 마른 남자는 뚱뚱한 여자와 관계를 맺을 수 있다. 이는 신체적 균형을 유지하기 위해 반드시 필요한 것이다. 만일 여자가 임신이 되지 않으면 파트너를 교환하고, 그래도 임신이 되지 않으면 여자는 모든 남자의 공동 소유가 된다. 유아는 탁아소에서 공동으로 양육되고, 젖을 떼면 교사들의 책임 아래 공동생활을 시작한다.

누구도 이들이 꿈꾸었던 유토피아에 살고 싶지는 않을 것이다. 그러나 이들로부터 이상사회가 필요로 하는 몇 가지 조건을 추출해 볼 수 있다. 첫 번째 조건은 재산의 공유가 될 것이다. 재산의 공유는 평등한 사회를 이룰 수 있는 유일한 가능성이기 때문이다. 두 번째 조건은 지배

구조다. 이들의 주장을 종합하면 지배자는 완전한 인격을 갖춘 형이상학자여야 한다. 이런 사람을 통치자로 선택할 수만 있다면 더 이상 바랄 것이 없을 것이다. 하지만 통치자가 형이상학자여야 한다는 생각은 글을 쓸 줄 아는 지식인의 편견일 뿐이다. 대부분의 유토피아에서는 한 사람의 현인이 지도자가 되는 것을 선호한다. 쇼펜하우어도 이 의견에 찬성표를 던졌다. 그는 『정치에 대하여』에서 이렇게 말했다. "만일 여러분이 유토피아적인 계획을 갖고 있다면 정치와 사회 문제에 대한 유일한 해결책은 소수의 현명하고 고결한 자가 전제정치를 하는 데 달려 있다고 나는 생각한다." 그러나 그것은 현실적으로 불가능하다. 선한 집단을 지배하는 한 사람의 선인을 상상하기는 어렵다. 세 번째 조건은 놀고먹는 계급을 허용하지 말아야 한다는 것이다. 놀고먹는 계급이 관리나 정신노동자를 가리키는 것은 아니다. 놀고먹는 계급은 지배 자체를 목적으로 하고, 그것으로부터 이익을 얻는 집단을 가리킨다. 앞에 소개한 이상사회의 제도들은 대부분 이런 폐단을 없애기 위해 고안된 것들이다.

하지만 여기에는 다음과 같은 전제조건이 충족되어야 한다. 먼저 이상사회는 외부로부터 위협이 없어야 한다. 아무리 깔끔한 이상사회라 해도 식민지에서 꽃피지는 않을 것이기 때문이다. 또 하나는 구성원의 욕망을 완벽하게 통제할 수 있어야 한다는 것이다. 이 점이 불가능하다. 아주 작은 집단에서도 파시스트는 나타날 수 있으며, 그는 언제든지 유토피아를 디스토피아로 변형시킬 수 있다. 그는 특별한 성품을 지닌 악마가 아니다. 창조적 두뇌를 갖고 있는 당신과 나 역시 이 혐의에서 벗어날 수 없다. 만인으로부터 현인으로 추앙받는 지도자도 예외가 아니다.

플라톤과 아리스토텔레스, 모어와 캄파넬라는 이 전제조건을 알고 있었다. 그리하여 그들은 적의 침략이 없는 요새에 자신들의 유토피아를 건설하고, 일부는 방위자에게 지나친 특권을 부여했다. 또한 그들은 인간의 심성을 변화시키기 위해 '교육'을 강조했다. 하지만 그 무엇도 '생물 종으로서의 인간'을 변화시키지는 못한다. 가르침을 통해 한 개인을 변화시킬 수는 있을 것이다. 그러나 혁명조차도 인간을 바꾸어 놓을 수는 없다.

지상의 천년왕국

천국 대신 지상에 천년왕국을 건설하려 시도했던 사람은 카를 마르크스였다. 그는 생산수단의 공유를 통해 불평등이 사라진 인공낙원을 지상에 건설할 수 있다고 믿었다. 그는 선택된 하느님의 백성을 노동자로 대체하고, 세계 해방이라는 메시아니즘을 전파했다. 그에게 인류의 원죄는 착취였고, 이교도는 유산계급이었으며, 최후의 심판은 자본주의의 붕괴였다. 그의 사상을 이어받은 레닌은 수많은 적대자와 분파주의자를 몰아내고 러시아에 혁명의 씨앗을 발아시켰다. 휴머니스트들은 러시아 혁명에서 낙원의 원형적인 꿈을 보았다. 그곳에서는 모든 것이 모든 사람에게 풍부하게 부여되고, 위대한 현인이 미숙한 인간을 지배했다. 휴머니스트들은 레닌의 성공에 용기를 가졌고, 언젠가는 자신이 살아가고 있는 땅 위에 혁명의 깃발을 꽂게 되리라고 기대했다.

그러나 마르크시즘은 점차 위협받기 시작했다. 1976년 미셸 푸코를 비롯한 프랑스의 철학자들은 마르크스주의를 강제수용소를 만들기 위한 장치라고 비난을 퍼부었다. 그들의 주장은 1968년에 벌어진 소련의 체코 침공으로 혁명의 도덕성이 무너지고, 1970년대 유럽에서 네오마르크시즘이 기세를 떨친 데 힘입은 것이었다. 이후 전통적 마르크스주의는 점차 힘을 잃기 시작했다.

마르크스주의는 인류가 염원하던 모든 것을 해소해 줄 것처럼 보였다. 그러나 누군가 권력을 만들어 내고 특권을 누리는 것은 프롤레타리아 독재 체제에서도 달라지지 않았다. 그것이 인간의 본성이자 국가의 본질적 속성이었던 것이다. 사회주의자의 이상이 한낱 먼지 덮인 도서관의 서가 속에 잠자고 있는 해묵은 고전으로 남을 것인지, 아니면 이 모든 희망이 잿더미로 변한 절망의 시대에 다시금 뜨거운 불씨로 되살아날 것인지는 아직 단정할 수 없다. 지금까지 사회주의는 자본주의와의 전쟁에서 우위를 점하지 못하고 있고, 앞으로 승리할 가능성도 희박하다. 그러나 인류가 절망을 극복할 수 있는 새로운 대안을 찾지 않는다면, 마르크스주의는 여전히 위력을 발휘하게 될 것이다.

에리히 프롬은 『건전한 사회』에서 "지난 2천 년 동안의 모든 개혁운동은 위대한 것이었지만 모두 실패했다"고 말했다. 예수의 복음이 로마 가톨릭교회를 낳았고, 마르크스의 이론이 스탈린을 낳았다는 것이다. 완전히 평등한 사회는 불가능하다. 엄밀한 의미에서 지금까지 민주주의는 존재하지 않았고, 앞으로도 존재하지 않을 것이다. 다수가 소수를 지배한다는 것은 최면으로 포장된 허위다. 당신과 나는 다수에 포함되어 있지만 늘 침묵하고 있다. 이것은 당신이 표현 능력이 없기 때문이 아니라 표현할 수 있는 모든 수단을 자본과 권력에 양도했기 때문이다. 당신이 침묵하고 있을 때 지배자들은 당신이 자신들의 뜻에 동조한다고 믿는다. 그들의 믿음을 탓할 필요는 없다. 당신과 나는 암묵적으로 그들이 그렇게 믿게끔 방치했다.

장 자크 루소는 이 암묵적 동의를 '사회적 계약'이라고 표현했다. 토머스 홉스 역시 『리바이어던』에서 비슷한 견해를 드러내고 있다. 그에 의하면 인간은 감내할 수 없는 공포감 때문에 다른 사람과 협력관계를 맺게 된다. 이것이 바로 사회적 계약이다. 인간의 소외는 이 계약으로부터 발생한다. 당신은 계약을 통해 대부분의 권리를 지배자에게 위임하고, 그 대가로 투표권을 보장받는다. 이때부터 당신의 소외가 시작된다. 원하든 원하지 않든 당신은 한 사람의 지배자를 갖게 되었다. 그는 다수의 동의를 얻어 지배자가 되었지만 당신의 견해를 수용할 의무는 없다. 당신이 소수에 속한다면 오히려 배척의 대상이 될 수도 있다.

안타깝게도 우리는 자연의 섭리라는 비극 속에 놓여 있다. 인간이 살아가는 목적은 오직 자손을 번성시키고 자신의 유산을 가장 쓸 만한 후손에게 물려주는 것이다. 이타주의는 후손에게 이익이 되지 않는 한 유전형질이 될 수 없다. 이타주의가 유전적 형질이 되려면 이타주의자들이 자본주의에 훌륭하게 적응하여 더 많은 자손을 남겨야 한다. 하지만 이타주의가 이기주의에 맞서 완전히 승리하는 것은 불가능하다. 이제 인간에게 남은 것은 절망밖에 없는 것처럼 보인다. 물론 이 절망은 당신과 나 같은 사람이나 하는 것이다. 하루의 끼니를 걱정하는 사람들에게 철학적 절망은 아무런 의미도 없다. 맹목적인 믿음으로 무장한 신도들 역시 절망할 리 없고, 매일 죄를 지으면서 주일마다 성전에 나가 기도하는 것으로 위안을 삼는 진짜 무신론자들도 절망하지 않는다.

그렇다면 인간은 영영 구원을 포기해야 할 것인가? 예수나 붓다 또는 마호메트가 깨달음의 절정에 이르렀을 때 그들이 보았던 것은 무엇이었을까? 그들 역시 최초의 출발점은 인간에 대한 절망이었을 것이다. 그 절망의 끝에서 깨달음을 얻었다면 그들은 신의 한계를 냉큼 알았을 것이다. 그러나 깨달음을 홀로 간직하고 있기에는 그들은 너무나 인간적이었다. 어쩌면 우리는 영원히 유토피아를 건설할 수 없을지도 모른다. 그러나 우리가 또 다른 길을 선택할 수 있는 한 이 희망이 완전히 무용한 것은 아니다. 우리가 함께 생각할 수 있고 함께 행동할 수 있다면, 최소한의 정의가 실현되는 희망까지 폐기할 필요는 없다.

맹자의 주장처럼 인간의 본성이 선한 것이라면 우리는 희망을 가질 수 있다. 그러나 우리가 살아가고 있는 시대의 실상은 어두운 그림자로 덮여 있다. 만일 우리가 희망을 갖게 된다면 인간의 본성은 선하고, 단지 어두운 장막에 가려 있을 뿐이라는 명제를 받아들여야 할 것이다. 이때 우리는 선한 본성을 닦아세우고, 이것을 밈처럼 전파하는 일에 매달려야 한다. 고결하고 순수한 정신을 지닌 당신이 행동으로 옮기지 않는다면 우리는 미래를 기대할 수 없다.

예수와 붓다는 악마의 유혹을 물리치고 거리로 나섰다. 처음 현자가 나타났을 때 사람들은 귀 기울이지 않았다. 공자가 중원을 떠돌 때도 가르침을 깨닫지 못하는 대중을 한탄하며 이렇게 울부짖었다. "돌아가자, 돌아가자! 우리의 젊은 무리들이 뜻은 높고 문채(文彩)는 찬란하지만, 바르게 할 바를 알지 못하는구나!" 그러나 공자는 가르침을 포기하지 않았다. 그는 "삼군(三軍)도 원수를 죽일 수는 있으나 필부의 뜻을 빼앗을 수는 없다"고 외치면서 자신의 길을 묵묵히 걸어갔다.

종교는 하나의 신념 체계로 수용되어야 하고, 이 신념이 인류 공동체의 삶에 기여할 수 있는 터전을 가져야 한다. 그러나 천년왕국의 유토피아는 천상이 아니라 지상으로 내려와야 한다. 그리하여 그 꿈이 '지금 이곳'과 합일될 때 우리는 비로소 최소한의 유토피아를 이룰 수 있다는 희망을 갖게 될 것이다. 우리가 택할 수 있는 길은 두 가지다. 하나는 철저히 개인의 삶에 투자하는 것이다. 쉽게 말하면 개인의 도(道)를 구하는 장자의 삶을 따르거나 불교에서처럼 깨달음을 얻는 것이다. 자연과 완전히 합일되고 도를 얻어 대해탈의 경지에 이를 수 있다면, 당신은 충분히 행복한 삶을 영위할 수 있다.

두 번째 길은 공동체의 일원으로서 책임과 의무를 다하는 것이다. 이 길은 두말할 필요 없이 이타주의가 생존에 유리하다는 것을 증명하는 작업이 될 것이다. 그렇게 된다면 우리는 세포 속에 도덕적 유전자를 새겨 넣을 수 있고 후손에게 이 유전자를 물려줄 수 있다. 그때 이르러서야 우리는 비로소 인간의 두뇌 속에 자리 잡고 있는 악마를 영원히 추방할 수 있을 것이다.

하지만 두 번째 길을 선택하기로 했다면 선배들이 남긴 교훈을 잘 기억해야 할 것이다. 그들은 대부분 실패했고, 앞으로도 수없이 많은 실패를 경험할 것이다. 그들이 실패한 이유는 '생물 종으로서의 인간'에 대한 탐구를 게을리했기 때문이다. 선과 악을 만들고, 신을 창조하고, 스스로 신이 되려 하는 인간은 결코 만만한 동물이 아니다.

만물의 영장이라는 착각

우리는 인간으로서 상당한 특권과 혜택을 누리며 살아가고 있다. 오직 미각의 즐거움을 위해 돼지나 소 같은 동물을 살해하고, 뱀은 징그럽다는 이유로 살해하며, 쥐는 곡식을 축내기 때문에 살해한다. 살해당하는 동물은 인간을 어떤 눈으로 바라볼까? 참새는 인간을 골탕 먹이기 위해 벼 이삭을 쪼아 먹는 것이 아니다. 마찬가지로 잠자리는 인간을 도와주기 위해 모기를 잡아먹는 게 아니다. 자연에는 어떠한 질병도 존재하지 않는다. 고추나 옥수수가 기생충에 의해 감염되었을 때 그것들이 잎마름병에 걸렸다고 말하는 것은 인간이다. 그것은 기생충의 먹이활동일 뿐이다.

인간이 기생충을 없애기 위해 농약을 개발하는 것 역시 자연계의 일원으로서 생존을 위한 게임을 하고 있는 것이다. 자연에서의 실패는 멸종을 의미한다. 그러므로 인간이 다른 동물을 해친다고 해서 자연계의 법칙을 어지럽히는 것은 아니다. 그렇다고 해도 자연계에서 폭군처럼 행세하는 인간의 행위를 모두 용서받을 수 있는 것은 아니다. 인간은 자신의 생존에 전혀 방해되지 않는 생물까지 살해하고, 심지어는 멸종시키기 때문이다. 벽에 걸어 둘 장식품을 위해서 호랑이의 가죽을 벗기고, 연인을 만족시키기 위해 물개의 성기를 발라내는 행위는 비난받아 마땅하다.

과학자들은 인류 멸망에 대한 몇 가지 시나리오를 가지고 있다. 여기서 몇 십억 년 뒤의 이야기를 할 필요는 없다. 그 정도의 세월이 지나면 지구는 별의 수명을 다하고 사라질 것이기 때문이다. 먼 훗날 태양은 적색거성이 되어 수성과 금성·지구를 증발시켜 버릴 것이다. 인류는 그 모습을 목격할 수 없다. 태양이 적색거성이 되기 전에 인류는 이미 멸종될 것이기 때문이다. 그러므로 여기서 말하고자 하는 것은 갑작스러운 인류의 멸종이다. 핵전쟁이나 혜성의 충돌 같은 것들이 여기에 해당한다.

최근 가장 논란이 되는 기후 변화나 환경오염은 어떨까? 오래전 '가이아 이론'을 주창한 제임스 러브록은 환경오염이 도덕적 타락의 산물이 아니라 생물계에 나타나는 어쩔 수 없는 결과라고 말했다. 예를 들어 20억 년 전쯤 광합성 식물들이 산소를 생산하기 시작했을 때 지구의 대기는 엄청난 독성을 지닌 산소로 오염되었다. 이것은 모든 생물체의 생존을 위협하는 초유의 대기오염 사건이었다. 산소는 대부분 원소와 결합하여 산화작용을 일으킨다. 산소는 호흡에 반드시 필요한 기체지만 최초의 생명체들에게 가장 강한 독극물이었다. 자연선택을 통해 살아남은 생물들은 이 독을 생존의 자양분으로 전환하는 데 성공했다. 생물은 자신들의 시체를 분해시키면서 알칼리성의 암모니아를 발산하고, 이를 통해 산을 중화시킨 것이다.

대기 중 이산화탄소의 증가도 마찬가지다. 대기 중에 이산화탄소 농도가 1퍼센트를 초과하게 되면 온도 상승 효과는 급속도로 증가하는 것으로 알려져 있다. 그러나 이산화탄소 농도는 지구의 생물권에 의해 알맞게 조절되어 왔다. 이산화탄소를 고정시킬 수 있는 생물권이 존재하지 않았다면 대기 온도가 끓는 물의 온도에 근접했을 것이다. 반대로 조류(藻類)의 지나친 번식으로 이산화탄소의 농도가 낮아졌다면 지구는 얼음으로 뒤덮였을 것이다. 따라서 대기오염은 그리 걱정할 일이 아니라는 것이다.

지구의 입장에서 보면 환경오염은 결코 위기가 아니다. 소위 오염물질이라는 것은 대부분 자연계에 이미 존재했었다. 예를 들어 일산화탄소는 인간에게 치명적이지만 대기권에서는 메탄가스의 산화로 매년 10억 톤가량의 일산화탄소가 자연적으로 발생한다. 이것 역시 생물들이 만들어 낸 2차 상품이다. 만약 어떤 오염물질이 더 증가하더라도 인간은 곧 적응성을 키우게 될 것이다. 만일 피부에 치명적인 자외선이 증가한다면 인간은 피부색을 갈색으로 바꾸기 위해 인종 혼혈을 시도할 것이다. 이 때 백인이 유색 인종과의 유전자 교환을 거부한다면 그들은 결국 멸종할 것이다. 더구나 자외선의 보호막인 오존층은 지금까지 감소한 적이 없다. 생물체가 나타난 이후 20억 년 동안 오존층이 전혀 형성되지 않았음에도 불구하고 지상의 박테리아와 조류는 자외선을 견뎌 냈다.

　자연계에서는 치명적인 독성 물질조차도 이로운 것이 될 수 있다. 만약 어떤 생물이 우연히 유독 물질을 만들어 냈다면 그 생물은 독성으로 인해 죽을지 모른다. 그러나 그것이 자신보다 경쟁자에게 더 해롭다면 그의 생존 기회는 증가한다. 그러므로 에이즈 바이러스는 인간에게 해를 입히기 위해 생겨난 것이 아니라 단지 자신의 생명을 유지하고 있을 뿐이다. 제임스 러브록은 지구의 주인은 인간이 아니라 지구 자체라고 주장한다. 가이아는 그리스 신화에 등장하는 대지의 여신이다. '가이아'는 생물권, 대기권, 대양권, 토양권으로 구성되어 있는 '살아 있는 지구'다. 이 구성원들은 지구상의 모든 생물을 위해 스스로 물리적·화학적 환경을 조성할 수 있는 정교한 시스템을 갖추고 있으며, 때로 협력하고 도움을 주면서 힘을 발휘한다. 예를 들어 지구 북반구는 2퍼센트의 태양 에너지만 감소해도 빙하시대에 들어선다. 그러나 이 시기에도 지구는 일정한 기온을 유지했다. 가이아의 위대한 능력 덕분이다.

　만일 인간이 가이아의 뜻을 거부한다면, 새로운 생물 종이 인간을 대신하여 그 역할을 맡게 될 것이다. 러브록은 이 역할을 맡게 될 후보자가 커다란 두뇌를 가진 해양성 포유류 중 하나일 것이라고 추측했다. 인류의 발자취를 더듬어 보면 인간은 가이아의 뜻을 거역하기로 마음먹은 것 같다. 만일 인간이 순응을 거부한다면 가이아는 이 되바라진 존재를 멸종시키기 위해 정교한 시스템을 가동할 것이다. 인간이라는 암세포를 없애기 위해 전 우주적인 힘이 동원될 필요조차 없다. 가이아의 복수는 인간을 그대로 방치하는 것만으로도 충분할 것이다. 그때쯤 인간은 숙주가 죽기 전에는 영원히 죽지 않는 암세포처럼 스스로 욕망을 불사르다가 흔적도 없이 멸종되어 버릴 것이다.

인간이 신에게 선택받은 존재라는 생각은 착각이다. 세상에는 우월한 종교도 없고 열등한 종교도 없으며, 또 완전히 새로운 종교도 없고 과거와 완전히 단절된 종교적 메시지도 없다. 굳이 구분하면, 정교한 조직과 교리를 가진 종교와 낙후된 조직과 교리를 가진 종교가 있을 뿐이다. 따라서 지구의 한 귀퉁이에서 지금보다 더 위대한 신이 나타난다고 해도 전혀 놀라운 일이 아니다. 물론 그는 예전의 신처럼 대접받지는 못할 것이다. 운이 나쁘면 그는 사이비 교주로 취급받거나 정신병원에 격리될 수도 있다.

나와 마찬가지로 당신도 이런 의문에 시달려 왔을지 모른다. 신은 있는가? 만약 전지전능한 신이 있다면 그는 자신의 의무를 방기하고 있는 것은 아닌가? 정말 신이 존재한다면 그는 지금쯤 인간으로부터 경배받는 일에 진저리를 치고 있을 것이다. 아마 신은 자신의 악조차 치유하지 못하는 인간을 한심하게 여기면서 최초의 창조 작업에 회의를 느끼고 있을지도 모를 일이다.

종교의 두 얼굴

종교는 야누스의 얼굴을 가지고 있다. 한쪽은 한없이 자비롭고 평화로운 표정을 짓고 있지만, 다른 한쪽은 다른 존재를 용납하지 않고 무자비하게 학살을 자행하는 독재자의 모습이다. 그래서 종교는 '배타적인 폭력'과 '무조건적인 사랑'이라는 이율배반적 모습을 띤다. 종교가 인류 사회에 끼친 악행은 굳이 설명할 필요조차 없다. 수없이 많은 사람이 종교적 믿음 때문에 타인을 학살하거나 자신이 학살당했다. 신도들은 누구를 죽여야 할지 고민하지 않아도 된다. 모든 것은 신의 뜻에 달려 있으므로 신도들은 도덕적인 갈등과 고통으로부터 완전히 해방될 수 있었다. 지금도 많은 사람이 서로 다른 믿음 때문에 전쟁터에서 목숨을 잃고 있다.

종교는 오랜 세월 집단과 개인의 정체성을 규정해 왔다. 종교적 집단에서 믿음과 관습을 따르지 않으면 잠재적 배신자로 취급받는다. 미국의 종교학자 존 티한은 『신의 이름으로』에서 이렇게 말한다. "기독교는 모든 인류를 실현 가능한 집단으로 간주한다. 모두가 가입할 수 있지만, 가입하지 않는 자는 모두 외부 집단이다." 자신과 다른 종교를 모두 우상 숭배라고 배척하는 것은 유일신 신앙의 가장 큰 특징이다. 높은 첨탑 위에 홀로 서려면 경쟁자를 밀어낼 수밖에 없다.

데이비드 흄은 1757년에 발간한 『종교의 자연사』에서 종교적 믿음이 원초적 본능은 아니지만 신이 자신의 창조물에 새겨 넣은 낙인으로 생각할 수 있으며, 인간 본성의 수반물이라고 말했다. 그런 의미에서 인간은 모든 피조물 중에서 유일하게 신에게 선택받은 존재다. 인간의 유일성과 존엄성은 창조주의 모습을 닮았다는 점에서 확인할 수 있다. 하지만 흄은 대중 종교에서 보이는 신의 모상이 주변에서 흔히 볼 수 있는 덕망 있는 인간보다 못한 존재로 추락했음을 한탄했다. 그는 유일신 신앙에 크게 실망하면서 다신교 신앙의 미덕으로 '관용'을 꼽았다. 그의 표현을 빌리면, 다신교는 너무나 친화적이어서 극단적인 잔인성이나 적대감을 찾아볼 수 없다. 그뿐만 아니라 우상 숭배나 다신교가 아무리 타락해도 유일신교의 타락보다 덜 유해하다고까지 주장했다. 그러면서 "최선의 것이 타락하면 최악의 것이 된다"고 결론 내렸다.

종교가 오랜 시간 불신받아 온 데는 종교 지도자들과 신도의 책임이 크다. 그러나 모든 인간이 악한 것이 아니듯, 모든 종교인이 무지한 것은 아니다. 신의 뜻과 관계없이 어느 집단이든 선한 자와 악한 자는 일정한 비율로 공존한다. 악한 자가 사라지면 신은 자리를 잃게 된다. 구원할 대상이 없어지면 신의 역할도 사라지기 때문이다. 심판을 통해 의인만 남기겠다는 시도도 실패할 가능성이 크다. 이미 야훼는 노아의 시대에 심판을 내렸지만 뜻을 이루지는 못했다. 어떤 토양에서든 선과 악은 함께 자란다. 악이 없으면 선도 없으며, 악마가 없으면 신도 없다.

그렇지만 종교의 미덕을 무시할 수는 없다. 종교는 살아 있는 자들에게 위안을 제공하고 사회적 협력을 유도한다. 또 집단에 정체성을 부여하고 생존율에도 긍정적인 영향을 미친다. 종교를 가진 사람은 그렇지 않은 사람보다 행복하다. 물론 종교와 행복의 상관관계가 모든 나라에 적용되는 것은 아니다. 2007년에 발표된 리에스베스 스눕의 논문에 따르면, 종교 자체가 행복을 제공한다기보다 종교를 통해 맺는 사회적 네트워크가 행복을 제공한다고 볼 수 있다. 이는 아프가니스탄이나 파키스탄 같은 이슬람 국가를 보면 알 수 있다. 그들은 무자비한 테러에 노출되어 있고 삶의 질도 형편없지만 행복하다고 느낀다. 이에 비해 미국을 제외한 많은 선진국은 종교적이지 않다. 삶에 만족하면 종교의 역할이 줄어들기 때문일 것이다.

종교적 열정이 강할수록 오류를 저지를 가능성이 적고 갈등도 덜 일으킨다는 연구 결과가 있다. 2009년 토론토대학 연구팀은 실험 참가자들의 종교적 열정을 측정한 후 그들이 주어진 과제를 수행하는 동안 뇌를 스캔했다. 그 결과 종교적 열정이 강한 사람들은 불안과 자기조절, 갈등조절에 관여하는 전방대상피질의 반응이 현저히 감소했다. 종교적 믿음이 오류와 갈등에 대한 완충제 역할을 하는 것이다. 사실 이런 결과는 매우 상식적인 것이다. 우리는 종교를 가진 사람들이 자신의 감정을 잘 다스리며 행동도 잘 조절한다고 믿기 때문이다.

종교는 정신 건강뿐만 아니라 신체 건강에도 유익하다. 2015년 미국 모핏 암센터의 헤더 짐 연구팀은 암 환자들을 대상으로 진행한 종교와 건강의 연관성을 연구한 293건을 메타 분석하여 신앙심이 두터울수록 육체와 정신 그리고 사회적으로 더 안정적으로 생활한다는 사실을 밝혀냈다. 분석 결과 신앙심이 깊을수록 고통을 호소하는 경우가 적었고, 정서적으로도 안정적이었으며, 일도 적극적으로 처리하는 것으로 나타났다.

종교는 지친 몸과 마음을 위로하며 미래의 삶에 위안을 준다. 생명체는 궁극적인 실패, 즉 죽음을 안고 살아가야 하는 운명을 가지고 있다. 이러한 운명 앞에서 인간의 고결한 도덕성은 별 위안이 되지 않는다. 나를 평가하고 인정하며 그 대가를 보상해 줄 존재가 없다면 도덕성이 무슨 소용인가? 이 허무를 극복할 방법은 인간의 생물학적 한계를 명확히 인정하거나 영생을 약속하는 종교를 믿는 것이다.

천국과 지옥이 있다는 것은 얼마나 큰 위안인가! 천국을 꿈꾸며 도덕적 삶을 살아가는 이는 얼마나 축복받은 것인가! 현실의 삶에 얽매이지 않고, 세상을 향한 모든 욕심을 거두며, 오직 신만을 경외하는 삶은 천국을 약속받은 삶이다. 이런 이에게 최후의 심판은 파국이 아니라 영생의 기회일 뿐이다. 그에게 죽음은 두렵지 않고, 현실의 고통은 한순간의 꿈에 지나지 않으며, 타인의 부와 안락은 하찮은 것이다. 그들에게는 모든 날이 심판의 날이며, 그 순간이 오기를 손꼽아 기다리고 있다. 따라서 종교인에게 삶은 내세와 교환할 수 있는 보증수표 같은 것이다.

종교의 숭고함에도 불구하고 때로 종교는 타인을 해치는 흉기로 이용되었다. 사회적 혼란이 생겨 질서가 붕괴하면 사람들은 그 책임을 떠

넘길 대상을 찾는다. 이런 상황에서 신도들은 가해자가 될 수도 피해자가 될 수도 있다. 사람들이 믿는 여러 종교의 교리가 무엇이든 이 세상에는 오직 하나의 종교만이 의미가 있다. 그것은 사랑의 종교다.

천상에서 지상으로

우리가 살아가는 세계는 모순으로 가득하다. 그렇다고 해서 신에게 해결의 책임을 모두 위임한 채 뒷짐을 지고 있는 것은 온당치 못하다. 어떤 종교인은 인류에게 끔찍한 자연재해가 닥칠 때마다 그것이 이교도에 대한 신의 징벌이라고 외친다. 믿음이 부족하거나 다른 우상을 섬기기 때문이라고 오도하는 것이다. 이런 언행이야말로 신을 모독하는 행위다. 신이 존재한다면 그는 신자와 비신자를 차별하지 않을 것이며, 순식간에 수많은 생명을 앗아갈 만큼 폭력적이지도 않을 것이다. 또 어떤 종교인은 황폐해진 지구를 구하기 위해 나서는 사람들을 교만하다고 비난한다. 신이 창조한 세계를 구제하겠다고 나서는 것 자체가 인간의 오만이라는 것이다. 그렇다면 지구가 황폐해지는 것이 신의 계획 중 일부일까?

우리는 간절히 원하는 것을 믿고 싶어 하고 또 믿는다. 하지만 자연의 법칙을 벗어나는 기적 같은 것은 없다. 온전히 자연에 의존했던 조상들은 문득문득 자신들을 굽어보고 있는 신의 얼굴을 자연 속에서 보았는지도 모른다. 물 위로 피어오르는 안개 속에서, 거대한 숲과 깎아지른 절벽의 바위틈에서, 넘실대는 바다와 눈부신 하늘에서, 또는 열대의 사막과 초원에 피어오르는 아지랑이 속에서 그들은 이전에 보지 못했던 새로운 존재를 발견했을 것이다. 그뿐만 아니라 거대한 폭풍우와 해일, 모래바람과 소용돌이, 천둥과 번개에서 절대자의 격노한 음성을 들었을 수도 있다.

조상들은 신의 분노와 보살핌을 믿었다. 그러나 그들은 적과의 끊임 없는 전쟁을 통해 자신들이 믿는 신이 다른 부족의 신보다 약한 존재일 수도 있음을 알게 되었다. 전쟁에서의 패배는 곧 신의 패배였다. 조상들은 더 힘 있는 신을 원했을 것이다. 신의 힘을 키우는 방법은 다른 부족들을 점령해 그들이 섬기는 신의 힘까지 합치는 것이다. 유일신은 이런 과정을 거쳐 탄생했다.

인간은 종교적 신념을 가지고 악을 행하면서도 신의 대리자로서 정의를 실현하고 있다는 착각에 빠진다. 물론 이런 인간의 심리를 이용한 것은 사욕에 눈먼 종교 지도자들과 권력자들이다. 그들이 세운 신학 체계에 담긴 도덕은 순수했으나 그 행위는 사악했다. 종교는 심판이라는 협박 없이 존재할 수 없다. 심판은 절대자가 자신의 창조물을 파괴하는 것을 의미한다. 신은 누구에 의해서도 창조되지 않은 첫 번째 존재다. 그는 자신을 파괴할 수도 없다. 하지만 인간은 스스로를 파괴할 수 있으며, 신의 이름으로 타인을 파괴할 수 있다.

스스로 종교를 만든 신은 없다. 신의 뜻을 간파하고 '저기 신이 있다!' 고 외치면서 처음 종교를 만든 인간은 역사상 가장 창조적이고 유능한 사업가라 할 수 있다. 그는 누구보다 먼저 인간이 가진 공포심을 이해했으며, 왜 세계가 논리적으로 설명될 수 없는지 의문을 품었을 것이다. 그는 인간의 공포와 소망을 해소할 방법을 알아차렸고, 사후세계에 대한 믿음이 위안과 행복을 가져다준다는 것을 깨달았다.

사람들이 원하는 것은 현세의 평화와 행복이지 내세의 평화와 행복이 아니다. 우리는 죽은 뒤의 삶이 어떻게 전개될지 알 수 없다. 죽음 너머의 세계를 경험하고 돌아온 사람은 없다. 오직 신의 자격을 갖춘 자만이 저 세계에서 돌아올 수 있었다. 유신론자는 우리가 찾은 답이 죽음 너머에 있다고 믿지만, 무신론자는 죽음 너머의 세계를 신뢰하지 않는다. 무신론자는 내세에 희망을 걸기보다 현재의 삶에서 가치를 찾으려 한다.

내세를 위해 현재의 삶을 희생해야 한다는 말은 사기꾼의 논리다. 사기꾼은 달콤한 미래를 약속하며 당신이 누려야 할 현재의 삶을 파괴한다. 영원히 살아야만 당신의 삶이 의미 있는 것은 아니며, 죽음 뒤의 행복이 현세의 행복보다 더 위대한 것도 아니다. 영생이란 얼마나 허망하고 지루한 것인가? 삶은 유한하기 때문에 의미가 있다. 무한궤도를 영원히 달려야 하는 여행자보다는 목적지가 있음을 아는 여행자의 삶이 더 의미가 있다. 더구나 우리에게 주어진 생애는 아름답고 의미 있는 가치로 채색하기에 부족함이 없을 만큼 긴 시간이다. 죽음은 사람마다 서로 다른 거리를 가진 목적지이자 삶의 완결점이다.

신이나 사후세계의 존재는 과학적으로 증명이 불가능하다. 신이 존재하든 존재하지 않든 인간의 믿음은 계속될 것이며, 지난 시간이 보여주듯 세상도 크게 달라지지 않을 것이다. 삶의 의미를 확인하고, 사랑과 평화를 추구하고, 용서하고 배려하며, 나에게 주어진 것에 감사하는 데 꼭 신이 필요한 것은 아니다. 우리는 자연과 이웃, 깨달음을 준 현자들, 공동선을 위해 희생한 사람들, 하루의 먹을 것과 마실 것을 마련해 준 사람들, 불안과 고통에 휘둘리지 않고 하루를 안심하며 살아갈 수 있도록 도와주는 사람들에게 매 순간 감사하며 살 수 있다.

자연은 선과 악을 가리지 않는다. 자연에서는 살아남는 것이 선이다.

이 냉혹한 자연 속에서 도덕을 주장하며 실천하는 것은 너무나 지난한 과정이다. 종교에 대한 희망은 바로 여기에 있다. 종교인이 가진 신앙의 힘은 강하다. 그 힘이 지금 이곳의 생명에 대한 사랑으로 승화될 때 인류는 비로소 새로운 삶을 살게 될 것이다. 본래 신화와 종교의 출발점은 인간이 간절히 염원했던 '생명의 재생'이었다. 영원한 생명은 신이 간직하고 있는 근원적인 비밀이다. 생명은 신의 고향이다. 모든 종교는 최초의 배꼽, 최초의 생명으로 향한다. 그곳을 뚫고 들어가 생명을 제약하는 매듭을 잘라낸 이야말로 신의 아들로 추앙받을 자격이 있다.

종교와 과학 사이에 다리를 놓고자 했던 존 호트가 『다윈 안의 신』에서 남긴 말처럼 "진화보다 더 깊은 곳, 모든 생성과 소멸, 그리고 죽음의 이면에는 모든 사실을 지우지 못하게 하는 견고한 등기소"가 있을지 모른다. 그 존재의 정체가 무엇인지, 그것이 실재하는지는 알 수 없다. 그것이 있든 없든 중요한 것은 믿음이다. 믿음은 행동을 결정한다.

가장 우려되는 점 중 하나는 특정 이데올로기를 유일신 신앙이나 무신론과 동일시하는 것이다. 어느 시대에나 문명의 적은 문자주의와 원리주의다. 복음주의가 극우 이데올로기와 만날 때, 극단적 원리주의가 극좌 이데올로기와 만날 때 세상은 지옥이 된다. 그들이야말로 진짜 사탄이다. 사실 유신론자에게 무신론자는 구원의 대상이 되지만, 무신론자에게 유신론자는 관심의 대상이 아니다.

심리학자들이 규명했듯이, 믿음이나 이념은 이성의 산물이 아니다. 무의식은 이성적으로 제어할 수 없다. 갈등을 해결하는 방법은 서로의 믿음에 개입하지 않고 인정하는 방법밖에 없다. 상대방을 설득하려는 노력은 적을 만드는 지름길일 뿐이다. 타인이 추구하는 행복이 나와 다를 수 있다는 것을 인정해야 한다. 유신론자는 경전의 말씀에 따라 기도

하고 명상하면서 내면의 기쁨을 만끽한다. 또 무신론자는 지상의 행복을 꿈꾸고 휴머니즘을 실현하려는 노력을 통해 성취감을 느낀다. 상대방을 이길 수 있는 한 가지 방법이 있긴 하다. 무신론자는 유신론자보다 선하게, 유신론자는 무신론자보다 선하게 살려고 노력하는 것이다. 서로를 이해하려는 노력은 중요하지만 적개심을 없애는 것만으로도 충분하며, 사실 그것마저도 대단한 용기가 필요한 일이다.

신에 대한 믿음 중 일부는 인간에 대한 믿음으로 전환해야 한다. 악마는 지옥에 있는 것이 아니라 인간 속에 자리 잡고 있다. 인간에 대한 무한한 믿음만이 이기적이고 폭력적이며, 어리석고 무지한 우리 안의 악마를 추방할 수 있다. 과학은 그래서 필요하다.

개방된 과학의 창이
비록 신화의 아늑한 안방에서
과거의 옷을 입고 있던 우리를
처음에는 놀라 떨게 할지 모르나
마침내는 신선한 공기가 힘을 주며
광대한 공간은 그 스스로 장관을 드러낼 것이다.
_버트런드 러셀, 『나는 왜 기독교인이 아닌가』

영단어 하나로 역사, 문화, 상식의 바다를 항해한다

알아두면 잘난 척하기 딱 좋은 **영어잡학사전**

이 책은 영단어의 뿌리를 밝히고, 그 단어가 문화사적으로 어떻게 변모하고 파생 되었는지 친절하게 설명해주는 인문교양서이다. 단어의 뿌리는 물론이고 그 줄기와 가지, 어원 속에 숨겨진 에피소드까지 재미있고 다양한 정보를 제공함으로써 영어를 느끼고 생각할 수 있게 한다.

영단어의 유래와 함께 그 시대의 역사와 문화, 가치를 아울러 조명하고 있는 이 책은 일종의 잡학사전이기도 하다. 영단어를 키워드로 하여 신화의 탄생, 세상을 떠들썩 하게 했던 사건과 인물들, 그 역사적 배경과 의미 등 시대와 교감할 수 있는 온갖 지식들이 파노라마처럼 펼쳐진다.

김대웅 지음 | 인문 · 교양 | 452쪽 | 22,800원

신화와 성서 속으로 떠나는 영어 오디세이

알아두면 잘난 척하기 딱 좋은
신화와 성서에서 유래한 영어표현사전

그리스·로마 신화나 성서는 국민 베스트셀러라 할 정도로 모르는 사람이 없지만 일상생활에서 흔히 쓰이고 있는 말들이 신화나 성서에서 유래한 사실을 아는 사람은 많지 않다. '알아두면 잘난 척하기 딱 좋은 시리즈' 6번째 책인 《신화와 성서에서 유래한 영어표현사전》은 신화와 성서에서 유래한 영단어의 어원이 어떻게 변화되어 지금 우리 실생활에 어떻게 쓰이는지 알려준다.
읽다 보면 그리스·로마 신화와 성서의 알파와 오메가를 꿰뚫게 됨은 물론, 이들 신들의 세상에서 쓰인 언어가 인간의 세상에서 펄떡펄떡 살아 숨쉬고 있다는 사실에 신비감마저 든다.

김대웅 지음 | 인문 · 교양 | 320쪽 | 18,800원

흥미롭고 재미있는 이야기는 다 모았다

알아두면 잘난 척하기 딱 좋은 **설화와 기담사전**

판타지의 세계는 언제나 매력적이다. 시간과 공간의 경계도, 상상력의 경계도 없다. 판타지는 동서양을 가릴 것 없이 아득한 옛날부터 언제나 우리 곁에 있어왔다.
영원한 생명력을 자랑하는 신화와 전설의 주인공들, 한끗 차이로 신에서 괴물로 곤두박질한 불운의 존재들, '세상에 이런 일이?' 싶은 미스터리한 이야기, 그리고 우리들에게 너무도 친숙한(?) 염라대왕과 옥황상제까지, 시공간을 종횡무진하는 환상적인 이야기가 펼쳐진다.

이상화 지음 | 인문 · 교양 | 360쪽 | 19,800원

철학자들은 왜 삐딱하게 생각할까?

알아두면 잘난 척하기 딱 좋은 **철학잡학사전**

사람들은 철학을 심오한 학문으로 여긴다. 또 생소하고 난해한 용어가 많기 때문에 철학을 대단한 학문으로 생각하면서도 두렵고 어렵게 느낀다. 이 점이 이 책을 집필한 의도다. 이 책의 가장 큰 미덕은 각 주제별로 내용을 간결하면서도 재미있게 설명한 점이다. 이 책은 철학의 본질, 철학자의 숨겨진 에피소드, 유명한 철학적 명제, 철학자들이 남긴 명언, 여러 철학 유파, 철학 용어들을 망라한, 그야말로 '세상 철학의 모든 것'을 다루었다. 어느 장을 펼치든 간결하고 쉬운 문장으로 풀이한 다양한 철학 이야기가 독자들에게 철학을 이해하는 기본 상식을 제공해준다. 아울러 철학은 우리 삶에 매우 가까이 있는 친근하고 실용적인 학문임을 알게 해준다.

왕잉(王穎) 지음 / 오혜원 옮김 | 인문 · 교양 | 324쪽 | 19,800원

인간과 사회를 바라보는 심박한 시선

알아두면 잘난 척하기 딱 좋은 **문화교양사전**

정보와 지식은 모자라면 불편하고 답답하지만 너무 넘쳐도 탈이다. 필요한 것을 골라내기도 힘들고, 넘치는 정보와 지식이 모두 유용한 것도 아니다. 어찌 보면 전혀 쓸모없는 허접스런 것들도 있고 정확성과 사실성이 모호한 것도 많다. 이 책은 독자들의 그러한 아쉬움을 조금이나마 해소시켜주고자 기획하였다.

최근 사회적으로 이슈가 되고 있는 갖가지 담론들과, 알아두면 유용하게 활용할 수 있는 현실적이고 실용적인 지식들을 중점적으로 담았다. 특히 누구나 알고 있을 교과서적 지식이나 일반상식 수준을 넘어서 꼭 알아둬야 할 만한 전문지식들을 구체적으로 자세하고 알기 쉽게 풀이했다.

김대웅 엮음 | 인문·교양 | 448쪽 | 22,800원

옛사람들의 생활사를 모두 담았다

알아두면 잘난 척하기 딱 좋은 **우리 역사문화사전**

'역사란 현재를 비추는 거울이자 앞으로 되풀이될 시간의 기록'이라고 할 수 있다. 그런 면에서 이 책 《알아두면 잘난 척하기 딱 좋은 우리 역사문화사전》은 그에 부합하는 책이다.

역사는 과거에 살던 수많은 사람의 삶이 모여서 이루어진 것이고, 현대인의 삶 또한 관점과 시각이 다를 뿐 또 다른 역사가 된다. 이 책은 시간에 구애받지 않고 흥미와 재미를 불러일으킬 수 있는 주제로 일관하면서, 차근차근 옛사람들의 삶의 현장을 조명하고 있다. 그 발자취를 따라가면서 역사의 표면과 이면을 들여다보는 재미가 쏠쏠하다.

민병덕 지음 | 인문·교양 | 516쪽 | 28,000원

엉뚱한 실수와 기발한 상상이 창조해낸 인류의 유산

알아두면 잘난 척하기 딱 좋은 **최초의 것들**

우리는 무심코 입고 먹고 쉬면서, 지금 우리가 누리는 그 모든 것이 어떠한 발전 과정을 거쳐 지금의 안락하고 편안한 방식으로 정착되었는지 잘 알지 못한다. 하지만 세상은 우리가 미처 생각지도 못한 사이에 끊임없이 기발한 상상과 엉뚱한 실수로 탄생한 그 무엇이 인류의 삶을 바꾸어왔다.

이 책은 '최초'를 중심으로 그 역사적 맥락을 설명하는 데 주안점을 두었다. 아울러 오늘날 인류가 누리고 있는 온갖 것들은 과연 언제 어디서 어떻게 시작되었는지, 그것들은 어떤 경로로 전파되었는지, 세상의 온갖 것들 중 인간의 삶을 바꾸어놓은 의식주에 얽힌 문화를 조명하면서 그에 부합하는 250여 개의 도판을 제공해 읽는 재미와 보는 재미를 더했다.

김대웅 지음 | 인문·교양 | 552쪽 | 28,000원

그리스·로마 시대 명언들을 이 한 권에 다 모았다

알아두면 잘난 척하기 딱 좋은 **라틴어 격언집**

그리스·로마 시대 명언들을 이 한 권에 다 모았다
그리스·로마 시대의 격언은 당대 집단지성의 핵심이자 시대를 초월한 지혜다. 그 격언들은 때로는 비수와 같은 날카로움으로, 때로는 미소를 자아내는 풍자로 현재 우리의 삶과 사유에 여전히 유효하다.

이 책은 '암흑의 시대(?)'로 일컬어지는 중세에 베스트셀러였던 에라스뮈스의 《아다지아(Adagia)》를 근간으로 한다. 그리스·로마 시대의 철학자, 시인, 극작가, 정치가, 종교인 등의 주옥같은 명언들에 해박한 해설을 덧붙였으며 복잡한 현대사회를 헤쳐나가는 데 지표로 삼을 만한 글들로 가득하다.

데시데리위스 에라스뮈스 원작 | 김대웅·임경민 옮김 | 인문·교양 | 352쪽 | 19,800원

알아두면 잘난 척하기 딱 좋은

신의 종말
THE END OF THE GODS
A PERFECT BOOK FOR HUMBLEBRAG

nomad
노마드